제3판

김승욱 · 이정희 · 허식 · 백훈

박영사

☙ 저자 소개 ❧

김승욱

University of Georgia / 경제학 Ph.D. / 경제사
중앙대학교 경제학부 교수

이정희

Oklahoma State University / 응용경제학 Ph.D. / 유통정책, 식품경제
중앙대학교 경제학부 교수

허 식

University of Kansas / 경제학 Ph.D. / 거시경제, 노동경제
중앙대학교 경제학부 교수

백 훈

Northern Illinois University / 경제학 Ph.D. / 국제관계
중앙대학교 정치국제학과 교수

제 3 판

색다른 토종 경제원론 알짬 시장경제

초판발행 2002년 9월 20일
제2판발행 2008년 2월 28일
제3판발행 2015년 8월 10일
중판발행 2023년 8월 10일

지은이 김승욱 · 이정희 · 허식 · 백훈
펴낸이 안종만 · 안상준

편 집 김선민 · 전채린
기획/마케팅 박세기 · 송병민
표지디자인 홍실비아 · 백훈
제 작 고철민 · 조영환

펴낸곳 (주) 박영사
서울특별시 금천구 가산디지털2로 53, 210호(가산동, 한라시그마밸리)
등록 1959. 3. 11. 제300-1959-1호(倫)
전 화 02)733-6771
f a x 02)736-4818
e-mail pys@pybook.co.kr
homepage www.pybook.co.kr
ISBN 979-11-303-0056-6 93320

정 가 28,000 원

부모님과 스승의 큰 은혜에 감사드립니다.

책 소 개

색다른 경제원론 교과서

이 책은

● 이론보다 우리 현실 경제문제를…

처음부터 경제이론을 설명하기보다는 우리의 주요 현실 경제 이슈들을 추려내어, 이들 이슈들에 관한 상호 대립되는 주장을 대비하고, 이에 대하여 경제학이 어떠한 설명을 제시할 수 있는지를 살펴보았습니다. 이를 통하여 경제학을 처음 공부하는 학생들이 경제학의 실용성을 스스로 체험할 수 있는 기회를 제공하고자 하였습니다. 각 장의 제목들도 현실 경제 문제들을 반영하였습니다.

● 가장 최근의 데이터를 토대로…

국내 및 국제 경제 현안과 관련한 가장 최근 데이터로 업데이트하였습니다. 『알짬』은 앞으로도 학생들에게 도움이 되는 주요 국내·외 경제 데이터베이스의 사용 방법과 자료를 안내하기 위하여 노력할 것입니다.

● 동영상을 QR-코드 스캔으로 바로

우리 경제의 현실 문제와 관련된 동영상들을 찾아 3~6분 분량으로 편집하여 이를 모바일 기기로 바로 볼 수 있게끔 QR 코드를 제공하였습니다. 이 책의 많은 사진들을 저자들이 직접 현장에서 촬영하였습니다. 외부 자료 출처는 책 뒷부분에 표지(標識)하였습니다. 저자들은 추가적인 동영상과 자료들을 '알짬 시장경제' 웹페이지(www.mindfuleconomics.net)를 통하여 제공합니다.

● 올바른 경제 용어를 사용하며…

이제 우리의 경제학은 수입학문에 머무르기보다는 학생들의 눈높이와 우리 경제 현실에 맞게 변화하여야 합니다. 외국으로부터 무조건적으로 받아들인 어려운 표현이나 우리 현실에 맞지 않는 용어보다는 가급적 우리 경제 현상에 적합한 표현과 용어를 사용하고자 노력하였습니다.

● 마음을 쓰는 출판, 「미소기부 Books」…

이 책이 판매될 때마다 저자들은 인세의 일정 부분을 우리가 사는 세상을 더욱 살기 좋은 곳으로 만드는 사람들에게 도움을 주기 위하여 기부합니다. 독자 여러분의 마음과 함께…

(책 뒷편에는 미소기부가 지원하는 청소년 품성교육기관인 '희망서원'에 관한 안내가 있습니다)

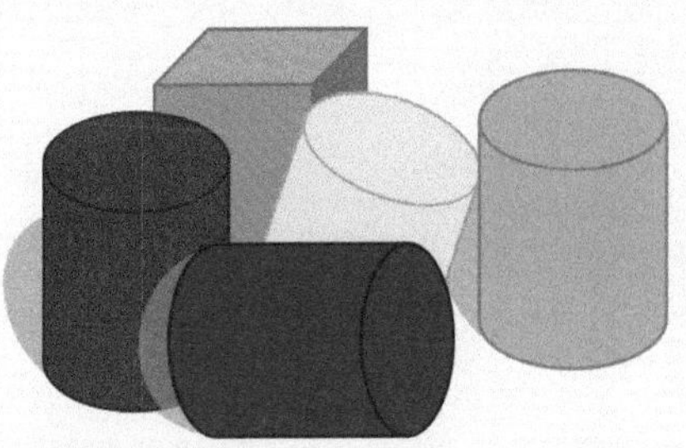

머리말

『알짬 시장경제』 제3판을 발간하며

『알짬 시장경제』가 처음으로 독자들을 만난 지 어느덧 12년이 되었습니다. 그동안 많은 부족함 속에서도 저희들의 책을 사랑해 주신 모든 분들께 진심으로 감사를 드립니다. 당시 저자들은 대부분의 경제원론 교과서들이 우리 현실 경제문제들을 설명하는 데 한계가 있다는 것에 공감하고, 우리 경제 현실을 보다 잘 설명할 수 있는 경제원론 교과서를 만들어 보자고 뜻을 모았습니다. 가급적 자격시험 준비용 교과서를 탈피하여 경제학이 가지고 있는 '놀라운 힘'을 학생들이 느낄 수 있게끔 하자고 결의에 차 있었습니다. 그렇게 해서 첫 『알짬 시장경제』가 세상에 나오게 되었고, 지금까지 여러 차례에 걸쳐서 수정과 보완을 해 왔습니다. 그러나 "세상에서 완벽한 책은 출간되지 않은 책뿐이다"라는 말이 주는 위안에도 불구하고, 지금까지도 저희들의 책이 많은 오류와 한계를 가지고 있다는 부끄러움은 떨치지 못하였습니다. 그러한 자책감으로 이번 제3판을 출간하기 위하여 더 많은 노력과 개선을 기울였습니다.

제3판은 몇 가지 점에서 새로운 시도였다고 할 수 있을 것 같습니다. 경제학을 공부한 학생들이 사회에 진출하여 막상 자신이 배운 경제학을 적용하려 하면 무력감을 느끼게 된다는 하소연을 자주 접하면서, 저자들은 스스로에게 '경제학은 우리 현실경제 문제를 해결할 수 있을까?'라는 질문을 던지게 되었습니다. 그래서 일반적인 경제원론 교과서들에서처럼 이론부터 설명하는 방식과는 달리, 우리 경제의 주요 현안들은 무엇인가를 먼저 생각해 보았습니다. 그렇게 우선, 논의를 통해서 추려진 오늘날 우리 사회의 주요 경제 이슈들을 정리하고, 그 이슈들에 관한 상호 대립적인 시각과 주장들을 대비시킨 후, 경제학원론에서 나오는 이론들이 과연 이러한 이슈들에 대하여 어떠한 설명과 해결책을 제시할 수 있는지 실험해 보았습니다. 이러한 과정은 저자들에게는 새로운 시도였으며, 저자 자신들에게도 경제학의 유효성을 다시 한 번 돌아보게 되는 무척이나 소중한 기회가 되었습니다. 저자들은 '과연 경제학이 그럴 수 있을까?'라는 궁금증을 내내 떨쳐 버릴 수 없었고, 각 장별로 이러한 이슈들을 배열하고, 경제학 원론의 이론들을 적용해 가는 과정 속에서 경제학에 대한 새로운 믿음과 희망을 발견할 수 있었습니다. '그래, 경제학은 우리에게 현실경제 문제들에 대한 합리적인 사고를 하는 데 도움을 주는 학문이구나'라는 확신을 가지게 되었습니다. 독자 여러분도 저자들이 가졌던 그러한 경제학에 대한 '새로운 발견'을 경험하게 되길 바라는 마음입니다.

경제학을 더욱 현실적인 학문으로 체험할 수 있게 하기 위하여 주요 경제 현안들에 대한 동영상 자료들을 찾아 3분 내지 6분 분량으로 편집하여 독자들이 모바일기기의 QR 코드 스캔앱(application)으로 곧바로 스캔하여 관련 뉴스나 동영상을 볼 수 있게 하였습니다. 또한 책 안의 많은 사진들을 저자들이 직접 현장을 방문하여 촬영하였습니다. 대형 할인마트나 거리에서 사진을 찍을 때에 관계자의 제지를 받을 때에는 독자들이 현장감을 느끼는 데 꼭 필요하다고 생각하고 용기를 냈습니다. 현실 경제문제들을 설명하기 위하여 필요할 때마다 반드시 관련 정부 부처나 관련 기관에 문의하여 직접 자료를 확인하였는데, 그 과정에서 수많은 분들의 도움이 있었습니다. 독자들이 이러한 자료들을 통하여 현실 경제 문제들에 한 걸음 더욱 가까이 다가갈 수 있으리라 믿습니다.

마지막으로, 우리 사회의 현실 경제 문제들을 접하는 과정에서 아직도 우리 주변에는 우리 경제의 눈부신 발전의 혜택을 충분히 공유하지 못하는 많은 사람들이 있다는 것을 새삼 깨닫게 되었습니다. 그래서 저자들은 이 책이 판매될 때마다 인세의 일부를 세상을 더 나은 곳으로 만들기 위하여 애쓰는 분들을 돕는 데 보태기로 하였습니다. 이러한 생각에 대한 독자 여러분의 공감이 우리 경제를 더 따뜻하고 사람의 향기가 나는 경제로 만들게 될 것으로 기대하고 있습니다.

개정판이지만, 어쩌면 새롭게 책을 만드는 것과 같은 시간과 노력이 소요되었습니다. 오랜 세월 저자들을 믿고 『알짬 시장경제』를 출간 도서 목록에 소중하게 간직해 주신 박영사의 안종만 회장님, 안상준 상무님, 그리고 조성호 이사님의 배려에 깊이 감사드립니다. 그리고 늘 어려움 속에서도 도움을 주신 박세기 차장님과 송병민 대리님의 우직하심에도 고마움을 전합니다. 어느 누구보다, 저자들의 세세한 요구 사항들을 세심하게 받아들여 주신 편집부의 전채린 대리님의 섬세한 노고와 모든 제작진 여러분들께 깊은 감사를 드립니다. 또한 지난 시간 속에서 언제나 변함없이 힘이 되어준 저자들의 가족의 사랑에 고마움을 느낍니다. 끝으로 저자들은 마음 깊은 곳으로부터 『알짬 시장경제』가 경제학을 공부하는 학생들이 경제학의 우수함을 새롭게 발견하게 되는 소중한 계기가 되기를 바라는 마음입니다.

2015년 7월

아름다운 안성교정을 추억하며

저자들을 대표하여

김 승 욱

차 례

CHAPTER 01 경제학은 현실 경제문제들을 해결할 수 있나? _ 경제학의 역할

CHAPTER 02 시장경제는 어떻게 움직이나? _ 시장경제의 원리

CHAPTER 03 경쟁시장은 꼭 좋은가? _ 시장의 유형과 특징

CHAPTER 04 노동자는 왜 파업을 해야 할까? _ 노동자와 자본가의 몫

CHAPTER 05 사회적 합의는 반드시 어려운가? _ 시장, 정부, 그리고 제도

CHAPTER 08 정부도 파산날 수 있나? _ 공공부문과 재정정책

제 2 판과 제 3 판의 비교표

장	제2판 장 제목		장	제3판 장 제목	비고/제3판 주요 경제 이슈
1	경제 · 경제학이란		1	경제학은 현실 경제문제들을 해결할 수 있나?: 경제학의 역할	자본주의 4.0/ 경제민주화/창조경제
2	시장경제의 원리		2	시장경제는 어떻게 움직이나?: 시장경제의 원리	분양가 상한제/ 전 · 월세 상한제
3	시장경제 원리의 응용	삭제			제2장 시장경제의 원리에 포함
4	시장의 유형과 특징		3	경쟁시장은 꼭 좋은가?: 시장의 유형과 특징	대형마트 의무휴일제/건설사 담합/ 일감 몰아주기/네이버 독점
5	자본가와 노동자의 몫		4	노동자는 왜 파업을 해야 할까?: 노동자와 자본가의 몫	철도파업, 통상임금/ 한국야구위원회 독점/임금피크제
6	시장 · 정부 그리고 제도		5	사회적 합의는 반드시 어려운가?: 시장 · 정부 그리고 제도	밀양 송전탑/포천 송전선로 건설 합의
7	디지털경제와 디지털시장	삭제			제3장 시장의 유형에서 디지털 시장을 포함
8	국내총생산과 물가		6	경기는 왜 오르고 내리지?: 국내총생산과 물가 그리고 성장	냄비속 개구리/ /사회진보지수/고령화/ 고용 없는 성장
9	인플레이션과 실업		7	물가지수와 실업률이 말해주지 않는 것: 인플레이션, 디플레이션 그리고 실업	시간선택제 일자리/비정규직/ 청년실업률/고용률/디플레이션
10	화폐와 금융		9	금융은 화폐현상? 실물현상?: 화폐와 금융	론스타 먹튀/우리은행 민영화/양적완화/ 한국은행 기준금리 인하
11	정부와 재정정책		8	정부도 파산날 수 있나?: 공공부문과 재정정책	사내유보금 과세/ 국가 채무 500조/ 공기업부채/무상복지
12	세계경제의 환경변화	통합	10	글로벌 경제는 기회인가?: 글로벌 무역과 금융	글로벌 금융위기/ 한 · 중 · 일 FTA/ TPP/ 대외부채/WTO체제 변화/ 키코(KIKO)
13	글로벌 무역				
14	글로벌 금융	통합			
15	글로벌경제의 경제정책과 과제				

『알짬 시장경제』 출간에 도움을 주신 분들

저자들은 현실 경제 현안들에 대한 궁금증을 해결하기 위하여 다음과 같은 분들로부터 소중한 도움을 받았습니다. 지면을 통하여 깊은 감사의 마음을 전합니다.

- 공미숙 (통계청)
- 곽민욱 (기획재정부)
- 김대유 (통계청)
- 김동철 (한국거래소)
- 김민수 (한국은행)
- 김상형 (기획재정부)
- 김상형 (기획재정부)
- 김상호 (한국은행)
- 김오균 (기획재정부)
- 김원태 (금융위원회)
- 김은미 (한국거래소)
- 김재현 (한국은행)
- 김정각 (금융위원회)
- 김 철 (한국은행)
- 도유란 (현대경제연구원)
- 박상훈 (한국은행)
- 박성훈 (금융감독원)
- 박세준 (한국은행)
- 박원란 (통계청)
- 박효은 (기획재정부)
- 백윤아 (한국은행)
- 백흥기 (현대경제연구원)
- 손찬남 (한국은행)
- 신명석 (기획재정부)
- 신승철 (한국은행)
- 엄석규 (금융감독원)
- 예우영 (기획재정부)
- 오승준 (금융위원회)
- 온정성 (기획재정부)
- 우상현 (금융위원회)
- 유영삼 (한국거래소)
- 유인욱 (한국거래소)
- 윤옥자 (한국은행)
- 이동화 (금융투자협회)
- 이성복 (금융감독원)
- 이우람 (금융감독원)
- 이윤아 (한국은행)
- 이은숙 (고용노동부)
- 이주훈 (금융감독원)
- 이진석 (통계청)
- 이찬종 (기획재정부)
- 이혜림 (한국은행)
- 이혜진 (금융위원회)
- 전혜영 (금융감독원)
- 정재호 (조세재정연구원)
- 정철환 (금융투자협회)
- 조재현 (금융감독원)
- 최은주 (한국은행)
- 하남영 (한국은행)
- 한윤정 (한국거래소)

(가나다 順)

C·H·A·P·T·E·R

01

경제학은 현실 경제문제들을 해결할 수 있나?

경제학의 역할

우리나라 편의점과 커피전문점 등 전국 200여 곳의 아르바이트생 근로실태를 조사한 결과가 신문에 실린 적이 있다(조선일보 2013년 7월 26일). 이 기사에는 서울 성북구의 한 편의점에서 아르바이트하는 대학생 김모(19)씨의 이야기가 나온다. 김씨는 이날 팔고 남은 도시락 1개와 삼각 김밥 2개를 주섬주섬 가방에 담고 있었다. "주인아저씨가 돈을 더 못 주는 대신, 남는 삼각 김밥을 알아서 먹으라고 해서요. 가족들이랑 나눠 먹는 데 일주일에 1~2번은 남는 게 없어 섭섭해요." 김씨는 지난 몇 달간 평일 오후 6~11시 이곳에서 일하는데, 밤늦게까지 일하지만 시간당 임금은 당시 최저임금(시간 당 4,860원)보다 못한 4,500원을 받고 있다. 근로계약서도 쓰지 않았다고 한다.

이 기사에 따르면 전국의 편의점과 커피전문점, PC방, 패스트푸드점, 그리고 제과점 등 203곳을 취재한 결과, 최저임금을 주지 않는 곳이 전체의 절반도 넘는 105곳(51.7%)에 달했던 것으로 나타났다. 시급이나 근로시간, 그리고 휴일 등 근로조건을 명시하지 않는 곳이 140곳에 달했고, 주휴수당(주 5일간 총 15시간 이상 근무하면 하루 일당을 추가로 지급하는 것)을 지급하지 않는 곳이 190곳에 달했다고 한다. 지역에 따라 시간 당 3,800원을 받는 경우도 많다고 한다.

서울 중랑구에 사는 70세 노인 최대복 씨는 폐지와 폐품을 수거하여 생활하고 있다. 10년 전 두 아들과의 연락이 끊긴 후 최씨는 재활용품을 수거하여 살아가고 있다. 폐지는 kg당 100원, 캔은 200원을 받는다. 고물상협회에 따르면 재활용품을 팔아서 생계를 꾸려가는 사람들이 100만명을 넘는다고 한다. 그러나 최근 개정된 폐기물관리법에 따라 1,000m^2 이상의 고물상은 지자체에 신고를 해야 하고, 막상 신고를 하고 보니까 1992년에 만들어진 주택법에 의해서 주택가의 고물상은 모두 불법인 것으로 나타났고, 이들 고물상에 재활용품을 수거해 생계를 유지해 온 많은 노인들인 더 이상 이 일을 할 수 없게 되었다(QR 코드 1-1 참조).

청년 실업 문제, 노인 복지 문제, 이 밖에도 우리 사회에는 많은 해결해야 할 경제 문제들이 산적해 있다. 전세난, 월세난 문제, 대기업 노조의 파업 문제, 대기업의 담합, 일감 몰아주기, 정년 연장 문제, 무상복지와 노령연금, 밀양 송전탑 건설로 불거진 사회갈등

문제, 1,000조에 이르는 공공부문 부채, 1,100조에 달하는 가계부채 문제, 그리고 인구 고령화와 고용없는 성장 등 이루 헤아릴 수 없는 많은 현실의 경제 문제들이 우리 앞에 놓여 있다.

빠르게 글로벌화 되어가고 있는 지구촌 안에서 글로벌 금융위기가 전 세계로 확산되고, 재정절벽과 양적완화정책, 그 뒤를 잇는 출구전략, 한·중·일 자유무역협정(Free Trade Agreement, FTA) 그리고 각국의 환율전쟁 등 새로운 글로벌 경제 이슈들도 우리에게 새로운 도전으로 다가오고 있다.

이러한 수많은 경제문제들을 우리는 어떻게 이해하고, 어떻게 대처해야 할 것인가. 경제학은 과연 이러한 경제 문제들을 해결할 수 있는가? 이 질문들에 대한 답은 결국 경제학이 제시하여야 한다.

QR코드 1-1: "고물상 퇴출위기... 살길 막힌 폐지줍는 노인들" MBC뉴스, 2013년 8월 23일

'경제'란 무엇인가?

"경제"(economy)라는 표현은 어원학적으로 거슬러 올라가면 "가계를 꾸려 가는 사람"이라는 뜻의 그리스어 oikonomos에서 왔다. 이 단어는 "집"을 뜻하는 oikos와 "관리하다"를 뜻하는 nemein의 합성어인데, "절약" 또는 "잘 관리하다"라는 의미를 나타내기도 한다. 그러니까 "경제"라는 표현은 좁게는 "집안 살림을 잘 하다"라는 의미일 뿐만 아니라, 넓게는 "국가적으로 자원을 잘 관리해 낭비가 없도록 하는 활동 전반"을 가리키기도 한다. "경제"라는 표현이 서양에서 사용되기 시작한 기록은 대략 15세기 중반인 것으로 알려져 있는데, 주로 수도원에서의 금욕적인 생활과 관련하여 사용된 것으로 보인다.[1]

동양에서 "경제"의 어원은 "세상을 다스리고, 백성을 구제한다"라는 의미의 "경세제민(經世濟民)"이다. 경세제민이라는 표현은 중국 고전에서 나오는데, 우리나라에서도 이미 14세기 경제문감(經濟文鑑)이나 경제육전(經濟六典)과 같은 책에 경제라는 표현이 나온 바 있다.[2] 이처럼 "경제"라는 표현은 집안 살림살이를 개선하는 의미에서부터 국가경제 전체를 더 나은 상태로 만든다는 의미까지 포함되어 있다.

경제학을 왜 공부하는가?

경제학은 사람에 따라 다른 의미로 받아들여질 수 있다. 어떤 사람들에게 경제학은 주식, 채권 또는 부동산 등을 통해 "돈을 버는 것"을 의미할 수 있고, 다른 사람들에게는 기업을 어떻게 소유하고 경영할 것인가를 의미할 수 있다. 또한 한 나라의 대통령에게는 새로운 정부 예산안과 사회복지 프로그램을 개발하는 것을 뜻할 수 있다. 이러한 모든 내용들이 경제학의 한 부분에 해당되지만, 경제학은 이보다 더 넓은 범위를 포함한다.

경제학을 가장 간단히 정의하면 "희소성 안에서의 선택을 탐구하는 학문"이라고 할 수 있다. 조금 더 자세히 설명하면 "인간의 무한대한 물질적 욕망을 최소의 수단으로 달성하는 과정을 탐구하는 학문"이라 정의할 수 있다. 우리의 물질적 욕망은 무한하지만, 그것을 달성하는 데 사용될 수 있는 자원은 희소하다. 그렇기 때문에 주어진 자원을 이용해

1 이 밖에도 "경제"라는 표현은 자원을 낭비 없이 활용하는 행위, 저축행위, 한 국가의 경제활동 전반, 또는 특정한 경제체제(예로, 자본주의경제 또는 계획경제 등)를 가리키는 경우에 사용된다. 경제체제를 의미하는 표현으로서의 "경제"라는 표현이 사용된 것은 19세기 내지 20세기에 들어와서이다(Lexico Publishing, dictionary.com).

2 경제문감(經濟文鑑)은 정도전에 의해 태조 4년에 편찬되었다. 경제육전은 정도전과 조준에 의해 태조 6년 편찬된 우리나라 최초의 법전으로서 경국대전(經國大典)의 바탕이 된다(송민, "'경제'의 의미 개신(改新)").

사회 구성원의 물질적인 풍요를 가장 크게 할 수 있는 방법을 찾는 것이 경제학이라고 할 수 있다.

그렇다고 해서 빠른 경제 성장을 달성하는 것만이 경제학의 진정한 목표를 이루는 것이라고는 할 수 없을 것이다. 경제성장으로 빈부의 격차가 심해진다면, 경제학의 목표가 달성되었다고 말하기는 어려울 것이다. 이런 의미에서 경제학의 궁극적인 목표는 "최대다수의 최대행복"(the greatest happiness for the greatest number)을 추구하는 데 있다고 할 수 있다.[3] 경제학이 필요한 이유를 좀 더 자세히 설명해보자.

재화와 서비스

경제활동을 통해 생산되는 상품은 재화와 서비스로 구분될 수 있다. **재화**(財貨, goods)는 빵, 옷, 책, 자동차 그리고 기계 등과 같이 형태가 존재하는 유형(有形)의 상품을 말한다. 재화는 다시 대가를 지불하느냐의 여부에 따라 **자유재**와 **경제재**로 분류된다. 자유재(free goods)는 물, 공기 그리고 태양빛과 같이 무한히 존재하기 때문에 돈과 노력을 들이지 않고도 쉽게 얻을 수 있는 재화를 말한다. 반면에 경제재(economic goods)는 돈과 노력을 지불해야 얻을 수 있는 희소한 재화를 말한다. 예컨대 한강의 물은 자유재이지만, 이 물을 정수한 수돗물은 경제재가 된다.

대도시의 공기 오염으로 맑은 공기가 희소해지면서, 실내에서 공기 청정기를 구입해 사용하는 경우가 많아졌다. 이제 맑은 공기도 경제재가 된 것이다. 물도 마찬가지이다. 유럽에서는 대부분의 물이 석회수이기 때문에 그대로 마실 수 없다. 그러다 보니 유럽에서는 이미 오래전부터 생수가 경제재가 되어 물병에 담겨 판매되어 왔다. 반면에 우리나라의 하천의 물은 정수과정을 거치면 얼마든지 마실 수 있었는데, 언제부턴가 오염이 심해지면서 유럽처럼 생수를 사서 마시는 일이 당연한 것처럼 받아들여지고 있다.

한편, **서비스**(services)는 의사의 진료, 음악가의 연주, 이발사의 이발 그리고 통신과 교통 등과 같이 손으로 만질 수 없는 무형의 상품을 말한다. 경제활동이 분업화될수록 서비스의 형태도 다양해지고, 서비스가 전체 상품에서 차지하는 비중도 높아진다. 사람들의 경제활동의 일차적인 목표는 이와 같은 재화와 서비스의 사용을 통한 만족, 즉 효용의 달성에 있다.

3 영국의 경제학자 Jeremy Bentham(1748~1832)의 표현.

자원의 희소성: 경제문제의 근본원인

행복은 소비 가능한 재화와 서비스의 양에 비례하지만 인간의 욕망에는 반비례한다. 아무리 부자라도 욕심이 많으면 그만큼 행복해지기 어렵다. 아마도 성서에서 "마음이 가난한 자는 복이 있나니 천국이 저희 것이며"라고 한 것도 이러한 이유 때문일 것이다.

결국 개인이든 사회든 경제문제가 생기는 이유는 다음의 두 가지로 정리할 수 있다. 첫째는 인간의 욕망이 무한하기 때문이고, 둘째는 재화와 서비스를 생산할 자원이 유한하기 때문이다. 이 두 가지 중에서 어느 한 가지만 해결되어도 경제문제는 발생하지 않거나 상당히 줄어들 것이다. 만약 우리가 50년 전의 생활수준에 만족할 수 있다면 경제문제의 상당부분은 해결될 것이다. 또는 공기나 물처럼 생산비가 거의 들지 않는 자원이 무한히 존재한다면 절약할 필요가 없으므로 경제문제도 발생하지 않을 것이다. 그런데 현실에서 인간의 욕망은 무한한데 그 욕망을 충족시킬 수 있는 자원은 유한하기 때문에 **경제문제**가 발생하게 된다. 경제학은 이러한 경제문제를 탐구하는 학문인 셈이다.

경제학은 결국 '선택'에 관한 것

최소의 비용으로 최대의 만족을 얻기 위해서는 개인도 신중한 선택을 해야 하지만, 국가 경제 전체 차원에서 볼 때에도 한 국가가 가지고 있는 자원을 최대한 잘 활용해야 한다. 따라서 무엇을 어떻게 생산해야 하고, 또 생산된 재화를 어떻게 나누어야 할 것인가를 선택해야 하는 문제가 발생한다. 그래서 경제학을 '주어진 제약하에서의 선택의 학문'이라고 표현하기도 한다.

경제적 선택의 기준은?

경제학을 선택의 학문이라고 할 때 '선택의 기준'은 무엇인가? 윤리학자의 선택기준은 '어느 것이 옳은가'하는 것이고, 정치가의 선택기준은 '어느 것이 더 국민의 지지를 받을 수 있는가'하는 것이며, 예술가의 선택기준은 '어느 것이 더 아름다운가'일 것이다. 이와 같이 분야마다 선택의 기준이 다르다.

그렇다면 경제적인 선택의 기준은 무엇인가? 그것은 아마도 '어느 것이 더 효율적 또

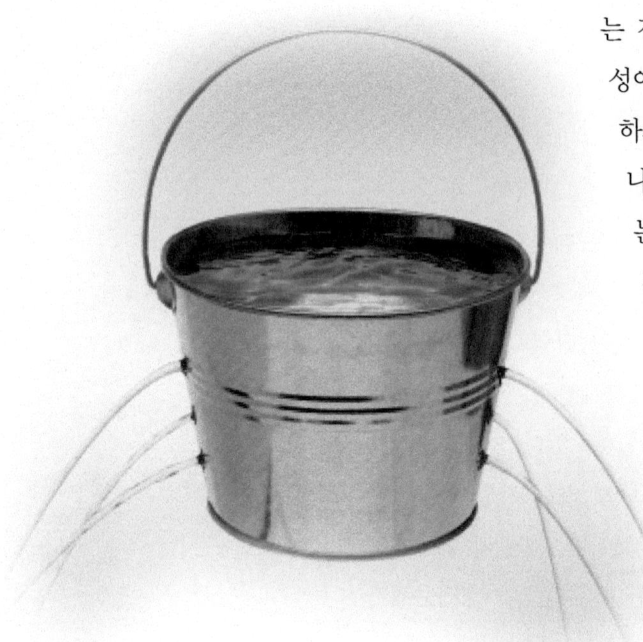

는 경제적인가'하는 것일 것이다. 이때 **효율성**(efficiency) 또는 경제성이란 최소의 비용으로 최대의 효과를 얻는 것을 말한다. 다시 말하자면, 효율적 상태는 더 나은 경우가 존재하지 않는 상태, 즉 더 나은 효과를 얻기 위해서는 반드시 더 높은 비용을 초래해야만 하는 상태이다. 물론 효율성이 경제학에서 유일한 선택기준이 되는 것은 아니다. 사회 구성원간의 **형평성**(equity)도 경제학에서 선택의 기준으로 삼고 있는 중요한 요소이다.

한편, 미국의 경제학자 밀턴 프리드만(Milton Friedman, 1912~2009)은 형평성을 지나치게 강조하는 것은 마치 구멍이 뚫린 양동이로 물을 퍼 옮기는 것과 같다고 말하였다.[4] 물을 다 옮기고 났을 때, 남아 있는 물의 양은 이전에 비해서 줄어들 수밖에 없다는 비유를 통해서 지나치게 높은 세금과 이를 통한 소득재분배가 자칫 생산활동을 저해할 수 있음을 지적한 것이다.

시대를 거슬러 올라가 보면 경제성을 추구하는 것은 현대 사회에서 나타난 한 가지 특징임을 알 수 있다. 건축양식을 예로 들어보자. 건축양식은 그 시대가 추구하는 가치관을 나타낸다. 중세 사회의 대표적인 건축양식인 고딕양식으로 지어진 성당은 천장이 매우 높다. 겨울에 이 높은 실내 공간을 데우려면 많은 열량이 소모될 것이므로 이 건축물은 효율성이라는 것은 염두에 두지 않고 지어졌음을 알 수 있다. 중세 사회가 추구하는 것은 천국이었으므로 천국을 현실 세상에 묘사하고자 하는 것이 성당의 건축물이었다. 반면에 현대의 대표적인 건축물인 고층빌딩은 사각형 모양에 각 층은 매우 낮게 설계되어 있다. 사각형일 때 건축 단가에 비해서 가장 많은 공간이 확보되고, 천장이 낮아야 건축비와 유지비가 적게 든다. 따라서 고층 빌딩은 현대 사회가 추구하고 있는 효율성을 반영하고 있다.

경제적 선택의 기준이 효율성이라고 했는데, 이는 비용과 수익의 분석(cost-benefit analysis)을 통해서 얻어질 수 있다. 즉 어느 선택이 다른 대안에 비해서 효율적인가를 판단하려면, 각각의 대안에 소요되는 비용과 그 수익을 정확하게 계산할 수 있어야 한다.[5] 그래야 가장 효율적인 대안을 선택할 수 있다. 그렇다면 경제적 선택에서 필요한 비용의 올바른 산출방법은 무엇일까?

---

4 Friedman, milton, *Free to choose*, San Diego: Harcourt, 1979.

5 수익(revenue)은 경제활동을 통해서 벌어들이는 수입을 의미한다. 한편, 이익(profit)은 이윤이라고도 하는데, 수익에서 생산 과정에서 발생하는 비용(cost)을 뺀 것을 의미한다. 즉, 이윤 = 수익 − 비용.

선택에서 중요한 비용의 개념은?

사람들이 경제적 선택에서 고려하는 비용을 **기회비용**(opportunity cost)이라고 한다. 기회비용은 언뜻 추상적인 개념으로 들리지만, 실상은 현실에서 사람들이 경제적 선택을 할 때 고려하는 대단히 현실적인 개념의 비용이다. 다시 말하자면, 흔히 생각하듯이 경제학 교과서에서만 강조되는 개념은 아니다. 기회비용은 회계상의 비용, 즉 회계적 비용과는 의미가 크게 다른데, 회계적 비용은 일반적으로 생산활동 등에서 발생하는 원재료비, 인건비 등을 말한다. **회계적 비용**(accounting cost)은 장부상에 기록되는 비용이며, 또한 눈에 보이는 비용이라고 말할 수 있다. 따라서 명시적 비용이라고 할 수 있다.

그러나 사람들이 일상생활에서 경제적 선택을 할 때에는 눈에 보이는 명시적 비용만을 고려하지는 않는다는 점에 유의할 필요가 있다. 한 가지 예를 들어 보자. 어느 길모퉁이에 서 있는 자그마한 건물을 소유하고 있는 부모님께서 건물의 한 켠에 채소가게를 내었다고 가정해 보자. 지난 한 달간의 채소 장사를 결산해 보니까, 채소 구입비, 전기세 등등을 합쳐서 총 300만 원의 비용이 들었다. 한 달간 장사해서 벌어들인 수입이 600만 원이었다면, 부모님은 과연 채소가게로부터 이윤이 난 것일까? 언뜻 보기에는 수입이 600만 원이고, 모든 비용이 300만 원이었으니까 회계장부상에는 300만 원의 이윤이 난 것으로 보일 것이다. 그렇지만, 실제로는 이윤이 나지 않았을 수가 있다. 왜일까?

부모님께서 채소가게를 다른 사람에게 세 놓아 100만 원을 받을 수 있고, 또 두 분이 다른 곳에서 일하면 각기 200만 원씩을 벌 수 있었다면 채소가게를 통해서 벌어들인 300만 원 이윤이 아니라, 부모님께서는 오히려 손해가 발생한 것이 된다. 왜냐하면 채소가게를 직접 하지 않았을 때 벌어들일 수 있는 수입이 500만 원이기 때문이다. 여기서 채소가게를 직접 운영하지 않았을 때 차선의 선택으로부터 얻을 수 있는 수입 500만 원은 채소가게를 직접 운영하는 경우에 일종의 비용의 개념이 된다. 이를 명시적 비용과 구분하여 묵시적 비용이라고 부른다. 채소가게를 직접 경영하는 것으로 인하여 포기해야 하는 수입이기 때문이다. 이와 같이 **경제적 비용**, 또는 기회비용은 명시적(회계적) 비용뿐만 아니라 묵시적 비용도 포함하는 것이다. 그리고 이 경제적 비용이 우리가 경제적 선택을 할 때 고려하는 비용이다.

따라서 앞의 예에서 부모님께서 채소가게를 직접 운영하였을 때의 경제적 이윤은 다음과 같이 계산된다:

경제적 이윤 = 수입 − 경제적 비용

= 수입 − [명시적 비용 + 묵시적 비용]
(경제적 비용 또는 기회비용)

= 600만원 − [300만 원 + 500만 원]

= −200만원 (즉, 손실)

이 경우, 부모님께서 채소가게를 더 이상 지속하는 것이 손해라는 것은 분명하다. 최소 월 800만 원의 수입은 보장되어야 채소가게를 운영하는 것이 합리적이다. 이처럼 설명 방식에 따라 약간의 차이는 있지만,[6] 사람들이 경제적 선택을 하는 데 고려하는 비용은 회계적 비용뿐만이 아니라 모든 기회비용을 포함하는 개념이다.

학생이 대학에 다니는 비용도 마찬가지이다. 먼저 대학에 다니기 때문에 발생하는 회계적 비용은 등록금과 책, 노트 등 학용품 비용 등이 될 것이다. 물론 대학에 다니기 위해서 필요한 숙박비와 용돈, 교통비 등이 소요되지만, 이는 대학에 다니지 않고 직장생활을 해도 마찬가지로 필요하므로 대학 진학에 따른 비용으로 보기는 어렵다. 따라서 만약 연간 등록금, 책 값 등을 합한 비용이 900만 원이라면, 이것이 단순한 회계적 비용이 된다.

그렇다면, 이러한 비용 이외에 대학에 진학하는 데 따른 묵시적 비용은 무엇일까? 그것은 대학진학을 선택했기 때문에 포기할 수밖에 없었던 자신의 수입(收入)이다. 즉 대학생활에 대한 기회비용은 대학진학 대신에 갈 수 있는 차선책으로서 다닐 수 있는 직장에서 받을 수 있는 예상 수입이 된다. 여기서 '차선'이라는 단어에 주의를 기울여야 한다. 기회비용은 여러 대안 중 가장 좋은 것의 가치를 말한다. 예를 들어서 대학을 가지 않고 용접공이 되어 한 달에 200만 원을 벌 수도 있고, 식당에서 배달하고 80만 원 받을

6 회계적 비용은 기회비용 속에 포함시키지 않는 교과서들도 있다. 여기서 중요한 것은 기회비용에 무엇이 포함되느냐라기보다는 사람들의 의사결정에 회계적 비용이 아니라 기회비용이 이용된다는 점이다.

수도 있다. 아니면 아무 일도 하지 않고 집에서 빈둥빈둥 놀 수도 있다. 이때 기회비용이란 이러한 여러 가지 대안 중에서 가장 가치가 높은 것을 말하므로, 이 예에서 200만 원, 즉 1년에 2,400만 원이 대학을 선택한 데 따른 암묵적 기회비용이 된다. 여기에 앞에서 말한 회계적 비용 900만 원을 합한 3,300만 원이 1년간의 대학 생활에 대한 경제적 비용이다.

운동선수의 경우, 대학에 진학하는 데 따르는 기회비용에는 프로팀에서 받을 수 있는 연봉이 포함된다. 그러므로 만약 높은 연봉을 받을 수 있는 선수라면 대학 진학을 선택하는 데 따르는 비용이 그만큼 커지는 것이다. 그래서 많은 프로 운동 선수들이 대학 진학보다는 프로의 길을 택하는 것으로 이해할 수 있다.

경제적 사고를 하는 사람은 기회비용의 개념으로서의 경제적 비용과 대학에서 얻는 혜택(수익)을 비교한 다음에 대학에 진학할 것인가를 결정할 것이다. 그러면 대학졸업의 혜택, 즉 수익은 무엇일까? 먼저 대졸자 프리미엄이 있을 것이다. 즉 월급도 더 많이 받을 수 있고, 승진도 더 빠르고, 더 높은 직책에 올라갈 수 있는 등의 혜택이 있다. 그리고 사회생활이나 결혼 등에서도 유리할 수 있다. 이러한 혜택을 정확히 계산하기란 어렵고, 사람마다 차이가 나고 또 대부분의 경우 사람들은 이런 비용과 혜택을 정확히 계산하지는 않기 때문에 흔히 기회비용의 개념을 사용하지 않는 것처럼 보이지만, 실제로는 대부분의 의사결정 과정에서 기회비용의 개념을 사용하고 있다. 따라서 사람들의 대부분의 경제적 선택은 기회비용을 고려하여 이루어진다고 할 수 있다.

그러나 다른 한 가지 예를 들어보면, 비용을 반드시 기회비용의 개념으로만 정의하기는 어려울지 모른다는 생각을 갖게 된다. 어느 라디오 방송의 새벽 프로그램에 도시 생활에서 행복을 찾지 못한 어느 젊은 부부가 귀농하여 몇 년 간 고생하다가 처음으로 생산한 농산물을 팔아 첫 수입 5백만 원을 벌었다는 이야기가 그 부부의 인터뷰와 함께 전해진 적이 있다. 앞에서 논의한 기회비용의 개념을 적용하면 이 젊은 부부는 직접 농사를 짓는 대신 자

기가 살고 있는 농촌 지역의 공장이나 다른 사무실에서 일하여 5백만 원보다 더 많은 수입을 올렸을 수도 있을지 모른다. 이 경우 농사에 들어간 다른 비용들을 고려하지 않는다고 해도 이들 부부가 얻은 5백만 원의 수입은 결코 손해로 볼 수는 없을지 모른다. 자신들의 노력으로 얻은 첫 결실의 화폐적 가치를 계산하는 것은 어렵기 때문이다. 이처럼 경제학의 이론을 고정된 관념을 가지고 적용하려 하기보다는 세상과 현실을 보다 합리적이고 체계적으로 이해하는 도구로 삼는 것이 올바른 자세가 아닌가 한다.

경제적 사고란?

사람들의 경제활동과 관련한 경제 현상들을 이해하고, 또 보다 나은 경제 여건을 위하여 정책을 펴나갈 때 '경제적 사고'(economic thinking)를 발휘하는 것은 대단히 중요하고 또 유용할 것이다. 경제적 사고란 원인(cause)과 그 원인이 가져올 변화(change)와 영향(effect)에 초점을 맞추어 사고하는 것을 의미하며, 또한 결과 중심적(result-oriented)으로 사고하는 것을 의미한다. 하나의 요인이 가져올 그저 눈앞에 나타날 순간적이고 단순한 변화와 영향에만 얽매이기보다는 보다 근원적으로 그리고 장기적으로 나타날 수 있는 결과까지도 생각할 수 있을 때 비로소 사회구성원들에게 가장 바람직한 선택을 내릴 수 있을 것이다.

앞의 부모님의 길모퉁이 채소가게의 예에서처럼 언뜻 보기에는 부모님께서 이익을 낸 것처럼 생각되지만, 실제로는 손해를 보신 것이고, 따라서 채소가게를 운영하는 것은 바람직하지 않을 것이다. 개인뿐만 아니라 기업과 국가도 경제적 사고를 필요로 한다. 도시에서 길이 막히니까 다리를 더 놓고 길을 뚫으면 당장은 차가 다니기 수월해질지 모르지만, 시간이 지나면서 더 많은 사람들을 유인하게 되어 결과적으로는 도시는 더 복잡해질 것이다. 사람들이 도시에 모여들지 않고도 행복한 삶을 누릴 수 있게 하는 것이 더 바람직한 경제 정책이 될 것이다.

이처럼 경제학은 경제적 사고를 높일 수 있는 훈련의 기회를 제공할 것이다. 우리는 이러한 경제적 사고의 훈련을 통해, 우리에게 주어진 희소한 자원을 가장 바람직한 형태로 배분하여 사회구성원들이 더 나은 삶을 누릴 수 있게 하려는 것이다.

세 가지 경제적 질문들

어느 사회나 국가든 구성원들의 더 나은 경제적 생활을 위해서 노력하지만, 그러한 목적을 달성하는 데 필요한 자원은 한정적일 수밖에 없다. 그렇기 때문에 어느 경우에든 선택을 하지 않을 수 없는데, 그러한 선택들 중에서 가장 중요한 세 가지 경제적 선택이 바로 무엇을 생산할 것인가(상품배합의 선택), 어떻게 생산할 것인가(생산기술의 선택), 그리고 누구를 위하여 생산할 것인가(소득배분의 선택)의 문제이다.

무엇을 생산?

우선, 무엇을 생산할 것인가의 선택은 제한된 자원을 사용하여 사회 안에서 어떠한 상품들이 생산되느냐를 선택하는 문제이다. 당장 소비하는 데 사용되는 소비재를 위주로 생산활동이 이루어질 수도 있지만, 당장의 소비는 줄이더라도 더 많은 상품을 생산하기 위한 자본재(예, 기계나 설비)를 위주로 생산할 수도 있다. 자본재 생산을 늘렸을 때, 기업의 생산성이 높아지고 미래의 소득이 증가할 수 있다. 반면에 자본재 생산보다 소비재 생산에 더 비중을 두는 경우에는 당장 오늘은 더 많은 소비를 누릴 수 있겠지만, 기업의 생산성이 둔화되어 미래 소득이 늘어나지 않게 된다.

또한, 사회 구성원들을 위한 소비재와 전쟁에 필요한 물자 중 어느 쪽에 비중을 둘 것인가도 마찬가지의 선택에 해당된다. 북한 사회가 부족한 물자를 무기 생산에 쏟아 부음으로써 북한 주민들이 충분한 식량을 배급받지 못하여 기아를 경험하고 있는 것은 무엇을 생산할 것인가의 문제가 얼마나 중요한 결과의 차이를 가져오는 지를 보여준다고 하겠다.

어떻게 생산?

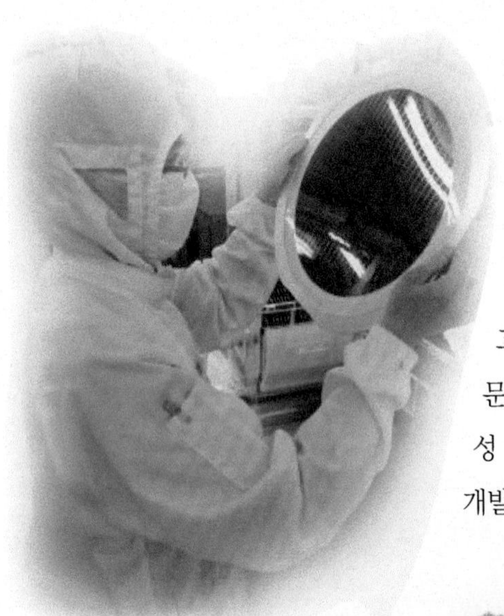

무엇을 생산할 것인가가 결정되면, 그러한 상품들을 어떤 생산방식으로 생산할 것인가의 문제가 대두될 수 있다. 노동을 주로 사용하는 방식을 택할 것인가 아니면 자본을 주로 사용하는 생산방식을 택할 것인가에 따라서 국가 경제의 생산성과 노동과 자본 등의 생산요소의 활용에 차이를 가져올 것이다. 과거에 노동이 풍부하였을 때에는 주로 노동을 많이 사용하는 생산 방식을 선택하였다면, 오늘날에는 발달된 테크놀로지를 필요로 하는 생산 방식이 선택되고 있다. 한 사회가 다가올 미래에 어떠한 생산 방식을 선택할 것인가도 중요한 문제가 된다. 새로운 생산 기술을 개발하고, 이를 파급시키는 것은 기업의 생산성 향상에 중요하게 작용할 수 있기 때문이다. 이러한 이유에서 국가경제의 연구개발(R&D) 투자가 중요하다.

누구를 위해 생산?

세 번째 경제적 질문은 소득분배와 관련된다. 사회 구성원들의 소득분배를 어떻게 할 것인가는 사회의 안정과 발전을 위해서 중요한 문제이다. 부를 소유하고 있는 사람들과 그렇지 못한 사람들간의 소득의 분배를 어떻게 형평성 있게 이루어 갈 수 있는가의 문제는 모든 국가가 당면하고 있는 어려운 문제이다. 생산된 상품과 이를 통해 창출된 소득을 어떤 방식으로 사회 구성원간에 배분하는가는 국가 경제의 생산성과도 밀접하게 연계된다. 앞에서 언급하였듯이 지나친 결과의 평등을 강조하는 것은 국가 경제의 생산성에 부정적인 영향을 미칠 수 있다. 반대로 소득 분배가 지나치게 불균형을 이루게 되면, 이 또한 사회의 안정을 해치고 국가 경제의 생산성에 부정적으로 작용할 수 있다. 따라서 생산성에 부정적인 영향을 미치지 않으면서 사회 구성원의 기본적인 생존권을 보호하고자 하는 것이 모든 국가들에서 중요한 과제가 되고 있다.

경제학에는 어떤 종류의 경제학이 있나?

경제학의 다양한 레시피

경제학은 다양한 분야를 다루는 복잡한 학문체계를 가지고 있다. 흔히 아담 스미스(A. Smith, 1723~1790) 이후의 고전학파와 이를 이어받은 신고전학파 경제학을 주류경제학이라고 한다. 주류경제학은 자유방임의 시장경제가 자원배분을 가장 효율적으로 이룰 수 있다고 믿는다. 그러나 1930년대 발생한 세계대공황은 이러한 자기방임적 시장에 대한 믿음을 약화시켰고, 정부의 역할을 강조하는 케인즈학파(the Keynesian School)가 탄생했다. 이 케인즈학파도 주류경제학에 포함된다.

이 밖에 정치경제학이라고도 불리는 마르크스주의 경제학이 있다. 마르크스주의 경제학은 생산 수단의 공동 소유를 기초로 하는 사회주의적 경제체제가 발전하면 모든 것을 공동으로 생산하고 소유하는 공산주의로 이어진다고 주장하였다. 그러나 "능력에 따라 생산하고, 필요에 따라 분배한다"는 공산주의 원칙이 가지는 모순으로 이상적인 경제시스템을 가져오지는 못하였다.

주류 경제학의 학문체계는 흔히 경제이론, 경제사 및 경제정책으로 분류되는데, 경제이론은 일정한 가정 위에서 논리적인 귀결을 연구하는 반면에, 경제사는 실제 존재했던 경제현상을 연구한다.[7] 그리고 경제정책은 정부의 시장개입을 다루는 분야이다. 우리는 주로 주류경제학의 경제이론을 주로 다루게 되지만, 경우에 따라서는 경제사와 경제정책 및 다른 경제이념에 대해서도 간략히 언급하게 될 것이다.

'어떻다'와 '어때야 한다'

경제학은 종종 규범적(normative)인 내용을 추구하기도 하고 또 때로는 실증적(positive)인 내용을 추구하기도 한다. 규범적이란 주관적 가치관이 개입된 경우를 말한다. 반면에 가치관이 들어가지 않고 현상을 있는 그대로 묘사하는 것을 실증적이라고 한다. 따라서 실증경제학(positive economics)이란 주관적인 가치관의 개입이 없이 경제현상을 있는 그대

7 이와 유사한 것으로 경제학사가 있는데 이는 경제학의 역사, 즉 이론의 역사를 말하므로 경제사와는 구분된다.

로 설명하는 것을 말한다. 예를 들어, 가격이 올라가면 사람들이 상품을 잘 사지 않는다는 현상을 설명하는 '수요의 법칙'도 실증경제학의 한 예가 된다. 일반적으로 이론경제학은 실증경제학의 범주에 속한다.

반면에 규범경제학(normative economics)이란 가치관이 개입되는 경제학을 말한다. 농산물 수입정책의 예를 들어보자. 농산물을 수입하면 농민들에게 피해가 간다. 그러나 도시의 소비자들은 싼 농산물을 먹을 수 있으니 이익이 된다. 또 생계비의 하락으로 임금이 떨어지므로 제조업자들도 이익을 보게 된다. 따라서 농산물수입정책은 농민들의 이익을 우선적으로 고려할 것인가 아니면 소비자나 기업의 이익을 더 중시하느냐에 따라서 결정될 것이다. 효율성을 추구한다면 소비자와 제조업의 이익이 더 크므로 수입을 할 것이고, 형평성을 더 중시한다면 상대적으로 가난한 농민을 우선적으로 보호해야 한다고 주장할 것이다. 이렇게 효율성을 우선할 것인가, 아니면 형평성을 더 중시할 것인가 하는 가치관에 의해서 선택이 달라지는 것은 규범경제학의 범주에 속한다.

작게 그리고 크게

경제학은 다시 미시경제학(micro economics)과 거시경제학(macro economics)으로 구분하기도 한다. 미시경제학은 개별 시장의 관점에서 보는 것이고, 거시경제학은 경제 전체적인 관점에서 보는 것이다. 좀 더 구체적으로 말하자면 어느 개인이 자기 소득으로 어떤 재화를 얼마나 구매하는 것이 가장 행복할까, 또는 기업이 무엇을 얼마만큼 생산해서 얼마 받고 파는 것이 가장 이윤이 많이 생길까 하는 등의 개별 경제주체의 관점에서 경제문제를 보는 것을 미시경제학이라고 한다.

한편, 거시경제학은 국가경제 전체를 연구대상으로 한다. 특히 경제 전체를 나타내는 국내총생산, 물가, 이자율, 환율 등과 같은 주요 거시경제 변수들간의 관계, 경제정책이 이들 변수에 미치는 영향, 경제의 운용방식 등이 거시경제학의 주요관심사이다.

결국 미시경제학은 가계와 기업의 의사결정과정을 분석하고 이들이 시장에서 어떻게 상호작용하는가를

연구하는 분야이고, 거시경제학은 경제 전체에 미치는 변수와 추세에 관하여 연구하는 분야이다. 그러나 미시경제학과 거시경제학은 서로 밀접한 관계가 있다. 왜냐하면, 경제 전체의 변화는 수많은 개인과 기업의 개별적인 의사결정에 의해 이루어지기 때문이다. 따라서 미시적 현상을 고려하지 않고서는 거시적 현상을 이해하기가 곤란하다. 그러므로 미시경제학과 거시경제학의 구분은 설명의 편의를 위한 것이고, 반드시 이분법(二分法)으로 구분되는 것은 아니다. 거시경제학의 토대에는 미시경제학이 존재하고, 미시경제학의 설명들은 거시경제학의 틀 속에 존재한다. 이러한 경제학의 틀을 통해서 우리는 현실 경제 이슈들을 얼마나 잘 이해할 수 있고 또 설명할 수 있을지, 이 질문이 이 책을 통해서 우리 모두에게 던지는 질문이다.

경제학은 어떤 방법을 택하고 있나?

경제모형

앞에서 경제학이라는 학문이 필요한 이유를 경제현상이 매우 복잡하기 때문이라고 했다. 경제학에서는 복잡한 현실을 설명하기 위해 경제모형(economic models)을 만들어 설명한다. 경제모형은 반드시 복잡한 수식이나 그래프를 의미하는 것은 아니고, 경제현상을 결정하는 여러 변수들의 상호관계를 논리적이고 체계적으로 설명할 수 있는 모든 방식을 말한다. 경제모형이 현실 경제를 적절하게 설명해 주기 위해서는 논리의 전개과정이 너무 복잡하지 않아야 하고, 또한 현실 경제를 잘 예측할 수 있어야 한다.

경제모형을 세우기 위해서는 경우에 따라서 복잡한 경제현상을 단순화시키는 가정(假定)이 필요하다. 경제학 이론들은 이러한 가정들을 토대로 하여 만들어지고 쌓아지는 것이다. 예를 들어, '쇠고기의 가격이 오르면 돼지고기에 대한 수요가 늘어난다'라는 설명에서는 돼지고기의 수요에 영향을 줄 수 있는 다른 모든 변수들은 변하지 않는다고 가정한다. 이것을 '다른 모든 조건이 일정하다는 가정'(ceteris paribus: 라틴어 케이터리스 패리부스, 영어로는 other things being equal)이라고 한다. 이러한 가정들은 순전히 설명을 단순화하기 위한 것이며, 대부분의 경우 현실을 크게 왜곡시키지 않는 것들이다.

경제학에서는 일반적으로 인간은 합리적이라고 가정한다. 또한 소유권은 완전히 규정되어 있고, 소유권을 행사하는 데 별다른 비용이 들지 않으며, 정부는 중립적인 자세를

갖고, 또한 소비자들의 선호도 어느 정도 기간 동안에는 변하지 않는다는 등 수많은 가정을 한다.[8]

그러나 이러한 가정들은 엄밀한 의미에서는 옳지 않다. 왜냐하면 현실적으로 인간은 별로 합리적이지도 못하며, 소유권은 완전히 규정되어 있지도 않고, 소유권을 행사하는 데는 실제로는 비용이 든다. 그리고 개인의 선호는 변하는 것이 일반적이다.

이렇게 가정이 항상 옳은 것은 아니지만 이러한 가정을 토대로 한 단순화된 경제모형을 가지고 경제적 선택의 논리를 설명하는 것은 큰 문제를 초래하지는 않는다. 그 이유는 설명에 영향을 주지 않는 현상들은 고려하지 않아도 좋기 때문인데, 예를 들어 지도를 그리는 경우 지구는 평평하다는 가정을 하는데, 실제로 지구는 둥글지만 그리는 부분은 지구 전체적으로 볼 때 극히 적은 부분이므로 평평하다고 가정해도 무방할 것이다. 이와 마찬가지로 경제현상에서 예외적인 부분은 무시하고 단순화하는 경우가 많다.

그러나 한 가지 중요한 것은 이러한 가정들이 반드시 현실적이어야 한다는 것이다. 가정들이 현실적이지 못하면 그 가정들을 토대로 쌓아 올린 모든 이론과 설명들이 지탱될 수 없기 때문이다. 예를 들어, 경제학 이론은 기업이 이윤극대화를 추구한다든가, 소비자는 자신의 효용을 극대화하는 형태로 소비를 한다는 식의 가정을 하지만 현실에서는 기업이 당장 이윤극대화를 목표로 하지 않고, 기업의 규모 확장을 목표로 삼는 경우도 있다. 그러나 기업의 규모 확장도 장기적으로 이윤을 추구하기 위한 수단이므로 기업은 이윤극대화를 추구한다고 가정해도 큰 무리가 없다. 또한 개인의 소비행위도 자신의 만족을 극대화시키기 위해서라고 가정해도 평균적으로는 별 문제가 없다. 이와 같이 현실을 잘 설명하기 위해서는 경제모형에서 사용되는 가정이 현실적이어야 한다.

좋은 경제모형은 예측력이 있어야 한다. 경제모형이 아무리 산뜻하게 단순화되었다 해도 미래에 대한 예측력이 없다면 쓸모가 없다. 그런데 어떤 경제변수, 예를 들어 환율 또는 이자율 등의 수준을 정확하게 예측하는 것은 쉬운 일이 아니다. 다만, 경제모형은 여러 경제변수들의 상호 관계에 대한 이해를 토대로 하여 이들 경제변수의 변화 방향만을 예측하는 것으로 이해하는 것이 옳다. 실제로 많은 경제 관련 기관들이 각 경제지표의 정

8 인간이 합리적이라는 의미는 경제주체인 인간이 경제적 선택을 할 때 이해관계를 잘 따져보고 자신에게 가장 유리한 선택을 한다는 의미이다. 오늘날 자본주의 사회에서는 인간을 합리적인 존재로 가정해도 큰 문제가 없다. 그러나 허쉬만(Albert Hirshman, 1915~2012)이 그의 책 「열정과 이해」(*The Passions and the Interests: Political Arguments for Capitalism before Its Triumph*, 1977)에서 지적한 바와 같이 자본주의 사회에 들어오기 이전에는 인간의 의사결정에 큰 영향을 미친 것은 이해관계가 아니라 이념(ideology)에 대한 열정(passion)이었다. 그 시대에는 이해관계를 따라서 행동하는 것은 수치스러운 일이었다. 예를 들면 이웃 장원의 영주가 계급을 더 올려 준다고 자기의 영주를 배반하는 기사에게는 배반자의 낙인이 찍히는 것이다. 심지어는 상인들의 이윤추구 행위도 '여우가 썩은 고기를 탐하는 추악한 행위'라고 인식했던 중세사회에는 인간을 합리적 경제행위를 한다고 가정하기 힘들지도 모른다. 그러나 심지어 이러한 중세 또는 고대사회에도 무엇을 소비하고, 무엇을 생산할 것인가 하는 경제적 의사결정에는 합리성이 가장 큰 기준이었을 것이라고 판단하고 있는 경제사학자들도 있다.

확한 수준을 예측하기 위해서 통계자료를 가지고 이른바 계량경제학이라고 하는 통계적 기법으로 추정하지만 실제로는 발표기관에 따라 많은 차이를 보이는 것이 현실이다.

표현 방법

경제현상을 설명하는 경제이론은 세 가지 방법으로 표현될 수 있다. 첫째는 말로써 표현하는 서술적 방법이다. 예를 들어 "쇠고기의 가격이 오르면 쇠고기의 수요량이 줄고, 반대로 가격이 내리면 수요량은 늘어난다"라는 서술적 표현방법이다.

두 번째 방식은 수리적으로 표현하는 방법이다. 예를 들어, 수학에서 다음과 같은 함수 표현이 사용되는데,

$$D = f(p),\ f' < 0$$

이 표현의 의미는 '수요량(D)은 가격(p)의 함수인데, 그 해당 함수의 기울기를 의미하는 일차 도함수가 영(0)보다 작으므로 가격과 수요량은 반비례한다'는 것이다. 이렇게 수리적 방법을 사용해서 앞의 수요법칙을 설명하면 매우 간결하고 정확하게 표현할 수 있다. 반면에 수학 지식이 부족하면 함수로 표현된 내용을 이해하기 힘들다는 단점이 있다. 오늘날 경제학에서는 수리적인 방법이 많이 이용되고 있어 경제학을 전공하지 않은 사람들에게 경제학이 난해한 학문으로 인식되는 경향이 있다. 그러나 수리적 표현은 경제학을 어렵게 만들기 위한 것이 아니라, 경제학을 간결하고 정확하게 표시하기 위한 방법이라는 점을 이해하면 좋을 것 같다.

셋째는 기하학적 방법으로서 그래프를 활용하는 것이다. 예를 들어 앞의 수요법칙을 그래프로 표현하여 가격이 오르면 수요량이 줄어드는 우하향하는 그래프로 보일 수 있는데, 한 눈에 의미하는 바를 전달할 수 있다는 장점을 갖는다. 그러므로 그래프가 가지는 기본 가정을 유의한다면, 그래프는 경제 현상을 이해하고 설명하는 유용한 수단이 될 수 있다. 이 책에서는 주로 서술적인 방법을 사용하고, 가능한 한 기하학적 방법이나 수리적 방법은 사용하지 않으려고 노력했다. 그러나 그래프나 수식의 사용을 통해 보다 정확하고 쉽게 독자들을 이해시킬 수 있다고 생각되는 부분은 충분한 설명과 함께 그래프나 수리적 표현의 도움을 구했다. 서양 격언에 "숫자는 거짓말을 하지 않는다"(Numbers never lie)라는 표현이 있다. 숫자와 그래프는 우리의 경제학을 보다 강한 설명력의 학문으로 만들어 주리라고 믿고 있다.

우리 경제학의 과제

우리 사회는 과거 그 어느 때보다 다양하고 또 중요한 경제 문제들을 마주하고 있다. 영국의 저널리스트 아나톨 칼레츠키(Anatole Kaletsky)는 그의 저서 『자본주의 4.0』(*Capitalism 4.0: The Birth of a New Economy in the Aftermath of Crisis*)(2010)에서 자본주의가 1930년대까지의 자유방임시대에서 대공황 이후의 정부 개입을 강조한 수정자본주의, 그리고 1970년대 스태그플레이션 이후의 마가렛 대처(Margaret Thatcher)와 로널드 레이건(Ronald Reagan) 시대를 거쳐 새로운 형태로 발전하여야 한다고 주장하였다. 그에 따르면 앞으로의 '자본주의 4.0'은 2008년에 발생한 글로벌 금융위기와 같은 문제를 해결하기 위해서는 규모는 작지만 역할이 큰 정부가 필요하다고 주장하고 있다. 우리 사회에서도 자본주의의 새로운 방향에 대한 논의가 활발하게 진행되고 있다. 또한 정치권과 시민단체를 중심으로 대기업에 쏠린 부의 편중현상을 법으로 완화해야 한다는 이른바 '경제민주화'를 주장하고 있다.

2013년 2월 출범한 박근혜 정부는 '창조경제론'을 국정운영 전략으로 강조하였는데, 이는 영국의 경영전략가인 존 호킨스(John Howkins)의 저서 『창조경제』(*The Creative Economy: How People Make Money From Ideas*)(2001)에서 유래한 것으로서 '경제 성장과 고용을 가져올 수 있는 지식기반의 새로운 것을 창출하는 경제'를 의미한다. 이처럼 우리 사회는 수많은 새로운 경제 현상과 해결해야 할 경제적 문제들을 안고 있다. 박근혜 대통령의 탄핵으로 탄생한 문재인 정부는 "부의 양극화와 경제적 불평등이 세계에서 가장 극심한 나라가 됐다"며 해법으로 '사람 중심 경제'와 '혁신적 포용국가'를 제시했다. 문 대통령은 "공정하게 경쟁하는 공정경제를 기반으로 혁신성장과 소득주도성장을 통해 성장을 지속시키면서 '함께 잘 사는 경제'를 만드는 것"이라며 '혁신적 포용국가론'을 제시하였다.

과거 서구의 경제학 이론을 받아들여 아직 우리 현실에 맞게끔 경제학을 '한국화'하지 못한 측면이 있다. 그 결과 경제학이 우리말과 괴리된 용어들(예로, '한계'라는 표현은 일본 경제학자들이 영어에서 '추가적인' 이라는 의미를 갖는 'marginal'이라는 표현을 적절하지 못하게 번역한 것을 그대로 받아들인 것으로 보인다)로 가득한 실정이다. 또한 서구의 경제 현실과 우리의 경제 현실의 차이도 제대로 반영하지 못하고 있는 것이 사실이다. 미국 MIT 경영대학원 앤드류 로(Andrew Lo) 교수는 "경제학자는 경제학이라는 어려운 과학적 공식을 사회가 요구하는 문제를 해결하는 데 쓸 수 있도록 해석해서 세상에 변화를 만들어 내야 한다"고 지적하였다. 정말로 경제학의 이론들이 우리 사회의 다양한 경제문제들을 이해하고, 나름의 해답을 제시할 수 있게끔 우리 경제 현실의 문제들을 바라다보는 것으로부터 경제학 공부가 시작되어야 할 것으로 보인다.

SUMMARY

오늘날 우리 사회는 수많은 경제 이슈들을 가지고 있다. 청년 실업, 노인 복지, 대기업의 골목 상권 장악, 노사 분규, 고용 없는 성장, 자유무역협정 등등 셀 수 없을 만큼의 새로운 경제 이슈들이 매일매일 쏟아져 나오고 있다. 경제학은 현실의 경제 이슈들을 얼마나 잘 설명할 수 있을까? 경제학은 '사회과학의 여왕'이라는 칭송을 과연 받을 자격이 있을까? 경제학은 인과 관계에 초점을 맞추고 있고, 또 결과 지향적인 사고를 요구하고 있기 때문에 이러한 경제 이슈들의 원인과 의미 그리고 가능한 해법을 경제정책의 형태로 제시할 수 있는 잠재력을 가지고 있다. 그렇지만, 우리가 경제 이론을 단지 이론으로만 가슴에 품고 있다면 경제학은 그 효용성을 충분히 발휘하지 못할 것이다. 조금 더 현실 경제 이슈들에 관심을 가지고, 적극적으로 경제 이론을 적용하려고 노력할 때 비로서 경제학은 실용적인 사회과학의 분야로서 빛을 발휘할 수 있을 것이다.

KEY TERMS

경제	희소성	묵시적 비용
경세제민	경제적 선택	경제적 이윤
경제학	효율성	주류경제학
최대다수의 최대행복	형평성	실증경제학
재화	Milton Friedman	규범경제학
자유재	기회비용	미시경제학
경제재	회계적 비용	거시경제학
서비스	명시적 비용	창조경제

QUESTIONS

1. 경제학이 필요한 이유는 무엇이라고 생각합니까?

2. 기회비용을 정의하고 이에 대한 예를 하나 들어보시오.

3. 좋은 경제모형이 되기 위한 조건은?

4. 미시경제학과 거시경제학의 관계는?

EXERCISES

1. 여러분이 생각하기에 우리 사회의 중요한 경제 이슈에는 어떠한 것들이 있습니까?

2. 여러분은 경제 이슈에 대한 정보를 주로 어떻게 접하고 있습니까?

3. 다음 설명에 동의하는지, 또는 동의하지 않는지를 말하고, 그 이유를 설명하시오.

   "소값이 지나치게 떨어지면 농민들에게 어려움이 있으므로 소값에 대한 정부의 가격조정은 필요하지만, 지하철요금과 같은 공공요금의 경우에는 가격규제가 바람직하지 않다."

C·H·A·P·T·E·R

02

시장경제는 어떻게 움직이나?
시장경제의 원리

토의주제

분양가상한제는 서민들에게 도움을 주는가?

· 지지: 주택가격을 제한하여 서민에게 도움을 준다.

· 반대: 주택공급을 제한하여 오히려 집값 상승을 가져온다.

우리나라처럼 부동산 문제로 온 나라가 떠들썩한 나라가 또 있을까? 2017년 5월 문재인 정부 출범 이후에도 분양가상한제와 관련한 논란이 다시 뜨거워지고 있다. 2018년 6월 기준으로 우리나라 수도권(서울, 인천 및 경기도) 인구는 약 2천 5백 8십만 명으로 전체 인구의 49.7%에 이르고 있다. 이렇게 많은 인구가 수도권에 살고 있으니, 주택 문제가 언제나 중요한 이슈가 되는 것은 어쩌면 당연한 일이다. 사람은 많고, 집은 부족하니 오랜 세월 집값은 오르기 마련이었다. 그러나 집값이 오르면 서민들의 주택 마련의 꿈은 점점 더 멀어지게 되니 사람들의 불만이 높아질 수밖에 없다. 반면에 집값은 오르지 못하게 억제하는 것도 많은 문제들을 가져올 수 있다.

부동산 시장 과열기에 도입된 규제 정책의 하나가 이른바 분양가 상한제이다. 원래는 분양원가연동제라는 이름으로 1989년 주택법 개정에 따라 공공택지를 공급받아 건설하는 공동주택(주로 아파트)에 한하여 적용된 제도이다. 이 제도에 따른 분양가격 산정은 '건축비'에 '택지비'를 합산하는 방식으로 계산된다. 건설사가 이 제도에 적용되는 주택을 분양할 때는 산정된 분양가격 이하로 공급하여야 한다. 그 후 1990년대 후반 외환위기로 주택경기가 침체되면서 1999년 국민주택기금을 지원받는 공동주택 외에는 분양가격의 전면 자율화가 실시되면서 사라졌다가 2005년 다시 부활되었는데, 2007년 분양가상한제로 바뀌어 적용되어 왔다. 그 후 2015년에 폐지되었던 이 제도는 문재인 정부의 2017년 8.2부동산 대책 후속 조치로 부활되었다. 아직까지도 이 제도에 대한 논란이 끊이지 않고 있다.

이 제도의 폐지를 주장하는 측은 분양가를 시장경제의 원리에 따라 시장에 자율적으로 맡기는 것이 건설사들로 하여금 주택공급을 늘리게 하고, 건설 경기를 활성화하는데도 기여할 것이라는 입장인 데 반해, 분양가상한제를 유지하여야 한다는 입장을 가진 측에서는 겨우 안정세를 나타내는 집값을 또다시 들썩이게 한다는 주장이다.

분양가상한제와 연관되어지는 것이 전월세상한제이다. 수도권을 중심으로 한 전월세의 고공행진이 계속되는 가운데 분양가상한제가 폐지되어 주택가격이 오르면 부동산 매매시장이 더욱 위축되고 전월세에 대한 수요 증가로 전월세 상승으로 이어질 것이기 때문에 이참에 전월세상한제도의 도입이 필요하다는 주장이다. 분양가와 전월세가를 시장의 자율에 맡기는 것이 좋을까 아니면 정부가 시장에 개입하여 가격을 조정하는 것이 바람직할까? 이러한 주장들의 배경은 무엇이고, 또 경제학은 이 문제에 대하여 어떠한 답을 제시할 수 있을까?

QR코드 2-1: "분양가상한제, 무엇이 문제인가", tbs TV, 2013년 3월 11일

'시장경제'란 무엇인가?

시장경제란?

일반적으로 시장(market)이란 수요자와 공급자가 모여서 매매가 이루어지는 장소를 말한다. 그러나 경제학에서 말하는 시장이란 동대문시장, 가락동 농수산물시장, 증권시장 등과 같은 구체적인 시장(formal market)을 말하는 것이 아니다. 경제학의 시장은 사려는 사람과 팔려는 사람이 존재하는 상황을 말한다. 즉 경제적 의미에서의 시장은 반드시 물리적으로 존재하는 실제 공간을 필요로 하는 것은 아니다.[1] 한편 사이버시장은 물리적으로 존재하지는 않지만 실제로 거래가 일어나므로 구체적인 시장(formal market)이다.

■ Douglas North (1920~)

시장경제(market economy)란 개인이 부(富)를 사유(私有)하고, 소유자의 자발적인 의사에 따라 그것이 활용되고 교환되는 경제를 말한다. 1993년 노벨 경제학상 수상자인 더글러스 노스(Douglass North)는 배타적 공유권이라고 하는 소유권 혁명으로 인해서 인류 문명의 기점이 되는 신석기 혁명이 가능했다고 주장했다. 그리고 오늘날 풍요로운 물질문명을 가능하게 한 것도 과학지식에 대한 소유권을 인정하는 특허법 등의 발달로 과학지식이 산업에 응용되었기 때문이라고 주장했다. 이렇게 인류 역사의 발전을 소유권의 발전으로 설명하고 있다.

시장경제에서는 수요와 공급의 보이지 않는 힘에 의해서 가격이 결정되고, 이 가격이라는 신호(signal)에 의해서 생산 및 분배 등 주요한 경제적 의사결정이 이루어진다. 이러한 기능을 시장기능(market mechanism) 또는 가격기능(price mechanism)이라고 한다. 또한 시장경제에서는 경쟁을 긍정적으로 인식하고 수용한다. 개인의 업적이 경쟁에 의해서 평가되고, 경쟁을 통해서 생산자는 소비자의 취향에 맞추려고 노력하게 된다. 따라서 경쟁이란 가장 성과가 좋은 것을 발견해 내는 발견적 절차이다. 각자의 평가가 다르고 저마다 자기 것만을 소중히 여기는 자유방임적 사회에서 경쟁을 통해서 성과를 가르기로 합의한 것이

1 경제학에서 시장은 크게 ① 생산물시장(output market), 그 생산물을 생산하는 데 필요한 노동, 토지, 자본과 같은 ② 생산요소시장(factor market), 그리고 금융자산의 시장인 ③ 화폐시장(money market)으로 나눈다.

바로 시장경제체제이다.

이 경쟁을 통해서 인간은 잠재력을 발휘하게 되고, 그 결과로 경쟁이 희소성의 문제를 해결하는데 탁월한 기능을 하게 된다. 사용자가 경쟁을 하게 되면 노동자를 착취하지 못한다. 임금을 낮추면 노동자가 다른 직장으로 가기 때문이다. 따라서 노동시장의 경쟁은 오히려 노동자를 보호한다. 그리고 경쟁을 통해서 자원배분을 하지 않으면 정부에 의해서 강제적으로 나누어야 한다. 따라서 경쟁은 자발성을 높인다는 면에서 강제보다는 낫다.

■ 가락시장

시장경제와 반대되는 개념은 계획경제(planned economy)이다. 계획경제로 운영된 사회주의 국가에서는 당국의 계획이나 명령에 의해서 중요한 경제적 의사결정이 이루어진다. 가격도 시장에서 결정되는 것이 아니라 정부가 임의로 결정한다. 예를 들어 구소련에서는 소비재의 사용을 억제하기 위해서 생필품 가격을 높이 책정한 반면, 사회주의 체제의 우월성을 드러내기 위해 과학기술의 보급을 장려할 필요가 있었으므로 교육의 가격은 낮게 책정했다.

시장경제의 형태가 한 가지만 있는 것은 아니다. 시장경제는 각 국가의 역사적, 사회적 그리고 정치적 배경에 의해서 여러 가지 형태를 갖는다. 18세기 산업혁명으로 '세계의 공장'이 된 영국은 자유무역을 통한 국부 창출에 유리한 자유방임적 경제이론을 선호하였다. 이로부터 유래한 것이 영미식 자유방임적(laissez-faire) 시장경제 형태라고 할 수 있다. 반면에, 영국, 프랑스 및 네덜란드 등 식민제국들 사이에서 생존하여야 했던 독일로서는 국가가 중요한 역할을 하며, 시장의 질서를 강조하는 사회적 시장경제 또는 질서주의 시장경제 이념을 발전시켰다.[2]

영미식 자유방임적 시장은 개개인의 이윤추구를 최우선으로 하는 반면에 사회적 시

2 독일식 시장경제를 사회적 시장경제(Soziale Marktwirtschaft)라고도 부른다. 사회적 시장경제에 기반을 두고 있으며, 사회주의 경제와는 다르다.

장경제는 사회 전체의 공동이익을 최우선으로 한다. 또한 자유방임적 시장이 시장의 절대적 자율성을 강조한다면, 질서주의 시장경제는 시장이 작용하는 원칙과 규범을 정한 후에 그 틀 안에서 시장이 자유롭게 작용하도록 한다.

사회적 시장경제의 중요한 요소로는 건전한 국가재정, 노사간의 사회적 파트너십과 자율적 임금조정, 경쟁을 통한 혁신의 달성, 노동시장에서의 동등한 기회와 교육, 물가 안정에 초점을 둔 금융정책, 방향을 제시하지만 개인적인 삶의 다양한 영역에는 간여하지 않는 '강한' 국가 그리고 질서정책 등이다.[3]

■ 무질서한 상가 건물의 간판들

독일의 질서주의는 경제 정책뿐만 아니라 독일 시민

3 콘라드 아데나워 재단(Konrad Adenauer Stiftung).

들의 사회 생활속에서도 자리 잡고 있다(오른쪽의 뮌헨 시내의 자전거 이용자들이 질서있게 신호를 기다리고 있는 모습 참조)

■ 한 줄로 서서 질서 정연하게 신호를 기다리고 있는 독일 뮌헨의 자전거 이용자들

시장경제의 장점과 단점은?

시장경제의 첫 번째 장점은 자원배분을 효율적으로 할 수 있다는 것이다. 시장기능에 의해서 경제문제를 해결하는 것이 정부의 강제에 의존하는 계획경제보다 효율적(efficient)이라는 것은 구공산주의 국가들의 경험을 통해서 증명되었다. 즉 경제주체들이 자신의 개인 이득을 위해 자발적인 의사결정을 하게 되면 결국 사회적 이득도 극대화된다는 것이다.

이와 같은 시장 기능을 스코틀랜드의 경제학자 아담 스미스(Adam Smith)는 '보이지 않는 손'(an invisible hand)이라고 불렀다. 보이지 않는 손은 결국 시장의 가격 기능을 의미한다. 공급이 수요를 초과하면 가격이 내리게 되어 지나치게 많은 공급량을 줄이고, 반면에 수요량은 늘어나게 된다. 사람들이 많이 원하는 상품은 가격이 오르게 되어 더 많이 생산되고, 그렇지 않은 상품들은 가격이 내리게 되어 생산도 줄게 된다. 이러한 의미에서 시장은 생산자들로 하여금 소비자들이 원하는 상품을 적절하게 생산하게 함으로써 자원배분을 효율적으로 하게 된다.

시장경제의 두 번째 장점은 소비자주권(consumer sovereignty)이 보장된다는 점이다. 소비자주권이란 자원배분에 소비자의 선호가 존중되고 반영되는 현상을 말한다. 배급과 강제에 기초한 계획경제에서는 소비자들의 선호가 반영되지 않지만 시장경제에서는 소비자들이 자신의 자발적 교환을 통해서 자신의 선호를 표현할 수 있다.

그러나 시장경제가 문제점이 없다는 것은 아니다. 시장경제는 효율성을 높이는 데는 효과적이지만 형평성(equity)을 보장해 주지는 못한다. 자유방임적 시장경제에서는 개인들의 능력 차이나 이미 축적된 부에 따라 소득의 격차가 심화될 수 있다.

따라서 시장경제는 효율성과 형평성을 어떻게 조화를 시킬 것인가를 고려해야 한다. 이러한 이유로 자본주의 사회에서도 의무교육제도 및 사회보장제도 확대를 통한 생활수준 보장, 최저임금제 등의 복지정책이 필요하다.

■ Adam Smith (1723~1790)

ECONOMIC EYES
경제의 눈

■ Max Weber (1864~1920)

자본주의 정신

성공적인 자본주의는 그 나라의 전통, 역사 그리고 그에 따른 사회적 가치관과 조화를 이룰 때만이 가능하다. 예를 들어, 미국이 자유방임적 시장경제를 채택할 수 있었던 것은 부존자원이 풍부했을 뿐만 아니라, 넓은 국토를 토대로 국민 개개인이 기본적인 경제활동의 여건을 고루 누릴 수 있었기 때문이다. 반면에, 주어진 경제 여건이 그렇지 못했던 유럽의 국가들의 경우에는 제도와 규범의 발달을 통해서 비로소 경제활동의 혜택이 국민들에게 고루 돌아갈 수 있었다.

이처럼 자본주의는 각 국의 여건에 따라 다른 모습으로 발전해 왔다. 하지만 근간을 이루는 '자본주의 정신'은 다르지 않다. 독일의 막스 베버(Max Weber)는 그의 저서 『프로테스탄티즘의 윤리와 자본주의 정신』에서 '자본주의 정신'은 합리주의에서 나온다고 했다. 참다운 자본주의 정신은 무제한적인 이윤의 추구와 동일시돼서는 안 되며, 오히려 이러한 충동을 억제하거나 합리적으로 조절하는 것이 자본주의 정신의 근본이라고 했다. 생활의 절제, 직업에 대한 소명의식, 그리고 합리적 부기(簿記)와 노동계약 등이 자본주의를 뒷받침하는 중요한 요소라고 지적했다.

막스 베버의 이러한 '자본주의 정신'을 토대로 우리경제의 현주소를 진단해 보는 것은 한국 경제의 장래를 조망하는 데 중요한 요소가 될 수 있다. 에너지소비의 97%를 수입에 의존하고 있는 우리나라는 한 해 1,500억 달러(2014년 기준)에 달하는 에너지를 수입하고 있다. 이는 우리나라 전체 수입액의 3분의 1에 가까운 수치이다. 그럼에도 불구하고 아파트에서는 겨울에도 반 팔 옷을 입을 정도로 에너지 낭비가 심하다. 유럽 국가들을 방문하면 받게 되는 첫 인상이 도시가 무척 어둡다는 것이다. 이는 우리나라의 대도시들과는 사뭇 대조적이다.

세상에는 공산주의로 망한 나라보다 자본주의로 실패한 나라들이 더 많다는 사실을 역사의 교훈으로 삼아야 할 것으로 보인다. 우리경제의 불합리한 점들을 찾아 고쳐나갈 때 비로소 한국경제가 다시 경쟁력을 찾는 것이 가능해질 것이다.

이러한 정책은 국가의 부를 늘리는 데는 직접적인 효과가 없을 수도 있지만 기회의 보장을 통해 형평성을 높이는 효과를 가져올 수 있다.

시장경제의 발전

지난 15세기까지는 동양이 서양보다 문명의 발달 정도나 소득수준이 더 높았다. 그런데 16세기 이후에 점차 반전되어 19세기 이후에는 동양의 많은 국가들이 서구의 식민지가 되었고, 오늘날 세계는 서양이 동양에 비해서 소득수준이 높다. 왜 15세기 이후에 서양이 중국이나 인도 등 4대 문명의 발상지인 동양보다 경제성장률이 빨랐는가?

서양에서도 18세기 이후에 지역별로 경제성장률이 달라진다. 왜 개신교 지역(영국, 네덜란드, 독일, 미국)이 구교 지역(프랑스, 스페인, 이탈리아)보다 경제성장이 빨랐는가? 그리고 비슷한 조건임에도 불구하고 북미의 성장이 중남미보다 빨랐는가? 공산주의 진영과 자본주의 진영의 경제성장이 차이가 나는 이유는 무엇인가? 경제성장의 동인은 무엇인가? 그리고 경제적 성취의 차이가 지역별로 발생하는 이유는 무엇인가? 이러한 질문들에 대한 답을 찾기 위해서는 오늘날 전 지구적으로 확산되고 있는 시장경제 발전의 계기와 그 과정을 살펴볼 필요가 있다.

자본축적

전통적으로 마르크스나 19세기의 경제사학자들은 상품경제의 발전이 근대적 자본주의를 탄생시켰다고 보았다. 유럽에서 중세사회가 변화한 이유는 봉건 사회가 안정되어 생산력이 증진됨에 따라 잉여생산물의 교환이 증가하면서 국지적 상업이 발달하면서 순회상인(itinerant merchant)이 등장했고, 원격지 상업과 도시동맹이 발달했기 때문이다. 이렇게 상품생산이 발달하면서, 상업이 발달하고, 그 결과로 분업과 전문화로 인해 생산성이 높아졌다. 그리고 시민계급이 형성되어 자본주의가 등장하게 되었다고 설명한다.

■ 순회상인(itinerant merchant)

ECONOMIC EYES
경제의 눈

아담 스미스의 '보이지 않는 손'

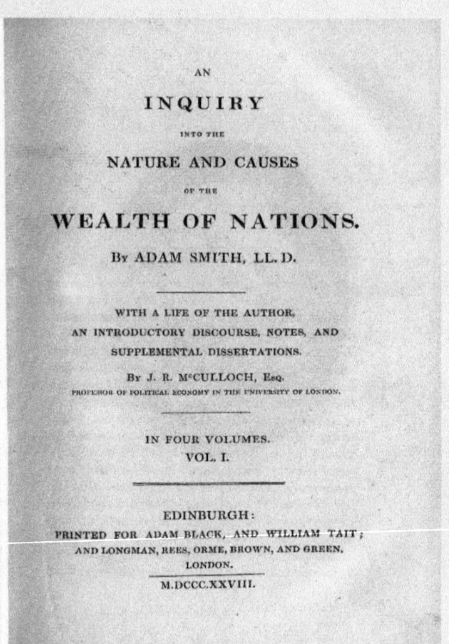
AN
INQUIRY
INTO THE
NATURE AND CAUSES
OF THE
WEALTH OF NATIONS.
BY ADAM SMITH, LL. D.
WITH A LIFE OF THE AUTHOR,
AN INTRODUCTORY DISCOURSE, NOTES, AND
SUPPLEMENTAL DISSERTATIONS.
BY J. R. McCULLOCH, Esq.
PROFESSOR OF POLITICAL ECONOMY IN THE UNIVERSITY OF LONDON.
IN FOUR VOLUMES.
VOL. I.
EDINBURGH:
PRINTED FOR ADAM BLACK, AND WILLIAM TAIT;
AND LONGMAN, REES, ORME, BROWN, AND GREEN,
LONDON.
M.DCCC.XXVIII.

아담 스미스는 스코틀랜드의 커크캘디(Kirkcaldy, Fife, Scotland)에서 태어났다. 그의 정확한 출생일은 알려져 있지 않으나, 1723년 6월 23일이 그의 영세일로 되어 있다. 스미스는 스코트랜드 출신의 정치경제학자이며, 철학자로 알려져 있으며, 그의 대표적인 저서는 물론 1776년에 출간된『국부론』이다.

1751년 스미스는 글래스고우(Glasgow)대학의 논리학교수로 임명되었으며, 1752년 도덕철학과(moral philosophy)의 학과장으로 자리를 옮겼다. 그의 강의분야는 윤리학, 수사학(修辭學), 법철학(jurisprudence), 그리고 정치경제학 등이었다. 1759년 그는 글래스고우대학에서의 강의 내용을 묶은 *Theory of Moral Sentiments*를 출간하였다. 이 책은 사회를 지탱하는 윤리적 행동기준에 대한 것이었는데, 그는 이 책을 통하여 상대방에 대한 배려를 기초로 하는 인간적 동기와 행동(human motives and activities)을 강조하였다.

1776년 스미스는 런던으로 옮겨『국부론』(國富論, *An Inquiry into the Nature and Causes of the Wealth of Nations*)을 출간하였는데, 이 책에서 그는 경제적 자유가 가져오는 결과에 대해서 상세하게 설명하고 있다. 이 책은 자기애(自己愛, self-interest), 노동분업, 시장의 기능, 그리고 자유방임(自由放任, laissez-faire) 경제와 같은 개념들을 다루었다.『국부론』은 경제학을 독립적인 학문 분야로 정립시켰다.

스미스는 자유시장을 설명하는 지적인 틀을 만들었으며, 그것은 오늘날까지도 유효하다. 그는 "보이지 않는 손"(an invisible hand)이라는 표현으로 유명한데, 이 표현을 통해서 그는 자기애가 공공의 이익을 부산물로 가져와 국가경제 안의 자원을 가장 효율적으로 배분하게 된다고 주장하였다. 그는 국가가 사회의 이익을 촉진하고자 하는 것은 자유로운 시장이 하는 것보다 비효과적임을 주장하였다.

1778년 그는 스코틀랜드 에딘버르그(Edinburgh)의 관세청장(commissioner of customs)으로 임명되었고, 1790년 7월 17일 그 곳에서 병으로 세상을 떠났다. 그가 죽은 후 사람들은 스미스의 소득 중에서 상당 부분이 은밀하

게 자선단체에 기부되었음을 발견하였다. 『국부론』에 나오는 유명한 구절들을 인용하면 다음과 같다:

"*...It is not the benevolence of the butcher, the brewer, or the baker, that we expect our dinner, but from their regard to their own interest. We address ourselves, not to their humanity but to their self-love, and never talk to them of our own necessities but of their advantages...*(*우리가 좋은 저녁식탁을 기대할 수 있는 것은 푸줏간 주인, 과수원 주인, 또는 빵집 주인의 자비심 때문은 아니다. 그것은 그들의 자기애이다. 우리가 호소하는 것은 그 사람들의 인간애라기보다는 그들이 자신을 위하는 마음이며, 따라서 우리는 우리가 무엇이 필요하다가 아니라, '이렇게 하는 것이 당신에게 좋습니다'라고 말하는 것이다*)" (Book I, Chapter II)

"*...he intends only his own gain, and he is in this, as in many other cases, led by an invisible hand to promote an end which was no part of his intention...By pursuing his own interest he frequently promote that of the society more effectually than when he really intends to promote it*(사람은 자신의 이익만을 생각하는데, 그 속에서 종종 보이지않는 손에 이끌려 자신의 의도와는 상관없는 결과를 가져오게 된다. 자신의 이익을 추구하지만, 일부러 그렇게 하려고 할 때보다 더욱더 효과적으로 사회전체의 이익을 촉진하게 된다)." (Book II, Chapter II)

기술혁신

20세기에 들어와서 주류경제학자들은 경제성장의 원인으로 기술혁신을 강조하였다. 기술혁신이 경제성장의 가장 중요한 요인이라고 인식하는 학자들은 산업혁명도 연속적인 기술혁신의 과정으로 이해한다. 이들은 영국의 1750~60년대에 면방직 공업에서의 연속적인 기술혁신, 증기기관이라는 새로운 동력의 발명, 제철공업, 기계공업, 철도와 기선의 등장 등이 산업혁명을 낳았다고 본다. 19세기 말에는 독일과 미국이 기술혁신을 주도하여 선진국으로 성장하였다고 강조한다.

중국이 명나라 시대에 이미 과학기술이 상당한 수준에 이르렀음에도, 또 나침반, 화약, 종이 등을 먼저 발명했음에도 불구하고 중국에는 서구의 반 식민지가 된 이유를 인구과잉으로 인한 기술혁신의 부재에서 찾았다. 즉 쿨리(coolie)라고 불리는 유휴노동력이 많이 있었기 때문에 노동절약형 기술혁신의 인센티브가 없었다는 것이다. 영국에서는 산업혁명 당시에 면방직 부문이 황금알을 낳는 거위와 같이 수익

■ 중국 장쑤성의 쿨리(The Coolie)

성이 높으나, 노동력이 부족해 생산량을 늘릴 수 없었다. 이러한 노동부족을 극복하기 위해서 기계화를 하게 되었다는 것이다.

제도

최근에 경제적 성취의 근본적인 원인이 제도라고 주장하는 신제도주의경제 사학이 등장하였다. 이 학파의 창시자인 더글러스 노스(Douglass North, 1993년 노벨 경제학상 수상)에 의하면 역사발전의 원동력은 효율적인 제도의 존재 여부에 달려 있다는 것이다. 제도를 통해서 그 사회의 문화와 전통과 관습이 경제주체를 제약하므로 한 사회의 경제적 성취는 그 사회가 효율적인 제도를 얼마나 만들어 내는가에 달려 있다고 주장한다.

효율적인 제도란 재산권을 잘 규정하고 보호해 줌으로써 경제주체가 최선을 다하도록 인센티브를 줄 수 있는 제도를 말한다. 노스는 기술혁신, 규모의 경제, 교육, 자본축적 등은 성장의 원인이 아니라 성장 그 자체로 보았다.

재산권이 정확하게 규정되지 못하거나 그 보호가 철저하지 못하면 경제활동의 효율성이 떨어질 수 있다. 서구가 다른 지역에 비해서 경제성장에 성공한 이유는 이러한 효율적인 제도를 만들어 내는 데 최초로 성공했기 때문이라고 주장한다.

효율적인 제도가 다른 요인보다 왜 중요한가? 주류경제학에서는 시장은 완전경쟁적으로 효율적으로 작동하고 기업은 동일한 생산요소를 투입하면 동일한 산출물이 나오는 것으로 상정하지만 실제적으로 각 사회는 사회경제적 환경과 제도에 따라서 동일한 투입을 해도 다른 결과를 얻는다. 이렇게 다른 산출이 나오는 이유는 제도가 다르기 때문이다. 만약 여러 제도를 시험해보고 가장 좋은 제도를 선택할 수 있다면 제도가 별로 중요하지 않을 수 있다. 그러나 제도는 일단 한 번 만들어지면 잘 바뀌지 않는 경향이 있다.

또한 제도는 경로의존적인 경향이 있어서 한 번 잘못된 길로 들어서면 그 제도가 효율적인 제도가 아니라는 것을 알아도 뒤로 되돌리기 어려운 경향이 있다. 그 결과로 나쁜 제도가 고착(lock-in)될 수 있다. 뿐만 아니라 제도는 외국으로부터 수입하기도 어렵다. 제도는 문화의 산물이기 때문에 선진국에서 잘 작동되는 제도를 도입해도, 문화환경이 다른 나라에서는 효과를 발휘하지 못하는 경우가 많다.

그러면 효율적인 제도란 무엇을 말하는가? 그것은 첫째, 사적 소유권을 보장하고, 그것을 확산시키는 제도를 말한다. 둘째, 경쟁을 제한하지 않고, 보장하는 제도를 말한다. 셋째, 자원배분을 정부가 하지 않고, 시장에서 경제주체들이 자발적 교환에 의해서 하도록 하는 제도를 말한다. 마지막으로 폐쇄적이지 않고 개방적으로 자유무역을 허용하는 제도를 말한다. 이러한 조건들이 가장 잘 작용할 수 있는 제도가 시장경제라고 할 수 있다.

사유냐 공유냐?

재산권은 경제주체에게 배타적 전유권과 자산의 양도성을 보장해 준다. 그리하여 경제주체가 자신의 소유를 가장 효율적으로 이용할 수 있는 유인체계를 제공한다. 전근대사회에서는 이러한 재산권이 보장되지 않아서 자원의 낭비가 많았다. 공산주의 국가가 효율성을 상실한 것도 이와 관련이 있으며, 중간관리의 착취가 심한 사회에서 생산성이 떨어지는 것도 이와 관련이 있다.

소유권의 등장

인류는 약 1만 년 전, 즉 BC 8,000년경에 수렵·채취 경제로부터 정착·농경사회로 들어갔다. 이것을 일반적으로 신석기 혁명이라고 부르는데, 노스는 이를 제1차 경제혁명이라고 불렀다. 인류가 농경사회로 들어서면서 이동의 필요성이 없어져 시간의 여유가 생겼고, 따라서 문자를 발명하여 지식의 축적이 가능해졌으며, 이로 인해 비로소 동물과는 다른 문화를 이룩하게 된다. 흔히 인구가 증가하거나 기후가 나빠져서 식량이 부족하자 농경사회에 들어섰다고 하지만, 노스는 자기의 농산물을 남이 가져가지 못하게 하는 소유권 개념이 등장하지 않으면 전쟁이 발생해 누구도 경작을 할 수 없게 된다는 것에 주목하였다. 따라서 농경사회에 들어서기 위해서 필수적인 것

■ 인클로우저 운동

은 바로 소유권의 발명이라고 주장했다. 이러한 배타적 공동재산권의 형성이 인류로 하여금 동물과 구분되는 문명을 이룩할 수 있게 만든 혁명적 발상이었다.

특히 영국에서는 '인클로우저'(enclousure) 운동을 통해서 토지의 사적 소유권이 확대되었다. 일반적으로 인클로우저 운동은 울타리를 쳐서 양을 키운 것으로 이해하는데, 보다 중요한 것은 이를 통해서 공유지가 사유화되어 토지의 사적소유권제도가 확립되었다는 것이다. 그래서 영국은 당시 가장 중요한 생산요소인 토지의 사유화를 통해서 농업의 비약적 발전을 가져왔고, 이것이 산업혁명을 일으킬 수 있는 자본의 형성에 기여했다. 그 후 선진국들은 계몽군주나 혁명적인 방법 등으로 사적소유제가 확산된다.

제2차 경제혁명

경제사에서는 일반적으로 18세기 중엽에 영국에서 시작된 산업혁명을 자본주의적 발전의 분기점으로 삼는다. 그러나 노스는 이보다 더 중요한 생산성의 비약적인 발전을 가져온 19세기 말의 독일과 미국에서 시작된 기술혁신을 꼽는다. 현재 우리가 사용하는 전기, 화학, 자동차 등은 대부분 이때 이들 두 나라가 과학을 산업에 응용하면서 발명되었다. 반면에 산업혁명 당시에 영국에서 일어난 기술혁신은 기능공들에 의한 개량적 기술에 불과했다는 것이다. 따라서 18세기의 산업혁명보다 더 중요한 생산의 비약적인 발전은 19세기 말에 독일과 미국이 이룩한 발전이며 노스는 이를 제2차 경제혁명이라고 불렀다. 그런데 제2차 경제혁명이 독일과 미국에서 가능하게 된 것은 바로 눈에 보이지 않는 지식과 발명에 대한 재산권이 보호되었기 때문이라고 주장했다.

시장경제의 확산

이러한 사적소유권 제도에 가장 큰 도전을 가한 것이 20세기의 공산주의의 확산이다. 인간의 물욕은 후천적 본성이므로 사적소유제가 개인의 물욕을 자극하여 착취를 가져온다고 하는 마르크스의 인간관에 근거하여 공산주의에서는 사적 소유제의 철폐를 부르짖었다. 그러나 20세기의 공산주의의 실험으로 인류가 얻은 결론은 물욕은 제도로 인해서 후천적으로 습득되는 것이 아니라 선천적으로 가지고 태어나는 것이므로 없앨 수 없다는 것이다. 결국 사적소유제를 금할 것이 아니라 개인의 소유권을 보호해 주고, 남용되지 않도록 질서를 잡아주는 것이 더 바람직하다는 공감대가 세계적으로 확산되었다.

이렇게 인류 경제사의 역사는 소유권을 발명하고, 그 대상이 동산에서 부동산으로,

그리고 유형의 자산에서 무형의 자산으로 확산되어 왔다. 이를 통해서 인류는 경제적으로 비약적인 발전을 거듭했다.

경쟁인가 제한인가?

시장경제의 또 하나의 특징은 경쟁을 바람직한 것으로 수용한다는 것이다. 동양과 서양의 근대화에 차이가 나는 이유가 경쟁과 관련이 있다. 동양이 16세기까지는 서양보다 더 높은 경제발전을 이루었다. 그러나 중세를 거치면서 서양이 동양을 경제적으로 앞서게 된 가장 중요한 요인은 경쟁의 수용이다. 동양에서는 중앙집권제를 통하여 경쟁이 제한된 반면, 서양에서는 끊임없이 경쟁에 노출되어 있었다. 근대 초기에 유럽이 다른 지역에 비하여 군사적으로 압도적인 우위에 섰던 것도 바로 이러한 경쟁의 결과였다.

중세의 중심지였던 스페인, 프랑스, 이탈리아보다 영국, 네덜란드 등에서 산업혁명이 발생한 이유도 경쟁으로 설명이 가능하다. 막스 베버(Max Weber)는 그 원인을 종교에서 찾았다. 즉 낙후된 스페인, 프랑스, 이탈리아는 구교지역인 반면, 경제성장이 빠르게 일어난 네덜란드, 영국, 독일 및 미국은 신교지역이라는 점에 착안하여 그 이유를 신교(프로테스탄티즘)의 윤리가 구교와 달랐기 때문이라고 파악했다. 신교는 상업과 이자지급을 긍정적으로 파악하고, 세속적 직업을 소명으로 인식하는 등 경제적 활동에 대한 인식의 전환에서 찾았다. 또한 프랑스나 스페인에서는 절대왕권이 강해서 신흥 부르주아들의 경제활동을 억눌렀지만 영국과 네덜란드의 절대왕정은 징세권도 의회에 빼앗기는 등 경제활동을 억누를 힘이 없었기 때문에 상공업의 자유 경쟁이 보장되었고 이것이 바로 비약적인 경제성장을 낳았다.

북미와 중남미의 경제적 성취의 차이도 똑같은 설명이 가능하다. 북미와 중남미는 광활한 농지와 풍부한 자원을 가지고 있으며, 서구 유럽의 식민지에서 독립한 다민족 이민 국가라는 점에서 공통점이 많다. 그런데 현재 중남미는 경제적으로나 정치적으로 북미에 비해 매우 낙후되었다. 그 이유를 종속이론가들은 미국 등 선진국이 착취하였기 때문이라고 하지만, 노스는 그 이유를 북미는 영국의 식민지였는 데 반해서 중남미는 스페인의 식민지였기 때문이라고 주장한다. 스페인은 중남미 식민지에도 강력한 관료제도를 이식해 일일이 통제했으며, 심지어 종교도 강요했다. 중남미 국가들은 독립 후 미국과 유사한 헌법을 제정했지만 여전히 중앙집권적 통제는 사라지지 않았다. 스페인이 이식한 관료주의적 전통이 계속 영향을 미쳤으며, 이것이 중남미 각국의 경제가 북미에 비해 뒤떨어진 근본적인 이유라는 결론을 내리고 있다.

자원배분 – 시장인가, 정부인가?

시장경제의 이념은 지금으로부터 200여 년 전 고전학파 경제학자들에 의해서 제기되었지만 이것이 지구적으로 확산된 것은 1860년대 이후의 일이다. 서구 선진국에서 자유주의 시장경제가 확산되었지만, 19세기 말 유럽의 농업공황과 20세기의 제1차 세계대전, 대공황, 제2차 세계대전 등을 거치면서 정부의 역할이 커졌다.

20세 초까지 대부분의 선진국에서 정부지출이 총생산에서 차지하는 비중은 3% 이하였는데, 전쟁과 대공황 등으로 인해서 정부의 시장개입이 증가하였다. 제2차 세계대전이 끝난 후에 공산주의가 등장하여 시장경제의 근본을 부정하였고 공산진영의 확산으로 인해 시장기능이 후퇴하였다. 제3세계 대부분의 국가들도 사회주의적 개혁이 실시되었다. 서구에서도 공산주의 이념에 대응하기 위해서 복지국가 개념이 도입되면서 경제성장의 파이(pie)를 분배하는 문제에 대한 정부의 개입이 강화되었다. 게다가 경기변동에 대해 정부가 의도적으로 간섭할 것을 권장하는 케인즈주의 경제학이 확산되면서 자유진영에서도 정부의 역할이 증대되었다.

그런데 공산주의가 붕괴되고, 서구의 복지국가가 동아시아의 개발도상국에 비해서 경쟁력이 떨어지면서 정부개입에 대한 반성이 확산되었다. 또한 정부가 자의적인 판단에 의해서 경제에 개입한 결과 스테그플레이션이라는 예측하지 못한 부작용이 나타나자. 케인즈 경제학이 퇴조하고, 시장기능을 강조하는 고전학파가 다시 확산되었다. 영국의 대처 수상과 미국의 레이건 대통령의 작은 정부를 지향하는 경제개혁이 성공을 거두자 세계는 규제완화, 작은 정부, 민영화 등의 경향이 확산되었고, 시장의 자원배분 기능이 확대되었다.

개방이냐, 폐쇄냐?

시장경제는 자유무역과 함께 성장한다. 자유무역에 반대하는 종속이론가들은 선진국이 무역을 통해 후진국을 착취하기 때문에 자유무역을 실시하면 선진국과 후진국 간의 경제력 격차가 점점 확대된다고 주장하며 자유무역에 반대한다. 제2차 세계대전 직후 독립을 얻은 제3세계 국가들에게 경제학자들은 서로 다른 두 가지 조언을 했다. 주류경제학자들은 비교우위가 있는 제품 생산에 특화하여 국제분업체계에 편입되라고 조언한 반면, 종속이론가들은 수입을 하던 제품들의 생산에 주력하여 자급자족을 이룩하라고 조언하였다. 정치적으로 막 식민지에서 독립한 제3세계 국가들은 대부분 경제적 식민지가 되지 않기 위해서 자급자족하라는 충고를 받아들였다.

한국도 이승만 정부 시절에는 자급자족을 경제적 목표로 설정하였다. 박정희 정부도 처음 2년간은 자급자족을 시도하였다. 그러나 축적된 자본이 전혀 없었던 한국은 공장건설을 위한 자본을 구할 길이 없었다. 결국 제1차 5개년 계획의 3년차부터 한국은 수출주도적 성장전략을 채택하게 된다. 이제 한국은 2013년 기준 국내총생산 규모로 세계 15위의 위치를 나타내고 있다. 최근에는 제조업뿐만 아니라 애니메이션과 같은 선진형 산업에서도 세계적 지위를 차지해 가고 있다.

세계 경제 신흥독립국 가운데 한국 이외에 수출주도형 성장전략을 채택한 국가는 대만, 홍콩, 싱가포르 정도였다. 1980년대가 되면서 이들 나라는 네 마리의 용이라는 별명을 들으며 세계 무대에 등장했다. 결국 제3세계의 맹주국이었던 인도를 비롯해서 종속이론의 산실이었던 중남미국가들까지 수출주도적 성장모형으로 전환하였다. 공산권의 붕괴 이후 구 공산권 국가들도 개방체제에 합류하였고, 중국도 2011년 세계무역기구(WTO)에 가입하여 개방체제를 선택하였다.

경제사학자 윌리엄슨(Williamson)은 자유무역이 확대되던 시대에는 국가간 경제력 격차가 수렴하는 경향이 있었고, 반대로 자유무역이 위축되던 시기, 즉 보호무역이 확대되던 시기에는 경제력 격차가 확대되는 경향이 있다는 것을 통계자료를 통해서 보여줌으로써 종속이론이 역사와 부합되지 않음을 입증하였다. 그는 1850년 이후를 1850~1914년

(제1기), 1914~1950년(제2기), 20세기 후반(제3기)의 세 시기로 나누어, 각 시기의 국제적 경제력 격차를 측정했다. 이 중에서 제1기와 제3기는 고성장, 글로벌화(globalization), 그리고 수렴기간으로 특징지을 수 있고, 제2기는 저성장, 반글로벌화(de-globalization), 그리고 발산의 기간으로 판정되었다. 즉 국가간 무역이 많아지고 글로벌화가 진행되던 시기에 각국간의 빈부격차가 줄어들었다는 것이다. 이렇게 윌리엄슨은 개방은 한 나라의 경제를 성장시킬 뿐만 아니라 국가 간 격차도 줄인다는 결론을 도출했다.

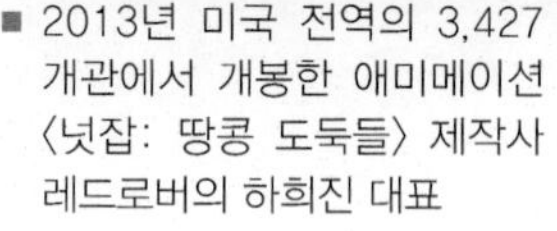
■ 2013년 미국 전역의 3,427개관에서 개봉한 애미메이션 〈넛잡: 땅콩 도둑들〉 제작사 레드로버의 하회진 대표

시장경제 발전사의 교훈

흔히 경제성장은 축적된 자본이나 부존자원, 시장의 발전 정도, 그리고 기술 경쟁력 등에 달려 있다고 한다. 그러나 더글러스 노스는 한 나라의 경제적 성과는 기술수준이 아니라 제도수준에 달려 있다고 주장한다. 자원이나 기술이 부족하면 외국에서 빌려오거나 도입하면 된다. 기술을 개발하는 것보다 도입하는 편이 오히려 더 경제적일 수도 있다. 그런데 바람직한 제도나 의식은 외국에서 쉽게 도입할 수 없다. 그러므로 한 사회가 경쟁력 있는 제도를 갖추는 것은 기술 수준을 올리는 것보다 훨씬 어렵다.

제도는 그 사회의 인센티브 구조를 반영한다. 사회 구성원들이 모두 생산적인 활동에 적극 종사하는 인센티브 구조를 가진 사회와 남의 것을 빼앗는 데 몰두하는 사회의 성과는 다를 것이다.

시장경제 발전사를 검토해보면 네 가지 중요한 사실들을 발견하게 된다. 첫째는 소유권이 점차 세분화되어 온 역사이다. 농경 정착 문명이 발생한 것도 소유권 혁명으로 가능했으며, 그 이후 인류는 경제생활의 발전과 함께 소유권이 점차 분화되어 개인의 소유권이 보장되는 방향으로 전개되었다. 인간의 자기이익 추구본성에 부합하면서 제도는 발전해 왔고, 그러한 제도가 발전된 사회가 경제적 성취가 빨랐다는 것을 알 수 있다. 반면에 경쟁을 제한하던 시대나 지역은 경제 성장이 저해되었다. 그러므로 한 사회가 용인할 수 있는 합리적인 경쟁제도를 만드는 것은 경제성장에서 매우 중요한 요인이 된다. 또한, 세계 경제사는 자원배분에서 정부의 역할은 점차 축소되고, 시장의 역할이 확대되어 왔다는 것을 보여준다. 그리고 이에 잘 적응한 국가는 높은 경제적 성취를 보였다. 정부가 경제를 지배했던 동양보다 서양이, 중앙집권이 강했던 프랑스나 스페인보다 절대권력이 약했던 영국과 네덜란드가 더 빠른 경제성장을 보였다. 20세기 이후에도 중앙집권적 문화유산을 물려받은 중남미보다, 자치적 문화유산을 물려받은 북미가 경제적 성취도가 높았다. 시대에 따라 일관되게 시장이 확대된 것은 아니지만, 나선형으로 정부의 개입기능과 시장개입 기능이 교차되면서도 시장의 기능이 확대되어 왔다. 시장의 확대 역사 가운데는 공산주의나 포퓰리즘의 도전이 있었고, 일본과 같은 문화적 도전도 있었지만, 세계는 정부의 기능이 축소되고, 시장에게 자원배분을 맡기는 방향으로 나가고 있다. 마지막으로 개방이냐 폐쇄냐의 문제에서 개방적이었던 경제의 경제적 성취가 빨랐던 것을 알 수 있다.

수요와 공급

지금까지 시장경제가 무엇이며, 어떻게 발전해 왔는지 살펴보았다. 이 절에서는 시장경제의 근본원리인 수요와 공급에 대해서 살펴본다.

가격은 어떻게 결정되는가?

시장경제의 가장 중요한 기능은 수요와 공급의 상호작용을 통하여 가격이 결정되고 이 가격의 신호를 기초로 하여 시장참여자들의 자발적 교환에 의해 자원이 배분되는 일이다. 특히 수요와 공급의 상호작용에 의해서 가격이 결정된다는 사실을 오늘날에는 당연한 것으로 받아들여지고 있지만, 이러한 인식이 보편화된 것은 비교적 최근의 일이다.

18세기 근대 경제학을 창시한 아담 스미스를 비롯한 고전학파 경제학자(classical economists)들은 가격이 공급측 요인에 의해서 결정된다고 생각했다. 이들은 가격은 재화를 생산할 때 투입되는 노동의 양에 의해서 결정된다는 노동가치설을 주장했다. 자본주의를 비판한 마르크스의 이론도 이러한 노동가치설에 기초한 것이다.

그러나 그 후 고전학파의 뒤를 이은 신고전학파 학자들은 재화 가격 결정에 수요가 더 중요한 역할을 한다고 주장했다. 이들은 재화의 생산비용이 중요한 것이 아니라 얼마나 많은 사람들이 그것을 필요로 하는가에 따라서 가격이 결정된다고 주장했다. 예를 들면 다이아몬드는 생산비용은 높은 가격만큼 들지 않지만 희소하고 많은 사람들이 갖고 싶어 하기 때문에 가격이 비싸다는 것이다. 이러한 과정을 거쳐서 비로소 가격이 수요의 힘과 공급의 힘에 의해서 결정된다는 사실에 대부분의 경제학자들이 동의하게 되었다. 이 절에서는 수요와 공급을 엄밀하게 정의하고, 수요와 공급에 영향을 주는 요인들이 무엇인지 살펴본다.

수요곡선

수요를 결정하는 요인들

수요(demand)란 구매자가 상품을 사고자 하는 욕구를 말하며, 이를 상품의 수량을 사용해 구체적으로 표시한 것을 수요량(quantity demanded)이라고 한다. 여기서 명심해야 할 것은 수요량은 실제 구매되는 양이 아니라 구매하고자 의도된 최대 수량을 의미한다는 것이다. 예를 들면 가격이 만원일 때 수요량이 10개라고 한다면, 실제로 10개를 구입했다는 것이 아니라 최대한 10개까지 구매할 의사(intention 또는 schedule)가 있다는 것이다. 한편 수요량은 기간이 명시될 때만 의미가 있다.[4] 따라서 수요량을 말하는 때에는 소비와 지출의 경우와 마찬가지로 '한 달에 100개'처럼 기간을 명시해야 한다.

경제학원론에서는 편의상 '수요'(demand)와 '수요량'(quantity demanded)을 구분하는데, 방송이나 신문 등에서 이 두 용어가 명확히 구분되는 것은 아니다. 따라서 이 두 용어를 엄격히 구분하는 것은 무리이다. 다만 해당 상품의 가격 변화로 야기되는 것은 '수요량의 변화'라고 말하고, 해당 상품의 가격이 아닌 다른 변수들(예를 들어 소득이나 다른

4 이러한 것을 유량(流量, flow)개념이라고 한다. 유량에 반대되는 개념인 저량(貯量, stock)에 대해서는 제6장에서 다루어진다.

ECONOMIC EYES
경제의 눈

노동가치설과 가격

■ Karl Marx (1818~1883)

노동가치설(勞動價値說, labor value theory)은 재화의 가치가 그 재화의 생산과정에 투여된 노동시간, 즉 노동량에 따라 결정되며, 그 가치의 비율에 따라 상품의 가격이 성립되어야 한다는 이론이다. 이는 인간의 주관적 만족의 정도를 상품가치의 기준으로 삼는 효용가치설과 대립되는 객관가치설의 입장이다.

역사적으로 아리스토텔레스(Aristoteles), 홉스(Thomas Hobbes), 로크(John Locke) 등을 비롯한 많은 학자들이 노동에 의한 가치의 규정을 논의했으나, 이론적 체계를 갖춘 노동가치설의 성립은 스미스(Adam Smith)에 이르러서야 비로소 실현되었다. 스미스는 『국부론』에서 분업이 교환을 필연적으로 발생시키고, 교환은 그 매개물인 화폐에 대해 가치라는 관념을 부여한다고 설명하고, 가치를 '이용'과 '구매력'이라는 2가지 측면에 따라 사용가치와 교환가치로 구분했다. 그리고 교환가치의 척도를 노동이라고 규정하고, 가격은 이 교환가치를 화폐로 표현한 것이라고 정의했다.

그러나 스미스는 경제의 발전에 따라 가격이 임금·이윤·지대 등 3요소의 합성으로 복잡하게 구성된다는 별개의 논점을 보이기도 하여, 일관된 명제를 세우지 못했다. 이에 비해, 보다 적극적인 투하노동가치설을 주장한 사람은 리카도(David Ricardo)였다. 그는 시장에서 희소재(稀少財)를 제외한 상품의 가치는 투하노동의 상대량에 의해 결정되며, 이질적인 노동의 양은 가격기구를 통해 자동적으로 조정되고, 기계나 도구 등의 고정자본에 투하된 간접노동도 직접노동과 함께 상품가치에 포함된다고 분석해 스미스의 이론을 크게 보완했다. 그러나 그 역시 불변자본과 가변자본의 구성비, 불변자본의 내구력, 자본의 회전속도 등의 영향을 설명해내지 못함으로써 이윤의 근거를 명확히 도출하지 못하는 한계를 나타냈다.

이와 같은 고전학파의 노동가치설은 마르크스(Karl Marx)에 의해 비판적으로 계승되어 전면적인 논증과 더불어 마침내 잉여가치설(剩余価値說)로 발전되었다. 마르크스의 잉여가치설은 오로지 인간의 노동만이 모든 가치를 창출하며, 따라서 노동이 유일한 이윤의 원천이라는 전제에서 출발한다. 그러므로 자본가들에게 돌아가는 이윤은 노동자들이 만들어낸 잉여가치의 착취를 의미하게 된다. 이러한 관점은 마르크스에게는 자본주의의 모순으로 비춰지게 된다.

상품의 가격 등)의 변화로 야기된 경우에는 '수요의 변화'라는 표현을 쓴다는 일종의 표면상의 약속으로 일종의 표현상의 약속으로 이해하면 된다.

어떤 상품의 수요 전반에 영향을 주는 가장 중요한 요인은 그 상품의 가격이다. 그 밖에도 관련된 다른 상품의 가격, 소비자의 소득수준, 소비자의 기호, 그 상품에 대한 광고 정도, 그리고 소비자의 예상 등도 각 특정 상품의 수요에 영향을 미친다. 또한 인구의 변화도 사회 전체의 수요에 영향을 가져올 수 있다. 이러한 관계를 함수 형태로 나타내면 다음과 같다.

$$수요 = f(가격,\ 소득,\ 관련재\ 가격,\ 소비자\ 기호,\ 광고,\ 기대,\ 인구\ 등)$$

먼저 가격과 수요량의 관계를 살펴보면, 다른 요인들이 일정하다고 가정할 때[5] 일반적으로 어떤 상품의 가격이 오르면 그 재화의 수요량이 감소하고, 가격이 내리면 수요량이 증가하는 관계를 보인다. 이러한 현상을 수요의 법칙(the law of demand)이라고 한다. 몇 가지 예외적인 경우(예로, 기펜재)를 제외하면 이러한 관계가 늘 성립되기 때문이다.[6]

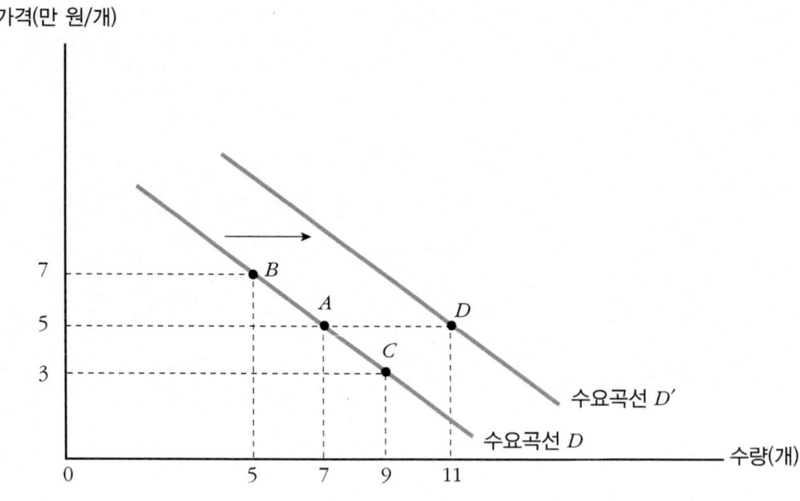

▲ 그림 2-1

수요곡선 상의 이동과 수요곡선의 이동

상품의 가격이 변할 때 나타나는 변화는 수요곡선상의 이동(A에서 B또는 C로)으로 나타나며, 이는 '수요량의 변화'라고 한다. 반면에 해당 상품의 가격이 아닌 다른 변수들의 변화는 수요곡선 자체의 이동(수요곡선 D가 D′으로 이동)으로 나타나며, 이는 '수요의 변화'라고 부른다 수량의 단위는 '개' 이외에도 다른 양으로 나타내지는 경우도 있지만, 편의상 '개'로 표현하기로 하자).

5 다른 요인들이 일정하다고 가정하는 것은 비현실적일 수도 있지만 두 변수간의 관계를 보다 명확히 이해하게 해 준다는 장점도 있다. 이러한 가정을 라틴어로 ceteris paribus(other things being equal)라고 한다고 제1장에서 공부하였다.

6 '수요의 법칙'의 대표적인 예외가 '기펜재'(Giffen good)이다. 1815년 스코틀랜드의 경제학자 Sir Robert

수요의 법칙을 그래프로 표시하여 구매자가 주어진 가격에서 그 상품을 얼마만큼 구입하고자 하는가를 보여 주는 것이 수요곡선(demand curve)이다. 〈그림 2-1〉은 셔츠에 대한 수요곡선 *D*를 우하향하는 직선의 형태로 표시하고 있다. 셔츠의 가격이 시장에서 5만 원일 때 소비자는 7개를 구매하고자 한다. 그런데 가격이 7만 원으로 올라가면 수요량은 5개로 줄어들게 될 것이고, 만약 3만 원으로 내려가면 수요량은 9개로 늘어나게 된다. 이와 같이 일반적으로 가격이 오르면 수요량은 줄고 가격이 내리면 수요량은 늘어난다.

수요의 변화

수요의 변화는 수요량의 변화와 구분할 필요가 있다. 앞에서 설명한 바와 같이 수요량의 변화는 가격 변화에 따른 해당 상품에 대한 구매의사의 변화를 말하며 수요곡선 상의 이동(movement along the demand curve, A점에서 B점으로)으로 나타난다. 반면에 수요의 변화는 해당 상품의 가격이 일정하더라도 그 상품의 가격 이외의 다른 요인들이 변할 때 나타나는 구매의사의 변화를 말하며, 이는 수요곡선 자체의 이동(shift of the demand curve, 수요곡선 *D*가 *D′*으로)으로 나타낼 수 있다. 예를 들면 수요가 증가하는 것을 수요곡선을 우측으로 이동시켜 나타낼 수 있나. 이처럼 수요량의 변화와 수요의 변화를 구분하는 이유는 상품의 가격 이외에도 소득이나 다른 상품의 가격처럼 상품에 대한 구매의사에 영향을 주는 변수들의 영향을 반영하기 위해서이다.

예를 들어, 소득(income)이 늘어나서 수요가 증가하면 동일한 가격에서 그 상품에 대한 수요량은 증가하게 된다. 이를 그래프에 표시하면 〈그림 2-1〉에서처럼 수요곡선 *D*가 우측으로 이동하여 새로운 수요곡선 *D′*가 형성된다. 소득이 증가하기 이전에는 5만 원일 경우에 7개를 구매할 의사가 있었으나, 소득이 증가한 후에는 11개를 구입할 의사가 있다는 뜻이다.

이렇게 소득이 증가하면 따라서 수요도 함께 증가하는 상품을 정상재(normal goods)라고 부른다. 즉 정상재는 소득이 증가하면 그 상품에 대한 수요도 함께 증가하는 상품을 말한다. 이와는 반대로 소득이 증가할수록 수요가 감소하는 경우도 있는데 이런 재화를 열등재(inferior goods)라고 한다. 대부분의 재화는 정상재이다. 열등재의 예로는 연탄, 라면, 그리고 돼지고기(쇠고기에 비하여) 등을 들 수 있다. 같은 상품 종류 중에서도 정상재와 열등재가 구분될 수 있다. 예를 들어 같은 소고기라 해도 가격이 낮아서 소득이 낮은 사람들이 애용하는 수입산이 있는 반면에 비싼 가격의 한우는 소득이 높은 사람들이 많이 찾게 된다.

Giffen 경(卿)은 어느 재화의 가격이 상승하면 오히려 해당에 대한 수요량이 증가할 수 있다는 '기펜재'의 가능성을 제시하였다. 18세기 아일랜드에 기근이 왔을 때 주식인 감자의 가격이 상승하자 가난한 사람들은 다른 재화의 소비는 엄두도 못내고 오히려 감자의 소비를 늘릴 수밖에 없었다. 따라서 '감자'가 기펜재의 한 예로 제시되었다.

■ 과수원에서 수확한 농산품을 배송하기 위해서 함께 작업하고 있는 지게차와 탑차

이 밖에 수요에 영향을 주는 요소로는 그 재화와 연관된 다른 관련 재화의 가격이 있다. 관련 재화에는 두 가지 종류가 특히 중요한데, 그 중 하나가 **대체재**이고 다른 하나가 **보완재**이다. 예를 들면 소고기 가격이 오르면 사람들은 소고기 소비량을 줄이고 그 대신 돼지고기 소비를 늘리게 된다. 소고기와 돼지고기는 서로 대체관계에 있기 때문이다. 이와 같이 어느 재화의 가격이 오를 때 관련된 재화에 대한 수요도 늘어나면 이 두 재화는 대체관계에 있다고 한다. 이와 반대로 어느 재화의 가격이 오르면 관련 재화에 대한 수요가 감소하는 경우가 있다. 예를 들어 휘발유 가격이 오르면 유지비가 많이 소요되므로 자동차에 대한 수요가 감소한다. 이와 같이 어떤 재화의 소비를 위해 꼭 필요한 다른 재화를 보완재라고 한다. 자동차와 휘발유, 프린터와 토너 등은 보완재의 예가 된다. 무거운 짐을 차에 싣는데 사용되는 지게차와 탑차 트럭은 또 하나의 보완재의 예이다. 무거운 짐을 수송해야 할 때, 이 두 가지의 수단이 동시에 필요하다.

소비자의 선호(preference)도 수요에 영향을 미친다. 예를 들어 우리나라에서 1980년대 초까지만 해도 피자와 햄버거에 대한 수요는 크지 않았다. 그러나 88올림픽 이후 서구문화의 급속한 도입과 소득의 증가는 소비자들의 입맛을 서구화시켜 피자와 햄버거가 주식 대용으로 될 만큼 수요가 크게 늘었다.

상품이 다양화되어감에 따라 수요를 변화시키는 변수 중 광고의 중요성도 커지고 있다. 매일 수많은 신제품이 소개되고 유사상품들이 치열한 경쟁을 해야 하는 상황에서 광고는 이제 필수적인 마케팅 활동이 되어 가고 있다. 광고는 정보를 제공해 수요를 창출하고 확대시키는 역할을 한다. 그러나 경쟁사간의 지나친 광고는 자원의 낭비를 초래하기도 한다.

소비자의 기대가격(expected price)도 수요를 변화시키는 변수가 된다. 만약 어떤 재화의 가격이 상승할 것으로 기대될 경우 미래 수요가 증가하게 될 것이다. 인플레이션이 발생할 것으로 예상될 경우 부동산 가격이 오를 것으로 기대되므로 부동산 수요가 미리 증가하게 된다.

시장수요

모든 소비자들의 개별수요곡선을 수평으로 합치면 시장수요곡선이 된다. 여기서 개별수요(individual demand)란 수요자 개인의 수요를 말하며, 그 시장의 대표적인 수요를 나

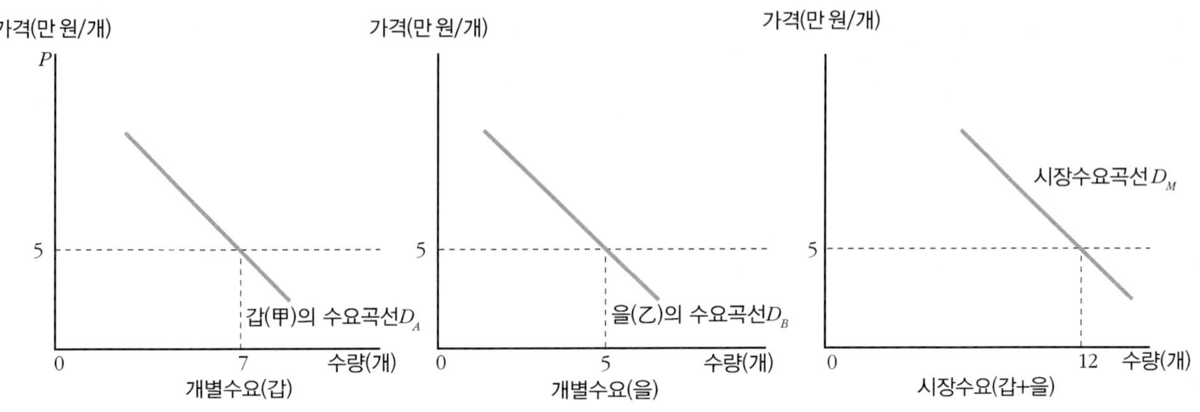

▲ 그림 2-2

개별수요와 시장수요

시장수요곡선은 개별수요곡선들을 수평으로 합한 것으로 나타낼 수 있다.

타낸다. 시장수요(market demand)는 어떤 시장의 모든 개별수요를 합한 수요를 말한다. 즉 시장 내 모든 개별수요곡선을 수평으로 합하면 그 시장의 수요곡선이 되는 것이다. 〈그림 2-2〉에서는 어떤 시장 내 수요자가 갑(甲)과 을(乙), 2명인 간단한 경우를 가정하고 있다. 여기서 시장수요곡선은 수요자 갑과 을의 수요곡선 D_A와 D_B를 수평으로 합한 것 D_M이 된다. 시장수요곡선은 본장에서 공부하게 될 시장공급곡선과 함께 시장균형가격의 결정원리를 이해하는 데 사용된다.

시장수요가 개별수요의 합계이므로 앞에서 언급한 개별수요의 증가요인은 모두 시장수요의 증가요인이 된다. 이 밖에 인구(population)의 크기도 시장수요를 결정하는 요인이 된다. 인구는 해당 재화의 시장 크기를 결정하기 때문에 시장을 분석하는 데 있어서 매우 중요하다. 노년층과 젊은층간의 인구의 구성 변화도 시장수요에 중요한 영향을 줄 수 있다.

공급곡선

공급을 결정하는 요인들

공급(supply)이란 생산자가 어떤 가격하에서 상품을 판매하고자 하는 욕구를 말하며, 이를 그 상품의 수량으로 구체화시킨 것을 공급량(quantity supplied)이라고 한다. 공급량 역시 수요량과 마찬가지로 실제로 구매된 양이 아니라 구매하고자 의도된 양(schedule)이다.

수요에 관한 설명에서 사용된 같은 상품인 셔츠를 예로 들어보자. 공급량에 영향을 주는 요소 중에 가장 중요한 것은 수요의 경우와 마찬가지로 그 재화의 가격이다. 그 밖에

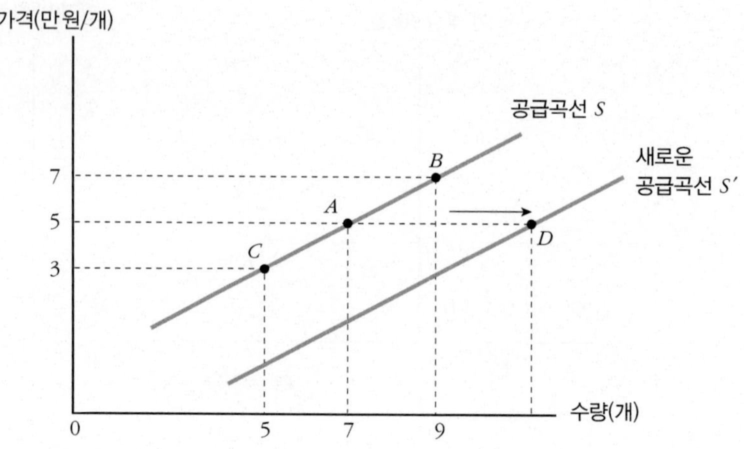

▲ 그림 2-3

공급곡선과 공급곡선의 이동

공급곡선은 각 가격수준에서 공급자가 공급하고자 하는 의도를 나타낸다. 가격 이외의 다른 요인이 변동하면 공급곡선 자체가 이동을 하는데 공급이 증가하면 공급곡선을 우측으로 이동시켜 나타낼 수 있다.

관련 재화의 가격, 임금이나 이자 등 생산요소의 가격, 기술수준의 변화, 기업의 목표 그리고 공급자의 수 등도 공급에 영향을 주는 요인들이다. 이러한 관계를 수식으로 표시하면 다음과 같다.

공급 = f(가격, 관련재가격, 생산요소가격, 기술수준, 기업 목표, 공급자 수 등)

먼저 공급과 가격의 관계를 보면, 가격이 상승하면 공급자의 입장에서 보면 이익이 증가하므로 공급량을 증가시킬 것이다. 이와 같이 공급과 가격은 같은 방향으로 변화한다.

〈그림 2-3〉의 직선 S는 공급자가 각각의 가격수준에서 얼마만큼 공급하고자 하는 의도가 있는가를 나타내는 공급곡선(supply curve)이다. 이 직선의 의미는 어떤 재화의 가격이 시장에서 5만 원이라면 이 공급자는 7개 공급할 의사가 있다는 뜻이다. 가격이 7만 원으로 올라가면 공급량은 9개로 늘릴 의사가 있고, 반대로 만약 3만 원으로 내려가면 공급량은 5개로 줄일 것이라는 것이다. 이와 같이 공급자는 가격이 오르면 공급량을 늘리고, 가격이 내리면 공급량을 줄인다.

공급의 변화

수요곡선에서처럼 상품의 가격 이외에 다른 여건이 변하면 공급곡선 자체가 움직이게 된다. 〈그림 2-3〉에서처럼 공급곡선(S)은 가격과 공급의 관계를 보여 주고 있지만 가격 이외 다른 요소들이 변화하면 공급곡선은 이동(shift)하게 된다. 공급이 증가하면 공급곡선은 우측으로(S에서 S'로), 그리고 공급이 감소하면 공급곡선은 좌측으로 이동하게 된다.

어떤 재화의 공급에 영향을 미치는 것으로 수요의 경우와 마찬가지로 관련 재화의 가격(other product's price)을 들 수 있다. 예를 들어 셔츠를 생산하는 기업에서 '스터디드 데님 셔츠', '샴브레이 레이스 유틸리티 셔츠' 그리고 '레이스 트림 플래드 카우걸 셔츠' 세 가지 종류의 셔츠를 생산할 때, 만약에 스터디드 데님 셔츠가 인기가 있어 가격이 상승하면 이 기업은 다른 두 셔츠의 생산을 줄이고 이 셔츠의 생산을 늘릴 것이다. 이 경우 스터디드 데님 셔츠의 가격 상승이 다른 두 셔츠의 공급의 감소를 초래하게 되는 것이다. 이와 같이 관련재화의 가격이 변하면 공급이 영향을 받는다.

생산요소 가격(input price)의 변화도 공급에 영향을 미친다. 임금이나 원자재 가격 등이 상승하면 재화의 공급은 줄어들게 된다. 예를 들어 자동차 부품 가격이 오르게 되면, 완성차의 생산비용 부담이 커지게 되어 이윤이 줄어들 가능성이 높기 때문에 자동차 공급이 줄어들게 된다. 가장 중요한 원자재 중의 하나가 원유이다. 특히 우리나라의 경우, 원

스터디드 데님 셔츠 | 샴브레이 레이스 유틸리티 셔츠 | 레이스 트림 플래드 카우걸 셔츠

유의 해외 의존도가 100%이므로 석유수출기구(OPEC)가 석유생산량을 감축하게 되면 국제 유가는 크게 오르고 원유를 사용하여 생산되는 모든 재화의 생산비가 증가하여 공급은 위축된다.

반면에 생산기술(production technology)이 향상되면 단위당 생산비용이 줄어들어 같은 비용으로 보다 많은 재화를 생산할 수 있기 때문에 공급이 증가하게 된다. 예를 들어 자동차 생산에 첨단 자동화 기술이 도입되어 단위당 생산비용이 낮아지면, 같은 비용으로 보다 많은 생산이 가능하게 되어 이윤이 늘어날 가능성이 높기 때문에 자동차 공급이 증가하게 된다.

예상가격(expected price)도 공급에 영향을 준다. 제품가격이 상승할 것으로 기대되면 공급자는 현재의 공급을 줄이고 미래에 공급을 늘린다. 아파트 가격이 오를 것으로 예상되면, 현재의 매물을 거두어 들이는 현상도 이 때문이다.

기업의 목표(firm's goal)에 따라서도 공급이 변화할 수 있다. 예를 들어 기업의 목표가 이익에 관계없이 시장점유율을 증대시키는 것이라고 한다면 단기적으로 손해가 되더라도 공급을 늘릴 것이다. 과거 우리나라 기업들은 단기의 이익보다 기업의 규모를 키우는 데 주력하는 경향이 있었다. 왜냐하면 은행들은 기업에 자금을 대출할 때 기업의 경영상태보다는 기업의 매출규모를 보고 대출을 해 주는 경향이 있었기 때문이다. 따라서 기업들은 시장에서 인정받기 위해 이익이 없더라도 규모 확대에 주력하여 부실화를 키웠다는 비판을 받고 있다.

지금까지 이처럼 관련재화의 가격, 원자재 등 생산요소의 가격, 생산기술의 변화 등이 발생할 때 공급곡선이 이동한다는 것을 설명했다. 〈그림 2-3〉에서 공급곡선의 이동의 한 예를 보였는데, 각 변동요인에 따라 공급곡선이 어떻게 이동하는가를 각자가 그려보면 도움이 될 것이다.

시장공급

수요에 개별수요와 시장수요가 있듯이, 공급도 역시 개별공급(individual supply)과 시장공급(market supply)으로 구분된다. 시장 내 개별공급자를 합하면 시장공급이 된다. 시장의 공급자 수는 시장공급에는 영향을 미친다. 공급자 수, 즉 해당 제품을 생산하는 기업이 많아지면 시장공급이 증가하게 되어 시장공급곡선이 우측으로 이동하게 된다. 시장공급곡선의 도출을 그래프로 표시하면 개별 공급곡선을 수평으로 합해 시장공급곡선을 얻게 된다. 〈그림 2-4〉에는 우리나라의 국내 항공운송산업과 같이 시장 내 공급자가 대한항공, 아시아나항공 그리고 저가항공의 3개인 경우를 나타내고 있다. 국내의 항공서비스공

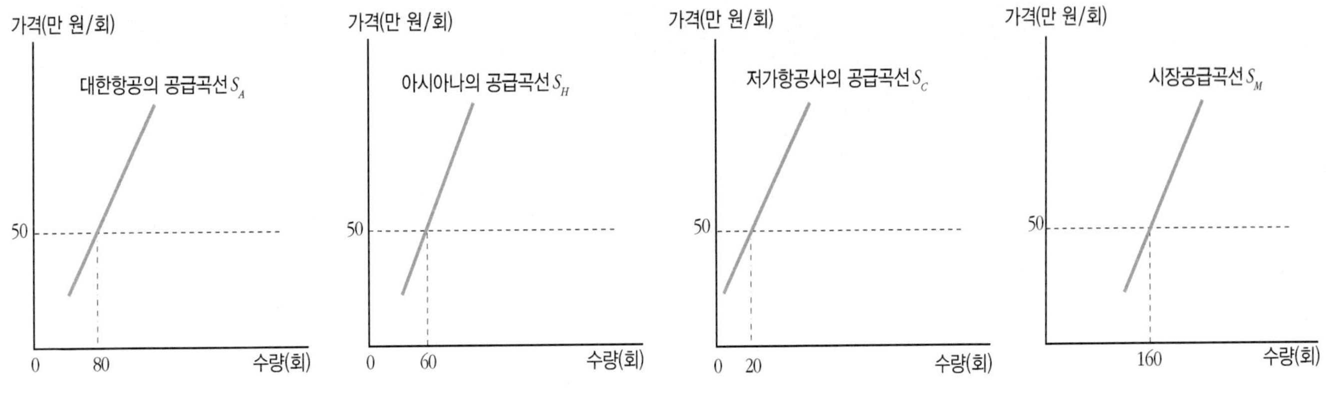

▲ 그림 2-4

개별공급과 시장공급

개별공급곡선을 수평으로 합하면 시장공급곡선이 된다.

급곡선은 대한항공, 아시아나항공 그리고 저가항공의 공급곡선을 수평으로 합한 것이 된다. 시장공급곡선은 앞에서 공부한 시장수요곡선과 함께 다음 절에서 공부하게 되는 시장균형을 이해하는 데 중요한 요소이다. 그러면 이제 시장에서 균형가격이 결정되는 과정을 공부해 보자.

시장균형

'균형'의 두 가지 의미

시장의 수요와 공급이 정해지면, 이 수요와 공급의 힘이 작용해 소위 '균형가격'과 '균형수량'이 결정된다. 이러한 과정을 이해하기 위해서 '균형'(均衡)이라는 개념을 좀 더 자세히 설명할 필요가 있다.

경제현상을 설명할 때 균형은 여러 가지 의미를 갖는다. 첫째는 두 가지가 '같아졌다'(balanced)는 의미이다. "국제수지가 균형을 이루었다"라는 표현에서처럼 어느 하나(예로 수출)와 다른 하나(예로 수입)와 같다는 의미이다. 균형의 두 번째 의미는 '움직이지 않으려 하는 상태'(equilibrium)를 뜻한다. 시장에서 수요와 공급의 상호작용으로부터 균형가격과 균형수량이 결정된다고 할 때 사용하는 균형의 의미는 두 번째 경우를 말한다.[7] 다시 말해서 균형가격과 균형수량이란 시장에서 가격과 수량이 안정된 상태로 머무르고자 하는 수준을 말한다. 균형의 의미를 올바로 이해하는 것은 사뭇 중요하다. 왜냐하면 첫 번째 의미로서의 균형은 '천칭저울'(balance scale)과 유사하고, 두 번째 의미로서의 균형은 물리학에서의 '진자'(pendulum)와 유사한 개념이기 때문이다. 균형을 두 번째 의미로 이해할 때, 비로소 가격과 수량이 어느 방향으로 움직일 것인가를 설명할 수 있다.

시장균형의 원리

시장균형의 결정

그렇다면 어떻게 시장에서 균형 가격과 수량이 결정될까? 그 과정을 이해해 보자. 〈그림 2-5〉에는 수산물 시장의 수요곡선과 공급곡선이 나타나 있다. 수산물 시장에 모인 경매인들이 수산물을 식당 주인들에게 상자 단위로 수산물을 판매하는 경우를 생각할 수 있다. 만약 현재 가격이 12만 원이라면 공급자는 90개를 시장에 공급하려고 하지만 수요량은 70개 밖에 안 된다. 따라서 이 시장에서는 20개의 초과공급(excess supply 또는 slut)이 발생하게 된다. 결국 공급자는 물건을 다 판매하기 위해 가격을 낮출 것이고, 가격이 낮아짐에 따라 수요량이 증가해, 가격이 10만 원이 될 때 이 시장에서는 공급자가 공급하고자 하는 80개가 다 수요될 것이다.

반면에 시장가격이 너무 낮아서 8만 원에 머무르고 있다면, 이번에는 수요량이 공급량을 초과해서 초과수요(excess demand 또는 shortage)가 존재하게 된다. 초과수요가 존재하면 상품이 모자라 사고자 하는 사람들간에 경쟁이 생겨 웃돈을 주는 등 가격을 올리게 된다. 마치 경매시장에서 상인들이 서로 사고자 할 때 경매 가격이 오르는 것과 같다. 이러한 과정을 통해서 시장가격은 10만 원에서 형성되고, 다른 환경변화가 없으면 시장가격은 이 수준에 머무르려고 한다. 따라서 우리는 이 가격을 균형가격(equilibrium price)이라고 부르는 것이다.

7 '균형'이 가지는 또 다른 의미는 '바람직한 상태' 또는 '어느 한 편으로도 치우치지 않는 상태'이다. 예를 들어, "소득분배가 균형을 이루어야 한다"에서 균형은 이러한 의미를 가진다.

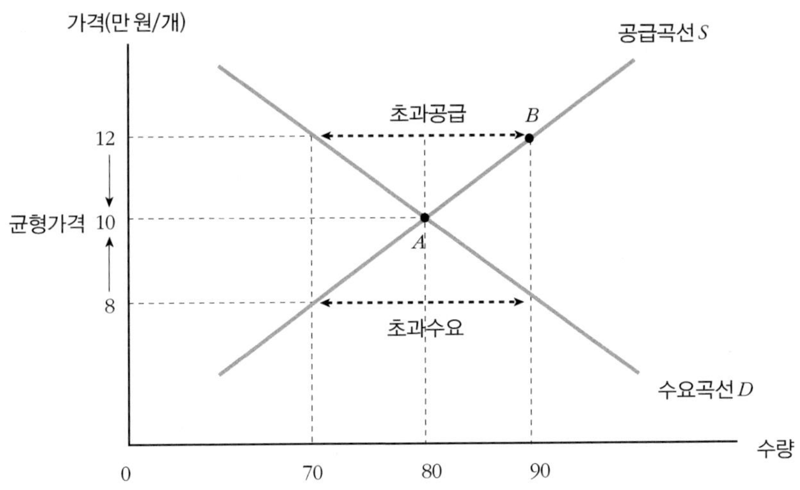

▲ 그림 2-5

균형가격의 결정

지나치게 높은 가격에서는 초과공급이 존재하고, 반면에 지나치게 낮은 가격에서는 초과수요가 존재한다. 균형가격은 초과공급이나 초과수요가 존재하지 않는 가격이다.

시장균형의 변화

지금까지는 균형가격이 어떻게 결정되는지를 살펴보았다. 가격이 일시적으로 균형가격을 벗어나더라도 다시 균형가격으로 돌아오려는 힘이 있다는 것을 설명했다. 그러면 균형가격이란 절대 변하지 않는 것인가? 그렇지 않다. 어떤 변동요인이 발생하면 균형가격 그 자체가 변동될 수도 있다. 그렇다면 균형가격 자체를 변동시키는 요인을 살펴보자. 균형가격은 수요와 공급의 변화에 의해서 변화한다. 앞에서 언급한 바와 같이 수요의 변화는 소득, 관련 재화의 가격, 소비자 기호, 광고, 인구 등의 변화에 의해 나타나고, 공급의 변화는 관련재 가격, 생산요소 가격, 생산기술 등의 변화에 의해 발생한다. 이 중에서 가격 이외의 요인이 변하면, 앞에서 설명한 바와 같이 가격과 수량으로 표시된 이차원 좌표에 나타내기 위해서 수요곡선이나 공급곡선의 이동(shift)으로 그 변화를 나타낸다.

〈그림 2-6〉은 이러한 변화에 따라 수요와 공급의 균형점이 어떻게 변화하고 따라서 시장의 균형가격이 어떻게 변하는지를 보여 준다. 먼저 이 시장의 수요와 공급곡선이 그림과 같이 D와 S로 주어졌다면, A점이 균형점이 되고 균형가격은 10만 원이며 균형 거래량은 80개가 될

■ 부산공동어시장의 수산물 경매 모습

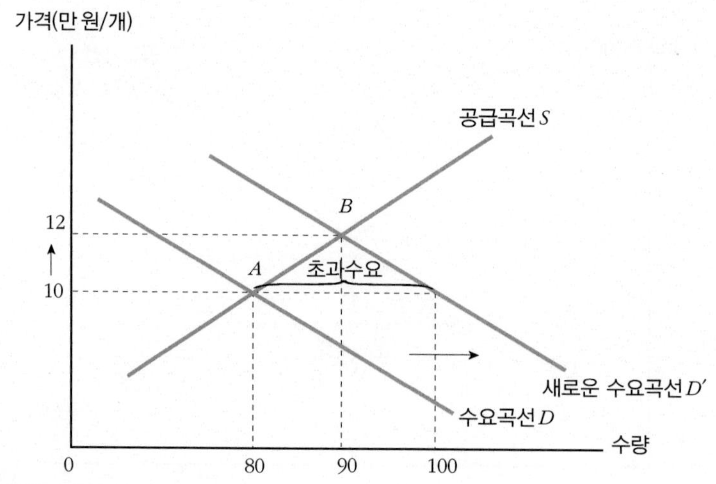

▲ 그림 2-6

시장균형의 변화

수요의 증가는 원래의 균형가격인 10만 원에서 초과수요를 가져와 균형가격을 오르게 한다.

것이다.

이러한 균형상태에서 만약 이 재화와 경쟁관계에 있는 대체재(예로 소고기와 같은 축산물)의 가격이 상승했다고 하자. 그럴 경우 상대적으로 저렴해진 이 재화의 수요가 증가할 것이다. 이를 그래프로 표시하면 수요곡선이 우상향으로 이동한 것으로 나타낼 수 있다. 왜냐하면 이전에는 가격이 10만 원인 경우 수요가 80개였으나, 새로운 수요곡선은 100개로 수요가 늘어난 것을 나타내기 때문이다. 그러면 원래의 균형가격 10만 원에서는 20개의 초과수요가 발생하게 되어 시장가격이 새로운 균형가격인 12만 원으로 오른다. 결과적으로 새로운 균형점은 *B*점이 된다. 이때 거래량은 90개로 증가한다.

수요와 공급의 탄력성

탄력성이 중요할 때

정부가 택시 요금을 인상하기로 발표하였을 때, 택시 회사의 수입은 반드시 오를까? 택시 요금 인상에 따라 손님들의 택시 이용이 줄지 않는다면 택시 회사의 수입은 오를 것이다. 그러나 만약에 택시 요금 인상으로 택시 손님이 크게 줄어든다면 택시 회사의 수입은 어떻게 될까? 그렇게 되면 택시 요금 인상이 오히려 택시 회사의 수입을 감소시킬 수 있다. 항공사가 휴가철인 성수기에 비해서 비성수기에 항공요금을 인하해 주는 이유는 무엇일까? 가전제품을 생산하는 기업이 국내 시장에서보다 국외시장에서 제품의 가격을 더 낮게 책정하는 이유는 무엇일까? 이러한 모든 질문들은 수요와 공급의 탄력성(elasticity)과 관련이 있다.

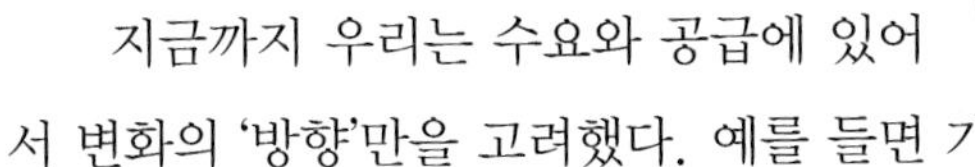

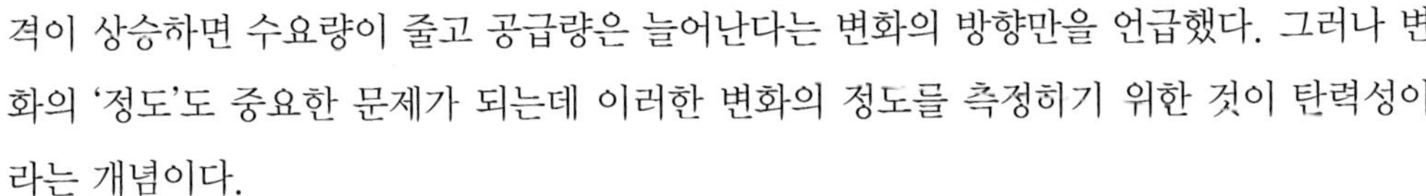

지금까지 우리는 수요와 공급에 있어서 변화의 '방향'만을 고려했다. 예를 들면 가격이 상승하면 수요량이 줄고 공급량은 늘어난다는 변화의 방향만을 언급했다. 그러나 변화의 '정도'도 중요한 문제가 되는데 이러한 변화의 정도를 측정히기 위한 것이 탄력성이라는 개념이다.

탄력성이라는 개념은 원래 물리학에서 사용되는 것을 경제학에 적용시킨 것이다. 탄력성이란 어떤 변수가 다른 어떤 변수의 변화에 얼마나 민감하게 반응하는가를 보여 주는 척도가 된다. 이러한 탄력성 개념은 수요와 공급을 분석하여 기업의 시장에 대한 전략 및 정책을 펴는 데 중요한 역할을 하게 된다.

탄력성은 어떤 변화의 원인에 대해 다른 변수가 결과적으로 어느 정도 변화되었는가를 나타내는 지표로서 다음 같이 측정한다:

$$\text{탄력성} = \frac{\text{결과}\%\Delta}{\text{원인}\%\Delta} \quad \begin{matrix} \leftarrow \text{결과(EFFECT)의 변화율} \\ \leftarrow \text{원인(CAUSE)의 변화율} \end{matrix}$$

예를 들어, 휴대전화 요금이 10% 오르는 경우, 휴대전화 사용량이 10% 줄어든다면, 휴대전화 요금의 변화가 **원인**(cause)이 되고, 휴대전화 사용량의 변화는 **결과**(effect)가 된다. 이 두 항목의 변화를 퍼센테이지로 나타내 상대적 비율로 표시한 것이 탄력성이다. 탄력성의 공식에서는 모든 단위들이 상쇄되어 결국 탄력성은 단위가 없는 단지 변화율의 비율이다. 현실 경제에서 많이 사용하는 몇 가지 탄력성의 예를 살펴보자.

수요와 공급의 탄력성

가격을 올리거나 내릴 때, 수입이 얼마나 변화할 것인가에 대한 답은 수요탄력성으로부터 얻을 수 있다. 또한 경기의 변화에 따른 시장의 전망을 알고 싶을 때도 수요탄력성에 대한 정보가 필요하다. 수요탄력성(demand elasticity)은 가격이나 소득 등 수요에 영향을 미치는 요인이 1% 변화할 때 수요가 몇 % 변하는가를 보여 주는 지표이다. 수요탄력성의 종류에는 가격변화에 대한 수요의 변화를 나타내는 '가격탄력성', 다른 재화의 가격변화에 대한 '교차탄력성', 그리고 소득의 변화에 따른 '소득탄력성' 등이 있다. 여기서 수요가 '결과'이고, 가격이나 소득 등 탄력성 앞에 붙는 단어가 '원인'이다. 일반적으로 아무 수식어 없이 그냥 수요탄력성이라고 하면 수요의 '가격탄력성'을 말한다.

수요의 가격탄력성

수요의 가격탄력성(price elasticity of demand)은 가격변화에 대해 수요량이 얼마나 민감하게 반응하는가를 보여 주는 지표이다. 이것은 가격변화율에 대한 수요량의 변화율로 측정된다. 이것을 수식으로 표현하면 다음과 같다.

$$\text{수요의 가격탄력성} = \left| \frac{\text{수요량의 변화율}}{\text{가격의 변화율}} \right| = \left| \frac{\frac{\text{수요변동분}}{\text{수요량}}}{\frac{\text{가격변동분}}{\text{가격}}} \right|$$

탄력성이 0이면, 이는 가격변화에 대해 수요량이 전혀 반응을 보이지 않음을 뜻한다. 그리고 탄력성이 1이면 가격이 1% 증가할 때 수요량이 1% 감소한다는 뜻이다. 탄력성은 1을 기준으로 0과 1 사이에 있으면 그 재화는 가격의 변화에 대해 수요가 비탄력적(inelastic)이라고 하고, 1보다 크면 탄력적(elastic)이라고 한다. 한편, 탄력성이 1인 경우는 단위탄력적(unitary elastic)이라고 부른다. 일반적으로 농산물을 포함한 생필품은 가격의 변화에 대해 수요량의 변화가 그렇게 크지 않기 때문에 비탄력적이고, 반면에 사치품은 가격의 변화에 대해 수요량의 변화가 크기 때문에 탄력적이다.

다음 예를 통하여 수요의 가격탄력성을 직접 구하여 보자. 어떤 커피점에서 A라는 커피를 판매하고 있다. 커피 A의 가격이 2,000원인 경우 하루 수요량은 200컵이었다. 그런데 주인이 가격을 3,000원으로 올리자 하루 판매량이 100컵으로 감소하였다면, 이 경우 수요의 가격탄력성은 다음과 같이 계산된다:

$$\text{커피 A에 대한 수요의 가격탄력성} = \left| \frac{(100-200)/\{(100+200)/2\}}{(3,000-2,000)/\{(3,000+2000)/2\}} \right| = \left| \frac{-\frac{2}{3}}{\frac{2}{5}} \right| = \frac{5}{3}$$

여기서 탄력성을 계산할 때 절대값 부호를 붙이는 이유는 수요량은 가격과 반대 방향으로 움직이기 때문에 탄력성의 크기를 양의 값으로 만들기 위해서이다. 음수로 표시하면 −2는 −1보다 작은 수이지만, 탄력성은 더 크다고 표현해야 하므로 마이너스 사인이 혼동을 가져올 수 있기 때문이다. 또한 탄력성은 어떠한 단위를 사용하든지 그 값이 일정해야 하기 때문에 앞에서 설명한 것과 같은 퍼센테이지 변화율의 비로 나타낸다. 그렇지 않고 단순히 가격과 수요량의 변화분의 비로 나타낸다면 어떤 단위를 기준으로 하느냐에 따라 탄력성 수치가 달라질 수 있다. 예를 들어, 가격 변화 100원에 대하여 같은 1kg의 수요량 변화와 1,000g의 수요량 변화는 가격과 수요량 변화 비율을 계산할 때 수치상으로 각각 0.01과 10으로 다르게 나타난다. 퍼센테이지 변화율로 탄력성을 계산하면 이러한 문제가 해소된다.

또한 탄력성을 계산할 때 각 변수의 기준은 중간값을 사용한다(낮은 값과 높은 값을 더해 2로 나누어 줌). 중간값을 기준으로 계산하는 이유는 같은 변화에 대하여 낮은 값 또는 높은 값 중 어느 값을 기준으로 하느냐에 따라서 퍼센테이지 변화율이 다르게 나타날 수 있기 때문이다.

수요의 가격탄력성과 판매수입

수요의 가격탄력성은 가격 변동에 따라 소비자 지출액이 어떻게 변화할 것인가에 대한 정보를 제공하기 때문에 기업에게 중요한 정보가 된다. 예를 들어, 어느 상품의 가격탄력성이 1이라면, 가격이 1% 올라갈 때 수요량 역시 1% 감소하기 때문에 판매수입에는 변화가 없게 된다. 반면에 수요가 탄력적인 상품의 경우에는 가격을 내리면 가격하락률 이상으로 수요량이 증가하기 때문에 판매수입은 증가하게 된다. 따라서 이럴 경우에 회사는 가격인하정책을 사용하면 수입을 늘릴 수 있다. 수요가 비탄력적인 상품의 경우에는 반대의 결과가 나타난다.

농산물은 소비량이 거의 일정하기 때문에 비탄력적인 재화이므로 가격을 내리면 가격하락률보다 수요량이 작게 증가하여 판매수입이 줄어든다. 풍년으로 인해 농산물의 공급이 늘어나 가격이 하락할 때 농민의 수입은 오히려 줄어드는 이유가 바로 여기에 있다. 반대로 작황이 좋지 않아 공급이 줄어 농산물 가격이 올라가면 수요량은 크게 줄지 않기 때문에 판매수입이 증가하게 된다. 하지만 농민들은 공급이 감소하는 경우에도 이러한 혜택을 받지 못하게 되는데, 그 이유는 농산물 가격이 올라가면 물가 안정을 위해 정부가 비축농산물의 공급을 늘리기 때문이다. 결국 가격이 다시 내리게 되어 애초에 가격 상승으로 인해 기대되었던 농민의 판매수입 증가는 이루어지지 않게 되는 경우가 많다.

수요의 가격탄력성의 크기는 상품의 성격이나 시장조건에 의해서 결정된다. 구체적으로 살펴보면, 첫째, 대체재가 많은 상품은 대체재가 적은 상품에 비해 보다 탄력적이다. 즉 대체재가 많으면 소비자는 선택의 폭이 넓어지기 때문에 보다 유연하게 가격인상에 대처할 수 있다. 따라서 가격이 오르는 경우 그 상품에 대한 수요가 더 많이 줄어 가격탄력성은 커지게 된다.

둘째, 가격이 소득에서 차지하는 비중이 큰 상품일수록 수요가 탄력적이다. 왜냐하면 어떤 재화의 가격이 소득에서 차지하는 비중이 큰 경우에는 소비자는 보다 가격 변화에 민감하게 되기 때문이다.

셋째, 일상생활에 있어서 중요성이 큰 재화일수록 수요의 가격탄력성이 낮다. 예컨대, 생필품에 대한 수요는 비탄력적이고 사치품은 탄력적이다. 생필품은 일상생활에 없어서는 안 되기 때문에 가격이 오르더라도 수요의 변화가 크게 나타나지 않는다. 따라서 소비는 비탄력적이 된다. 반면에 사치품의 경우는 반드시 필요한 것이 아니기 때문에 수요가 가격변화에 민감하게 반응할 수 없다.

교차탄력성

지하철이 있는 어느 도시에서 시내버스 요금을 인상하고자 하는 경우 대체 교통수단인 지하철로 승객을 얼마 정도 빼앗길지 판단해야 할 때가 있다. 이와 같이 관련상품의 가격변화가 수요에 얼마나 큰 영향을 미칠 것인가는 교차탄력성을 통해 알 수 있다.

수요의 교차탄력성(cross elasticity of demand)이란 다른 어떤 재화의 가격이 변화할 때 당해 재화의 수요가 어느 정도로 반응을 보이는가를 나타낸다. A재화의 B재 가격에 대한 수요의 교차탄력성을 수식으로 표시하면 다음과 같다.

$$\text{수요의 교차탄력성}_{AB} = \frac{A\text{재 수요량의 변화율}}{B\text{재 가격의 변화율}} = \frac{\dfrac{A\text{재 수요변동분}}{A\text{재 수요}}}{\dfrac{B\text{재 가격변동분}}{B\text{재 가격}}}$$

수요의 교차탄력성은 부호가 중요하다. 왜냐하면 이는 고려의 대상이 되는 두 재화가 서로 어떤 관계를 갖는가를 나타내기 때문이다. 그래서 절대값 기호를 사용하지 않는다. 만약 어떤 두 재화의 교차탄력성이 양(+)의 값을 갖는다면 그 두 재화는 대체관계에 있다. 한 상품가격의 인상이 다른 상품의 수요를 늘어나게 하기 때문이다. 쇠고기와 돼지고기, 커피와 홍차 등이 대체관계를 보여 주는 좋은 예가 된다.

반대로 어떤 두 재화의 교차탄력성이 음(−)의 값으로 나타나면 이 두 재화의 관계가 보완관계에 있다. 컴퓨터와 프린터, 커피와 설탕, 피자와 콜라, 자동차와 휘발유 등이 서로 보완적인 관계를 보여 주는 재화들이다. 한편 어떤 두 재화의 교차탄력성이 0이면 이들은 독립관계를 갖는다. 즉 서로 아무런 연관성이 없는 상품들이다.

소득탄력성

경기가 좋아지거나 나빠지게 되면 소득이 변화되고 그에 따라 상품에 대한 수요도 달라진다. 불경기에는 어떤 업종에 진출하는 것이 바람직할까? 이에 대한 답을 얻기 위해서는 소득탄력성에 대한 이해가 필요하다.

수요의 소득탄력성(income elasticity of demand)은 소득의 변화에 대한 수요량의 변화 정도를 측정하는 척도이다. 소득탄력성을 수식으로 표현하면 다음과 같다.

$$\text{수요의 소득탄력성} = \frac{\text{수요의 변화율}}{\text{소득의 변화율}} = \frac{\dfrac{\text{수요변동분}}{\text{수요}}}{\dfrac{\text{소득변동분}}{\text{소득}}}$$

일반적으로 소득이 증가하면 수요도 늘어나는 정상재는 소득탄력성이 양(+)의 값을 가진다. 반면에, 소득이 증가하면 재화의 수요가 오히려 줄어드는 열등재의 경우에는 소득탄력성은 음(−)의 값이 된다.

새로운 사업은 사람들의 소득이 오르는 호경기에 시작하는 것이 바람직하다. 그런데 이때 어떠한 업종을 선택하는 것이 바람직할까? 소득탄력성은 시장 진입 여부를 판단하는 데 중요한 정보를 제공한다. 소득탄력성이 큰 재화의 수요는 경기변화에 큰 영향을 받기 때문이다. 호경기가 예상될 경우에는 레저용품 등 소득탄력성이 큰 상품이 시장에서 유리하다. 경기가 침체되어 소득이 감소하면 열등재인 연탄의 사용이 늘어나는 것도 소득탄력성과 관련된다.

한편 1997년 외환위기로 인해 많은 봉급 생활자들이 퇴직했다. 이들은 퇴직금을 가지고 새로운 사업을 해야 했다. 과연 불황기에는 어떠한 업종을 선택하는 것이 바람직할까? 생필품처럼 소득탄력성이 비탄력적인 경우에는 불경기라도 영향을 덜 받게 되므로 상대적으로 문제가 적다. 1998~1999년 외환위기에 따른 불경기에서 소득에 비탄력적인 식품시장은 경기에 상대적으로 큰 영향을 받지 않았다. 예를 들어 내의나 치약 등 생필품 생산업체는 경기침체에도 어려움을 겪지 않았다.

공급탄력성

공급의 경우에도 영향요인에 따라 공급의 '가격'탄력성, 공급의 '요소'가격탄력성, 그리고 공급의 '교차'탄력성 등 여러 가지 탄력성의 개념을 정의할 수 있다. 이곳에서는 공급의 '가격'탄력성, 즉 공급탄력성만 설명하기로 하자. 나머지 탄력성은 수요탄력성 개념과 마찬가지로 이해할 수 있을 것이다.

공급탄력성(elasticity of supply)은 가격의 변화에 대한 공급량의 반응정도를 보여 주는 지표이다. 공급탄력성을 수식으로 표시하면 다음과 같다. 공급은 수요와는 달리 가격과 정비례 관계에 있으므로 탄력성을 계산할 때 절대값 부호를 붙이지 않는다.

$$\text{공급탄력성} = \frac{\text{공급량의 변화율}}{\text{가격의 변화율}} = \frac{\dfrac{\text{공급변동분}}{\text{공급량}}}{\dfrac{\text{가격변동분}}{\text{가격}}}$$

이렇게 계산된 공급탄력성이 0에서 1사이에 있으면 비탄력적이라고 하고, 1보다 크면 탄력적이라고 한다. 예를 들어 농산물이나 토지와 같이 가격이 변화하더라도 공급량을 즉시 늘릴 수 없는 특성을 갖고 있는 재화는 공급탄력성이 비탄력적이다. 반면에 공산품은 비교적 가격변화에 탄력적으로 공급량이 대응할 수 있으므로 탄력적이다. 우리나라 수출액 중에서 높은 비중을 차지하는 반도체의 국제가격이 하락하는 경우, 국내 반도체 생산기업들은 발 빠르게 공급량을 감소시켜 반도체 가격이 지나치게 하락하는 것을 방지하고자 한다.

공급탄력성의 결정요인

공급탄력성의 크기는 상품의 성격과 생산조건에 따라 결정된다. 첫째, 상품이 잘 변질되지 않아 저장이 용이하고 저장비용도 적으면 기업은 가격변화에 보다 유연하게 공급량을 조절할 수 있게 되므로 공급이 탄력적으로 된다. 반면에 저장성이 적고 저장비용이 크면 가격이 변하더라도 공급을 크게 변화시키지 못하므로 공급이 비탄력적이 된다. 예를 들면 농산물은 부패하기 쉽기 때문에 저장이 어렵고 저장비용도 높아서 공급이 비탄력적이다. 반면에 공산품은 잘 변질되지 않고 저장비용도 낮기 때문에 가격의 변화에 공급이 민감하게 반응할 수 있어서 공급이 탄력적이다.

둘째, 공급탄력성은 생산량 증대에 따른 생산비용의 변화정도에 영향을 받는다. 생산량을 급격히 늘리려고 할 때, 원료가 품귀현상이 일어나는 등 생산비용이 급격히 증가하게 되면 가격이 오르더라도 공급을 크게 증가시킬 수 없게 되므로 비탄력적이 된다. 예를 들어 최근에 정보기술 전문인력을 구하기 어려워 정보기술관련 산업의 공급이 쉽게 증가하지 못하는 것을 들 수 있다.

마지막으로, 생산하는 데 기간이 많이 소요되는 재화는 가격의 변화에 대해 공급이 즉각적인 반응을 보일 수 없으므로 비탄력적이 된다. 농산물이나 주택 같은 경우에 시장의 가격이 오르더라도 생산을 늘리는 데 상당한 시일이 소요되기 때문에 즉각적으로 공급을 늘릴 수가 없다. 따라서 농산물과 주택의 공급은 비탄력적인 특성을 갖는다. 반면에 일반 공산품은 가격이 상승하면 공급을 상대적으로 짧은 시간에 늘릴 수 있으므로 공급이 탄력적이 된다. 이렇게 공급이 비탄력적인 재화의 시장가격은 농산물 파동에서 경험하듯이 폭등하거나 폭락하는 일이 많다.

탄력성의 응용: 가격차별

탄력성의 개념은 가격정책의 수립 외에도 다양한 곳에서 활용된다. 예를 들면 수요의 가격탄력성은 기업의 가격차별 전략에 활용된다. 동일한 조건에서 생산된 동질적 재화를 다른 가격으로 판매하는 행위를 가격차별(price discrimination)이라고 한다. 시장을 분할할 수 있고, 또한 각 시장의 수요탄력성이 서로 다를 경우, 기업은 각기 다른 가격으로 판매함으로써 이익을 보다 높일 수 있다.

예를 들면, 소득계층에 따라 수요탄력성이 다를 경우 기업은 소득계층별 가격차별을 통해 이윤을 높일 수 있다. 영화관람료를 청소년에게는 할인해 주는 이유는 무엇일까? 그 이유는 청소년들은 성인에 비해 소득이 적어서 가격변화에 민감하므로 학생들은 영화관람료를 낮추어주면 보다 많은 수요가 유발된다. 그러나 성인의 경우 소득이 상대적으로 높기 때문에 학생에 비해 비교적 높은 가격에도 영화를 관람할 수 있다. 따라서 수요가 탄력적인 청소년들에게는 낮은 가격을, 그리고 수요가 비탄력적인 성인들에게는 높은 가격을 받음으로써 이윤을 높일 수 있다(극장의 조조할인의 경우는 어떠할까?). 여기서는 청소년과 성인으로 시장을 구분하는 것이 가능하므로 가격차별화가 가능한 것이다. 그러나 만약에 시장분할이 불가능하다면 가격차별은 기업에게 원하는 결과를 가져오지 못한다. 시장이 분할되지 않는 경우 사람들은 모두 가격이 낮은 시장에서 구매하게 되기 때문이다. 대중목욕탕에서 성인과 소아의 가격을 다르게 책정하는 것도 소아들은 부모가 집에서도 목욕을 시킬 수 있고, 따라서 가격탄력성이 성인에 비해 높기 때문일 것이다(아이들은 물장난으로 오히려 물을 더 많이 쓰기도 한다).

다음으로 사용시간에 따른 가격차별화가 있다. 성수기와 비수기를 구분하여 성수기에는 수요의 가격탄력성이 낮기 때문에 값을 올리고 비수기에는 수요의 가격탄력성이 높기 때문에 값을 내리는 차별화 전략을 쓴다. 영화관람의 조조할인, 비수기 항공권 및 호텔 요금의 할인과 심야시간의 전기요금 할인 등이 시간과 기간에 따라 시장을 구분하여 가격차별화 전략을 사용하는 예가 된다.

또한 내수시장과 수출시장의 차별화를 들 수 있다. 수출시장은 내수시장에 비해 보다 경쟁관계에 있는 대체품에 대한 선택의 폭이 크기 때문에 수요가 탄력적이며, 따라서 수출시장에서는 국내시장보다 싸게 판매하는 전략을 사용한다. 삼성TV를 예로 들면, 국외시장에서는 많은 국가들의 보다 다양한 브랜드가 나와 있기 때문에 국내시장보다 외국시장에서 보다 싸게 파는 가격차별화 전략을 사용하여 매출을 보다 높일 수 있다.

끝으로 신규고객을 기존고객과 차별화하는 전략도 있다. 신규고객은 기존고객에 비해 보다 가격에 탄력적이기 때문에 신규고객에게 할인가격을 제공하여 고객을 확보한다. 일단 단골고객이 되면 해당 재화 및 서비스에 구속이 되기 때문에 가격에 보다 비탄력적이 될 가능성이 높다. 이러한 예는 우리나라의 스마트폰 시장에서 자주 사용된다. 이와 같이 탄력성은 현실 경제에서 많이 적용되는 유용한 개념이다.

가격규제의 경제학

가격규제

현실 경제에서 가격이 수요·공급의 힘에 따라 마음대로 움직이지 못하고 인위적으로 통제되는 현상을 종종 발견할 수 있다. 예를 들면 물가를 안정시키기 위해 정부는 공공요금을 통제한다. 또 미숙련 노동자의 생계를 보상하기 위해 시간당 최저임금수준을 정해 놓고 그 이하로 임금수준이 내려가지 못하도록 하고 있다. 이처럼 어떤 목적을 달성하기 위해 정부가 직접적으로 가격형성을 통제하는 것을 가격통제(price control)라고 한다. 가격통제가 실제로 이러한 목적을 달성할 수 있는가를 생각해 보자.

소비자 보호를 위한 가격상한제

〈그림 2-7〉에서처럼 수요자를 보호할 목적으로 가격을 균형가격(P_E)보다 낮게 설정(상한가격, P_C)하여 그 이상으로 가격이 올라가지 못하게 통제하는 것을 가격상한제(price ceiling)라고 한다. 예를 들면 아파트 실수요자를 보호하기 위한 분양가상한제가 있다. 분양가 상한제도는 서민들이 집을 싼 가격에 구입할 수 있게 하기 위하여 아파트와 같은 공동주택의 분양가에 대해 평당 상한가(上限價)를 정하는 제도이다. 분양가의 상한을 정함으

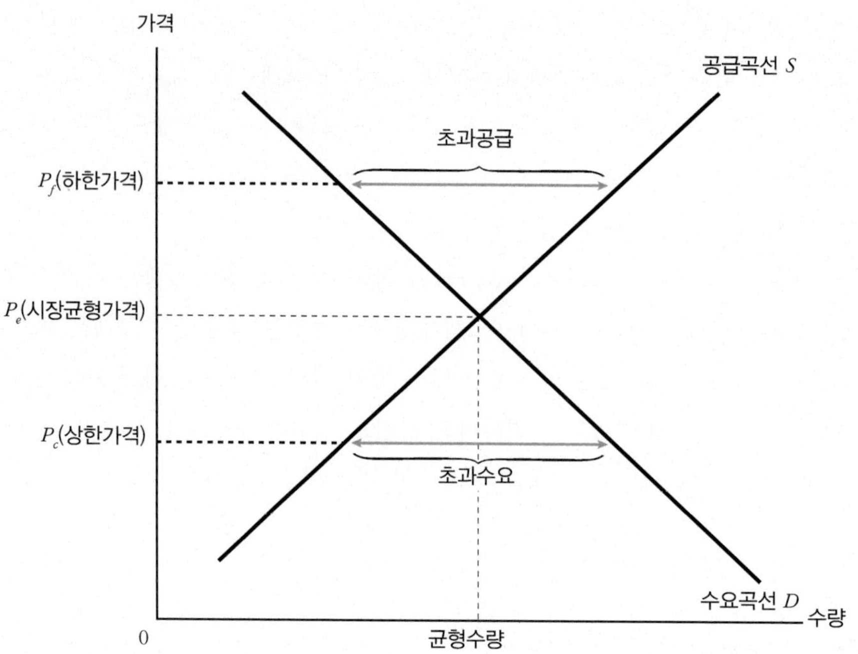

▲ 그림 2-7

가격통제

시장이 정하는 균형가격이 사회구성원들에게 지나치게 높거나 또는 낮게 느껴지는 경우 가격 통제가 실시된다. 가격통제는 어떤 문제를 가져오는가? 가격을 나타내는 P의 아래첨자 c는 상한(ceiling)을, f는 하한(floor)을 의미한다.

로써 주택가격을 통제하면 수요가 많은 경우 시장가격보다 낮게 정해지는 주택가격으로 인하여 주택이 투기의 대상이 되는 결과를 가져온다. 시장가격과 인위적으로 정해진 낮은 가격의 차이가 프리미엄(premium, 전매차익)이 되기 때문이다. 또한 건설회사의 입장에서는 수익성이 떨어지기 때문에 공급이 위축되어 장기적으로 아파트의 가격이 더 높게 오르게 할 수 있다. 따라서 무조건 가격을 상한선 이상 오르지 못하게 묶어 둔다고 해서 모든 문제가 해결되는 것은 아니다.

수요자를 보호하기 위한 이러한 제도는 시장을 왜곡시켜 부작용을 낳기도 한다. 가격상한제는 인위적으로 가격을 균형가격보다 낮게 설정함으로써 수요는 더 증가하고 공급은 더 감소해 만성적인 초과수요를 발생시킨다. 이런 상태에서는 높은 가격을 지불하더라도 부족한 상품을 구입하려는 사람들이 생기게 되고 자연스럽게 이들을 위한 암시장(black markets)이 나타난다.

경제성장 초기 우리나라 자금시장에서 정부는 공금리 수준을 낮게 규제해 왔다. 이러한 금리규제는 자금에 대한 초과수요를 발생시켰고, 까다로운 대출조건을 충족시킬 수 없는 중소기업과 일반서민들은 대출 받기 어려워 사채시장에 의존하는 문제를 야기하는 등 부작용을 가져왔다.

공급자 보호를 위한 가격하한제

이와는 반대로 공급자를 보호할 목적으로 가격을 균형가격(P_e)보다 높게 설정(하한가격 P_f)하여 그 이하로 가격이 내려가지 못하게 통제하는 제도를 가격하한제(price floors)라 한다. 이 경우 인위적으로 가격을 균형가격보다 높게 설정하고 있으므로 수요는 위축되고, 공급은 늘어나 만성적인 초과공급을 발생시킨다.

예컨대 풍년이 들어 추수기에 쌀 공급이 갑자기 많아지면 쌀 가격이 급락하여 생산비 이하로 하락할 수 있다. 이 경우 정부는 쌀 공급자인 농부를 보호하기 위해 시장가격보다 높은 수매가격을 결정하게 된다. 미국의 경우 농민을 보호할 목적으로 곡물의 최저가격제 또는 목표가격제(target prices) 프로그램을 도입하여 농민의 생활이 보장될 수 있는 가격을 설정하여 이를 지지하고 있다. 이를 위해 미국정부가 초과 공급분을 수매하게 되고 이렇게 발생된 잉여농산물의 처리로 정부는 골머리를 앓고 있다. 미국 정부의 조사에 따르면 잉여농산물을 소각하는 비용이 농산물에 대한 보조금보다 오히려 적다. 미국은 이러한 국내 잉여농산물을 처리하기 위해 국제적인 통상압력을 넣기도 하고 저개발도상국들에 대한 무상 및 유상 농산물 원조(agricultural aid)를 하기도 한다.

우리나라의 경우, 2005년 쌀 수매제도를 폐지하면서 '쌀 목표가격제도'가 도입되었다. 이 제도는 정부가 쌀 농가의 소득 보전을 위해 쌀 목표가격을 정하고 산지 쌀값이 목표가격 밑으로 내려가면 차액의 85%를 고정직불금과 변동직불금으로 보전해 주는 제도이다. 고정직불금은 1ha당 80만 원으로 지급액이 정해져 있고, 나머지는 변동직불금의 형태로 보전된다.

이와 같이 정부가 인위적으로 가격을 설정하면 앞에서 살펴본 것처럼 시장에서는 항상 초과수요나 초과공급이 발생하게 된다. 일반적으로 가격상한제는 저소득 소비자를 위해서, 가격하한제는 경쟁력이 취약한 산업의 생산자를 도울 목적으로 사용된다.

그러나 가격통제가 단기적으로는 효과적일 수 있으나 장기적으로는 가격왜곡에 따라 자원이 비효율적으로 사용되어 필요 이상이 생산되는 자원배분의 왜곡이 발생된다. 따라서 가격통제는 도입에 따른 사회적·경제적 비용의 변화를 충분히 고려하여 시행해야 하며 가능하면 대체적인 정책수단을 개발하여 비교·검토가 되어야 할 것이다.

농부의 역설

식생활에 중요한 부분을 차지하고 있는 농산물도 가격의 변동이 매우 심하다. 어떤 해에는 특정 농산물의 가격이 폭등해서 서민 가계에 어려움을 주고, 어떤 때에는 농산물 가격이 폭락해서 농민이 자신의 밭을 불도저로 갈아버리는 경우도 있다. 이와 같은 농산물 파동이 왜 일어나는 것일까? 앞에서 언급한 수요와 공급의 탄력성 이론을 가지고 설명해 보자.

우선, 농산물은 공급이 비탄력적이다. 그 이유는 공산품과 달리 몇 가지 중요한 특성을 갖기 때문이다. 첫째, 농산물 생산은 주로 여름과 가을에 집중되어 있어서 계절성이 뚜렷하다. 둘째, 농산물은 기후나 토양의 상태 등에 따라서 지역적으로 집중적으로 생산된다. 셋째, 농산물은 생식품이기 때문에 부패 및 변질성이 크다. 넷째, 농산물은 공산품과 달리 품질이 균일하지 않아서 표준화의 어려움이 많다. 다섯째, 농산물은 가치에 비해 상대적으로 부피가 크다. 마지막으로, 농산물은 공산품에 비해 포장이 어려워 작업의 기계화가 어렵다. 따라서 농산물의 운반과 관련된 물류비용이 상대적으로 높다. 특히 신선식품인 채소와 과일은 이와 같은 공급상의 특성이 더욱 강하다.

물론 이와 같은 특성은 저장기술이 발전해 어느 정도 완화되고 있지만 본질적으로 수확시기의 집중현상은 지금도 여전히 피할 수 없다. 따라서 아직도 이러한 특성들로 인해 농산물의 공급은 가격에 대해 비탄력적이다. 즉 농산물 가격의 변화에 공급이 신속히 반응할 수 없다.

또한 농산물에 대한 수요도 비탄력적이다. 우리는 앞에서 필수품의 수요는 가격에 비탄력적이고 사치품은 탄력적이라는 것을 살펴보았다. 일반적으로 농산물은 생활필수품의 성격이 강하다. 따라서 가격 변화에 따른 수요 변화의 정도가 상대적으로 낮아 가격에 비탄력적이다. 즉 농산물의 수요는 연중 설날과 추석과 같은 특별한 경우를 제외하고는 안정적인 특성을 가지고 있다.

요약하면 농산물의 공급과 수요는 모두 가격에 대하여 비탄력적이다. 상품의 수요와 공급이 비탄력적인 경우 가격변동이 크게 된다. 그 이유를 살펴보면, 〈그림 2-8〉에서 수요가 비탄력적인 농산물의 가격이 탄력적인 경우에 비해 가격이 불안정하게 된다. 〈그림 2-8〉에서 시장의 균형가격과 거래량이 수요곡선과 공급곡선이 만나는 E_0점에서 결정되고 있다고 가정하자. 만약 기상의 악화로 농산물 공급이 줄어들었다고 하면, 공급곡선이 S에서 좌측인 S'로 이동하게 된다. 이때 수요가 탄력적인 공산품의 경우라면, 즉(수요

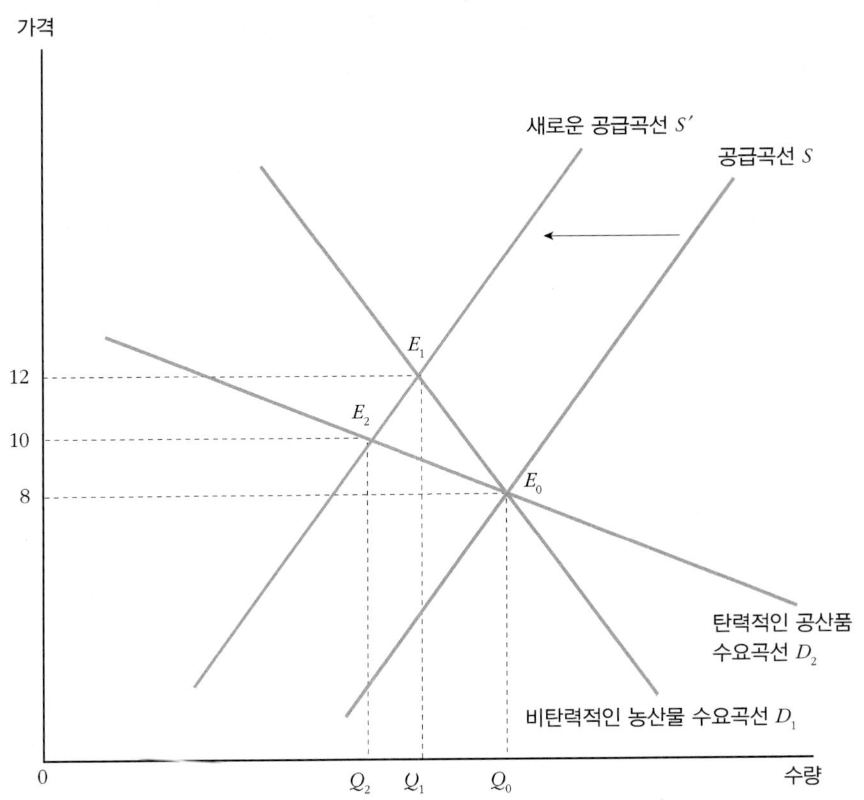

▲ 그림 2-8

농산물의 가격파동

농산물의 수요와 공급이 비탄력적인 것은 공급 변화에 따른 가격 변화폭을 크게 만든다.

곡선 D_2) 가격은 8만 원에서 10만 원으로 상승하게 된다. 그러나 농산물의 수요곡선은 비탄력적인 D_1이기 때문에 가격은 10만 원보다도 높은 12만 원으로 상승하게 된다. 수요가 비탄력적이기 때문에 공급이 줄었을 때 가격이 많이 올라야만 수요량도 그만큼 줄어들 수 있기 때문이다. 이와 같이 농산물 수요는 비탄력적이기 때문에 탄력적인 경우에 비해 공급이 줄어들면 가격이 크게 오른다는 것을 알 수 있다.

■ 가격 폭락으로 수확하지 않은체 버려져 있는 농산물

반대로 기상 상태가 좋아서 풍년이 되었을 경우, 농산물의 공급이 증가하게 되는데 이때는 수요가 비탄력적인 농산물의 가격은 폭락한다. 이로 인해 이른바 '농부의 역설'(farmer's paradox)이라는 현상이 발생한다. 즉 풍년이 들어 가격이 폭락하면, 생산량이 늘어도 가격이 너무 많이 하락해 오히려 농민들이 손해 보는 현상이 발생하는 것이다. 이러한 농축산물 파동은 빈번하게 일어난다. 따라서 농민들은 항상 어려움을 겪을 수밖에 없다.

이 밖에도 농민의 어려움은 정부정책과도 관련이 있다. 이론적으로 농산물의 가격이 상승하면 농민 소득은 증가하고 농산물 가격이 하락하면 농민 소득은 줄어들게 된다. 그러나 폭등하는 경우에는 생활필수품인 농산물 가격이 국민경제에 미치는 영향이 크다고 하여 정부가 수입을 늘려서 가격을 하락시키는 정책을 펴기 때문에 농민은 가격 상승에 의한 소득 증대 혜택을 크게 얻지 못하게 된다. 그러나 폭락하는 경우에는 예산상의 어려움으로 정부의 농산물 가격조절기능은 한계를 보이게 되고 결국 폭락에 따른 피해는 농민의 몫으로 돌아가게 된다. 농민에게 피해가 전가되지 않도록 정책상의 세심한 배려가 필요한 이유이다.

널뛰기 부동산시장

농산물과 마찬가지로 부동산의 가격은 매우 불안정하고 변동폭도 크다. 그 이유는 여러 가지가 있지만, 부동산 공급이 비탄력적인 것도 하나의 이유이다. 즉 부동산의 가격이 변할 때 부동산의 공급량은 빠르게 변하지 않기 때문이다. 예를 들어 주택 가격이 상승하더라도, 택지 조성 및 주택건설에 시간이 많이 소요되기 때문에 주택 공급은 비탄력적이다. 반대로 주택가격이 하락할 때에도 주택공급량이 줄어들 때까지는 어느 정도의 시간이 소요된다. 이렇게 부동산 공급은 가격의 변동에 대해 비탄력적이기 때문에 부동산 가격은 심하게 변동한다.

예를 들어 인플레이션이 예상되어 부동산의 수요가 증대하거나 혹은 부동산 양도소득세가 증가해 부동산의 수요가 감소하는 경우를 생각해 보자. 이 경우, 부동산의 가격은 크게 변동하게 되는데, 그 이유는 공급이 비탄력적이어서 같은 수요의 변화에 대해서도 더 큰 가격 변화가 발생하게 되기 때문이다. 또한, 특정 지역을 사람들이 선호해서 그 지역의 부동산에 대한 수요가 증가하게 되면, 공급이 탄력적이지 못하기 때문에 부동산의 가격은 큰 폭으로 변화한다. 즉 수요가 증가할 때 공급량이 쉽게 증가되지 않기 때문에 늘어난 수요를 충당할 정도로 공급이 늘어나려면 가격이 보다 크게 올라가야 하기 때문이다.

지난 30여 년간 한국에서 주택 가격이 많이 오르고, 또 국민소득 수준에 비해서도 크게 높은 이유는 수요의 증가에 공급이 따를 수 없었기 때문이었다. 여기에 보유수요 등도 가격을 필요 이상으로 오르게 했다. 그러나 최근 4~5년간 주택시장의 침체가 나타나고 있는데, 글로벌 금융위기와 함께 인구 성장률의 지속적인 둔화와 젊은 세대의 감소 때문인 것으로 보인다. 그럼에도 불구하고, 수도권을 중심으로 한 전월세 가격의 상승은 많은 사람들의 주거 여건을 어렵게 만들고 있다. 따라서 이를 해결하기 위한 정책적 노력이 필요할 것이다.

가격규제는 필요악인가?

우리나라 대도시, 특히 수도권 인구의 과도한 집중은 여러 가지 문제를 가져오고 있다. 주택가격과 전월세 가격이 높게 유지되어 서민들의 주거 환경에 불안정을 높이고 있다. 사회적으로 이를 둘러싼 의견의 대립이 심화되고 사회적 갈등 요인으로도 작용하고 있다. 분양가상한제 또는 전월세상한제와 같은 가격규제가 주거환경의 개선을 가져올 것인지, 아니면 오히려 주택공급의 감소를 초래하여 장기적으로 주거환경을 더욱 악화시킬 것인지에 대한 논의가 팽팽하게 대치하고 있다.

이 장에서 공부한 내용을 토대로 우리는 어떤 의미를 도출할 수 있겠는가? 경제학 이론은 정부가 인위적으로 시장가격을 규제할 때 나타날 수 있는 문제점들에 대해서 설명하고 있다. 시장 균형가격보다 낮게 책정된 가격상한제는 초과수요를 유발하고 동시에 공급위축을 초래할 수 있다. 반대로 시장 균형가격보다 높게 책정된 가격하한제는 공급과잉의 문제를 낳을 수 있다. 그러므로 가격규제 정책은 결코 중산층과 서민들의 주거환경의 안정성을 높이는 정책이 되지 못한다.

그렇다면 중산층과 서민들의 주거환경을 보호하기 위하여 정부는 어떠한 정책을 채택할 수 있을까? 우선적으로 주택을 필요로 하는 수요자에 대한 면밀한 조사가 필요할 것이고, 이를 토대로 주거환경 보호가 필요한 서민들에 대한 임대주택 공급을 확대할 필요가 있을 것이다. 이를 위한 건설사에 대한 세제혜택 등을 통하여 시장이 자율적으로 주택공급을 결정할 수 있게끔 유도하는 것이 바람직할 것이다.

그러나 보다 장기적으로는 주택 가격을 국민소득 수준에 맞게, 즉 건전한 임금소득자가 저축해서 내 집을 마련할 수 있다는 희망을 갖게 하는 것이 무엇보다 중요하다. 이를 위해서는 단기적으로 부동산시장의 불균형을 해소하려 하기보다는 보다 장기적으로 전국적으로 지역을 중심으로 한 우수한 커뮤니티 생활권 구성을 위한 국가 차원의 정책을 추

■ 인구 백4십만 독일 3대 도시 뮌헨 전경

진하는 것이 필요하다. 수도권에 주택이 부족하다고 무작정 주택 공급을 늘리게 되면 단기적으로는 주택보급률이 올라가겠지만, 이는 다시 수도권 인구 유입을 가져와 주택부족 현상을 심화시킬 것이기 때문이다. 전체 인구가 9천만인 독일의 3대 도시인 베를린, 함부르크 그리고 뮌헨의 인구가 2013년을 기준으로 각각 3백 5십만, 백 8십만 그리고 백 4십만에 불과하다는 것은 우리에게 많은 시사점을 제공한다고 하겠다.

또한 주택 공급을 증대시킬 때에도 이는 생산요소 가격을 크게 상승시키지 않는 범위 내에서 점차적으로 증대시키는 정책이 필요하다. 그리고 물가 안정을 통해 인플레이션의 기대심리를 낮추어 주택을 포함한 부동산의 가수요가 발생하지 않도록 물가 안정정책도 함께 병행해야 할 것이다.

생각하기

분양가상한제는 단기적으로 주택가격을 제한할 수는 있겠지만 주택에 대한 초과수요와 공급위축을 초래하며 장기적으로는 주택공급을 감소시킬 수 있다.

SUMMARY

시장은 수요자와 공급자가 만나는 개념적 공간이다. 자유롭게 움직이는 시장에서 수요와 공급은 균형을 통하여 가격과 수량을 결정한다. 시장이 결정하는 균형가격이 사회 구성원들에게 지나치게 높거나 또는 낮게 느껴지는 경우, 정부가 개입하여 가격규제를 시행하는 경우가 있다. 시장가격보다 낮게 책정된 가격상한제와 반대로 시장가격보다 높게 책정된 가격하한제가 그것이다. 그러나 가격상한제는 초과수요와 공급위축을 초래할 수 있고, 반대로 가격하한제는 공급과잉으로 이어질 수 있다. 따라서 가격규제는 단기적인 영향을 미칠 수는 있지만, 보다 장기적으로 문제를 해결하지는 못한다. 따라서 수도권의 높은 주택가격이나 전월세가격을 해결하기 위해서는 보다 근본적으로 전국적으로 각 지역을 중심으로 한 우수한 커뮤니티 생활권 구성을 위한 국가 차원의 정책을 수립하여 추진하는 것이 필요할 것이다.

KEY TERMS

가격차별	수요의 법칙	수요곡선
탄력성	대체재	보완재
공급	공급곡선	교차탄력성
소득탄력성	정상재	열등재
가격규제	가격상한제	가격하한제
농부의 역설		

QUESTIONS

1. 시장경제의 장·단점에 관하여 간단히 서술하시오.

2. 기펜재를 설명하고 그 예를 하나만 들어 보시오.

3. 수요와 공급의 결정요인들을 정리해 보시오.

4. 가격탄력성을 정의하고 비탄력적인 제품과 탄력적인 제품을 하나씩 들어 보시오.

5. 성수기와 비성수기에 가격차별화 전략은 어떻게 쓰는지 예를 들어 설명하시오.

EXERCISES

1. 여러분이 국내 어느 항공사의 영업이사라고 가정하고, 서울과 광주 사이의 항공요금에 대하여 특별 요금제를 실시하는 것을 계획하고 있다고 하자. 다음의 경우에 대하여 각각 어떻게 항공요금을 책정할 것인지를 말하시오. 그 이유는?
   1) 주중 요금과 주말 요금
   2) 학생과 일반인 요금
   3) 이코노미 클래스와 비즈니스 클래스 요금

2. 대부분의 기업들은 동일한 상품에 대하여 국내시장보다 세계시장에서 더 낮게 가격을 책정한다. 이러한 가격 책정에 대하여 국내 소비자 단체들은 기업들이 세계시장에서 시장점유율을 높이기 위해 국내 소비자들에게 부당하게 높은 가격을 부가한다는 비판을 제기한다. 여러분은 이러한 주장에 대하여 동의합니까, 아니면 동의하지 않습니까? 이유는?

3. [정 또는 오]: 풍년이 드는 경우, 소득이 늘어나기 때문에 농가의 입장에서는 바람직하다.

4. Take-out 커피 체인점을 운영하고 있는 한두잔 씨는 개학을 맞이하고 매상이 크게 올라 기쁨에 젖어 있다. 서울 본사에서 조사한 다음과 같은 자료를 토대로 한두잔 씨가 선택할 수 있는 방안에 대하여 설명하시오.
   1) 카푸치노의 경우 커피 가격이 1,600원일 때, 평균적으로 일일 판매량은 150컵이고, 커피 가격이 1,800원일 때의 일일 판매량은 평균 120컵이다. 카푸치노 커피의 '탄력성'은 얼마인가? 1보다 큰가 아니면 작은가? 그 의미는 무엇인가?
   2) 위 1)번에서 계산된 탄력성의 단위는 무엇인가?
   3) 한두잔 씨는 카푸치노 가격을 올리는 게 나을까 아니면 올리지 않는게 나을까? 그 이유는?

Chapter 2 | 부록

더 공부해 보기: 상품가격이 오르면 수요량이 줄어드는 진짜 이유

지금까지 가격이 오르면 수요가 줄어든다는 것, 즉 수요곡선이 우하향의 모양을 갖는다는 것을 당연한 명제처럼 기술했을 뿐 그 이유에 대해서는 설명하지 않았다. 경제학에서는 소비론에서 이 수요법칙을 엄밀하게 설명한다. 이 부록에서는 무차별곡선 이론을 가지고 수요법칙의 원인을 설명한다.

수요법칙은 소비자의 의사결정으로부터 얻어진다. 상품의 가격이 오르면 소비자들은 그 상품에 대한 수요(즉 수요량)를 줄이게 된다. 그 이유를 자세히 살펴보자.

소비자들에 의해 향유되는 만족의 수준(또는 경제학 용어로서 효용, utility)은 소비가능한 *X*재와 *Y*재의 양에 의해 좌우된다고 가정하자. 그리고 생산과 소비의 결정은 그러한 소비자들의 효용수준을 극대화하는 방향으로 결정된다고 가정하자. 경제학자 존 힉스(Sir John Hicks, 1904~1989)는 개인의 기호를 나타내기 위해 '무차별곡선'(indifference curves)(〈그림 2-9〉 참조)이라는 도구를 사용하였다. 무차별곡선은 소비자들의 의사결정을 묘사하는 방법으로 가장 널리 사용되고 있다.[8]

무차별곡선은 소비자가 자신이 소비하고자 하는 재화들에 대하여 갖는 선호를 묘사하는 그림이라고 할 수 있다. 예를 들어서, 배와 사과 두 재화만을 고려한다면, 배 3개와 사과 4개가 담긴 바구니와 배 4개와 사과 2개가 담긴 바구니에 대해서 엇비슷한 만족을 느낄 수 있다(물론, 사람마다 비슷한 만족을 주는 배와 사과의 숫자는 달라질 수 있다). 소비자가 엇비슷한 만족을 느끼는 재화의 조합들을 그림으로 묘사하는 것이 무차별곡선이다.

그렇다면 무차별곡선이 만드는 기울기는 무엇을 나타낼까? 무차별곡선이 소비자가 엇비슷한 효용수준을 갖는 재화들의 집합을 나타낸다면, 무차별곡선상의 한 점에서 다른 한 점으로 움직이는 것은 한 재화의 소비를 늘이고, 대신에 다른 재화의 소비를 줄여도 효용수준에는 변화가 없음을 의미한다. 예를 들어 〈그림 2-9〉의 *A*점에서 무차별곡선을 따라 우측으로 내려오는 경우에, 배(*X*재라고 하자)의 소비가 늘어나고, 사과(*Y*재라고 하자)의 소비가 줄어들지만, 효용수준에는 변화가 없음을 의미한다.

---

8 무차별곡선이란 우리말 표현은 실제로 그다지 좋은 표현은 못된다. 우리말에서 물건을 비교하며, '이것과 저것이 무차별하다'라는 표현은 사용하지 않는다. '배 3개와 사과 4개가 담긴 바구니와 배 4개와 사과 2개가 담긴 바구니가 서로 무차별하다'라는 표현은 어딘지 이상하다. 무차별곡선의 표현은 일본식 표현을 그대로 가져온 것으로 보인다. 모호한 용어의 사용은 경제학을 재미있게 공부하는 데에 장애가 된다.

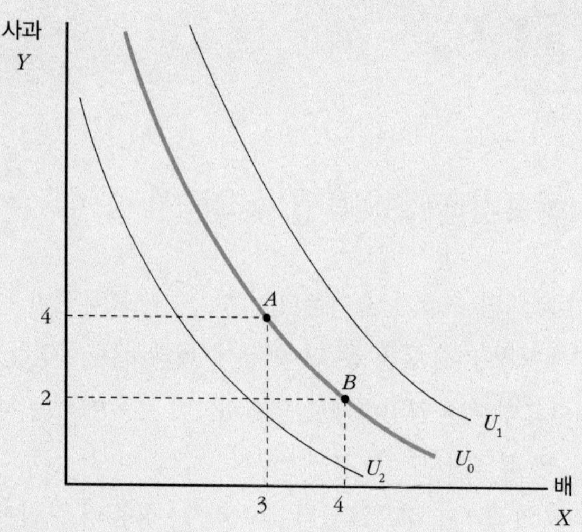

▲ 그림 2-9

소비자 동일 만족 곡선, 무차별곡선

소비자들에게 같은 수준의 만족을 주는 *X*재와 *Y*재의 조합들을 나타내는 것이 무차별곡선이다.

따라서 무차별곡선의 기울기[9]는 소비자가 배 한 단위를 더 갖게 될 때, 사과 몇 개를 내어 놓겠느냐를 나타낸다. 즉 무차별곡선의 기울기는 *X*재 한 단위 소비를 늘이기 위해 기꺼이 포기하고자 하는 *Y*재의 양이다.

(−) 무차별곡선의 기울기 = *X*재 한 단위 소비를 늘리기 위해 기꺼이 포기하고자 하는 *Y*재의 양
$= MU_X/MU_Y$

여기서 MU_X(marginal utility of *X*)는 *X*재 한 단위를 추가로 소비할 때 얻을 수 있는 한계효용(즉, 추가적 효용)이고, MU_Y(marginal utility of *Y*)는 *Y*재 한 단위를 추가로 소비할 때 얻을 수 있는 한계효용이다.[10] 무차별곡선의 기울기가 두 재화의 한계효용의 비로 표시되는 이유는 무엇일까?

만약에 무차별곡선의 기울기가 3이라면, 이것의 의미는 *X*재 한 단위 소비를 늘리기 위해 *Y*재 3단위를 기꺼이 포기하고자 하는 것을 나타내고, 그 말은 *X*재의 추가적인 만족(MU_X)이 Y재의 그것(MU_Y)의 3배임을 의미한다. 무차별곡선의 기울기를 두 재화의 한계효

9 무차별 곡선은 마이너스 기울기를 가지므로 (−)를 붙이면 플러스 값을 가지게 되어 기울기의 의미를 생각할 때 편리하다. 기울기의 크기를 말할 때에는 부호를 무시하고 절대값으로만 이야기하자.

10 영어 단어 'marginal'은 두 가지 의미로 사용될 수 있다. 한 가지는 'limit'(끝)란 의미이고, 다른 한 가지는 'additional'(추가의)이라는 의미이다(Webster's Dictionary). 그러나 우리말에서 '한계'(限界)라는 표현은 '끝'이란 의미는 있지만, '추가'라는 의미는 없다. 경제학을 공부하는 것이 어려운 것은 어쩌면 당연하다.

용의 비로 표시하는 것은, 나중에 나오겠지만, 소비자의 의사결정과정을 묘사하는 데 대단히 편리하다.

무차별곡선은 〈그림 2-9〉과 같이 반드시 볼록한 모양이어야 한다.[11] 무차별곡선의 (-)기울기는 X재 한 단위의 소비를 위해서 기꺼이 포기하고자 하는 Y재의 양이다. 예를 들어 A점에서 시작하여 X재(배)의 소비를 점점 늘려갈 때 여러분들이 한 단위의 X재(배) 소비를 추가로 늘리기 위해 기꺼이 포기하고자 하는 Y재(사과)의 양은 어떻게 되겠는가? 늘어나겠는가, 아니면 줄어들겠는가? 정상적인 소비자들의 경우에는 배의 소비가 늘어날수록 배 한 단위 소비를 위해 기꺼이 포기하고자 하는 사과의 숫자는 점점 작아질 것이다. 배가 하나도 없을 때에는 배 한 개를 위해 사과 서너 개라도 내놓으려 할지 모르지만, 배가 많아져 2개, 3개가 되면 사과가 그만큼 귀해지는 법이다. 따라서 정상적인 사람의 경우에는 배의 소비가 늘어날수록 배 한 단위를 위하여 기꺼이 포기하고자 하는 사과의 양은 점점 줄어들 것이다. 따라서 무차별곡선의 기울기는 점점 작아진다. 기울기가 점점 작아진다는 말은 무차별곡선이 볼록한 모양이 되어야 한다는 것을 뜻한다.

무차별곡선의 기울기를 어려운 말로는 X재와 Y재간의 '한계대체율'이라고 부른다. 그러나 용어의 정의를 무작정 받아들이는 것보다는 그 의미를 이해하는 것이 역시 중요하다. X재의 소비가 늘어날수록 한계대체율이 작아진다는 것은 쉽게 받아들이기 어려운 얘기가 되겠지만, '배의 소비가 늘어날수록 배 한 단위를 추가로 얻기 위해 기꺼이 포기하고자 하는 사과의 양이 줄어든다'는 것은 쉽게 납득할 수 있는 일이다.

X재와 Y재의 소비가 클수록 소비자의 만족 수준은 높아지고, 무차별곡선은 〈그림 2-9〉의 U_1처럼 더욱 위쪽에 그려질 것이다. 그리고 높은 위치에 있는 무차별곡선(예, U_1)일수록 더 많은 재화의 소비를 의미하므로 사람들로부터 선호된다. 반대로 무차별곡선이 원점에 가까울수록(예, U_2) 소비자의 만족 수준은 낮다.

그렇다면, 소비자들이 같은 수준의 만족을 주는 무수히 많은 X재와 Y재의 조합 중에서 어느 한 점을 선택하게 되는 것은 어떠한 이유에서인가? 그것은 소비자의 예산의 제한과 그 예산의 제한에 반영되는 재화의 상대가격 때문이다. 소비자의 예산의 제한은 주어진 예산으로 구입할 수 있는 X재와 Y재의 양으로 나타내질 수 있다. 〈그림 2-10〉에는 배의 가격(P_X)가 1,500(원/개), 그리고 사과의 가격이 1,000(원/개)인 경우 총예산 6,000원으로 소비자가 구입할 수 있는 배와 사과의 양이 나타나 있다.

우선 C점은 배만 구입하는 경우에 살 수 있는 배와 사과의 양(즉, $X=4$, $Y=0$)을 나타내고 있고, D점은 사과만 구입하는 경우에 살 수 있는 배와 사과의 양(즉, $X=0$, $Y=6$)을 나

11 수학에서 함수의 모양은 함수선상의 두 점을 연결했을 때 얻어지는 직선이 함수의 곡선보다 위에 위치할 때에는 '볼록'(convex)이라고 하고, 반대로 두 점을 연결한 직선이 함수의 곡선보다 아래에 있으면 '오목'(concave)하다고 정의된다. 따라서 굳이 '원점에 대하여'란 표현을 사용할 필요는 없다.

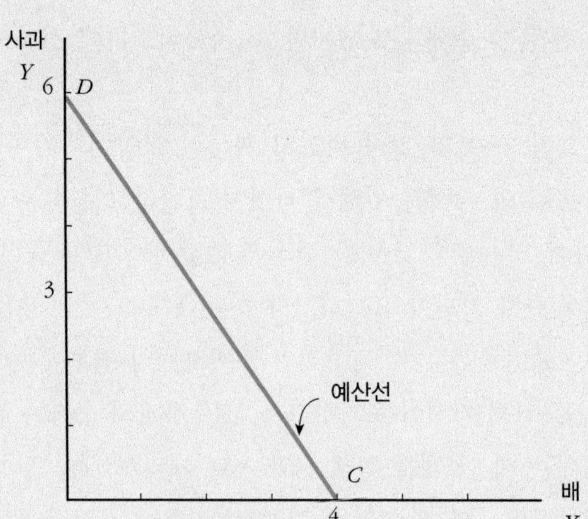

▲ 그림 2-10

예산의 제약

소비자들이 같은 수준의 만족을 주는 X재와 Y재의 조합들 중에서 어느 한 점을 선택하게 되는 것은 소비자 예산의 제한과 그 예산의 제한에 반영되는 재화의 상대가격 때문이다. 소비자의 예산의 제한은 주어진 예산으로 구입할 수 있는 X재와 Y재의 양으로 나타내진다.

타내고 있다. C점과 D점을 연결하면 그때 나타나는 선은 주어진 예산을 모두 사용하여 살 수 있는 배와 사과의 모든 조합을 나타낸다. 이 선의 가장 적절한 이름은 물론 예산선(the budget line)이다.

예산선의 기울기는 어떤 의미인가? 이 선의 (−)기울기는 배 한 단위를 사기 위해 시장에서 포기해야 하는 사과의 양을 나타낸다. 예산선의 한 점에서 다른 한 점으로 옮겨갈 때, 예산의 변화는 없고, 시장에서 정해진 상대가격에 의해 한 가지 재화는 더 많은 양을 살 수 있고, 그만큼 살 수 있는 다른 재화의 양은 줄어든다. 그러므로, 예산선의 (−)기울기는 주어진 예산으로 배(X재) 한 단위를 추가로 사기 위해 포기해야 하는 사과(Y재)의 양이다. 시장에서 배 한 단위를 추가로 사기 위해서 포기해야 하는 사과의 양은 배와 사과의 상대가격의 비, 즉, P_X/P_Y이다.

앞의 예에서 배의 가격(P_X)은 1,500원이고 사과의 가격(P_Y)은 1,000원이므로, 배 한 단위를 추가로 사기 위해 시장에서 포기해야 하는 사과의 양은 $P_X/P_Y=3/2$이다. 이것이 예산선의 기울기가 된다. 정리하면,

(−) 예산선의 기울기 = X재 한 단위를 추가로 사기 위해 시장에서 포기해야 하는 Y재의 양

$= P_X/P_Y$

배의 수량이 늘어나도 시장에서 배 한 단위를 추가로 사기 위해 포기해야만 하는 사과의 양은 변하지 않으므로(배와 사과의 가격이 변하지 않는 한), 이 선의 기울기는 불변이고, 이 선의 모양은 우하향하는 직선이 된다.

소비자들의 의사결정 과정은 〈그림 2-11〉에 묘사되어 있다. 그림 상으로 소비자의 선택은 주어진 예산선에서 취할 수 있는 가장 멀리 있는 무차별곡선상의 점이 된다. 그러므로 예산선과 무차별곡선이 접할 때 소비자들은 주어진 예산으로 가장 높은 수준의 효용을 누린다고 할 수 있다. 이러한 점이 바로 *E*점이다. 그림에서 알 수 있듯이, *E*점에 이르면 주어진 예산으로 더 높은 수준의 효용을 가져오는 사과와 배의 소비조합은 찾을 수 없는 것을 알 수 있다. 우리는 *E*점을 소비자 균형(an equilibrium)이라고 한다.[12]

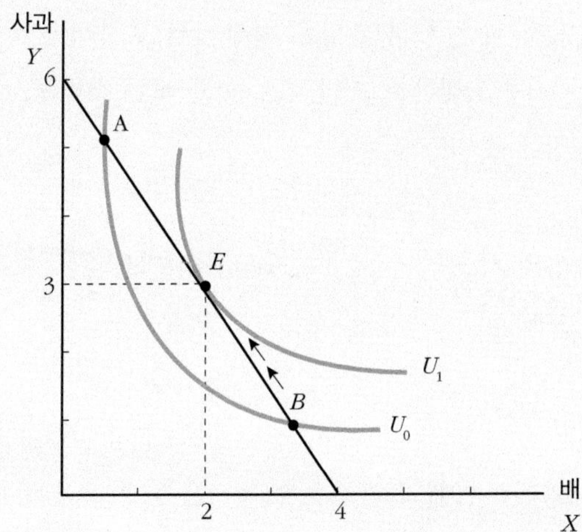

▲ 그림 2-11

소비자 균형

*B*점에서는 배의 소비가 지나치게 많다. 이 소비자의 배 소비를 줄여주고 사과의 소비를 늘려주면 더 높은 예산을 갖지 않아도, 소비자의 효용 수준은 높아진다. *B*점에서 배의 소비를 조금씩 줄여나가고 사과의 소비를 조금씩 늘여나가면(즉, *E*점 방향으로 옮겨가면), 더 높은 무차별곡선과 접하게 된다.

12 앞에서 언급되었듯이 경제학에서 균형이라는 표현만큼 이해하기 혼란스러운 표현은 많지 않을 것이다. 그 이유는 이 표현이 세 가지 의미로 사용되기 때문이다. 한 가지는 '같아졌다'(balanced)라는 의미이고, 다른 하나는 '변하지 않는다'(stay put)라는 의미이다. 또 하나는 '한쪽으로 치우치지 않은 바람직한 상태'의 의미이다. 첫 번째는 서로 다른 경제변수들의 값이 같아졌다는 의미로 사용되는 경우인데, 예를 들어 '국제수지의 균형'이라는 표현은 국제수지표상에서 '수입'(授入, credits)과 '지급'(支給, debits)이 같아졌다는(balanced) 의미이다. 두 번째의 경우는 서로 다른 변수의 값이 같아졌다는 의미보다는 어느 한 변수의 값이 변하지 않으려 한다는 의미를 갖는다. 예를 들어 사과 시장에서 결정되는 균형가격은 외부로부터 어떤 변화가 없으면 그 값에 머무르려하는 가격을 의미한다. 이 경우 '균형'은 물리학에서 사용되는 진자(pendulum)의 개념이다. 물리학에서 균형은 어떤 물체에 외부로부터 힘이 가해지지 않는 경우 그 상태를 유지(stay put)하려는 상태를 의미한다. 사과 시장의 균형가격을 '균형'(a balnaced price)이라고 하지 않고, '균형가격'(an equilibrium price)이라고 하는 이유가 여기에 있다. 마지막으로 소득분배가 균형적이라고 할 때처럼 한쪽으로 치우치지 않았다는 의미이다. 경제학 교과서를 읽는 사람들이 '균형'이라는 표현이 갖는 세 가지 개념을 구분하지 않으면, 이해의 어려움을 겪을 수 있다.

〈그림 2-11〉에서 E점은 바로 소비자 균형점이다. 즉, 다른 사항들이 변하지 않는 한 우리의 소비자는 이 점에서 소비를 결정할 것이다(만약 E점에 있지 않는다면, 소비자는 어디를 향해 움직일까?). 만약에 소비자가 B점에 있다고 하면, 이 점에서 무차별곡선의 기울기는 예산선의 기울기보다 완만하다. 그래프의 기울기가 완만할수록 작다고 한다(지금부터 기울기는 부호를 무시하기로 하자. 즉, 기울기가 크다는 말은 절대값을 기준으로 말하는 것이다). 무차별곡선의 기울기와 예산선 기울기의 의미를 생각해 보면, 소비자가 이 점에서 어디로 움직여 갈지를 짐작할 수 있다. 무차별곡선의 기울기는 소비자가 배(X재) 한 단위를 추가적으로 소비할 때, 기꺼이 포기하고자 하는 사과(Y재)의 양이고, 예산선의 기울기는 소비자가 시장에서 역시 배 한 단위를 위해 포기해야 하는 사과의 양이라고 했다. 그러므로 B점에서 무차별곡선의 기울기가 예산선의 기울기보다 작으므로, B점에서는 이 소비자가 배 한 단위를 위해서 기꺼이 포기하고자 하는 사과의 양은 시장에서 포기해야 하는 사과의 양보다 적다(왜 적을까?). 즉, 이 소비자는 B점에서 지나치게 많은 배를 소비하고 있음을 알 수 있다.

수식으로 보면, B점에서,

$$
\begin{array}{lccc}
 & \text{무차별곡선의 기울기} & < & \text{예산선의 기울기(절대값으로)} \\
\Rightarrow & MU_X/MU_Y & < & P_X/P_Y \\
\Rightarrow & MU_X/P_X & < & MU_Y/P_Y
\end{array}
$$

위 부등호식에서 왼편은 X재의 한계효용(MU_X)을 X재의 가격(P_X)으로 나누어 준 것이므로 '화폐 단위당 X재의 추가적인 효용'을 나타내고, 오른편은 역시 '화폐 단위당 Y재의 추가적인 효용'을 나타낸다. B점에서 화폐 1단위(또는 1원)가 가져다 주는 추가적인 효용이 X재에서보다 Y재가 더 크므로, 이 소비자는 Y재의 소비를 늘리고, X재의 소비를 줄이면, 같은 예산을 갖고도 더 높은 만족수준을 얻게 된다.

그러므로 만약에 이 소비자가 B점에 위치하고 있다면 이 소비자는 X재의 소비를 줄이려고 하고, Y재의 소비를 늘리려고 할 것이다. 그러므로 B점은 소비자 균형점이 아니다. B점에서는 소비자가 배 한 단위를 위해 기꺼이 포기하고자 하는 사과의 양이 시장에서 포기해야만 하는 사과의 양보다 작으므로, 배의 소비가 지나치게 많이 이루어지고 있다는 것을 알 수 있다. B점에서 이 소비자의 배 소비를 줄여주고 사과의 소비를 늘려주면 더 많은 예산을 갖지 않아도(즉, 같은 예산선상에서 있어도), 소비자의 효용 수준은 높아질 수 있다. 이 소비자는 B점에서 배의 소비를 조금씩 줄여나가고 사과의 소비를 조금씩 늘려나가면서(즉, E점 방향으로 옮겨가면서), 더 높은 무차별곡선과 접하게 되는 것을 보일 수 있을 것이다. A점에서는 정반대의 설명이 가능하다. 결국, 소비자는 E점을 향해 소비를 변화시키고, E점에 위치하게 되면, 화폐단위당 추가적인 만족이 X재와 Y재에 대하여 같아지기 때문에, 예산을 더 늘리지 않고는 더 높은 수준의 만족을 얻을 수는 없다. E점에서는 소비자들이 배 한 단위를 위해 기꺼이 포기하고자 하는 사과의 양과 시장에서 포기해야만 하는 사과의 양이 같다.

〈그림 2-11〉에서 묘사된 소비자의 행동은 현실에서 우리의 어머니, 할머니, 그리고 우리 자신들이 내리는 결정과 다르지 않다. 우리는 가게에 가서 주어진 예산을 들고, 각 재화가 가져다 줄 추가적인 만족(MU)을 그 재화의 가격(P)에 대하여 비교한 후 소비를 결정한다.

이 그림에서 X재의 가격이 오르게 되면, 예산선의 기울기는 더 가파르게 되고, 여러분은 소비자가 주어진 예산하에서 X재의 소비를 줄이고 Y재의 소비를 늘리게 되는 것을 알 수 있다. 소비자가 X재의 소비를 줄이는 이유는 이제 화폐 단위당 X재의 추가적인 효용은 Y재의 그것에 비하여 작아졌기 때문이다. 대신에 소비자는 Y재의 소비를 늘리게 된다. 즉 어느 상품의 가격이 오르면 소비자는 주어진 예산하에서 가장 높은 만족 수준을 얻기 위하여 그 재화의 소비를 줄이게 되는 것이다. 그 결과 우리는 우하향하는 수요곡선을 얻게 된다.

C·H·A·P·T·E·R

03

경쟁시장은 꼭 좋은가?
시장의 유형과 특징

토의주제

대형마트 의무휴업일은 전통시장 보호를 위해 필요하다.

· 지지: 지역 중소상공인들을 살리기 위해 필요하다.

· 반대: 전통시장과 골목상권에 실질적 도움 없어 폐지해야 한다.

전국 지자체에서 대형할인마트의 심야 영업 제한과 의무휴업일 지정을 강제하자, 대형마트들이 이러한 조치가 위법이라며 지자체를 상대로 낸 소송에서 줄줄이 패소했다. 헌법재판소가 이마트와 홈플러스 등 대형마트와 GS리테일 등이 영업 제한을 규정한 개정 유통법 조항이 다른 유통업자들과 대형마트를 차별 취급해 평등권과 직업의 자유를 침해한다며 낸 헌법 소원 사건에 대해 재판관 전원 일치 의견으로 각하한 것이다.

헌재의 결정 취지는 어떤 법 조항이 헌법 소원 대상이 되려면 해당 조항에 의해 직접 기본권 침해가 발생해야 하는데, 문제가 된 법 조항은 구체적 시행을 자치단체장이 명할 수 있도록 하고 있어 그 자체로는 직접적 기본권 침해가 발생하지 않는다는 것이다. 대형마트들은 2013년 9월 서울행정법원에서도 똑같은 내용의 소송을 제기했지만 패소한 바 있다. 어느 중소상인 살리기 단체는 판결 결과에 대하여 논평을 내고 "유통대기업들은 이번 판결에 승복하고 영업시간 제한과 의무휴업일을 성실히 준수해야 한다"며 "유통법과 상생법을 회피하기 위한 대형마트 상품공급점의 신규출점을 중단하고 도매업 시장 진출도 포기하라"고 주장했다.

한편, 보수성향의 단체들을 중심으로 이러한 이른바 경제민주화 법안들에 대한 강한 비평이 제기되고 있는데, 의무휴업일이 전통시장이나 골목상권의 미미한 매출증가에 그치는 반면에, 대형할인마트에 생산물을 공급하는 농축산 그리고 어민들이 큰 피해를 입고 있다고 주장한다. 특히, 닭, 배추 그리고 무 등과 같은 상품들을 대형마트에서 팔 수 없는 '상생품목'으로 지정하는 것에 대하여 국내 최대 농민단체인 한국농업경영인중앙연합회(한농연) 등 농·축산단체들이 강하게 반발하였다. 또한 대형할인마트에서 근무하는 계산원 등의 고용

안정도 위협받고 있다는 주장도 제기되었다.

이른바 '경제 민주화 법안'에는 부당한 계열사간 거래를 금지하는 '일감 몰아주기 방지', 대기업 계열사들이 서로 지분을 보유하는 것을 제한하는 '순환출자 금지', 부당한 단가 인하 등에 대한 '징벌적 손해배상제', 그리고 프렌차이즈 가맹본부 리뉴얼 비용 떠넘기기를 금지하는 '가맹점주 권리 강화'에 관한 법안들이 있다. 또한 인터넷 포털 시장에서 네이버의 독점적 지위가 사회적 관심사로 떠오르고 있다.

이런 법안들은 경제적 우위를 가지고 있는 이른바 '갑'(甲)과 그렇지 못해서 불리한 입장에 놓인 '을'(乙) 또는 경제적 '강자'와 '약자'간의 대립과 갈등으로 쉽게 타협점이 찾아지지 못하고 있다. 우리 사회가 공정한 거래 질서와 상호 배려를 위한 방안을 어떻게 마련하여 가야 할지에 관하여 경제적으로 사고해 보기로 하자.

HOT economy

가장 '뜨거운 감자' 순환출자 금지법

경제 민주화, 어디까지 왔죠?

검찰도 쥔 기업 채찍… 재계 "저승사자가 둘로 늘었다" 초긴장

미국·독일선 '불공정행위 감시' 1개 기관에서 전담

QR코드 3-1: 소상공인들 네이버, "너무해요", YTN TV, 2013년 8월 10일

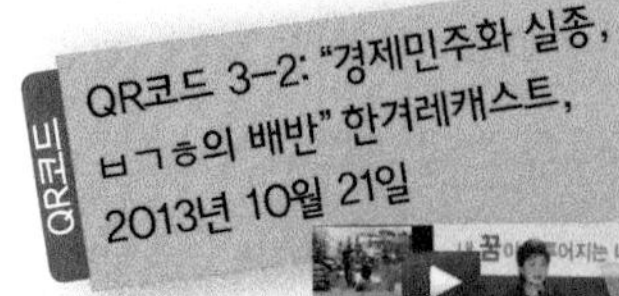
QR코드 3-2: "경제민주화 실종, ㅂㄱㅎ의 배반" 한겨레캐스트, 2013년 10월 21일

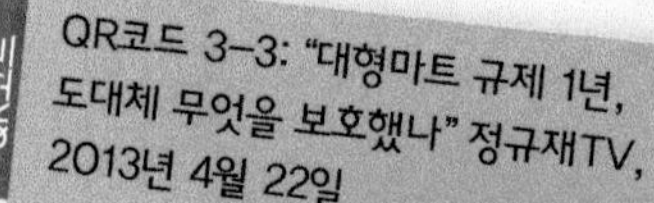
QR코드 3-3: "대형마트 규제 1년, 도대체 무엇을 보호했나" 정규재TV, 2013년 4월 22일

기업의 행동원리

지금까지 우리는 수요와 공급의 힘에 의해 시장에서 상품의 균형가격과 생산량이 결정된다는 것을 설명하였다. 이 장에서는 시장 전체뿐만 아니라 개별 기업이 시장 안에서 어떻게 행동하는가를 살펴보고자 한다. 기업의 의사결정이 곧 시장에서의 공급으로 나타나고 수요와 함께 작용하여 균형가격이 결정되기 때문이다.

기업은 자신이 처한 시장 상황, 즉 수요자와 공급자의 수, 기업의 진입과 이탈이 자유로운가의 여부 등에 따라 다르게 행동한다. 기업이 경쟁적 상황에 놓여 있는가 또는 독점적 지위를 누리고 있는가에 따라 의사결정 방식은 다르기 때문이다. 본 장의 목표는 기업의 의사결정 방식을 이해하고, 그 결과로써 나타나는 시장의 원리를 공부하는 것이다. 특히 어떤 형태의 시장이 자원배분의 효율성을 달성하는가에 초점을 맞추어 살펴보고자 한다.

시장은 여러 가지 요소에 의해서 분류될 수 있다. 앞에서 언급한 것처럼 시장에 존재하는 기업의 수, 상품의 특성 그리고 진입과 퇴출이 자유로운가 등이 시장의 유형을 구분하는 요소들이다. 이 중에서 시장에서 활동하는 기업의 수를 기준으로 하면, 가장 기업의 수가 많은(무한히 많은) 소위 완전경쟁시장이 하나의 극단적인 경우가 될 것이고, 그 반대의 경우가 기업이 단 하나 존재하는 독점시장이다. 시장형태는 기업행동에 영향을 준다. 이 장에서는 기업의 이윤극대화 행동이 시장의 형태에 따라 어떻게 달라지는지 살펴보고, 그 결과가 자원배분과 소비자후생 등에 어떠한 영향을 미치는지 살펴보고자 한다.

우선 기업의 이윤극대화 행동 원리를 간단히 소개하고, 이어서 무수히 많은 작은 기업들이 존재하는 완전경쟁시장과 단 하나의 기업만이 존재하는 독점시장의 특징을 설명한다. 이 두 개의 시장형태는 현실에는 존재하기 어렵지만, 그 사이에 존재하는 여러 형태의 현실적인 시장을 이해하는 데 도움을 준다. 이를 토대로 현실에서 마주하게 되는 시장 안에서 기업들이 어떻게 행동하는지를 살펴보고자 한다.

기업이란?

기업의 의미

기업을 뜻하는 영어 표현 corporation의 어원은 라틴어 corporalis로부터 왔다. 라틴어 corporalis는 '사람의 몸'(body)이라는 뜻을 가지며, 더욱 구체적으로는 '머리'(head)라는

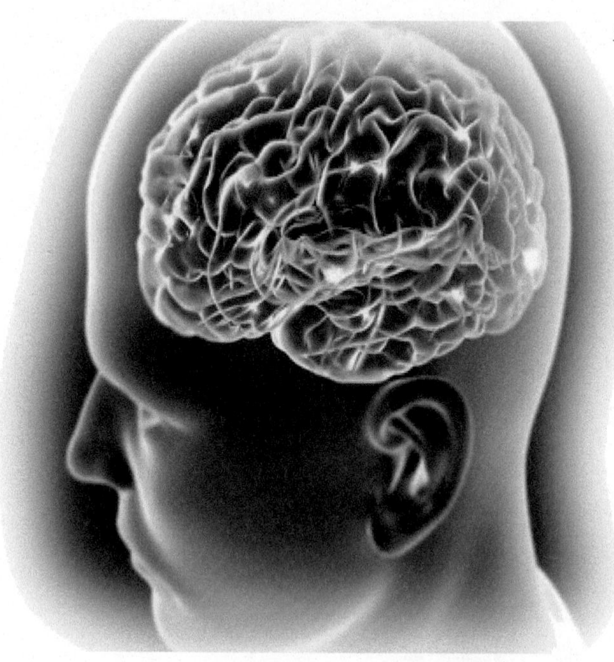

의미이다. 즉, 기업은 인간의 몸처럼 끊임없이 변화하는 존재이며, 인간의 두뇌가 정체되면 죽음을 의미하듯이, 기업은 끊임없이 변해야 하는 존재이다.

미국의 「포춘」(Fortune) 잡지가 발표한 세계 500대 기업의 명단에서 지난 30년 동안 상위 100위 안에서 살아남은 기업의 수는 20여 개에 불과하다. 사람으로 치면, 한 세대에 해당되는 기간 동안 이렇게 많은 기업들의 순위가 바뀐다. 이러한 기업의 생성, 발전, 소멸되는 과정을 오스트리아의 경제학자 슘페터(Joseph Schumpeter, 1883~1953)는 '자본주의의 창조적 파괴'(creative destruction of capitalism)라고 불렀다. 기업은 끊임없는 경쟁과 혁신을 통해 사회적 부를 창조하고 이를 통해 사회발전에 기여하는 것이다.

기업은 생산의 주체이다. 생산이란 기업들이 상품(재화와 서비스)을 제공하는 경제활동을 말한다. 생산은 자원의 상태를 바꾸는 일(예, 제조업), 단순히 상품의 장소를 변화시키는 방식(예, 운송업), 그리고 상품의 공급시점을 변화시키는 일(예, 창고업) 등 다양한 형태를 띠게 된다. 이와 같은 모든 형태의 경제활동을 '생산'이라고 부른다. 그렇기 때문에 뒤에서 공부하게 되지만 한 나라 경제의 생산활동 규모를 추계할 때 이 모든 형태의 산업활동이 포함된다.

■ Joseph Schumpeter (1883~1953)

■ Fortune.com

ECONOMIC EYES
경제의 눈

기업가 정신

경기도 안성시에서 오랫동안 자신의 독립 카센터를 운영해 온 임경빈 사장은 수년 전 카센터를 정리하고 새로 국내 자동차 메이커의 보증수리 지점을 열었다. 까다로운 자격 요건을 갖추기 위하여 새로운 시설과 장비를 마련하고, 메이커의 영업 매뉴얼을 익히는 등 만만치 않은 과정을 거쳐야만 했다. 임경빈 사장이 과거 일반 운전자들의 자동차 수리를 하던 일에서 벗어나, 이제 새롭게 하게 된 주 업무는 신차의 보증 수리 기간 동안 발생할 수 있는 기술적 문제들을 해결하거나, 신차 운전자들의 긴급 출동 서비스 요청에 응하는 일 등이다.

임경빈 사장이 오랫동안 운영해 온 자신의 독립적인 카센터에서 자동차 메이커의 보증수리 지점으로 비즈니스를 바꾼 이유는 자동차 기술의 발전과 운전자들의 자동차 이용 습관의 변화 때문이다. 오늘날 생산되는 대부분의 자동차들은 과거와는 달리 고장이 자주 나지 않는다. 또한 자동차의 기능도 전자화되고 높은 기술력을 요하기 때문에 끊임없는 기술 전수와 훈련 프로그램을 필요로 한다. 이러한 과정을 개인으로서 습득하는 것은 결코 쉬운 일이 아니다. 뿐만 아니라 운전자들은 예전처럼 같은 자동차를 오래 타지 않고 자주 새로운 모델로 바꾼다. 그렇기 때문에 자동차가 고장을 일으킬 때까지 같은 차를 타는 운전자는 보기 드물다. 따라서 단순한 자동차 수리 업무는 줄고 있다. 그럼에도 불구하고, 아직 많은 카센터 운영자들이 기존의 방식을 답습하고 있다.

임경빈 사장의 예에서와 같이, 기업은 변화하는 환경에 스스로 대처하지 않으면 안 된다. 그 과정이 때로는 어렵고 많은 위험을 내포하고 있지만, 변화에 대응하지 않는 기업은 결코 생존할 수 없다.

최근 임경빈 사장은 다시 새로운 변화를 택하였다. 자동차 회사의 대리점과 정비공장을 결합하여 신차를 구매하는 소비자가 곧바로 자동차 관리를 받을 수 있는 시스템을 구축하였다. 변화에 능동적으로 대처하는 것은 기업의 첫 번째 요건이기 때문이다.

기업의 의사결정

흔히 기업의 의사결정이란 생산, 판매, 시장전략, 기업간 제휴 등 여러 가지 분야에 대한 기업의 판단과 선택을 모두 포함하는 포괄적인 활동을 의미한다. 그러나 경제학에서는 여러 형태의 시장구조를 시각적으로 나타내기 위하여 이러한 여러 가지 기업 활동 중에 기본적으로 기업의 생산과 가격결정에 초점을 맞춘다. 따라서 경제학에서 다루는 기업의 의사결정은 주로 기업의 생산량과 가격결정을 뜻하는 경우가 많다.

기업은 생산량을 결정할 때 다음 두 가지를 고려한다. 첫째는 생산에 필요한 생산요소(노동, 자본, 임대자원, 그리고 경영역량)의 가격(즉, 노동에 대한 임금, 자본에 대한 이자, 임대자원에 대한 지대, 그리고 경영에 대한 이윤)이다. 생산요소의 가격은 시장에서 결정되므로 원칙적으로 각 가격은 각 생산요소의 생산성을 반영한다.

그리고 두 번째가 생산한 상품의 시장가격이다. 경쟁적인 시장이라면 시장가격은 시장에서 결정되지만, 시장 지배력을 가진 독점 기업은 시장가격을 스스로 결정할 수 있다. 생산요소의 가격에 의해서 결정되는 생산비와 생산요소의 생산성은 동전의 앞뒷면처럼 밀접하게 연관되어 있다. 생산성이란 생산요소의 투입이 가져오는 생산량의 증가를 의미하며, 생산성이 높을수록 투입된 생산요소가 가져오는 생산량의 증가가 크고, 따라서 생산비는 감소하게 된다. 결국 기업의 생산비는 생산요소의 생산성으로부터 도출된다. 그러므로 생산비를 언급할 때에는 항상 생산성을 염두에 두어야 한다.

생산비와 공급

생산비의 개념

기업은 생산비를 계산할 때 제1장에서 설명한 기회비용의 개념을 적용한다. 기회비용은 장부상에 기록되는 회계적 비용과 다르며, 기회비용은 어떤 선택을 위하여 다른 대안을 포기하기 때문에 발생하는 비용이라고 하였다. 기회비용이 현실에서 중요한 이유를 생각해 보자.

제1장에서 예로 들은 부모님의 길모퉁이 채소가게의 경우, 지난 한 달 동안 채소구입비, 전기료, 세금 등의 모든 경비로 300만 원이 지출되었는데, 총수입은 600만 원이었다면, 부모님께서는 비록 회계장부상에는 300만 원의 이윤이 발생한 것으로 나타나겠지만, 실제로는 손해를 본 것이다. 만약 부모님께서 가게터를 다른 사람에게 세를 놓아 100만 원의 세를 받을 수 있었다고 하면, 이 수입도 비용에 포함되어야 한다. 또, 부모님께서 채

소가게를 운영하지 않고 다른 곳에서 일을 하고, 각기 200만 원의 월급을 받을 수 있었다면, 이 수입도 비용에 포함되어야 한다. 그러므로 채소가게를 했을 때의 수입이 이 모든 것을 포함한 비용인 800만 원보다 클 때에만 이윤이 있다고 말할 수 있을 것이다.

다시 말하자면 채소가게의 수입이 최소한 800만 원(300만 원+100만 원+400만 원)보다 커야지 채소가게를 운영하는 것이 그렇지 않은 경우보다 낫게 된다. 만약 수입이 이보다 작다면, 이 가게를 세놓고 다른 직장에서 일을 하는 편이 더 나을 것이다. 그러므로 현실에서 우리가 내리는 의사결정은 기회비용을 토대로 하고 있음을 알 수 있다. 일반 기업의 경우도 마찬가지이다. 그렇기 때문에 경제학 교과서에 나오는 '비용'들은 모두 기회비용의 개념이다.

기업이 생산 결정을 내릴 때 중요하게 고려하는 (기회)비용에는 여러 가지가 있다. 구체적으로, i) 총비용, ii) 평균비용, iii) 한계비용, iv) 고정비용, v) 가변비용, vi) 평균고정비용, 그리고 vii) 평균가변비용 등이 있다. 이들 비용의 개념들에 대해서 하나씩 살펴보기 전에 한 가지 언급할 점은 현실에서 기업들은 실제로는 이들과는 다른 명칭을 사용한다는 것이다. 예를 들어서 평균비용은 '단가'(單價)라는 표현을 사용한다. 그러나 중요한 것은 명칭이 아니라 이러한 비용들이 갖는 기본적인 개념과 이들 비용들이 기업의 의사결정에 미치는 영향이다.

단기와 장기의 기준은?

일반적으로 생산비를 설명할 때 단기와 장기로 구분하게 되는데, 그 이유는 대상 기간이 단기인가 장기인가에 따라 기업의 의사결정이 다르기 때문이다. 여기서 단기(短期, short-run)란 생산시설을 확장하는 것이 불가능한 짧은 기간을 의미한다. 즉 단기에는 노동의 투입을 늘리는 것은 가능하지만 자본을 늘리는 것은 불가능한 기간이다. 한편, 장기(長期, long-run)란 공장 규모를 늘리는 등 생산시설의 규모를 확장하는 것이 가능할 정도로 충분히 긴 기간을 말한다.

따라서 단기와 장기라는 기간은 달력 상의 기간이 아니라 개념 상의 기간이며 제품에 따라서 달라진다. 예를 들어, 도로변에서 판매하는 신문가판대 사업자의 경우에 가판대를 추가로 세우는 데 걸리는 시간이 하루라면, 바로 이 하루가 단기와 장기를 구분하는 기준이 된다. 한편, 조선소의 경우, 선박건조 시설을 추가적으로 세우는 데 걸리는 시간이 5년이라면, 단기와 장기의 구분은 5년이 된다. 생산시설을 확장할 수 없는 경우와 그럴 수 있는 경우 기업의 생산량 결정원리는 다르게 나타난다. 우선 단기의 원리들을 먼저 공부하고, 그 후에 장기의 원리를 살펴보기로 하자.

단기의 비용

평균비용과 한계비용의 의미

우선 여러 가지 생산비 중에서 총비용(total cost, *TC*)이란 생산에 필요한 모든 비용을 말하며, 총비용은 총가변비용(total variable cost, *TVC*)과 총고정비용(total fixed cost, *TFC*)으로 구성된다. 총가변비용은 생산량에 따라 변하는 비용으로서 인건비, 원재료비, 그리고 동력비 등이 이에 해당된다. 한편, 총고정비용은 생산량에 관계없이 일정하게 발생하는 비용으로서 설비자금에 대한 이자, 보험료, 그리고 로열티(royalty) 등이 포함된다. 총비용을 생산량(*Q*)으로 나누면 평균비용(average cost, *AC*)이 되고, 총가변비용과 총고정비용을 생산량으로 나누면 각각 평균가변비용(average variable cost, *AVC*)과 평균고정비용(average fixed cost, *AFC*)이 된다:

$$TC = TVC + TFC$$

$$AC = \frac{TC}{Q} = \frac{TVC}{Q} + \frac{TFC}{Q}$$

$$= AVC + AFC$$

이들 단기의 비용들 중에서 특히 기업의 의사결정을 이해하는 데 유용한 비용이 평균비용(*AC*)이다. 생산시설이 정해져 있어서 생산시설을 확장하는 것이 불가능한 단기의 경우에는 현재의 생산규모하에서 가장 이윤을 많이 가져다주는 생산량 수준이 얼마인가를 결정하는 것이 중요하다. 특정한 공장규모에 대해서 가장 효율적인 경우는 개당 비용인 평균비용이 가장 낮을 때이다. 이보다 적거나 또는 많이 생산된다면 평균비용은 높아지게 된다.

예를 들어 어느 지역신문사를 생각해 보자. 이 신문사의 사장이 자신의 신문에 대한 예상 판매부수가 3천 부 정도로 예상하고 하루에 3천 부의 신문을 인쇄할 수 있는 용량의

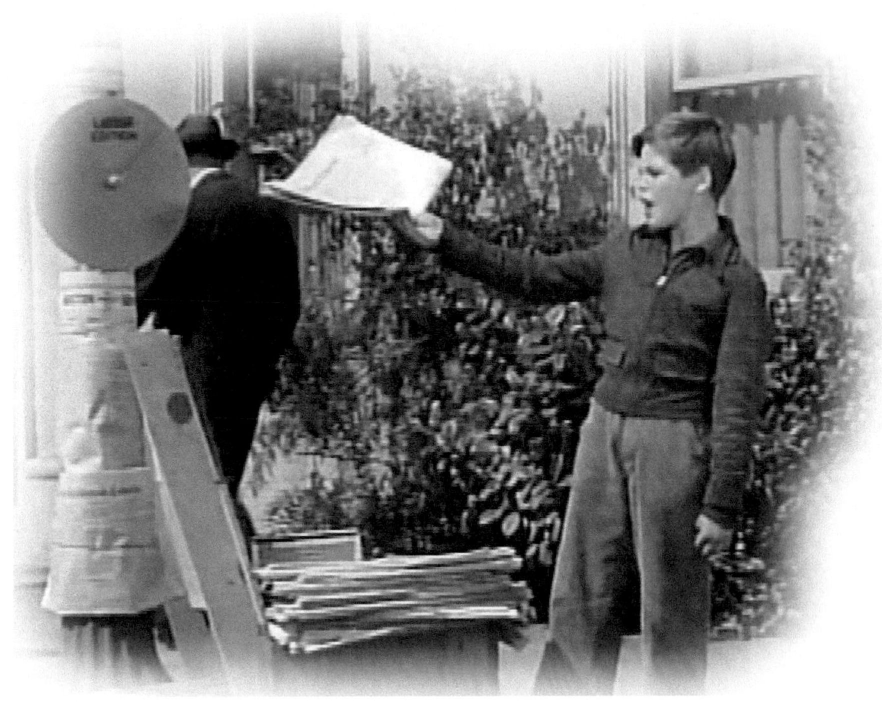

인쇄기 한 대를 가지고 신문사를 시작하였다고 하자. 다시 말하자면 이 신문사에는 3천 부의 판매부수가 가장 적정한 생산량이 된다. 그런데 실제로 판매부수가 그보다 적어서 2천 부밖에 안 된다면, 신문을 생산하는 평균비용은 올라갈 것이다. 왜냐하면 2천 부만 인쇄하더라도, 인쇄기라는 고정자산은 그대로 사용해야 하므로 신문 1장당 소요되는 평균비용은 올라가기 때문이다. 반대로 판매부수가 3천 부를 초과하여 4천 부가 된다면, 인쇄기 한 대로 밤을 세워 작업해야 할 것이기 때문에, 이로 인해 추가 근무수당을 지급해야 하는 등 이 경우에도 역시 평균비용이 높아지게 된다. 이처럼 생산시설이 정해져 있는 경우, 기업의 평균비용은 직정한 생산량에서 가장 낫고, 지나치게 적거나 또는 많은 생산량에서는 평균비용이 올라가게 된다. 그러므로 〈그림 3−1〉의 (a)에서와 같이 평균비용은 U-모양이 된다.

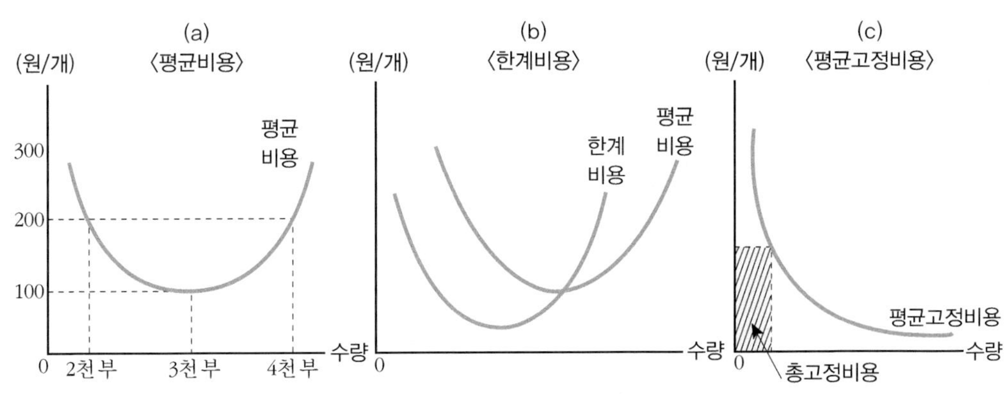

▲ 그림 3−1

주요 단기 생산비

평균비용과 한계비용은 생산량이 늘어감에 따라 처음에는 줄어들다가 일정 생산량이 되면 다시 올라간다. 따라서 U−모양이 된다. 한편 평균고정비용은 일정하게 정해져 있는 총고정비용을 생산량에 고르게 배분하는 것을 의미하므로 생산량이 늘어날수록 감소한다. 따라서 평균고정비용(*AFC*)은 곡선상의 각 점이 두 축과 만드는 사각형(즉, 총고정비용(*TFC*)=가격(*P*)×수량(*Q*))의 넓이가 일정한 직각쌍곡선의 모양을 나타낸다.

평균과 한계의 오묘한 관계

평균비용과 함께 기업의 의사결정에 또 중요한 비용이 한계비용(marginal cost, *MC*)이다. '한계'라는 표현이 어렵게 느껴질 수 있지만, 여기서 '한계'는 단순히 '추가적인'이라는 의미로 생각하면 된다.[1] 그러므로 한계비용은 생산량을 한 단위 추가적으로 늘리기 위해 들어가는 추가비용을 말한다.

한계비용은 평균비용과 밀접한 관계를 갖는다. 그 관계를 이해하기 위해서 다음과 같은 예를 생각해 보자. 여러분이 지금까지 10번의 시험을 보았다고 하자. 지금까지 치른 10번 시험의 평균점수가 85점이라면, 11번째 보게 되는 시험이 85점보다 낮은 점수를 받으면 여러분의 평균 점수는 어떻게 되겠는가? 평균점수는 떨어지게 된다. 반대로 11번째 보는 시험의 점수가 85점보다 높으면 평균 점수는 따라서 높아지게 된다. 여기서 지금까지 치른 10번의 시험의 평균점수는 바로 '평균'의 개념이다.

여기서 11번째 시험의 점수가 '한계'의 개념에 해당된다. 그러므로 '평균'과 '한계' 사이에는 언제나 밀접한 관계가 존재한다. 즉 '한계'가 '평균'보다 낮으면 평균은 내려가고, 반대로 '한계'가 '평균'보다 높으면 '평균'은 올라가게 된다. 마치 미국 메이저리그에서 활약하고 있는 추신수 선수의 오늘 경기에서의 타율(한계)이 지금까지의 평균타율(평균)보다 낮으면 평균타율은 떨어지게 되고, 오늘 경기의 타율이 지금까지의 평균타율보다 높으면 평균타율은 올라가게 되는 것과 마찬가지이다.

기업의 평균비용과 한계비용 사이에도 마찬가지 관계가 존재한다. 한계비용이 평균비용보다 낮으면 평균비용은 내려가고, 반대로 한계비용이 평균비용보다 높으면 평균비용은 오르게 된다. 앞의 〈그림 3-1〉의 (b)에는 이러한 관계가 나타나 있다. 이 그림에서 생산량이 낮은 수준에서는 평균비용이 내려가고 있으므로 한계비용이 평균비용보다 아래쪽에 위치한다. 그러나 생산량이 늘어나게 되면 한계비용이 평균비용의 위쪽에 위치하여 평균비용은 올라가게 된다. 이러한 현상은 실제 생산과정에

1 '한계'로 번역되는 영어의 marginal은 '끝'(edge)이라는 의미로 사용되기도 하고 '추가적'(additional)이라는 의미로 사용되기도 한다. 우리나라 경제학 교과서의 '한계'라는 표현은 일본 경제학 교과서의 번역을 그대로 받아들인 것인데, 우리말의 '한계'라는 표현은 '추가적'이라는 의미를 갖지 않기 때문에 경제학을 공부하는 데 어려움으로 작용할 수 있다. 이외에도 적절하게 번역되지 많은 용어들이 존재하는데 그 의미를 잘 이해하는 것이 필요하다.

서 기업의 생산비와 관련하여 나타난다. 일정한 생산 수준까지는 한계비용이 평균비용보다 낮기 때문에 평균비용이 떨어지다가 생산량이 일정 수준 이상이 되면 한계비용이 평균비용보다 높아져 평균비용을 끌어올리게 된다.[2]

한계비용곡선이 U-모양인 것은 수확체감의 법칙 때문이다. 수확체감의 법칙(law of diminishing returns)이란 여러 가지 생산요소 중 하나의 생산요소만을 계속 증가시킬 때 어떤 단계를 지나고 나면 생산의 증가분이 점차 감소하는 현상을 말한다.

예컨대 토마토 밭에 일꾼을 1 명씩 추가적으로 늘일 때 처음에는 추가적인 일꾼 투입에 따른 토마토 생산의 증가분이 커지나, 어느 단계 이후에 일꾼이 너무 많아져 밭이 비좁게 된다면 추가적인 일꾼 투입이 오히려 작업능률을 떨어뜨려 생산의 증가분이 점차 감소하게 된다. 이처럼 생산요소가 증가될 때 어느 산출량수준 이상에서는 생산의 증가분이 점차 감소하는 현상이 나타나는데, 이를 비용(한계비용)의 관점에서 보면 일정한 산출량을 계속 증가시켜가면 처음에는 추가적인 비용(한계비용)이 감소하다가 나중에는 추가적인 비용(한계비용)이 증가한다는 의미이다. 따라서 〈그림 3-1〉에서처럼 한계비용곡선은 처음에는 하락하다가 나중에는 증가하는 U-형태를 지니게 된다.

수확체감 현상은 생산시설 규모를 바꿀 수 없는 단기에 나타나는 현상이다. 수확체감은 단기의 정해진 생산규모에서 가장 적정한 생산량이 존재한다는 것을 의미한다. 그러나 기업이 생산규모를 바꿀 수 있는 장기의 경우에는 수확체감 현상이 나타나지 않는다. 왜냐하면 기업은 생산규모를 바꿈으로써(즉, 기계를 더 설치하거나 공장규모를 늘려) 수확체감의 법칙을 피할 수 있기 때문이다. 장기에 있어서 기업의 의사결정에 관해서는 다음에 자세히 논의하게 된다.

고정비용과 가변비용

앞에서 언급했듯이 기업생산에서의 총비용은 총고정비용과 총가변비용으로 나누어진다. 총고정비용은 생산량의 변화에 관계없이 일정하기 때문에 생산량과 관련하여 흥미로운 특징을 보인다. 즉 총고정비용(TC)을 생산량(Q)으로 나누어준 평균고정비용(AFC)은 생산량이 늘어날수록 지속적으로 감소하는 특징을 갖는다. 평균고정비용은 일정하게 정해진 총고정비용을 생산량으로 나누어 준 것이므로 생산량이 많으면 많을수록 평균고정비용은 감소한다. 즉, 총고정비용은 단기에는 어차피 일정하게 정해져 있는 것이므로, 생

2 평균비용곡선과 한계비용곡선의 관계를 정리하면 다음과 같다. 한계비용곡선은 평균비용이 낮아 지는 구간에서는 평균비용곡선의 아래쪽에 위치하고, 반대로 평균비용이 올라가는 부분에서는 평균비용곡선의 위쪽에 위치한다. 결과적으로 한계비용은 평균비용의 최저점에서 평균비용과 같아지게 된다. 〈그림 3-1〉의 (b)를 참조.

산량이 많을수록 생산된 상품 한 개당 고정비용인 평균고정비용은 작아지는 것이다.

평균고정비용의 이러한 특징은 그림으로 나타내질 수 있다. 〈그림 3-1〉의 (c)를 보면 평균고정비용은 직각쌍곡선(rectangular hyperbola)으로 나타나는 것을 알 수 있다. 직각쌍곡선의 기하학적 특징은 곡선이 두 축과 만드는 사각형의 넓이($AFC \times Q = TFC$, 즉 총고정비용)가 일정하다는 것이다. 따라서 평균고정비용을 의미하는 이 사각형의 높이는 생산량이 늘어날수록 더욱 낮아지는 것을 알 수 있다. 이처럼 생산량이 늘어날수록 평균고정비용은 지속적으로 감소하기 때문에 생산규모가 큰 기업일수록 비용에서 더욱 유리하게 된다. 거대한 자본재를 필요로 하는 중공업, 전력산업, 그리고 철도산업 등과 같은 장치산업(裝置産業)의 경우에 생산 규모가 큰 기업이 작은 기업에 비해 유리한 이유가 바로 여기에 있다. 이와 같은 평균고정비용의 특성은 뒤에서 공부하게 될 독점시장과도 관련이 있다.

이러한 생산비와 함께 기업의 이윤에 영향을 미치는 것은 생산품의 가격이다. 시장지배력을 가지는 생산자는 자기가 생산한 상품의 가격에 어느 정도 영향을 미치지만, 공급자가 무수히 많은 시장에서의 생산자는 가격에 영향을 미치지 못한다. 그러므로 이 시점에서 시장의 형태를 이해해야 할 필요가 있다. 시장의 형태와 기업의 생산결정을 공부하기 전에 한 가지 살펴보고 지나가야 하는 것이 있다. 그것은 장기 비용의 개념이다.

장기의 비용

장기평균비용곡선

앞에서 단기와 장기는 생산시설을 추가로 늘릴 수 있는가의 여부에 의해 구분된다고 하였다. 생산시설을 추가로 증설할 수 있는 장기에는 기업은 자신에게 가장 적정한 생산시설의 규모를 정할 수 있다는 점에서 단기와는 상이한 문제에 직면한다. 단기에는 생산시설의 규모가 정해져 있기 때문에 기업에게 가장 중요한 문제는 주어진 생산시설의 규모하에서 가장 바람직한 '생산량'을 정하면 된다. 그러나 생산시설의 규모까지 고려해야 하는 장기목표 설정에는 기업의 목표에 부합되는 적절한 '생산규모'에 대한 결정도 중요하다. 장기 비용의 개념은 기업이 당면한 이러한 문제를 이해하는 데 도움을 준다.

생산시설 규모가 변하면 기업의 생산비에는 어떠한 변화가 나타날 수 있을까? 생산규모가 늘어나면 일반적으로 어느 정도까지는 평균비용이 낮아지다가, 어느 정도 시점을 지나게 되면 다시 상승하게 되는 현상이 나타난다. 즉, 장기에서의 평균곡선(long-run average cost, *LRAC*)의 모양도 〈그림 3-2〉에서와 같이 단기 평균비용곡선을 아래로부터 감

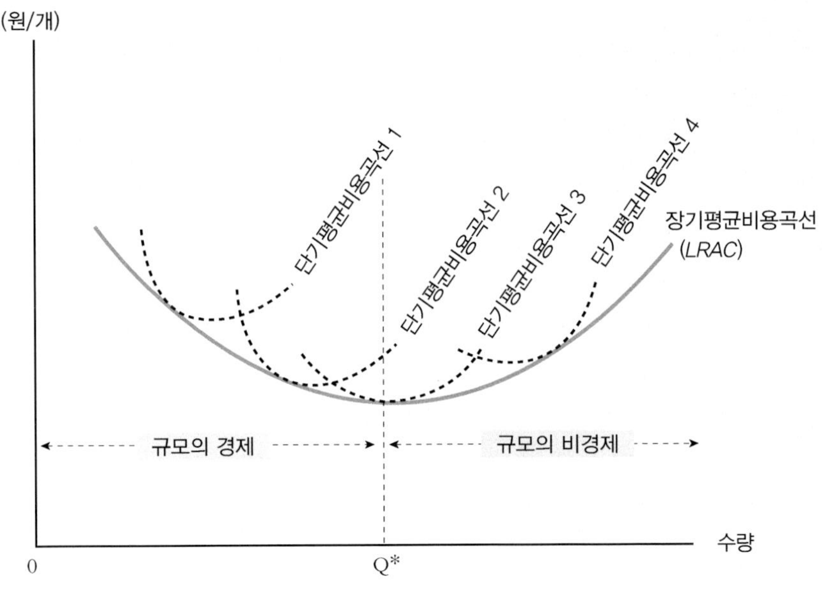

▲ 그림 3-2

장기평균비용곡선

생산규모가 늘어나면 일반적으로 어느 정도까지는 평균비용이 낮아지다가, 어느 정도 시점을 지나게 되면 다시 상승하게 되는 현상이 나타난다. 즉, 장기평균곡선의 모양은 큰 U모양으로 나타내진다. 장기평균비용곡선이 U-모양으로 나타나는 이유는 규모의 경제와 규모의 비경제 때문이다.

싸는 큰 U-모양으로 나타난다.[3]

장기평균비용곡선(LRAC)이 단기평균비용곡선을 아래로부터 감싸는 이유는 장기는 단기보다 항상 생산비가 낮기 때문이다. 장기에는 기업들이 생산시설 규모를 바꿀 수 있기 때문에 가장 낮은 생산비로 생산하는 것이 가능하다. 반면 단기에는 정해진 생산시설 규모에 묶여 있기 때문에 장기에 비해 비용 면에서 불리하다. 따라서 장기평균비용곡선은 단기평균비용곡선의 최저점을 감싸는 '포락선'(包絡線, envelope)으로 나타난다.

단기평균비용곡선이 항상 장기평균비용곡선보다 위에 위치하는 것은 운동 경기에서 특정 규칙을 따라야만 하는 종목에 비유될 수 있다. 예를 들어서, 수영 경기에서 '자유형'(free style)은 어떠한 형태의 수영 방법도 다 가능하다는 것을 의미한다. 그렇지만 모든 선수들이 크롤(crawl) 수영법을 택하는 이유는 반드시 뒤로 누운 상태에서 헤엄을 쳐야 하는 배영(backstroke)이나 두 팔을 수면 위로 뻗은 후 다시 입수해야 하는 접영(butterfly)과 달리 아무런 제약이 없어 더 빨리 헤엄을 칠 수 있기 때문이다. 달리기의 경우에도, 장애물 달리기(hurdle)는 아무런 장애물 없이 달릴 수 있는 경기에 비해서 더 빠를 수 없다.

3 *LRAC*는 장기평균비용(long-run average cost) 곡선을 의미한다.

규모의 경제

그러나 이러한 장기평균비용곡선의 U-모양은 수확체감으로 설명될 수는 없다. 그 이유는 수확체감은 생산시설이 정해져 있는 단기에 나타나는 현상이기 때문이다. 장기란 생산시설이 변할 수 있는 기간이다. 그렇다면 장기평균비용곡선이 U-모양으로 나타나는 이유는 무엇일까?

우선 장기평균비용곡선의 우하향하는 부분에 대해서 생각해 보자. 최근 글로벌경제에서 나타나고 있는 기업간 합병(merge) 현상은 이를 이해할 수 있는 좋은 예이다. 글로벌화된 세계경제에서 한 가지 중요한 특징이 바로 기업간 합병이다. 가장 대표적인 사례를 들자면, 1998년 독일의 자동차회사 다이뮬러(Daimler)와 미국의 자동차회사 클라이슬러(Chryler)가 합쳐져서 다이뮬러-클라이슬러가 되었던 것이나,[4] 또한 1999년 미국의 대표적인 언론사인 「타임」(The Time)과 인터넷 서비스회사인 AOL(America On Line)이 합병한 것을 들 수 있다.[5]

우선 전자의 경우, 다이뮬러는 전통적으로 고급승용차로 유명한 회사이고, 클라이슬러는 중산층 승용차가 주력 모델인 회사이다. 이 두 회사의 합병은 서로 상대국가에서 새로운 시장을 얻을 수 있고, 제품개발에 대한 연구투자를 합치는 데 따른 이익도 발생할 것으로 전망되었다.

타임과 AOL의 경우, 한 쪽은 언론매체를 가지고 있지만, 다른 한 쪽은 그 매체를 채울 수 있는 내용(contents)을 가지고 있다. 따라서 이 두 회사의 합병은 새롭게 떠오르고 있는 인터넷 사업 분야에서 필요로 하는 두 가지 분야가 갖춰짐으로써 다른 기업들보다 한 발 앞서 시장을 점유할 수 있을 것으로 평가되었다. 이 두 기업의 합병이 새로운 미디어 콘텐츠 공급 시장에서 독과점을 낳을 것이라는 우려 속에서도 두 회사의 합병은 허용되었다.

이와 같이 생산규모가 어느 정도 확대되면, 여러 가지 측면에서 평균비용이 감소할

4 클라이슬러는 2009년 다이뮬러에서 분리된 후, 2014년 이탈리아 자동차 회사인 피아트(Fiat)에 합병되었다.

5 그러나 합병 직후 닥친 미국 내 인터넷 기업의 주가 버블 붕괴로 2009년 두 회사는 분리되었다.

수 있다. 연구개발비의 중복을 막고, 새로운 시장 개척을 위한 노력과 비용을 감소시키고, 또한 빠르게 변화하는 시장에 효과적으로 대응함으로써 불필요한 비용들을 감축할 수 있게 되기 때문에 평균비용이 감소하는 효과가 나타나게 된다. 또한 생산규모가 적정 수준에 이르면 업무의 효율적인 분업화와 합리화 등이 가능해지므로 비용이 감소한다. 이와 같은 현상을 규모의 경제(economies of scale)라고 부른다. 규모의 경제는 장기 평균비용곡선의 하향하는 부분을 설명해 준다.

■ 클라이슬러 Jeep

규모의 비경제

그러나 생산규모가 지나치게 확대되면 부작용이 나타날 수 있다. 의사결정이 관료화되고, 시장변화에 빠르게 대응하지 못하는 등, 기업의 체질이 비효율적이 됨으로써 평균비용이 높아질 수 있다. 이것을 규모의 비경제(diseconomies of scale)라고 한다. 이러한 이유에서 지나치게 기업의 규모가 커지는 것을 방지하려는 노력이 기울여진다. 가장 대표적인 예가 미국의 대표 자동차회사인 General Motors(GM)이다. GM은 서민용 승용차 및 소형 트럭의 Chevrolet, 중산층 승용차인 Buick과 Oldsmobile, 스포츠형 자동차 Pontiac, 그리고 고급 스용차인 Cadilac 등 다섯 개의 하위 회사들(divisions)로 나누어져 있었다. 이들 다섯 개의 회사들은 GM이 하나의 기업으로서 지나치게 규모가 커지는 데 따른 규모의 비경제를 방지하고 효율성을 높이기 위하여 서로 경쟁관계를 유지하였다. 현재, GM은 Buick, Cadilac, Chevrolet, GMC, Opel, Vauxhall, 그리고 Holden의 하위 회사들로 나누어져 있다. 우리나라의 두 자동차 생산 기업인 현대자동차와 기아자동차도 이와 같은 이유에서 두 개의 개별 회사로 운영되고 있다.

■ GM 홈페이지에 나타나 있는 division들

이와 같이 때로는 생산비를 절감하기 위해 기업의 규모를 늘리기도 하고, 또는 반대로 규모가 너무 비대해져서 비효율적으로 되는 것을 막기 위해 기업분할 등을 통해 규모를 줄이기도 한다. 이렇게 기업은 항상 효율적인 기업경영이 가능하도록 조직을 정비하고 낭비적 요소가 없도록 노력하여야 한다. 그렇게 할 때 빠르게 변화하는 시장 환경에 효과적으로 대응할 수 있다. 그러면 이제부터 기업의 생산비 개념을 활용하여 현실의 여러 가지 형태의 시장을 살펴보자.

완전경쟁시장

현실사회의 시장은 다양한 형태가 있다. 〈그림 3-3〉에는 현실사회에서 관찰되는 시장의 대표적인 유형들을 수평선상에 나타내고 있다. 수평선의 한쪽 끝에는 무수히 많은 작은 기업들이 존재하는 완전경쟁시장이 위치하고 있고, 반대편 끝에는 단 한 개의 기업이 존재하는 독점시장이 위치하고 있다. 그 사이에 독점적경쟁시장과 과점시장 등이 자리하게 된다. 우리는 이와 같은 대표적인 시장들의 특성을 이해함으로써 현실의 다양한 시장구조를 이해할 수 있다. 이러한 시장 형태들을 하나씩 살펴보기로 하자.

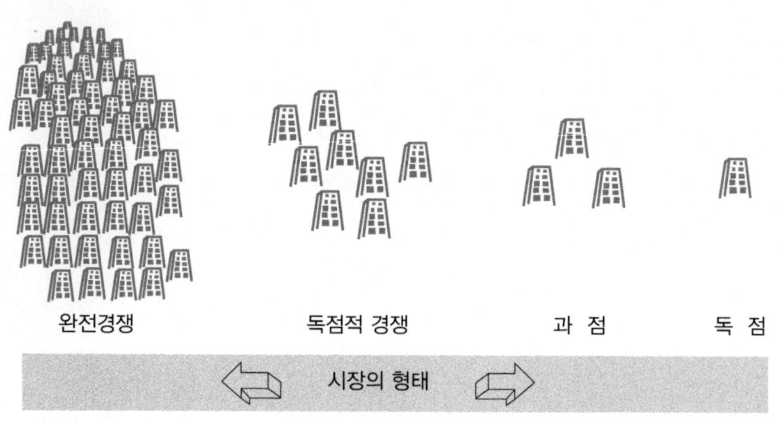

▲ 그림 3-3

시장형태의 스펙트럼

현실의 시장형태는 완전경쟁시장과 독점시장의 사이에 위치한다. 독점적경쟁시장은 완전경쟁시장 쪽에 더욱 가깝고, 과점시장은 독점시장 쪽에 더욱 가깝다.

완전경쟁시장은 존재하지 않는다

완전경쟁시장은 개별기업이 시장에 아무런 영향을 행사할 수 없어 자원의 배분이 가장 효율적으로 이루어지는 시장이다. 그러나 완전경쟁시장은 현실에서는 존재하지 않는 이상적(理想的) 시장 형태이다. 그런데 현실에서는 존재하지 않는 완전경쟁시장을 공부하는 이유는 무엇일까(대부분의 교과서에서는 그 이유를 명확하게 설명하지 않는다)? 그것은 현실의 시장 형태를 이 이상적인 시장과 비교하여 평가하기 위해서이다. 가장 이상적인 시장인 완전경쟁시장을 기준으로 하여 현실의 시장 형태가 얼마나 이 이상으로부터 떨어져 있는가를 판단하게 되는 것이다.[6]

완전경쟁시장을 공부하는 또 하나의 이유는 이 시장 형태가 가장 간단하기 때문이다. 시장 안의 개별 기업이 시장에 아무런 영향을 행사할 수 없을 뿐만 아니라 다른 기업을 의식할 필요도 없다. 즉 기업간 상호 영향이 없다는 것이다. 물론 이러한 점도 현실 기업과는 거리가 멀다. 그러나 가장 간단한 시장 형태를 통해서 보다 복잡한 시장 형태를 이해할 수 있는 시각을 갖게 되는 것이다.

상품시장에서 완전경쟁(perfect competition)이 성립되기 위해서는 이론적으로 몇 가지 조건이 필요하다. 첫째, 무수히 많은 작은 기업들이 존재해서 개별 기업은 시장에 어떤 영향도 줄 수 없어야 한다. 둘째, 거래되는 상품은 동질의 상품으로 서로 차별화되어서는 안 된다. 셋째, 기업의 시장 진입과 퇴출이 자유로워야 한다. 넷째, 완전한 정보가 시장의 모든 주체들에게 주어져야 한다. 이렇게 되면 시장 내에서는 하나의 재화에는 하나의 가격만이 존재하는 일물일가(一物一價)가 이루어지게 된다.

이상과 같은 특성의 완전경쟁시장 안의 개별 기업들은 시장에서 결정되는 가격을 그대로 받아들일 뿐 자신이 시장 가격에 아무런 영향도 줄 수 없게 된다. 즉 기업들은 시장에서 정해진 가격을 받아들이는 가격순응자(price taker)가 된다.

앞에서 언급하였듯이 현실에서 이러한 조건을 모두 만족하는 완전경쟁시장의 예는 없다. 기업의 숫자가 시장에 아무런 영향을 줄 수 있을 만큼 많은 경우도 드물고 상품이 완전히 동질적이지도 않으며, 진입과 퇴출이 완전히 자유롭거나 완전한 정보가

6 이러한 사실을 기억하지 않으면, 완전경쟁시장을 공부할 때 어려움을 겪을 수 있다. 현실에는 존재하지 않는 시장의 예를 현실에서 찾게 되기 때문이다.

존재하는 시장도 없다. 현실에서 완전경쟁시장에 가장 가까운 예는 아마도 농산물시장일 것이다. 그러나 우리나라의 농산물시장의 가장 대표적인 쌀의 경우 정부의 가격조정 기능이 남아 있기 때문에 완전경쟁시장이라고 보기 어렵다. 최근에는 농작물에도 생산자의 이름과 심지어 사진까지도 부착하여 상품을 차별화한다. 이러한 관점에서 본다면 옥수수, 밀, 그리고 보리 등과 같이 원료가 되는 곡물을 생산하는 미국의 농산물시장이 완전경쟁시장에 가장 가까운 예가 될 것이다.

이러한 곡물을 생산하는 미국의 농부는 아침에 일어나서 자신의 현관 발코니 의자에 앉아서 「월스트리트저널(The Wall Street Jounal)」 신문에 고시된 곡물의 가격을 보고 자신의 생산량을 결정하게 된다. 따라서 곡물시장에서 개별 농부는 가격순응자이다. 곡물의 경우 대부분 동질의 상품이고, 농부들은 비교적 자유롭게 시장에 진입하거나 탈퇴할 수 있다. 또한 소비자들은 시장에 대해서 비교적 많은 정보를 가지고 있다. 그러나 미국 농업의 경우도 정부의 가격정책 등이 있기 때문에 역시 완전경쟁시장은 아니다. 그럼에도 불구하고 완전경쟁시장은 가장 이상적이고 또 가장 간단한 시장형태이기 때문에 기업의 생산량 결정을 이해하는 데 유용하다.

완전경쟁시장에 속한 기업이 가격순응자라는 사실은 기업의 입장에서는 시장에서 결정된 가격을 바꿀 수는 없지만, 한편으로는 주어진 시장가격에 자신이 원하는 만큼 판매할 수 있다. 그러므로 완전경쟁시장의 개별기업이 마주하는 수요곡선은 〈그림 3-4〉에서 나타난 바와 같이 수평이 된다. 왜냐하면 수요곡선이란 각각의 가격수준에 대응하여 이 기업이 생산하는 제품에 대한 수요량을 표시한 것을 말하는데, 만약 이 기업이 시장가격보다 조금 높게 자기 제품을 팔려고 하면 완전경쟁 하에서 이 기업은 제품을 전혀 판매하지 못할 것이다. 왜냐하면 완전경쟁시장에서 소비자들은 시장에 대한 완벽한 정보를 가지고 있기 때문이다. 반대로 가격을 시장가격보다 낮게 책정할 필요는 없다. 주어진 시장가격에서 자신의 제품에 대한 수요는 무한하기 때문이다(현실에서 이런 기업이 있을까라는 의문이 들 것이다. 그러나 완전경쟁시장은 현실에 존재하지 않는다는 것을 기억하자). 따라서 뒤에서 설명할 완전경쟁 기업이 직면하는 수요곡선은 수평이 된다. 이 사실을 이해하는 것이 완전경쟁시장에서 기업의 의사결정을 이해하는 데 매우 중요하다.

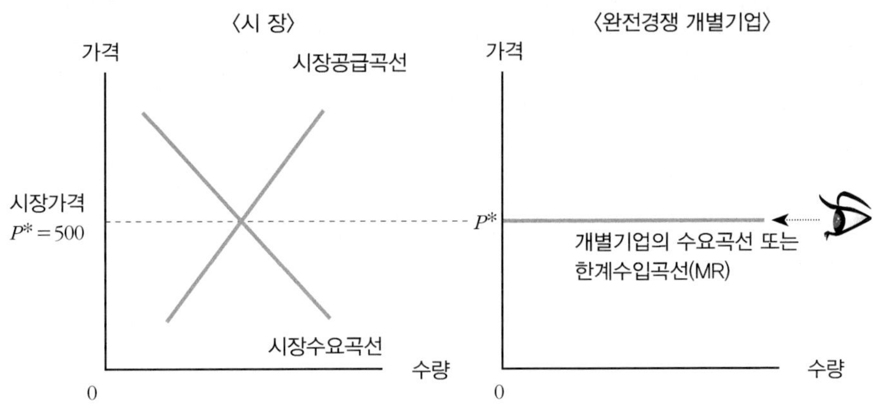

▲ 그림 3-4

완전경쟁시장에서 개별기업의 수요곡선

완전경쟁시장의 기업들은 시장에서 결정된 가격을 그대로 받아들인다. 따라서 수평의 수요곡선을 마주하게 된다.

완전경쟁시장에 속한 기업의 의사결정

현실에서 기업의 행동 원리를 이해하는 것은 쉬운 일이 아니다. 기업은 매우 다양한 동기를 통해서 기업 활동을 추구하기 때문이다. 대부분의 경우 기업의 목표가 이윤의 추구에 있다고 말하지만, 경우에 따라서는 손실을 감수하고서라도 기업의 규모를 확대하려고 애쓰는 기업들도 있다. 그러나 이러한 모든 동기를 기초로 하여 이론을 만들 수는 없다. 그래서 우리는 기업활동의 일차적인 동기를 이윤의 추구에 있다고 본다. 사실 기업이 사회에 기여하기 위해서는 이윤의 창출이 전제되어야 한다. 그러므로 기업의 이윤극대화는 경제학에서 기업의 행동을 묘사하는 가장 유용한 방법이 된다.

현실에서 기업이 이윤을 극대화하는 과정은 그 자체로서 매우 복잡하다. 기업이 이윤을 극대화하기 위해서는 적정한 생산량을 결정해야 하기 때문이다. 그러나 앞에서도 언급했듯이 기업의 생산량 결정은 생산비와 상품의 가격, 두 가지 모두를 고려해야 한다. 특히 자신이 판매하는 상품의 가격은 시장의 형태에 따라 다르게 결정된다. 대부분의 경우 기업의 생산량이 시장 공급에 영향을 주므로 시장가격도 변화하게 된다. 그렇기 때문에 현실에서 기업의 이윤 극대화 과정을 이해하는 것은 매우 어렵다. 그런데 완전경쟁시장은 가장 간단한 시장이기 때문에 기업의 이윤극대화 과정을 이해하는 데 유용하게 사용될 수 있다.

그러면 앞에서 설명한 완전경쟁시장에 가까운 시장형태에 직면하고 있는 토마토를 생산하는 농부의 이윤극대화 과정을 생각해 보자. 만약 여러분이 토마토를 생산하는 농부라면 어떻게 행동하겠는가? 여러분은 아주 많은 토마토 농장주들 중에 한 사람이고, 따라서 토마토의 시장가격에는 아무런 영향력을 행사할 수 없다.

이 농부가 토마토를 한 상자를 더 생산해서 판매할 경우 만 원을 받을 수 있는 반면에 생산비용은 추가로 8천 원이 소요된다고 하자. 이때 만 원을 한계수입(marginal revenue, *MR*), 즉 추가 수입이라고 할 수 있고, 추가적으로 소요되는 8천 원은 한계비용(marginal cost, *MC*)이라고 할 수 있다. 이 농부는 한계수입(만 원)이 한계비용(8천 원)보다 크므로 추가 생산을 할 것이다. 그런데 이제 농부의 일손만으로는 생산을 늘리기 어렵기 때문에 일용직 노동자를 고용하게 되어 비용이 추가로 더 든다고 하자. 이처럼 추가적으로 생산을 증대시키는 데는 추가비용, 즉 한계비용 자체가 올라갈 수 있다. 반면에 이 농부가 추가된 생산물을 시장에 팔 때 얻는 추가수입, 즉 한계수입은 늘 만 원으로 일정할 것이다. 이 농부는 완전경쟁시장에 있기 때문이다. 이 농부는 한계수입이 한계비용보다 크다면, 생산량을 늘려 이윤을 증가시킬 수 있다. 따라서 이 농부는 한계수입과 한계비용이 같아지는 수준까지 생산을 계속하게 되고, 이 생산수준에서 농부의 이윤은 극대화가 된다.

기업이 추가로 생산하는 데 따른 수입의 증가분이 추가 생산을 위한 비용보다 클 때 생산을 늘린다는 것은 지극히 당연한 이야기이다. 또한 완전경쟁시장의 기업에게는 추가로 한 단위 생산을 늘릴 때 수입의 증가분(한계수입, MR)은 상품의 가격(P)과 같다. 생산은 늘어나도 시장가격이 떨어지지 않기 때문이다. 따라서 완전경쟁 시장에 위치한 농부의 이윤극대화 조건은 한계수입(*MR*)이 한계비용(*MC*)과 같아질 때까지 생산을 계속하는 것이다. 즉[7]

$$\text{한계수입}(MR) = \text{한계비용}(MC)$$

---

7 수식으로 나타내면,
이윤 = 총수입 − 총비용 또는
$\pi(Q) = TR(Q) - TC(Q)$
여기서 Q는 생산량을 의미하고 TR과 TC는 각각 총수입과 총비용 함수를 의미하며, 괄호 안은 독립변수를 나타낸다. 예컨대 'TR'(Q)는 총수입이 생산량 Q의 함수라는 의미이다. 일반적으로 생산량인 Q가 증가하면 총수입도 증가하고, 총비용도 증가하므로 이윤은 생산량인 Q의 함수가 되는 것이다. 따라서 이윤함수는 생산량의 함수가 되므로 이윤을 극대화시키기 위해서는 이윤함수를 Q로 미분해서 그 값이 0이 되는 Q의 값이 바로 이윤을 극대화시키는 생산량 수준이 된다. 즉

$$\frac{d\text{이윤}(Q)}{dQ} = \frac{d\text{총수입}(Q)}{dQ} - \frac{d\text{총비용}(Q)}{dQ}$$
$$= \text{한계수입}(Q) - \text{한계비용}(Q) = 0$$
$$\Rightarrow \text{한계수입}(Q) = \text{한계비용}(Q)$$

이 기업의 이윤극대화조건이 된다. 여기서 한계수입이란 총수입을 생산량으로 미분한 것, 즉 최종적으로 생산량을 한 단위 더 생산할 때 얻을 수 있는 추가수입을 말하며, 한계비용이란 총수입을 생산량으로 미분한 것, 즉 최종적으로 생산량을 한 단위 더 생산하기 위해서 소요되는 추가비용을 말한다.

여기서 한 가지 주의해야 할 점이 있다. 한계수입과 한계비용이 같아진다고 해서 이윤이 0이 되는 것은 아니다(이윤이 0이 되는 때는 평균수입과 평균비용이 같을 때이다). 추가적인 수입과 추가적인 비용이 같아질 때까지 생산을 계속해 갈 때 이윤은 가장 커진다.

이상과 같은 완전경쟁시장 농부의 이윤극대화 과정을 그림으로 묘사해 보자. 〈그림 3-5〉에 나타난 것처럼 토마토가 시장에서 한 상자에 만 원이다. 이 농부는 한 상자를 더 생산하여 팔면 한계수입은 항상 시장가격인 만 원만큼 벌게 된다. 따라서 완전경쟁시장에서는 한계수입이 항상 시장가격과 일치하게 된다. 이를 수식으로 표시하면 다음과 같다.

$$\text{한계수입}(MR) = \text{시장가격}(P)$$

그럼 완전경쟁기업이 주어진 시장가격에서 생산량을 어떻게 결정하는지를 살펴보자. 〈그림 3-5〉에 나타난 바와 같이 한계수입곡선인 시장가격이 주어졌다면 이 농부는 한계비용과 시장가격이 만나는 20상자를 생산할 것이다. 왜냐하면 기업의 이윤극대화 조건이 한계비용과 한계수입이 같아지는 만큼 생산하는 것인데, 완전경쟁시장에서는 한계수입이 시장가격과 같기 때문이다.

만약 이 농부가 토마토 19상자를 생산한다면, 19번째 상자는 시장에서 만 원을 받는 반면에 추가적으로 생산비는 8천 원이 소요되었으므로 2천 원의 이윤이 증가한다. 따라서

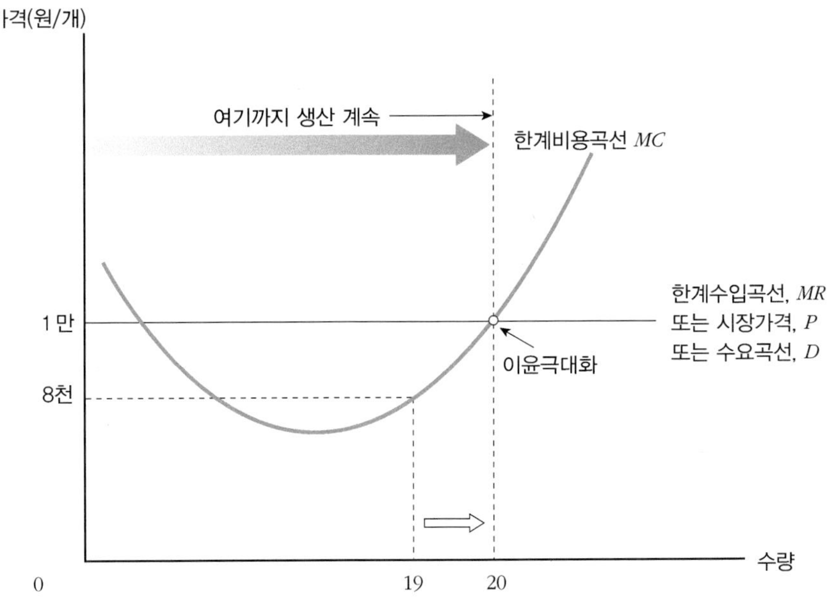

▲ 그림 3-5

완전경쟁기업의 이윤극대화 조건

완전경쟁기업은 주어진 시장가격과 한계 비용이 같아지는 수준까지 생산을 하고, 그 때 이윤이 가장 크다.

이 농부는 생산량을 늘릴 것이다. 이렇게 기업이 시장가격과 한계비용이 일치할 때까지 생산량을 늘리면 이윤은 계속 증가한다. 그러나 20상자보다 토마토 생산량을 늘리게 되면 추가비용(MC)이 추가수입(MR)보다 크기 때문에 이윤은 오히려 감소하게 된다. 따라서 완전경쟁 하의 농부는 이윤을 극대화시키기 위해 가격과 한계비용이 같아지는 곳에서 생산량을 결정하게 된다.

그리고 완전경쟁시장에서 시장가격은 쉽게 알 수 있으므로 완전경쟁 기업들은 자기 제품을 한 단위씩 생산량을 늘림에 따른 추가비용(한계비용)만 정확하게 계산할 수 있다면 이익을 극대화하기 위해 생산을 어느 정도로 해야 하는지 알 수 있다. 기업의 이윤극대화 과정이 이렇게 간단하게 묘사되는 것은 우리가 가장 간단한 형태의 시장인 완전경쟁시장의 기업을 통하여 설명하였기 때문이다. 그러나 잠시 생각해 보면 현실의 기업들도 완전경쟁시장의 농부와 마찬가지로 한계수입이 한계비용과 같아질 때까지 생산을 계속하는 것이 이윤을 극대화하는 방법이 되는 것을 알 수 있다. 다만 차이가 있다면 완전경쟁시장의 기업은 생산이 늘어나도 시장가격이 변하지 않지만, 그 외의 다른 형태의 시장에 속해 있는 기업들은 생산을 늘리는 경우 시장가격이 하락할 수 있다는 점이다. 이러한 점을 감안하여 우리는 현실의 시장형태를 분석하게 된다.

현실에서 기업이 이렇게 간단하게 생산량 결정을 하지는 않을 것이다. 우리가 원하는 것은 기업의 생산량 결정 과정 자체보다는 이러한 이해를 통해서 기업을 눈에 보이는 모습으로 나타낼 수 있다는 점이다. 이제 기업은 U-모양의 단기평균곡선으로 묘사되고 있고, 기업의 생산량 결정도 어느 정도 그림으로 형상화가 가능해진 것이다. 이러한 작업을 통해서 우리는 시장유형과 그에 따른 경제적 현상들을 설명할 수 있는 수단을 갖게 된 것이다.

완전경쟁시장을 공부하는 진짜 이유

완전경쟁시장의 기업은 시장가격에 아무런 영향력을 행사할 수 없다고 했다. 그렇기 때문에 주어진 시장가격에 순응해서 그 시장가격이 추가적인 생산에 드는 비용보다 크면 생산을 늘리고, 그렇지 못하면 생산을 늘리지 않는다. 결과적으로 한계수입(MR)인 상품의 가격(P)과 한계비용(MC)이 같아질 때까지 생산하게 된다. 상품의 가격과 한계비용이 같게 되는 점까지 생산이 이루어진다는 것은 매우 중요한 의미를 갖는다. 그 의미는 자원배분이 가장 효율적으로 이루어짐을 뜻한다. 우리가 제1장에서 경제활동의 가장 중요한 목표가 '희소한 자원의 효율적인 배분을 통해 최대다수의 최대행복을 추구'하는 데 있다고 하였다. 바로 여기에 완전경쟁시장의 진정한 의미가 담겨 있다. 상품의 가격과 한계비용이 같을 때 자원배분이 가장 효율적으로 이루어지는 이유는 무엇일까?

우선 상품의 가격(P)은 사람들이 그 상품에 부여하는 가치를 나타낸다. 시장에서 토마토 1상자가 만 원에 거래되고 있다면, 이것은 사람들이 토마토 한 상자의 가치를 만 원으로 느끼고 있기 때문이다. 그러므로 상품의 시장가격은 그 상품이 갖는 가치를 나타낸다. 비싼 상품은 싼 상품에 비해 더 높은 가치를 갖는다. 즉

$$P = \text{해당상품의 가치}$$

그렇다면 한계비용(MC)은 무엇을 나타낼까? 우리는 앞에서 기회비용의 중요성을 강조했다. 길모퉁이 부모님의 채소가게 운영 여부를 결정할 때에도 눈에 보이는 회계적 비용이 아니라 기회비용이 중요하다고 했다. 기회비용은 포기한 다른 것들의 가치이다. 그러므로 어느 상품을 생산하는 데 따른 한계비용은 단순한 회계적 비용이 아니라 그 상품을 추가적으로 생산하기 위해 포기해야만 하는 다른 상품들의 가치를 나타낸다. 어느 상품을 생산하는 한계비용이 높으면 바람직하지 않다. 그 이유는 그 상품을 생산하기 위해서 포기해야만 하는 다른 상품들의 가치가 더 높다는 것은 정작 필요한 상품은 생산되지 않았다는 뜻이기 때문이다. 즉

$$MC = \text{포기한 다른 상품의 가치}$$

그러므로 어느 상품의 시장가격(P)과 한계비용(MC)을 비교하면 자원배분이 효율적으로 이루어지고 있는지를 판단할 수 있다. 만약 시장가격(P)이 한계비용(MC)보다 높다면 자원배분은 효율적으로 이루어지지 않고 있는 것이다. 왜냐하면 사람들이 생산된 그 상품에 대해서 느끼는 가치가 그 상품을 생산하기 위해서 포기한 다른 상품들의 가치보다 더 크기 때문이다. 이 말은 해당 상품이 충분히 생산되지 않았고, 따라서 그 상품의 생산에 지나치게 적은 자원이 배분되고 있다는 의미이다. 따라서 그 상품의 생산을 증가시키면 사람들은 더 큰 행복을 느낄 수 있게 된다. 그렇게 함으로써 자원배분이 더 효율적으로 이루어질 수 있게 되는 것이다.

반대로 만약 시장가격(P)이 한계비용(MC)보다 낮다면 어떨까? 이 경우에는 해당 상품의 가치가 그 상품을 생산하기 위해서 포기해야만 하는 다른 상품들의 가치보다 낮다는 것을 의미한다. 즉 해당 상품이 지나치게 많이 생산되고 있다는 것을 의미한다. 이 경우에도 역시 자원배분은 효율적으로 이루어지고 있지 못한 것이다. 해당 상품의 생산에 더 적은 자원을 배분하고 다른 상품들의 생산에 더 많은 자원을 배분하여 생산을 늘리면 사람들의 행복수준은 높아지고 자원배분은 더 효율적이 된다.

완전경쟁시장의 개별 기업은 시장에 아무런 영향력을 행사할 수 없기 때문에 시장가격(P)과 한계비용(MC)이 같아질 때까지 충분히 자신의 상품을 생산한다는 것을 앞에서 공부하였다(이윤극대화 조건, $P=MC$). 그것이 완전경쟁기업이 자신의 이윤을 극대화하는 길이기도 하다. 그 결과 시장 전체로 볼 때 생산된 상품의 가치(P)와 포기한 상품들의 가치(MC)가 같아지는 지점까지 생산이 이루어지게 된다. 생산된 상품의 가치가 포기한 상품의 가치와 똑같다면 사람들의 만족을 더 크게 할 수 있는 자원배분의 다른 방법은 없다. 현재의 자원배분이 가장 효율적인 상태인 것이다. 이러한 의미에서 완전경쟁시장은 자원배분을 가장 효율적으로 한다고 말하는 것이다. 즉

상품의 가격(P) = 한계비용(MC)

↙ ↘

(해당 상품의 가치) = (포기한 다른 상품들의 가치)

이 결론이 아마도 지금까지 공부한 모든 것들의 종합이고, 또 이 결론을 얻기 위해서 많은 전제와 설명들이 필요했다고 할 수 있다. 그렇기 때문에 그냥 "완전경쟁이 자원배분을 가장 효율적으로 한다"라고 말하기보다는 그 의미와 논리를 분명하게 이해하는 것이 매우 중요하다.

여기서 한 가지 주의를 요하는 부분이 있다. 그것은 자원배분의 효율성이 높다고 해서 반드시 모든 것이 바람직한 것은 아니라는 점이다. 완전경쟁시장의 전제 조건이 상품의 동질성이기 때문에 완전경쟁시장은 상품의 개성이나 기업의 상품차별화 노력이 불필요한 시장이다. 다시 말하자면 완전경쟁시장은 가장 이상적이고 가장 효율적인 시장일지는 몰라도 무미(無味, dull)한 시장이 될 것이다. 누구나 똑같은 옷을 입고, 똑같은 음료수를 마시며, 똑같은 모델의 자동차만 있으며, 주유소에 가도 무표정한 점원만이 존재하는 시장이다. 아마도 경제학자들에게 자신들만의 나라를 만들라고 한다면 이런 나라가 될지 모른다. 왜냐하면 완전경쟁시장이 가장 자원배분을 효율적으로(사람들이 원하는 만큼의 모든 재화가 필요한 만큼씩 생산되는) 하기 때문이다. 그러나 기업이 시장가격에 어느 정도 영향력을 행사할 수 있을 때, 개성 있는 상품과 서비스가 존재할 수 있다. 완전경쟁시장과 비교하여 다른 극단에 해당되는 독점시장과 그 사이에 존재하는 현실적인 시장구조들인 독점적 경쟁시장과 과점에 대하여 공부함으로써 이러한 의미에 대해서 조금 더 깊이 생각해 보기로 하자.

독점시장

독점의 정의와 특성

독점은 하나의 기업이 시장을 구성하는 시장 형태, 즉 시장에 기업이 하나밖에 없는 경우를 말한다. 독점을 의미하는 영어 표현인 monopoly는 '하나'(single)를 뜻하는 mono와 '판다'(sell)를 뜻하는 poly의 합성어이다. 완전경쟁시장이 시장구조 스펙트럼의 한쪽 끝에 있는 것처럼 독점시장도 스펙트럼의 다른 쪽 끝에 위치한다. 다시 말하면 완전경쟁시장처럼 독점도 현실에서 쉽게 존재하는 시장 형태는 아니다. 대부분의 국가들은 반독점법(antitrust law)을 통하여 독점을 방지하기 위해 많은 노력을 하고 그 결과 독점을 대부분 해체하였기 때문이다. 특히, 미국은 강력한 반독점법을 통하여 독점을 방지하고 있다(2000년 4월 Microsoft사에 대한 미 법원의 분할 명령이 그 대표적인 예 중의 하나이다[8]). 그 이유는 독점이 바람직하지 못하기 때문이다(독점의 문제점에 대해서는 뒤에서 자세히 논의된다).

그러나 선진국에서도 아직 한 가지 유형의 독점기업이 존재하고 있는데, 그것은 우편업무와 같은 공공사업의 경우이다. 우리나라에서도 전력, 수도사업, 우정사업 등의 공공부문에서 독점의 형태를 유지해 왔으며, 정부에 의해서 직접 운영되기도 한다. 외국의 경우에는 정부에 의한 독점시장의 불공정거래 문제가 사회적 논란이 되고 있다. 미국의 우편업무를 담당하고 있는 우정국(Post Master)은 특별우편을 취급하는 다른 민간회사들인 DHL, FedEx 및 UPS에서는 다루지 못하는 1등급(First Class) 우편을 독점적으로 취급하고 있다. 1등급 우편업무의 독점을 통해서 얻어지는 수익을 이용하여 다른 일반 우편업무에서 경쟁 민간회사들보다 낮은 가격을 제공함으로써 부당한 지위를 누리고 있다는 것이 비판되고 있다. 또한 "U.S. Mail"이라고 표시된 표준 우편함을 사용할 수 있는 독점적 권리도 누리고 있다(다른 민간회사들은 수취인 현관문 앞에 놓아 둘 수밖에 없다). 이러한 비판으로 인해 향후 우편업무에서 정부가 누리고 있는 독점적 지위를 없애는 방향으로 변화가 예상된다.

공공사업을 제외하고는 독점의 예를 찾아보기가 매우 어려운데, 공공사업이 아닌 독점의 예로는 다이아몬드를 생산해서 판매하는 회사인 De Beers

8 결과적으로 2001년 Microsoft사는 자신의 애플리케이션 인터페이스의 제3자 공유와 같은 조정을 택하게 된다.

■ 이 광고가 다른 광고들과 다른 이유는? 주9)에 답이 제시되어 있다.

의 경우를 들 수 있다. De Beers회사는 전 세계 다이아몬드 공급의 75% 이상을 점유하고 있으며, 다른 국가에서 생산되는 다이아몬드의 판매에도 영향력을 행사함으로써 실질적으로 독점적 지위를 누리고 있다. De Beers회사가 아직 전 세계 다이아몬드 시장에서 독점적 지위를 누릴 수 있는 것은 이 회사가 미국 회사가 아니라 남아프리카공화국(South Africa) 기업이기 때문이다.[9]

독점이 발생하는 이유는 시장에 진입장벽이 존재하기 때문이다. 진입장벽(barriers to entry)은 기술적 장벽과 제도적 장벽으로 나눌 수 있다. 기술적 장벽은 어느 기업이 뛰어난 기술을 보유하고 있어서 다른 기업들이 그 기업과 기술적 경쟁을 하기 어려울 때 나타난다. 한편, 제도적 장벽은 정부가 특허나 전매제도로 시장진입을 규제하여 독점을 발생시키는 경우이다. 예를 들어 우리나라 담배시장의 경우 전매제도에 의해 오랫동안 정부투자기관인 한국담배인삼공사(KT&G의 전신)가 담배와 인삼의 생산과 판매를 독점해 왔다.

그러나 자연스럽게 시장에서 가장 경쟁력이 강한 기업이 한 개만 살아 남는 경우도 있다. 즉 제품에 따라서 생산규모를 늘리면 늘릴수록 계속 단가, 즉 평균비용이 낮아지는 규모의 경제가 계속되는 경우가 있다. 따라서 경쟁이 지속되더라도 자연히 독점화 경향이 발생하는데 이러한 독점을 자연독점(natural monopoly)이라 한다.

자연독점은 대부분의 경우 공공부문에 해당되는 경우가 많다. 수도, 전기, 가스, 전화, 철도 등의 공공부문(public utilities)은 막대한 시설을 필요로 하기 때문이다. 예를 들어, 상수도 사업의 경우 물을 공급하기 위해서는 송수관 시설을 해야 한다. 만약 여러 업체가 경쟁을 한다면 이러한 송수관 시설에 대한 고정 비용을 각자 별도로 부담해야 할 것이다. 이 때 가장 수요자를 많이 확보한 업체가 가장 싼 가격에 공급할 수 있기 때문에 결국 규모가 작은 기업은 도산하고 가장 규모가 큰 업체만 살아 남아 자연독점이 이루어지게 된다. 또한 전력 사업 역시 마찬가지이다. 송전 시설은 대규모 시설투자를 필요로 하며 따라서 총고정비용이 전체 비용에서 차지하는 비중이 크다.

앞의 〈그림 3-1〉에서 평균고정비용이 직각쌍곡선임을 설명하였다. 시설이나 설비

9 De Beers의 다이아몬드 광고에는 다른 광고들과 다른 점이 있다. 바로 브랜드가 강조되어 표시되지 않는다는 점이다. 본 장에 제시된 De Beers의 팔찌(bracelet) 광고의 De Beers라는 글자는 실제의 5배 크기로 확대한 것이다.

등에 필요한 비용인 총고정비용은 생산량에 관계없이 일정하기 때문에 생산량이 클수록 평균고정비용은 감소한다. 생산량이 늘어날수록 평균고정비용이 감소하므로 고정비용의 비중이 가변비용에 비해 큰 산업은 생산량이 늘어날수록 평균비용도 감소하게 된다. 앞에서 나온 〈그림 3-2〉에서 보면 장기평균비용의 최저점인 Q^*의 생산규모를 갖는 기업이 평균생산비가 가장 적게 들어 가격을 가장 낮게 할 수 있으므로 경쟁력이 없는 기업들은 자연히 시장에서 퇴출되어 자연독점이 이루어진다.

우리나라의 경우, 경쟁을 통해서 자연독점이 된 경우보다는 자연독점의 가능성이 있는 산업을 독점적으로 정부가 운영한 경우가 대부분이다. 그 예로 전력 산업의 경우 한국전력(2001년 발전부문이 6개의 회사로 분할됨), 전화 통신산업의 한국통신(KT), 그리고 철도부문의 철도청(현재의 코레일) 등이다. 독점의 폐단을 최소화하기 위해 최근 이들을 민영화하거나 공사화(公社化)하고 있다.

독점기업의 생산과 가격결정

독점기업도 이윤극대화를 위해서 한계비용과 한계수입이 같아지는 수준까지 생산하는 것은 완전경쟁의 경우와 동일하다. 그런데 독점의 경우에 완전경쟁과 두드러지게 다른 것은 독점기업이 생산량을 늘리면, 이것이 곧 시장의 공급량에 그대로 반영되어 시장가격에 바로 영향을 준다는 것이다. 앞 절에서 완전경쟁시장에서 공급자는 가격순응자(price-taker)라고 했는데, 독점시장에서 공급자는 가격설정자(price-maker)가 된다.

독점기업의 생산량과 가격결정을 살펴보기 위해서 우리는 완전경쟁기업의 경우와 똑같은 순서로 답을 찾을 수 있다. 즉, 독점기업의 수요곡선을 생각하고, 그 수요곡선으로부터 한계수입을 찾아내고, 이윤극대화 원리인 한계비용이 한계수입과 같을 때까지 생산한다는 조건을 적용하여 생산량을 찾는 것이다.

그렇다면 독점기업이 마주하는 수요곡선은 어떤 모양이 될까? 완전경쟁의 경우 시장가격은 시장의 수요와 공급에 의해서 결정되기 때문에 개별 기업의 생산량은 시장가격에 아무런 영향을 미칠 수 없었다. 따라서 완전경쟁시장에 속한 기업은 시장가격에서 수평이 되는 개별 수요곡선을 마주하였다. 그러나 독점기업의 경우에는 그렇지 않다. 독점기업은 시장에서 유일한 기업이므로 시장수요곡선이 바로 독점기업의 수요곡선이 되고, 따라서 독점기업은 〈그림 3-6〉과 같이 우하향하는 수요곡선과 마주하게 된다.

이 점은 매우 중요한 점이다. 왜냐하면 우리는 흔히 독점시장의 상품에 대해서는 특별한 수요곡선이 존재할 것으로 생각하기 쉬운데, 독점시장의 상품도 수요의 법칙에 예외

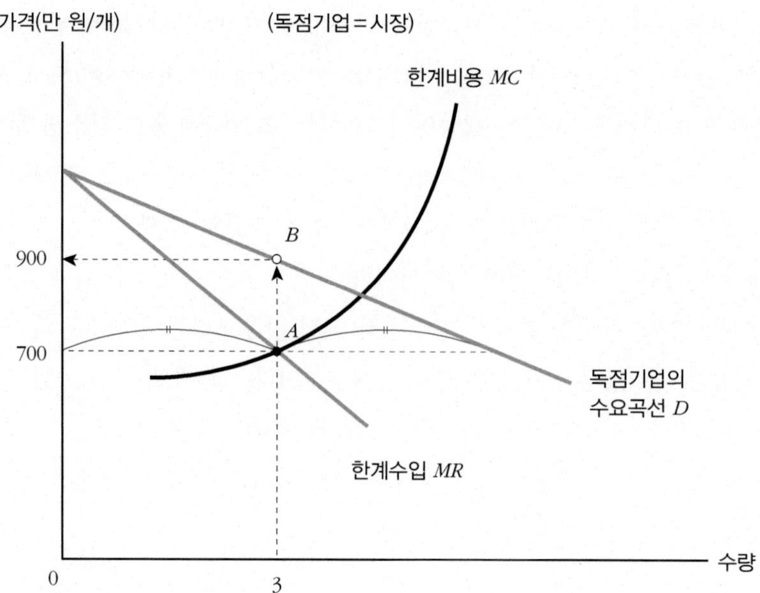

▲ 그림 3-6

독점기업의 생산량과 가격의 결정

독점기업은 이윤을 극대화하는 생산량(*MR*=*MC*인 지점)을 결정하고, 가격은 수요곡선(*D*)상으로 올라가 결정한다. 결과적으로 가격(*P*)은 항상 한계비용(*MC*)보다 높다.

는 아니기 때문에 우하향한다. 수요곡선의 모양을 결정하는 것은 독점인가 아닌가의 여부가 아니라 독점기업이 생산하는 상품과 얼마나 가까운 대체재가 존재하느냐의 여부이다. 가까운 대체재가 존재하면 독점기업은 탄력적인 수요곡선(즉, 특정한 가격 변화에 대해 완만한 기울기를 갖는 수요곡선)을 대하게 되고, 그렇지 않으면 비탄력적인 수요(즉 특정한 가격 변화에 대해 급격한 기울기를 갖는 수요곡선)를 대하게 된다.[10] 아무튼 대체재의 여부에 따라 수요의 가격 탄력성은 달라지겠지만 독점기업의 상품에 대한 수요곡선은 시장의 경우와 마찬가지로 우하향한다.

따라서 독점 기업이 공급량을 추가로 한 단위 더 늘리면, 시장가격이 떨어지게 되고 추가적인 수입인 한계수입은 시장가격보다 낮아지게 된다.[11] 그 이유는 생산량을 늘리게 되면 모든 상품을 이전보다 낮은 가격에 판매하여야 하기 때문이다. 숫자로 예를 들어 이

10 탄력성이 기울기와는 다르다는 것을 제2장에서 공부한 바 있다.

11 이를 수식으로 설명하면 다음과 같이 된다. 독점기업의 경우 가격은 생산량의 함수이므로(즉, $P(Q)$)

$$\text{한계수입}(MR) = \frac{\Delta \text{총수입}}{\Delta \text{생산}} = \frac{\Delta TR}{\Delta Q} = \frac{\Delta(P(Q)\cdot Q)}{\Delta Q} = P(Q) + P'(Q)\cdot Q$$

즉, 한계수입은 총수입을 생산량(Q)으로 미분한 것이다. 그런데 총수입은 $P(Q)\cdot Q$이므로 이를 Q로 미분하면 $P(Q)+P'(Q)\cdot Q$가 된다. 이때 마지막 항의 $P'(Q)\cdot Q$는 음수가 된다. 왜냐하면 Q는 생산량이므로 양수이고, $P'(Q)$는 음수이기 때문이다. 따라서 독점시장에서는 한계수입(MR)이 가격 P보다 작아지게 된다. 즉 $P>MR$.

해해보자. 어떤 독점기업이 이번 달 현재 월 2대의 기계를 생산하여 시장에 1,000만 원에 독점 공급하고 있다고 하자. 이 경우 이 독점기업의 판매수입은 2천만 원이다. 만약 이 독점기업이 다음 달에 한 대가 늘어난 3대를 팔려면 가격을 900만 원으로 낮추어야 한다고 하자(독점 기업도 우하향하는 수요곡선을 갖는다). 그럴 경우 다음 달 총 판매수입은 2,700만 원이 되지만 이 경우 추가적로 얻을 수 있는 수입의 증가분, 즉 한계수입은 700만 원으로 이는 시장가격 900만 원보다 낮다. 이는 종전에는 2대를 각각 천만 원에 팔았는데, 이제 한 대 더 팔기 위해서 가격을 대당 백만 원씩 낮아지기 때문에 한계수입(*MR*)은 가격보다 낮아지는 것이다.

이것을 그래프로 표시한 것이 〈그림 3-6〉이다. 이 그림에는 앞에서 설명한 것처럼 독점기업의 수요곡선이 우하향하는 모습으로 표시되어 있고(〈그림 3-4〉의 완전경쟁 하의 개별 기업의 수요곡선과 비교), 따라서 한계수입곡선(*MR*)은 수요곡선보다 아래에 위치하게 된다. 이처럼 독점기업이 마주하는 수요곡선이 우하향하기 때문에 한계수입(*MR*)은 가격(*P*)보다 항상 작다(〈표 3-1〉 참조).

(단위: 만 원/개, 만 원)

판매량 (Q)	가격 (P)	총수입 (TR)	한계수입 (MR)
1	1,100	1,100	1,100
2	1,000	2,000	900
3	900	2,700	700
4	800	3,200	500
5	700	3,500	300
6	600	3,600	100

▲ 표 3-1

독점기업의 가격과 한계수입 예

독점기업은 비록 시장의 유일한 공급자이지만, 그럼에도 불구하고 자신의 상품을 더 판매하기 위해서는 반드시 가격을 낮추어야 한다. 따라서 판매량 증가에 따른 추가적인 수입(한계수입)은 가격보다 낮아진다.

이제 우리는 독점기업의 생산량과 가격 결정을 이해할 수 있는 단계에 와 있다. 독점기업의 생산량과 가격결정은 앞에서 공부한 이윤극대화 원리로 설명할 수 있다. 완전경쟁시장에서 개별기업의 이윤극대화 원리는 독점기업에게도 그대로 적용될 수 있다. 즉, 이윤을 극대화하고자 하는 기업은 한계수입(*MR*)과 한계비용(*MC*)이 같은 수준까지 생산한다. 다만 완전경쟁기업과 독점기업간의 차이점은 전자의 경우 한계수입(*MR*)이 가격(*P*)과 같았지만, 독점기업의 경우 한계수입(*MR*)이 가격(*P*)보다 낮아진다는 점이다.

따라서 〈그림 3-6〉에서 처럼 독점기업은 2단계 방식으로 생산량과 가격을 결정한다. 우선 이윤을 극대화하는 생산량인 한계수입(*MR*)과 한계비용(*MC*)이 같아지는 지점(A점)에서 생산량을 결정한다. 이때 한계수입과 한계비용이 같으므로 이윤이 극대화된다. 그렇다면 다음 단계로 가격은 어떻게 결정할까? 독점기업은 가격설정자이므로 수요곡선상으로 올라가 가격을 결정한다(B점). 그 이유는 수요곡선이 바로 주어진 수량에 대해 소비자들이 기꺼이 지불하고자 하는 가격이므로 독점기업으로서는 이 가격을 받는 데 아무런 어려움이 없기 때문이다. 독점기업은 이와 같이 2단계 방식으로 생산량과 가격을 결정한다.

그렇다면 독점이 사회적으로 바람직하지 못한 것으로 평가되는 이유는 무엇일까? 즉 독점의 생산량과 가격 결정이 어떠한 경제적 의미를 갖는가를 평가하는 문제가 중요하다. 독점에 대해 평가하는 것은 우리가 독점을 공부하는 가장 중요한 이유이다.

독점의 평가

고가에 소량

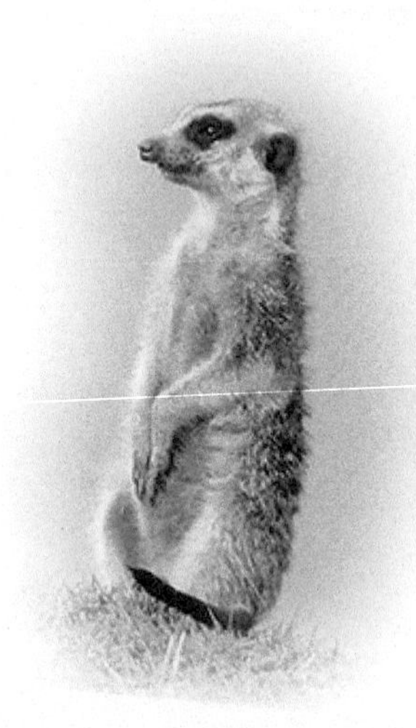

일반적으로 독점은 사회적으로 바람직하지 못한 것으로 인식되고 있다. 그 이유는 무엇인가? 흔히 어떤 산업이 독점화가 되면 독점으로 인해서 국민경제에 피해가 돌아가기 때문에 정부는 독점기업에 규제를 가한다. 우리나라는 1981년부터 「독점규제 및 공정거래에 관한 법률」(공정거래법)을 시행하고 있다. 이 법은 부당 가격결정, 생산과 판매의 조절, 그리고 다른 사업자의 활동을 방해하지 못하게 규제하는 내용을 담고 있다. 이 법을 토대로 하여 정부는 시장점유율이 큰 독과점기업을 시장 지배적 사업자로 지정하고 그들의 불공정거래를 감시한다.

이와 같이 정부가 독점을 규제하는 이유는 시장이 독점화되면 독점사업자는 이익을 볼 수 있으나 사회 전체적으로는 손실이 크기 때문이다. 그러면 구체적으로 어떤 이유에서 시장이 독점되면 사회 전체적으로 손실이 커지는가? 독점기업은 완전경쟁의 경우에 비해서 생산을 적게 하여, 그 결과 더 높은 가격을 받음으로써 독점 이익을 챙길 수 있다. 독점기업에서 적정 생산량에 비해 적은 양이 생산되기 때문에 사회적으로는 바람직하지 않다. 이러한 현상이 〈그림 3-7〉에 묘사되어 있다.

〈그림 3-7〉에는 앞에서 공부한 것과 마찬가지 방식으로 결정되는 독점기업의 생산량과 가격이 나타나 있다. 이 독점기업은 이윤을 극대화하기 위해 200개를 생산하고, 가격은 수요곡선상으로 올라가 개당 8만 원을 받을 수 있다. 이 때의 생산량과 가격이 적절

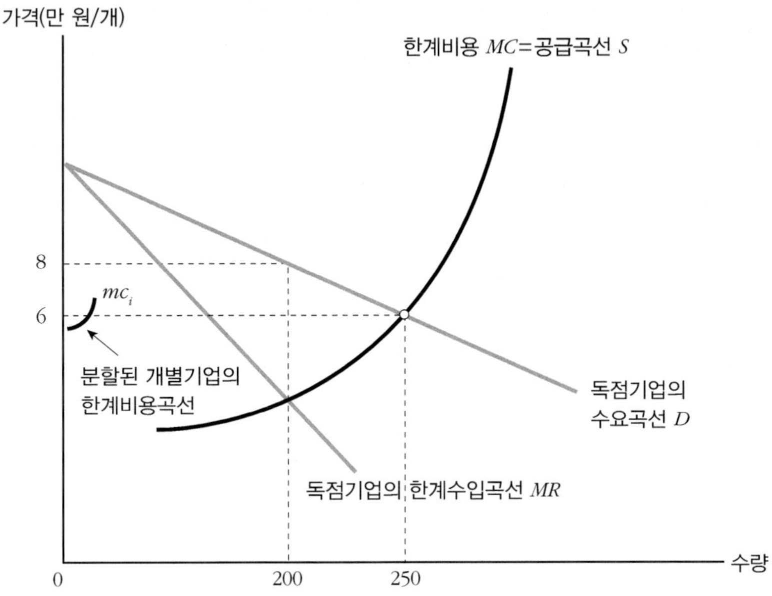

▲ 그림 3-7

독점에 따른 사회적 손실

독점기업은 완전경쟁시장과 비교하여 "고가(高價)에 소량(少量)"을 생산하고 또한 자신이 생산하는 상품생산에 지나치게 적은 자원을 배분함으로써 자원배분의 효율성을 떨어뜨린다.

한지 평가하기 위해서 독점시장이 완전경쟁시장으로 바뀌게 되면 어떻게 될까를 생각해 볼 수 있다. 즉, 만약 이 독점 시장이 완전경쟁시장이 된다면 독점기업이 생산하던 상품의 시장가격과 생산량은 어떻게 될 것인가?

독점의 경우 기업이 한 개만 존재하므로 시장수요곡선을 마주한다. 그러므로 독점기업의 수요곡선(D)은 완전경쟁시장이 되는 경우에도 시장전체의 수요곡선이 된다. 그리고 독점 기업의 한계비용곡선이 완전경쟁에서의 시장공급곡선에 해당하므로[12] 완전경쟁시장

12 이러한 실험은 독점이 존재하는 시장에서 정부가 독점기업을 무수히 많은 작은 기업으로 분할하라는 행정명령을 시행하는 것에 비유될 수 있다. 이 경우 만약 독점기업의 한계비용곡선(MC)이 완전경쟁시장에서의 공급곡선이라고 가정하면 시장수요곡선과 한계비용곡선이 교차하는 가격이 시장균형 가격이 되고 완전경쟁시장에서의 무수히 많은 개별기업들은 이 시장가격을 받아들여 자신의 한계비용과 같아질 때까지 생산하게 된다. 따라서 개별기업들의 한계비용(mc_i)을 수평으로 합한 것이 독점기업의 한계비용곡선이 된다면, 이와 같은 방식으로 결정된 개별기업의 생산량을 합한 것이 독점기업의 한계비용곡선으로 나타내지는 시장공급량과 일치하게 된다. 그러므로 독점기업의 한계비용곡선을 시장공급곡선이라는 가정은 모순이 되지 않는다. 여기서 한 가지 중요한 것은 작은 개별기업들의 한계비용들을 수평으로 합치면 독점기업의 한계비용이 된다는 가정이 독점이 갖는 비용상의 유리한 점을 반영하고 있지 않다는 것이다. 만약 작은 개별기업들보다 독점이 비용 상에서 유리하다면 분할된 개별기업들의 한계비용곡선은 독점기업의 한계비용곡선보다 위쪽에 위치하게 될 것이다(즉, 무수히 많은 개별 기업들의 한계비용들은 수평으로 합친 시장공급곡선이 원래의 한계비용곡선보다 위쪽에 위치하게 된다). 따라서 완전경쟁시장의 균형가격은 독점가격과 같아지게 되어 독점기업의 폐단인 높은 가격과 낮은 생산량이라는 특성은 크게 문제되지 않게 된다. 이러한 점은 독점을 평가할 때 독점이 가지는 비용 상의 장점도 함께 고려할 수밖에 없음을 뜻한다.

이 되는 경우 가격은 6만 원이 될 것이다. 그리고 생산량은 250개가 된다. 따라서 독점시장과 완전경쟁시장을 비교해 보면 독점시장에서는 완전경쟁시장의 수준보다 적은 양을 생산해서 보다 높은 가격에 판매하는 것을 알 수 있다. 독점의 첫 번째 폐해이다.

독점의 폐단인 '고가(高價)에 소량(小量)'(higher price, lower quantity) 문제는 독점 기업이 비용 면에서 가지는 장점이 클 경우 사라지게 된다. 시장이 여러 기업으로 분할될 경우 독점 기업이 일괄적으로 생산할 때보다 비용이 상승하게 된다면 경쟁시장에서 결정되는 시장가격이 독점 기업의 가격과 큰 차이가 없게 되고 생산량도 감소하게 된다. 따라서 독점의 '높은 가격과 낮은 생산량'이라는 폐단의 심각성은 독점이 생산비를 낮게 유지하는 경우 줄어들게 된다.

비효율적인 자원배분

독점이 갖는 더욱 중요한 폐단으로써 자원배분의 비효율성 문제가 자주 제기된다. 독점이 자원배분을 비효율적으로 한다는 주장의 정확한 의미는 무엇일까? 앞에서 공부한 완전경쟁시장은 자원배분이 가장 효율적으로 이루어지는 경우인데, 그 결과 소비자들이 원하는 상품이 원하는 만큼 생산될 수 있게 된다.

완전경쟁시장에서 자원배분이 효율적으로 이루어지는 것은 가격(P)과 한계비용(MC)을 비교함으로써 알 수 있었다. 즉 해당 상품에 대하여 소비자들이 갖는 가치인 가격(P)과 그 상품을 생산하기 위해서 포기한 다른 상품들의 가치인 한계비용(MC)이 같기 때문에 자원은 효율적으로 배분되고 있다고 설명했다.

독점의 경우는 어떨까? 앞의 〈그림 3-7〉에 나타나 있듯이 독점기업은 가격과 한계비용이 같아지는 점에서 생산하지 않는다. 독점의 경우 가격은 한계비용보다 높다. 다시 말하자면 독점기업이 생산하는 상품의 가치(P)가 그 상품을 생산하기 위해서 포기한 다른 상품들의 가치(MC)보다 높다. 즉,

$$P > MC$$

$$\left(\begin{array}{c}\text{해당}\\ \text{상품의 가치}\end{array}\right) > \left(\begin{array}{c}\text{포기한}\\ \text{다른 상품들의 가치}\end{array}\right)$$

상품의 가격이 한계비용보다 높다는 것은 소비자들이 독점기업이 생산하고 있는 상품을 더 원하고 있다는 의미이다. 그러나 독점기업은 독점이윤을 누리기 위해서 자신의

상품을 더 생산하지 않는다. 즉 독점기업은 자신의 상품생산에 지나치게 **적은** 자원을 배분하고 있는 것이다. 따라서 사회 전체적으로 볼 때, 자원배분이 효율적으로 이루어지고 있지 않게 된다. 독점기업의 상품이 **더 많이** 생산되도록 자원이 배분된다면 사회 전체의 후생은 증가될 수 있다.

이상과 같이 우리는 독점이 갖는 문제점을 평가하기 위하여 완전경쟁시장과 대비하였다. 바로 이 점이 완전경쟁시장은 현실에서 존재하지 않는 시장임에도 불구하고 우리가 완전경쟁시장을 공부하는 중요한 이유이다. 사실 우리가 앞에서 공부한 생산비 곡선 등 많은 내용들도 시장형태가 자원배분에 가져오는 영향을 이해하기 위한 것이었다고 할 수 있다.

그러나 독점의 사회적 비용은 이것 외에도 있다. 예를 들면 독점기업은 다른 기업과 가격경쟁을 할 필요가 없으므로 비용절감에 힘을 기울이지 않고, 따라서 경영을 방만하게 운영할 수 있다. 또한 그 비용을 독점기업은 가격에 반영시켜서 소비자에게 전가할 수 있으므로 독점기업의 입장에서는 손해볼 것 없으나 사회적으로는 낭비가 된다. 이러한 경영의 부실에 따른 비효율성을 라이벤스타인(Harvey Leibenstein, 1922~1994)은 X-비효율성(extra-inefficiency)이라고 불렀다. 이것은 기업이 경영합리화를 달성하지 못하여 높은 비용으로 생산할 경우에 발생하는 비효율성이다. 독점은 이러한 비효율성을 초래할 가능성이 높다.[13]

이 외에 정부에 의해서 독점권을 부여받을 경우에는 독점권을 획득하거나 유지하는데 비용이 발생한다. 독점적 이윤을 얻기 위한 로비 활동 등의 비용으로 인해서 결국 독점기업도 그 독점적 이윤이 다 소진될 것이고, 따라서 독점유지의 사회적 비용이 발생할 수 있다. 실제로 독점적이윤을 획득하거나 보호하는 데는 비용이 소요된다. 따라서 독점의 사회적 총비용은 심각한 문제를 초래할 수 있다.

독점의 사회적 비용은 효율성과 관련이 되는 것 이외에도 형평성을 악화시킨다. 즉 독점은 부의 편중을 심화시킬 수 있다. 그 밖에도 독점이 존재하면 소비자 선택의 자유(freedom of choice)가 줄어들어서 소비자 주권이 침해받을 수 있다. 사실 오늘날 대기업은 광고를 통해서 소비자의 선호를 창출함으로써 소비자의 주권이 독점기업에 의해서 조작되기도 한다. 또 독점은 민주적인 사회·정치질서의 형성에도 역행한다. 즉 독점기업이 많아질수록 정경유착현상이 심화되기 쉽고, 사회정치적 힘의 분산에 기여하기 어렵다.

그러나 독점이 사회적으로 나쁜 영향만을 미치는 것은 아니다. 국내 시장이 협소해서 자연 독점이 이루어진 경우에는 독점기업이 더 효율적으로 생산할 수도 있다. 오늘날과 같은 개방경제의 경우 국내 독점기업들은 해외 대기업들과 국내 시장에서 함께 경쟁해

13 Harvey Leibenstein은 우크라이나 태생의 유태계 미국인 경제학자이다. 반대로 X-효율성이란 비용곡선 자체를 낮추는 것을 의미한다.

야 하므로 국내 독점의 의미가 별로 없다. 따라서 외국의 대기업과 경쟁하기 위해서는 이러한 독점 대기업이 필요한 경우도 있을 수 있다.

한편 독점으로 인해서 기술혁신(innovation)이 활발하게 일어나지 않는다는 주장이 있다. 왜냐하면 이미 시장을 장악한 독점기업은 새로운 제품을 시장에 선보일 필요가 없기 때문이다. 우리나라에서 치약시장이 한 기업에 의해서 독점되던 시절에는 치약은 모두 흰색이어야 하는 것으로 생각되었다. 그러나 치약시장의 독점이 없어지고 나서는 갖가지 색깔과 종류의 치약이 등장했다. 이와 같이 독점은 기술혁신에 기여하지 못한다는 주장이 많다. 그러나 슘페터(J. Schumpeter)는 경제적 이윤을 얻지 못하는 기업들은 과감한 연구개발(R & D) 투자를 못하기 때문에 독점기업이 기술투자에 긍정적인 측면도 있다고 평가하였다. 왜냐하면 독점적 이윤을 얻을 수 있는 기업만이 막대한 투자가 소요되고, 실패의 확률이 높은 분야에 과감한 투자를 할 수 있으므로 오히려 독점이 기술혁신에는 긍정적인 효과를 가져올 수 있기 때문이다. 우리나라 반도체 산업에서 대규모 투자가 가능했던 것도 특정 기업이 막대한 초과이윤을 얻을 수 있었기 때문이라는 주장이다.

가격차별

시장지배력을 갖는 독점기업은 이윤을 더 증대시키기 위해서 가격차별화(price discrimination) 전략을 사용할 수 있다. 시장을 몇 개로 나눌 수 있다면 독점기업은 동일한 제품을 각 시장에서 서로 다른 가격으로 판매하여 보다 높은 이윤을 남길 수 있게 된다. 앞의 제2장에서 설명한 바와 같이 동일한 제품을 탄력성이 다른 시장으로 분할하여 판매하는 행위를 가격차별화라고 했는데, 독점기업은 시장지배력이 있으므로 시장을 분할하여 가격을 차별화함으로써 이익을 보다 높일 수 있다.

우리나라 자동차 회사가 외국 시장에서 같은 차종에 대하여 더 낮은 가격으로 판매가를 책정하는 경우가 이에 해당된다고 하겠다. 기업이 이렇게 같은 상품에 대하여 다른 가격을 책정하는 것은 나름의 이유가 있다. 국내 시장에 비하여 외국 시장에서 더 많은 경쟁자를 가지고 있고, 따라서 자신의 상품에 대한 소비자들의 가격탄력성이 높다. 따라서 기업들은 가격탄력성이 낮은 국내 시장에서 더 높은 가격을 매기고, 가격탄력성이 높은 외국 시장에서는 더 낮은 가격을 매김으로써 이윤을 극대화할 수 있다. 최근에는 미국 시장에서 한국산 자동차에 대한 선호가 높아지면서 가격탄력성이 낮아져 이러한 가격차별이 점차 줄어들고 있는 추세라고 한다.

이러한 가격차별화 전략이 성공하기 위해서는 앞에서 설명한 몇 가지 전제 조건이 수반되어야 한다. 이를 정리하면 첫째, 시장 분할이 가능하여야 하며, 각 시장에서 수요의 가격탄력성이 달라야 한다. 독점공급자는 시장을 분리하여 비탄력적인 시장에서는 종전보다 가격을 올려서 매출액을 증대시킨다. 둘째, 이렇게 시장분할을 통해 이익을 증대시키려면 시장지배력이 있어야 한다. 완전경쟁기업의 경우 경쟁기업의 존재로 인해 가격차별화가 어렵다. 셋째, 전매(轉賣)가 불가능해야 한다. 즉 싼 시장에서 물건을 구입하여 비싼 시장에서 판매하는 전매행위가 가능할 때에는 기업의 가격차별화 전략은 성공하지 못하게 된다.

독점적 경쟁시장과 과점시장

지금까지 시장유형의 양극단에 있는 완전경쟁시장과 독점시장의 이윤극대화 원리를 살펴보았다. 그리고 완전경쟁이 독점에 비해 바람직한 이유도 알아보았다. 그러나 현실에서 대부분의 시장은 이 양극단의 중간형태를 지닌다. 이 절에서는 현실에서 존재하는 독점적 경쟁시장과 과점시장에 대하여 살펴본다.

독점적 경쟁시장

독점적 경쟁시장의 특징

미용실, 식당, 목욕탕 등 시장점유율이 작은 다수의 기업들이 서로 밀접한 대체재를 생산하고 판매하는 시장활동을 **독점적 경쟁**(monopolistic competition)이라고 한다. 독점적 경쟁시장은 시장영향력을 크게 행사할 수 없을 만큼 참여 기업들의 시장점유율이 작고, 시장진입이 쉽다는 점에서 경쟁적 특성을 갖지만, 차별화된 상품을 공급한다는 면에서는 독점적이므로 독점적 경쟁이라고 부른다.

독점적 경쟁기업은 약간의 시장지배력은 가지고 있기 때문에 제한된 범위 내에서 가격결정권을 행사할 수 있다. 그러나 가까운 대체재가 많기 때문에 가격결정력은 제한적이다. 설렁탕집이 몰려 있는 골목의 경우 각 식당에서 제공되는 설렁탕은 서로 가까운 대체재이기 때문에 커다란 가격차이를 보기는 어렵지만, 깍두기가 맛있다든지, 국물맛이 좋다든지 하는 특색을 갖는 식당의 경우 손님들이 식사를 하기 위해 줄을 서기도 하고, 약간 높은 가격을 지불하기도 한다. 집 근처에 주유소가 여럿 있는 경우에도 특별히 자주 가게 되는 주요소가 있는 경우가 있다. 그 주유소의 종업원이 친절하거나 서비스가 좋으면 가격이 조금 비싸더라도 찾게 된다.

그러나 손님들의 충성심(loyaty)의 정도는 그렇게 높지 않다. 아무리 특색이 있다해도 가까운 대체재가 다수 존재하기 때문에 가격이 지나치게 높을 경우 손님을 잃게 된다. 따라서 독점적 경쟁시장 기업의 경우 〈그림 3-8〉에 나타나 있듯이 매우 완만하게 우하향하는 수요곡선을 마주한다. 즉 독점적 경쟁기업이 가격을 변화시키는 경우 자신의 상품에 대한 수요량의 변화는 비교적 크게 나타난다.

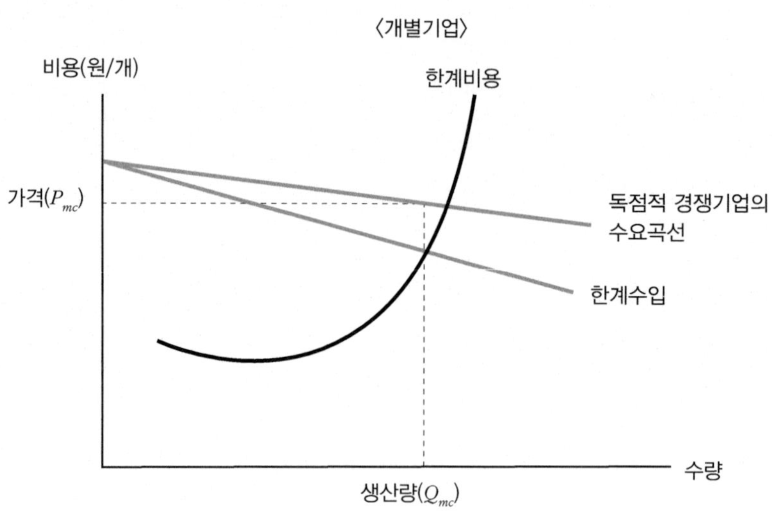

▲ 그림 3-8

독점적 경쟁기업의 생산량과 가격결정

독점적 경쟁기업은 제한된 가격지배력을 갖는다. 자신의 상품의 특성화로 가격을 어느 정도 통제할 수 있지만, 가까운 대체재가 다수 존재하기 때문에 가격통제력은 제한된다. 따라서 독점적 경쟁기업은 완만하지만 우하향하는 수요곡선을 마주하게 되고, 생산량과 가격결정도 독점기업과 마찬가지로 2단계 방식에 의해서 결정된다. 그러나 독점기업과는 달리 시장지배력이 제한적이기 때문에 자원배분의 비효율성 문제도 독점에 비해서는 미미하다.

우하향하는 수요곡선은 독점적 경쟁기업으로 하여금 독점기업과 마찬가지로 2단계 방식으로 생산량과 가격을 결정하도록 한다. 즉 한계수입(*MR*)과 한계비용(*MC*)이 같아지는 지점에서 생산하고, 가격은 수요곡선상으로 올라가 결정한다.

그러므로 독점적 경쟁기업의 경우에도 독점적 경쟁기업이 생산하는 상품의 가격(*P*)이 한계비용(*MC*)보다 크기 때문에 자원배분의 비효율성 문제가 존재한다. 그러나 독점적 경쟁기업의 경우 그 차이가 크지 않기 때문에 자원배분의 비효율성 문제는 크지 않다. 독점적 경쟁기업이 갖는 약간의 가격통제력은 상품의 특성화를 도모할 수 있게 해주는 셈이다. 깍두기가 맛있는 설렁탕집이나, 미소로 맞아주는 주유소가 존재한다는 것은 좋은 일이다.

비가격경쟁

독점적 경쟁시장에 있는 기업은 자신의 상품에 대한 가격통제력을 행사하기 위하여 여러 가지 비가격경쟁(non-price discrimination) 수단을 사용한다. 설렁탕 집에서 주변 회사 사무실에 광고전단을 돌린다든지, 식당을 찾는 손님들에게 라이터를 선물한다든지 하는 것들도 모두 이러한 목적에서 사용되는 방법들이다. 대학가에 많이 있는 '카페라떼' 커피점들의 경우에 일정한 구매를 했을 경우 공짜 커피를 제공하는 마일리지 방식 등도 이러한 비가격경쟁의 예이다.

독점적 경쟁시장에 있는 기업이 사용하는 가장 대표적인 비가격경쟁 수단이 광고이다. 독점적 경쟁시장에서는 기업은 자신의 상품과 다른 업체의 상품이 차별화되어 있다는 것을 인식시키기 위하여 광고와 같은 비가격경쟁(non-price competition) 전략에 많이 의존한다. 완전경쟁기업은 이론적으로 동질의 재화를 생산하므로 광고를 할 필요가 없고, 독점기업도 자기제품만이 시장에 있으므로 광고에 주력하지 않는다. 그러나 독점적 경쟁기업은 광고를 통해 자기 제품이 다른 제품보다 우수함을 알리는 것이 중요하므로 비가격경쟁이 치열할 수밖에 없다. 이러한 지출은 전체 생산비를 증가시킨다. 그러나 모든 기업들이 광고를 하게 되면, 개별기업의 수요 자체에는 아무런 변화가 없게 된다. 광고비의 지출로 자신의 상품에 대한 수요가 늘어나도, 곧 다른 기업의 광고로 그 수요 증가가 상쇄될 수 있기 때문이다. 그렇다고 자신이 먼저 광고를 중단할 수도 없다. 따라서 광고비의 지출은 아무런 수요 증가의 효과 없이 생산비만 증가하게 된다. 즉, 광고에 사용된 자원은 생산적인 효과를 가져오지 못하게 되고, 따라서 경제적 의미에서는 광고는 '낭비'이다. 이처럼 광고는 완전경쟁 시장을 갖지 못했기 때문에 발생하는 사회적 비용인 셈이다. 그러나 독점적 경쟁기업의 광고를 통한 정보제공은 소비자들에게 선택의 여지를 준다는 긍정적인 면도 있다.

과점시장

과점시장의 특성

과점(寡占, oligopoly)은 대체재가 거의 없는 시장에서 2개 이상 소수의 기업이 존재하며 각 기업은 상당한 시장점유율을 갖고 있어서 한 기업의 의사결정이 시장에 영향을 줄 수 있는 시장의 형태이다. 현실에서 과점시장의 예를 흔히 볼 수 있다. 철강, 반도체, 전자제품 및 자동차 시장 등은 과점시장의 대표적인 경우이다. 이 산업들은 소수의 기업들이 경쟁관계 하에서 서로의 경영전략에 상호 영향을 받는다.

이러한 경쟁 관계는 과점 기업들에게는 언제나 어려움으로 작용하게 되고, 따라서 과점 기업들은 은밀히 서로 담합하여 시장에서 독점기업처럼 영향력을 행사하고자 하는 동기가 크다. 과점 기업들이 가격담합을 하지 않는다면 완전경쟁처럼 가격은 낮게 유지될 수 있으나 가격담합을 하면 독점기업처럼 가격이 높게 된다. 이와 같이 현실에서 과점시장의 가격 설정은 기업간 담합의 정도에 따라 달라지므로 이론적으로 예측하기 매우 어렵다.

과점시장 내의 기업들은 소수의 기업만이 존재하는 데서 오는 높은 상호의존성(mutual inter-dependency)은 과점시장에서 여러 가지 특성을 만들어 내는데, 우선 가격의 경직성을 들 수 있다. 소수의 기업이 서로 상대방의 행동을 의식하고 있을 때, 만약에 한 기업이 가격을 올리게 되면, 다른 기업들은 가격을 그대로 유지하여 가격을 올린 기업의 시장점유를 차지할 수 있다. 반대로 한 기업이 가격을 내리면, 이번에는 다른 기업들이 시장점유율을 잃지 않기 위하여 모두 가격을 내리지 않을 수 없다. 따라서 과점시장에서는 가격변화를 통한 경영전략이 효과를 가져 오기 어렵다. 코카콜라와 펩시콜라의 가격이 서로 비슷한 이유이다.

그렇기 때문에 과점 기업들은 독점적 경쟁기업보다도 더 비가격경쟁에 의존하게 된다. 과점시장의 기업들이 막대한 규모의 광고비를 지출하는 이유이다. 앞에서 설명하였듯이, 모든 기업들이 같은 규모의 광고를 하게 되는 경우, 결국 어느 기업도 더 큰 시장점유율을 차지할 수 없게 되어 광고는 생산적이지 못하게 된다. 그러나 과점 기업들이 비가격 경쟁으로 제품 기술 개발에 더 많은 투자를 하게 되는 경우가 있다. 이럴 경우, 제품의 품질이 높아지고 소비자들에게 그 혜택이 돌아갈 수 있다. 예를 들어, 세탁기 제품에서 새로운 방식의 기술이 개발되기도 하고, 삼성과 애플이 경쟁하면서 더 성능이 우수한 제품들이 더 빠르게 소비자에게 제공되기도 한다.

담합

과점시장에서는 시장에 참여하는 기업들이 서로 담합(collusion)하려는 유혹이 크다. 과점기업들이 담합하게 되면 독점기업처럼 시장을 지배할 수 있기 때문이다. 담합은 독점과 같은 결과를 가져오기 때문에 독점과 같은 폐해를 낳는다. 그래서 대부분의 나라에서 담합은 법으로 금지되어 있다.

그러나 국제적으로 담합이 합법적인 경우가 있다. 이를 카르텔(cartel)이라고 부른다. 국제적 수준에서 담합의 가장 대표적인 예는 국제 석유시장의 석유공급자들의 담합체인 석유수출국기구(OPEC)를 들 수 있다. 그러나 이러한 담합이 성공적으로 유지되기 위해서는 회원들이 상호간 협약을 준수하는 것이 무엇보다도 중요하다. 성공적으로 담합하여 생산량을 줄일 수 있게 되면 독점과 마찬가지로 시장 지배력을 갖기 때문이다. 그러나 만약 모든 회원들이 협약을 준수하고 있는데 한 회원만이 비밀리에 협약을 위반하여 자신에게 할당된 쿼터보다 더 많은 석유를 생산한다면 위반하는 회원의 이윤이 보다 커지게 된다. 따라서 담합기업들은 항상 위반하고자 하는 유혹이 있게 된다. 결국 모든 회원들이 위반하게 되면 담합은 깨지게 된다. 그러므로 담합의 성공은 회원들이 협약을 얼마나 잘 준수하는지에 달려 있다. 따라서 협약 위반에 대한 감시와 제재를 잘 하는 것이 담합의 성공조건이 된다.

■ OPEC 로고

그러나 회원들이 협약을 잘 지키는지 관리하는 것이 실제적으로 매우 어렵다. 따라서 담합은 공급업체들의 입장에서 서로에게 보다 높은 이윤을 가져올 수 있음에도 불구하고 현실적으로 담합이 성공하기 어렵다. 이와 같이 담합기업들의 힘을 약화시키는 가장 효과적인 방법은 외부에 있는 것이 아니라 바로 내부에 존재하는 회원 기업간에 '속이려는 동기'(incentive to cheat)이다. 다행스럽게도 이러한 동기가 담합의 힘으로부터 소비자를 보호해 줄 수 있는 가장 효과적인 수단이 된다. 그래서 OPEC은 1970년대 이후 몇 번의 예외를 제외하고는 최근까지 국제석유시장에서 큰 힘을 발휘하지 못해 왔다. 그러나 시간이 지나면서 OPEC은 이러한 문제점으로부터의 학습효과를 통하여 점진적으로 세계 석유시장에 대한 영향력을 높여가고 있다.

과점시장과 게임이론

과점시장을 설명하는 이론 중 가장 각광을 받는 이론이 게임이론(game theory)이다. 과점시장은 경쟁기업이 소수이기 때문에 이는 도박이나 바둑 등과 유사한 특징을 지닌다. 즉 상대방의 대응을 염두에 두면서 전략을 세워나가야 한다. 이러한 게임의 논리를 이용하여 과점시장에서의 기업의 행동을 설명할 수 있다. 게임이론의 개념을 설명하기 위해서 유명한 '죄수의 딜레마'(prisoners' dilema)를 살펴보자.

구 소련 치하에서 첩보 활동을 하던 두 사람, 고르바노프(죄수A)와 안티오노프(죄수B)가 어느날 비밀경찰(KGB)에 의해서 체포되어 각각 별도의 감방에 수감되었다. KGB가 죄수 A에게 제안하기를 죄수 B의 범죄사실을 증언하면 죄수 B에게 죄가 돌아가게 되어 중형(사형)에 처하게 되지만, 죄수 A 자신은 석방시켜 주겠다고 하였다. 그러나 만약 죄수 B도 이러한 회유에 넘어가 죄수 A의 첩보활동 사실을 KGB에게 털어놓게 되면 둘 다 첩보활동을 한 것이 인정되어 두 사람 모두 노동캠프에서 20년간 유배된다.

반면에, 둘 다 상대방이 신의를 지킬 것을 믿고 첩보활동 사실을 인정하지 않는다면, 두 사람은 중형을 받지 않고 각기 5년의 실형만 살면 된다. 그러나 만약 두 사람 중 한 사람은 신의를 지켜 상대방의 첩보활동 사실을 감싸주었는데 다른 한 사람이 KGB의 꼬임에 빠져 상대방을 배반하면, 배반한 사람은 석방되지만, 배반당한 사람은 사형을 받게 된다.

자신의 감방에서 깊은 생각에 잠긴 죄수 A는 죄수 B가 신의를 지킬지 아니면 배반할지를 생각한다. 다음과 같은 생각을 해 본 죄수 A는 죄수 B가 어떤 선택을 하든지 자신은 배반하는 쪽을 택하는 것이 더 가벼운 형량을 받게 된다는 것을 알게 된다. 죄수 A의 입장에서 보면 죄수 B가 신의를 지키는 경우에 자신도 신의를 지키면 둘이 함께 5년간 감옥에 있게 되지만 자신이 배반하면 죄수 B는 사형을 당하고 자신은 석방된다. 그러므로 죄수 B

가 신의를 지킨다고 가정하는 경우, 자신은 배반하는 쪽이 더 유리하다. 다음으로 죄수 B가 배반하는 경우를 생각해 보자. 만약 A 자신이 신의를 지키면 죄수 B는 석방되지만 자신은 사형을 당하고, 자신도 배반하면 둘이서 함께 20년 유배생활을 하게 된다. 그러므로 이 경우에도 자신은 배반하는 쪽이 더 유리하다는 결론을 내린다. 한편 죄수 B도 마찬가지 결론을 내리게 되어, 결국 두 사람은 서로 배반하게 되고 함께 20년의 유배생활을 하게 된다. 두 사람이 서로 믿고 신의를 지켰다면 둘 다 5년만 고생하면 되었을 것이다. 여기서 상대방이 신의를 지키든 배반을 하든 자신은 배반하는 것이 더 유리한 결과를 가져다 준다고 판단하기 때문에, 서로 신의를 지키면 더 나은 결과를 가져올 수 있음에도 불구하고 항상 더 열등한 결과가 나타날 수밖에 없다. 이러한 현상을 '죄수의 딜레마'라고 부른다.

이 경우를 게임이론으로 설명하면 두 사람은 신의를 지키기 위해 범죄행위를 부인할 것인가, 아니면 자백하여 배반할 것인가, 두 가지 전략 중에서 하나를 선택하는 문제에 해당된다. 각각의 선택에 대한 보수(pay off)를 표로 나타내면 〈표 3-2〉와 같다. 괄호 안의 앞 숫자는 죄수 A에게 돌아가는 형량이고, 뒤 숫자는 죄수 B에게 돌아가는 형량이다. 이러한 표를 보수행렬이라고 한다. 이 보수행렬에서 두 죄인에게 가장 바람직한 결과는 둘 다 신의를 지키는 것이다. 그런데 이 두 사람을 격리시켜 놓을 경우 이 두 사람의 선택은 둘 다 '배반'이 된다. 게임이론에서는 모든 경기자가 최종적으로 선택할 것으로 예상되는 전략조합 결과를 해(sollution)라고 한다. 그리고, 상대방이 어떤 전략을 취하든지 최적인 전략이 되는 것은 '지배적 전략해'라고 한다. 이 게임에서 지배적 전략해는 두 사람이 모두 '배반'하는 것이다. 그런데 이 지배적 전략해가 항상 가장 바람직한 결과를 낳는 것은 아니다.

죄수의 딜레마에서 두 사람이 서로 신의를 지키는 경우를 '협력적 결과'(cooperative outcome)라고 부른다. 이런 결과를 얻기 위해서는 두 사람이 사전에 서로 협력하기로 마음을 먹어야 하기 때문이다. 반대로 두 사람이 모두 배반하는 경우를 '비협력적 결과'(noncooperative outcome)라고 한다. 위의 예에서 '협력적 결과'가 '비협력적 결과'보다 두

		죄수B	
		신의를 지킨다	배반한다
죄수A	신의를 지킨다	(5년, 5년)	(사형, 석방)
	배반한다	(석방, 사형)	(20년, 20년)

▲ 표 3-2

죄수의 딜레마

죄수 A와 B는 서로 신의를 지키는 경우 가장 낮은 형벌을 받을 수 있지만 서로 배반하는 쪽을 택함으로써 더 무거운 형벌을 받게 된다.

사람 모두에게 더 나은 결과를 가져오지만 서로 사전에 약속이 되어 있지 않거나 서로 상의를 하지 못하면, 두 사람은 '비협력적 결과'를 선택하게 되는 것이다. 수학자이며 경제학자인 존 내쉬(John Nash, 1928~2015)는 이러한 상태를 '비협력적 균형' — 내쉬균형, 즉 각 참여자가 상대방의 전략을 주어진 것으로 보고 자신에게 최적인 전략을 선택할 때 그 결과가 균형[14]을 이루는 상태—이라고 정의하였는데, 즉 이 경우 두 사람 모두 어느 한 쪽이 먼저 자신의 선택을 변경하기 어렵기 때문에 일종의 균형 상태가 된다(내쉬의 일생을 영화화한 작품이 2001년도 '*A Beautiful Mind*'이다; Russell Crowe 주연).

이와 유사한 현상은 과점기업의 경쟁이나 무역 등 경제의 여러 분야에서 발견된다. 이와 비슷한 상황이 발생할 수 있는 예를 광고 경쟁을 가지고 설명해 보자. 흔히 과점기업들은 광고경쟁을 하게 된다. 광고비를 지출하지 않으면 경쟁기업에게 이길 수 없기 때문에 과점기업들은 광고비에 많은 돈을 지출한다. 그러나 상대방 기업 역시 똑같은 이유로 광고를 하기 때문에 광고효과가 줄어 든다.

이 광고 문제의 경우에 다음과 같은 예를 생각해 볼 수 있다. 어느 주류(酒類) 시장에 두 과점기업이 존재한다고 가정하자. 〈표 3-3〉에 표시된 가정에 따르면 두 기업이 모두 광고를 하지 않으면 한 해에 7억 원의 순이익을 낼 수 있다. 그런데 두 기업이 모두 광고를 할 경우에 판매에는 변함이 없고, 광고비만 연간 3억 원이 소요되므로 순이익이 4억 원으로 줄어든다고 가정하자. 반면에 한 기업은 광고를 하고 다른 기업은 광고를 하지 않을 경우에는 광고를 한 기업에 고객이 몰려서 광고를 많이 한 기업은 9억 원의 순이익을 낼 수 있는 반면에 광고를 안 한 기업은 2억 원밖에 순이익을 내지 못한다.

이러한 상황, 즉 보수행렬이 주어질 경우 앞에서 설명한 죄수의 딜레마와 같은 결과를 가져온다. 즉 기업 B가 광고를 안 할 경우, 기업 A는 광고를 하면 9억 원의 순이익이

		기 업 B	
		광고 안 함	광고함
기 업 A	광고 안 함	(7억 원, 7억 원)	(2억 원, 9억 원)
	광고함	(9억 원, 2억 원)	(4억 원, 4억 원)

▲ 표 3-3

광고전(廣告戰)의 보수행렬(순이익)

과점기업의 경우 광고전에 뛰어들지 않을 수 없다.

14 앞에서 물리학에서 '균형'(an equilibrium)은 진자가 가장 낮은 위치에 와 있을 때처럼 외부의 힘이 가해지지 않으면 현재의 상태를 유지하고자 하는 상태를 의미한다고 설명하였다(John B. Taylor, 4th ed., Boston: Houghton Mifflin Company, 2004, p. 283).

발생되므로 광고를 안 할 때(7억 원 순이익)보다 유리하다. 기업 B가 광고를 할 경우에도 역시 기업 A의 입장에서는 광고를 하는 것이 4억 원의 순이익이 발생해 광고를 하지 않는 경우(2억 원의 순이익이 발생)보다 더 큰 순이익이 발생한다. 따라서 기업 A의 입장에서는 기업 B가 어떤 선택을 하더라도 자신은 광고를 하는 것이 유리하다는 이기적인 결과에 도달하게 된다. 두 기업은 광고비에 지출을 할 수밖에 없고, 결국 최적의 결과에 이르지 못한다. 지금까지 가장 간단한 게임이론을 설명하였다. 이러한 게임이론은 앞에서 설명한 과점시장의 기업 의사결정을 설명하는 데 유용하게 사용되고 있다. 즉 과점시장의 기업들은 기업의 숫자가 적기 때문에 죄수의 딜레마처럼 상대방의 행동이 어떻게 나타날 것인가를 전제로 자신의 의사결정을 내린다.

이 게임에서 두 당사자가 서로 상의를 할 수 있다고 가정하면 어떻게 될까? 당연히 두 당사자들은 상호 합의 하에 광고를 하지 않는 편이 더 유리할 것이다. 또는 이 두 당사자가 사전에 서로 합의는 못한다고 할지라도 여러 번 반복하면 어떻게 될까? 아마 처음 몇 번은 둘 다 광고를 많이 하겠지만, 이것이 서로에게 손해가 된다는 것을 알게 된 후에는 자발적으로 광고를 하지 않는 선택을 할 가능성도 있을 것이다. 이와 같이 죄수의 딜레마 상황은 게임의 양 당사자가 서로 협력할 수 없거나, 또는 게임이 일회적일 경우에 성립된다.

그렇다면 현실적으로 과점 기업간에 협상할 수 있는 가능성이 높은가 아니면 협상하지 못할 가능성이 높을까? 물론 협상 가능성이 더 높다. 그런데 문제는 신뢰가 있느냐는 것이다. 즉 협상의 결과를 양당사자가 다 지킨다면 서로 협상을 통해 최적의 상황을 선택할 것이다. 그런데 협상을 통해 광고를 서로 자제하기로 약속한 후에 한쪽이 서서히 그 약속을 어기면, 어기는 쪽이 더 큰 이익을 얻게 된다. 따라서 이 협상이 지켜지기 위해서는 신뢰가 필요하다. 최근에 후쿠야마(Fukuyama) 교수가 그의 저서 「트러스트」(Trust, 1996)에서 신뢰를 '사회적 자산'이라고 설명했는데, 이 죄인의 딜레마는 신뢰가 사회적 자산이 될 수 있음을 설명해 준다.

또 이러한 게임이 반복되는 경우가 많을까, 아니면 일회에 그치는 경우가 많을까? 과점 기업의 경우에는 반복의 경우가 많지만 의외로 실제 경제에는 일회적 거래가 많다. 특히 사회적 분화가 별로 안 된 작은 사회에서는 서로 아는 사람끼리 거래가 일어나므로 반복거래가 중요해서, 단골을 만들고, 당장의 높은 이익보다 다음의 거래를 위해서 바가지를 씌우지 않는다. 그러나 사회가 분화되어 갈수록, 서로 모르는 사람끼리 거래할 일이 많아지면서 일회성 거래가 많아져서 이러한 죄수의 딜레마가 발생할 수 있는 거래가 늘어난다. 이 죄수의 딜레마는 양육강식의 사회를 그대로 두면 서로 자기의 이익을 극대화하는 선택을 통해 나쁜 결과를 가져온다는 예로 사용되기도 한다.

■ Francis Fukuyama (1952~)

시장경제와 경제민주화

우리는 많은 수의 기업들이 시장 안에서 자유롭게 경쟁할 때 소비자가 원하는 상품들이 원활하게 공급될 수 있음을 이해하였다. 소수 또는 하나의 기업이 시장에 대하여 영향력을 가지는 경우, 그 기업(들)은 생산량을 줄이고 가격을 높게 유지함으로써 독점가의 이윤을 차지하려는 유인을 가진다. 그렇게 될 경우, 소비자들이 원하는 상품들이 시장 안에서 원활하게 공급되지 못하게 되고, 결국 그러한 상품을 생산하는 곳에 배분되어야 할 자원이 충분히 배분되지 못함으로써 자원배분의 효율성은 보장되지 못한다. 이러한 이유에서 독점의 폐단을 없애기 위한 공정거래질서의 확립이 중요하게 여겨져 왔다.

최근 우리 사회에서 중요한 이슈로 등장한 '경제민주화' 논의도 대기업 내지는 시장지배력을 가진 기업이나 기관들이 독점적 지위를 누리며 그렇지 못한 중소기업 또는 영세 상인들의 자유로운 경제활동을 제한하고 있다는 점에서 시장의 기능을 제한하는 측면이 있다. 대기업 대형할인마트들이 무분별하게 지역 상권의 설 자리를 없애고, 네이버가 인터넷 포털 시장에서 가지는 독점적 지위로 인하여 중소 상인들이 불이익을 받고 있다는 주장, 그리고 대기업들의 부당한 하청관계 등 많은 문제점들이 지적되고 있다. 정부와 정치권도 이러한 여론을 의식하고 경제민주화 관련 법안들을 추진하고 있다. 그러나 대기업과 시장지배력을 소유한 주체들은 오히려 정부의 시장 개입이 자율적인 시장경제 질서에 반하는 것이라며 불만을 드러내고 있다.

본 장에서의 시장유형에 대한 논의를 토대로 볼 때, 경제민주화 문제에 대해서 우리는 어떤 시각으로 접근하여야 할 것인가? 지나친 독과점은 분명 시장에 대한 불공정한 지배력을 가지게 함으로써 시장의 자원배분의 효율성 기능을 훼손시킨다. 따라서 더 많은 시장참여자들이 자유롭게 경쟁할 수 있는 여건을 마련하는 것은 대단히 중요한 일이다. 정부와 사회도 이러한 문제점을 깊이 인식하고 여러 가지 개선 방안들을 제시하고 있다. 그러나 이러한 개선 방안들이 실질적인 효과를 가져 오지 못하고 있다는 지적도 많다.

경제력 집중이 가져오는 폐단은 대단히 크

다. 그러나 경제민주화의 이름으로 정부가 인위적인 규제를 통해 자칫 기업들의 시장경제 활동을 제한하여 경제 전체에 부정적인 영향을 가져오는 것은 바람직하지 않을 것이다. 중요한 것은 우리 사회가 필요로 하는 사회적 약자에 대한 배려 차원에서뿐만 아니라 장기적으로 시장경제의 활력을 유지하고 효율성을 높이기 위해서는 시장의 경쟁적 요소를 확립하는 것이 반드시 필요하다는 사회적 인식이 마련되어야 한다는 점이다.

생각하기

시장경제의 활력을 유지하고 효율성을 높이기 위해서는 시장의 경쟁적 요소를 확립하는 것이 반드시 필요하다는 사회적 인식이 마련되어야 한다.

SUMMARY

시장의 형태는 시장 안에 존재하는 기업의 수에 따라 완전경쟁시장, 독점적 경쟁시장, 과점시장 그리고 독점시장으로 나눌 수 있다. 완전경쟁시장은 개별 기업이 시장에서 결정된 가격을 수취하기 때문에 시장에 대하여 아무런 영향력을 행사하지 못함으로써 시장은 소비자들이 원하는 상품을 충분히 공급할 수 있게 해준다. 반면에 독점은 스스로 가격을 정하여 자신의 이익을 극대화하는 생산량과 가격을 결정하는데, 그 결과 자신의 상품을 충분히 시장에 공급하지 않게 된다. 소비자들이 독점기업의 상품을 더 원함에도 불구하고 자원은 그 재화의 생산에 배분되지 않는다. 따라서 독점시장은 자원배분의 효율성을 이루지 못한다. 그러나 기업의 시장에 대한 지배력이 어느 정도 존재하는 것은 기업으로 하여금 더 나은 상품을 시장에 내놓음으로써 더 큰 시장 점유율을 확보하려 하는 유인을 제공하기도 한다.

KEY TERMS

의무휴업일	경제민주화	corporalis
창조적 파괴	기업가 정신	생산비
기회비용	평균비용	한계비용
단기 대 장기	수확체감의 법칙	포락선
규모의 경제와 비경제	완전경쟁시장	가격순응자
이윤극대화	한계수입	자원배분 효율성
독점	자연독점	가격결정자
X-비효율성	가격차별	독점적 경쟁시장
비가격경쟁	광고	과점
담합	상호의존성	게임이론
죄수의 딜레마	내쉬균형	신뢰

QUESTIONS

1. 기업의 생산비에서 평균비용과 한계비용을 비교·설명하시오.

2. 수확체감의 법칙을 설명하시오.

3. 규모의 경제와 규모의 비경제를 장기평균비용곡선과 함께 설명하시오.

4. 완전경쟁시장이 성립하기 위한 조건은 무엇인가?

5. 기업의 이윤극대화 조건을 보이시오(완전경쟁시장과 독점시장을 비교).

6. 자연독점이란 무엇인지 설명하시오.

7. 독점적 경쟁시장과 과점시장을 비교·설명하시오.

8. '죄수의 딜레마'현상에 대해 설명하시오.

EXERCISES

1. [정 또는 오]: 여러분이 친한 친구와 함께 둘이서 겨울방학을 이용하여 '붕어빵 장사'를 했다고 하자. 붕어빵 기계를 구입하는 비용을 포함하여 재료비 등 모든 경비가 50만 원이 들었다. 방학이 끝난 후 결산을 해보니 붕어빵을 판 총수입이 100만 원이었다. 여러분은 50만 원의 이윤을 낸 셈이다(그런데 다른 친구 두 명은 똑같은 비용을 들여 '황금잉어빵' 장사를 했고, 총수입이 200만 원이었다. 이러한 사실을 알고 난 뒤 여러분의 기분은 어떠했겠는가?).

2. [정 또는 오]: 길모퉁이 가게를 소유한 어느 부부가 그 가게를 이용해서 팬시점을 운영하기로 결정하였다. 지난 한 달 동안 상품대금, 전기료, 세금 등의 모든 경비로 500만 원이 지출되었는데, 총수입은 700만 원이었다. 지난 달 이 부부는 200만 원의 이윤을 본 셈이다. 이유는?

3. 추신수 선수의 이번 시즌 오늘까지의 타율이 3할 2푼이라고 하자. 만약 오늘 경기에서 3할 5푼을 기록한다면, 추신수 선수의 평균타율은 어떻게 되겠는가? 만약 오늘 경기에서 타율이 3할이라면? 평균과 한계의 관계는?

4. 어느 항공사가 제주도로 가는 항공기가 출발하기 직전에 미리 항공권을 예매하지 않은 승객을 추가로 탑승시키는 비용과 추가적인 수입은 각각 무엇과 같은가? 여러분이 항공사 경영진이라면 이 손님을 태우겠는가, 아니면 태우지 않겠는가? 이유는?

5. 독점기업 (주)Naman은 지난달 특수장갑을 1,000원에 100개 판매하였다. 이번 달에는 200개를 한 개당 900원에 판매하였다면, (주)Naman의 한계 수입은 얼마인가? 가격 900원에 비해 어떠한가? 이유는?

6. 인터넷 네트워크 장비사업을 하는 벤처회사 웹앤텍의 정보통 사장은 최근 경기침체로 자신이 개발한 장비가격의 하락을 경험하고 있다. 제품의 가격이 개당 5백만 원으로 평균비용인 5백 5십만 원보다 낮다면, 생산을 계속하는 것이 나은가, 아니면 생산을 중단하는 것이 나은가? 설명하시오. 단, 수량은 100개이며, 평균가변비용은 4백5십만 원이다.

7. 완전경쟁시장에 있는 가상의 기업 사이버.com은 현재 이윤을 내고 있다. 사이버.com의 평균비용곡선 그림 등을 이용하여 이 기업이 장기에 처하게 될 수 있는 상황을 자세히 설명하시오.

8. [시장유형 사례조사]: 현실의 시장유형을 조사해 보자. 우리가 즐겨 마시는 음료시장은 어떤 형태의 시장구조를 가지고 있나. 가까운 수퍼나 편의점을 방문하여 다음과 같은 사항들을 조사하여 그 결과를 정리해 보시오.
   1) 음료수의 종류에는 어떠한 것들이 있나? 예를 들면, 탄산음료, 쥬스류(100%, 10% 등), 기능성 음료(갈증해소 음료, 이온음료 등)

2) 여러 가지 종류의 음료수에 대하여 각각 다음 사항들을 면밀하게 조사해 보시오.
   iii) 음료수는 몇 가지 종류가 있나?
   iii) 음료수들은 나름대로의 특성이 있나?
   iii) 가격은 서로 차이가 있나?
3) 여러분의 조사결과를 토대로 하여 여러 가지 음료수에 대하여 각각 어떤 형태의 시장에 해당되는지를 말하시오.

9. 여러분의 교정과 도심을 운행하는 통학버스 회사인 '독불관광'은 현재 통학버스 운영권을 독점하고 있다. 만약에 통학버스 운영권을 몇 개의 회사들에 배분하여 학생들이 자유롭게 버스를 선택하게 한다면 다음 항목들에는 어떠한 변화가 나타날 것이라고 생각하는가? 그 이유를 독점의 생산량과 가격을 완전경쟁시장과 비교하는 것에 의해 설명하시오.
   1) 버스 요금
   2) 승차 대기 시간

C·H·A·P·T·E·R

04

노동자는 왜 파업을 해야 할까?
노동자와 자본가의 몫

토의주제

정년연장제는 베이비붐 세대의 은퇴 시대를 위해 필요하다.

· 지지: 고령자 근로년 연장으로 사회안정에 기여할 것이다.

· 반대: 기업경영과 청년고용에 부정적인 영향을 줄 것이다.

2013년 4월 '고용상 연령차별금지 및 고령자 고용촉진에 관한 법률'이 개정되어 2016년부터 근로자 정년이 60세로 연장되게 되었다. 그전까지 한국 기업들의 평균 정년은 58.4세로 되어 있다. 정년연장으로 인한 기업의 부담을 감안해 기업이 정년에 가까워지는 근로자에 대해 연봉을 낮출 수 있는 길도 마련되고 있다. 정년연장·임금피크제 도입을 촉진하기 위해 이를 도입하는 기업 및 근로자에게 정부가 고용지원금 등을 지원할 수도 있다. 정년연장제 도입의 배경은 6.25전쟁 이후 55년에서 64년 사이에 태어난 약 900만 명이 본격적으로 은퇴를 하게 되면서 나타나는 급격한 복지 수요 문제 등을 완화하기 위한 것이라고 할 수 있다.

그러나 노동계, 사용자 그리고 정부의 고용 안정을 위한 대화는 아직도 제자리 걸음을 벗어나지 못하고 있다. 노·사·정(勞使政) 관계자들과 관련 전문가들이 모여 통상임금(정기상여금 등을 통상임금에 포함시키는 대법원의 판결, 2013년 12월), 근로시간 문제 등 주요 노동 현안들을 논의하는 자리에서 좀처럼 합의가 이루어지지 않고 있다. 노동시장의 해결되지 않은 이슈들은 임·단협(임금과 단체협약)에서 큰 혼란을 가져오기 마련이다.

■ Hubert von Herkomer 작 "On Strike" (1981, oil on canvas), Royal Academy of Arts, London

기업의 생산활동에 필요한 노동, 자본 그리고 임대 건물 등 각 생산요소들은 어떠한 방식으로 보수를 받는 것이 바람직할까? 노동시장에서 사용자와 노동조합 중 어느 한쪽이 더 큰 영향력을 행사할 때 고용과 임금 수준은 어떻게 다르게 결정되는가? 바람직한 노사관계의 유형은 무엇인가? 경제학이 이러한 질문들에 대하여 어떠한 답을 제시하고 있는지 알아 보기로 하자.

QR코드

QR코드 4-1: "정년 연장법 통과, 정년 60세 시대 도래" Newstomato, 2013년 4월 29일

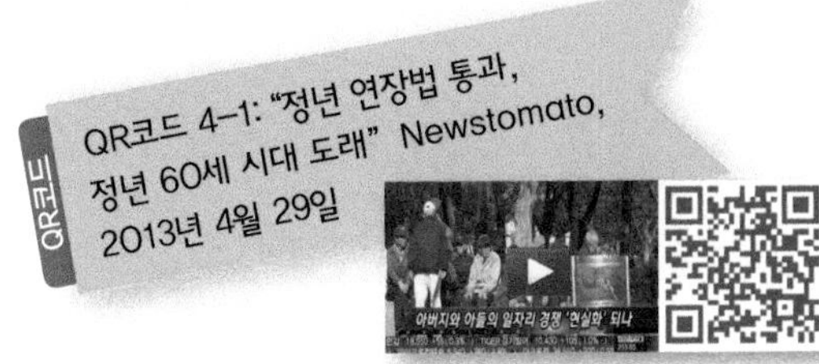

QR코드

QR코드 4-2: "베이비붐세대의 재취업 전쟁" KBS 2TV, 2012년 3월 12일

생산요소와 보수

바람직한 사회는 모든 구성원이 잘 살면서 또 한편으로는 평등한 사회이다. 그러나 자본주의 시장경제에서는 여러 가지 원인으로 인해 불평등이 발생하는 것이 사실이다. '평등'(equality)의 의미는 시대에 따라 변화되어 왔다. 최초에 등장한 평등의 개념은 '신 앞에서의 평등'이었다. "인간은 모두 신에게서 누구로부터도 침해받을 수 없는 권리를 부여받았다"는 것이다. 이러한 권리들 중에는 '삶'(life), '자유'(liberty) 그리고 '행복추구의 권리'(right to happiness) 등이 있다. 정부도 이러한 권리를 보호하기 위해서 존재하는 것으로 이해되었다. 그러므로 이러한 개념의 평등은 자유와 공존하는 개념이다. 그 후에 18세기 프랑스혁명 이후 나타난 '기회의 평등'(equality of opportunity) 개념이다. 누구나 스스로의 능력을 발휘할 기회를 가져야 한다는 이러한 평등의 개념 역시 자유와 조화를 이루는 개념이다.

그러나 20세기에 들어와서는 '결과의 평등'(equality of outcome), 즉 모든 사람들이 같은 수준의 소득과 삶의 수준을 가져야 한다는 평등의 개념이 등장해 공산주의의 기본 이념이 되었다. 자본주의 국가에서도 이러한 개념의 평등이 사회복지 정책에 반영되었다. 그러나 결과의 평등을 지나치게 강조하면 공산주의처럼 생산활동에 대한 의욕을 감소시켜 오히려 자유를 제한할 수 있다. 따라서 사회가 균등한 분배를 달성하는 일은 신중하게 접근해야 한다.

■ Facebook 창업자 Mark Zuckerberg

경제문제는 무엇을 어떻게 얼마만큼 생산할 것인가, 그리고 생산에서 발생되는 소득을 어떻게 분배할 것인가의 문제로 요약될 수 있다. 지금까지는 전자의 문제를 다루었는데, 본 장에서는 후자에 해당되는 소득분배 문제를 고찰하고자 한다. 과거 농경사회에서는 땅을 소유한 지주가 부자였고, 산업사회에 들어와서는 자본가가 부를 차지하였다. 요즘과 같은 지식사회에서는 창의적이고 혁신적인 아이디어를 소유한 사람들이 많은 부를 누리고 있다. 각기 다른 사회 구성원들에게 서로 다른 몫이 돌아가는 이유는 무엇일까?

전통적으로 생산에 필요한 노동, 자본, 토지를 생산의 3대요소라고 불렀다. 그 후 기업가의 경영능력(entrepreneurial ability)이 중요해지면서 경영도 중요한 생산요소로 인식되었다. 그리고 생산에 기여한 대가로 노동자는 임금을, 자본가는 이자를, 지주는 지대를, 그리고 경영자는 이윤을 획득한다.

한편, 정보사회의 발달로 정보와 지식이 생산활동에 중요한 요소가 되고 있는데, 이는 별개의 생산요소라기보다는 노동이나 자본 등 생산요소의 생산성을 높이는 작용을 한다. 예를 들어, 정보와 지식이 부가된 노동은 단순한 노동이 아니라 인적자본(human capital)이 된다. 본 장에서는 생산에 필요한 생산요소에 대한 보수와 생산요소에 대한 논의를 하고자 한다. 소득분배란 생산에 기여한 생산요소(즉 노동, 자본, 토지, 그리고 경영)의 소유자에게 소득이 어떻게 분배되는가를 의미한다. 우선 이들 생산요소에 대한 보수인[1] 임금, 지대, 이자, 그리고 이윤의 기본개념을 먼저 살펴보고, 각 요소시장의 포괄적인 작동원리는 뒤에서 설명한다.

노동과 임금

임금(wage)은 노동이라는 생산요소가 제공하는 서비스의 대가이다. 주류 경제이론에 의하면 완전경쟁 노동시장에서는 임금은 생산에 기여한 만큼 배분된다고 한다. 이런 개념은 다른 요소시장(토지, 자본시장 등)에서도 적용될 수 있다. 마샬(A. Marshall)[2]은 노동을 다음과 같은 이유로 인해 다른 생산요소들과 구별했다. 첫째, 노동은 노동자와 분리하여 매매될 수 없고, 둘째, 노동 제공 시 지휘와 감독을 받으며, 셋째, 일반 상품과는 달리 저장이 불가능하고, 마지막으로 노동의 질을 향상시키는 데에는 장시간이 요구된다. 이러한 노동의 특수성 때문에 근로자는 사용자(使用者)와의 협상에서 불리한 위치에 설 수밖에 없다. 따라서 사회는 노동자들에게 단체교섭권을 부여한다.

■ Alfred Marshall (1842~1924)

현실적으로 노동시장은 불완전경쟁시장에 가깝다. 노동자들은 노동조합을 조직하여 노동공급에 영향을 미칠 수 있고, 정부는 미숙련공 또는 청소년을 보호하기 위해 최저

1 이러한 소득분배를 '기능별 소득분배'라고 부르기도 한다. 이와 대비되는 '계층별 소득분배'란 생산기능에 관계없이 소득의 크기를 차례로 배열하여 소득계층간 배분을 고찰하는 것을 말한다. 이에 대해서는 이 장의 뒷부분에서 다룬다. 흔히 기능별 소득분배를 생산요소의 가격결정이론이라 부른다. 기업이 벌어들인 총수입은 생산에 기여한 요소들에게 분배되는데 노동자는 임금을, 자본가는 이자를, 임대자원의 소유주는 지대를, 그리고 경영자는 이윤을 획득하게 된다. 따라서 기능별 소득분배는 각 생산요소의 가격, 즉 임금, 이자, 지대, 그리고 이윤이 어떻게 결정되는가와 동일한 개념이다.

2 영국의 경제학자.

임금제를 실시하기도 한다. 또한 산업간, 직종간, 지역간 노동력 이동에 제약이 존재하고, 노동자들은 노동시장에 대한 완벽한 정보를 갖지 못한다. 뿐만 아니라 개인별 노동의 질이 상이하다. 따라서 현실 노동시장에서 요소의 가격과 고용량 결정방식은 완전경쟁시장과 매우 다르다. 결국 이런 노동시장의 특징으로 인하여 산업별, 지역별, 직종별, 그리고 개인별 임금격차가 발생한다.

임금은 다른 제약이 없는 경우, 노동시장의 변화에 따라 신축적으로 움직인다. 즉 노동시장에 초과공급이 발생하면 임금은 하락하고 초과수요가 생기면 임금은 상승한다. 그러나 현실적으로 임금은 한번 오르면 잘 떨어지지 않는 하방경직성(downward rigidity)을 갖는 경우가 많다. 예를 들면, 비숙련공 또는 청소년의 임금에 대해서는 최저생계비를 보장하기 위하여 최저임금제를 실시하고, 또한 노동조합의 교섭력(bargaining power)으로 인하여 명목임금은 잘 떨어지지 않는다. 한편 기업들도 자발적으로, 양질의 노동력을 확보하고 인센티브를 주기 위해 균형시장임금보다 높은 임금을 지불하기도 한다.[3] 또한 노동시장에서는 임금의 경직성으로 말미암아 경기침체 시에도 임금이 하락하지 않아 실업자들이 재고용되는 데 장애요인이 된다.

현실 경제에서 임금의 결정 과정은 매우 복잡하다. 우리나라에서 관심의 초점이 된 '통상임금'은 이러한 면을 잘 보여주고 있다. 2013년 12월 대법원은 상여금(보너스) 등도 통상임금에 해당된다는 판결을 내렸는데, 이러한 판결의 의미를 두고 정부와 노조 사이에 갈등이 커진 바 있다. 예를 들어, 대법원이 판단한 정기상여금의 경우에도 정부는 재직 중인 근로자에게만 지급되고 있다면 통상임금이 아니라는 해석이다. 즉 근로자 중에서 정기상여금을 받지 못하는 사람들이 있다면 통상임금에 해당되지 않는다는 입장이다. 이른바 '신의칙'(信義則) 적용 시점에 대해서도 정부는 노사가 합의한 기간을 기준으로 해야 한다고 해석하여 새로운 임금협상 전까지 받은 임금에 대해서는 소급청구를 사실상 제한하였다. 이에 대하여 노동계는 정부의 이른바 '노사지도 지침'이 사용자에게 유리한 해석이라며 즉각 반발하였다.

3 이것을 효율성임금가설(efficiency wage hypothesis)이라고 한다. 이 이론에서 고임금이 고생산성을 가져오는 요인은 다음과 같다. 첫째, 고임금은 직장상실에 대한 기회비용을 증가시켜 작업 중에 태만하지 않게 한다. 둘째, 고임금은 이직감소로 신규채용 및 훈련비용을 감소시킨다. 셋째, 고임금은 채용시에 지원자의 질을 높여 우수한 노동자를 채용할 수 있다. 넷째, 고임금은 기업에 대한 사기 및 충성심을 향상시켜 생산성을 증가시킨다. 마지막으로 고임금은 산업평화를 가져온다.

ECONOMIC EYES
경제의 눈

통상임금과 신의칙(信義則)

오랫동안 노사간에 의견의 일치를 보지 못했던 이른바 '통상임금'에 대하여 대법원은 "상여금은 정기적·일률적으로 지급되는 통상임금에 해당한다"는 판결을 내렸다(2013년 12월). 대법원은 통상임금에 대한 판단기준으로 정기성·일률성·고정성을 꼽았는데, 임금이 1개월을 초과하는 기간마다 지급되더라도 정기적으로 지급됐거나(정기성), 모든 근로자에게 일률적으로 지급됐거나(일률성), 그리고 소정근로시간을 근무한 근로자가 그 다음날 퇴직한다고 하더라도 확정적으로 지급받게 되는 임금(고정성)이어야 한다는 것이다. 이에 따라 정기상여금과 최소한도가 보장돼 있는 성과급의 경우 통상임금으로 인정됐다. 또 기술이나 자격보유자에게 지급되는 자격수당, 근속기간에 따라 지급액이 결정되는 근속수당, 부양가족 수와 상관없이 지급되는 가족수당은 모두 통상임금에 포함됐다.

반면 기업실적에 따라 일시적, 부정기적으로 지급되는 경영성과분배금, 격려금, 인센티브는 상여금이라도 통상임금에 포함되지 않게 됐다. 이런 상여금들은 특정기간의 근무실적을 평가해 이를 토대로 지급액이 결정되는 만큼 고정성이 인정되지 않기 때문이다.

특정시점에 재직중인 근로자만 받게 되는 명절귀향비나 휴가비도 통상임금으로 인정받지 못했다. 예컨대 8월에 휴가비를 20만 원을 지급한다면 3월 퇴사자는 휴가비를 못 받고 7월에 입사한 사람은 휴가비를 받게 되는 만큼 일률성을 인정받을 수 없다는 것이다.

한편 대법원은 이날 통상임금에 대한 범위를 설정하면서 노사간의 신의(信義)를 강조했다. 대법원은 법률상 통상임금에 해당하는 임금을 통상임금에서 제외시킨 노사합의를 원칙적으로 무효라고 전제하면서도 이번 판결 이전 정기상여금을 통상임금에서 제외하는 노사합의가 있었을 경우 추가임금 청구는 불가능하다고 판결했다. 이는 근로자가 노사합의의 무효를 주장하며 추가임금을 청구하게 되면 기업이 예측하지 못한 부담을 떠안게 된다는 이유에서다. 또 추가임금 청구가 기업에게 중대한 경영상의 어려움을 초래하거나 기업의 존립 자체가 위태롭게 된다는 사정이 인정되는 경우에도 근로자의 추가임금 청구는 신의칙(信義則)에 반(反)해 허용되지 않는다고 봤다. '신의칙'이란 '신의성실의 원칙'을 의미하며 모든 사람이 사회공동생활의 일원으로서 상대방의 신뢰에 반하지 않도록 성의 있게 행동할 것을 요구하는 고대 로마법에서부터 규정하고 있는 법원칙이다. 우리나라의 민법에도 명시되어 있다.

자본과 이자

자본(資本, capital)은 현재의 소비를 위해서가 아니라 미래의 수익을 위해 소유하고 있는 화폐이다. 흔히 자본은 건물, 시설, 기계 등의 형태로 존재하기 때문에 자본재라고도 부른다. 자본재는 생산성을 높이기 때문에 기업들은 자본재를 보유하고자 한다. 자본재가 가져오는 생산성의 증가는 기업으로 하여금 자본의 사용에 대한 대가로서 이자(利子, interest)를 지급할 수 있도록 해 준다.

원금에 대한 이자의 비율, 즉 $\frac{\text{이자}}{\text{원금}}$가 이자율(interest rate)이다. 예를 들어, 어떤 사람이 가격이 1억 원인 기계를 빌려 1년에 1,200만 원의 사용료를 낸다면 이자율은 연 12%(0.12=1,200만 원/1억 원)이다. 이와 같이 이자는 주식배당과 같은 금융자산에 대한 보상뿐만 아니라 실물자산의 보상도 포함한다.

자본시장에서 중요한 것은 자본이 가져오는 미래수익의 현재가치(present value)이다. 현재가치의 개념을 예를 들어 설명해 보자. 연간이자율이 3%일 때 100만 원을 은행에 예금한다면 1년 후에 원금(100만 원)과 이자(0.03×100만 원)의 합계인 103만 원을 받게 된다. 이를 공식으로 나타내면 다음과 같다.

$$\text{미래가치} = \text{원금} \times (1+\text{이자율})$$

이 식을 원금에 대해서 정리하면 다음과 같다.

$$\text{원금} = \frac{\text{미래가치}}{(1+\text{이자율})}$$

이 식은 단순히 원금을 표시한 것처럼 보이나 중요한 의미를 지닌다. 즉 원금의 1년 후 미래가치(또는 수익)가 현재 얼마에 해당되는가를 보여준다. 이렇게 미래수익을 현재의 가치로 환산하는 것을 할인(discounting)한다고 한다. 위 예에서 1년 후 103만 원(미래가치)을 보장하는 예금증서를 현재가치로 환산(즉 할인)하면 100만 원에 해당한다. 즉 이러한 예금증서의 현재의 시장가격이 100만 원이다. 거꾸로 말하면 현재 100만 원을 주고 이 예금증서를 사면 1년 후에는 103만 원이 보장된다. 현재가치를 계산하는 위 식은 은행에서 대출하거나 또는 어음을 할인할 때 흔히 쓰는 방법이다.

좀 더 현실적인 예를 들기 위해 이자율이 3%일 때 1년 후에 만기가 되는 1억 원짜리 약속어음을 은행에 가져간다면, 은행은 위에서 정의된 어음의 현재가치(1억/(1+0.03) = 약 971만 원)만을 지급한다. 이처럼 이자는 '시간의 경과'를 필요로 하는 개념이기 때문에 '화폐의 가격'이라기보다는 '신용(credit)의 가격'이라고 부른다. '신용'은 '채무자가 향후 채권자에게 되갚기로 합의하고 현 시점에서 무언가 가치 있는 것을 빌리는 행위가 이루어지는 계약'으로 정의되는데,[4] 이자는 빌리는 시점과 되갚는 시점 사이에 어떻게든 이자를 지급할 수 있는 수익의 증가가 있어야 이자 지급이 가능하다는 의미에서 단순히 '화폐의 가격'이 아니라 '신용의 가격'으로 정의된다.

사실 이자의 개념은 심지어 화폐가 존재하지 않는 경우에도 성립될 수 있다. 영화 '캐스트 어웨이'(*Cast Away*, 2000년 작, Tom Hanks 주연)에서 주인공은 남태평양의 무인도에 표류하여 혼자 남게 되는데, 처음에는 물고기를 잡지 못하다가 그물도 만들고 작살도 만들어 물고기를 잡아 생존하게 된다. 여기서 주인공이 그물과 작살을 만드는 행동은 저축(소비의 반대) 행위인 동시에 투자(자본재의 형성) 행위가 된다. 이때 그물과 작살의 사용으로 잡게 되는 더 많은 물고기는 '이자'에 해당되며, 이러한 생산성의 증가는 반드시 시간의 경과를 필요로 한다.

■ 영화 캐스트 어웨이(2000) Twentieth Century Fox & Dreamworks Pictures

토지와 지대

지대(地代, rent)는 토지와 같이 공급이 일정하게 정해져 있는 생산요소에 지불되는 보수(報酬)로 정의된다. 원래 지대는 토지에 대한 사용료로 사용되었지만 최근에는 꼭 토지에 국한되는 것은 아니고, 공급이 상대적으로 고정된 모든 생산요소의 보수를 의미한다.

공급량이 일정하게 정해져 있으면, 그 생산요소의 가격이 공급량에 영향을 미치지 않는다. 즉, 지대가 오른다고 토지의 양이 늘어나거나 반대로 지대가 내린다고 토지의 양이 줄어드는 것은 아니다. 지대는 이런 점에서 임금 또는 이자와 다르다. 그래서 전통적

4 A contractual agreement in which a borrower receives something of value now and agrees to repay the lender at some later date (www.investorwords.com).

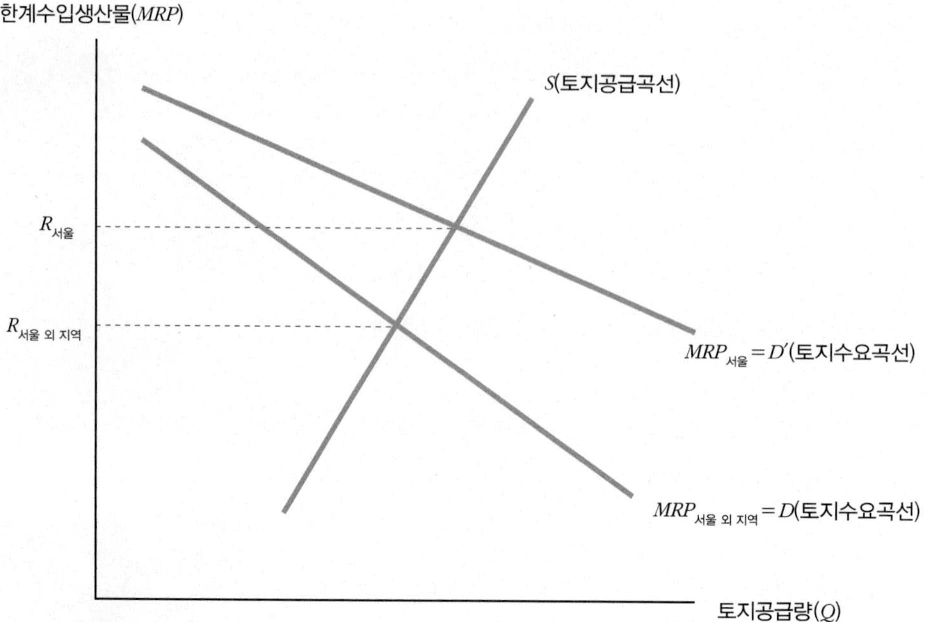

▲ 그림 4-1

지대의 결정

토지에 대한 수요는 토지가 가져오는 수익, 즉 한계수입생산물(marginal revenue product, *MRP*)에 의해 결정된다. 한계수입생산물은 생산요소의 생산증가분(marginal product, *MP*)에 상품가격(*P*)을 곱하여 구해진다. 즉 같은 규모의 토지라 할지라도 서울 소재 토지(예로 명동 한복판)에 위치한 기업이 생산하는 상품(예로 설렁탕)의 가격은 서울이 아닌 외딴 지역에 위치한 기업이 생산하는 똑같은 상품(설렁탕)보다 비싸기 때문에 토지의 한계수입생산물도 높고, 따라서 토지 사용에 대한 균형가격인 지대도 서울에서 더 높게 나타난다.

으로 지대는 '불로소득'으로 치부되기도 하였다. 역사적으로도 "지주는 원래 도적과 같은 자이다"[5] 또는 "지주들은 자신이 뿌리지 않은 것으로부터 수확을 하고, 땅이 산출하는 자연의 소출에 대해서까지 대가를 요구한다"[6]는 인식이 많았다.

그러나 지대에 대한 보다 명확한 경제적 정의가 필요하다. 토지는 다른 곳으로 이동시키기가 불가능하기 때문에 토지 사용에 대한 보수는 토지의 기회비용을 초과하는 것으로 인식하는 경향이 강하였다. 이처럼 기회비용보다 높은 보수를 지급받는 생산요소는 토지 이외에도 있는데, 토지가 가장 대표적인 경우이기 때문에 비록 토지가 아닌 다른 생산요소라 하여도 '지대'(地代, rent)라고 부른다. '지대'는 이제 '토지'에만 국한되는 개념은 아니다. 경제학에서 '지대'란 '누구에게라도 귀속될 수 있는 수익'의 의미를 가진다.

5 '세이의 법칙'으로 유명한 경제학자 Jean Baptiste Say(1767~1832)의 말(Landlords' right has its origin in robbery).

6 Adam Smith(1723~1790)의 말(The landlords, like all other men, love to reap where they never sowed, and demand a rent even for the natural produce of the earth).

토지의 사용대가로서의 지대의 결정과정을 간략히 설명해 보자. 다른 지역에 비해 서울지역의 땅값이 비싸다. 그 이유는 서울과 다른 지역의 토지 $1m^2$가 가져오는 추가적인 수입이 다르기 때문이다. 추가적인 토지 $1m^2$가 가져오는 수입의 증가분을 토지의 한계수입생산물(marginal revenue product, *MRP*)이라고 한다.[7] 인구가 많고 소비수준이 높은 서울 지역은 토지에 대한 한계수입생산물이 높다. 따라서 서울지역의 땅값이 높을 수밖에 없다.

지대와 관련하여 더욱 중요한 개념이 경제지대(經濟地代, economic rent)이다. 경제지대란 이전수입(移轉收入)을 초과해서 생산요소의 소유자에게 지불되는 보수를 말한다. 이전수입이란 한 요소가 현재의 용도에서 다른 용도로 옮겨가지 않도록 지불해야 하는 최소한의 보수를 의미한다.[8] 예를 들면 야구의 류현진 선수의 높은 연봉은 대부분 경제지대에 해당된다. 왜냐하면 그가 야구 이외에 다른 특별한 기술을 가지고 있지 않다면 그의 이전수입은 낮기 때문이다. 프로운동 선수들이나 예술인들은 자신만의 특별한 능력을 가짐으로써 자신의 지대를 높일 수 있는 것이다. 여러분도 자신의 역량을 강화한다면 자신에 대한 지대를 높일 수 있을 것이다.

경영과 이윤

자본주의가 발전하면서 기업의 비중이 확대됨에 따라 경영이 중요한 생산요소로 간주되었다. 이윤은 경영(entrepreneurship)이라는 생산요소에 대한 보수이다.[9] 경영은 항상 위험부담이 따르기 마련이다. 예컨대 창조적이고 진취적인 경영자가 신약개발을 위해 엄청난 투자를 하여 성공할 경우에는 수익이 급격히 증가하지만, 만약 실패할 경우에는 막대한 피해를 입게 된다. 기업가를 의미하는 'entrepreneur'의 어원도 13세기 불어 표현 entreprendre에서 유래되었는데, 그 의미는 '무언가를 하다'(to do something/to undertake)이다. 처음으로 이 표현을 학문적으로 사용하였던 아일랜드계 경제학자 리차드 캔틸런(Richard Cantillon, 1680~1734)은 '위험을 감수하는 것'을 기업가의 가장 중요한 요소로 간주하였다. 영국의 경제학자 존 스튜어트 밀(John Stuart Mill, 1806~1873)도 '기업가란 위험과 경영을 모두 담당하는 사람'이라고 하였다. 이처럼 이윤은 기업가의 위험 감수에 대한 보수라고도 할 수 있다.

7 상품시장이 완전경쟁이면, 어떤 요소의 한계수입생산물(*MRP*)은 한계생산물(*MP*)에 해당 상품의 가격(*P*)을 곱한 것이다. 수확체감에 따라 한계생산물이 점차 떨어지기 때문에 한계수입생산물도 생산이 증가할수록 감소한다.

8 이전수입의 또 다른 의미로 '다른 곳으로부터 이전된 소득'이나 특별히 얻게 된 소득을 의미하는 '비경상소득' 등을 나타내기도 한다.

9 여기서 이윤은 총수입에서 총비용을 뺀 기업이윤 중 경영능력에 할당된 몫을 의미한다.

ECONOMIC EYES
경제의 눈

자본주의의 창조적 파괴

오스트리아 출신 경제학자 슘페터는 급진적인 혁신을 가져오는 산업의 변화 과정을 '창조적 파괴'(creative destruction)라고 불렀다. 슘페터에 따르면 자본주의에서 기업가의 혁신적인 행동은 장기적인 경제성장을 가져오는 힘이다. 이러한 힘은 때로 독점적 지위를 누려온 기존의 기업들을 파괴한다. 복사기 산업을 일군 제록스(Xerox)사나 즉석사진기를 개발한 폴라로이드(Polaroid)사의 예에서처럼 새로운 산업에서 혁명을 일군 기업들은 경쟁자가 나타나면서 이윤이 감소하고 영향력이 줄어들게 된다. 이렇게 되면서 기업들은 비용을 낮추어야 하고, 비용 인하는 가격 인하를 가능케 하여 비효율적인 생산자들로 하여금 시장에서 퇴출하게 만든다.

'창조적 파괴'는 반대로 특정 기업으로 하여금 독점력을 가지게도 하는데, 가장 대표적인 사례가 월마트(Wal Mart)라고 할 수 있다. 월마트는 새로운 재고관리방식, 마케팅, 그리고 인적관리 기법을 사용하여 점진적으로 소매시장을 지배하여 왔다. 이 과정에서 기존의 소규모 영세 매장들이 사라지게 되었는데, 이는 '창조적 파괴'를 지지하는 사람들에게는 아무런 문제가 아니다. 왜냐하면 월마트는 가격을 낮게 유지하지 못할 때에는 경쟁자에게 시장을 내어줄 수밖에 없을 것이기 때문이다. 또한 다른 기업들도 효율적인 방식을 통해 언제나 새로운 경쟁자의 지위를 확보할 수 있다. 이처럼 기업 경영의 효율적 역할이 산업의 동적인 변화를 가져오는 현상이 '창조적 파괴'이다.

이러한 관점에서 슘페터의 혁신설에 의하면, 기업가의 혁신, 즉 신제품 개발, 새로운 생산방법의 도입, 시장개척, 새로운 자원의 개발, 그리고 새로운 경영조직 및 경영기업의 도입 등을 통해서만 이윤이 발생하고, 이는 경제 발전의 원동력이 된다. 이러한 관점에서 기업가는 대단히 중요한 존재이다.

기업가의 사명은 이윤을 내는 것이라기보다는 위험을 기꺼이 감수하면서 혁신을 통해 사회에 기여하는 것이다. 그렇게 할 때 이윤은 자연스럽게 따라오는 것이다. 기업가는 혁신을 통해 고질의 상품을 저렴한 가격으로 생산함으로써 시장점유율을 높일 수 있다. 그러나 시간이 흐름에 따라 다른 기업들이 상품을 모방해 대체재 및 대체기법이 등장하게 되고 초기의 이윤은 점차 소멸하게 된다. 이렇게 되면 기업가는 또 다른 혁신을 통해 수익을 증대시키려고 할 것이고 이것이 바로 자본주의 발전의 원동력인 것이다.

■ 위험을 무릅쓰는 것은 기업가 정신의 중요한 요건이다.

노동시장의 원리

상품시장과 마찬가지로 생산요소(노동, 자본, 임대자원 및 경영) 시장도 여러 가지 형태가 있다. 생산요소시장의 형태에는 수요자와 공급자가 모두 시장에 영향력을 행사할 수 없는 이상적인 형태인 완전경쟁요소시장, 수요자인 기업이 독점력을 행사하는 수요독점요소시장, 공급자가 독점력을 갖는 공급독점요소시장, 그리고 수요자와 공급자 모두가 어느 정도 시장에 대하여 영향력을 행사할 수 있는 쌍방독점요소시장의 네 가지 유형으로 구분된다.

생산요소시장의 형태가 갖는 차이는 생산요소시장에서 생산요소의 공급량과 보수를 결정하는 데 중요하다. 여기서는 노동시장을 예로 들어, 생산요소시장의 유형과 그에 따른 생산요소의 공급량과 보수의 결정방식에 대하여 살펴보자. 노동시장에 대한 이러한 이해는 다른 생산요소시장(자본시장, 임대자원 시장 등)에 대해서도 동일하게 적용될 수 있다.

완전경쟁 노동시장

상품시장에서의 완전경쟁과 마찬가지로 노동시장에서도 무수히 많은 작은 기업들이 동질의 노동을 수요하는 경우를 완전경쟁 노동시장이라고 부를 수 있다. 상품시장에서 완전경쟁이 현실에서 존재하지 않듯이, 이러한 노동시장도 역시 현실적으로는 존재하지는 않는다. 다만, 완전경쟁 노동시장을 기준으로 하여 현실의 노동시장을 평가하기 위하여 논의하는 것이다. 완전경쟁 노동시장과 가까운 예로서 어느 도시에서 수많은 작은 기업들이 노동을 고용하기 위하여 경쟁하고 있는 상황을 생각해 보자.

이러한 노동시장에서 개별 기업은 주어진 시장 임금(W)으로 자신이 원하는 만큼의 노동자를 구할 수 있으므로 시장임금에서 수평의 노동공급 곡선을 갖는다. 따라서 이 기업이 얼마의 노동을 사용하느냐는 전적으로 노동을 한 단위 더 사용함으로써 얻게 되는 (판매)수입의 증가분(즉, 한계생산물수입, MRP_L)[10]과 노동을 사용하는 데 따른 비용의 증가분(즉, 임금, W)의 크기에 달려있다. 즉, 이 기업은 노동이 가져오는 수입의 증가분(MRP_L)이 노동을 사용하는 데 따른 비용의 증가분(W)보다 크면 노동을 추가로 사용해서 이윤을 늘릴 수 있다. 따라서 완전경쟁 노동시장에 있는 기업은 주어진 시장임금을 그대로 받아들이기 때문에 노동을 사용하는 데 따른 비용의 증가가 바로 시장임금(W)이 된다. 이렇게 되면 기업은 노동이 가져오는 수입의 증가분(MRP_L)과 시장임금(W)이 같을 때까지 노동을 고용하게 되며, 노동자는 자신이 제공하는 노동에 대하여 그 노동이 가져오는 기업의 수입증가분과 같은 임금을 받게 된다. 노동자 자신이 기업의 수입을 증가시킨 만큼 보수를 받는다면, 노동을 제공하는 사람의 입장에서는 불평을 가지기 어려울 것이다. 이처럼 완전경쟁 노동시장에서 노동이 기여하는 만큼 노동에 대한 보수가 지불되는 이유는 기업이 노동시장에 대하여 영향력을 전혀 행사할 수 없기 때문이다.

그러나 현실에서는 이와 같은 방식으로 노동에 대한 보수가 지불되기 어렵다. 왜냐하면 노동시장에서는 수요 또는 공급이 경쟁적이 아닌 경우가 많기 때문이다. 현실의 노동시장을 이해하기 위해 몇 가지 불완전 노동시장의 경우를 살펴보자.

---

10 노동의 한계생산물수입(marginal revenue product of labor, MRP_L)은 생산자가 한 단위 추가적인 노동을 고용함으로써 얻을 수 있는 추가적인 '수입의 증가분'을 뜻한다. 즉 $MRP_L = MP_L \times MR$. 예를 들어 추가적인 노동이 30단위의 생산물을 추가적으로 생산할 수 있고, 생산을 한 단위로부터의 추가수입(MR)이 100원이라면 MRP_L = 30개/인(人) × 100원/개 = 3,000원/인(人)이다.

불완전 노동시장

우선 노동시장에서 기업이 단 한 개만 존재하는 경우를 생각할 수 있는데, 이러한 경우를 수요독점(monopsony)이라고 부른다.[11] 수요독점의 예도 현실에서 쉽게 찾을 수는 없지만, 노동시장을 이해하는 또 다른 극단적인 비교기준을 제시해 준다. 현실에서 그 예를 굳이 찾는다면, 탄광촌의 석탄회사를 들 수 있다. 어느 산골마을에 단 하나의 석탄회사가 존재하고 있다고 하면, 마을 사람들 중에서 일하기를 원하는 사람들은 모두 이 회사에서 일해야 한다. 그렇다면 이 회사는 노동시장에서 수요 면에서 독점력을 행사할 수 있기 때문에 가능한 고용을 줄여서 일을 많이 시키고, 또 임금은 가능한 낮게 책정해서 이윤을 극대화할 수 있다.

또 다른 예로서, 우리나라의 프로야구의 모든 사항들을 감독하는 한국야구위원회(Korea Baseball Organization, KBO)는 프로야구선수 시장에서 수요독점의 지위를 누리고 있다. 한국 프로야구리그에서 선수 생활을 하고자 하는 선수들은 누구나 KBO에 선수등록을 해야 하기 때문이다. 그래서 KBO는 종종 공정거래위원회로부터 불공정거래로 제재를 받는다('경제의 눈' 참조) 그러므로 만약에 미국 프로야구처럼 한국에도 프로야구리그가 하나 더 생긴다면(두 번째 리그의 이름은 아마도 '팔도리그'가 될지 모른다), KBO의 수요 독점적 지위는 약해지고, 프로야구 선수들의 연봉은 더 오를 수 있을 것이다. 그렇다면, 몇 억 원에 이르는 프로야구 선수들의 연봉은 이론적으로는 선수들이 구단에 가져오는 수익의 증가분보다 낮은 수준이다. 즉 프로야구 선수들은 높은 연봉에도 불구하고 이론적으로 '착취'(exploited)받고 있는 셈이다. 왜냐하면 프로야구 리그가 한 개 더 생긴다면 연봉은 오를 것이기 때문이다.

■ 한국프로야구리그 구단들

11 수요독점의 영어 표현 monopsony는 mono(하나)와 opsony(=buy)의 합성어로서, 수요자가 하나라는 의미를 갖는다.

수요독점과는 반대로 노동시장에 단 하나의 공급자가 존재하는 경우가 공급독점이다. 예를 들면 노동을 필요로 하는 기업들은 많이 있는데, 강력한 노동조합이 형성되어 있어서 노동의 공급을 독점하고 있는 경우를 생각할 수 있다. 자동차산업에서 강력한 산별노조(industrial union)가 결성되어 있는 경우가 이러한 예에 해당된다. 더욱 확실한 예는 대처 혁명 이전 영국의 석탄산업이다. 당시 영국 노동자들은 클로즈드 숍 제도(closed shop: 노조원만이 회사원이 될 수 있는 제도)의 보호를 받고 있었다. 이때 석탄 노조에 가입이 되어 있지 않은 노동자는 탄광에 취업할 수 없었기 때문에 석탄 노조는 노동공급의 독점력을 가지고 있었다.

현실의 노동시장에서는 대개 어느 정도 독점력을 갖는 공급자(노동조합)가 어느 정도

ECONOMIC EYES
경제의 눈

KBO(한국야구위원회)도 공정거래법의 대상?

한국야구위원회(KBO)는 종종 공정거래위원회로부터 불공정 관행에 대한 시정 명령을 받는다. 프로야구선수협회가 KBO를 연봉삭감이나 자유계약선수에 대한 규정 문제로 우월적 권한을 행사하여 공정거래법을 위반하였다는 신고서를 제출하기 때문이다. 프로야구에서 프로야구리그나 구단의 불공정한 우월적 지위의 남용을 제한하게 된 것은 미국 프로야구 선수인 커트 플러드(Curt Flood, 1938~1997)의 프로야구 선수들의 지위 개선을 위한 힘겹고 외로운 투쟁이 있었기 때문이다.

커트 플러드는 대부분의 야구 선수 생활을 세인트루이스 카디널스(St. Louis Cardinals)와 함께 하였는데, 주로 중견수를 맡았던 그는 은퇴 직전의 7번 시즌(1963~1969) 동안 골드 글러브상을 연속 수상할 정도로 전설적인 인물이다. 그가 미국 프로야구 역사에서 주목을 받는 또다른 이유는 1969년 시즌 직후 다른 팀으로의 이적(trade)을 거부하면서 스포츠 노사분쟁의 핵심이 되었기 때문이다. 비록 그의 투쟁은 성공하지 못하였지만, 대법원까지 갔던 이 사건을 계기로 프로야구 선수들이 단결하여 '자유계약선수'(free agent) 제도가 생겨나게 되었다.

독점력을 갖는 수요자(특정 산업의 비교적 큰 기업)와 얼굴을 마주하고 테이블에 앉게 된다. 이러한 형태의 노동시장구조를 '쌍방독점'(bilateral monopoly)이라고 부른다. 울산에 있는 현대중공업이나 현대자동차가 바로 그러한 예이다. 이러한 경우 노동시장에서 노동의 공급량과 임금은 어떻게 결정될까?

그 과정이 〈그림 4-2〉에 요약되어 있다. 이 그림에서 수직축은 임금을, 그리고 수평축은 고용수준을 각각 나타내고 있다. 이 그림에서 수요독점이 존재하는 경우(A점)에는 기업이 의사결정권을 가지므로 고용수준과 임금수준이 모두 완전경쟁(C점)에 비해 낮아지게 된다. 한편 공급독점이 존재하는 경우(B점)에는 고용수준은 낮지만, 임금수준은 완전경쟁에 비해 높게 된다. 그러나 현실 노동시장에서는 수요와 공급 모두에서 어느 정도 독점력이 작용하는 경우가 많기 때문에 노사간의 갈등이 자주 발생하고, A점과 B점 사이 어디에선가 균형점(an equilibrium)이 결정된다. 결국 균형점을 찾기 위한 유일한 방법은 협상(negotiation)이다. 그러므로 〈그림 4-2〉에서 알 수 있듯이 현실의 노동시장에서 임금수준은 항상 협상을 필요로 하게 되는 것이다.

여기서 현실 노동시장을 이해하는 데 중요한 사항이 있다. 그것은 바로 쌍방독점이 어느 쪽에 유리하게 균형점을 찾느냐에 따라 임금수준은 완전경쟁의 임금수준보다 높을 수도 있고 낮을 수도 있지만, 어느 경우에나 고용수준은 완전경쟁의 고용수준보다 반드시 낮아지게 된다는 것이다. 다시 말하자면, 노동시장에서 어느 한 편에 독점이 존재하는 경우에는 고용수준은 반드시 감소하게 된다는 것이다. 그러므로 현실에서 임금 인상을 목표로 하는 노동조합이 고용 확대를 달성하는 것을 기대하기는 어렵다.

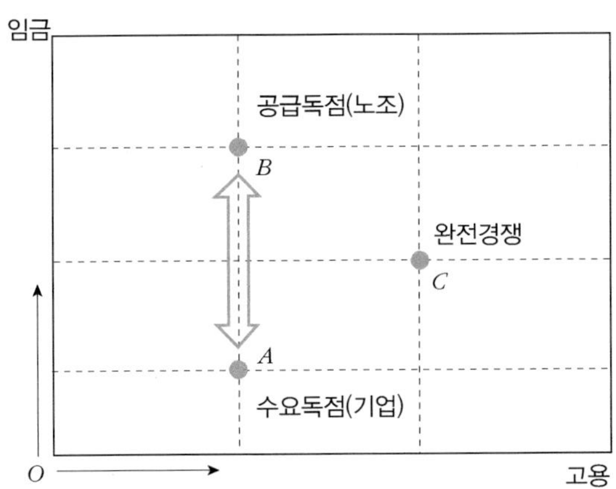

▲ 그림 4-2

노동시장의 유형과 임금 및 고용의 결정

노동시장에서 수요독점 또는 공급독점이 존재하는 경우 임금수준은 협상의 대상이 된다. 그러나 고용수준은 항상 완전경쟁 노동시장의 경우에 비해 낮아진다.

노동의 몫과 자본의 몫

경제활동에 따른 소득은 생산요소인 노동, 자본, 토지 및 경영에 대하여 각각 임금, 이자, 지대 및 이윤의 형태로 돌아간다고 했다. 따라서 이들 네 가지 생산요소에 대한 보수를 합하면 요소소득 측면에서 본 국민총소득이 된다. 그러나 현실 경제에서는 임금, 이자, 지대 및 이윤 등을 정확하게 구분하기가 어렵다. 농민, 의사, 영세상공업자 등이 벌어들이는 비법인소득에는 모든 종류의 요소소득이 혼합되어 있기 때문이다. 이러한 문제 때문에 우리나라의 소득통계에서는 요소소득을 피용자보수(被傭者報酬)와 영업잉여(營業剩餘)의 두 가지로만 구분하고 있다. 피용자보수는 노동을 제공한 대가로 가계에 분배되는 임금을 말하고, 영업잉여는 생산활동을 주관한 기업의 몫이다. 영업잉여는 자본가의 몫으로 볼 수 있다.

피용자보수가 국민소득 중에서 차지하는 비율을 노동소득분배율이라고 한다. 즉 국민소득 중에서 노동소득이 차지하는 비중을 나타내는 지표로서 기업의 소득인 영업잉여에 비해 노동소득의 상대적 크기를 측정하는 데 사용된다.[12] 단, 이와 같은 방식은 자영업

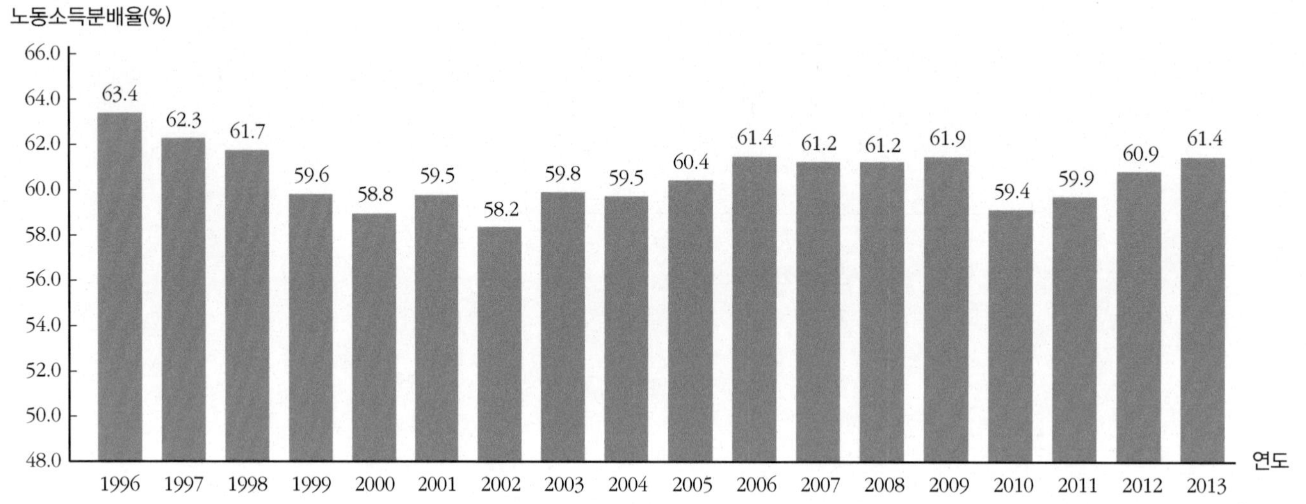

자료: 한국은행, ECOS.

▲ 그림 4-3

한국의 노동소득분배율 추이

우리나라의 노동소득분배율은 외환위기 이후 감소추세를 보여왔으며 60%수준을 크게 넘어서지 못하고 있다.

12 노동소득분배율 = (피용자보수) ÷ (피용자보수 + 영업잉여) × 100

자의 소득 전부를 영업잉여로 보고 피용자보수만을 노동소득으로 산정하는 방법이기 때문에, 노동소득분배율이 과소 추정될 가능성이 있다. 특히 전체 취업자 중 피용자의 비율이 낮은 경우 문제가 될 수 있다. 우리나라의 노동소득분배율은 〈그림 4-3〉에서 보는 바와 같이 1996년의 63.4%에서 외환위기 이후 감소추세를 나타내고 있으며 평균적으로 60% 수준을 크게 넘어서지 못하고 있다.

소득 불평등의 측정

어느 사회나 빠른 경제 성장을 추구하지만 경제성장 못지 않게 평등한 사회를 이룩하는 것도 중요하다. 우리나라는 1990년대 말 외환위기 이후 소득불평등이 더욱 심해졌다. 여기서 소득불평등도를 측정하는 방법에 대해서 생각해보자. 소득불평등도는 한 사회에서 구성원간에 소득이 얼마나 불평등하게 분배되어 있는가를 보여 준다. 소득 계층별 소득분배를 측정하는 대표적인 측정방법으로는 10분위분배율과 5분위배율, 로렌츠곡선, 그리고 지니계수 등이 있다. 이 네 가지 소득불평등도 측정방법은 각각 의미와 용도 면에서 약간 차이가 있다.

10분위분배율과 5분위배율

10분위분배율

10분위분배율(deciles distribution ratio)은 소득계층을 십등분(저소득층 1분위 ~ 4분위; 중소득층 5분위~8분위; 고소득층 9분위와 10분위)한 후 하위 40% 소득계층의 소득의 합이 상위 20% 소득계층의 소득의 합에서 차지하는 비율을 말한다.

$$10분위분배율 = \frac{하위\ 40\%\ 소득계층의\ 소득}{상위\ 20\%\ 소득계층의\ 소득}$$

따라서 10분위분배율의 값이 클수록 소득분배가 균등함을 나타낸다. 이 방법은 측정하기가 간편하고 하위계층과 상위계층의 소득분배상태를 직접 비교할 수 있다는 장점이 있다. 국제적으로 10분위분배율이 0.45 이상이면 고평등분배국, 0.45와 0.35 사이이면 저

평등분배국, 0.35 이하이면 불평등분배국으로 분류된다. 일반적으로 선진국이 보다 평등한 소득분배를 나타낸다.

우리나라의 경우 10분위분배율이 1965년에는 0.463이었으나 1976년에 0.372로 악화되었다가 1996년에는 0.566으로 고평등분배국 수준으로 올라갔다. 그러나 1997년 외환 위기 이후 소득평등도가 다시 악화되어 1999년에는 0.496까지 하락했다가 회복되는 추세였다. 그러나 최근에는 다시 0.422(2012년 기준)로 저평등분배국 수준을 나타냈다.[13]

5분위배율

최근 통계청은 소득불평등을 더 쉽게 나타낼 수 있도록 10분위분배율보다는 5분위배율(the 5th quintile over 1st quintile; '5분위분배율'이라고 하지 않는다)을 이용하여 소득평등도의 변화를 나타내고 있다. 소득 5분위배율은 상위 20% 소득을 하위 20% 소득으로 나누어 계산된다.

$$5분위배율 = \frac{상위\ 20\%\ 소득}{하위\ 20\%\ 소득}$$

그 결과가 〈표 4-1〉에 나타나 있다. 5분위배율은 10분위분배율과는 달리 숫자가 작을수록 소득분배가 균등함을 나타낸다. 이 표를 통해서 볼 때, 우리나라의 5분위배율은 외환위기 이후 지속적으로 높아지고 있음을 알 수 있다. 즉 우리나라의 소득불평등도는 심화되고 있는 것으로 나타난다. 따라서 소득불평등을 개선할 수 있는 정책이 요구된다고 할 수 있다.

소득점유율	1997	1998	1999	2000	2001	2002	2003	2004	2005	2006	2012
상위 20% 소득	37.2	39.80	40.24	40.11	40.31	39.67	38.80	38.89	39.0	39.07	39.17
중위 60% 소득	54.5	52.85	52.43	52.35	52.17	52.68	53.76	53.92	53.8	53.76	55.61
하위 20% 소득	8.3	7.35	7.33	7.54	7.52	7.66	7.44	7.18	7.2	7.18	5.21
5분위배율	4.49	5.41	5.49	5.32	5.36	5.18	5.22	5.41	5.42	5.44	7.61

▲ 표 4-1

우리나라의 소득 5분위배율(비율)

최근 소득 5분위배율이 소득불평등 척도로 많이 사용되고 있다. 소득 5분위배율은 상위 20% 소득을 하위 20% 소득으로 나누어 계산한다.

13 통계청, 『2013 한국의 사회지표』, 2014년.

로렌츠곡선과 지니계수

로렌츠곡선

미국 경제학자 로렌츠(Max O Lorenz, 1876~1959)이 고안한 로렌츠곡선(Lorenz curve)은 인구누적비율과 소득누적비율간의 대응관계를 표시한 곡선을 말한다. 여기에서 '누적'이란 단어에 주의해야 한다. 예로 들어, 가로축에서 50의 의미는 전체 인구를 가장 가난한 사람부터 가장 부유한 사람까지 일렬로 세워놓고 그 중 가운데 사람까지의 누적된 인구의 비율이 50%라는 의미이다. 세로축은 사람들의 소득 수준을 말하는 것이 아니라 가장 가난한 사람부터 그 지점까지 사람들의 소득을 모두 합한 누적수치를 의미한다. 〈그림 4-4〉에서 대각선 AB는 각 인구누적비율이 각 소득누적비율과 동일하게 나타나 완전균등한 소득분배 상태를 표시한다. 예컨대 10%의 인구가 전체소득 중 10%를, 50%의 인구가 전체소득 중 50%을 점유한다는 의미이므로, 이는 소득분배가 완전균등함을 나타낸다.

반대로 한 명이 모든 소득을 갖고 나머지 국민은 소득이 전혀 없다면 로렌츠곡선은 ACB가 이루는 두 변에 완전히 붙는 모양으로 나타난다. 소득 수준이 가장 높은 단 한 사람(맨 오른쪽 끝에 위치하는 사람)에게 100%의 소득이 집중되어 한 사람에게 모든 소득이 집중되어 있기 때문이다. 따라서 소득분배의 불평등도가 클수록 로렌츠곡선은 아래로 늘어지게 그려진다. 이와 같이 로렌츠 곡선은 한눈에 소득불평등의 정도를 쉽게 알아볼 수 있고, 쉽게 비교할 수 있다는 장점이 있다. 그러나 만약 어느 두 나라의 로렌츠곡선들이 서로 교차하면 균등정도를 비교하기는 곤란하다는 단점이 있다.

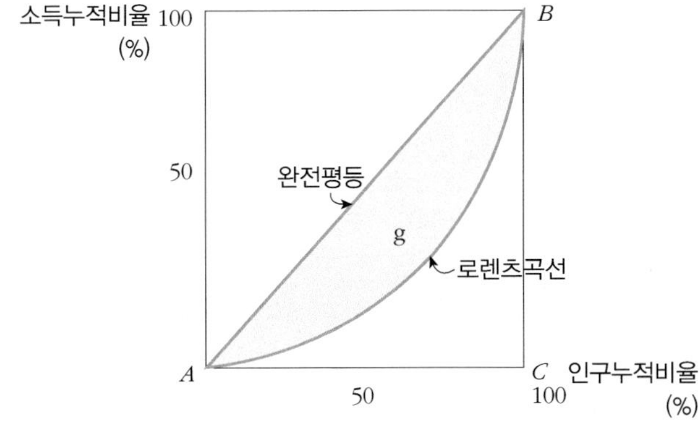

▲ 그림 4-4

로렌츠곡선

로렌츠곡선이 아래로 늘어질수록 소득불평등도가 큰 것을 의미한다.

지니계수

이러한 로렌츠곡선의 단점을 보완하기 위해 불평등도를 하나의 숫자로 표현한 것이 이탈리아 통계학자 지니(Corrado Gini)가 고안한 지니계수(Gini coefficient)이다. 로렌츠곡선에서 불평등 정도를 나타내는 면적(g)을 직각삼각형 ABC의 면적으로 나눈 값을 지니계수라 한다.

$$\text{지니계수} = \frac{\text{불평등면적}(g)}{\text{직각삼각형}(ABC)\text{의 면적}}$$

지니계수의 값이 클수록 소득분배가 불균등함을 나타낸다. 일반적으로 지니계수가 0.5 이상이면 고불균등분배국, 0.4 이하이면 균등분배국으로 분류된다. 이 사이는 중간수준의 소득분배를 나타낸다. 우리나라는 0.34(2012년 기준)이므로 균등분배국에 속한다.[14] 그러나 지니계수는 전 소득계층의 소득분배상태를 하나의 숫자로 표시하기 때문에 특정 소

ECONOMIC EYES
경제의 눈

코라도 지니

■ Corrado Gini (1884~1965)

코라도 지니는 이탈리아 출신의 통계학자이며 인구학자인 동시에 사회학자이다. 그는 한 사회의 소득불평등도를 나타내는 '지니계수'(The Gini Coefficient)를 개발한 것으로 잘 알려져 있지만, 다른 한편으로는 대표적인 파시즘(fascism, 전체주의) 이론가로서 1927년에 *The Scientific Basis of Fascism*을 저술하였다.

지니는 1884년에 이탈리아의 Motta di Livenza 지방의 토지가(家) 집안에서 태어났으며, 볼로냐(Bologna)대학에서 수학, 경제학 그리고 생물학을 전공하였다. 그의 학문적 관심은 통계학을 넘어, 생물체와 사회적 현상을 지배하는 법칙으로 이어졌다. 1925년 로마대학의 교수가 되어 사회유기체설(社會有機體設)의 입장을 취하며 민족을 생물유기체와 동일하게 바라 보는 '신유기체설'을 제창하였다.

그의 이론에 따르면 민족은 생물유기체와 같아서 단계에 따라 쇠퇴하여 가며, 또한 사회계층에 따라 인구 증가율이 달라 상층계급은 낮은 출생률을, 반대로 하층계급은 높은 출생률을 나타내기 때문에 '인구학적 신진대사'가 발생한다고 설명하였다. 그는 파시스트 이론가였지만 파시스트 정권의 연구 활동 개입에 저항하여 1932년에 은퇴하였다.

14 통계청, 「가구소비실태조사」 2014년도.

득계층간의 소득분배상태는 알 수 없다는 단점이 있다.

이상에서 살펴본 바와 같이 세 가지 측정방법들은 각기 장단점을 갖는다. 따라서 어떤 방법이 가장 좋은 방법인가를 말할 수는 없다. 다만, 10분위분배율이나 5분위배율이 특정 소득계층(하위 40% 소득계층 또는 하위 20%) 소득계층에 중점을 두어 소득분포상태를 측정한 것이라면, 로렌츠곡선과 지니계수는 국민 전체의 소득 분포상태를 표시한 것이라는 차이를 가진다.

고용안정과 사회적 합의

한국 사회는 빠른 경제성장으로 노사 간의 평화적 협의의 문화가 자리잡지 못하고 연례적으로 노사 갈등이 반복되어 왔다. 특히, 베이비붐 세대의 은퇴와 청년 실업의 증가라는 새로운 사회적 문제는 우리 사회가 어떻게 이러한 문제들을 해결해 나갈 것인가에 대한 많은 질문들을 던지고 있다. 노사 관계의 평화적 정착을 통하여 사회 안정을 찾은 선진국들의 예를 볼 때, 대립보다 상호 이해를 토대로 한 양보와 배려가 노사 갈등을 해결하는데 얼마나 긴요한 것인가를 잘 알 수 있다. 본 장의 논의를 통하여 우리는 경제성장이 활발하게 이루어지고 있는 경우가 아니라면, 임금의 상승과 고용의 확대를 동시에 달성하는 것은 결코 쉽게 얻어지는 것이 아니라는 것을 알 수 있다. 노사 양측 중 어느 쪽이 더 높은 협상력을 가지느냐에 따라서 임금 수준은 완전경쟁 노동시장의 임금 수준보다 높을 수도 또 낮을 수도 있지만, 고용 수준은 반드시 완전경쟁 노동시장의 경우보다 낮게 된다. 따라서 노사간의 협의와 배려를 통하여 임금과 고용의 합리적인 목표를 설정하고 상호 노력하여 이를 이루는 것이 사회적으로 가장 바람직할 것이다.

베이비붐 세대의 정년연장제의 경우에도 이들의 근로기간을 연장하여 사회적 안정을 도모하는 동시에, 임금피크제 등 필요한 제도에 대한 이해와 합의가 따라야 할 것이다. 노동시장도 앞 장에서 논의했던 상품시장과 마찬가지로 시장기구의 작용을 인위적으로 제한하는 데 따른 부작용이 수반되기 때문이다. 즉 일방적인 임금의 상승은 고용의 감소를 초래할 수 있다. 따라서 노사간의 협의를 토대로 한 사회적 합의를 통하여 가장 바람직한 노동시장의 조건들을 만들어 나가야 할 것이다.

ECONOMIC EYES
경제의 눈

절대빈곤율은 증가하는데 기초생활수급자는 감소하는 이유

우리 사회의 빈곤율은 개선되지 않고 있는데도, 복지당국이 엄격한 기준을 적용하면서 오히려 기초생활수급자 대상은 감소하고 있는 것으로 나타났다. 국회 예산정책처의 '2013년 보건복지부예산 분석' 보고서에 따르면 최저생계비 이하를 버는 가구 비율인 절대빈곤율은 2004년 이후 꾸준히 증가 추세를 보이고 있다. 2004년 8.2%였던 절대빈곤율은 2009년 10.9%까지 꾸준히 늘었고, 2010년과 2011년 10.0%로 다소 낮아졌지만 여전히 두 자릿수를 유지하고 있다.

그럼에도 불구하고 기초생활수급자의 숫자는 141만 5,000명(2012년 7월 현재)으로 한 해 전(146만 9,000명)에 비해 3.7%가 감소했다. 2011년 수급자도 빈곤율이 더 낮았던 2005년(9.4%, 151만3,000명)보다 오히려 적은 숫자다. 수급자 수는 2010년 정점(156만9,000명)을 찍은 후 감소하여 2012년 현재 2004년(142만 4,000명) 수준보다 낮다.

이처럼 정부의 최저생활비 지원을 받는 기초생활수급자가 감소한 이유는 2010년부터 사회복지통합관리망이 본격적으로 가동되면서 부양의무자의 소득파악이 쉬워진 때문이다. 오랫동안 소식이 끊긴 자식 등 가족의 소재가 파악되면서 기초생활수급자 자격을 상실하게 되는 것이다. 이러한 사람들을 구제하기 위하여 부양능력이 있고 실제로 부양하는 경우에만 부양의무자로 판정할 수 있도록 제도를 개선해야 한다는 지적이 제기되고 있다.

생각하기

임금의 상승과 고용의 확대를 동시에 달성하려는 것은 기업활동의 제한을 가져올 수 있다. 노사간의 협의와 배려를 통한 임금과 고용의 합리적 목표 설정을 이루는 것이 중요하다.

SUMMARY

경제의 중요한 기능의 하나는 소득의 배분이다. 한 나라의 경제가 이루어낸 과실을 어떻게 구성원간에 배분하는 가는 오랜 세월 경제학자들의 주요 관심사가 되어 왔다. 생산활동의 주요한 요소가 되는 노동, 자본, 임대자원 그리고 경영에 대한 보수인 임금, 이자, 지대 및 이윤이 합리적으로 배분될 때 사회는 안정되고 성장할 수 있는 것이다. 본 장에서는 생산요소의 보수가 어떠한 의미를 가지며, 또 어떻게 결정되는가를 생각해 보았다. 노동의 예를 들면, 노동에 대한 대가인 임금은 상품시장에서 상품의 가격이 결정되는 원리와 마찬가지로 노동시장에서 수요와 공급에 균형에 의해서 결정된다. 따라서 노동시장의 형태가 어떻게 되느냐가 노동에 대한 임금소득을 결정하게 된다. 현실에서는 노동의 수요자와 공급자가 어느 정도 상응하는 협상력을 가지고 테이블에 마주 앉게 된다. 따라서 그 결과는 노동자와 사용자간의 힘의 크고 작음에 의해서 결정될 것이다. 이때 균형임금은 노동시장이 완전경쟁인 경우에 비하여 높을 수도 또는 낮을 수는 있겠지만, 한 가지 중요한 것은 어느 경우이든지 고용의 양은 완전경쟁 노동시장의 경우에 비해서 낮은 수준이 된다는 점이다. 그렇기 때문에 사회가 바람직한 고용 수준을 이루기 위해서는 반드시 노동자와 사용자간의 협의와 합의가 필요하게 된다.

KEY TERMS

정년연장	임금피크제	기회의 평등
결과의 평등	인적자본	생산요소
임금	하방경직성	통상임금
신의칙	효율성임금가설	자본
이자	현재가치	미래가치
할인	신용	지대
불로소득	이전수입	경영
창조적 파괴	완전경쟁요소시장	수요독점
공급독점요소시장	쌍방독점	한계생산물수입
KBO	산별노조	클로즈드 숍
커트 플러드	자유계약선수	피용자보수
영업잉여	노동소득분배율	소득불평도
10분위분배율	5분위배율	로렌츠곡선
지니계수	코라도 지니	베이비붐 세대
임금피크제	절대빈곤율	기초생활수급자

QUESTIONS

1. 고소득층에서는 임금이 상승하면 오히려 노동공급을 줄인다. 그 이유는?

2. 10년 만기 액면가 1억 원 채권의 현재가치는? 단, 현행 이자율은 3퍼센트이다.

3. 10십분위분배율과 5분위배율의 차이를 설명하시오.

4. 지니계수란? 그리고 이 측정방법의 장·단점은?

5. 수요독점의 예를 하나 들어 보이시오. 그리고 이 경우에 요소공급자는 왜 착취를 받는가를 설명하시오.

EXERCISES

1. 과거 경남 장승포는 주된 생업이 고래잡이였다. 고래잡이 선원들은 높은 숙련도를 필요로 하고, 대부분 장승포에서 살고 있었다. 만약 장승포에서 고래잡이배의 선주들이 조합을 만들어 고래잡이 선원들을 일률적으로 고용하게 되었다면, 고용되는 고래잡이 선원들의 수와 임금에는 어떠한 변화가 나타나겠는가? 설명하시오.

2. 아래 표는 두 가지 유형의 기계로부터 예상되는 향후 5년간의 연차별 수익을 나타내고 있다. 현재 이자율은 10%라고 가정하고 다음 질문들에 답하시오. 단, 이 두 기계의 6차년부터의 수익은 없으며, 그때가 되었을 때 이 기계의 잔존가치는 모두 0이다.

(단위: 천 원)

	1년 후	2년 후	3년 후	4년 후	5년 후
기계 A	5,000	4,000	3,000	2,000	1,000
기계 B	1,000	2,000	3,000	4,000	5,000

1) 기계 A와 기계 B가 가져올 것으로 예상되는 수익의 현재가치(the present value)는 각각 얼마인가?
2) 두 기계 모두 천 5백만 원의 총수익을 갖는데, 그렇다면 두 기계가 같은 현재가치를 갖는가? 아니면 다른 현재가치를 갖는가? 이유는?
3) 이자율이 오르면 위 1번에서 계산된 현재가치는 어떻게 달라지는가? 이자율을 15%라고 가정하고, 기계 A가 가져오는 수익의 현재가치를 다시 계산하시오. 이자율이 오르면 같은 기계가 갖는 투자대상으로서의 매력은 어떻게 되는가? 이유는?
4) 이자율과 투자의 관계는?

C·H·A·P·T·E·R

05

사회적 합의는 반드시 어려운가? 시장, 정부, 그리고 제도

토의주제

송전탑 건설과 같은 국책사업은 주민반대에도 불구하고 추진해야 하나?

- 지지: 국가경제 위해 지역주민은 대승적 차원에서 받아들여야 한다.
- 반대: 주민의 경제권을 침해하여 강압적으로 희생을 강요해서는 안 된다.

경남 밀양 지역의 송전탑 공사를 강행하려는 한국전력과 이를 반대하는 인근 주민간의 갈등은 국책사업을 둘러싼 갈등을 사회 구성원들이 어떠한 시각으로 바라보고, 또 어떤 방식으로 이를 해소해야 하는지에 대한 의문을 다시 한 번 제시하였다. 비단, 송전탑 건설뿐만 아니라 발전소, 공장, 쓰레기처리장, 추모시설 등 이른바 많은 '혐오시설'들을 어디에 설치하느냐의 문제는 쉽게 사회적 합의를 이끌어 내지 못하고 있고, 정부도 뾰족한 해법을 찾지 못하고 있다. 경제학은 이러한 문제를 어떻게 바라보고 있고, 또 어떠한 해법을 제시할 수 있을까?

밀양 송전탑 건설과 관련된 사회적 갈등은 이미 예견되어 있었다는 지적이 많았다. 계절을 가리지 않고 반복되는 블랙아웃(대규모 정전사태) 위기가 날로 심각해 지면서, 3조 2,500억 원을 들여 건설한 140만kw(킬로와트)급 최신형 원자력발전소인 울산광역시 울주군 신고리원자력발전소 3호기가 2014년 초부터 본격적인 가동에 들어갈 예정이었지만, 전기를 보낼 송전선로가 완공이 되지 못하여 상당 기간 발전소 가동이 어려울 것으로 전망되었기 때문이다. 밀양 송전탑 건설 공사는 울산시 울주군 신고리원전에서 생산한 전기를 경남 창녕군의 북경남변전소까지 보내는 765kV(킬로볼트)급 송선선로 설치 공사였다. 울주군과 부산 기장군, 경남 양산시와 밀양시, 그리고 창녕군을 지나는 90.5km 구간에 철탑을 모두 161기 세우는 사업이었다.

밀양시의 부북면 주민 등 반대대책위는 재산권 침해와 환경 및 건강상의 피해를 이유로 '지중화'를 요구하였다. 그러나 송전탑 건설을 추진하는 측에서는 국책사업은 누군가 손해를 볼 수밖에 없기 때문에 대(大)를 위해서 소(小)가 받아들여야만 한다고 주장하였다. 이러한 상반되는 주장의 합의점을 도출하기 위하여 국회가 양측의 추천을 받은 전문가를 포함하여 총 9명(한국전력 추천 3인, 반대측 추천 3인, 국회 여야 각 1인 및 위원장)의 전문가 협의체를 구성하여 2개월 가까이 회의를 하였지만 송전탑 건설이외에는 마땅한 대안이 없다는 결론을 내자, 반대 주민 측에서 이를 거부하면서 아무런 성과를 내지 못하였다. 과연 이러한 문제에 대한 해답은 없는 것일까? 본 장에서는 이러한 문제가 발생하는 근본적인 원인을 생각해 보고, 경제학이 어떠한 설명과 해결방안을 제시할 수 있는지에 대해서 함께 살펴보고자 한다.

QR코드
QR코드 5-1: '송전탑과 밀양의 '눈물"
NocutView, 2012년 2월 10일

시장이 실패한다고?

오늘날 '자유로운 시장'은 사회 구성원의 이익을 가져온다는 찬사와 함께 소득의 양극화를 가져온다는 비난을 동시에 받고 있다. 아담 스미스는 시장에서 개인의 이익추구가 만인의 이익으로 이어진다고 했지만, 동시에 고삐 풀린 경쟁이 언제나 모든 이들에게 행복을 가져다주는 것은 아니라는 사실도 지적하고 있다.[1] 시장은 과연 사회의 모든 경제적 문제들을 해결해 줄 수 있는가? 그렇지 못하다면 어떠한 해결책이 필요한 것인가?

제3장에서 완전경쟁시장은 자원을 효율적으로 배분할 수 있다고 했다. 다시 말해 시장의 가격기구가 가장 제대로 운영되면 효율적인 자원배분이 가능해진다. 그러나 현실적으로 시장의 기능이 제대로 그 역할을 수행하지 못하는 경우가 종종 발생한다. 이렇게 시장이 자원을 효율적으로 배분하지 못하는 경우를 **시장의 실패**(market failure)라고 한다.

시장실패가 발생하면 효율적 자원배분을 달성하는 '보이지 않는 손'(invisible hands)의 역할이 무력해지게 된다. 이렇게 시장의 실패가 발생하는 경우는 재화의 성격이 공공성을 지니거나 시장에 외부성이나 불확실성이 있을 때 등이다. 이러한 현상을 자세히 살펴보자.

공공재의 경우

일반적으로 재화와 서비스를 향유하려면 비용을 내야 한다. 그러나 개별적으로 별도의 비용을 치르지 않아도 소비가 가능한 경우도 있다. 국방이나 치안 등이 이에 해당하며, 이들을 공공재라고 부른다.

공공재(公共財, public goods)를 엄밀하게 정의하면 국방, 치안 또는 도로나 공원과 같이 비경합성과 배제불가능성의 특성을 가지고 있는 재화라고 정의할 수 있다. 먼저, 비경합성이란 한 개인의 소비가 다른 사람의 소비를 저해하지 않는 것을 말한다. 예를 들어 국방이나 치안 서비스를 어떤 사람이 받았다고 하여 다른 사람이 그 서비스를 못 받거나 받는 서비스의 양이 줄어드는 것은 아니다. 공중파를 통한 TV 시청의 경우도 어떤 사람이 TV를 많이 본다고 하여 다른 사람의 TV 시청에 영향을 주지는 않는다. 한편, 배제불가능성

1 아담 스미스가 "개인은 자신의 이익을 추구함으로써 결과적으로 사회 전체의 이익을 의도적으로 추구할 때보다 더욱 효과적으로 사회 전체에 도움을 가져온다"라고 말했을 때, 그 밑바닥에는 사회 전체의 이익이 경제활동의 궁극적인 목적임을 암시하고 있다. Robert, H. Frank, *The economic naturalist: in search of answers to everyday enigmas*, Cambridge: Basic Books, 2007.

은 이용자가 가격을 지불하지 않더라도 소비를 배제시킬 수 없는 것을 말한다. 예컨대 일정한 금액을 지불한 사람에게만 국방이나 치안 서비스를 제공할 수는 없는 것이다. 대가를 지불치 않은 소비자들이 그 서비스 혜택을 받는 것을 막을 수 없다. 부두에 드나드는 배들 중에서 대가를 지불하지 않은 배라고 하여 등대 서비스를 받지 못하게 할 수 없다(미국의 경제학자 Ronal H. Coase는 영국의 등대시스템의 역사적 사례에서 민간 등대가 건설되어 사용료를 선박들로부터 개별적으로 거두어들인 경우를 제시하면서 이른바 '등대 논쟁'을 불러 왔다[2]). 이와 같은 특성으로 인해 사람들은 공공재를 원하면서도 그 비용을 부담하지 않는 무임승차자(free rider)가 되려고 한다.

이와 같이 공공재는 사용한 만큼 비용을 부담시키기 어렵고 사용을 금지시키기도 어렵다. 따라서 이러한 공공재를 시장기능에 맡기면 공급하려는 사람은 없을 것이며 생산 자체가 이루어지지 않는다. 국방이나 치안 등과 같이 비경합성과 비배제성이 확실한 서비스를 순공공재(純公共財)라고 하고, 전화, 통신 등과 같이 비배제성이나 비경합성이 약하지만 공익을 위해 정부가 직접 공급하는 재화를 준공공재(準公共財, quasipublic goods, merit goods)라고 한다. 이러한 공공재들은 이윤을 목적으로 하는 기업들에 의해서는 공급되기가 어렵다. 그렇지만 사회적으로 꼭 필요한 재화와 서비스이기 때문에 정부가 공급하는 것이다. 정부는 세금을 통해 공공재의 공급을 위한 비용을 충당하고, 이를 통하여 필요한 공공재를 국민에게 제공한다.

외부효과

다음으로 시장실패의 원인이 되는 경우가 외부효과(external effect)가 존재하는 경우이다. 외부효과란 어떤 경제활동이 제3자에게 의도하지 않은 이득이나 손해를 주는 데도 이에 대한 대가를 받거나 혹은 지불하지 않는 경우를 말한다. 이득을 주는 경우를 외부경제(external economy)라고 하고 손해를 입히는 경우를 외부비경제(external diseconomy)라고 한다. 이러한 외부효과가 있는 경우에도 시장실패가 발생한다.

먼저 이득을 주는 외부경제를 예로 들어 설명해 보자. 꽃을 재배하는 화훼농원 근처

2 Coase, R. H., "The Lighthouse in Economics," *Journal of Law and Economics*, Vol. 17, no. 2, 1974, pp. 357-376. 코즈는 이 논문에서 1820년대 영국의 민간 등대의 사례를 통해 등대가 제공하는 서비스를 반드시 정부가 나서서 제공할 필요가 없으며 민간부문에서 충분히 할 수 있다고 주장하였다.

ECONOMIC EYES
경제의 눈

공유지의 비극
(The tragedy of the commons)

1800년대 영국에서는 마을 주민들이 공동으로 소유한 방목장(the commons)이 존재하였다. 마을 주민들(the commoners)은 이 방목장을 공동으로 소유하고 있었고, 특정 개인의 소유권은 받아들여지지 않았다. 방목장을 사용하도록 허가받은 주민들은 자신의 소를 이곳에 풀어 놓아 풀을 뜯게 하였다. 그러나 개인 소유가 아니었기 때문에 마을 주민들은 방목장의 장기적인 관리보다는 자신들의 눈앞의 이익을 위하여 차츰 키우는 소의 숫자를 늘려갔다. 결국 공동 소유 방목장에는 지나치게 많은 소의 수가 방목되게 되었고, 소들이 풀을 하나도 남기지 않고 먹어 버려 방목장은 황폐하게 되었다.

이러한 현상은 1968년 생태학자 하딘(Garrett Hardin)의 유명한 논문, "Tragedy of the commons"(공유지의 비극)에서 잘 설명되었다. Hardin은 이러한 문제를 해결하기 위한 하나의 사례로서 미국 요세밋(Yosemite) 국립공원의 방문객 수를 제한할 것을 제안하였는데, 현재 요세밋 국립공원을 찾고자 하는 사람은 미리 선착순으로 신청하도록 되어 있다.

에서 양봉업자가 벌을 치고 있다고 하자. 이때 화훼업자는 꿀 생산을 가능하게 함으로써 양봉업자에게 이익을 주므로 외부경제를 발생시킨다.[3] 이 경우 화훼업의 사회적 이익은 화훼업자가 얻는 이익에 양봉업자가 덤으로 얻는 외부경제효과를 합친 것이 된다. 이를 그림으로 표시하면 다음의 〈그림 5-1〉과 같다. 화훼업자가 얻을 수 있는 꽃재배 면적당

3 양봉업자로 인하여 꽃의 수정이 더 잘 되어 화훼 농가도 이익을 볼 수 있어서 이 경우에는 서로에게 모두 외부경제효과를 준다.

추가적인 수입을 나타내는 한계수입곡선은 제 3 장에서 설명한 바와 같이 우하향하는 선으로 나타내진다. 그리고 화훼업자의 꽃재배 면적 당의 추가적인 비용을 나타내는 한계비용은 〈그림 5-1〉과 같이 우상향하는 선으로 나타낼 수 있다.

제 3 장에서 설명한 이윤극대화의 원리에 따라 한계비용과 한계수입이 일치할 때(A점) 이윤이 극대화되므로 이 화훼업자는 2,000m^2의 농원을 운영할 것이다. 그런데 외부경제효과가 있는 경우에는 개인의 한계수입과 사회적 한계수입이 다를 수 있다. 〈그림 5-1〉에서 사회적 한계수익은 화훼업자의 한계수입에 양봉업자가 얻는 외부경제효과를 합한 것이다. 이때 사회적 한계수입곡선과 화훼업자의 한계수입곡선의 차이가 바로 외부경제효과를 나타낸다. 이 경우에 사회적으로 가장 바람직한 생산량은 사회적 한계수입곡선과 한계비용곡선이 만나는 점(B점)에서, 즉 2,500m^2의 농원을 운영해 꽃을 생산하는 것이다. 그러나 이 경우 시장기능에 맡기면 사회적으로 바람직한 수준(2,500m^2)보다 낮은 수준(2,000m^2)에서 생산이 이루어진다. 따라서 화훼업자는 사회적으로 바람직한 규모 이하의 자원을 화훼 생산에 배분하는 비효율적인 자원배분을 초래한다. 즉 시장실패가 야기된다.

그러면 어떻게 해야 사회적으로 바람직하게 화훼업자가 농장을 확장하도록 만들 수

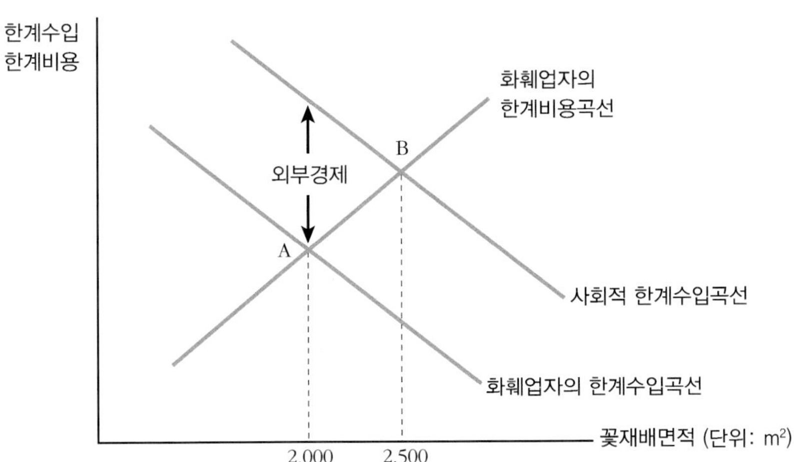

▲ 그림 5-1

외부경제가 있는 경우: 생산량 결정원리
화훼업자의 꽃 생산은 양봉업자의 꿀 생산을 증가시켜 사회 전체의 이익을 더 크게 한다. 하지만 그만큼의 이익이 화훼업자에게 고려되지 않기 때문에 화훼생산은 바람직한 수준보다 낮게 된다.

있을 것인가? 한 가지 방법은 정부가 화훼업자에게 외부경제의 효과를 가져온 데 따른 보조금을 지급하는 것이다. 이렇게 하면 화훼업자 개인의 한계수입곡선이 사회적 한계수입곡선으로 이동하므로 이 화훼업자는 이윤극대화 원리에 따라 2,500m²의 농장을 운영할 것이다. 그 결과 사회적으로 바람직한 규모의 꽃 생산이 이루어질 것이다. 그러나 이러한 보조금 지급은 주민들(납세자)의 부담이 되어 바람직하지 않다. 따라서 보다 바람직한 방법은 양봉업자가 화훼농원으로부터 얻은 이익에 상응하는 대가를 화훼업자에게 지불하여 화훼업자가 스스로 재배면적을 늘릴 수 있도록 하는 것이다. 그러나 현실적으로 정확히 얼마만큼의 대가를 지불해야 하는지를 계산해 내기는 쉽지 않다.

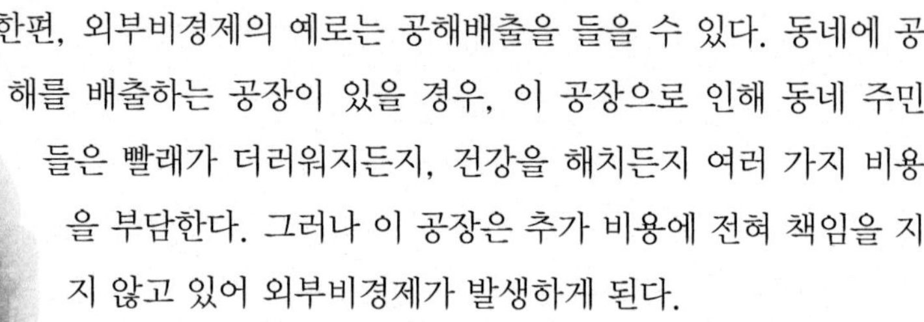

한편, 외부비경제의 예로는 공해배출을 들을 수 있다. 동네에 공해를 배출하는 공장이 있을 경우, 이 공장으로 인해 동네 주민들은 빨래가 더러워지든지, 건강을 해치든지 여러 가지 비용을 부담한다. 그러나 이 공장은 추가 비용에 전혀 책임을 지지 않고 있어 외부비경제가 발생하게 된다.

외부비경제가 있을 경우에는 앞의 경우와 반대로 시장기능에 자원배분을 맡기면 사회적으로 바람직한 수준보다 더 많은 양이 생산된다. 이를 그래프로 설명해 보자. 〈그림 5-2〉에 주어진 바와 같이 이 공해를 발생시키는 공장의 한계비용곡선과 한계수입곡선이 주어졌다고 가정하자. 사회적 한계비용곡선은 개별 공장의 한계비용곡선보다 높게 위치하게 된다. 이때 이 공장이 발생시키는 매연으로 인한 손실, 즉 외부비경제는 그림에서와 같이 사회 한계비용곡선과 개별 공장의 한계비용곡선의 차이가 된다.

만약 이 공장의 매연발생에 대해서 아무런 책임을 묻지 않을 경우 이 공장은 이윤극대화 원리대로 한계비용과 한계수입이 일치하는 수준(A점)인 매월 30억 톤 규모의 생산을 할 것이다. 그러나 공해비용까지 고려한다면 사회 전체적으로 이 공장으로 인해 발생되는 비용은 그림에 표시된 바와 같이 훨씬 높다.

따라서 공해비용까지 고려할 경우 사회적으로 바람직한 생산량은 25억 톤 규모(B점)가 된다. 이와 같이 외부비경제가 존재하는데 시장기구에 맡겨 둘 경우, 이 공장에서는 너무 많은 생산이 이루어지게 된다. 이러한 경우에 바람직한 생산량을 유도하려면 어떻게 해야 하는가? 외부경제의 경우와 반대로 공해를 발생시키는 공장에 벌금을 부과하는 방법이 있다. 외부비경제 효과만큼 벌금을 부과할 경우 이 공장의 한계비용곡선은 위로 이동하여 사회적 비용곡선과 같게 된다. 그럴 경우 이 기업은 이윤을 극대화하기 위해 생산

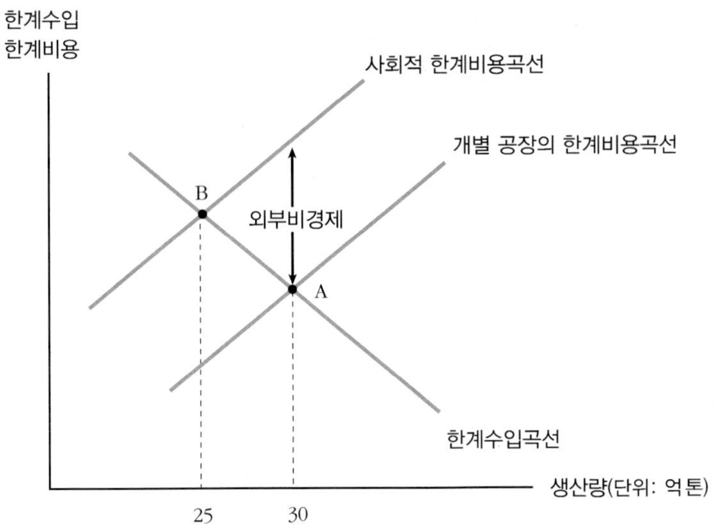

▲ 그림 5-2

외부비경제가 있을 경우: 생산량 결정원리
개별 공장의 매연 배출로 인한 사회적 비용은 이 공장에게 비용으로 간주되지 않기 때문에 지나치게 많이 생산된다.

을 줄여서 25억 톤 규모의 생산만을 할 것이다. 그러나 현실적으로는 공해비용을 정확하게 산출하여 벌금을 부과하기가 어렵고, 또한 이를 감독하는 데 따르는 비용이 많이 발생하기 때문에 공해 문제가 쉽게 해결되지 않고 있다.

본 장의 도입부분에서 언급된 송전탑과 같은 경우도 외부비경제가 존재한다. 송전탑을 건설하는 한국전력이나 이를 주관하는 정부부처의 경우에는 송전탑 건설을 계획할 때, 송전선로가 지나가는 지역의 주민들이 입게 되는 손해에 대해서는 충분히 고려하지 않는 경우가 대부분이다. 그렇기 때문에 지역 주민들은 언제나 자신들이 입게 되는 손해가 충분히 보상되지 않는다고 느낀다. 이럴 경우 송전탑 설치에 따른 전체 비용이 지나치게 적게 계상되게 되어 이러한 시설들은 사회적으로 바람직한 수준보다 더 많이 또는 더 광범위하게 설치되게 된다. 이러한 문제를 해결하는 방법에 대해서는 본 장의 뒤에 나오는 신제도경제학의 관점에서 살펴보고자 한다.

불확실성

시장 실패를 가져오는 또 하나의 요인은 불확실성(uncertainty)이다. 불확실성은 완전한 정보가 주어지지 않기 때문에 발생하게 된다. 특히, 상품을 공급하는 측과 구매하는 측이 서로 다른 정보를 가지게 될 때, 시장에서 결정되는 가격은 완전경쟁시장에서와 같은 가장 효율적인 가격이 되지 않을 수 있다. 그 결과, 시장의 균형이 가장 효율적인 상태와 다르게 결정될 수 있는 것이다. 이러한 경우, 충분한 정보를 가지고 있지 못한 쪽은 불확실성에 직면하게 되고, 할 수 없이 확률적인 선택에 의존할 수밖에 없게 된다. 그 결과로 나타나는 균형가격은 비효율적인 시장가격이 된다.

예를 들어, 중고 자동차를 팔고자 하는 사람은 자신이 사용해 온 중고 자동차의 결함에 대하여 이를 사고자 하는 사람보다 더 많은 정보를 가지고 있기 마련이다. 이를 정보의 비대칭성(asymmetric information)이라고 부른다. 2001년도 노벨경제학상을 수상한 미국 버클리대학교의 조지 애커로프(George Akerlof) 교수는 '레몬시장'이라는 표현을 통해서 정보의 비대칭성이 비효율적인 시장균형을 가져 올 수 있음을 설명하였다. 여기서 '레몬'은 겉으로 보기에는 아무런 문제가 없어 보이지만, 막상 결함이 있는 상품들을 지칭하는 표현이다.[4]

상품의 특성이 겉으로 잘 드러나지 않아 정보가 비대칭적인 상황에서는 소위 역선택(adverse selection)과 도덕적 해이(moral hazard)가 발생하여 시장의 효율성이 떨어지게 된다. 먼저 역선택이란 정보가 비대칭적일 때 정보를 갖지 못한 사람은 바람직하지 않은 상대방과 거래를 할 가능성이 높아지는 현상을 말한다. 앞의 중고차 시장을 예로 들면, 구매자는 사려는 자동차에 대해 판매자만큼 정보를 갖고 있지 않다. 따라서 구매자는 매우 조심스럽게 자동차를 고를 것이다. 이때 결함이 없는 자동차의 주인은 높은 값을 원할 것이고 결함이 있는 차의 주인은 낮은 값으로도 팔려고 할 것이다. 그러나 사려고 하는 사람은 어떤 차가 정말 문제가 없는 차인지 구별하기가 어렵기 때문에 비싼 값을 지불하려고 하지 않을 것이다. 따라서 결함이 없는 차를 소유한 주인은 낮은 가격에는 차를 팔려고 하지 않을 것이므로 시장에는 문제가 많은 차들이 거래될 가능성이 더 커진다. 이와 같이, 구매자입장에서 볼 때 문제가 많은 중고차만이 거래되는 상황이 발생한다. 이러한 경우에 정보를 갖지 못한 측은 잘못된 선택, 즉 역선택을 하기 쉽다.

여기서 '역선택'이라는 표현은 그 의미가 잘 전달되지 않는데, 아마도 일본어 표현[5]

4 Akerlof, George, "The Market for Lemons: Quality Uncertainty and the Market Mechanism," *The Quarterly Journal of Economics*, Vol. 84, No. 3, 1970, pp. 488-500.

5 일본어 표현으로 역선택(逆選擇) 또는 역선발(逆選拔)이라는 표현이 사용되고 있다.

을 그대로 가져온 것으로 보인다. 우리의 경우, '역선택'이라는 표현은 선거에서 일부러 상대 정당에 불리한 후보에 투표하는 현상을 의미하는데, 경제학에서 말하는 '역선택'의 의미는 이와 다르다. 경제학에서는 '바람직하지 못한 선택' 또는 '잘못된 선택' 정도의 의미를 나타낸다. 즉 정보의 비대칭성으로 인하여 '사회적으로 바람직하지 못한 결과가 선택된다'는 의미이다. 그러므로 '불합리한 선택' 정도로 번역하는 것이 어떨가 생각된다.

불합리한 선택의 다른 예가 보험이다. 생명보험회사가 사망 원인에 관계없이 일정 연령 이전에 사망할 경우 보험금을 지급한다고 했을 때, 이 보험회사는 가능한 건강한 사람들이 이 보험에 가입하기를 원할 것이다. 그러나 보험회사는 피보험자의 건강상태를 피보험자만큼 알 수 없기 때문에 실제 보험에 가입하는 사람들은 사망 가능성이 상대적으로 높은 사람들일 것이다. 이것도 '불합리한 선택'의 한 예가 된다.

이처럼 정보를 가진 사람은 정보를 갖지 못한 사람의 관점에서 보면 바람직하지 않은 행동을 하는 경향이 있는데, 이와 같은 행동이 나타났을 때 '**도덕적 해이**'(moral hazard)가 일어났다고 말한다. 최선의 노력을 다하겠다는 명시적 또는 암묵적인 약속이 있었음에도 불구하고 행동이 그렇지 못했다는 뜻에서 '도덕적 해이'라는 표현을 쓴다. 예를 들면 자동차보험 가입자는 사고가 나지 않도록 보험가입 이전처럼 주의를 하는 것이 도덕적으로 옳은 일이다. 그런데 보험에 가입하고 나서는 사고가 나더라도 보험회사가 비용을 지불할 것이라는 생각 때문에 운전에 주의를 덜하게 된다. 이러한 것이 일종의 비도덕적 행위이기 때문에 도덕적 해이라고 부른다.

기업은 상품의 질이 어느 정도인지 알고 있지만, 소비자는 기업만큼 자세히 알 길이 없다. 따라서 기업은 이 점을 이용하여 일시적으로 상품의 질을 낮추어 더 큰 이익을 얻을 수 있다. 또한 소비자가 양에 대한 인식이 낮다는 점을 이용하여 가격은 유지하고 양을 약간 줄여서 판매할 수 있다. 그리고 과일상자 안을 일일이 들춰내 볼 수 없는

소비자의 입장에서는 과일상자 속에 있는 과일이 작거나 질이 떨어지는 이른바 '속박이' 피해를 종종 입는다.

또 화재보험에 가입한 사람은 화재예방에 대한 노력을 게을리 할 가능성이 있다. 피보험자의 화재예방 노력에 관한 정

ECONOMIC EYES
경제의 눈

도덕적 해이

■ Jose Ortega (1883~1956)

국가가 위기에 처하게 되면 사람들은 그 원인을 정부에 돌리기 쉽다. 그러나 아무리 유능한 정부라 해도 국민들이 자신의 의무와 책임을 다하지 않는다면 아무것도 이룰 수 없다. 국민들의 도덕적 해이가 만연할 때, 정부의 어떤 정책도 성공할 수 없기 때문이다. 도덕적 해이, 또는 모럴 헤저드(moral hazard)란 용어는 원래 자본주의의 올바른 가치관을 훼손시키는 비윤리적인 경제행위를 표현하는 말이다. 도덕적 해이의 예는 우리 주변에서 쉽게 찾을 수 있다.

사람들이 보험을 들 때 자신의 질병을 솔직하게 말하지 않는다면 어떻게 될까? 결국 보험료의 과다한 지출로 모든 사람들의 보험료가 오르게 되고, 진정으로 보험의 혜택이 필요한 사람들은 그 혜택을 받지 못하게 될 것이다. 사람들이 중고차를 팔 때 고장 부분을 말하지 않는 것도 도덕적 해이에 해당된다. 그렇게 되면 중고차에 대한 사람들의 신뢰가 떨어져 중고차는 거래될 수 없게 되고, 좋은 중고차도 팔리지 않게 되어, 결국 모두에게 그 피해가 돌아가게 된다. 사람들이 법과 제도의 허점을 이용하여 자기 책임을 소홀히 하거나 집단적인 이기주의를 나타내게 되면, 사회는 도덕적 해이가 가져오는 피해를 입게 된다.

스페인의 유명한 철학자 호세 오르테가는 그의 대표적인 저서 『대중의 반역』(*The Revolt of the Masses*)에서 도덕적 해이의 위험성을 경계하였다. 그는 20세기 초 스페인에 "제 권리를 주장하는 데만 급급하고, 사회적 존재로서 자신이 해야 할 일에 대해서는 스스로 요구하는 일이 거의 없는 '대중인'(hombre-masa)이 출현하고 있다"고 했다. 그의 이런 경고에 귀를 기울이지 않은 스페인은 비록 수세기 동안 세계를 지배했던 나라였지만, 국민들 대부분이 도덕적 해이에 빠져 부패와 무질서로 쇠락의 길을 걷게 되었다. 철학자 오르테가의 말처럼 도덕적 해이에 빠진 나라는 '척추 없는 사회'와 같게 된다. 도덕적 해이가 가져온 부패와 무질서로 결국 스페인은 잘못된 자본주의 문명 앞에 굴복하였다.

보는 오직 본인만이 갖고 있으며, 그는 정보를 갖고 있지 못한 보험회사의 관점에서 볼 때 바람직하지 않은 행동, 즉 화재예방 노력의 수준을 낮추는 선택을 하고 있는 것이다. 이와 같이 정보의 비대칭성은 시장의 효율성을 떨어뜨리고 사회적 비용을 증가시키는 문제점을 갖는다.

만약 모든 경제 주체들이 완전한 시장정보를 가지고 있다면 시장의 효율성은 보장될 수 있다. 그러나 현실적으로 완전한 정보를 비용 없이 얻는다는 것은 불가능하다. 불확실성이 있으면 거래에 위험이 따르게 된다. 이러한 거래에 있어서의 위험은 공급자와 수요자 모두에게 거래비용의 상승을 초래해 시장의 효율성을 떨어뜨린다.

현실적으로 시장에서 불확실성을 제거한다는 것은 거의 불가능할 것이다. 문제는 그 불확실성을 얼마나 줄일 수 있는가 하는 것이다. 불확실성을 줄이기 위해서는 다양하고 정확한 정보를 시장주체들이 손쉽게 획득할 수 있어야 한다. 현대 사회는 정보화 사회라고 불린다. 그만큼 정보의 중요성이 크고 정보화 능력에 따른 경제행위의 결과도 크게 차이가 날 것이다. 이러한 문제를 해결하여 시장의 실패를 줄일 수 있는 방법에 대하여 논의해 보기로 하자.

정부의 역할

정부도 실패한다

위와 같이 시장 실패는 자원 배분의 비효율성을 초래하므로 효율성을 높이기 위해 정부의 개입이 필요하다. 예를 들면 국민의 안전에 직결되는 교통과 운송 등에 관해서는 정부의 철저한 규제가 필요하다. 이러한 안전문제가 소홀히 다루어질 때에는 그 피해가 고스란히 국민들에게 돌아가기 때문이다. 또한 공해를 발생시키는 외부비경제를 해결하기 위해 정부는 오염배출권(licenses to pollute) 판매, 부과금 과세와 같은 환경 규제를 통해 공해 배출을 줄일 수 있다. 또한 국방, 치안, 공원 등 공공재의 경우는 시장 기능에 맡기지 않고 정부가 직접 공급을 담당한다. 그리고 정부는 각 경제주체들이 보다 정확한 정보를 쉽게 얻을 수 있는 환경을 조성하여 시장의 불확실성을 감소시켜 효율성을 높인다.

그러나 정부개입이 반드시 시장실패를 교정시키는 것은 아니다. 오히려 효율성을 더욱 저하시킬 수도 있다. 예컨대 독과점 기업의 가격횡포를 방지하기 위해 정부가 가격규제를 한다면, 독과점 기업들은 품질향상을 게을리하게 되고 장기적으로는 기술개발에 대한 동기를 약화시킬 수 있다. 이와 같이 정부의 개입으로 시장실패가 해결되지 않고 도리어 자원배분의 비효율성과 소득 및 부의 불공정 배분 등을 더욱 증대시키는 결과를 발생시키는 것을 정부의 실패(government failure)라고 한다. 따라서 시장 실패의 해결을 위한 정부의 시장 개입은 그 경제적 파급효과에 대한 신중한 검토가 이루어진 후 시행되어야 한다.

1990년대 말 외환 위기의 원인을 경제구조에서 찾기도 하고, 또 투기성 외국자금에서 찾기도 하지만, 일부에서는 정부의 경제정책의 실패에서 찾기도 한다. 잘못된 경제정책이 더욱 심각한 문제들을 발생시킬 수 있기 때문이다. 이러한 이유에서 지구촌 경제시대에서 정부의 역할에 대한 새로운 시각이 요구되고 있다.

정부에 의한 해결방식

규제

때로는 정부가 금지나 허용기준을 설정하여 시장실패를 치유할 수 있다. 인체에 치명적인 해를 주는 독극물 배출금지, 환경보존을 위한 개발제한구역 설정 등 현실세계에서 정부에 의한 금지의 예는 많다. 한편 인간의 쾌적한 생활을 위해 최소한의 허용기준을 설정하고 있다. 현재 승용차 배출가스의 경우 일산화탄소는 1.2% 이하, 배기관 탄화수소는 200ppm 이하로 허용하고 있다. 소음공해의 경우 직접소음(벽, 바닥을 통해 전달되는 소음)을 기준으로 낮에는 43dB 그리고 밤에는 38dB를 층간소음의 기준으로 정하였다. 이처럼 정부가 시장실패를 초래시키는 경제행위에 대해 직접적으로 규제함으로써 비효율성을 제거할 수 있다.

세금과 보조금

시장실패를 다스리기 위해 직접규제방식보다는 시장유인방식(market-based approach)

이 때로는 더 바람직하다. 이 방식은 세금이나 보조금을 이용하여 민간부문의 시장 유인을 통해 효율적으로 자원배분을 유도하는 방식이다. 예를 들면, 강가에 빵공장과 제철공장이 각각 30톤의 폐수를 매년 방류한다고 하자. 정부가 규제방식으로 20톤씩 방류를 허용할 수 있고, 시장유인방식으로 톤당 1,000만 원씩 세금을 부가할 수도 있다고 하자. 규제방식을 사용할 경우 각 공장은 10톤씩 폐수만 줄이면 되고 더 이상 폐수를 줄일 유인은 없게 된다. 그러나 세금을 사용하는 경우 규모가 큰 제철공장은 폐수를 줄이기 힘들겠지만, 상대적으로 규모가 작고 폐수를 줄일 가능성이 높은 빵공장은 세금을 피하기 위해 정화시설을 갖추게 되어 폐수를 하나도 방출하지 않을 수도 있다. 따라서 각 공장에 비용과 편익의 개념을 반영하여 적절한 세금을 부가하면 규제방식보다는 더 효율적으로 폐수를 줄일 수 있다.

오염배출권

이 밖에도 정부가 시장중심의 규제방식을 사용하는 경우가 있다. 만약 정부가 개인이나 기업이 배출할 수 있는 오염 물질의 양을 정해 놓고 그에 미치지 않는 경우, 남는 오염배출량을 판매할 수 있다고 하면 오염배출권을 사고파는 시장이 형성된다. 예컨대 일년 동안 일정량만큼 배출할 수 있는 일산화탄소량은 각 지방자치단체에 인구비례 또는 경제규모에 따라 할당한다고 가정하자. 어떤 지역은 더 많은 성장을 위해 자신이 받은 할당량 이상의 오염배출권이 필요할 것이고, 환경친화적 산업이 많은 어떤 지역은 필요 이상의 오염배출권을 팔려고 할 것이다. 이처럼 오염배출권시장은 지역의 필요도에 따라 자연스럽게 형성된다.

과거 싱가포르 정부는 공해와 교통혼잡도를 줄이기 위해 고율의 자동차세를 부과했으나 실효를 거두지 못하였다. 이에 대한 처방으로 일정량의 자동차 소유권을 경매를 통해 배분하는 제도를 실시하였다. 결국 꼭 필요한 기업 및 사람들만이 경매를 통해 한정된 자동차를 소유하게 되고 대부분의 국민들은 대중 교통시설을 이용하게 되어 공해와 교통 혼잡도를 줄이게 되었다.

그래, 제도야

주류 경제학이라고 불리는 신고전학파 경제학에서는 어느 특정 국가나 시대를 초월해서 항상 적용되는 경제원리를 발견하려고 노력하였다. 그로 인해서 문화나 경제제도 및 법률 구조 등에 대해서는 일체의 언급이 없이 완전경쟁적 시장을 가정하고 논의를 전개했다.

시장에서 수요자와 공급자가 만나는 데 일체의 비용이 들지 않는다는 가정 하에서 이론을 전개하였다. 그러나 현실적으로 시장에서 소비자가 구입할 상품에 대해서 정보를 얻거나 구매하는 데도 여러 가지 비용이 소요된다. 또 노동자를 고용하는 기업은 어떤 사람이 성실하게 일할 것인가에 대한 정보를 근로자만큼 알지 못한다. 그리고 노동자가 열심히 일하는지 감독하는 데도 감독비용이 소요되며, 업무의 성격에 따라 상당한 비용의 차이가 발생한다.

뿐만 아니라 같은 자본주의 국가라 할지라도 그 사회의 법률적 구조에 따라서 경제적 선택의 결과가 달라질 수 있다. 예를 들어서 근로기준법으로 인해 노동자를 쉽게 해고 할 수 없는 기업들은 비정규직 근로자의 고용을 늘리는 반면에, 근로자의 해고가 용이한 경우에는 비정규직의 비중이 매우 낮다. 이렇게 현실 경제에서는 법과 제도의 차이로 인해 서로 다른 의사결정을 하게 된다.

또 문화의 차이도 경제적 선택에 큰 영향을 미친다. 예를 들어 미국과 일본은 모두 선진 자본주의 국가이지만 경제의 운영방식은 매우 다르다. 일본에서는 종신고용제나 연공서열제가 관행화되어 있어서 노동자 개인의 능력보다는 근속연수를 중히 여겨 임금을 지불하지만 미국의 기업들은 철저히 능력과 기여도에 따라서 급여를 차등 지급한다. 또 같은 서구 국가라 할지라도 미국과 독일은 매우 다른 형태의 자본주의 제도를 운용하고 있고, 또 북구의 복지국가들과 미국도 상당히 다르다.

이와 같이 문화, 법, 제도 등의 차이가 경제적 의사결정에 큰 영향을 미치므로 이러한 요소들을 고려해서 경제이론체계를 다시 수립해야 한다는 주장을 하는 학자들이 많이 등장하고 있다. 이들을 일컬어서 제도주의학파와 신제도주의학파라고 부르는데, 특히 **신제도주의 경제학**(new institutional economics)은 자유방임적 시장만을 강조하는 신자유주의 사조에 대한 하나의 대안이 될 수 있을 것이다.

제도주의 경제학이란

■ Thorstein Veblen(1857~1929)

지금까지 살펴본 바와 같이 주류 경제학은 경제법칙을 추구한 나머지 지나치게 추상적이었다. 수요자는 자신의 수요를 정확하게 알고 있고, 또 공급자도 생산에 필요한 모든 정보를 알고 있다고 가정하였다. 이러한 가정이 너무 비현실적이라고 주장하면서 제도의 중요성을 강조했던 학자들을 **제도경제학파**(institutional economists)라고 한다. 대표적인 학자는 미국의 베블렌과 갤브레이스 등을 꼽는다.

베블렌(Thorstein Veblen, 1857~1929)은 주로 대기업의 피해를 많이 역설했는데, 특히 인간을 합리적이라고 간주하는 주류 경제학을 비판했다. 인간은 때로는 자신을 과시하기 위해서 소비하는 경우가 많이 있으며, 이런 과시적 재화를 베블렌재(Veblen's goods)라고 부른다. 이런 재화는 효용에 관계없이 비쌀수록 많이 팔리므로 가격이 오르면 수요가 떨어진다는 수요의 법칙에 위배된다는 것을 지적했다. 베블렌이 활동하던 1920년대 미국은 제1차 세계대전 이후 황금기를 구가하면서 많은 부자들이 생겨났는데, 이들이 자신의 부를 과시하기 위해서 100달러짜리 지폐(현 시가로 5,000달러, 한국 화폐로 약 500만 원)에 담배를 말아서 피운다거나 하는 과시적 소비를 목격하고 인간의 비합리적인 모습을 강조했다. 베블렌이 이런 주장을 한 이유는 주류 경제학이 너무 법칙을 추구함으로써 제도를 무시하는 것에 대한 비판을 하기 위한 것이었다. 그는 대공황을 예언했으나 아무도 그에게 귀를 기울이지 않았다.

■ John Kenneth Galbraith(1908~2006)

베블렌의 뒤를 이은 갤브레이스(J. K. Galbraith, 1908~2006)는 자본주의가 대기업들로 인해 완전경쟁이 될 수 없음을 지적했다. 그는 대기업들이 광고를 통해서 소비자들에게 자기가 생산한 공급량을 다 소비하도록 부추긴다고 보았다. 그래서 자본주의는 소비자주권이 보장되는 사회가 아니라 생산자 주권이 보장되는 사회라고 비판하였다. 특히 그는 광고로 인해서 자원이 정말 필요한 곳으로 배분되지 않는다고 보고 광고의 피해를 많이 지적했다. 기업은 사람들에게 새로운 욕구를 일으키도록 광고로 현혹해서 사회가 정작 필요로 하는 도로, 항만, 학교, 병원 등은 뒷전으로 밀려나게 하기 때문에 정부가 나서서 이를 제도적으로 해결해야 한다고 주장하였다. 그는 미국은 극도의 개인주의와 이기주의로 병들고 있으며 이를 부추기는 것은 기업이라고 대기업을 혹평하였다.

신제도학파의 등장

■ Ronald Coase

구제도학파가 처음에는 미국에서 상당한 관심을 끌었다. 그러나 이들은 신고전학파 이론을 전부 부정하면서도 자신의 새로운 이론을 제시하지는 못했기 때문에 점차 신뢰를 상실하였다. 그리하여 경제학에서 제도에 대한 연구는 점차 힘을 잃고 다시 주류 경제학이 부활하였다. 이러한 상태에서 다시 제도에 대한 관심을 돌려놓은 사람은 로널드 코즈(Ronald Coase)였다. 그는 1937년 발표한 "기업의 본질"(*The Nature of the Firm*)이라는 논문과 1960년에 쓴 "사회적 비용의 제문제"(*Problem of Social Cost*)라는 논문으로 1991년에 노벨경제학상을 수상하였으며, 신제도학파라고 불리는 새로운 경제 사조를 만드는 데 결정적 기여를 하였다.

코즈(Coase)이론

어느 목장 주인이 우유 생산을 늘이기 위해서 주변 대학의 이론적인 물리학자에게 그 방법을 물었다는 우스개 소리가 있다. 이 물리학자는 꼼꼼히 살펴본 후에 이렇게 대답했다고 한다. "해결 방법을 찾았습니다. 그런데 그 방법은 그 소가 둥근(a spherical cow) 형태를 가졌을 때만 가능합니다(물론 세상에 동그란 형태의 소는 존재하지 않는다)." 물리학자들은 세상을 이해하기 위하여 대개 많은 가정들을 토대로 자신들의 이론을 만든다. "모든 물체는 구형이고, 움직임은 마찰이 없으며, 모든 평면은 무한대이다"[6]와 같은 가정들이다. 모든 사람들은 이러한 가정들이 비현실적이라는 것을 알고 있지만, 실제 현실 세계가 작동하는 원리를 밝혀내는 데 반드시

6 Masses are spherical, motion is frictionless, and surfaces are infinitely large.

ECONOMIC EYES
경제의 눈

■ Ronald Coase

■ Douglas C. North

신제도주의와 길 잃은 소

고전적 경제학에서는 인간이 합리적인 의사결정을 내리기 때문에 자유로운 시장에 모든 것을 맡겨두면 가장 바람직한 결과를 얻게 된다고 믿었다. 개인들이 자신의 이익만을 추구하더라도 궁극적으로는 시장의 질서를 통해 사회 전체를 위한 최선의 결과가 달성된다는 견해이다.

그러나 인간이 합리적이라는 가정에 대해 의문을 갖게 된 경제학자들이 나타났는데, 가장 대표적인 사람은 '전시효과'로 유명한 노르웨이 출신 미국 경제학자 베블렌(Thorstein Veblen, 1857~1929)과 갈브레이드(J. K. Galbraith, 1908~2006)이다. 이들 제도학파의 주장을 더욱 이론적으로 발전시킨 사람들이 노벨경제학상 수장자인 코즈(R. Coase, 1910~2013)와 노스(D. C. North, 1920~)와 같은 '신제도학파'(new institutionalists)들이다.

이들은 단순히 인간이 불합리하다는 주장에 머무르지 않고, 구체적으로 사회 안에서 법과 제도가 가지는 역할에 대해 설명하였다. 이들에 따르면, 법제도는 경제적 효율성을 높이는 역할을 수행한다고 했는데, 그만큼 한 국가의 정책과 법이 중요하다는 것이다. 이들 신제도학파는 "한 나라의 제도적 수준이 경제적 성취를 결정한다"고도 했는데, 이들의 설명 중에 나오는 한 가지 흥미로운 사례가 '길 잃은 소'에 관한 이야기이다. 어느 농장과 인접한 목장에서 주인의 관리 소홀로 뛰쳐나온 소가 이웃 농장을 망치고 있다면, 사회적 손실이 이만 저만 아닐 것이다. 이 경우, 정부는 법제도를 통해 농장주인의 권리를 보장해 줌으로써 목장주인이 울타리를 치도록 해 사회적 손실을 막을 수 있다는 것이다. 즉, 제도를 통하여 사회적 손실을 최소화하는 것이다. 여기서 한 가지 흥미로운 주장은,

한편, 만약에 법으로 '목장 주인의 소가 농장을 망칠 권리가 있다'고(말도 안 되는 소리로 들리지만) 규정하는 경우에도 마찬가지 목표가 달성될 수 있다는 것이다. 물론 이 경우에는 목장 주인이 먼저 울타리를 치게 될 것이다. 중요한 것은 법제도를 통해 경제적 효율성을 높이고, 사회적 손실을 최소화할 수 있다는 점이다.

필요한 가정들이다.[7]

경제학자들도 늘 이러한 가정들을 내세우는데, 노벨 경제학상을 수상한 영국 출신 경제학자 로널드 코즈(Ronald Coase)는 이러한 경제학의 방법론에 회의적이었다. 그러나 그 역시 "거래비용(transaction costs, 거래 상대방을 규명하는 데 드는 비용, 협약관계를 맺는 데 드는 비용, 그리고 그러한 협약을 이행하는지를 모니터하는 데 드는 비용 등)이 존재하지 않는다는 가정 하에서"로 그의 이론을 시작하였다. 나중에 그의 시카고 대학 동료 교수였던 조지 스티글러(George Stigler)에 의해서 '코즈이론'으로 명명된 그의 이론 안에서, 코즈는 이러한 조건 하에서라면 소유권(property rights)이 어떤 방식으로 배분되느냐에 관계없이 원하는 결과를 얻을 수 있다고 주장하였다. 예를 들어, 법에 의하여 어떤 공장이 무제한으로 환경을 오염시킬 수 있는 권리를 부여받는 경우에도(말도 안 되는 이야기이지만), 마을에 사는 주민들에게 공장에서 생산하는 상품보다 더 많은 피해를 주고 있는 경우라면, 주민들이 푼푼이 돈을 모아(이를 위한 비용이 전혀 안 든다고 가정하면) 공장주로 하여금 그 공장 문을 닫도록 요청할 수 있다는 것이다. 반대로, 그 공장주가 환경오염을 하기 전에 모든 주민들에게 사전에 승인을 받아야 한다면, 모든 주민들에게 이를 위한 대가로 지불하기로 하는 협약을 맺으려 할 것이다. 어떤 경우든지 공장은 경제적으로 효율성(즉, 주민과 공장주가 합의하는 생산 수준이 유지되는 상태)이 보장되는 경우로 돌아가게 되는 것이다.

여기서 물론 "거래비용이 존재하지 않는 경우"라는 가정은 역시 비현실적인 가정이다. 현실 속에서는 수백만의 사람들이 공장주가 공장을 폐쇄하게끔 푼돈을 모은다는 것은 쉽지 않고, 또 공장 주인이 수백만 명에게 매달 소액을 지불하는 것도 어려운 일이다. "거래비용이 존재하지 않는 경우"라는 가정은 경제학자들의 "둥근 소"쯤에 해당되는 가정이라고 할 수 있다. 코즈가 "거래비용이 존재하지 않는 세상"을 묘사한 목적은 "거래비용"이 경제정책에서 그만큼 중요하다는 것을 강조하기 위함이었다고 보는 것이 옳을 것이다.

경제정책을 연구하는 경제학자들은 코즈의 가정을 일종의 바람직한 정책 목표로 설명한다. 예를 들

7 http://www.washingtonpost.com/blogs/wonkblog/wp/2013/09/04/the-coase-theorem-is-widely-cited-in-economics-ronald-coase-hated-it/

어, 정부는 반드시 소유권에 대한 명확한 정의를 규명하는 것에 충실하고, 그 뒤에는 시장의 걸림돌이 되지 않게끔 비켜서야 한다고 주장한다. 코즈 자신도 높은 거래비용의 존재가 정부의 규제를 정당화한다고 생각하였다. 다만, 흡연으로 인하여 많은 사람들에게 피해가 돌아가는 경우에서처럼 개개인이 시장을 통하여 이를 해결하는 데 많은 비용이 소요되는 경우에는 정부의 행정적 규제가 경제적 효율성을 높일 수 있다는 점은 지적하였다. 그럼에도 불구하고 코즈는 정부 규제가 모든 것을 해결해 주는 만병통치약은 아니라는 점을 분명히 하고 있다.

그래, 바로 제도야

코즈의 뒤를 이어 1992년에 게리 베커(G. Beker, 1930~2014), 1993년에 더글러스 노스(D. North) 등 신제도주의 경제학파로 분류되는 학자들이 연속적으로 노벨 경제학상을 수상하면서 신제도주의 경제학은 많은 관심을 불러일으켰다. 이들을 구제도학파와 구분하는 기준은 무엇인가? 가장 중요한 차이점은 이들은 단순히 제도의 중요성을 강조하는 데 그치지 않고 제도의 발생 원인에 대한 이론적 규명을 하였다는 것이다. 그리고 주류 경제학을 무조건 배제하지 않고 상당부분 수용했다는 것도 큰 차이점이다.

이들이 제도의 중요성을 강조한 방법은 학자들마다 약간씩 차이가 있다. 공통적인 것은 주류 경제학에서 가정하던 조건들을 보다 현실에 맞게 수정하였다는 것이다. 예를 들면 주류 경제학에서는 수요자나 공급자가 시장의 상황에 대한 정보를 아무런 비용도 들이지 않고 완전히 얻을 수 있다고 가정한 데 반해서, 이들은 이러한 가정의 비현실성을 지적하고 비용이 들기 때문에 제도가 필요하다고 역설하였다.

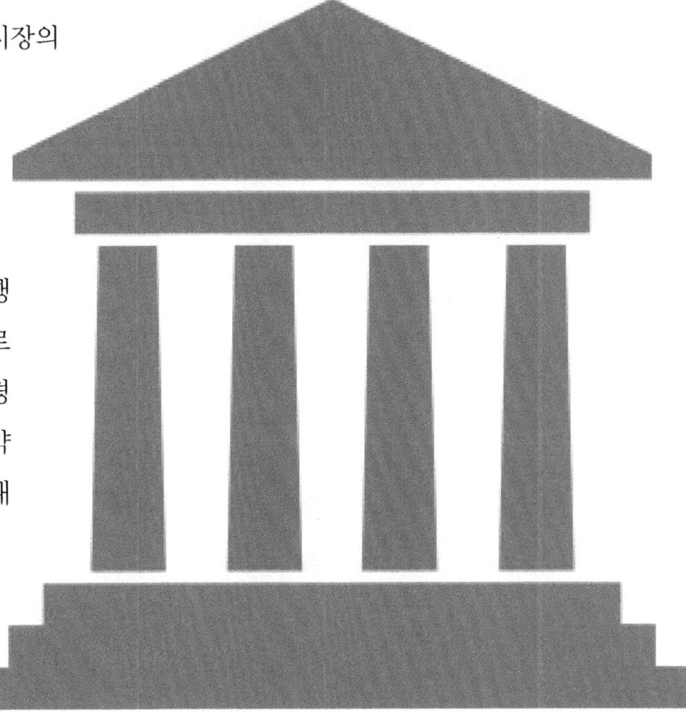

또한 주류 경제학에서는 재화나 서비스의 구매를 교환행위로 간주하였으나 신제도주의 학자들은 이것을 계약행위로 보았다. 예를 들면 소비자가 상품을 구매하는 행위를 주류 경제학에서는 돈과 상품을 교환하는 것으로 이해했으나, 계약의 관점으로 보면 현금에 대한 소유권을 포기하고, 상품에 대한 소유권을 취득하는 과정으로 이해했다. 그리고 고용도 주류 경제학에서는 기업이 노동자로부터 노동을 구매하고 임금을 지불하는 것으로 이해했지만, 신제도주의 학자들은 이것 역시 노동자가 자기의 시간의 일부

1970년대 이후 20여 명 이상의 제도주의학파 경제학자들이 노벨경제학상을 수상하였다.

▲ 표 5-1 **노벨 경제학상 수장자 중 제도주의 학자들**

연도	수상자	업적
1974년	F. A. von Hayek(영) G. Myrdal(스웨덴)	화폐 경제변동의 선구적 연구
1978년	H. A. Simon(미)	경제조직 내에서의 의사결정과정에 관한 도입
1982년	G. J. Stigler(미)	산업구조와 시장기능 및 정부규제원인과 결과 분석
1986년	J. M. Buchanan(미)	정치 경제적인 의사결정과정을 체계적으로 이론화
1991년	R. H. Coase(영)	경제와 법학 접목 체계화
1992년	G. S. Becker(미)	인간행위를 경제적으로 연구
1993년	R. W. Fogel(미) D. C. North(미)	경제사 연구에 경제이론 응용을 응용
1994년	J. C. Harsamyi(미) J. F. Nash(미) R. Selten(독)	게임이론으로 무역 정보화 환경학 등 분석
1996년	J. A. Mirrlees(영) W. Vickrey(캐나다)	비대칭 정보 아래 인센티브에 관한 경제이론 확립
2001년	G. A. Akerlof(미) A. M. Spense(미) J. E. Stiglitz(미)	비대칭 정보의 시장 이론 정립
2002년	D. Kahneman(미)	인간의 심리학적 통찰력을 경제학에 접목, 실험경제학 도입
2005년	R. J. Aumann(이스라엘) T. C. Schelling(미)	게임이론의 수학적 토대 제공 게임이론의 개념과 방법론을 정치·외교·사회 현상에 적용하여 주요 경제사회 현상들을 설명하고 정책방향을 제시하는 데 공헌
2007년	L. Hurwicz(미) E. S. Maskin(미) R. B. Myerson(미)	제도설계(메커니즘 디자인) 이론의 기초를 수립
2009년	E. Ostrom(미) O. E. Williamson(미)	코즈의 기업이론을 발전시킴

를 사용자에게 맡기고 지휘를 받기로 약속하는 계약행위로 이해했다. 그리고 이러한 계약에는 소유권의 설정비용, 소유권의 집행비용, 감독비용, 정보비용 등 많은 비용이 소요되는데 바로 이러한 비용의 차이가 서로 다른 제도를 낳게 된다고 설명하였다.

뿐만 아니라 이들은 인간의 능력에 대해서도 다른 견해를 보였다. 주류 경제학에서는 인간은 합리적이고 이기적인 존재라고 가정한다. 그래서 항상 자신에게 가장 유리한 선택을 할 수 있는 능력이 있다고 보았다. 한편 구제도학파인 베블렌은 인간은 비합리적인 의사결정을 할 경우가 많다고 보았다. 그러나 신제도주의 학자들은 인간이 합리적이려고 노력은 하지만 완벽하게 합리적이지 못하고, 제한적으로만 합리적(bounded rational)이라고 보았다. 즉 전지전능하지 않기 때문에 정보를 획득하는 데 비용이 소요되고, 또 정보가 충분하다고 해도 그것을 분석하는 데 완전하지 않기 때문에 완전히 합리적인 결정을 할 수 없다는 것이다.

그리고 신제도주의 경제학에서는 인간은 이기적일 뿐만 아니라 때로는 기회주의적으로 행동한다고 가정한다. 이기적이라는 것은 자기의 이익을 위해서 선택을 하지만 남에게 피해가 가는 행동을 하지는 않는다는 가정이 포함되어 있다. 따라서 이기적인 인간은 남을 속이지는 않는다. 그러나 기회주의적인 인간은 이기적인 것을 넘어 때로는 자기에게 유리하면 계약을 파기하기도 한다는 것이다. 이러한 전제는 계약의 이행을 보장하기 위해서는 비용이 소요된다고 하는 주장의 근거가 된다.

그리고 주류 경제학에서는 동일한 거래가 반복되는 것을 가정하는 데 비해서 신제도주의 경제학자들은 경제적 거래는 반복되는 경우가 별로 없고, 일회적인 거래가 많다고 주장한다. 거래가 반복될 경우에는 시행착오를 통해서 어느 정도 합리적인 의사결정을 할 수 있다. 그리고 기회주의적인 인간이라 할지라도 단골에게는 속이지 않는 것처럼 다음의 거래를 위해서 상대방에 대해서 기회주의적으로 행동하지 못한다. 그러나 거래가 일회에 그치는 경우에는 더 기회주의적으로 행동할 가능성이 높아진다.

그러면 현실 경제에서는 반복되는 거래가 많은가 아니면 일회성 거래가 많은가? 생필품을 구매한다든지 식사를 하는 등의 사소한 거래행위는 반복적인 경우가 많다. 그러나 우리나라에서 있었던 빅딜(big deal, 대규모 사업 맞교환)이나 내구성 재화의 구매, 기업의 직원 채용 등 상당히 많은 경제적 거래가 일회적이다. 그리고 이러한 일회적 거래는 거래횟수는 적을지라도 상당히 중요한 경우가 많다. 이러한 일회적 거래에서는 거래 당사자들이 기회주의적으로 행동할 가능성이 높으므로 상당한 정보비용이 소요된다.

이러한 비용을 줄여 주는 것이 바로 **제도**이다. 예를 들어서 환불제도가 보장된 백화점에서는 재화를 구매할 때 의사결정을 상대적으로 쉽게 할 수 있지만 잘 환불해 주지 않는 재래시장에서는 신중하게 상품을 살피고 정보를 분석해야 한다. 이와 같이 제도는 거래비용에 큰 영향을 미친다. 거래비용을 낮출 수 있는 제도를 어떻게 발전시킬 수 있는가 하는 것이 경제의 효율성을 달성하는 중요한 요소라고 보는 것이 거래비용적 접근법을 통해서 제도를 분석하는 학자들의 시각이다.

또한 경제분석 방법에 있어서도 큰 차이가

있다. 주류 경제학은 인간이나 경제환경이 기본적으로 동질적이라고 보고, 자연법칙을 탐구하는 물리학과 같이 시대나 국가를 초월해서 항상 적용될 수 있는 일반법칙을 탐구하는 데 관심을 기울였다. 즉 인간 사회를 유기체의 집합이라고 보기보다는 물리적인 또는 통계적인 방법이 더 유효한 집단으로 간주했다. 반면에 신제도주의학자들은 경제사회는 결국 인간들의 모임이고, 인간은 유기체이므로 시대에 따라서 또 국가마다 역사가 만들어 준 초기 조건에 영향을 받으며, 생물체가 환경에 적응하면서 변화해가는 것과 마찬가지로 법과 제도도 진화적으로 변해간다는 견해를 가지고 있다. 따라서 사회진화론의 관점에서 경제현상을 설명하려고 시도한다. 〈표 5-2〉는 지금까지 설명한 주류 경제학과 신제도주의 경제학의 기본적인 차이를 요약하고 있다.

합리적인 개인을 기초로 한 신고전학파의 자유방임적 시장주의와는 달리 신제도주의학파는 제한적 합리성을 갖는 개인들의 존재를 인정하고 법, 제도 및 문화 등의 중요성을 강조한다.

▲ 표 5-2 **신고전학파와 신제도주의 경제학의 차이**

내 용	신고전학파(주류 경제학)	신제도주의 학파
주요 분석대상	주어진 제도하에서 가격과 수량의 결정	제도의 생성원리 및 제도가 주는 인센티브 구조
경제학의 성격	선택의 학문(교환중시)	계약의 학문
경제와 비경제 관계	경제적 요인을 독립적으로 분석	법, 제도, 문화 등을 중시
인간관	이기적 존재(self-interest)	기회주의적 존재
거래의 반복성	반복적	일회성 계약도 많다
인간의 합리성	완전히 합리적	제한적 합리성
경제 분석 방법	물리학이나 자연법칙과 유사	생물학이나 진화론과 유사

거래비용의 유형

지금까지 주류 경제학과 신제도주의 경제학의 특징을 비교하면서 제도가 왜 중요한지를 어느 정도 설명했다. 요약하면 인간이 전지전능하지 못하기 때문에 그리고 인간이 완벽하게 도덕적으로 자기의 약속을 지키지 못하기 때문에 계약을 이행시키기 위해서 비용이 소요되며 이러한 비용을 줄여 주기 위한 것이 바로 제도(institution)라는 것이다.

신제도주의 경제학자들이 자주 사용하는 거래비용(transaction cost)이라는 개념은 앞에서 설명한 바와 같이 계약을 이행하는 데 소요되는 모든 비용을 지칭한다. 계약의 대상에 대한 정보파악비용, 계약의 이행을 강제할 수 있는 집행비용 등 포괄적인 개념이 포함된 것이다. 주류 경제학에서는 이것이 소요되지 않는다고 가정한 반면에 신제도경제학파 학자들은 이것의 중요성을 지적한 것이 중요한 차이라고 했다.

이 거래비용이 어느 정도 중요한가? 일반적으로 비용은 원료비, 인건비, 이자, 물류비용 등을 말하며 여기에 차선의 대안으로부터의 수익을 의미하는 정상이윤을 합한 것이 주류 경제학에서 말하는 비용개념(기회비용)이다. 노스 교수는 주류 경제학에서 말하는 것들은 모두 전환비용(transformation cost)이라고 명명했다. 즉 원료에 비용을 투입해서 새로운 제품으로 전환시키는 데 소요되는 비용이라는 뜻이다. 진정한 생산비용(production cost)이란 이 전환비용에 앞에서 언급한 그러한 거래비용을 합해야 진정한 생산비용이 계산된다고 주장했다.

생산비용 = 전환비용 + 거래비용

그러면 한 나라의 총 생산비용에서 거래비용이 차지하는 비중은 어느 정도 될까? 노스(D. North)가 추정한 바에 의하면 미국에서 생산비용에서 전환비용이 차지하는 비용은 55%에 불과하고, 무려 45% 정도가 거래비용이라고 추정했다. 뿐만 아니라 경제가 성장하면서 이 거래비용의 비중이 점차 증가하고 있는데, 1900년대 초에는 거래비용의 비중이 25%였던 것으로 추정했다. 이와 같이 거래비용 규모가 점차 증가하고 있으므로 경제가 발전할수록 임금을 낮춘다거나 하는 등의 전환비용을 줄이는 것도 중요하지만 거래비용을 줄이는 것도 경쟁력을 높이는 데 매우 중요하다는 것이다.

■ 공자(Conficious, 551~479 BC)

이러한 거래비용을 결정하는 요인은 무엇인가? 만약 사회가 도덕 군자들로만 구성되어 있으면 거래 상대방의 말을 믿으면 되므로 상당한 정보비용을 줄일 수 있을 것이다. 예를 들면 중고차를 구입할 때 구매자가 판매자의 말을 모두 믿을 수 있다면 몇 군데 전화해 보고 사면 될 것이다. 그러나 믿을 수 없다면 전문 기술자를 데리고 다니며 차를 고르든지 상당한 비용을 주고 믿을 수 있는 대리점을 통해서 구입하는 수밖에 없을 것이다. 이렇게 거래비용의 상당부분은 계약의 주체인 인간에 달려 있다.

서양은 동양에 비해서 계약을 중요시 여긴다. 사소한 거래에도 계약이 분명하고, 잘잘못은 법정에서 가린다. 그러나 한국에서는 '법대로 하자'는 말은 상대방에게 공격적으로 들린다. 이것은 전통적으로 동양에서는 유교를 신봉하였는데

■ 한비자(Han Fei-tzu, 280~233 BC)

유교는 인간을 선한 존재로 파악하는 맹자의 성선설을 받아들였기 때문이다.[8] 유교에서는 법치(法治)보다는 덕치(德治)를 주장하였고, 잘잘못을 정확하게 따지기보다는 덮었고, 관용을 베푸는 덕을 인간이 추구해야 할 고상한 덕목으로 보았기 때문에 경제인들도 계약보다는 신용을 중시 여겼다.

그런데 신제도주의 경제학자들은 이러한 경향은 문화의 산물이라기보다는 미발달의 결과라고 본다. 노스(D. North)는 서구가 동양에 비해서 15세기 이전에는 낙후되었으나, 그 이후 동양을 누르고 발전하고, 세계를 지배하게 된 이유는 계약문화가 발달했기 때문이라고 주장한다. 즉 잘잘못을 정확하게 따지는 것을 당연시하고, 소유권이 누구에게 있는지 명확하게 함으로써 불필요한 거래비용을 줄이고 이것이 사회 전체적으로 효율성을 높였다는 것이다.

동양이 낙후된 원인이 계약문화가 발달하지 못했기 때문이라는 신제도주의 학자들의 주장이 타당하다면 결국 유교의 덕치주의 가치관은 경제적 성과와 연관이 있게 된다. 얼마 전 한국에서도 『공자가 죽어야 나라가 산다』라는 책이 인기를 끌었는데 바로 이러한 주장과 관련이 있다. 또한 『한비자가 나라를 살린다』에서 저자는 유교의 인간관이 경제발전에 미치는 나쁜 영향을 지적하고, 법가(法家)의 사상을 집대성한 한비자의 사상이 동양에서 받아들여지지 않은 것이 동양이 낙후된 원인임을 지적하면서 법가의 인간관이 아담 스미스(Adam Smith)의 인간관과 유사하다고 주장했다.

이와 관련되어 한 사회의 거래비용을 줄이기 위해서는 그 사회 구성원들의 신뢰수준이 중요하다. 『트러스트』의 저자 프랜시스 후쿠야마(Francis Fulcuyama)는 신뢰는 한 사회의 경쟁력을 결정짓는 중요한 자산이라고 주장했다. 가족이라는 울타리를 넘어서 사회 구성원간에 신뢰를 줄 수 있는 사회는 여러 가지 거래비용을 줄일 수 있기 때문이다. 그는 예를 들어서 중국은 전통적으로 혈연의 울타리 내에서는 매우 공고한 신뢰가 구축되어 있지만 그 울타리를 넘으면 신뢰가 낮기 때문에 화교들은 대기업을 발전시키지 못하는 경향이 있다는 것을 지적했다. 기업의 규모가 확대되면 가족의 관리규모를 넘어서게 되고 따라서 외부인을 고용할 수밖에 없는데 중국인들은 외부인을 신뢰하지 않기 때문에 서구와 같은 효율적인 대기업이 발전하는 데 한계가 있다고 지적한다.

노스(D. North)는 한 사회의 경제적 성취는 부존자원이나 기술수준에 달려 있는 것이

8 최윤재, 『한비자가 나라를 살린다』, 청년사, 2000.

■ Francis Fukuyama

아니라 제도수준에 달려 있다고 했다. 자원이나 기술은 다른 나라에서 도입해도 되지만 제도는 그대로 모방한다고 해서 제대로 돌아가는 것이 아니기 때문이다. 한 사회의 제도는 공식적 제도와 비공식적 제도에 의해서 영향을 받는다. 공식적 제도(formal institution)란 국가의 헌법이나 법률, 단체의 내규 등을 말하고, 비공식적 제도(informal institution)란 문화, 관습 등을 말한다. 한 국가가 의도적으로 공식적 제도를 바꿈으로써 제도를 개선하려고 해도 비공식적 제도는 잘 변하지 않기 때문에 사회 개혁이 수포로 돌아가는 경우가 많다고 노스는 지적하고 있다.

신제도주의자들의 견해에 따르면 한 국가의 경제적 성과는 거래비용을 줄이며 생산적인 인센티브 구조를 형성할 수 있는 제도를 성공적으로 정착시킬 수 있는가의 여부에 달려 있다. 역사가 진행되면서 효율적인 제도가 저절로 발생되는 것이 아니다. 적자생존에 의해 우수한 제도만 살아 남는 것도 아니다. 현실적으로 상당히 많은 나라가 비합리적인 제도를 가지고 있으며 수 세기가 지나도 개선되지 않는다. 그 이유는 앞에서 설명한 바와 같이 제도가 잘 변하지 않기 때문이다. 비공식적 제도가 잘 바뀌지 않는 이유는 제도변화가 경로 의존적(path dependent)이기 때문이다. 예를 들어 폴 데이비드(Paul David)가 유행시킨 쿼티 경제학(Querty Economics)을 가지고 설명해 보자.

쿼티(QUERTY)란 영어자판의 왼손이 놓여지는 윗걸쇄에 있는 자판배열이다. 그래서 현행 영어 표준자판을 쿼티자판이라고 부르는데 이것이 드보락(Dvorak)[9] 자판에 비해서 덜 효율적이었음에도 불구하고 오늘날 전 세계에서 사용하는 표준자판으로 된 것은 효율성 때문이 아니라 먼저 시장을 점령했기 때문이라는 것이다. 이와 같은 예는 많이 발견할 수 있다. 개인용 컴퓨터에서 IBM PC가 APPLE 컴퓨터에 비해서 기술적으로는 열등함에도 불구하고 오늘날 표준이 된 것이나, VHS가 소니의 Beta방식을 누르고 VTR의 표준이 된 것 등이 그 예이다. 이와 같이 제도도 한 번 경로를 들어서면 보다 나은 길이 있다고 할지라도 뒤로 돌아갈 수 없는 경로의존성이 있다.

9 미국의 교육학자 August Dvorak과 그의 처남 William Dealey가 개발한 자판. 손가락의 이동거리가 짧은 것으로 알려져 있음.

신제도주의 경제학에서 가장 괄목할 만한 발전을 이룩한 이론 부분이 바로 기업에 대한 이론이다. 코즈(R. Coase)는 1937년에 발표한 "기업의 본질"(The Nature of the Firm)이라는 논문으로 인해서 무려 54년 후인 1991년에 노벨경제학상을 수상했다.[10] 이 논문에서 코즈는 "왜 기업이 존재하는가"라고 하는 다소 철학적으로 보이는 질문을 던졌다. 그런데 이 질문은 경제학에서 기업을 다시 조명하고, 신제도주의라는 새로운 학풍을 낳는 데 결정적인 계기가 되었다.

주류 경제학에서 기업이란 공급의 주체이고, 일종의 생산함수와 같은 것으로 간주했다. 노동과 자본을 투입하면 생산량이 나오고, 그 주체인 기업은 이윤극대화를 위해서 노동투입량과 자본투입량을 몇 단위로 할 것인가 또는 생산량을 최대로 하기 위해서는 몇 단위를 생산할 것인가를 결정하는 주체 정도로만 인식되었다. 그런데 현실적으로 기업이란 사장, 부장, 과장, 사원 등 일련의 계층(hierachy)을 가진 조직이다. 그리고 기업에서 일어나는 의사결정은 비용·수익분석(cost benefit analysis)에 의해서 일어나는 것이 아니라 상관의 지시와 명령체계하에서 움직인다. 즉 기업은 시장의 의사결정방식에 의해서 움직이는 것이 아니라, 명령체계에 의해서 움직이는 조직(organization)이다. 코즈가 의문시하는 것은 왜 명령체계에 의해서 움직이는 조직인 기업이 경제적 의사결정에서 필요한가하는 데 의문을 제기한 것이다.

코즈는 그 이유를 거래비용이 존재하기 때문이라고 보았다. 옛날에 기업이 존재하기 전에 있었던 파트너십(partnership)의 예를 들어보면 이해하기 쉽다. 중상주의 시대에 자본을 가진 상인들은 대양을 건너서 원거리 무역을 하기 위해서 배를 소유한 선주를 물색하고, 선원을 지휘할 수 있는 선장을 골랐다. 그리고 상인은 자본금으로 물건을 구입하고, 선주는 배를 제공하고, 선장은 그 배를 몰고 아프리카와 신대륙 아메리카를 돌아서 삼각무역을 했다. 성공적으로 항해를 마치면 이익을 각자가 계약한대로 나누고 그 파트너십은 해체되었다. 그 배가 난파되면 선장과 선원은 목숨을 잃고, 선주는 배를 잃고, 상인은 자본금을 날렸다. 무사히 배가 돌아오면 막대한 이윤을 함께 분배했다.

■ Santa Maria

10 R. H. Coase, "The Nature of the Firm," *Economica*, New Series, Ⅳ(13~16), 1937.

ECONOMIC EYES
경제의 눈

미국, 소유권 사회로?

'오너십사회' 또는 '소유권사회'란 소유물에 대한 자신의 권리를 적극적으로 행사하게 함으로써 개인의 자유가 보장되는 사회이념을 말한다. 소유권사회의 핵심에는 누구나 자신이 소유한 것을 가장 잘 돌보려는 속성을 가지고 있고, 따라서 이를 보장해 줌으로써 개인들은 최대한의 자유를 누릴 수 있다는 생각이 자리 잡고 있다. 소유권을 보장받을 때, 사람들은 책임감을 가지고 행동하며, 서로에 대한 인격의 존중과 존경심의 표현을 통해 사회 전체의 부가 창조될 수 있다는 이념이다.

이러한 이념은 오래전부터 서양의 사상가들에 의해 강조돼 온 개념이다. 소유권의 존중을 통해 사회적 책임감, 자유, 그리고 번영을 가져올 수 있다는 전통적인 믿음이다. 일찍이 소유권과 책임감에 관해 아리스토텔레스(Aristoteles, 384~322 BC)는 "사람들은 공동으로 소유한 것은 잘 돌보지 않는다"[11]라고 말한 바 있다. 실제로 무언가를 소유하고 있다는 생각은 사람들로 하여금 책임감을 갖게 한다. 또 소유권을 통해 사람들은 타인에게 의존하지 않게 돼, 진정한 자유를 누릴 수 있다. 소유하고자 하는 동기가 가치를 창조하기 때문에 소유권을 보장하는 것은 시장경제의 번영을 가져올 수 있는 것이다. 이처럼 소유권을 강조함으로써 사회적 책임감, 자유, 그리고 번영을 누릴 수 있다는 생각이 소유권사회의 밑바탕에 흐르는 철학이다.

부시(G. W. Bush)가 내세운 바 있는 '소유권사회'는 구체적으로 세 가지 분야에 대한 정책의 변화를 예고하고 있다. 사회보장제도(social security), 의료보험(health care), 그리고 교육분야이다. 사회보장제도에 대한 개인의 선택을 강화하게 되면 미국민들은 자신들의 급여에서 공제하는 사회보장기금을 보다 높은 수익에 투자할 수 있을 것으로 기대하고 있다. 또한 2026년이면 고갈될 것으로 예상되는 의료보험기금(Medicare)도 개인의 책임과 선택을 더욱 확대해 가고, 교육분야에서도 학부모의 의사를 폭넓게 반영하게 되었다. 그동안 정부가 지배해 왔던 사회보장, 의료보험, 그리고 교육 분야에서 개인의 소유권을 확대함으로써 미국민들로 하여금 더 많은 기회를 누리게 하겠다는 것이 소유권사회의 기본이념이다.

그러나 오바마(B. Obama) 대통령을 이러한 사회 변화가 사회보장제도의 후퇴를 가져온다는 반대하였고 보다 폭넓은 사람들이 의료보험 혜택을 받을 수 있도록 하는 이른바 '오바마케어'(The Obama Care)를 도입하였다.

11 "What belongs in common to the most people is accorded the least care" in *Politics*.

이렇게 일회적인 파트터십이 발전해서 기업으로 성장한 이유는 이러한 거래가 자주 발생하면 그때마다 서로 계약을 하고, 그 이행을 감시하는 등의 비용을 줄이기 위해서 자본을 가장 많이 소유한 측인 상인이 선장과 배를 모두 소유하게 된다. 즉 자주 이러한 계약을 해야 할 경우에는 그것을 조직하는 거래비용이 많이 소요되므로 그 비용을 줄이기 위해서 기업이라는 조직이 탄생했다는 것이다. 이렇게 노스(D. North)는 기업의 존재 이유를 거래비용 때문이라고 파악 했다.

반면에 시카고학파의 태두라고 불리는 프랭크 나이트(Frank Knight)는 기업의 발생 이유를 위험에 대한 불확실성 때문이라고 하였다. 기업은 생산량이나 사업 전망 등에 대해 예측해야 한다. 그런데 이러한 예측은 잘못된 가능성과 그로 인한 위험을 내포하고 있다. 그런데 이러한 위험은 보험으로 막을 수 없다. 보험으로 막을 수 있는 것은 사고의 발생확률을 사전적으로 계산할 수 있는 사안에 국한되는데, 기업의 설립으로 인한 파산의 위험은 반복적으로 나타나는 현상이 아니기 때문에 확률을 계산할 수 없다. 따라서 이익이 발생할 경우 경비를 제외한 모든 이윤을 차지하기 위해 이러한 불확신으로 인한 위험을 기꺼이 감수할 자신이 있는 확신에 찬 사람이 기업을 소유하게 된다. 그 기업가는 자신의 계획에 확신을 가지고 근로자에게 일정액의 급여를 보장해 주는 대가로 그들을 명령할 권리를 얻으며, 이것이 바로 기업의 존재이유이자 본질이라는 것이다. 이러한 노스(D. North)와 나이트(F. Knight)의 이론을 바탕으로 윌리엄슨(O. E. Williamson) 등의 학자들이 거래비용과 위험에 대한 개념들을 발전시켜서 새로운 기업이론을 수립했다.[12] 오늘날에는 주인-대리인이론(principle agency theory) 등 제도와 기업을 분석하기 위한 여러 가지 이론들이 등장해서 발전하고 있다.

본 장에서는 시장, 정부 그리고 제도의 의미와 역할에 대해서 살펴보았다. 합리적인 개인에 기초한 자유방임적 시장은 사회 전체의 이익을 효과적으로 창출하지 못할 수 있는 시장실패의 가능성을 내포하고 있다. 시장의 실패를 수정하기 위한 정부의 지나친 간섭과 개입은 또 다른 실패, 즉 정부실패를 초래할 수 있다. 결국, 2014년 세월호 참사로 드러난 우리 사회가 갖고 있는 많은 비합리성을 해소하기 위한 바람직한 경제 운용의 방식은 법, 제도 그리고 문화 등의 특성을 고려한 새로운 틀 속에서 찾아야 할 것으로 보인다.

12 O. E. Williamson, *Markets and Hierarchies: Analysis and Antitrust Implication*, New York: Free Press, 1975.

거래비용을 낮추기 위한 사회적 합의

자유롭게 작동하는 시장이 사회적으로 바람직한 균형을 만들어 내지 못하는 현상을 시장실패라고 부른다. 특정 국책 사업에 대하여 지역주민들의 피해가 충분히 보상되지 못하는 경우가 종종 발생하는 것도 이들의 경제적 및 정서적 피해가 사업이 추진되기 위한 비용에 포함되어 계상되지 못하기 때문이다. 그 결과, 사회적 갈등이 심화되고 이에 따른 사회적 비용도 만만치 않게 된다.

경제학은 이러한 문제에 대하여 어떠한 해결책을 제시할 수 있는 것인가? 송전탑과 송전선로와 같은 시설은 해당 지역 주민들에게 피해가 돌아가기 때문에 외부비경제가 존재하는 경우에 해당된다. 경제학은 외부비경제가 존재하는 경우 시장기능에 자원배분을 맡기면 사회적으로 바람직한 수준보다 더 많은 양의 해당 재화가 생산되는 것으로 본다. 이를 해결하는 방법으로는 해당 지역의 주민의 숫자가 많은 경우, 개별적으로 이 문제를 해결하는 데 따른 거래비용이 크기 때문에 효율적인 균형이 이루어지기 어렵다. 따라서 국가가 이 문제를 해결하기 위한 제도를 정립할 필요가 있다. 즉, 지역 주민들에 대한 합리적 보상을 통하여 이들의 손실이 비용에 제대로 반영될 수 있게끔 하는 것이 중요하다.

그러나 이러한 사업을 둘러싸고 불합리한 토지 점유 행위를 한다든지, 손실을 과도하게 계상하는 등의 도덕적 해이는 역시 효율적인 균형을 가져오는 데 걸림돌이 될 수 있다. 따라서 이러한 행위에 대한 방지책도 아울러 강구되어야 할 것이다.

무엇보다 중요한 것은 공공의 이익을 위한 경제활동의 경우에 거래비용을 낮출 수 있는 제도의 마련일 것이다. 정부에 대한 국민의 신뢰, 국민에 대한 정부의 배려 그리고 가장 효율적인 균형을 가져오기 위한 사회적 합의 방식의 정착 등은 거래비용을 낮출 수 있게 해 줄 것이다.

송전탑과 송전선로의 설치를

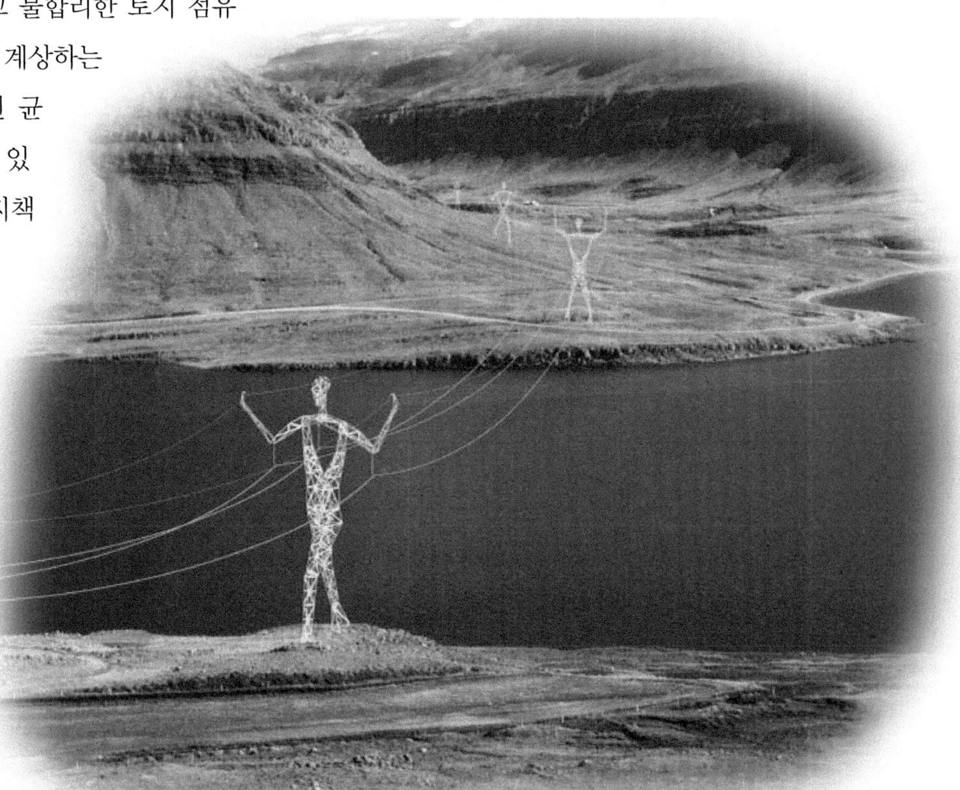
■ Land of Giants, Iceland

목 졸린 심판… 선 넘은 불신

광주에서 열린 KIA-SK전서 판정 불만 가진 팬 1루심 폭행

말싸움 하는 한국 판정 논란 벌어지면 비디오 보는 미국

위해서 정부와 지역 주민간에 신뢰를 바탕으로 한 효율적인 균형의 달성 사례들은 국내외에 다수 존재한다. 외국의 경우, 지역 주민들의 자발적 참여로 송전탑을 지역 환경에 잘 어울리는 방식으로 최소한 규모로 설치하여 소중한 관광자원으로 만든 경우들도 있다. 우리나라의 경우에도 신가평~신포천 송전선로 건설공사가 포천시 일동면 주민들과의 합의를 통하여 해결에 이르렀고, 전라북도의 새만금 송전선로 건설공사의 경우도 마찬가지로 주민들에 대한 배려로 합의를 이끌어왔다.

우리나라 프로야구 경기 중에 심판의 판정에 항의하여 관중이 경기장에 뛰어들어와 심판에게 폭력을 행사하고 코치진들이 목청을 높이는 것과는 대조적으로 미국의 프로야구는 비디오 판독을 통하여 정확한 판정을 이끌어 내고 있다(최근 우리나라 프로야구도 이 제도를 도입하고 있다). 합리적인 제도가 거래비용을 낮추어 효율적인(관중들이 만족하고, 경기의 흐름도 방해하지 않는 재미있는 경기) 균형을 이끌어 낼 수 있음을 시사한다고 하겠다.

생각하기

공공의 이익을 위한 경제활동의 경우에 정부와 국민의 상호간 신뢰를 통한 사회적 합의 방식의 정착을 통하여 거래비용을 낮출 수 있는 제도의 마련이 필수적이다.

SUMMARY

현실에서는 시장의 기능이 제대로 그 역할을 수행하지 못하는 경우가 종종 발생한다. 이렇게 시장이 자원을 효율적으로 배분하지 못하는 경우를 시장의 실패(market failure)라고 한다. 시장실패가 발생하면 효율적 자원배분을 달성하는 '보이지 않는 손'(invisible hands)의 역할이 무력해지게 된다. 시장의 실패가 발생하는 경우는 재화의 성격이 공공성을 지니거나 시장에 외부성이나 불확실성이 있을 때 등이다.

신제도주의 경제학자들의 거래비용(transaction cost)은 사회 구성원간에 계약을 이행하는 데 소요되는 모든 비용을 지칭한다. 계약의 대상에 대한 정보파악비용, 계약의 이행을 강제할 수 있는 집행비용 등 포괄적인 개념이 포함된 것이다. 주류 경제학에서는 이것이 소요되지 않는다고 가정한 반면에 신제도경제학파 학자들은 이것의 중요성을 강조하고 있다.

합리적인 개인에 기초한 자유방임적 시장은 사회 전체의 이익을 효과적으로 창출하지 못할 수 있는 시장실패의 가능성을 내포하고 있다. 시장의 실패를 수정하기 위한 정부의 지나친 간섭과 개입은 또 다른 실패, 즉 정부실패를 초래할 수 있다. 우리 사회는 비합리성을 해소하기 위한 바람직한 경제 운용의 방식을 법, 제도 그리고 문화 등의 특성을 고려한 새로운 틀 속에서 찾아야 할 것으로 보인다. 이를 통해 거래비용을 최소화할 수 있을 것이다.

KEY TERMS

밀양 송전탑	시장의 실패	비경합성
배제불가능성	순공공재	준공공재
외부경제	외부비경제	외부효과
공유지의 비극	오염배출권	불확실성
정보의 비대칭성	레몬시장	역선택(불합리한 선택)
도덕적 해이	정부의 실패	직접규제방식
간접규제방식	신제도주의	코즈 이론
거래비용	신뢰	소유권사회
주인-대리인 이론		

QUESTIONS

1. 공공재를 정의하시오. 그리고 공공재의 경우 왜 무임승차자가 발생하는지 설명하시오.

2. 외부경제를 정의하고 예를 하나 들어 보이시오. 그리고 그 예에서 시장 기능에 맡기면 사회적으로 바람직한 수준보다 낮은 수준에서 생산이 이루어짐을 보이시오.

3. 시장실패로 야기된 비효율성을 저지시키기 위해 정부가 할 수 있는 해결 방안에는 어떤 것들이 있는가?

4. D. North 교수가 주장한 진정한 생산비용은 어떻게 정의되는가?

5. 거래비용을 줄일 수 있는 방안을 요약하시오.

6. 불확실성이 왜 시장의 실패를 발생시키는지를 설명하시오.

EXERCISES

1. 다음과 같은 경우에서 나타나는 '시장의 실패' 문제를 해결하기 위한 방법을 아래 보기 중에서 고르시오. 또한 그 이유를 말하시오.
   1) 어느 군부대 인근에 위치한 마을에 20여 가구가 살고 있는데, 군부대의 훈련장에서 발생하는 소음문제로 심각한 고통을 겪고 있다.
   2) 네 사람이 일정 기간 후에 집을 지을 계획으로 공동의 땅을 구입하였는데, 아무도 돌보는 사람이 없어서 땅이 황폐하게 버려지고 있다.
   3) 아파트 재개발을 위해 공사를 하는 도중에 역사적 가치가 높은 유적지가 발굴되어 공사가 중단되게 되자, 주택조합원들이 강하게 반발하고 있다.
   4) 어느 하천의 상류와 하류에 각각 두 개의 공장이 위치하고 있는데, 상류 공장에서 폐수를 정화하지 않고 방류하고 있다.
   5) 어느 산간 지역의 국유림에서 사라고 있는 야생화가 지나치게 채취되고 있다.
   6) 농장에 인접한 목장의 소가 농장에 들어가 작물들을 훼손하고 있어서, 농장주인이 목장주인에게 항의하고 있다.
   7) 경북 상주시 중동면의 공군사격장에서 발생하는 소음으로 인근 축산 농가에서는 가축의 유산이 잦고, 학교들은 여름에도 창문을 닫고 수업을 해야 하며, 사람들은 난청에 시달리는 등 마을 주민들의 피해가 크게 나타나고 있다.

〈보기〉

a) 소유권의 지정　b) 자발적 합의(법제도)
c) 정부의 개입(조세 또는 보조금)

C·H·A·P·T·E·R

06

경기는 왜 오르고 내리지?
국내총생산, 물가 그리고 성장

토의주제

한국 경제는 서서히 끓는 냄비 속의 개구리와 같아 위기에 직면하고 있다.

· 지지: 한국 경제는 서서히 스며드는 위기에는 불감증을 보인다.

· 반대: 한국 경제는 1인당 국민소득 4만 달러 시대를 열어 갈 것이다.

미국의 대표적인 컨설팅 회사인 맥킨지(McKinsey & Compnay)의 한국 경제에 대한 분석 보고서(2013)[1]가 우리 사회를 뜨겁게 달구었다. 이 보고서에 따르면, 한국 경제는 '서서히 뜨거워지는 물 속의 개구리'로 묘사하고 있다. 실제로 이러한 표현이 보고서 안에 나와 있는 것은 아니지만, 보고서를 작성의 책임자인 맥킨지 글로벌 연구소의 서울사무소 리차드 돕스(Richard Dobbs) 소장이 언론과의 인터뷰에서 이러한 표현을 사용하면서 한국인들을 화들짝 놀라게 하였다.

이 보고서의 골자는 한국 경제가 1960년대의 최빈국에서 세계 12위 경제권으로 눈부신 성장을 이루어 냈지만, OECD(경제협력개발기구) 회원국 중에서 가장 높은 자살률, 치솟는 이혼율, OECD 회원국 중 최저의 출산율 등을 나타내는 등 사회적 스트레스 증후군을 보이고 있다고 지적하고 있다. 이러한 사회적 스트레스의 원인으로는 임금성장률의 둔화와 주거와 교육에 대한 높은 비용에 따른 중산층의 경제 여건의 제약을 들고 있다. 또한 재벌과 대기업 중심의 수출지향 경제발전 전략이 더 이상 효과를 내기 어렵게 되었고, 경제 성장이 대다수 국민들의 삶의 질과 괴리되고, 경제 불평등의 심화와 인구의 고령화도 한국 사회의 심각한 문제로 제기되었다.

문재인 정부는 "우리가 지금 겪고 있는 어려움이야말로 '사람중심 경제'의 필요성을 더욱 강력하게 말해주고 있다는 걸 강조하고 싶다"며 성장을 지속시키기 위해 필요한 것이 혁신이다. 추격형 경제를 선도형 경제로 바꾸고 새로운 가치를 창조하여 새로운 시장을 이끄는 경제는 바로 '혁신'에서 나온다"고 강조하면서 경제분야 혁신계획을 밝혔다. 또한 "수출과 내수의 두 바퀴 성장의 혜택을 함께 나누는 포용적 성장이 반드시 필요하다"고 강조하였다.

한국 경제는 진정 다가오는 위기를 느끼지 못하는 '냄비 속 개구리' 현상을 보이고 있는 것일까? 아니면 어려움 속에서도 지속적인 성장을 해 나갈 수 있을 것인가? 한국 경제의 문제점을 극복하기 위하여 우리 경제가 해야 할 일은 무엇인가? 어떻게 하면 지나친 대외 경제 의존도를 낮추고 내수를 확대해 갈 수 있을까?

지금까지는 주로 개별 경제주체들의 행동원리를 설명하는 이른바 미시경제학(microeconomics) 분야를 다루었다. 즉 소비자와 기업이 어떻게 의사결정을 하며 그들이 시장에서 어떠한 상호작용을 하는가를 살펴보았다. 제6장부터는 국가경제 전체를 대상으로 하는 소위 거시경제학(macroeconomics)을 다룬다. 거시경제학은 개별 시장을 대상으로 하는 것이 아니라 물가, 국내총생산 등과 같이 국민경제 전체와 관련된 총체적 변수(aggregates)들을 대상으로 한다.

바람직한 경제 상황은 시장이자율이 적정한 수준으로 유지되고, 물가와 환율도 안정

1 McKinsey & Company, *Beyond Korean Style: Shaping a New Growth Formula*, 2013.

된 상태에서 지속적으로 경제가 성장하는 것이다. 거시경제에서 중요하게 다루는 변수로는 국내총생산(GDP), 물가, 시장이자율, 환율 등을 들 수 있다. GDP는 한 국가의 경제력의 크기를 측정하는 데 사용된다. GDP의 증가는 경기변동, 주가지수, 실업률 등과 밀접한 관계를 가지므로 GDP는 거시경제학에서 가장 중요하게 다루어지는 지표이다.

거시경제학에서 중요하게 다루어지는 또 다른 지표는 물가이다. 물가가 오르면, 이자율도 오르고, 임금수준에도 영향을 주며, 전반적인 경기에 영향을 미친다. 물가가 지속적으로 오르면 인플레이션이 야기되어 경제의 전반적인 효율성을 떨어뜨리며, 동시에 분배구조를 왜곡시킨다. 이와 같이 물가는 경제의 건전성을 측정하는 중요한 변수이다.

시장이자율도 역시 거시경제학에서 중요한 변수이다. 시장이자율이 오르면 기업의 투자가 위축되어 주식가격이 떨어지며, 경기가 위축된다. 반면에 시장이자율이 너무 낮으면 저축이 잘 이루어지지 않는다. 따라서 시장이자율의 결정원리와 변동요인을 살펴보는 것은 국가경제를 이해하는 데 중요하다.

환율은 외환시장에서 화폐의 가격을 말하는 것으로서, 개방경제에서는 환율이 경제 전체에 큰 영향을 미친다. 환율이 변해서 자국 화폐의 가격이 하락하면 수출은 늘어나고 수입은 줄어들어 무역수지가 호전되지만 물가를 오르게 한다. 반면에, 자국 화폐의 가격이 오르면 수출이 줄고 수입이 늘어 국내 물가안정에는 기여하지만, 무역수지는 적자쪽으로 가고, 그 결과 외환보유고가 줄어들게 된다. 환율 등 대외경제와 관련된 이슈들은 제10장에서 다루어지고, 제6장에서 제9장까지는 주로 국내총생산, 물가, 시장이자율의 세 가지 거시지표의 결정원리와 이와 관련된 실업, 인플레이션, 그리고 경제성장 등을 중점적으로 다룬다.

본 장에서는 앞에서 언급된 '냄비 속 개구리' 논의 등 국가경제의 경기변화와 경제성장과 같은 국내 경제 부분을 이해하는 데 도움이 되는 국민경제의 기본 사항들에 대하여 토의하고자 한다. 특히, 국민 소득, 생산 및 지출의 개념과 상호 관계에 대해서 설명하고, 새로운 소득지표로 사용되고 있는 국민총소득(Gross National Income, GNI)의 개념과 측정방법에 대해서도 살펴본다. 또한 국민소득, 생산 및 지출의 수준이 결정되는 과정에 관한 대비되는 설명에 대해서도 공부하고, 마지막으로 장기적 경제 역량의 변화를 의미하는 경기변동과 경제 성장의 원인과 정책에 대해서 논의하고자 한다.

한 나라 경제의 생산활동 수준은 일자리 창출과 소득 수준을 결정한다. 각국은 이를 비교할 수 있도록 생산활동 수준을 측정하는 방식을 국제적으로 정해 놓았다. 생산 활동 수준을 나타내는 여러 지표들을 측정하는 방식과 생산활동을 결정하는 요인을 공부하는 것은 국민경제(또는 국가경제)를 이해하는 중요한 열쇠를 제공한다.

경제활동은 활발해지기도 하고 위축되기도 한다. 경제활동이 활발해지면, 고용과 소득이 늘어나 지출도 증가하게 되고 국민의 생활수준도 오르게 된다. 그러나 경제활동이 지나치게 활발해져서 생산역량을 넘어서게 되면 물가만 상승하여 생산을 늘릴 수 없게 된다. 그러므로 경제활동 수준이 급격한 변동 없이 장기적으로 꾸준히 올라가는 것이 바람직하다.

거시경제학에서 가장 중요한 두 개의 변수는 국내총생산과 물가이다. 거시경제학에서는 이 두 가지 변수를 중심으로 경제전반을 나타내는 총체적 변수들(aggregate variables)을 다룬다. 즉 개별 재화의 생산량보다는 경제전반의 생산량인 국내총생산에 관심을 가지며, 개별 재화의 가격보다는 경제전반의 상품가격인 물가에 초점이 맞춰진다. 그리고 국가 경제활동 수준을 나타내는 생산, 소득 및 지출의 개념과 이들을 변화시키는 원인을 살펴보게 되는 것이다.

QR코드

QR코드 6-1: "한국경제 '냄비 속 개구리'... 지표-체감경기 괴리 해소해야, 한국경제TV, 2013년 4월 24일

국내총생산과 물가지수

국내총생산(GDP)의 개념과 추계방식

GDP의 개념

한 나라의 힘은 무엇으로 측정할까? 옛날에는 군사력이나 인구의 규모를 가지고 판단했으나, 요즈음에는 보통 경제력으로 판단한다. 그렇다면 경제력의 크기는 무엇으로 측정을 할까? 토지, 인구, 자원 등의 규모도 경제력의 크기를 측정하는 데 중요한 요인이 되겠지만 오늘날 경제력의 크기는 경제활동 수준을 가지고 측정한다. 바로 이 경제활동 수준을 측정하는 데 가장 널리 사용되는 것이 바로 GDP이다. 그리고 경제활동이 순조롭게 늘어나고 있는지를 측정하는 데 GDP 증가율이 사용된다.

우리나라의 GDP 규모는 지난 40여 년 동안 1979년과 1997년 단 두 해를 제외하고는 지속적으로 증가해서 2017년을 기준으로 1조 5천 302억 달러(명목[2])로서 8억 명이 넘는 인구를 가진 아프리카 대륙 모든 국가들이 생산하는 GDP 규모와 비슷한 세계 15위를 차지하고 있다.[3]

2 명목 국내총생산과 실질 국내총생산의 차이에 대해서는 본 장에서 자세히 설명한다.

3 IMF, *World Economic Outlook*, April 2014.
http://knoema.com/nwnfkne/world-gdp-ranking-2014-data-and-charts

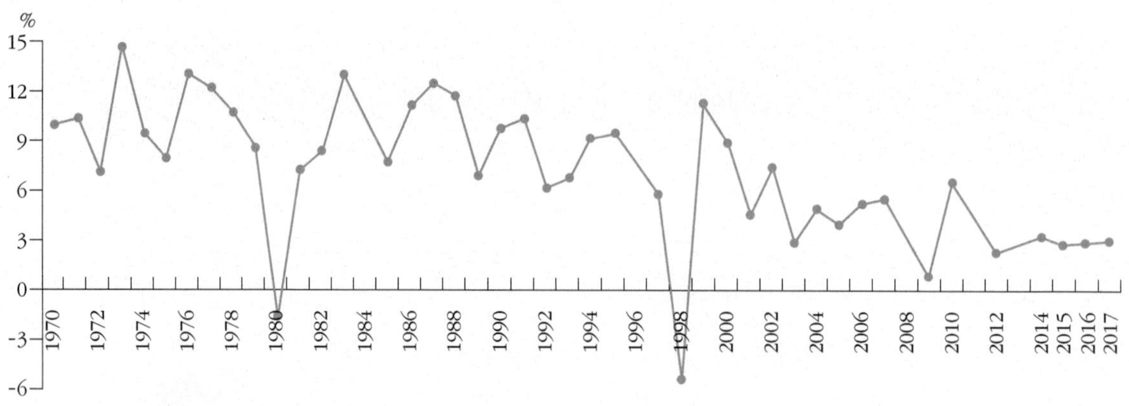

▲ 그림 6-1

한국의 실질 GDP 증가율(1970~2013)

지난 40여 년간 우리나라의 경제성장률은 많은 변화를 보였다. 평균적으로 볼 때 물가상승률을 제외한 실질경제성장률은 약 7% 수준이었던 것으로 나타난다.

그러나 〈그림 6-1〉에서 보는 바와 같이 GDP 증가율은 증가와 감소가 반복되었다. 이는 단기적인 경기의 상승과 하락을 의미하는 것으로 대부분의 국가에서 나타나는 현상이다.

국내총생산(GDP)은 '일정기간 동안에 국내에서 생산된 모든 최종생산물의 시장가치'로 정의된다. 여기서 '일정기간 동안'이라는 말은 GDP가 일정기간을 전제로 표시되는 유량(流量, flow)이라는 것을 의미한다.[4] 즉 GDP는 어느 시점(예를 들면, 2018년 12월 31일 24시)을 기준으로 말하지 않고, 대신에 '2018년 1월 1일부터 12월 31일까지'와 같이 한 해 동안 생산된 양을 나타낸다. 한편 '국내에서'란 국내 기업뿐만 아니라 외국기업에 의해서 생산되어도 국내에서 생산된 생산물은 모두 GDP에 포함된다는 뜻이다(이와 대비되는 개념으로서 내국인에 의한 생산물을 의미하는 Gross National Product(GNP)가 있다).

그리고 '최종생산물'이란 원재료, 반제품과 같은 중간생산물은 이중추계(double-counting)를 피하기 위해 GDP에 포함시키지 않는다는 의미이다. 중간생산물을 포함하면 중복계산으로 GDP가 지나치게 부풀려지기 때문이다. 마지막으로 '시장가치'란 시장에서 평가된 생산물의 가치만 GDP에 포함된다는 의미이다. 이 말은 암시장이나 불법거래는 GDP에 포함되지 않는다는 뜻이다. 따라서 시장이 발달되지 못한 나라에서는 GDP가 낮게 평가될 수 있다.

---

4 유량과 대비되는 개념으로서 저량(貯蓄, stock)은 일정 시점을 기준으로 나타낸다. 저량의 대표적인 예로서는 재고량(在庫量, inventory)을 들 수 있는데, 예를 들어 현대자동차의 재고량이 월요일부터 금요일까지 같은 5만대 수준이었다면, 재고량은 월요일부터 금요일까지의 재고량을 합산하여 나타내지 않고, 일정 시점을 기준으로 나타낸다. 저축은 경우에 따라서 유량(예, 2018년 한 해 동안 가계의 저축)이 될 수도 있고 또는 저량(예, 2018년 12월 31일을 기준으로 한 저축 수준)이 될 수도 있다.

GDP와 GNP의 중요하거나 또는 중요하지 않은 차이

국내이든 해외이든 생산된 지역에 관계없이 생산활동의 주체인 국민에 초점을 맞추어 경제활동을 측정하는 지표로서 국민총생산(gross national product, GNP)이 있다. GNP는 '일정기간 동안에 한 국민에 의해 생산된 모든 최종생산물의 시장가치'로 정의된다. 따라서 국내에서 외국인의 생산요소로 생산된 생산물의 가치는 GDP에는 포함되지만, GNP에는 포함되지 않는다. 그러므로 외국인 투자가 많은 나라에서는 GDP가 GNP보다 크게 나타난다. 그리고 GNP에서 국외로부터 들어온 순소득을 빼면 GDP가 된다.

오늘날 세계 각국의 경제 교류가 확대되어 '국민'(national)에 초점을 맞추는 것이 큰 의미를 갖지 못하게 되면서 GNP 대신에 GDP가 널리 사용되고 있다. 우리나라도 1995년 4/4분기부터 국가 전체의 경제 규모를 나타내는 지표로서 GNP 대신 GDP를 사용하고 있다. 그 이유는 GNP보다는 GDP가 실업률, 물가, 이자율 등의 각종 거시 경제지표와 더 밀접하게 움직이기 때문이다. 즉 미국에 나가 있는 현대자동차 공장의 생산량보다 우리나라에 있는 네덜란드의 필립스사(社) 공장에서의 생산량이 우리나라 고용과 소득 등 우리 경제에 기여하는 바가 더 중요하다는 의미가 된다. 이러한 이유 때문에 각국은 외국 기업을 유치하려고 노력하고 있는 것이기도 하다.

그러나 GDP가 반드시 GNP보다 월등한 지표라고 말할 수는 없다. 선진국들은 대체로 GDP와 GNP가 큰 차이를 나타내지 않는다(미국의 경우 지난 몇 년간 자료를 보면 GNP/GDP 비율이 99~102% 정도를 나타낸다). 반면에 개도국의 경우에는 대개 GNP/GDP 비율이 100%를 크게 밑도는 경우가 많은데, 이는 외국인 투자에 의한 소득이 큰 비중을 차지하기 때문이다. 따라서 개도국에 대해서는 GDP보다는 GNP를 통하여 순수한 자국의 국민경제의 발전 수준을 가늠하기도 한다.[5] 본 장에서는 주로 GDP에 초점을 맞추어 논의한다.

명목 GDP와 실질 GDP

GDP는 시장가격으로 나타내기 때문에 가격이 오르면 실제 생산량이 늘지 않아도 GDP가 증가될 수 있다. 따라서 GDP 증가가 생산증가 때문인지 물가상승 때문인지를 분별하기 위해 명목 GDP와 실질 GDP를 구분한다. 명목(nominal) GDP란 '당해 연도 시장가격으로 측정된 최종생산물의 시장가치'를 말하며 경상(current) GDP라고도 한다. 여기

5 Haque, M. S., "The myths of economic growth(GNP): Implications for human development," in G. Mudacumura and M. S. Haque (eds.) *Handbook of Development Policy Studies*, New York: Marcel Dekker, 2004, pp. 1-24.

서 '경상'(經常, current)[6]이란 '당해 연도 가격'으로 나타낸 수치임을 의미한다. 따라서 명목 GDP는 그 해의 최종 생산분에 당해 연도의 가격을 곱해서 얻는다.[7] 따라서 이 지표는 당해 연도의 경제실적을 나타내는 데 유용하게 쓰인다.

보다 구체적으로 설명하기 위해 간단한 예를 들어 설명해보자. 어떤 국가의 최종생산물이 〈표 6-1〉에서와 같이 쌀, 배 그리고 김치냉장고의 세 가지뿐이라고 하자. 명목과 실질의 차이를 이해하기 위해 비현실적이기는 하지만 실질 생산량은 늘어나지 않았다고 가정하자. 이 경우 각 연도의 명목 GDP를 계산하면 다음과 같다.

이 표에서 연도별 배, 쌀 그리고 김치 냉장고의 생산물은 변함이 없고 단지 가격만 변하였다. 이 경우 명목 GDP는 증가한 것으로 나타나지만 실질 GDP는 변화가 없다.

▲ 표 6-1 **명목 GDP와 실질 GDP 계산을 위한 예(例)**

(단위: 원, 해당 단위)

	배의 가격과 생산량	쌀의 가격과 생산량	김치 냉장고의 가격과 생산량
2017년	(10, 150 상자)	(20, 100 포)	(50, 200 대)
2018년	(20, 150 상자)	(30, 100 포)	(60, 200 대)
2019년	(30, 150 상자)	(40, 100 포)	(70, 200 대)

(단위: 원)

2017년의 명목 GDP $= 10 \times 150 + 20 \times 100 + 50 \times 200 = 13,500$

2018년의 명목 GDP $= 20 \times 150 + 30 \times 100 + 60 \times 200 = 18,000$

2019년의 명목 GDP $= 30 \times 150 + 40 \times 100 + 70 \times 200 = 22,500$

여기서 실제의 생산량은 변화가 없음에도 불구하고 명목 GDP는 해마다 증가하는 것으로 나타난다. 현실에서는 생산량이 감소하거나 늘어나는 경우가 더 일반적이지만, 이 예는 생산량의 변화 없이도 가격변동에 의해 명목 GDP가 변할 수 있다는 것을 보여 주고 있다. 따라서 명목 GDP에 의해서는 국내총생산의 증가가 실질적인 생산량의 증가로 인한 것인지 물가상승으로 인한 것인지 알기 어렵다. 이것을 알 수 있게 하기 위해 사용되는 지표가 실질 GDP이다.

6 '경상'(經常)의 사전적 정의는 '일정한 상태로 계속하여 변동이 없음'이며, 예로 '경상비용'은 '매 회계 연도마다 연속적으로 반복하여 지출되는 일정한 종류의 경비'를 의미한다. 경상으로 번역된 원래의 영어 표현인 'current'는 '당해 연도'의 의미이며, 이는 '불변'을 뜻하는 'constant'와 대비되는 개념이다. 국제수지를 설명할 때도 '경상계정'(current account)이라는 표현이 사용되는데, 이 경우는 '매 연도마다 연속적으로 반복하여 거래되는' 계정의 의미 정도인데, 국제수지표가 1820년부터 집계되어 온 미국의 경우에도 당시 주된 대외거래가 재화의 수출입이었기 때문에 자본거래가 크게 늘어난 현재까지도 '경상계정'은 전통적으로 재화와 서비스의 수출입, 투자로부터의 소득 그리고 원조와 같은 이전거래를 포함한다. 이러한 거래가 당시에는 '경상거래'였기 때문일 것이다.

7 명목 GDP $= p_{1t}q_{1t} + p_{2t}q_{2t} + \cdots\cdots + p_{nt}q_{nt} = \sum_{i=1}^{n} p_{it} \cdot q_{it}$

단, p_{it}는 q_{it}는 각각 당해 i번째 재화의 당해 연도(t연도)의 최종 생산물의 가격과 생산량을 나타낸다.

실질 GDP(real GDP)란 '기준 연도 시장가격으로 측정된 최종생산물의 시장 가치'를 말하며 불변가격(constant market prices) GDP라고도 한다.[8] 실질 GDP는 기준 연도와 당해 연도의 생산수준을 비교할 때 유용하게 쓰인다. 왜냐하면 실질 GDP는 물가수준은 고정시켜 실제수량의 변동만을 나타내기 때문이다.

앞의 예를 가지고 각 연도의 실질 GDP(기준연도 = 2017년)[9]를 계산하면 다음과 같다.

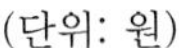

(단위: 원)

2017년의 실질 GDP = 10 × 150 + 20 × 100 + 50 × 200 = 13,500

2018년의 실질 GDP = 10 × 150 + 20 × 100 + 50 × 200 = 13,500

2019년의 실질 GDP = 10 × 150 + 20 × 100 + 50 × 200 = 13,500

이 계산에서 확인한 바와 같이 기준연도의 가격으로 계산된 실질 GDP는 매년 산출량의 변화가 없기 때문에 동일하게 나타난다. 이와 같이 실실 GDP는 경세활동의 변화를 명목 GDP보다 정확하게 파악할 수 있다.

GDP는 어떻게 계산되나?

이번에는 간단한 예를 가지고 GDP 추계방법을 살펴보자.[10] 최종생산물이 의류 하나밖에 없는 국가경제가 있다고 가정하자. 그리고 농부가 목화를 1만 원어치 생산하여 원단 제조업자에 팔았다고 가정하자. 원단제조업자는 여기에 여러 가지 생산요소를 투입하여 4만 원어치 원단을 생산하여 의류제조업자에 팔았다. 의류제조업자는 다시 이 원단을 이용하여 10만 원짜리 옷을 만들어 의류판매업자에게 팔았다. 최종적으로 이 의류는 소비자에게 12만 원에 팔렸다고 하자.

앞에서 우리는 GDP가 최종생산물의 시장가치의 합계로 정의한다고 했다. 현실 경제

8 실질 GDP $=p_{10}q_{1t}+p_{20}q_{2t}+\cdots\cdots+p_{n0}q_{nt}=\sum_{i=1}^{n}p_{i0}\cdot q_{it}$ 단, p_{i0}는 i번째 재화의 기준 연도(0연도)의 가격을 나타내고, q_{it}는 i번째 재화의 당해 연도(t연도)의 생산량을 나타낸다.

9 실질GDP를 계상하는 기준 연도는 일반적으로 2015년도, 2020년도와 같이 5년마다 새로 설정된다.

10 여기서 제공된 GDP 추계방식은 생산측면에서 만들어진 것이다. 나중에 살펴보게 되지만 GDP는 세 가지 측면, 즉 생산, 분배, 지출면에서 추계를 해도 비슷한 수준을 나타낸다. 이것을 GDP 삼면등가의 법칙이라고 부른다. 현실적으로는 생산, 분배, 지출 사이에 통계상의 불일치가 존재하기 때문에 세 가지 측면에서 추계된 GDP는 약간의 차이를 나타낸다.

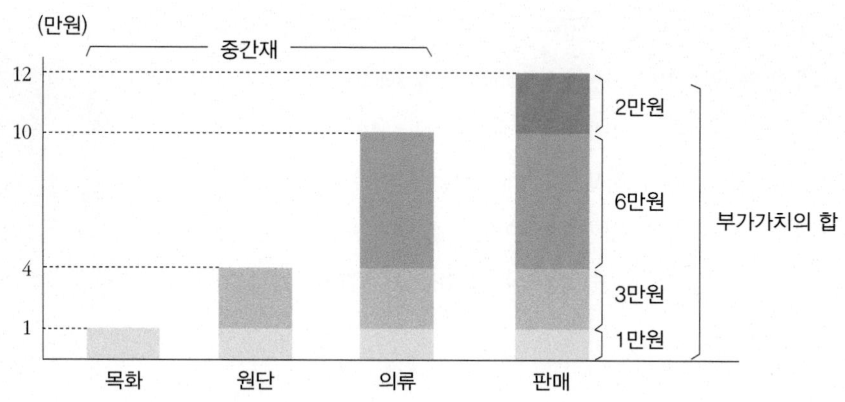

▲ 그림 6-2

GDP는 부가가치의 합과 같다

GDP는 각 생산단계에서 창출된 부가가치의 합과 같다. GDP를 이렇게 측정하는 이유는 중간재의 가치가 중복계산으로 포함되는 것을 방지하기 위함이다. 판매된 의류 가격 12만 원 속에는 각 생산 단계에서 창출된 모든 부가가치가 포함되어 있다.

에서는 수많은 최종생산물이 존재하지만 이 예에서는 최종생산물이 오직 하나, 즉 의류밖에 없다고 가정하였기 때문에 GDP는 다음과 같다.

최종생산물가치 = 12만 원

한편 GDP는 부가가치의 합으로도 추계할 수 있다. 여기서 부가가치(value added)란 '생산자가 생산과정에서 새로 창출한 가치를 의미'한다. 〈그림 6-2〉에서 농부의 중간재 비용이 전혀 없었다면 농부가 창출한 부가가치는 만 원이다. 원단제조업자는 만 원짜리 목화를 가지고 4만 원짜리 원단을 만들었으므로 3만 원의 부가가치를 창출했다. 마찬가지로 의류제조업자의 부가가치는 6만 원, 의류판매업자의 부가가치는 2만 원이다. 각 단계의 부가가치를 모두 합치면 12만 원이 되는데 이것이 바로 최종생산물가치와 같다.

부가가치의 합계 = 1만 원 + 3만 원 + 6만 원 + 2만 원 = 12만 원 = GDP

따라서 GDP는 최종생산물가치와 같으며, 모든 생산단계에서 창출된 부가가치의 합계로 추계할 수 있다. 실제로 우리가 상품을 구입할 때 상품 가격의 10%를 부가가치세로 지불하게 되는데, 각 상품의 판매자는 자신이 구입한 원재료에 대한 매입 금액의 10%를 다시 되돌려 받게 된다. 이는 상품의 생산자가 자신이 창출한 부가가치에 대해서만 세금을 내게 하기 위한 것이다. 생산자가 구입한 원재료에 대해서는 세금을 내지 않아야 하기 때문이다.

생산, 소득 그리고 지출은 같은 개념?

경제활동을 통해 상품이 생산되고, 이 상품들은 생산에 기여한 요소 소유자들에게 소득으로 분배된다. 사람들은 이 소득을 가지고 생활에 필요한 생산물을 구입하기 위해 지출한다. 이렇게 한 경제 내에서 생산·분배·지출은 순환관계를 갖는다. 이해를 돕기 위해 먼저 가장 간단한 소득순환도(income flow chart)를 설명하자. 〈그림 6-3〉의 순환도에는 정부부문과 해외부문을 제외하고 가계와 기업만으로 구성된 단순한 국가경제를 보여 주고 있다. 이 그림에서 기업은 가계가 필요로 하는 소비재만을 생산하는 것으로 가정한다(실제로는 기계, 장치 및 설비와 같은 자본재도 생산되지만 여기서는 단순화하여 소비재만이 생산되는 것으로 가정하고, 나중에 이 가정을 완화하기로 하자).

〈그림 6-3〉에 나타난 단순화된 순환도를 가지고 국민소득이 어떻게 순환되는지 살펴보자. 순환도의 상단은 상품시장을, 하단은 생산요소시장을 나타낸다. 상품시장이란 생산물이 거래되는 시장을 말하고, 요소시장이란 생산에 필요한 생산요소, 즉 노동, 자본, 토지 등이 거래되는 시장을 말한다. 그리고 실선은 실물의 흐름을, 점선은 화폐의 흐름을 표시한다. 보다 자세히 설명하면 ① 가계는 요소시장에 노동, 자본, 토지 그리고 경영능력

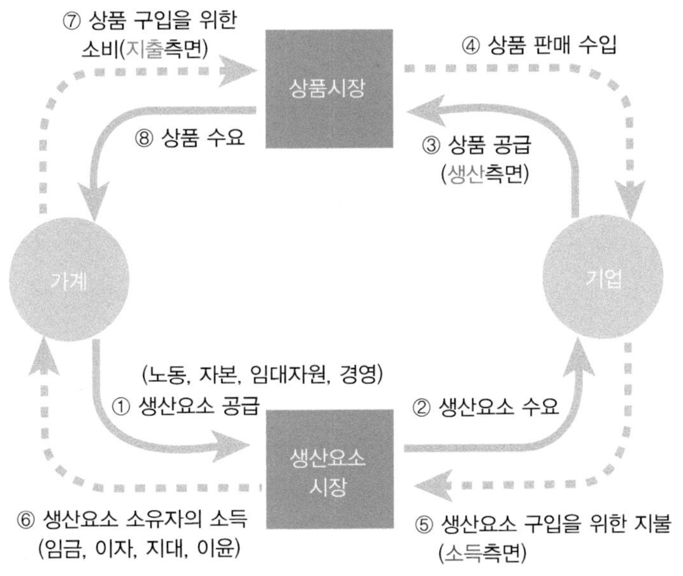

▲ 그림 6-3

생산과 소득의 단순한 순환도
가계는 기업에게 생산에 필요한 생산요소를 제공하고 그 대가로 소득을 지급받는다.
가계는 소득으로 상품 시장에서 소비하며, 상품의 판매 수입은 다시 기업으로 간다.

등의 생산요소를 제공한다. ② 기업은 이 생산요소를 구입하여 상품을 생산하여 ③ 상품시장을 통하여 판매하여 ④ 수입(收入, revenue)을 갖게 되고, 이 판매 수입은 ⑤ 생산에 기여한 생산요소 소유자들에게 임금, 이자, 지대, 이윤(이윤이 어떻게 소득이 되는지는 아래에서 자세히 설명된다)으로 소득으로 지불된다. ⑥ 가계는 이 소득을 가지고 기업에서 생산한 재화를 소비하는 데 ⑦ 지출하고 ⑧ 생산물을 구입한다(기업의 투자지출은 나중에 고려하기로 하자).

즉 이 단순 순환도는 마치 동일한 굵기의 수도관에 의하여 연결된 수로와 같아 어디에서 측정하여도 같은 양의 물이 흐르고 있다. 경제학에서는 세 군데에서 그 흐르는 양을 측정한다. 즉 〈그림 6-3〉의 상부에 있는 상품시장의 좌측에서는 지출측면, 우측에서는 생산측면에서 그 흐르는 양을 측정하고, 하부의 생산요소시장에서는 소득 측면에서 그 흐름의 양을 측정한다. 생산측면에서 측정된 것을 국내총생산(GDP)이라고 하고, 소득측면에서 측정된 것을 총국민소득(Gross National Income, GNI)이라고 한다. 물이 밖으로 새나가지 않으면 한 수도관의 어디에서 측정하든지 물의 흐름의 양이 같듯이 국내만 고려한 단순한 국민 경제순환모형에서도 어디에서 측정하여도 기본적으로 같게 된다.

생산 ≡ 지출 ≡ 소득

이렇게 소득이 생산, 소득, 지출, 세 가지 측면에서 이론적으로 같아지는 것을 삼면등가(三面等價)의 법칙이라 부른다. 그러나 이러한 현상을 단순히 법칙으로 암기하기보다는 그 의미를 생각해 보는 것이 중요하다.

경제 내에서 생산, 소득, 그리고 지출이 항상 같게 되는 이유는 무엇일까? 우선 생산과 지출의 관계를 생각해 보자. 경제 안에서 생산된 상품들(예로, 100)이 모두 소비되지 않는 경우에는 생산과 지출은 다를 수 있다는 질문이 가능하다. 생산된 것이 다 지출되지 않으면 재고(예로, 10)가 남게 된다는 의미이다. 그러나 재고는 회계원칙 상 기업이 자신의 상품에 대해 지출한 재고투자 '지출'로 계산한다(즉 재고투자지출).

실제로 대부분의 기업들은 경영 목적상 시장의 수요 변화에 효과적으로 대응하기 위하여 일정 수준의 재고를 유지하고자 하는데(즉 제로 수준의 재고가 가장 바람직한 것은 아니다), 이러한 재고수준의 변화를 가져오는 것이 재고투자지출이다. 그렇지만 때로는 기업이 원하지 않는 재고의 증가가 나타날 수도 있다. 이와 같이 재고는 의도된 재고변화와 의도되지 않은 재고변화 두 가지로 구분된다. 중요한 것은 회계원칙상 재고변화는 기업의 자신의 상품에 대한 재고투자지출로 처리한다는 것이다. 그러므로 비록 팔리지 않은 상품이 있다고 해도, 생산(100)은 항상 지출(100)과 같아지는 것이다.

다음으로 생산과 소득이 항상 같아지는 이유는 무엇일까? 그 이유는 기업이 벌어들인 수입은 노동에 대한 임금소득, 자본에 대한 이자소득, 그리고 임대 자원에 대한 임대소득으로 지불되고, 그 나머지는 이윤(또는 세금을 내기 전의 이윤을 뜻하는 세전이윤)이 된다. 그러나 이윤도 사실상 기업가 자신에 대한 소득이므로, 결국 생산으로부터 오는 판매수입(100)은 누군가에게 인가 소득(100)의 형태로 지불되는 것이다. 그러므로 생산과 소득은 항상 같다. 여기서 한 가지 기억해야 할 것은 기업의 판매수입 중에서 중간재를 구매하기 위하여 지불되는 금액은 GDP에 포함되지 않는다는 점이다. 왜냐하면 앞에서 논의하였듯이 GDP는 중간재를 제외한 최종재의 시장가치의 합이기 때문이다.

이와 같이 경제 안에서 이루어지는 생산, 소득, 그리고 지출은 항상 같다. 이 세 가지는 실제로 한 대상을 바라보는 세 가지 시각일 뿐이다. 그 한 가지 대상은 무엇일까? 물론 '경제활동 수준'(volume of economic activities)이다. 한 국가의 경제활동 수준은 생산 측면에서 볼 수도 있고, 소득과 지출 측면에서도 볼 수가 있는 것이다. 경제활동 수준이 높으면 생산, 소득, 그리고 지출은 높아진다. 그러므로 우리가 경제활동 수준을 말할 때에는 생산, 소득, 그리고 지출을 동시에 의미하는 것이다.

GNP가 아니라 GNI(국민총소득)?

과거에는 한 나라 국민들의 소득수준을 파악하는 데는 GNP를 인구로 나눈 1인당 GNP가 널리 사용되었다. 그런데 최근에는 GNP 대신, 국민총소득(Gross National Income, GNI)이 널리 사용되고 있다. GNI는 한 나라가 외국과 거래하는 상품들의 가격변화, 즉 교역조건(terms of trade)을 소득수준에 반영하는 지표이다. 교역조건이란 상품을 수출한 대가로 외국으로부터 얼마나 많은 상품을 수입할 수 있는가를 나타내는 것인데, 구체적으로 수출상품 가격을 수입상품 가격으로 나누어 계산한다. 수출상품이 비싸질수록 교역조건은 자국에 유리해 진다.

예를 들어, 우리나라가 일본에 반도체를 수출하고, 일본으로부터 공작기계를 수입한다고 가정할 때, 만약 우리가 반도체 100개를 수출하고, 그 대가로 일본의 공작기계 두 대를 사올 수 있었는데, 이 두 상품의 상대적인 가격이 변해서 반도체 100개에 대해 한 대의 공작기계만 받게 된다면, 즉 교역조건이 불리해진다면 어떻게 될까? 한국의 실질적인 이익은 반으로 줄게 된다. 따라서 국민들의 생활수준도 예전보다 떨어지게 될 것이다. 우리가 흔히 '체감경기가 지표경기와 다른' 이유가 바로 여기에 있다(교역조건에 관해서는 제10장에서 자세히 다루어진다).

우리나라도 1999년도부터 GNI 통계로 국민소득을 집계하고 있다. 우리나라의 경우 대외의존도(재화의 수출액과 수입액의 합을 국내총생산으로 나눠준 비율)는 1980년의 56.4%에서 2014년의 81.6% 그리고 2017년에는 80.8%로 매우 높은 수준을 나타내고 있다. 그만큼 국민들의 생활여건이 교역조건 변화에 민감하게 좌우된다. 따라서 우리나라의 경우 GNI를 이용한 국민소득의 측정이 국민들의 생활 수준 변화를 더 정확하게 반영할 수 있게 된다. 최근 우리나라의 수출 주 종목인 반도체 가격의 하락으로 경제전반의 체감경기가 크게 낮아진 것도 바로 이 때문이다.

공공부문과 국외부문이 포함되는 현실적인 국가경제의 모습

현실적에서 기업은 앞에서 가정한 바와 같이 소비재만 생산하는 것이 아니라 다른 기업의 생산에 필요로 하는 기계나 설비와 같은 생산재도 만든다. 따라서 상품의 수요자에는 가계뿐만이 아니라 기업도 포함된다. 뿐만 아니라 현실 경제에는 정부도 상품을 구매하고, 또한 외국인들도 우리의 상품을 구매하며, 우리도 외국으로부터 상품을 수입(輸入)한다. 따라서 상품을 수요하는 주체는 이렇게 가계, 기업, 정부, 국외부분 네 부문이고 공급은 국내에서 생산된 GDP와 국외로부터 들여온 수입(輸入, imports)으로 구성된다. 확장된 소득순환도는 〈그림 6-4〉에 나타나 있다.

〈그림 6-4〉는 아마도 이 책 안에서 가장 중요한 그림이 될 것이다. 이 하나의 그림 안에 국가경제(또는 같은 의미로서의 국민경제)의 모든 것이 다 포함되어 있기 때문이다. 이 확대된 국민소득순환도를 잘 이해할 수 있다면 국민경제에 대한 이해가 잘 되어 있다고 할 수 있겠다. 국민소득순환도를 스토리텔링과 같이 이야기로 풀어갈 수 있다면 더 말할 나위도 없이 좋을 것이다.

우선 국민소득순환도 안에는 네 개의 경제부문(즉 경제주체, sectors)과 세 개의 시장(markets)이 있다. 가계(households), 기업(firms), 정부(또는 공공부문, 왜냐하면 정부가 공공서비스를 제공하므로; government 또는 public sector) 그리고 국외부문(foreign sector)이 네 개의 경제부문이고, 생산요소시장(factor markets), 금융시장(financial markets) 그리고 상품시장(goods market)이 세 개의 시장(사면체로 표시)이다.

가계(Ⅰ)는 기업(Ⅱ)에게 생산에 필요한 생산요소들인 노동(노동자 가계), 자본(자본가 가계), 임대자원(건물주 등 임대자원 가계) 그리고 경영(기업가 가계)을 생산요소시장을 통하여 제

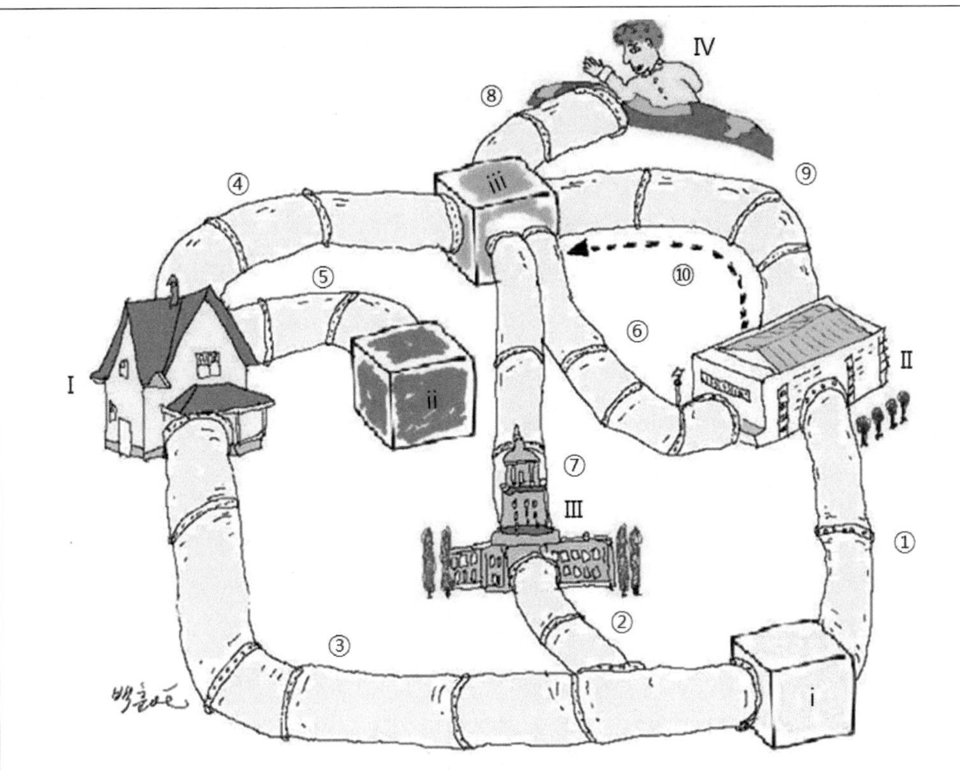

경제주체(sectors): Ⅰ. 가계, households; Ⅱ. 기업, firms; Ⅲ. 공공부문 = 정부, government;
Ⅳ. 국외부문, foreign sector
시장(markets): i. 생산요소시장, factor markets; ii. 금융시장, financial markets;
iii. 상품시장, goods market
지출(expenditures): ① 소득, income, Y ② 순조세, net taxes, T
③ 가처분소득, disposable income, Y_d ④ 소비, consumption, C
⑤ 저축, saving, S ⑥ 투자, investment, I
⑦ 정부구매 또는 정부지출, government spending, G
⑧ 순수출, net exports, X ⑨ 지출, expenditures, E
⑩ 생산, production, Y

▲ 그림 6-4

현실 경제의 생산, 소득 및 지출의 확대된 순환도

국내총생산은 지출 측면에서 보면 가계의 소비, 기업의 투자, 정부의 정부구매 그리고 국외부문의 순수출로 구성된다.

공하고 그 대가로 소득(①번 파이프)을 지불받는다. ①번 파이프를 소득이라 하고 기호는 Y로 표시할 수 있다(소득을 나타내는 영어 단어 income의 I 머릿글자는 다른 용도로 사용해야 하기 때문에 부득이 Y를 사용하기로 하자. I의 용도는 나중에 설명된다).

가계는 기업으로부터 받은 소득을 모두 집으로 가져갈 수 없는데, 그 이유는 정부(Ⅲ)에 세금을 내야 하기 때문이다. 하지만 가계는 정부로부터 실업수당, 보조금 등 받는 것도 있는데, 세금에서 이러한 이전수입(transfer income)을 뺀 부분을 순조세(net taxes, T)라고 부른다. 소득에서 순조세를 뺀 것을 가처분소득(disposable income, Y_d)이라고 한다. 가처분소득은 가계가 마음대로 처분할 수 있는 소득이다.

가계는 가처분소득으로 두 가지를 할 수 있는데, 첫째는 상품시장(goods market, 더 정확히는 goods and services market이지만 편의상 간단히 'goods market'으로 표현)에서 상품을 구매하는 소비(consumption, C)를 하거나 또는 소비를 하지 않고 금융시장(금융시장의 정확한 정의에 대해서는 제9장에서 설명한다)에서 저축(saving, S)을 할 수 있다. 그러므로 가계의 소비(C)는 상품시장에서 상품을 구매하는 첫 번째 지출(파이프)이라고 할 수 있다. 소비는 가계에 대해서만 정의되는 개념이기 때문에 굳이 '가계'라는 수식어를 사용할 필요는 없다. 대개의 경우 가계 소비가 전체 GDP에서 차지하는 비중은 2014년도 우리나라의 경우 약 50% 정도이다. GDP 중에서 가장 큰 비중을 차지하는 소비는 동시에 가장 안정적인 지출이다. 우리는 아무리 경제 사정이 어려워도 하루 세끼 식사는 하고, 또 의복과 같은 기본적인 생필품에 대한 소비지출은 필요하기 때문이다.[11]

상품시장에서 상품을 구매하는 두 번째 지출(파이프)은 무엇일까? 기업의 투자이다. 앞에서 논의한 가계의 경우는 상품시장에서 대부분 소비재를 구매하지만, 상품시장에는 소비재가 아닌 기계, 장치 그리고 설비 등 자본재도 생산되어 공급된다. 이러한 자본재는 가계가 아닌 기업이 구매하게 되는데, 기업은 자본재를 사용함으로써 생산성을 높일 수 있다. 기업의 자본재에 대한 지출을 '투자'(investment, I)라고 부른다. 앞에서 'I'를 왜 소득

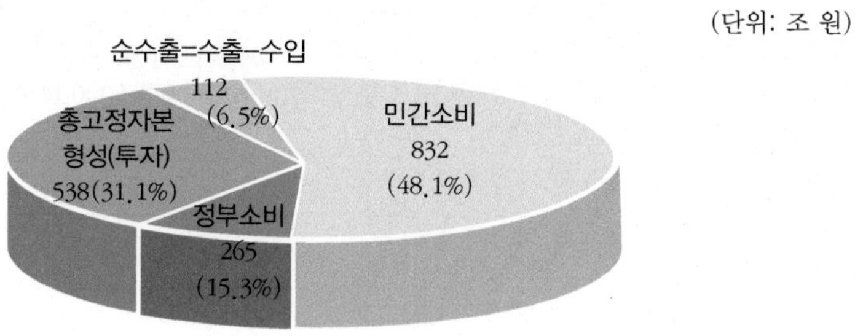

(단위: 조 원)

순수출=수출−수입
112
(6.5%)
총고정자본
형성(투자)
538(31.1%)
민간소비
832
(48.1%)
정부소비
265
(15.3%)

자료: 한국은행, 「경제통계연보」, www.bok.or.kr

▲ 그림 6-5

우리나라 국내총생산(1,730조 원)에 대한 지출(2017년)

우리나라 국내총생산에 대한 지출 중 민간소비지출, 정부소비지출, 총고정자본형성, 그리고 순수출이 차지하는 비중은 각각 약 48.1%, 15.3%, 31.1% 그리고 6.5%이다.

11 한국은행의 국내총생산의 구성항목은 경제학 교과서의 약간 차이가 있다. 한국은행은 정부부문의 지출 중에서 최종소비를 별도로 집계하고 있고, 또한 정부부문의 투자와 민간부문의 투자를 한 데 묶어 총고정자본형성이라고 부른다.

에 대하여 사용하지 않았는지 이해할 수 있다. 투자는 우리나라의 경우 비록 GDP의 29% 내외를 차지하여 소비보다 그 비중이 작지만 기업들의 경기에 대한 전망에 따라 그 변화폭이 크다. 그만큼 투자(*I*)가 경기 변동의 중요한 요인이 될 수 있기 때문에 중요하게 고려된다(각 지출 항목에 대해서 어떤 알파벳을 쓰는가는 교과서마다 다를 수 있다).

상품시장에서 상품을 구매하는 세 번째 지출(파이프)은 정부지출(government spending, *G*)이다. 우리나라의 정부지출은 GDP에서 약 20% 정도를 차지하고 있다. 정부지출은 경기조절정책의 일환으로 조정될 수 있다. 예를 들어, 경기가 불황인 경우, 정부는 상반기에 집중적으로 정부지출을 시행하여 경기 회복을 도모할 수 있다. 마지막으로 우리나라의 상품시장에서 상품을 구매하는 지출(파이프)은 국외부문의 순수출(net exports, *X*)이다. 순수출은 수출에서 수입을 제외한 부분으로서 순수출이 플러스이면 국내 상품에 대한 외국인의 지출이 우리 국민들의 외국 상품에 대한 지출을 초과함을 의미한다. 일반적으로 수출과 수입의 비중이 비슷하므로 순수출(*X*)이 GDP에서 차지하는 비중은 낮다.

GDP를 세 가지 방법으로 측정하는 이유는?

한국은행은 우리나라의 GDP를 세 가지 방법으로 측정하여 발표한다. 앞의 국민소득 순환도의 ① 소득접근방법, ② 지출접근방법 그리고 ③ 생산접근방법으로, 파이프 안에 흐르는 물의 양을 세 가지 방법으로 측정하는 것인데, 세 가지 방법은 놀라울 만큼 가까운 수치를 제공해 준다. 앞에서 설명하였듯이, 이 세 가지 방법은 실상은 한 가지 대상인 경제활동 수준을 세 가지 다른 방법으로 바라보는 것일 뿐이기 때문이다. 이를 이론적으로 체계화하는 데 기여한 사람이 벨라루시아계 미국인 경제학자 Simon Kuznets이다.

우선 GDP를 ⑩ 생산접근방법 파이프로 측정하는 목적은 각 산업 분야별 부가가치를 측정하기 위함이다. 이러한 접근은 각 산업에서 부가가치가 높고 낮음을 파악할 수 있게 해준다. 두 번째로 ⑨ 지출접근방법 파이프는 경제의 네 부문인 가계, 기업, 정부 그리고 국외부문의 지출을 가늠하기 위함이다. 이를 통하여 각 부문의 경제 활동 현황을 파악할 수 있다. 그리고 ① 소득접근방법 파이프는 소득분배를 파악하게 해 주는데, 임금소득, 자본소득, 임대소득 그리고 기업의 이윤 등이 어떻게 배분되고 있는가를 알게 해 준다.

이렇게 세 가지 다른 접근방법으로 GDP를 측정한 결과는 놀랍게도 유사한 수치로 나타난다. 이러한 점이 Simon Kuznets와 같은 국민소득계정 개발에 기여한 경제학자들과 경제기관들이 높게 평가받는 이유이다.

이와 같이 단순한 소득순환도를 발전시켜 현실 국가경제를 모두 반영하는 경우 다음의 항등식이 성립될 것이다.

$$\text{GDP} + \text{수입(輸入)} \equiv \text{소비} + \text{투자} + \text{정부지출} + \text{수출}$$

$$\text{또는 GDP} \equiv \text{소비} + \text{투자} + \text{정부지출} + \text{순수출}^{12} \quad \cdots\cdots\cdots\cdots \quad (6.1)$$

간단하게 표현하면, GDP는

$$Y \equiv C + I + G + X \quad \cdots\cdots\cdots\cdots\cdots\cdots\cdots\cdots\cdots\cdots \quad (6.1)'$$

로 표시된다. 여기서 (6.1)식과 (6.1)′식은 항등식 관계라는 것을 유의할 필요가 있다. 즉 이 항등식들은 변수간의 관계를 나타내기보다는 GDP를 구성하는 네 가지 요소가 항상

ECONOMIC EYES
경제의 눈

■ Simon Kuznets (1901~1985)

GDP: 20세기의 위대한 발견

1999년 12월 미국 상무성(Department of Commerce) 장관 William M. Daley는 20세기를 마감하면서 20세기의 가장 위대한 발명 중의 하나로 GDP를 선정하였다. GDP가 국가경제에 대한 체계적인 이해를 가져와 국가의 경제 운용에 크게 기여하였다는 것이 그 이유이다.

1930년대로 거슬러 올라가면, 미국의 대공황 당시 경제 정책에 필요한 통계는 매우 열악하였다. 대공황은 경제 안에서의 정부의 역할이 중요하고, 국가경제의 소득과 생산을 종합적으로 측정할 수 있는 국민소득계정의 개발이 절실하였다. 이러한 필요성에 따라 상무성은 벨라루시아계 미국인 경제학자 Simon Kuznets를 중심으로 하여 국민소득계정을 개발하게끔 하였고, 1937년 미국의 1929~1935년 기간의 국민소득계정을 미 국회에 보고하였다.

Simon Kuznets(1901~1985)는 벨라루스의 핀스크(Pinsk)라는 곳에서 유태인 상인 집안에서 출생하였다. Kuznets는 중국, 일본, 인도 그리고 한국 등의 국민소득계정을 구축하는 데에도 기여를 한 것으로 알려져 있는데, 1971년 국민소득계정 개발을 비롯한 그의 경제발전에 대한 이론적 기여로 노벨경제학상을 수상하였다. 그는 또한 일정 소득 수준이 되기까지는 소득불균형이 증가하다가 어느 수준을 지나게 되면 소득불균형이 개선된다는 Kuznet's Curve로도 유명하다.

자료: http://www.bea.gov/scb/account_articles/general/0100od/maintext.htm

12 여기서 순수출은 순수출(X) ≡ 수출(EX) − 수입(IM)으로 정의하는 데 그 이유는 국내생산물에 대한 외국수요(수출)는 더해 주고 외국생산물에 대한 국내수요(수입)는 빼줌으로써 순전히 국내생산물에 대한 수요만을 표시하기 위함이다.

GDP의 합과 같다는 것을 보여주고 있다.

단순 순환도에서는 생산, 지출, 소득이 모두 같아진다고 하였다. 그러면 확장된 순환도에서도 이 세 가지가 같아질 것인가? 이 확장된 순환도에서 국외부문은 한 국가의 범위를 넘는 것이기 때문에 이론적으로 같아지기 어렵다. 실제적으로 외국과 수출과 수입을 통해서 자국민의 소득이 늘어날 수도 있고 줄어들 수 있다. 무역을 통해서 이익을 얻으면 생산측면에서 측정된 양보다 소득측면에서 측정된 양이 더 많을 수 있다. 따라서 소득지표인 GNI는 생산지표인 GDP와 다를 수 있다.

예를 들어, 2005년의 경우 우리나라는 유가급등 등의 요인으로 인해서 무역 손실이

ECONOMIC EYES
경제의 눈

주입과 누출

만약 수도꼭지로부터 나오는 물의 양이 배수구로 나가는 물의 양보다 많으면 욕조의 수위는 높아진다. 국민경제의 소득도 마찬가지이다. 현실적으로 가계는 소득을 모두 소비하지 않고 일부는 미래를 위해서 저축한다. 그러면 이 순환에서 소득의 일부가 밖으로 빠져나가 누출된다.

만약 이 저축이 은행 등 금융부문을 통해서 투자의 재원으로 사용되어 기업의 투자지출로 다시 순환도에 주입된다면 생산과 지출이 같은 수준을 유지하게 된다. 그러나 이 두 가지가 일치하지 않는다면 경제규모가 축소 또는 확대되어 국민소득의 크기가 줄어들거나 또는 늘어나게 된다. 즉 누출이 유입보다 큰 경우에는 경제규모가 축소되어 국민소득이 감소하고, 반대로 누출이 유입보다 적은 경우에는 경제규모가 확대되어 국민소득이 증가한다.

가계가 정부에 내는 세금도 소득순환에서 누출에 해당된다. 왜냐하면 가계는 세금은 내는 만큼 가처분소득이 줄어들어 소비를 줄일 수밖에 없기 때문이다. 반면에 정부가 필요로 하는 물품을 구입하거나 정부의 서비스를 제공하기 위하여 지출하는 것은 경제순환에서 보면 주입에 해당된다.

따라서 정부가 거두어들인 세금 수입만큼 정부지출을 하게 되면 경제 전체적으로 다시 소득은 원래의 수준을 유지하게 된다. 그러나 정부가 세금보다 지출을 많이 하게 되면, 즉 적자재정을 운영하면 누출보다 주입이 많아지므로 경제는 확장될 것이다. 그러나 이 경우는 물가 상승의 문제가 발생할 수 있다. 따라서 중요한 것은 국가경제에 대한 주입과 누출을 균형 있게 맞추어 가는 것이다.

발생해서 GDP보다 GNI가 더 낮았다. 특히 성장률의 경우 2005년에 GDP는 4% 증가한 반면에 GNI는 0.5%밖에 증가하지 않았다. 이럴 경우 어느 것이 실질적으로 우리나라 경제력의 성장 능력을 보여준 것인가에 대해서 논란의 여지가 있다. 둘 다 모두 중요한 지표이지만 경제성장의 중심지표로는 GDP를 쓰고, 국민들이 얻는 실질소득의 지표로는 GNI를 사용한다. 즉 2005년의 경우 전년에 비해서 경제활동은 활성화되었지만, 실제 국민들이 체감할 수 있는 소득은 크게 늘지 않았다고 해석할 수 있다. 2005년도 이후 우리나라의 GDP는 GNI에 비하여 약 2~3조 원 정도 더 큰 것으로 나타났으나, 2010년 이후에는 그 크기가 역전되어 2012년에는 GNI가 GDP보다 약 13조 원 더 큰 것으로 나타났다. 그러나 최근에는 그 차이가 거의 없다.

국민소득은 국민 각자가 어느 정도의 소득을 누릴 수 있는가가 중요하므로 GNI를 인구로 나눈 '1인당 국민총소득'이 국민의 생활수준을 나타내는 지표로 사용된다. 이렇게 대외여건의 변화에 따라서 GDP와 국민소득은 약간 차이가 날 수 있지만, 큰 차이는 없기 때문에 이 책에서 이론적으로 균형국민소득의 결정요인 등을 설명할 때는 GDP와 국민소득은 동의어처럼 사용한다.

GDP가 측정하지 못한 것들

GDP가 가지는 우수한 경제학적인 장점에도 불구하고 국민소득 수준이 한 국가의 구성원들의 행복 수준을 정확하게 반영하지 못한다는 문제점이 제기되면서 이를 측정하기 위한 새로운 대안들이 제시되고 있다. 그러한 대안들 중의 대표적인 연구로서 경제협력개발기구(OECD)의 'Better Life Initiative'는 OECD 창설 50주년이 되던 2011년을 시작으로 매년 OECD 회원국 34개국과 2개 주요 협력국으로서 브라질과 러시아를 포함하는 총 36개국에 대해서 'Better Life Index'(BLI)를 발표하고 있다. 가장 최근의 발표(2019년 1월)에 따르면 호주가 5년 연속 가장 높은 지수를 나타냈으며, 스웨덴과 노르웨이가 그 뒤를 이었다. 우리나라는 2014년의 25위에서 4단계 다시 내려간 29위를 차지하였다. 이러한 방식의 '행복지수'의 산출 노력은 단순히 생산활동 수준의 높고 낮

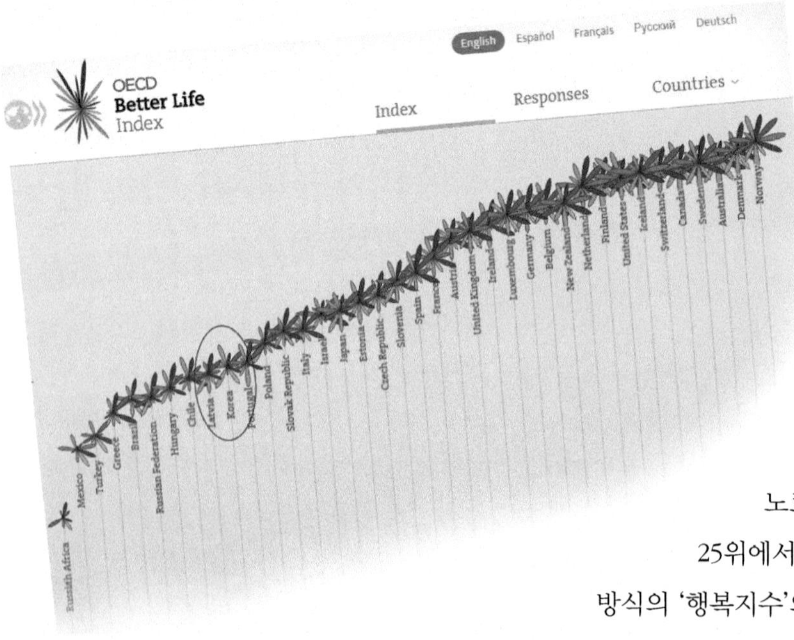

ECONOMIC EYES
경제의 눈

사회진보지수 (social progress index, SPI)

〈뉴질랜드〉 〈미국〉

사회진보지수(SPI)는 각국의 정책과 제도에 변화를 도모하기 위한 목적으로 탄생하였다. '인간에게 가장 중요한 것은 진정 무엇인가?'라는 질문에서 시작된 SPI는 경제 발전의 새로운 모습을 구현하기 위한 논의로부터 출발하였다. 2013년 영국의 옥스퍼드에서 개최된 2013 Skoll World Forum에서 50개국에 대한 SPI가 제시되었는데, 기본적인 필요(basic needs), 집과 안전(shelter and security), 건강프로그램 접근성(access to healthcare), 교육(education), 건강한 환경(healthy environment) 및 삶의 질 개선의 기회(opportunity to improve life) 등의 영역에서 각국의 사회진보를 측정하고 있다.

2014년의 SPI 측정 결과에 따르면 세계에서 가장 사회진보가 높은 나라는 뉴질랜드이고, 그 다음이 스위스, 아이스랜드, 네덜란드, 노르웨이, 스웨덴, 캐나다, 덴마크 그리고 호주 순서이다. 독일은 12위, 일본은 14위, 미국은 16위 그리고 우리나라는 28위로 나타났다.

그림에서 토마스(Thomas)는 비록 세계 최고 수준의 경제적 부를 자랑하는 미국인이지만, 삶의 질과 사회진보의 기준에서 보면 뉴질랜드의 한나(Hannah)가 훨씬 더 안전하고 사회적으로 진보된 나라에서 살고 있는 것이다. 뉴질랜드의 1인당 국민소득은 2만 5천 달러로 미국의 4만 5천달에 비해 낮지만, SPI로 나타난 삶의 질은 미국보다 월등히 높은 것으로 나타났기 때문이다.

자료: 토마스와 한나에 관한 YouTube 동영상 링크: http://www.youtube.com/ watch?v=UsQkAjR4P_0#t=78

음이 아니라 국민의 삶의 수준(well-being)을 국가 정책의 초점으로 제시하고 있다는 점에서 중요한 의의를 가진다. 이와 유사한 지표로서 '사회진보지수'(Social Progress Index, SPI)도 관심을 모으고 있다.

2011년 국제연합(UN) 총회가 '행복'(happiness)을 글로벌 아젠다의 하나로 다룰 것을 만장일치로 의결한 이후(결의안 65/309), 국민소득 지표의 개선 자체만으로 국민의 삶의 질

(well-being)이 높아지지 않는다는 것은 이제 전 세계적으로 받아들여지고 있는 공통된 시각이 되었다. 또한 국민의 삶의 질을 높이기 위해 많은 국가들이 이러한 점을 정책에 반영하기 위해 노력하고 있다. 2012년 4월, UN 총회는 부탄(Bhutan) 정부의 제안을 받아들여 '신(新) 경제 파라다임'(A New Economic Paradigm)을 채택하였으며, 향후 UN을 중심으로 한 국제사회가 인류 사회의 삶의 질을 실질적으로 개선하기 위한 새로운 경제 성장의 조건[13]을 제시하고, 이를 구체화하기 위한 방안을 수립하고 있다.

물가지수의 개념과 추계방식

GDP와 함께 거시경제학에서 가장 중요한 변수인 물가(prices)에 대해서 살펴보자. 물가란 한 경제에서 생산된 상품의 평균가격을 말한다. 물가는 대부분의 경우 일정한 수준을 유지하기보다는 끊임없이 변동된다. 물가가 오르는 현상이 반드시 나쁜 것은 아니다. 물가가 어느 정도 오르는 것은 기업이 상품을 개발하고 개선하는 동기가 되기 때문이다. 물가가 내려가거나 또는 변화하지 않는다면, 기업의 생산활동은 위축될 수 있다. 반면에 물가가 너무 올라도 경제 활동이 불안해지므로 기업에게도 바람직하지 못하다. 그러므로 안정적으로 변화하는 물가가 가장 이상적이다. 이러한 물가의 변동을 측정하기 위해서 물가 지수가 필요하다.

물가지수(price index)란 '기준시점의 물가수준을 100으로 하여 비교시점의 물가수준의 상대적 변화를 수치로 나타낸 지표'이다. 물가지수는 목적에 따라 여러 가지가 있다. 대상 품목에 따라 소비자물가지수(consumer price index, CPI), 생산자물가지수(producer price index, PPI), 수출입물가지수(import price index, IPI), GDP 디플레이터(deflator) 등이 있다. 우리가 흔히 사용하는 물가지수는 생활비용의 변화를 나타내는 소비자물가지수이다.

13 이 조건들은 ① well-being and happiness, ② efficient use of resources, ③ ecological sustainability 및 ④ fair distribution이다.

ECONOMIC EYES
경제의 눈

소비자물가지수(CPI): 금반지는 빠지고 비데는 넣고

현재 우리나라 소비자물가지수(CPI)는 기준 연도(연도에 0 또는 5가 들어가는 매 5년마다 변경)의 가구 소비구조를 품목들(2014년 현재 481개 품목)을 선정하여 5년간 사용하고 있다. 그러나 시간이 지날수록 실제 가구의 소비구조가 변화되고, 따라서 소비자물가지수도 실제 가계의 소비구조와 차이가 커지게 되기 때문에 중간에 가중치를 변화시키고 있다. 특히, 2012년 이후 정부의 보육료 지원, 무상급식 확대 등으로 가구의 소비구조가 변화, 발생하였다고 판단하여, 정부는 2013년 12월 가구의 소비구조 변화 등을 반영한 가중치로 개정하여 소비자물가지수의 현실설명력을 제고하였다.

얼마 전 스마트폰 이용료와 막걸리가 추가되었고, 세탁비누와 금반지는 제외되었다. 역시 조사 품목과 산출 방식이 변화된 소비 형태를 반영하지 못한다고 판단하였기 때문이다. 과거에는 친지의 자녀 돌 선물에 빠지지 않았던 금반지가 금값 인상으로 더 이상 자주 구매되지 않기 때문에 소비자물가지수에서 제외된 것이다. 2013년 12월에 통계청이 발표한 소비자물가지수에 포함되는 품목들은 다음과 같다.

곡물: 쌀, 찹쌀, 보리쌀, 콩, 땅콩, 혼식곡, 밀가루, 국수, 라면, 당면, 두부, 씨리얼식품, 부침가루, 케이크, 식빵, 빵, 떡

육류: 쇠고기(국산), 쇠고기(수입), 돼지고기, 닭고기, 소시지, 햄 육류통조림

어개: 갈치, 명태, 조기, 고등어, 꽁치, 오징어, 게, 굴, 조개, 전복, 마른멸치, 마른오징어, 오징어채, 북어채, 어묵, 맛살, 생선통조림, 젓갈

낙농품: 우유, 분유, 치즈, 발효유, 달걀

유지: 참기름, 식용유

과실: 사과, 배, 복숭아, 포도, 밤, 감, 귤, 오렌지, 참외, 수박, 딸기, 바나나, 키위, 과실통조림

채소·해초: 배추, 상추, 양상추, 시금치, 양배추, 미나리, 깻잎, 부추, 무, 열무, 당근, 감자, 고구마, 도라지, 콩나물, 버섯, 오이, 풋고추, 호박, 가지, 토마토, 파, 양파, 마늘, 브로콜리, 고사리, 피망, 단무지, 김, 맛김, 미역

과자·당류식품: 초콜릿, 사탕, 껌, 아이스크림, 비스킷, 스낵과자, 초코파이, 설탕, 잼, 꿀, 물엿

조미료·기타식품: 고춧가루, 참깨, 생강, 소금, 간장, 된장, 양념장, 고추장, 카레, 케찹, 드레싱, 혼합조미료, 스프, 이유식, 김치, 밑반찬, 냉동식품, 즉석식품, 삼각김밥

차: 커피, 커피크림, 차, 차음료

음료: 과일주스, 두유, 생수, 기능성음료, 탄산음료, 혼합음료

주류: 소주, 과실주, 맥주, 막걸리, 위스키, 약주

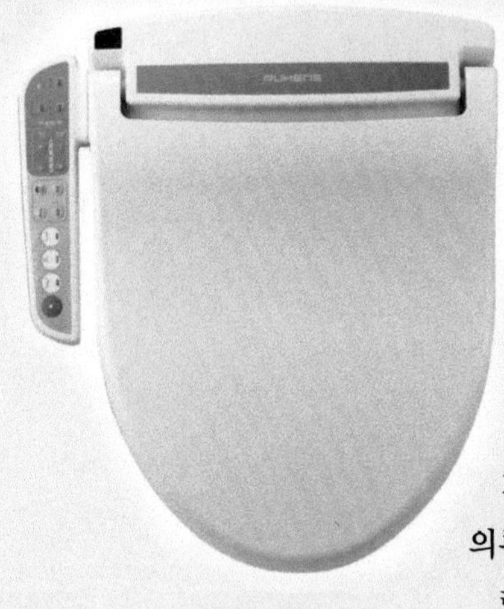

담배: 담배(국산), 담배(수입)

남자의류: 남자정장, 남자외투, 남자상의, 남자학생복, 남자하의, 남자내의

여자의류: 여자정장, 여자외투, 원피스, 여자상의, 여자학생복, 여자하의, 여자내의, 점퍼, 티셔츠, 스웨터, 청바지, 운동복, 등산복

아동복·유아복: 아동복, 유아복

기타의류: 양말, 모자, 넥타이, 장갑

의류서비스: 의복수선료, 세탁료, 신발세탁료, 의복대여료

신발: 아동화, 남자구두, 여자구두, 운동화, 실내화

집세: 진세, 월세

주택설비수리: 벽지, 바닥재, 페인트, 세면기, 설비수리비, 보일러수리비, 도시가스연결비

상하수도료: 상수도료, 하수도료

기타 주거: 공동주택관리비, 쓰레기봉투료, 정화조청소료

전기료: 전기료

가스료: 도시가스 LPG(취사용)

연료: 등유, 연탄, 지역난방비, 부탄가스

가구: 장롱, 침대, 거실장, 소파, 책상, 의자, 식탁, 싱크대

침구·직물: 침구, 커튼

가정용 기구: 전기밥솥, 가스레인지, 전자레인지, 냉장고, 김치냉장고, 에어컨, 선풍기, 난방기기, 공기청정기, 세탁기, 청소기, 믹서, 전기매트, 비데

가정용 기구 수리서비스: 가전제품수리비, 가전제품렌탈비

주방용품: 식기, 컵, 솥, 후라이팬, 냄비, 수저, 밀폐용기, 부엌용용구, 보일러

가사소모품: 건전지, 디지털도어록, 세탁세제, 섬유유연제, 전구, 부엌용세제, 청소용세제, 살충제, 가정용비닐용품, 키친타월, 방향제, 습기제거제

가사서비스: 가사도우미료, 간병도우미료

의약품: 감기약, 진통제, 소화제, 정장제, 위장약, 진해거담제, 소염진통제, 피부질환제, 조제약, 한방약, 우황청심원, 인삼, 홍삼, 혼합비타민제, 건강기능식품, 종이기저귀, 위생대

의료용품: 안경, 콘택트렌즈, 체온계, 혈압계, 혈당계

의료서비스: 외래진료비

기타 의료서비스: 건강진단비, 예방접종비, 한방진료비, 치과진료비, 입원진료비

차량구입비: 소형승용차, 중형승용차, 대형승용차, 경승용차, 다목적승용차, 수입승용차, 자전거

차량연료: 휘발유, 경유, LPG(자동차용)

차량부품·수리비: 자동차용품, 자동차타이어, 자동차수리비, 엔진오일교체료, 세차료

기타차량 서비스: 자동차학원비, 주차료, 도로통행료, 승용차임차료, 대리운전이용료, 자동차검사료

철도 이용료: 열차료, 전철료

육상 이용료: 시내버스료, 시외버스료, 고속버스료, 택시료

항공 및 여객선 이용료: 국내항공료, 국제항공료, 여객선료

기타차량 이용서비스: 이삿짐운송료, 택배이용료

우편 서비스: 우편료

전화기: 이동전화기 스마트폰

전화·정보 이용료: 일반전화통화료, 이동전화료, 스마트폰이용료, 인터넷전화료, 인터넷이용료

영상·음향기기: TV, 미디어재생기기, 사진기

정보처리기기 · 소모품: 컴퓨터본체, 모니터, 노트북컴퓨터, 휴대용멀티미디어기기, 프린터, 컴퓨터소모품, 기록매체

악기·오락용품 및 애완동물: 피아노, 현악기, 장난감, 어린이승용물, 게임기, 등산용품, 낚시용품, 캠핑용품, 운동용품, 생화, 예용품, 애완동물용사료, 애완동물병원비, 애완동물미용료

오락·운동서비스: 수영장이용료, 스키장이용료, 볼링장이용료, 헬스클럽이용료, 골프연습장이용료, 골프장이용료, 당구장이용료, 노래방이용료, PC방이용료, 놀이시설이용료, 레포츠이용료, 운동경기관람료

문화 서비스: 영화관람료, 공연예술관람료, 전시관입장료, 독서실비, 문화강습료, 온라인콘텐츠이용료, TV수신료, 방송수신료, 사진촬영료, 사진인화료

도서: 유아용학습교재, 참고서(초등학교), 참고서(중학교), 참고서(고등학교), 교과서(고등학교), 대학교재, 서적, 사전

신문 · 잡지: 신문, 잡지

문방구: 공책, 스케치북, 복사용지, 색메모지, 필기구, 회화용구

단체여행: 단체여행비(국내), 단체여행비(해외)

유치원·초등교육: 납입금(유치원)

중등교육: 납입금(고등학교)

고등교육: 납입금(전문대학), 납입금(국공립대학교), 납입금(사립대학교), 납입금(국공립대학원), 납입금(사립대학원)

기타교육: 학원비(초등학생), 학원비(중학생), 학원비(고등학생), 음악학원비, 미술학원비, 운동학원비, 전산학원비, 가정학습지, 이러닝이용료, 학교보충교육비, 취업학원비, 외국어학원비, 운동강습료

외식: 김치찌개백반, 된장찌개백반, 비빔밥, 설렁탕, 갈비탕, 삼계탕, 해물찜, 해장국, 불고기, 쇠고기(외식), 돼지갈비(외식), 삼겹살(외식), 오리고기(외식), 냉면 칼국수, 죽(외식), 생선초밥, 생선회(외식), 자장면, 짬뽕, 탕수육, 볶음밥, 돈가스, 스테이크, 스파게티, 라면(외식), 김밥 떡볶이, 치킨, 햄버거, 피자, 커피(외식), 국산차(외식), 소주(외식), 맥주(외식), 막걸리(외식), 학교급식비, 구내식당식사비

숙박: 숙박료(호텔), 숙박료(여관), 콘도이용료, 학교기숙사비

이미용 서비스: 목욕료, 찜질방이용료, 이용료, 미용료, 뷰티미용료, 면도기, 헤어드라이어, 칫솔, 치약, 화장비누, 샴푸, 바디워시, 화장지, 화장수, 로션, 썬크림, 영양크림, 클린징크림, 파운데이션, 페이스파우더, 립스틱, 모발염색약, 구강세정제

개인용품: 손목시계, 장신구, 가방, 핸드백, 우산, 유모차

기타서비스: 산후조리원이용료, 보육시설이용료, 요양시설이용료, 자동차의무보험료, 자동차임의보험료, 금융수수료, 부동산중개수수료, 행정수수료, 대입전형료, 시험응시료, 장례식장이용료, 화장장이용료

자료: KOSIS www.kosis.kr, '온라인 간행물'에서 주제별 > 물가·가계 > 소비자물가지수 연보 > '해설자료: 소비자물가지수 연보 해설자료1'로부터 품목을 정리하였음.

소비자물가지수(CPI)

소비자물가지수는 통계청이 도시가계조사를 통해 매월 발표한다. 사람들의 소비구조가 변화하므로 조사대상의 품목선정과 가중치는 5년마다 조정된다. 현재는 2010년(2015년 이후는 2015년을 기준 연도)을 기준 연도로 사용하며, 소비자물가지수에 포함되는 조사대상 품목은 481개이다. 주요 품목그룹별 가중치는 〈표 6-2〉와 같다.

그런데 통계청이 발표하는 소비자물가지수와 실제적으로 소비자가 느끼는 체감(장바구니)물가간에 상당한 차이가 있다. 왜 그럴까? 한 가지 이유는 물가를 추계할 때 각 품목에 적용되는 가중치가 소비자가 실제로 소비하는 상품바구니의 구성과 다르기 때문이다. 예컨대 수도료와 전기료 등을 포함한 주거에 대한 소비자물가의 가중치는 약 17%이다. 만약 집세가 20% 폭등하는 경우 자기집이 있는 사람은 집값 상승을 체감하지 못하는 반면 무주택자가 집세에 대한 체감물가상승률은 20%이다. 이것이 지수에 반영되는 통계적으로 추계되는 소비자물가지수 상승폭은 3.4%(즉 20%×17%)에 불과하다. 마찬가지로 통신료에 대한 가중치는 6%이다. 따라서 통신료가 100% 상승하더라도 물가지수에 미치는 영향은 6%에 불과하다.

이러한 소비자물가지수의 한계점을 보완하기 위해 통계청은 기본생필품지수, 신선식품지수, 구입빈도별지수 등 보조지표를 발표하고 있다. 그러나 이들 보조지수들은 특정 목적에는 부합되지만 다양한 요구를 다 반영할 수는 없다는 한계점을 지니고 있다. 따라서 체감물가를 잘 반영시키기 위해서는 다양한 지수의 개발이 필요하다. 이러한 부족을 보완하기 위해 IMF 관리체제 이후 정부는 소비자물가지수를 발표할 때 생활물가지수도 동시에 발표하고 있다.

2010년 기준 생활물가지수의 대상품목은 두부, 라면, 돼지고기 등 월 1회 이상 구입하는 품목, 쌀, 닭고기 등 소득의 증감과 관계없이 지출하면서 분기 1회 이상 구입하는 품목, 한우쇠고기, 납입금 등 소비지출비중이 높아 가격변동을 민감하게 느끼는 품목들과 자주 구입하지는 않지만 일상생활을 영위하는 데 필수적인 품목 등 142개 품목으로 구성되어 있다. 또한 기상조건이나 계절에 따라 변동이 큰 신선어류, 채소, 그리고 과실 등 51개 품목을 대상으로 하는 신선식품지수도 있다.

▲ 표 6-2 소비자물가지수의 주요 분류별 가중치

소비자물가지수에 포함되는 조사대상 품목은 총 460가지이다. 조사대상 품목과 가중치는 생활 양식의 변화를 반영하기 위하여 5년마다 조정된다(필요에 따라서는 그 사이 기간에도 조정 가능).

분류내역	품목수	가중치	분류내역	품목수	가중치
총지수	**460**	1000.0			
식료품 및 비주류음료	133	137.7	교통	32	111.0
식료품	125	129.2	운송장비	7	29.2
비주류 음료	8	8.5	개인운송장비 운영	14	56.2
			운송 서비스	11	25.6
주류 및 담배	7	15.5			
주류	6	4.8	통신	6	54.8
담배	1	10.7	우편서비스	1	0.1
			전화 및 팩스장비	1	8.2
의류 및 신발	30	61.4	전화 및 팩스 서비스	4	46.5
의류	26	52.9			
신발	4	8.5	오락 및 문화	55	57.2
			음향, 영상, 사진 및 정보처리 장비	9	5.6
주택, 수도, 전기 및 연료	16	170.2	기타 오락 및 문화용 주요 내구재	3	0.5
주택임차료	2	93.2	기타 오락용품, 조경용품 및 애완동물	7	8.6
주기시설 유지·보수	2	7.7	오락 및 문화 서비스	20	21.7
수도 및 주거관련 서비스	5	27.6	신문, 서적 및 문방구	14	8.0
전기, 가스 및 기타연료	7	41.7	단체여행	2	12.8
가정용품 및 가사 서비스	49	41.7	교육	20	97.0
가구, 가사비품 및 카페트	8	8.5	유치원 및 초등교육	1	3.6
가정용 섬유제품	2	3.3	중등교육	1	6.1
가정용 기기	16	13.9	고등교육	5	19.6
주방용품 및 가정용품	8	4.1	기타교육	13	67.7
가정·정원용 공구 및 장비	3	1.8			
일상 생활용품 및 가사 서비스	12	10.1	음식 및 숙박	44	129.4
			음식 서비스	39	125.8
보건	32	68.7	숙박 서비스	5	3.6
의료용품 및 장비	24	27.2			
외래환자 서비스	6	30.4	기타 상품 및 서비스	36	55.4
병원 서비스	2	11.1	미용용품 및 미용 서비스	18	29.7
			기타 개인용품	7	6.9
			기타 서비스	11	18.8

자료: 통계청, KOSIS > 온라인간행물 > 주제별 물가·가계 > 소비자물가지수 연보 해설자료1.

생산자물가지수

생산자물가지수는 '제1차 거래단계에서 기업 상호간에 거래되는 품목의 가격변동을 측정하기 위한 물가지수'이다. 이 지수작성에 이용되는 가격은 제1차 거래단계의 가격, 즉 국내생산품의 경우 부가가치세를 제외한 생산자 판매가격(공장도 가격)을 원칙으로 하고 있다. 생산자물가지수는 한국은행에서 작성하며, 2019년 현재 조사품목은 867개이다.[14]

〈그림 6-6〉에 나타난 물가지수추이를 보면 생산자물가와 소비자 물가가 차이를 보이는 것을 알 수 있다. 1980년대 초반까지는 생산자물가지수 상승률이 소비자물가지수 상승률보다 높았으나 그 이후에는 소비자물가지수의 상승률이 빠르게 높아지고 있다. 그 이유는 1987년 민주화선언 이후 임금이 급격히 상승하면서 인건비 비중이 높은 서비스상품의 가격이 크게 올랐기 때문이다. 일반적으로 소비자물가지수에 포함되는 품목에는 서비스의 비중이 높다. 따라서 인건비가 대부분인 서비스의 비중이 높은 소비자물가지수의 급상승을 가져왔던 것이다. 또한 생산된 상품이 소비자에게 전달되는 비용인 물류비용이 교통혼잡 등에 의해 높아진 것도 하나의 원인이다.

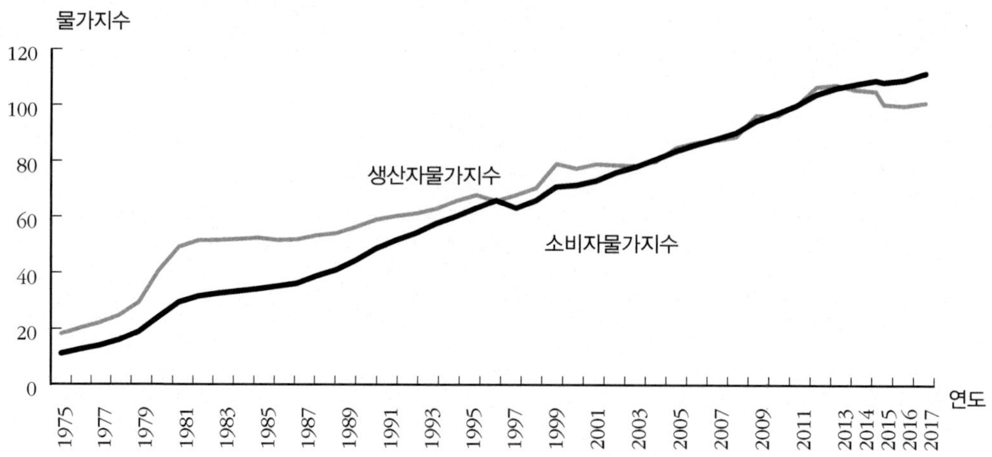

▲ 그림 6-6

우리나라 물가지수의 추이(2010=100)
소비자물가, 생산자물가 (1970~2017)

우리나라의 소비자물가지수는 1987년 민주화선언 이후 임금 비중이 높은 서비스 상품의 가격 상승과 물류비용 등의 인상으로 빠르게 상승하였다.

14 한국은행, 『알기쉬운 경제지표 해설』, 2019년.

수출입물가지수

또 하나의 중요한 물가지수인 수출입물가지수는 '수출 및 수입상품의 가격변동을 측정하는 지표'이다. 앞에서 언급하였듯이 우리나라는 대외의존도가 높기 때문에(2017년 기준, 80.8%) 수출입 상품의 가격변동은 국내물가뿐만 아니라, 생산활동 및 대외 경쟁력에도 큰 영향을 미친다. 따라서 이러한 문제점을 사전에 파악하기 위해서 수출입물가지수를 측정하고 있다. 이 지수는 수출입에 관련된 업체들의 수출채산성 변동이나 수입원가부담 등을 파악하는 데 큰 도움을 준다. 2019년 현재 수출물가지수와 수입물가지수의 조사대상 품목은 각각 205개와 235개이며, 조사되는 가격은 원칙적으로 수출의 경우 FOB를, 수입은 CIF를 기준으로 하고 있다.[15]

GDP 디플레이터(deflator)

지금까지 설명한 물가지수들은 조사원들이 시장에서 직접 샘플 조사를 통해서 지수를 작성한다. 그런데 GDP를 알면 별도의 샘플 조사없이 구할 수 있는 물가지수가 있는데, 그것이 바로 GDP 디플레이터이다. GDP 디플레이터는 명목 GDP를 실질 GDP로 나눈 후 100을 곱하여 산출된다. 앞에서 언급한 바와 같이 명목 GDP는 당해 연도의 가격을 이용해 계산된 GDP이고 실질 GDP는 기준 연도의 가격을 이용하여 계산된 GDP이다. 따라서 이 양자의 비율은 기준 연도와 당해 연도 사이의 전반적인 물가의 변화를 나타낸다.

$$\text{GDP 디플레이터} = \frac{\text{명목 GDP}}{\text{실질 GDP}} \times 100$$

이와 같은 방식으로 계산된 결과는 당해 연도에 생산된 상품들의 기준 연도로부터의 가격 변화를 나타내므로 일종의 물가지수가 된다.

GDP 디플레이터와 소비자물가지수의 차이를 살펴보면 먼저 지수산정에 사용되는 품목수가 크게 다르다. 소비자물가지수는 앞에서 설명한 바와 같이 460개 정도이다. 그러나 GDP 디플레이터는 GDP 추계에 사용된 모든 재화가 사용되므로 품목이 훨씬 많다. 그리고 또 큰 차이는 소비자물가지수의 경우 앞의 〈표 6-2〉에서 설명한 바와 같이 기준 연도의 가중치를 적용하기 때문에 기준 연도의 상품 바구니가 사용되는 반면, GDP 디플레이

15 FOB(free on board)란 수출하는 사람이 화물선상에서 화물 인도를 마칠 때까지만의 비용과 위험을 부담하는 무역상거래조건을 말한다. 한편, CIF(cost, insurance and freight)란 수출하는 사람이 상품의 선적은 물론 목적지까지의 원가격과 운임·보험료의 일체를 부담할 것을 조건으로 한 무역상거래조건이다. 즉, CIF가격이란 상품의 운임·보험료를 포함한 가격(즉 도착항 인도가격)이다.

터는 당해 연도에 생산된 상품에 대하여 당해 연도의 가격을 적용한 경상 GDP를 역시 당해 연도에 생산된 상품의 실질 GDP로 나누어 준 것이므로 당해 연도의 상품바구니를 사용한다는 것이다(이러한 점에서 기준 연도 대비 생활비(cost of living) 변화를 측정하는 데는 CPI가 더 적절하다).

일반적으로 GDP를 정확히 추계하는 데는 최소한 1년 이상이 걸린다. 따라서 GDP 디플레이터는 현재의 가격변화를 즉각적으로 반영할 수 없고, 항상 과거의 가격변화를 측정할 수 있을 뿐이다. 그래서 실제로 임금협상 등에는 GDP 디플레이터는 사용하기 어렵기 때문에 CPI가 주로 사용된다. 그렇지만 GDP 디플레이터의 장점은 다른 물가지수에 비해서 GDP 추정에 사용된 모든 재화의 가격변화를 반영하므로 가장 포괄적인 물가지수라는 점이다.

GDP와 물가수준은 어떻게 결정되나?

총수요와 총공급이 중요한 이유

총수요(*AD*)와 GDP의 차이

현실 경제 안에서 생산된 것이 모두 소비되는 것은 아니다. 생산된 상품이 모두 소비되지 않으면 재고가 증가하고, 그러면 기업은 생산을 줄여야 하고, 결국 경제가 위축된다. 따라서 적정한 양이 생산되어, 생산된 상품이 모두 구매될 수 있도록 하는 것이 중요하다. 국가경제 안에서 생산 수준이 어떻게 결정되는가에 관해서 설명할 때 국가경제 전체와 관련되기 때문에 단순히 수요와 공급이라고 하지 않고 총수요(aggregate demand, *AD*)와 총공급(aggregate supply, *AS*)이라는 표현이 사용된다.

앞의 제2장에서 개별 상품시장에서 상품가격은 그 상품의 수요와 공급에 공통적으로 영향을 주는 변수라고 했다. 마찬가지로 국가경제 전체에서 물가수준은 총수요와 총공급에 모두 영향을 미친다. 물론 물가가 총수요와 총공급에 미치는 영향을 미치는 과정은 개별 시장의 경우보다는 훨씬 복잡하다. 이에 대한 자세한 설명은 본 교재의 수준을 벗어나므로 여기서는 단순히 물가수준이 오르면 총수요는 감소하고, 반면에 총공급은 증가하는 현상을 중심으로 설명하고자 한다.

앞의 제2장에서 살펴본 바와 같이 공급량에 영향을 줄 수 있는 요소로 그 재화의 가격 이외에도 생산요소의 가격, 기술수준 등 여러 가지가 있다. 마찬가지로 국가경제 전체의 차원에서도 총공급에 영향을 줄 수 있는 요인들이 물가수준 이외에도 여러 가지 존재한다. 예를 들면 임금이 낮아지거나 이자율이 낮아지면 생산비가 적게 소요되므로 같은 생산비로도 공급량을 늘릴 수 있을 것이다. 이와 같이 국가경제 전체에서도 생산비용인 임금과 이자율 및 일반 기술 수준 등이 총공급에 영향을 준다.

한편 총수요에 영향을 미치는 요인에도 물가수준 이외에 여러 가지가 존재한다. 가장 중요한 요인은 가계의 소득수준이다. 소득수준이 오르면 가계의 소비가 늘어나 상품에 대한 소비가 증가한다. 이자율의 변화도 기업의 투자에 영향을 주기 때문에 총수요의 변화를 가져올 수 있다. 이 밖에도 제10장 대외경제 부문에서 다루어질 환율과 같은 변수들도 총수요의 변화를 가져온다.

이와 같이 국가경제 전체로 볼 때 생산량의 결정에 중요한 영향을 미치는 임금, 이자율, 물가 중에서 임금과 이자율도 역시 물가에 의해서 많은 영향을 받으므로, 물가를 국민소득 수준을 결정하는 가장 중요한 요인으로 볼 수 있다. 국민소득과 물가의 수준이 결정되는 과정을 설명하는 가장 일반적인 모형이 총수요-총공급 모형(*AD-AS* Model)이다.[16]

총수요-총공급 모형은 국민소득과 물가수준의 결정과정을 이해하는 데 매우 유용하다. 총수요와 총공급의 개념은 〈그림 6-7〉에서 보는 바와 같이 미시경제학에서 다루는 개별시장과 비교하여 설명할 수 있다. 즉, 개별시장에서 가격과 수량은 국민경제시장에서는 물가와 총생산량이 되고, 개별시장의 수요와 공급은 국민경제시장에서는 총수요와 총공급에 해당된다.

국민경제시장을 나타내는 오른쪽 그림에서 수직축은 물가수준을, 그리고 수평축은 국내총생산(즉 실질 GDP; 단순한 명목 GDP가 아니라 실제로 생산량이 어떻게 변화되는가를 본다)을 나타내고 있다. 그러나 한 가지 주의해야 할 점은 개별시장에서 제시될 수 있는 모든 설명들이 국민경제시장에서도 마찬가지로 적용될 수 있는 것은 아니라는 것이다. 그래서 국민경제시장의 총수요와 총공급을 구성하는 요소들을 주의 깊게 살펴볼 필요가 있다.

〈그림 6-4〉에서 설명한 국민경제의 소득순환도에서 생산물은 가계, 기업, 정부, 국

16 힉스(Sir John R. Hicks, 1904~1989)의 IS-LM모형에서는 물가가 일정하다는 가정 하에 이자율을 가장 중요한 변수로 파악한다. 이 IS-LM 모형은 이 책의 수준을 넘어서므로 설명을 생략한다.

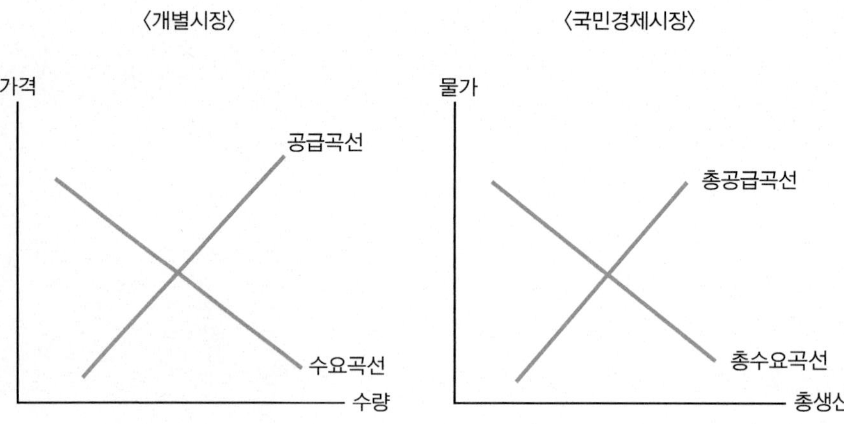

▲ 그림 6-7

개별시장과 국민경제시장

개별시장의 가격과 수량에 해당되는 것이 국민경제시장에서의 물가와 총생산량이다. 그러나 주의할 점은 개별시장의 수요와 공급의 원리가 그대로 국민경제시장에 적용될 수 있는 것은 아니라는 것이다.

외의 네 부문에 의해서 수요될 수 있다고 하였다. 즉 국가경제의 총수요는 가계의 소비수요(consumption, *C*), 기업의 투자수요(investment, *I*), 정부의 정부지출수요(government expenditure, *G*), 그리고 순수출(net export, *X*)로 구성된다. 제2장에서 수요를 정의할 때 수요는 실제로 실현된 구매량이 아니라, 각각의 가격수준에서 구입할 의사가 있는 의도된 양이라고 하였다. 마찬가지로 총수요도 다른 요인들은 일정하다는 가정 하에 '각 물가수준에서 수요자가 구매할 의사가 있는 의도된 양'이라고 정의된다.

〈그림 6-7〉에서 총수요곡선(aggregate demand curve, *AD*)은 이러한 총수요를 그림으로 나타낸 것이다. 그러므로

총수요 = 민간소비 + 투자 + 정부지출 + 순수출 ………… (6.2)

$$AD = C + I + G + X \quad \cdots\cdots\cdots\cdots\cdots\cdots \quad (6.2)'$$

여기서 한 가지 주의해야 할 점이 있다. 앞에서 GDP를 설명할 때에 (6.1)에서 GDP가 소비, 투자, 정부지출 및 순수출의 합으로 구성된다고 하였다. GDP를 나타내는 표현과 총수요를 나타내는 표현은 같아 보이지만, 이 두 식 사이에는 중요한 차이점이 존재한다. GDP를 나타내는 식에서 생산과 지출은 항상 같다. 즉 생산된 상품이

다 팔리지 않았을 때 발생하는 재고의 변화도 기업의 재고투자 지출에 포함시키기 때문에 생산(GDP)과 지출은 항상 같게 된다. 따라서 GDP 수식에서는 항등식(≡)으로 표시했다.

그러나 총수요를 설명하는 위 (6.2)식에서는 재고투자는 '사고자 하는 의도'를 나타내는 총수요에는 포함되지 않는다. 즉 재고투자는 기업의 입장에서는 '의도되지 않은' 지출인 것이다. 그러므로 GDP와 총수요의 차이가 재고투자가 된다. 따라서 총수요의 구성요소로서의 투자를 말할 때에는 별다른 설명이 없어도 기업의 '의도된 투자'만을 의미한다. 아래에서 설명되듯이 재고의 변화는 기업의 생산량을 결정하는 중요한 요소로 작용한다.

총수요와 물가

GDP와 물가수준의 결정과정을 이해하기 위해서 먼저 총수요와 물가수준과의 관계에 대해서 설명해 보자. 이를 위해서 총수요를 구성하는 네 가지 항목인 민간소비, 투자, 정부지출, 그리고 순수출이 물가수준의 변화에 대해서 어떻게 영향을 받는지를 살펴보아야 한다. 우선, 가계의 민간소비는 물가가 오르면 줄어들고, 반대로 물가가 내리면 소비는 늘어난다. 그 이유는 여러 가지가 있겠지만, 가장 큰 이유는 '소득효과' 때문이다. 물가가 오르면 같은 소득을 가지고 구매할 수 있는 상품의 양이 줄어들므로 마치 자신의 실질소득이 감소한 것과 같다. 따라서 가계는 소비를 줄이게 된다. 반대로 물가가 내리면 실질소득이 증가한 셈이므로 소비를 늘리게 된다. 이러한 현상을 '소득효과' 또는 그 현상을 이론적으로 설명한 경제학자의 이름을 따라서 '피구효과'(Pigou effect)라고 부른다.

다음으로 기업의 투자(I)와 물가(P)의 관계를 생각해 보자. 물가가 상승하면 이자율이 오르고, 그러면 투자수익률이 하락해 기업의 투자가 감소한다. 이 관계는 〈그림 6-8〉과 같다. 즉 물가와 투자는 반대로 움직인다. 이것을 설명하기 위해 먼저 1단계로 물가와 이자율의 움직임을 간단히 설명한다. 이자율의 지표로 사용되는 시장이자율은 우리나라의 경우 '3년 만기 회사채 유통수익률'이 사용된다.[17] 물가가 오르면 사람들은 자신이 가지고 있는 금융자산의 실질가치가 떨어지므로 금융자산의 보유를 회피한다. 따라서 기업들

17 시장이자율에 대해서는 제9장 '화폐와 금융'에서 자세히 다룬다.

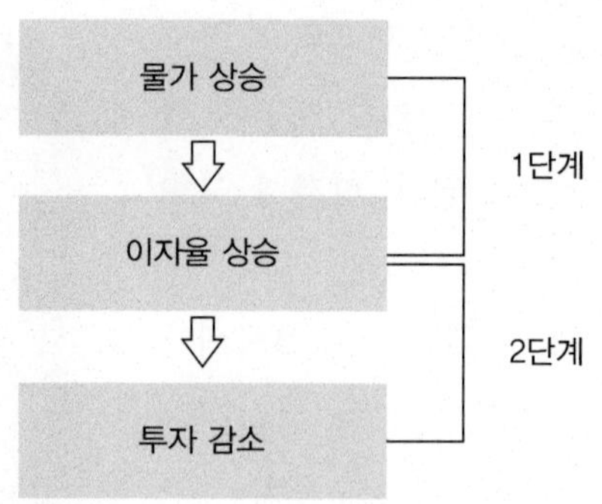

▲ 그림 6-8

물가가 투자에 영향을 미치는 과정

물가의 상승은 이자율을 높이고, 이는 기업의 투자수익률을 떨어뜨려 결국 투자를 감소시킨다.

은 채권을 발행할 때 더 높은 유통수익률을 보장해 주어야 하므로 그 결과 채권의 유통수익률이 높아져 시장이자율이 높아진다.

다음 2단계로 시장이자율이 상승하면 투자수익률이 떨어지는 것을 설명해 보자. 기업은 기계나 생산설비를 새로 구매하고자 할 때에는 그러한 투자가 가져다 주는 예상 수익을 고려하여 결정하게 된다. 그런데 기업의 입장에서는 투자 대신 은행에 예금을 해도 이자수입이 발생할 것이다. 만약 시장이자율이 오르면, 기업가들은 투자하기보다는 예금해서 이자를 받는 것을 더 원하게 되므로 투자가 위축될 것이다. 결과적으로 물가가 오르면 이자율도 오르게 되어 투자는 감소하고, 반대로 물가수준이 내리면 이자율이 낮아져 투자가 증가하게 된다.

정부지출(G)의 경우는 정부의 정책목표에 따라 그 규모가 결정되기 때문에 물가수준에 직접적으로 영향을 받지는 않지만, 순수출(X)은 물가에 영향을 받는다. 국내 물가수준이 오르면 수출품이 국제시장에서 가격경쟁력이 떨어져 수출은 줄고, 반대로 수입은 늘어나기 때문에 순수출(즉 수출-수입)은 떨어져 물가수준과 순수출은 반비례한다. 즉 물가수준이 오르면 순수출은 떨어지고, 반대로 물가수준이 내리면 올라간다. 이상과 같은 내용들을 종합하면 총수요는 물가수준에 반비례한다는 것을 알 수 있다. 이러한 현상이 〈그림 6–9〉에 우하향하는 총수요곡선으로 나타나 있다. 이와 같이 물가가 변하는 경우에는 동일한 총수요곡선상의 어느 한 점(예를 들면 〈그림 6–9〉의 A점)에서 다른 점(예를 들면 B점)으로 이동하는 것으로 나타난다.

물가 이외에 총수요에 영향을 줄 수 있는 요인을 수요충격(demand shock)이라고 한다.[18] 예를 들면 정부가 경기를 부양시키기 위해서 적자재정을 편성하여 정부지출을 늘리

18 수요충격에는 정부지출의 변화, 조세의 변화, 통화량의 변화 등이 대표적인 예이다.

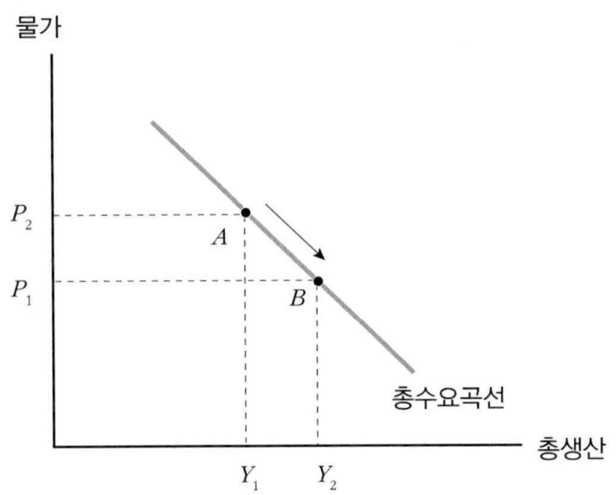

▲ 그림 6-9

총수요곡선

물가가 오르면 총수요는 감소한다. 결과적으로 총수요곡선을 우하향한다.

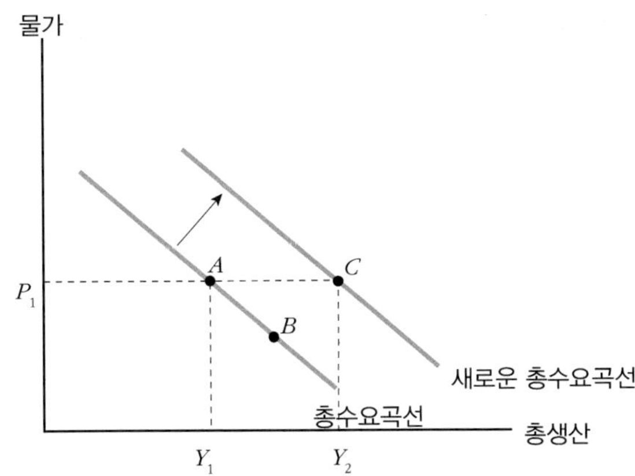

▲ 그림 6-10

총수요곡선의 이동

물가 이외의 다른 요인이 변하는 경우 총수요곡선은 좌우로 이동한다. 이 그림에서는 소득의 증가와 같이 총수요의 증가가 나타나는 경우 총수요곡선이 우측으로 이동하는 것을 보여 주고 있다.

는 정책을 취할 경우에 수요가 증가할 것이다. 이것을 그래프로 나타내면 〈그림 6-10〉에서 총수요곡선 자체가 우상향으로 이동하는 것으로 표시할 수 있다. 이처럼 물가 이외의 다른 요인에 의해서 총수요가 변하는 경우에는 〈그림 6-10〉과 같이 총수요곡선 자체가 이동하는 것으로 표현한다.

이는 뒤에서 총수요의 변화를 가져오는 여러 가지 요인들이 발생할 때 국민소득과 물가 수준이 어떻게 변하는지를 이해하는 데 유용하게 사용될 수 있다. 국민소득과 물가수준이 결정되는 과정에는 총수요뿐만 아니라 총공급도 함께 작용한다. 그러므로 다음에는 총공급에 대해서 살펴보자.

총공급과 물가

총수요가 물가수준에 의해 영향을 받는 것과 마찬가지로 총공급도 물가수준에 따라 변한다. 총공급곡선(aggregate supply curve, *AS*)은 '물가 이외의 다른 요인들은 일정할 때 각 물가수준에서 모든 공급자가 공급하고자 의도'된 양을 나타낸다. 개별 생산물시장에서 공급곡선이 우상향하듯이, 총공급곡선도 일반적으로 우상향하는 기울기를 가지게 된다. 즉 물가가 상승하면 총공급량도 증가한다. 그 이유는 물가가 올라 기업이 생산하는 상품의 가격이 오르면 공급자의 입장에서 이윤이 커지므로 공급량을 증가시킬 의도가 더 커지기 때문이다. 또한 물가가 오르는데, 임금이 그만큼 빠르게 오르지 않으면 실질적으로 기업의 입장에서는 실질임금이 떨어진 것과 같으므로 고용을 늘리고 따라서 생산이 증가한다. 이러한 과정을 그래프로 표시하면 〈그림 6-11〉에서 A점에서 B점으로 이동하는 것으로 나타낼 수 있다.[19]

〈그림 6-10〉의 총수요곡선의 이동에서처럼 물가 이외의 요인이 변화하면 총공급곡선 자체가 이동(shift)한다. 물가 이외에 총공급에 영향을 줄 수 있는 요인을 공급충격

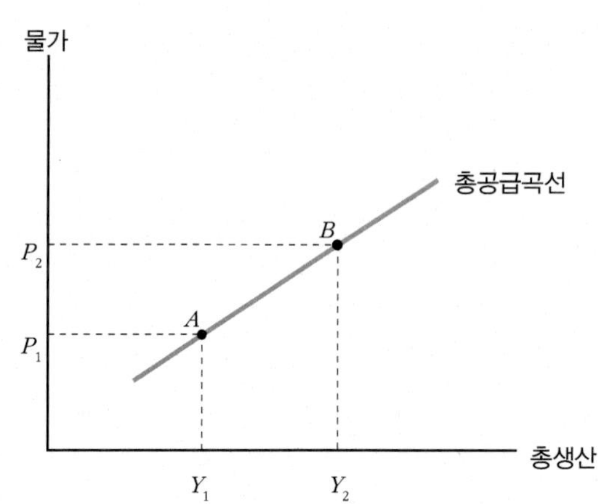

▲ 그림 6-11

총공급곡선

물가수준이 오르면 기업의 생산량이 늘어나 총공급이 증가한다. 반대로 물가수준이 내려가면 기업은 생산량을 줄이므로 총공급은 감소한다.

---

19 그런데 물가가 오른다고 총공급이 무한히 늘어날 수는 없다. 물가가 상승해도 경제 내에 생산능력의 한계가 있으므로 물가가 어느 일정수준에 이르면 더 이상 총공급이 증가할 수 없다. 따라서 이때는 총공급곡선이 수직형태를 지니게 된다. 한편, 만약 경제에 유휴 생산시설(excess capacity)이 있으면 총공급곡선은 수평선이 된다. 즉 현재 경제가 경기침체로 생산가동률이 저조하다면 물가를 전혀 올리지 않으면서도 공급량이 증가될 수 있다. 결국 총공급곡선의 모양이 물가가 매우 낮은 영역에서는 수평선이, 물가가 매우 높은 영역에서는 수직선이 되고 〈그림 6-11〉에 표시된 영역은 그 중간이 된다.

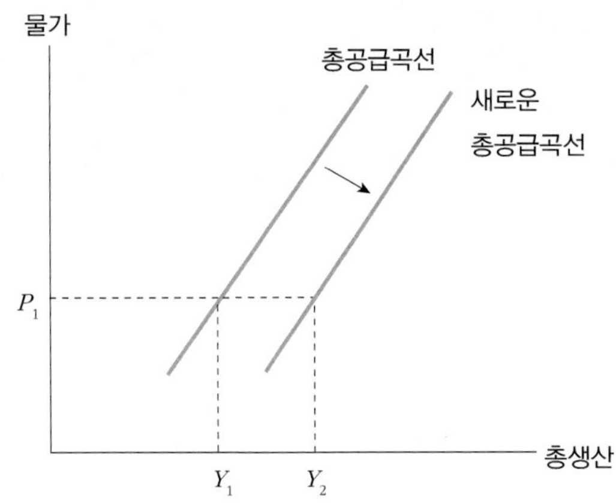

▲ 그림 6-12

총공급곡선의 이동

물가수준이 불변이라도 생산비의 하락, 또는 새로운 기술의 개발 등 총공급의 변화를 가져오는 요인이 발생하면 총공급곡선은 이동하게 된다.

(supply shocks)이라고 한다.[20] 예를 들면 기술혁신이 일어나면 기업의 입장에서는 생산비가 절감되므로 동일한 비용을 가지고 더 많은 생산을 할 수 있다. 이와 같이 기술혁신으로 인한 생산량의 증가를 그래프로 표시하면 위의 〈그림 6-12〉에서 총공급곡선이 우측으로 이동한 것으로 나타낼 수 있다.

이 밖에도 원유가 상승으로 인한 생산비 증대효과는 총공급곡선을 반대로 좌측으로 이동시킨다. 총수요곡선의 경우와 마찬가지로 총공급곡선의 이동을 이해해야 하는 이유는 현실 경제에서 총공급을 변화시키는 요인이 발생하는 경우 국민소득과 물가수준에 어떠한 변화가 나타나는가를 설명하기 위해서이다. 본 장의 뒷 부분에서 알 수 있듯이, 이러한 이해는 국민소득과 물가수준이 결정되는 과정을 이해하는 데 도움을 준다.

균형국민소득과 물가수준의 결정

너무나 다양한 균형국민소득과 균형물가수준의 결정에 대한 견해들

우리는 앞의 〈그림 6-1〉에서 한국경제의 GDP가 어떻게 변화했는지 보았다. 이와 같이 매년 경제활동 수준 또는 국민소득은 어느 한 수준에 머무르기보다는 끊임없이 변화한다. 이렇게 경제활동 수준이 변하는 이유를 앞에서 설명한 총수요-총공급 모형으로 설명

20 공급충격에는 생산비용의 변화(원자재 값의 변동, 임금수준의 변동 등), 생산성의 변화, 그리고 기술혁신 등이 대표적인 예이다.

ECONOMIC EYES
경제의 눈

케인즈는 동성애자여서 문제?

Charles H. Hession는 1984년에 출간된 자신의 책 *John Maynard Keynes*에서 케인즈라는 위대한 영국의 경제학자가 동성애자였다는 사실이 케인즈 자신의 정치경제학적인 관념에 중요한 영향을 미쳤다고 주장하였다. Hession에 따르면 케인즈는 사회적으로 통용되는 관념에 대하여 종종 반하는 생각을 가졌다고 한다. 그러나 그가 동성애자였다고 해서 먼 훗날에 대하여 일반인보다 걱정하지 않은 것은 아니다. 그는 '장기'라는 것은 수없이 이어지는 '단기'의 무한한 연장이라는 것을 잘 알고 있었기 때문이다.

20세기 경제학에서 가장 큰 영향력을 미친 경제학자라고 할 수 있는 John Maynard Keynes(1883~1946)는 영국 캠브리지에서 태어났다. 영국 정부에서 근무하기도 하였던 그는 1908년 캠브리지대학에서 강의를 하였고, 다시 영국 재무부에서 제1차 세계대전의 종전을 가져온 베르사이유 조약 협상 과정에서도 활약하였으나 독일에 대한 지나친 전쟁배상금 요구에 대하여 이의를 제기하며 사임하였다. 그 후 다시 캠브리지대학에 돌아와 학생들을 가르친 그는 1936년 그의 대표적인 저서인 『일반이론』을 출간하였다.

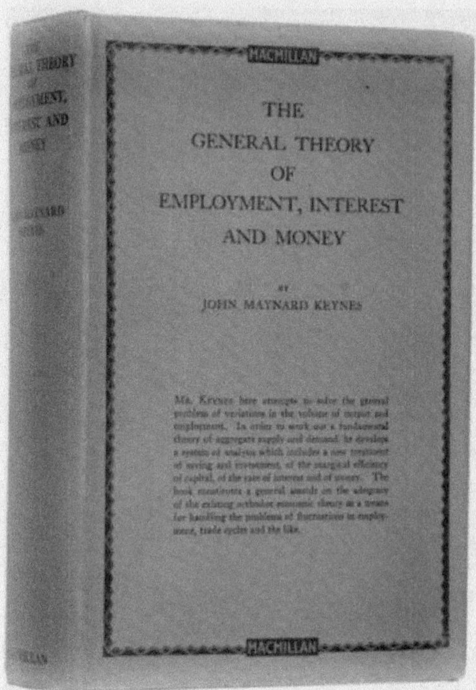

자료: http://www.thedailybeast.com/articles/2013/05/08/was-keynes-a-better-economist-because-he-was-gay.html
http://www.econlib.org/library/Enc/bios/Keynes.html

해 보자.

국가경제 안에서 국민소득 수준이 결정되는 과정에 대해서는 학자들 사이에도 아직 견해차이가 있다. 아담 스미스(Adam Smith, 1723~1790)의 견해를 지지하는 학자들과 그 후 20세기 초반의 케인즈(Sir. John M. Keynes, 1883~1946)의 견해를 지지하는 학자들로 나누어져 있다. 아담 스미스는 실업과 같은 현상은 일시적인 것이며 자유로운 상품가격과 임금의 조정과정을 통해서 경제는 항상 완전고용 수준의 생산활동을 유지할 수 있다는 견해를 가지고 있었다. 따라서 정부의 역할은 극히 제한적이어야 하며 균형 국내총생산을 증가시키기 위해서는 총수요보다는 총공급을 증가시키는 것이 더 중요하다고 보았다.

반면에 케인즈는 물가는 잘 변하지 않는 속성이 있기 때문에 시장이 물가 변동에 의해 균형상태로 가는 데는 시간이 많이 소요된다고 보았다. 따라서 장기적으로는 아담 스미스의 견해가 옳지만, 단기적으로는 시장이 불균형상태에 빠질 수 있다고 보았다. 케인즈는 "장기에는 우리 모두는 죽는다"(In the long run, we are all dead)라는 표현으로 경제는 결국 단기문제가 중요하다고 보았다(케인즈는 실제로 동성애자였기 때문에 후세에 대하여 생각할 필요가 없었다는 주장도 있다). 케인즈에 의하면 시장에서 총수요와 총공급의 불일치로 실업이 상당기간 지속될 수 있다. 따라서 이럴 때는 정부가 재정지출을 통해서 부족한 수요를 메꾸어 주어야 한다고 주장하면서, 수요측면을 강조했다. 케인즈의 이러한 견해는 총수요 관리의 중요성을 일깨워 주었다는 점에서 큰 공헌을 하였다. 케인즈의 견해는 또한 가격과 임금이 빠르게 변화하지 못한다는 점에서 단기적인 시각을 토대로 한 설명이다.

이 두 가지 대조적인 설명 중에서 어느 한 쪽이 옳고, 다른 한 쪽이 그르다고 말하기보다는 두 가지 측면이 현실 경제에서 모두 어느 정도 존재한다고 보는 것이 적절할 것이다. 물론 상황에 따라서 어느 한 쪽의 설명이 더 타당성을 가질 수는 있다. 이 책에서는 이 두 가지 견해를 함께 고려하여 국민소득과 물가 수준이 결정되는 과정을 설명하기로 하자.

균형국민소득의 결정

〈그림 6-13〉과 같이 균형 국민소득과 균형 물가수준은 궁극적으로 총수요곡선과 총공급곡선이 만나는 점에서 결정된다. 여기서 '균형'(equilibrium)이라는 표현은 앞의 제2장에서 설명되었듯이, 경제 안에서 국민소득과 물가수준이 특정 수준을 유지하려는 상태를 의미한다. 만약 현재의 물가수준이 균형물가수준보다 높을 때는 초과공급이 발생하고, 기업의 재고가 늘어나 물가수준이 하락한다(P_b의 경우). 반대로 현재의 물가수준이 균형 물가수준보다 낮을 때는 초과수요가 발생해 기업의 재고가 감소하고 물가가 오른다(P_a의 경우).

그러나 균형물가수준 P_e에서는 총수요와 총공급이 같기 때문에 재고의 변동이 발생하

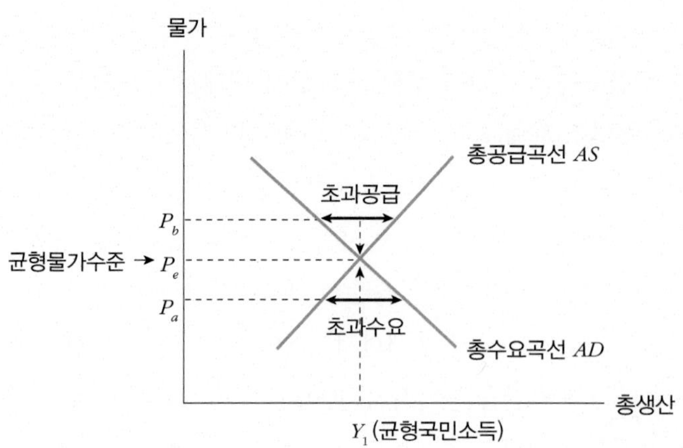

▲ 그림 6-13

균형국민소득과 균형물가수준의 결정

국민경제시장에서 총수요와 총공급의 상호 작용은 균형 국민소득과 물가수준을 결정한다. 물가수준 P_a에서는 초과수요가 존재하고 P_b에서는 초과공급이 발생한다. 균형물가수준 P_e에서는 재고가 불변이고, 현재의 생산활동 수준이 그대로 유지되고자 하는 균형상태가 나타난다.

지 않고, 따라서 기업의 생산활동 수준은 현재의 상태를 유지하게 된다. 재고의 변화가 없으므로 물가 수준의 변동도 발생하지 않는다. 그러므로 생산활동(또는 국민소득, Y_e)과 물가수준(P_e)은 현재의 상태를 그대로 유지하게 된다. 이러한 물가수준 P_e를 균형물가 수준이라고 한다. 또한 이때의 국민소득 수준인 Y_e를 균형국민소득이라고 부른다. 이 수준에서는 다른 조건들이 변하지 않는 한 이 상태가 유지된다(이 과정에서 재고의 역할이 중요한 것을 알 수 있다).

현실 경제 안에서 생산활동수준과 물가수준의 결정은 대단히 복잡한 요인들에 의해서 이루어진다. 이자율, 통화량, 환율, 경제주체들의 예상 등 무수히 많은 요소들이 동시에 작용하여 나타나는 결과가 생산수준과 물가수준이다. 이 모든 요소들을 함께 고려하여 생산수준과 물가수준이 결정되는 과정을 설명하는 것은 매우 어려운 작업이므로 이 책의 범위를 넘는다. 그럼에도 경제 안에서 생산활동수준과 물가수준이 결정되는 과정을 개략적으로 이해하는 데에는 앞에서 유도한 총수요와 총공급모형이 유익하다. 우리는 총수요와 총공급의 원리를 이용하여 간단하게나마 경제안에서 총생산과 물가가 결정되는 과정을 이해할 수 있다.

균형국민소득은 왜 변하나?

국민소득과 물가수준은 균형에 머무는 것이 아니고 총수요-총공급의 결정 요인의 변동, 즉 총수요-총공급 충격요인들로 말미암아 계속 변화하게 된다고 했다. 먼저 총수요 변화로 균형국민소득과 물가수준이 어떻게 변동하는지를 살펴보자. 먼저 총수요의 구성요소 중의 하나인 정부지출을 증가시키는 것이 균형국민소득에 어떠한 영향을 미치는지 알아보자.

정부지출은 총수요를 구성하는 항목이므로 정부지출이 증가하면 총수요가 증가한다. 따라서 〈그림 6-14〉와 같이 총수요곡선이 AD_0에서 AD_1으로 우측으로 이동하는 것으로 표시할 수 있다. 원래 물가수준인 P_0 수준에서는 초과수요가 발생하므로, 수요자는 높은 가격에서라도 상품을 구매하려 할 것이고 그러면 상품이 모자라게 된다. 이것은 물가를 상승시키게 된다. 이렇게 물가가 상승하면, 공급자는 총공급을 증가시킬 것이고, 수요는 줄어들게 된다. 따라서 새로운 균형인 P_1수준으로 물가가 오르면 경제의 초과수요가 다 사라지게 되어 더 이상 물가가 오르지 않고, 이때 국가경제는 균형을 유지하게 되고 균형 국민소득은 새로운 균형점(E_1)에서 결정된다. 결국 정부 재정지출에 의한 총수요 증가는 국민소득은 Y_0에서 Y_1으로 상승하고 물가도 P_0에서 P_1으로 상승한다(이처럼 국민경제가 어떻게 다시 균형을 찾아가는가를 설명하는 것은 꼭 필요한 과정이다).

정부가 조세를 감면해 주는 경우에는 어떤 효과가 나타날까? 조세의 감면은 정부지출 증가와 똑같은 영향을 가져온다. 왜냐하면 조세의 감면은 가계의 가처분소득을 증가시켜 소비의 증가를 가져올 수 있기 때문이다. 소비의 증가는 총수요의 증가를 의미한다.

한편, 국내 상품에 대한 외국인들의 수요를 의미하는 순수출의 증가도 역시 총수요곡선을 오른쪽으로 이동시켜 균형 국민소득과 물가수준을 높게 만든다. 특히 대외의존도가

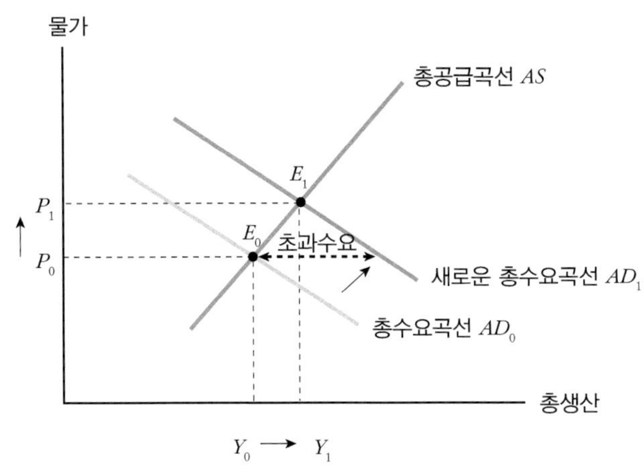

▲ 그림 6-14

수요충격과 균형국민소득의 변화

정부지출의 증가는 총수요의 증가를 가져와 총수요곡선을 오른쪽으로 이동시킨다. 이때 원래의 균형물가수준 P_0에서는 초과수요가 발생하고 물가수준은 새로운 균형수준인 P_1으로 오르게 된다.

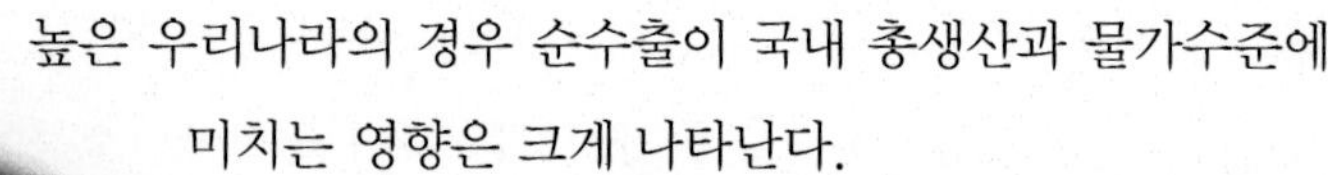

높은 우리나라의 경우 순수출이 국내 총생산과 물가수준에 미치는 영향은 크게 나타난다.

다음은 총공급의 변화에 대한 예를 살펴보자. 1987년 민주화 선언 이후에 노동조합의 교섭력이 상승하여 임금이 상승했다. 이 현상이 우리나라의 균형 국민소득과 물가에 어떻게 영향을 줄 수 있는가? 임금이 상승하면, 생산비가 상승하므로 기업의 입장에서는 고용을 줄일 수밖에 없다. 그 결과 총생산이 감소할 것이다. 만약 고용을 줄이지 못하면, 기업의 입장에서는 생산비가 많이 소요되어 이윤이 떨어질 것이고, 결국 시장에서 퇴출되는 기업이 발생할 것이다. 고용을 줄이든지 퇴출되든지 국민경제 전체적으로는 총생산이 감소할 것이다.

이렇게 총생산이 감소하는 것은 〈그림 6-15〉에 나타난 바와 같이 총공급곡선이 좌측으로 이동하는 것으로 표시할 수 있다. 그렇게 되는 경우 원래의 물가수준인 P_0수준에서는 초과수요가 발생하므로 물가가 오르게 된다. 이렇게 물가가 오르면 총수요는 감소하고, 총공급은 증가하여 새로운 균형점(E_1점)에서 초과수요가 사라진다. 결국 임금 상승으로 인한 총공급의 감소는 물가 상승과 국민소득 하락을 초래하게 된다. 1973년과 1979년 OPEC의 급격한 유가 인상으로 야기된 오일파동으로 스태그플레이션(stagflation), 즉 인

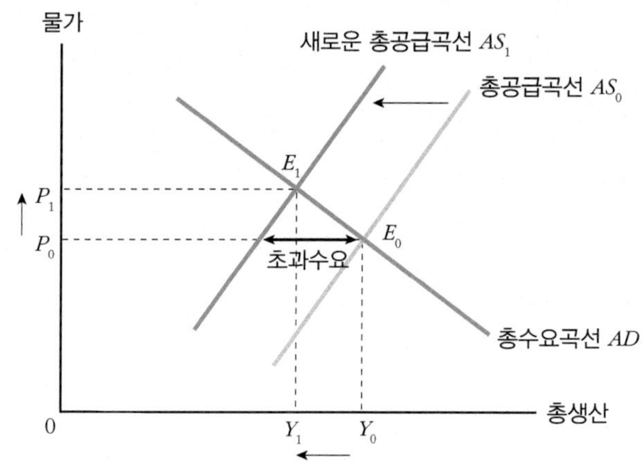

▲ 그림 6-15

총공급의 변화

임금 상승은 기업의 생산비 증가를 가져와 기업이 공급할 수 있는 총공급을 감소시키기 때문에 총공급곡선이 왼쪽으로 이동한다. 결과적으로 균형 총생산은 감소하고 물가수준은 오르게 된다.

플레이션(inflation)과 경기침체(stagnation)가 동시에 발생하는 현상이 나타났는데 그 배경도 위와 마찬가지로 설명된다.

지금까지는 총수요나 총공급의 변동요인 중 한 가지가 변화하는 경우를 살펴보았다. 하지만 현실경제에서는 총수요와 총공급의 변동이 동시적으로 발생하는 경우가 많다. 예를 들어 1997년 말 한국경제가 IMF관리체제로 들어간 시기에 총수요와 총공급의 변화가 국민소득과 물가수준에 어떠한 영향을 미치는가를 〈그림 6-16〉을 통해 살펴볼 수 있다.

IMF관리체제하에서 많은 기업이 도산했기 때문에 총생산이 줄었다. 게다가 원화가격이 하락해 수입원자재 가격이 상승하여 생산비가 증가되었으므로, 총공급이 더욱 줄었다. 이는 총공급곡선을 좌측으로 이동한 것으로 표시된다. 한편 총수요 측면에서는 실업자가 많이 늘어나서 민간 수요가 위축되었고, IMF의 권고에 따라 정부도 긴축정책을 실시해 정부수요도 줄었다. 또 고금리정책으로 인해서 기업의 투자수요도 줄어들어 총수요가 줄었다. 이는 총수요곡선이 좌측으로 이동한 것으로 표시된다. 따라서 균형점은 E_0였던 것이 IMF체제하에서는 E_1점으로 이동해 이전에 비해 총생산이 줄고($Y_0 \rightarrow Y_1$), 물가는 오르는($P_0 \rightarrow P_1$) 현상이 나타났다.[21] 그 결과 실업자수가 200만 명에 가깝게 증가되었고, 고금리와 고물가가 초래되어 국민경제에 큰 어려움이 초래되었다. 이상과 같은 총수요-총공급 모형은 다음 장에서 인플레이션의 유형을 이해하는 데 유용하게 다시 사용된다.

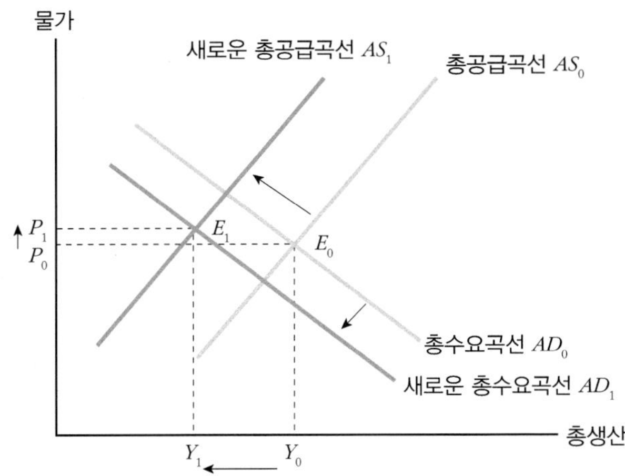

▲ 그림 6-16

IMF 관리체제하의 한국경제

IMF 관리체제가 시작되면서 기업의 도산과 원화가격 하락에 따른 수입원자재 가격의 상승으로 생산비가 높아져 총공급곡선이 왼쪽으로 이동하였다. 한편 총수요 측면에서는 정부의 긴축재정, 높은 이자율에 따른 투자위축, 실업 증가에 따른 소비 감소로 총수요곡선도 왼쪽으로 이동하였다. 그 결과 균형 소득은 감소하고, 물가는 오르는 현상이 초래되었다.

21 만약 총수요 변화(감소)가 총공급 변화(감소)보다 크게 나타난다면 물가는 하락하는 현상을 보일 것이다.

ECONOMIC EYES
경제의 눈

소비가 미덕인가, 절약이 미덕인가?

총수요가 늘어나면, 즉 총수요곡선이 우상향으로 이동하며 균형 GDP가 증가하는 효과가 나타난다. 따라서 소비가 늘면 GDP가 증가하므로 '소비는 미덕'이라는 말이 나오는 것이다. 그런데 우리나라 경제발전 과정에서 정부는 소비를 억제하고 저축을 장려했고, 동아시아의 고동성장과정에서 근검절약이 큰 역할을 했다는 견해도 있다. 그렇다면 절약을 통한 저축의 증가가 촉진시키는가 아니면 소비가 경제 성장을 가져오는가?

결론부터 말하자면 두 가지 모두 틀린 말은 아니다. 자본축적이 안 되어 성장에 필요한 자본을 국외로부터 빌려와야 하는 개발도상국은 저축을 통해 자본을 조달하면 국외차입비용을 줄일 수 있으므로 절약이 바람직하다. 그래서 우리나라도 과거에 저축을 장려했다. 반면에 자본축적이 과다한 선진국에서는 오히려 소비를 장려함으로써 총수요를 유발시켜 경기를 촉진할 수 있다.

흔히 저축을 늘일수록 더욱 가난해지는 현상을 '절약의 역설'(paradox of thrift)이라고 부르는데 이것을 경제학적으로 엄밀하게 설명하면 다음과 같다. 저축은 미덕이라는 견해를 가진 이른바 고전학파(classical school) 경제학자들은 투자가 이자율에 민감하게 영향을 받는다고 보았다. 저축이 증가하면 소비는 좀 줄지만 이자율이 하락해 투자가 증대함으로 결과적으로는 균형 국민소득이 증가될 수 있다고 보았다. 경제개발 초기에 우리나라는 국내 저축이 부족하여 외국에서 차입하여 투자 재원을 조달하였다. 이때 저축의 증가는 시장 이자율을 하락시켰고, 곧 투자 증대로 이어졌기 때문에 총수요의 확대를 가져왔고, 균형 국민소득을 증가시켜 절약의 역설이 나타나지 않았다.

그러나 저축은 경제에 나쁜 영향을 준다는 견해를 가진 케인즈학파(Keynesian school) 경제학자들은 투자가 이자율에 영향을 받지 않고 기업가들의 미래경기에 대한 전망에 의해 결정된다고 보았다. 즉 기업가들은 미래에 대한 동물적 감각(animal spirit)으로 판단하고 투자한다고 설명한다. 이 경우에는 저축이 늘어 이자율이 낮아져도 기업가들이 경기에 대한 전망을 낙관적으로 보지 않는 한 투자는 늘지 않기 때문에 소득순환도에서 누출(leakage)만 늘어나 소득이 감소한다. 예를 들어 경기가 침체할 때 저축이 증가해 이자율이 하락하더라도 기업가들은 경기침체를 예견하고 있기 때문에 미래에 대한 불안감으로 투자를 확대하지 않는다는 것이다.

이렇게 케인즈학파는 저축의 증가는 소비수요만 줄이고 투자를 늘리지 못하기 때문에 총수요가 위축되어 균형 국민소득은 감소한다고 주장한다. 우리나라와 같은 개발도상국의 경우에는 과도한 소비보다는 저축과 투자의 선순환을 통한 총수요의 증대를 유지해 가는 것이 중요할 것이다. 특히, 최근 우리나라의 투자율이 OECD 국가 중에서 최저 수준을 나타내고 있는 것은 우려스러운 일이 아닐 수 없다.

비즈니스 사이클

지금까지 국민소득과 물가수준의 결정 과정과 함께 주로 단기적인 생산활동 수준의 변화에 대해서 살펴보았다. 보다 장기적인 기간을 놓고 볼 때 자본주의 경제는 어느 정도 규칙적으로 호경기와 불경기가 반복된다. 이렇게 경제활동이 규칙적으로 확장국면과 수축국면이 반복되는 현상을 비즈니스 사이클(business cycle) 또는 경기순환이라고 한다. 경기순환의 원인을 규명하고 그에 대한 해결책을 제시하는 것은 경제를 안정시키는 데 많은 도움을 준다.

비즈니스 사이클이란?

먼저 경기의 순환을 몇 가지 국면으로 나누어 살펴보자. 〈그림 6-17〉과 같이 경기순환과정에서 경기가 가장 낮은 상태를 저점(trough), 가장 높은 상태를 정점(peak)이라 하고 저점에서 정점까지를 확장국면(expansion), 정점에서 다음 저점까지를 수축국면(contraction)이라 한다. 그리고 저점에서 다음 저점까지 또는 정점에서 다음 정점까지를 경기순환의 한 주기(cycle)라 하고 정점과 저점에서의 생산활동 수준의 격차를 진폭(amplitude)이라 한다. 확장국면은 회복(recovery)과 호황(prosperity)으로 구성되고, 수축국면은 후퇴(recession)와 불황(depression)으로 구분된다. 이를 비즈니스 사이클 또는 경기순환의 4국면이라 부른다.

한편 이러한 경기 변동의 평균적 추세를 나타내는 성장경로를 성장추세선(trend growth path)이라고 부른다. 이 선의 기울기는 장기 성장추세를 나타내는데, 이는 인구증가율, 기술혁신, 자본축적률, 생산성증가율 등에 의해 결정된다.

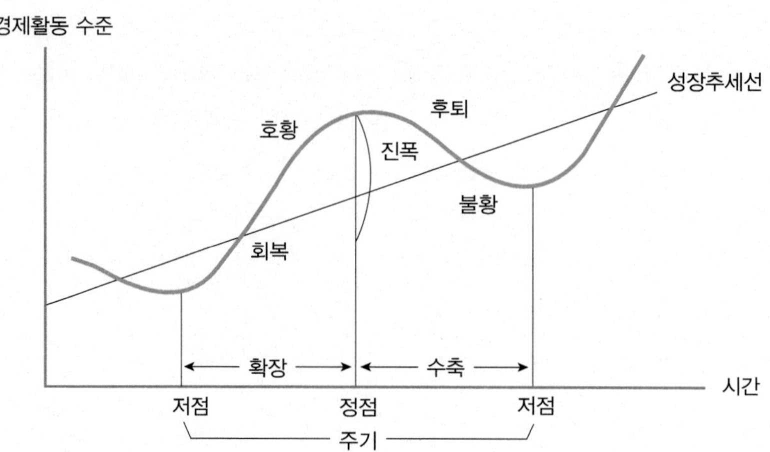

▲ 그림 6-17

경기순환

장기적인 관점에서 보면 경제활동 수준은 확장과 수축을 반복한다. 이를 경기순환이라고 부른다.

통계적으로 볼 때 경기가 확장하는 국면에는 경제활동이 활발하여 생산, 소득, 소비, 투자, 고용이 증가하며 재고와 실업이 감소한다. 그리고 기업의 이윤율이 증가하며 물가, 임금, 이자율, 주가 등의 각종 가격변수들이 상승한다. 그러나 경기가 수축하는 국면에는 생산이 활기를 잃어 재고와 실업이 증가한다. 그리고 기업의 이윤율 및 각종 가격변수들이 하락한다.

경기순환과정에서 생산활동과 거시경제변수간의 움직이는 방향을 나타내는 경제용어가 두 가지 있다. 생산활동과 같은 방향으로 움직이는 거시경제 변수를 경기 순응적(procyclical)이라 한다. 예컨대 경기가 좋아 생산이 늘면 출하, 가동률 및 고용은 늘며 경기가 나빠 생산이 줄면 이들은 줄어든다. 따라서 출하, 가동률 및 고용은 경기 순응적이다. 생산활동과 반대방향으로 움직이는 거시경제 변수를 경기 역행적(counter-cyclical)이라 한다. 예컨대 실업과 재고는 경기 역행적이다.

경기순환의 종류

경기순환의 종류는 한 주기에 소요되는 기간이 길고 짧음에 따라 단기파동, 중기파동, 장기파동으로 나눈다. 현실경제에서 단기파동은 평균 40개월(약 3~4년)의 주기로 발생하며 이는 상품 수급의 불일치를 해소하는 과정에서 기업 재고의 변동 때문에 발생하는 것으로 알려지고 있다. 이러한 경기순환을 발견자인 영국의 통계학자 조셉 키친(Joseph

Kitchin, 1861~1932)의 이름을 따서 키친파동(Kitchin wave)이라 부른다.

한편 중기파동은 평균 10년(약 7~12년)의 주기를 갖는 경기순환을 말하며 이는 기업의 설비투자의 변동 때문에 발생한다고 한다. 이를 발견한 프랑스 통계학자인 클레멘 주글라(Clément Juglar, 1819~1905)의 이름을 따라 주글라파동(Juglar wave)이라고 부른다.

마지막으로 장기파동은 평균 50년(약 40~70년)의 주기에 해당하며 기술혁신이나 신자원개발(예컨대 산업혁명, 철도건설, 자동차와 전기발명, 컴퓨터의 등장) 등으로 발생한다. 이를 흔히 콘드라티에프파동(Kondratiev wave)이라 부른다. 콘드라티에프(Nikolai D. Kondratiev, 1892~1938)는 러시아 출신의 경제학자로서 구 소련 독재 정권 하에서 고난을 받기도 하

ECONOMIC EYES

경제의 눈

콘드라티에프 파동 (Kondratiev waves)

■ Nikolai Dmitrijewitsch Kondratiev (1982~1938)

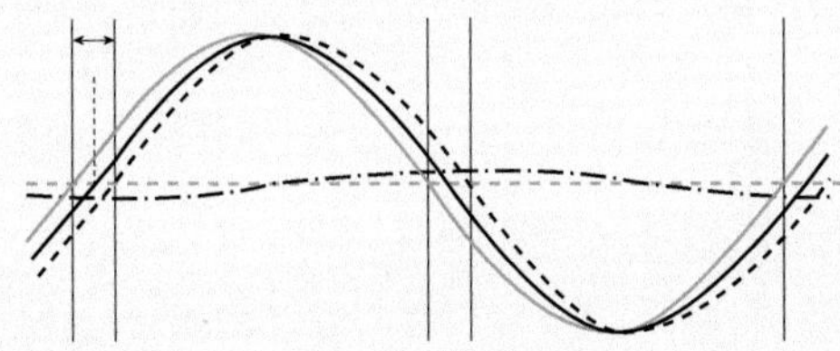

경기순환에 대해 올바로 이해하는 것은 매우 중요하다. 경기순환의 원인을 올바로 규명하고 그에 맞는 해결책을 제시하는 것이 경제 안정에 중요하기 때문이다. 경기순환의 과정에서 한 저점으로부터 다음 저점까지, 또는 한 정점에서 다음 정점까지를 경기순환의 한 주기(사이클 또는 파동)라고 한다.

경기순환은 한 주기에 소요되는 기간에 따라 단기파동, 중기파동 그리고 장기파동으로 구분될 수 있다. 단기파동은 평균 40개월(약 3~4년)의 주기로 발생하는 것으로 알려져 있다.

한편, 중기파동은 평균 10년의 주기를 갖는 경기순환이다. 이는 보통 10년 정도가 소요되는 기업의 설비투자의 변동 때문에 발생하는 것으로 알려져 있다.

한편 장기파동은 평균 50년의 주기를 갖는 경기순환이다. 기술혁신이나 신자원개발 등으로 발생한다. 이를 콘드라티에프 파동이라고 부른다.

콘드라티에프는 그의 명성에도 불구하고 구 소련의 공산치하에서 불행한 삶을 살았다. 스탈린은 국제적 명성을 얻고 있던 그에 대하여 높은 관심을 나타냈는데, 그가 체제 유지에 걸림돌이 될 것으로 생각하고 가상의 범죄를 자백하게 한 후 유배를 시켰다가 결국 그의 나이 47살이던 1938년 처형하였다.

그가 스탈린에 의해서 처형된 것은 그의 연구에서 자본주의가 1929년 대공황에도 불구하고 몰락하지 않을 것이라는 점을 예견하였기 때문이라는 주장도 있다. 스탈린은 아마도 이러한 사실을 받아들이고 싶지 않았을 것이기 때문이다. 콘드라티에프의 연구는 20여 년간 빛을 보지 못하고 탄압을 받았다.

였다.

경기순환이 왜 발생되는지를 알기 위해서는 경기순환이 언제부터 그리고 어디에서 발생했는가를 보면 된다. 역사적으로 농사의 풍흉에 따라 그리고 정치적인 영향에 의해서 경제가 활발했던 시기와 나빴던 시기가 존재했다. 그러나 오늘날 자본주의 사회에서 경험하는 것과 같은 규칙적인 경기변동은 자본주의 이전 시대에는 없었던 현상이다. 그리고 사회주의 계획경제에서도 경기변동이 발견되지 않는다. 그렇다면 이 경기변동은 자본주의의 산물이라고 할 수 있다. 자본주의의 어떠한 측면 때문에 경기변동이 발생할까? 그것은 자본주의가 기본적으로 상품경제이기 때문이다. 상품경제란 내가 소비하기 위해서 생산하는 자급자족 경제가 아니라 남에게 팔 목적으로, 즉 상품을 위해 생산하는 경제라는 의미이다. 팔릴 것으로 예측하고 생산했는데 팔리지 않으면 재고가 쌓인다. 이 재고가 많아지면 생산을 줄일 수밖에 없고 그러면 결국 고용과 소비가 감소하여 경기가 침체된다. 이 경기침체는 다시 재고를 늘리고 이러한 악순환이 계속되게 된다. 결국 경기순환은 자본주의의 고유한 특징인 분업 생산 때문이며, 이는 생산자가 소비자가 어느 정도를 원하는지 정확하기 알지 못하기 때문에 발생하는 정보 또는 지식 부족의 문제 때문에 발생한다.

경기순환을 피할 수는 없나?

그렇다면 경기순환을 피할 수는 없는가? 사회주의 계획경제에서는 계획을 통해서 이러한 악순환을 끊을 수 있다고 생각했다. 그러나 계획당국이 모든 소비자들의 욕구와 생산자들의 능력을 다 종합하지 못하기 때문에 주기적인 경기순환은 없었지만, 대신 생필품을 구하기 위해서 배급소에 길게 줄을 서는 모습이 옛 공산주의 국가에서 빈번하게 나타났다.

상품생산을 기본으로 하는 시장경제에서는 근본적으로 완벽하게 경기순환을 없앨 수는 없다. 완전히 없앨 수 없다면 경기순환의 정도를 완화시킬 수는 없는가? 과거 케인즈주의 경제학자들은 정부의 개입으로 이러한 경기순환을 완화시킬 수 있다고 생각했다. 정부가 불경기에는 거둔 세금보다 정부 지출을 더 많이 해서 경기를 약간 부추기고 호경기에는 세금을 많이 거두거나 정부지출을 줄임으로써 경기를 억제하여 어느 정도 경기를 조절할 수 있다고 보았다. 그러나 재정정책에는 시차가 발생하기 때문에 근본적으로 이러한 조정이 불가능하다고 인식하는 경제학자들도 많다. 이 문제에 대해서는 뒤의 제8장 재정정책편에서 자세하게 다루기로 하자.

경기순환은 예측이 가능한가?

경기순환은 사후적으로는 GDP 변화율을 가지고 판단을 한다. 그런데 우리가 궁금한 것은 앞으로 경기가 호전될 것인지 아니면 나빠질 것인가를 예측하는 것이다. 여러 경제 주체들의 예측에 도움을 주기 위해서 정부는 여러 가지 지표를 발표하고 있다. 첫째는 생산지수이다. 통계청에서는 매월 생산량을 조사해서 생산지수를 발표하고 있다. 둘째는 소비지수이다. 이것은 도소매 판매액이 어느 정도 되는지 또는 기업들이 소비재를 어느 정도 출하했는지 등을 조사해서 발표한다. 셋째는 기업들이 투자활동을 예측하기 위한 설비투자추계지표 등이 있다. 그리고 경제에서 가장 큰 비중을 차지하는 건축부문의 투자 동향 등도 발표하고 있다. 이러한 개별지표 이외에도 경기종합지수, 기업실사지수 등을 발표되고 있다.

정부는 기업들의 경제활동을 조사하는 것 이외에도 소비자들의 기대도 중요한 지표로 활용한다. 통계청에서는 지난 1998년 이후 전국의 2,000명의 소비자들에게 6개월 후에 경기가 어떻게 될 것 같으냐, 당신의 생활형편이 어떻게 될 것 같으냐 등 5개 구성항목에 대한 질문을 토대로 '소비자 기대 지수'를 조사하여 발표한다. 뿐만 아니라 과거 6개월에 비해서 현재의 상황이 어떤가를 묻는 '소비자 평가지수'도 조사하고 있다. 지금까지의 경험에 의하면 이러한 설문조사가 다른 통계자료와 일치하고 있다고 분석되고 있다.

그런데 경기가 좋아지고 있는지 나빠지고 있는지를 판단하려면 중요한 것은 어느 시점과 비교해야 한다. 그 비교시점이 언제인가에 따라서 '전년동월비,' 또는 '전월비' 등의 용어가 사용된다. '전월비'라는 것은 단지 지난 달과 비교한 것인데 이는 계절성을 반영할 수 없다는 단점이 있다. 경기가 나빠진 것인지 계절변화의 탓인지 모르기 때문에, 전년도 같은 달과 비교하기 위해서 '전년동월비'를 많이 사용한다.

앞의 〈그림 6-1〉에서 보는 바와 같이 한국경제는 1970년 이후 최근까지 총 10회의 경기변동이 발견된다. 통계청은 1981년 3월에 경기종합지수(Composite Index, CI)를 편제한 이래, 1970년대 이후의 기간을 대상으로 경기의 정점 또는 저점이 발생한 구 체적인 시점을 기준순환일(reference date)로 정해 공식적으로 발표하고 있다. 〈표 6-3〉은 우리나라의 기준순환일을 나타내고 있다.

통계청의 공식발표에 의하면 우리나라 경기의 순환주기는 약 4년 1개월(49개월)이며 이 중 확장기는 2년 7개월(31개월), 그리고 수축기는 1년 6개월(18개월)로서 확장기가 수축기에 비해 길다. 미국 및 일본과 비교하여 살펴보면 미국은 우리나라에 비해 1년 정도 긴 반면 일본은 우리나라와 유사하다.[22] 또한 우리나라의 경기변동 요인을 보면 오일파동이

22 이긍희, 『경제교실: 경기관련 지표, 어떻게 읽어야 하는가?』, 한국은행, 2000년 3월.

통계청이 발표하는 우리나라의 경기 순환은 평균 약 50개월 주기를 갖는다.

▲ 표 6-3 우리나라의 기준순환일

	기준순환일			지속기간		
	저점(T)	정점(P)	저점(T)	확장	수축	전순환
제1순환	1972. 3월	1974. 12월	1975. 6월	23개월	16개월	39개월
제2순환	1975. 6월	1979. 12월	1980. 9월	44개월	19개월	63개월
제3순환	1980. 9월	1984. 12월	1985. 9월	41개월	19개월	60개월
제4순환	1985. 9월	1988. 11월	1989. 7월	28개월	18개월	46개월
제5순환	1989. 7월	1992. 11월	1993. 1월	30개월	12개월	42개월
제6순환	1993. 1월	1996. 13월	1998. 8월	38개월	29개월	67개월
제7순환	1998. 8월	2000. 18월	2001. 7월	24개월	11개월	35개월
제8순환	2001. 7월	2002. 12월		17개월		
제9순환	2005. 4월	2008. 1월	2009. 2월	33개월	13개월	46개월
제10순환	2009. 2월	2011. 8월		30개월		
평　균				31개월	18개월	49개월

자료: 통계청, "최근 경기순환기(제9/10순환)의 기준순환일 설정," 보도자료, 2014년 6월 27일.

나 해외 건설수요, 엔화 환율변동 등 해외요인과 대통령 시해사건, 그리고 IMF 관리체제 등 국내 정치·경제적 요인이 중요한 변수로 작용했다는 것을 알 수 있다.

'냄비 속 개구리' 한국경제

지난 40여 년간 눈부신 경제발전을 이룩한 한국 경제에 대하여 세계가 모두 놀라움을 나타내고 있다. 그럼에도 불구하고 빠른 경제 성장에서 나타난 많은 불합리와 적폐(積幣)들도 존재하는 것이 사실이다. 주택구매에 따른 가계부채와 높은 사교육비로 중산층의 재정파탄이 예견되고 있고, 오로지 수출에 의존하는 대외의존적 한국 경제 구조도 시급히 개선되어야 할 과제로 지적되고 있다. 몇몇 대기업이 끌고가는 '외끌이 경제'와 중소기업의 발전을 가로막는 대기업의 관행들도 심각한 문제이며, 빠르게 고령화되어 가고 있는 인구 구조와 여성과 약자들에 대한 노동시장에서의 불평등도 시정되어야 할 분야이다.

본 장에서는 이러한 이슈들을 이해하는 데 필요한 국민경제의 기본 개념에 대하여 함께 논의하였다. GDP, GNP, GNI 등의 생산지표와 CPI, PPI 등의 물가지수의 개념을 공부하였고, 생산, 지출 및 소득이 하나의 개념이라는 것도 이해하였다. GDP의 지출접근 방식에서 가계의 소비, 기업의 투자 및 공공부문의 정부지출이 내수를 구성하고, 국외부문의 순수출이 차지하는 중요성에 대해서도 논의가 되었다.

단기적으로 국가경제 또는 국민경제의 두 가지 중요한 거시경제 변수로서 실질국민소득과 물가 수준이 총수요와 총공급의 상호작용을 통하여 균형을 이룬다는 것을 설명하였고, 많은 외생적 변수들의 변화가 균형 국민소득 수준과 물가 수준의 변화를 가져온다는 것을 알게 되었다. 아울러 보다 중장기적으로는 기업의 설비투자 그리고 기술의 변화 등이 국가 경제의 생산, 소득 그리고 지출의 성장을 결정한다는 것을 이해하게 되었다.

이러한 이해를 바탕으로 하여 우리는 한국경제의 현 상황을 보다 잘 이해할 수 있을 것이며, 외국의 주요 기관들에서 지적하고 있는 우리 경제의 문제점들을 정확하게 인식하고, 이러한 문제점들을 해소해 갈 수 있는 경제 정책은 무엇인가에 대해서 논의할 수 있는 준비가 되었다고 할 수 있다. 우리 경제의 문제점으로 지적되고 있는 가계 소비의 침체, 기업의 투자를 위축시키는 불필요한 규제들, 지나치게 높은 수출의존형 경제 구조, 노령화되어 버린 인구 구조 등을 개선하는 것은 하루 아침에 이루어지기 어렵다. 향후 우리 경제가 이러한 문제점들을 어떻게 시급히 개선해 갈 수 있는지에 관해서는 다음에 이어지는 장들에서 살펴보고자 한다.

생각하기

한국경제의 문제점으로 지적되고 있는 가계 부채 위기, 중소기업의 어려움, 지나치게 높은 대외의존도 및 노령화된 인구구조 등을 해소하기 위한 경제정책의 수립이 시급하다.

SUMMARY

본 장에서는 국가경제 또는 국민경제를 이해하기 위한 국민소득순환도에 대하여 살펴보았다. 국민경제의 생산, 지출 및 소득은 하나의 대상인 경제활동 수준을 표현하는 세 가지 다른 방식이다. 이 세 가지 방식은 모두 하나의 대상, 즉 국내총생산(GDP)를 의미한다. 따라서 경제활동 수준이 높아지면 생산, 지출 그리고 소득은 함께 높아진다. 마찬가지로 GDP를 측정하는 방법에도 생산, 지출 그리고 소득 접근방식의 세 가지 방법이 존재한다. 또 하나의 중요한 거시경제 변수인 물가 수준은 일반적으로 소비자물가지수(CPI)를 이용하여 나타내며, CPI는 기준 연도의 상품 바구니를 이용하여 물가 수준의 변화를 측정하는 방법이다. 국가경제의 소득 수준과 물가 수준은 단기적으로 총수요와 총공급의 상호작용에 의해서 균형을 이루며, 보다 중장기적으로는 기업의 설비투자와 새로운 생산기술의 발전 등에 의해서 변화한다.

KEY TERMS

냄비 속 개구리	자살률	총체적 변수(aggregate variables)
GDP	최종생산물	중간생산물
중복계산(double counting)	국민총생산(GNP)	명목 GDP
실질 GDP	경상(current)	최종생산물가치
부가가치	생산-소득-지출	소득순환도
GNI	교역조건	상품시장
금융시장	생산요소시장	Simon Kuznets
사회진보지수(SPI)	소비자물가지수(CPI)	생산자물가지수(PPI)
수출입물가지수(IPI)	GDP 디플레이터	총수요-총공급
피구효과	균형국민소득	소비의 미덕/절약의 미덕
비즈니스 사이클	콘드라디에프 파동	경기종합지수

QUESTIONS

1. GDP와 GNP의 차이를 간단히 서술하시오.

2. 실질 GDP를 정의해 보시오. 어떤 경우에 이 지표가 유용하게 쓰이는가?

3. 소비자 물가지수와 체감물가간에 왜 차이가 있는가?

4. GDP 디플레이터를 정리해보고, 이 지표의 장·단점에 대하여 간단히 서술하시오.

5. 총수요와 총공급에 영향을 줄 수 있는 요인들을 열거해 보이시오.

6. 원자재 값이 상승하면 스테그플레이션이 발생함을 AD-AS모형으로 설명해 보이시오.

7. 주글라 파동에 대하여 간단히 서술하시오.

EXERCISES

1. 다음의 최종생산물에 대한 가격과 생산량을 이용하여 2019년도 명목 GDP와 실질 GDP를 구하여 보이시오 (단, 2015년이 기준 연도임).

(단위: 원, 개)

	빵의 가격과 생산량	오렌지의 가격과 생산량
2015년	(200, 30)	(300, 50)
2019년	(50, 50)	(600, 50)

2. 가상의 나라 '태평천국'(太平天國)의 국민소득계정에 관한 다음 정보를 이용하여 태평천국의 GDP를 구하시오. 단, 화폐의 단위는 백만 냥이다. 계산 과정을 설명하시오.

소비 $(C) = 2,000$
저축 $(S) = 100$
투자(의도된) $(I_{pl}) = 180$
재고투자 $(I_{un}) = 20$
순조세 $(T) = 400$
순수출 $(X) = -500$

3. 과거 10년간 분기별 자료를 이용하여 실질 GDP변화율과 건축허가 면적의 움직임을 파악하시오.

4. 현재 우리경제 상황하에서 절약의 역설이 적용되는지의 여부를 기술해 보시오.

C·H·A·P·T·E·R

07

물가지수와 실업률이 말해주지 않는 것 인플레이션, 디플레이션 그리고 실업

토의주제

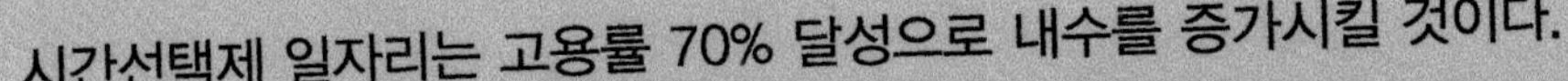

시간선택제 일자리는 고용률 70% 달성으로 내수를 증가시킬 것이다.

· 지지: 시간선택제 일자리는 양질의 일자리 제공으로 소득을 증가시킨다.

· 반대: 임시일용직의 양산으로 사회 양극화를 심화시킬 것이다.

문재인 정부는 2017년 5월 출범당시 우리나라의 고용률(생산가능인구 중 취업가 비율)을 70%대로 올리겠다는 목표를 제시한 바 있다. 과거 정부도 산적한 대내외 경제 문제를 해결하기 위하여 우리나라의 잠재성장률을 4%로 높이고 고용률 70%를 달성하겠다는 계획을 내놓은 바 있다. 두 정부는 공히 글로벌 경제 환경의 변화 속에서 우리나라는 수출과 내수, 대기업과 중소기업, 그리고 제조업과 서비스업간의 불균형이 크고, OECD 국가 중 가장 빠른 속도로 고령화가 진행되고 있다는 점을 강조하면서, "이러한 문제들은 소리 없이 다가오는 무서운 재앙이다. 그전에 우리가 경제의 체질을 바꾸고 비정상적인 관행들을 고치면서 장기간 이어온 저성장의 굴레를 끊지 못한다면 우리의 미래는 없다"고 하였다. 이를 위하여 기초가 튼튼한 경제, 역동적인 혁신 경제 및 내수·수출 균형 경제를 통하여 잠재성장률 4%와 고용률 70%를 달성하고, 국민소득 4만 달러로 가는 초석을 다져놓겠다고 하였다.[1]

이에 대하여 야당은 정부가 달성하고자 하는 고용률 70%는 새로운 일자리 250만 개를 필요로 하고, 근로자가 자신이 원하는 시간대를 택하여 근무하는 시간선택제 일자리로 이를 채운다면 질 낮은 일자리만 양산될 것이고, 또한 사회 양극화를 더욱 심화시킬 것이라는 우려를 표명하였다.

시간선택제 일자리에 대하여 구직희망자들은 자신의 여건에 맞추어 일하는 시간을 선택할 수 있기 때문에 반기고 있고, 시간선택제 일자리 취업박람회장은 뜨거운 열기를 느낄 수 있을 만큼 많은 구직자들로 붐볐다. 특히, 육아 등으로 경력이 단절된 여성들의 관심이 높았다. 이미 시간선택제 일자리를 통하여 좋은 인재를 채용한 경험이 있는 기업들도 우수한 경력직을 뽑기 위해 채용설명, 원서접수 및 현장면접을 실시하였다.

그러나 시간선택제에 대한 우려도 있는 것이 사실이다. 콜센터나 고객정보변경 등 단순 업무가 주를 이뤄 경력을 살릴 수 있는 업무가 부족하다거나, 90% 이상이 임시 일용직이라는 한계도 있다. 때문에 일자리의 양보다 질이 중요하다는 지적이 일고 있다. 이미 파트타임으로 뽑고 있는 노동자들을 마치 시간선택제라는 포장지를 씌워서 뽑겠다는 계획을 밝힌 것이라는 비판도 있다.

1 "2017년까지 잠재성장률 4%, 고용률 70% 달성," YTN 뉴스, 2014년 4월 24일 보도, "문재인 정부 5년, 고용률 70% 진입" BreakNews, 2017년 10월 25일 보도.

전문가들은 선진국들의 모범적인 시간선택제의 사례를 배울 필요가 있다고 지적한다. 특히 시간선택제 일자리가 지나치게 획일화되어 있는 것은 문제이며, 선진국의 사례처럼 개별기업의 상황, 또는 직무의 특성에 따라서 혹은 개별 근로자가 처한 상황에 따라 다양하게 제공할 필요가 있다는 것이다. 이에 대하여 고용노동부는 전일제와 차이가 없는 채용을 추구하기 때문에 질적인 면에서 큰 차별성이 없다는 주장이다. 기본적인 근로조건이 보장되면서 복리후생이 전일제와 같은 시간제 일자리라는 것을 강조하고 있다.

시간선택제 일자리의 창출이 우리나라의 고용률을 높이고 실질적으로 많은 양질의 일자리를 제공하게 될 것인가, 아니면 임시 일용직의 양산으로 사회 양극화와 갈등을 심화시킬 것인가? 본 장에서는 실업률, 물가상승률 같은 주요 거시경제지표들이 어떠한 의미를 가지고 있고, 이러한 지표들이 가지는 한계와 시사점을 이해하고자 한다. 또한 물가상승률과 실업률이 나타내는 상호 관계에 대한 다양한 설명들을 통하여 다음의 제8장과 9장에서 다루어질 재정정책과 금융정책의 작용을 이해하기 위한 기초를 제공하고자 한다.

QR코드 7-1: "2017년까지 성장률 4% 고용률 70% 달성", YTN, 2014년 2월 24일

인플레이션: '공공의 적 I'

"물가가 상승하면 실질적으로 소득만 감소하는 것이 아니라 돈을 빌리는 사람들의 부주의와 안이함을 부추기기도 한다." 영국의 경제학자 알프레드 마샬(Alfred Marshall, 1842~1924)의 말이다. 그는 또 우리가 눈앞에 닥친 실업의 문제만을 해결하려 한다면, 이는 우리 눈에 보이는 불행을 해결할 수 없을 뿐만 아니라, 우리 눈에 보이지 않은 불행까지도 초래하게 될 것이다. 여기서 마샬이 '눈에 보이지 않는 불행'이라고 한 것은 바로 인플레이션을 의미한다.

인플레이션이 가져오는 감춰진 비용은 사람들이 인플레이션 비용 자체를 회피하기 위해 취하는 행동 때문에 발생한다. 예를 들어, 인플레

이션이 엄청나게 심각해서 음식이나 음료를 주문하는 순간에도 가격이 오른다면, 아마도 여러분은 호프집에서 마실 맥주를 미리 주문해 놓을 것이다. 이 경우, 인플레이션이 가져오는 감춰진 비용은 뜨뜻해진 맥주를 마시는 괴로움이다.[2]

1921년 독일의 바이마르 공화국이 제1차 세계대전의 전쟁 배상금을 지급해야 하면서 독일 마르크화의 대 미 달러 환율은 1달러당 60마르크였는데, 1년 만에 독일 마르크화는 1달러에 대하여 8,000마르크로 그 값이 폭락하였다. 당시 독일인들의 생활비가 단 6개월 만에 16배가 높아졌고, 1마르크하던 빵 한 조각이 단 6개월 만에 16마르크가 되었다. 빵 몇 조각을 사기 위해서 지폐를 수레로 가져가야 할 정도가 되어 버린 것이다.[3]

경제의 건강상태를 알려 주는 두 가지 중요한 거시경제 지표가 인플레이션율과 실업률이다. 인플레이션이 발생하면 명목소득으로 살 수 있는 실제상품의 양이 줄어든다. 실업자가 늘면 물건이 안 팔려 경제활동이 위축된다. 따라서 높은 인플레이션율과 실업률은 사회적으로 바람직하지 못하다. 이러한 이유에서 인플레이션율과 실업률의 합을 '고통지수'(misery index)라고 부르며 경제의 긴강상태와 경제징책의 성공 여부를 판난하는 중요한 지표로 사용된다. 본 장에서는 인플레이션과 실업의 기본개념과 발생 원인을 공부하고, 이를 위한 정부의 대책을 살펴본다. 그리고 인플레이션과 실업이 갖는 관계를 통하여 바람직한 거시경제 정책의 운용에 대하여 생각해 본다.

인플레이션의 정의와 유형

물가는 일정한 수준에 머무르지 않고 끊임없이 오르고, 또 가끔은 내리기도 한다. 물가가 오르는 현상이 반드시 경제에 부정적인 영향을 미치는 것은 아니다. 물가가 어느 정도 오르는 것은 기업이 자신의 상품을 개발하고 개선하고자 하는 동기를 제공하기 때문이다. 그러나 지나치게 불안정한 물가 변화는 경제에 좋지 않은 영향을 가져온다. 그러므로 안정적으로 서서히 상향 변화하는 물가가 가장 이상적이라고 할 수 있다.

2 Steven E. Landsburg, *The Armchair Economist: Economics and Everyday Life*, New York: The Free Press, 1993, p. 68.

3 "Preparing your family: how to prepare your family to survive and thrive in todays uncertain world" 및 독일인이 수레로 지폐를 나르는 사진 출처:
http://preparingyourfamily.com/economy-anatomy-economic-collapse-weimar-republic/

한국은행의 정의에 따르면 인플레이션(inflation)은 '물가수준이 지속적으로 상승하는 현상'을 말한다. 여기서 '지속적'이라는 표현은 다소 모호한 측면이 있는데, 경기 불황을 정의할 때 '2분기 또는 3분기 연속'으로 성장률이 마이너스인 경우를 의미하는 것과는 달리 물가는 대부분 오르기 때문에 어느 정도의 기간을 지속적으로 올라야 인플레이션이라고 말하기는 어렵다. 따라서 한국은행이 정부와 협의하여 3년에 한 번씩 '중기 물가 안정 목표'를 설정하여 인플레이션 기대심리의 안정을 도모해 가고 있다. 참고로 한국은행은 2018년 중기 물가인정목표 2%를 유지하겠다고 밝힌 바 있다.

물가상승률이라고도 부르는 인플레이션율은 다음과 같이 물가지수의 변화율을 이용

ECONOMIC EYES
경제의 눈

코어(corc) 인플레이션

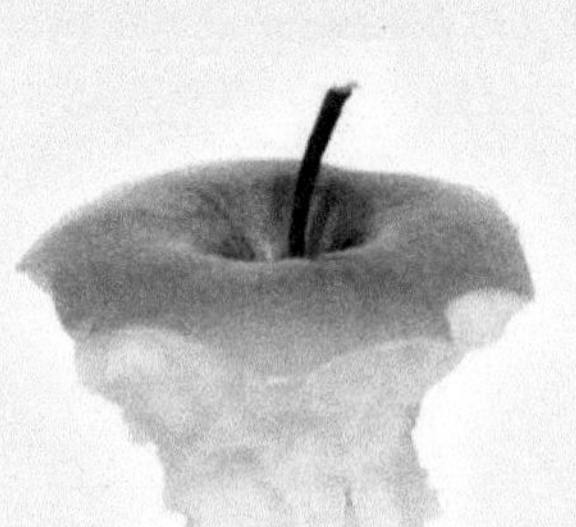

한국은행은 "인플레이션 압력은 그 수준이 높은 것도 문제지만 인플레이션이 안정화(고착화)되는 것을 막아야 한다는 의미에서 코어(근원)인플레이션을 보는 것이 필요하다"고 강조하였는데, 코어인플레이션은 '핵심인플레이션'이라고도 부른다. 소비자물가지수가 도시 소비자의 구입빈도가 높은 품목을 선정해 작성되는 것에 비해, 코어인플레이션율은 농산물과 석유류를 제외한 품목들의 물가상승률을 나타낸다.

농산물 가격은 일기와 작황에 따라 변화가 심하고, 석유류 가격 역시 국제유가의 변동에 따라 영향을 받는다. 따라서 소비자물가 구성항목에서 농산물과 석유류 제품을 제외한 코어인플레이션율은 전체 소비자물가와는 달리 단기적 급등락 없이 물가의 추세적 변동과 경제의 기초여건을 보다 정확하게 반영할 수 있다는 장점이 있다.

소비자물가는 단기적인 불안정 요인을 모두 포함하기 때문에 정책의 효과를 판단하기 어렵다는 단점이 있다. 반면에 코어인플레이션은 외생적 충격에 의한 변동성이 큰 농산물과 석유류 같은 품목을 제외하기 때문에 경제정책이 물가에 미치는 영향을 판단하는 데 더욱 유용하다. 특히 한국은행의 통화정책이 어떻게 운용되고 있는가를 알 수 있게 해주는 물가지수라고 할 수 있다. 이러한 이유에서 한국은행은 1998년 이후 통화정책 운용에서 이 코어인플레이션율을 발표하고 있다.

또한 코어인플레이션은 소비자물가의 장기적인 전망치를 제시하는 데도 유용하게 사용된다. 이것은 일반인들도 통화정책이 어떻게 운용되고 있는가를 쉽게 이해할 수 있게 해준다. 그래서 미국, 일본 그리고 싱가포르 등은 국가마다 통화정책 방식에 있어서는 차이를 나타내지만 코어인플레이션의 모니터링을 통해 통화정책의 기본방향을 설정하고 있다는 점에서는 공통적이다.

하여 측정된다.

$$물가상승률(\%) = \frac{비교연도\ 물가지수 - 기준연도\ 물가지수}{기준연도\ 물가지수} \times 100$$

예를 들어 2015년을 100으로 하여 2018년 물가지수가 120이고, 2019년 물가지수가 126이라고 가정하면, 다음과 같이 2019년 물가상승률 5%를 구할 수 있다.

$$물가상승률 = \frac{126 - 120}{120} \times 100 = 5\%$$

이는 2019년 물가수준이 전년도에 비해 5% 상승했다는 것을 의미한다.

〈그림 7-1〉은 1970~2014년 기간 동안 우리나라 물가상승률을 나타낸 것이다. 이 그림에서 알 수 있듯이 어떠한 물가지수를 사용하느냐에 따라 물가상승률이 약간씩 차이가 난다. 그 이유는 각 물가지수를 측정하는 데 포함되는 상품의 종류가 다르기 때문이다. 생산자물가지수로 측정된 인플레이션율의 변동폭이 소비자물가지수나 GDP디플레이터로 측정된 것보다 크게 나타났는데 그 이유는 앞장에서 설명한 바와 같이 소비자물가시수의 측정에 사용되는 재화에는 서비스를 포함하는 반면에, 생산자물가지수에는 서비스보다는

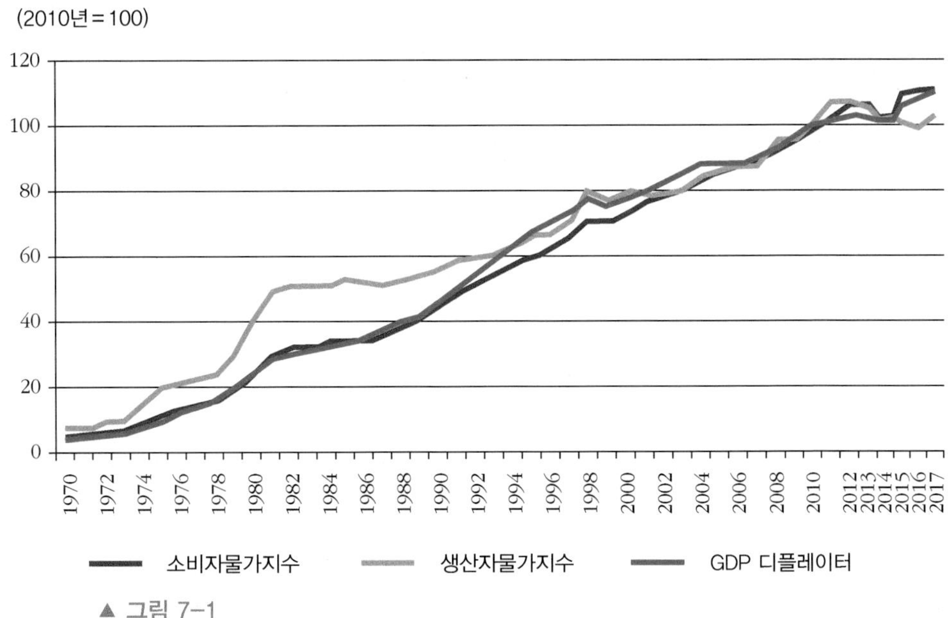

▲ 그림 7-1

우리나라의 물가상승률 추이(1970~2017)

물가상승은 어떤 물가지수를 사용하느냐에 따라 차이를 나타낼 수 있다.

ECONOMIC EYES
경제의 눈

우리나라 경제 데이터는 어디서 찾나요?

우리나라 경제에 관한 데이터들은 대부분 통계청에서 조사하고 그 결과를 수시로 발표하고 있다. 통계청의 국가통계포털(KOSIS, Korean Statistical Information Service, www.kosis.kr)에서 고용 자료를 포함하여 주요 경제 및 사회 데이터 대부분을 다운받을 수 있다. 소비자물가지수(CPI)도 통계청에서 조사하고 있는데, 1965년도 이후의 자료가 제공되고 있다. 국민계정(GDP, GDP 디플레이터 등)은 한국은행 조사국에서 담당하고 있는데, 한국은행 홈페이지의 경제통계시스템(ECOS, Economic Statistics System, www.bok.or.kr)에서 손쉽게 검색하고 엑셀 파일로 다운받을 수 있다. ECOS의 통계는 국민계정의 경우 1970년 이후의 자료가 제공되고 있다. 물가 데이터의 경우에는 CPI는 통계청에서 작성하지만, 생산자물가지수(PPI)는 한국은행에서 담당하고 있다. 통계청과 한국은행의 보도자료는 경제 데이터와 그 분석 결과를 상세하게 제시하고 있어 우리나라 경제 데이터를 이해하는 데 도움이 된다.

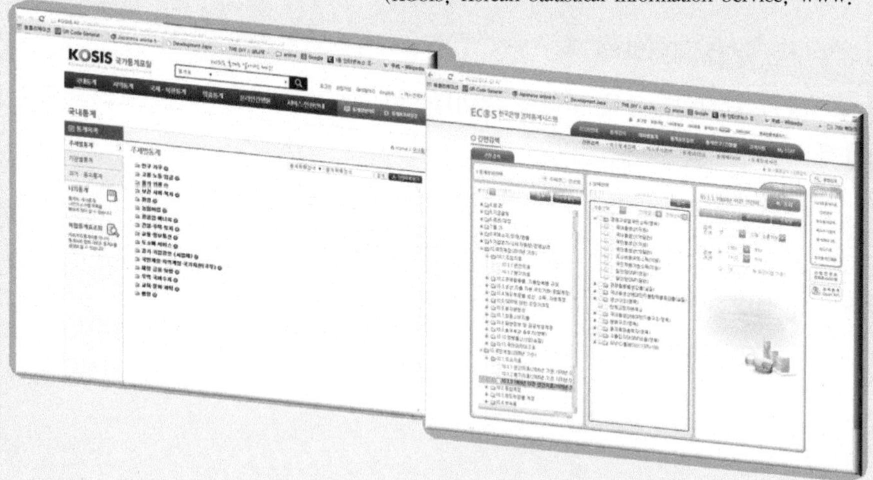

〈우리나라의 인플레이션율과 실업률〉 (단위: %)

연도	1985	1986	1987	1988	1989	1990	1991	1992	1993	1994	1995
인플레이션율	2.75	3.05	7.14	5.70	8.57	9.33	6.21	4.80	6.27	4.48	4.92
실업률	4.0	3.8	3.1	2.5	2.6	2.4	2.4	2.5	2.9	2.5	2.1
연도	1996	1997	1998	1999	2000	2001	2002	2003	2004	2005	2006
인플레이션율	4.44	7.51	0.81	2.26	4.07	2.76	3.51	3.59	2.75	2.24	2.53
실업률	2.0	2.6	7.0	6.3	4.4	4.0	3.3	3.6	3.7	3.7	3.5
연도	2007	2008	2009	2010	2011	2012	2013	2014	2015	2016	2017
인플레이션율	4.67	2.76	2.96	4.00	2.19	1.31	1.31	1.27	0.71	0.97	1.94
실업률	3.2	3.2	3.6	3.7	3.4	3.2	3.1	3.5	3.6	3.7	3.7

주: 인플레이션율은 CPI를 기준으로 하였음.
2000년 이후 통계는 수정치가 반영되었음
자료: 통계청 KOSIS

원자재가 포함되기 때문이다. 서비스는 주로 인건비가 큰 비중을 차지하는데, 인건비는 쉽게 오르거나 떨어지지 않기 때문에 소비자물가지수로 측정된 인플레이션율의 변동폭이 상대적으로 작다.[4]

인플레이션이 발생하는 원인은 여러 가지가 있다. 우선, 총수요가 증가해서 발생하는 인플레이션이 있는데 이를 수요견인(需要牽引, demand-pull) 인플레이션이라고 부른다. 이것은 통화 공급이 지나치게 늘어나거나 주식과 같은 금융자산의 가격이 빠르게 상승해 총수요가 증가할 경우에 자주 발생된다. 이 경우 생산활동 수준이 빠르게 늘어나고, 실업은 감소하는 것이 일반적이다.[5]

이와는 달리 총공급의 감소로 인해 인플레이션이 발생하는 경우가 있다. 이러한 인플레이션을 비용인상(또는 비용압박, cost-push) 인플레이션이라고 한다. 인건비나 원자재 가격의 상승과 같은 생산비 상승에 의해 총공급이 감소하는 경우가 이에 해당된다. 이 경우는 총공급곡선이 왼쪽으로 이동하는 경우가 되며, 그 결과 인플레이션과 생산수준 감소(즉 실업의 증가)가 동시에 나타날 수 있다. 이 두 가지 형태의 인플레이션이 함께 작용하는 경우를 혼합형 인플레이션(mixed inflation)이라고 부른다. 〈그림 7-2〉는 수요견인 인플레이션과 비용인

(a) 수요견인 인플레이션

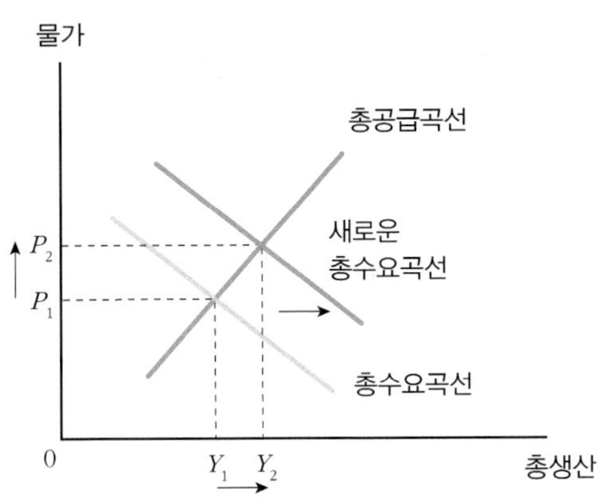

(b) 비용인상 인플레이션

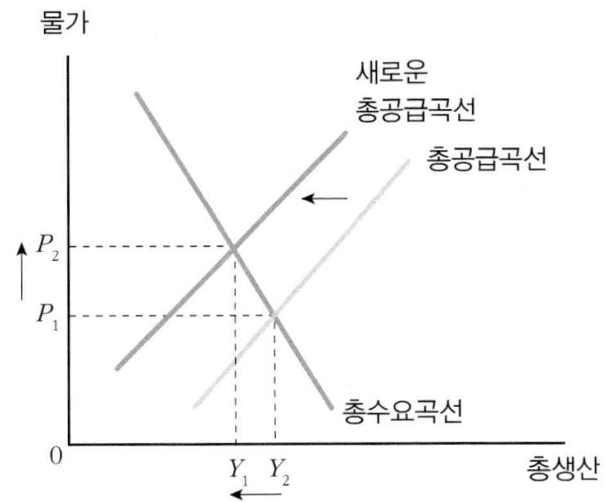

▲ 그림 7-2

수요견인 인플레이션과 비용인상 인플레이션

수요견인 인플레이션은 총수요의 증가에 의한 물자의 지속적인 상승을 의미한다. 반면에 비용인상 인플레이션은 총공급의 감소에 의해 발행한다.

4 각종 물가지수에 대한 자세한 설명은 제6장을 참조하시오.

5 제6장에서 공부한 총수요-총공급의 그림에서 총수요 곡선이 우측으로 이동하는 데 따른 물가수준의 상승이 이에 해당된다.

ECONOMIC EYES
경제의 눈

가격에 속고, 가격에 울고

William Poundstone의 저서 '플라이스리스'(*Priceless*)(2008)는 상품의 가격 결정에 관한 많은 정보를 알려주고 있는데, 사람들이 가격결정과정에서 보이는 우수꽝스러운 의사결정의 심리를 꽤뚫어보게 해 주는 책이다. 저자는 경제학과 오늘날 행동경제학이라고 불리게 된 심리학적인 경제학의 철저한 역사적 통찰로 시작하여 사람들로 하여금 흥미로운 경제학의 행동적 요인들을 탐구하게끔 해 준다. 고전경제학과는 대조적으로 행동경제학은 사람들이 실제로는 그다지 합리적이지 못하다는 점을 부각시킨다. 특히, 상품의 가격과 관련하여서는 더더욱 그렇다.

이 책이 주는 가장 우선하는 교훈은 가격이라는 것이 절대적인 것이 아니라는 점이다. 가격은 숫자일 뿐이고, 다른 것에 대한 상대적인 관점에서 인지된다는 것이다. 다시 말하자면, 사람들은 숫자 자체보다 숫자들 사이의 차이에 더 영향을 받는다는 것이다. 그래서 기업들은 소비자들이 자신들이 만드는 A라는 상품과 다른 경쟁사가 만드는 똑같은 A라는 제품의 가격을 비교하기보다는 자신들이 만드는 A라는 상품과 B라는 상품을 비교하게끔 유도한다는 것이다. 그 예가 William-Sonoma 사의 제빵기인데, 처음에 $279 가격의 제품이 나왔을 때에는 그다지 판매가 신통하지 못했지만 곧이어 비슷한 성능의 또다른 모델이 $429 가격에 나오자 소비자들은 $279 가격의 모델을 앞 다투어 샀다. William-Sonoma 사 입장에서는 $429 가격의 판매에 관심이 있었던 것이 아니라, 이 제품으로 인하여 $279 가격의 모델이 상대적으로 괜찮은 제품이라는 인식을 소비자들에게 심어주는 데 성공하는 것이 목적이었다.

상 인플레이션을 제6장에서 설명한 총수요–총공급모형으로 설명하고 있다.

이 밖에도 수입재의 가격이 올라 국내 가격이 상승하는 경우를 수입 인플레이션이라고 한다. 1973년과 1979년에 있었던 국제 석유가격의 갑작스런 폭등으로 발생한 석유파동은 비용인상 인플레이션인 동시에 수입 인플레이션의 예라고 할 수 있다. 〈표 7–1〉에는 인플레이션의 유형과 발생 원인들이 정리되어 있다.

▲ 표 7–1

인플레이션의 유형과 요인

인플레이션의 유행에는 총수요의 증가에 따른 유형과 총공급의 감소에 따른 유형 등이 있다.

유　형	주요 요인
수요견인 인플레이션 (demand-pull inflation)	• 과소비 풍조나 사재기 • 기업의 투자의욕 증가나 투자전망 호전 • 정부의 확대 재정 및 통화정책 • 해외수요(수출)의 증가
비용인상 인플레이션 (cost-push inflation)	• 노사분규로 인한 임금 상승 • 생산성 저하 • 원유나 원자재가격 상승 • 경기비관론 확산
혼합형 인플레이션 (mixed inflation)	• 수요견인 인플레이션 요인과 비용인상 인플레이션요인이 동시에 발생
수입 인플레이션	• 최종 수입재 가격이 상승, 자국 통화의 평가절하

왜 인플레이션은 바람직하지 않은가?

인플레이션의 영향

인플레이션은 국가경제에 여러 가지 좋지 않은 영향을 준다. 우선 인플레이션은 부(富)와 자산의 재분배에 영향을 끼친다. 인플레이션이 발생하면 금융자산(즉 현금, 저축예금 등)을 가진 사람들과 돈을 빌려 준 채권자는 손해를 입는다. 반면에 실물자산(즉 부동산, 귀금속 등)을 소유한 사람들과 돈을 빌린 채무자는 인플레이션을 통해 이익을 본다. 정리하면 인플레이션은 금융자산보다는 실물자산을 소유한 사람과 채무자에게 유리하도록 부와 자산을 재분배한다. 따라서 사람들은 저축을 하기보다는 실물자산을 사려고 하므로 물가는 더욱 빠르게 오르게 된다.

인플레이션은 소득의 재분배에도 영향을 미친다.[6] 높은 인플레이션하에서는 연금생

6 고령자의 경우 자산은 많지만 소득이 낮은 경우가 많다.

활자와 같이 고정된 급여(연금지급액)를 받는 사람들이 불이익을 받는다. 반면에 자신이 판매하는 상품의 가격이 빠르게 오르는 사업자의 소득은 올라간다. 이와 같은 부와 소득의 재분배는 생산적인 경제활동에 부정적인 영향을 주게 된다.

인플레이션이 가져오는 불확실성은 기업의 투자를 위축시키기 때문에 높은 인플레이션하에서는 투자율이 낮아진다. 물가가 빠르게 오르면 투자의 실질 수익은 하락하게 되므로 기업은 인플레이션이 발생하면 현재가치가 보장된 실물을 보유하고자 한다. 결과적으로 인플레이션은 기업의 투자를 감소시키므로 생산적 경제활동을 위축시키게 된다. 이 점이 인플레이션이 가져오는 가장 심각한 폐해이다. 높은 인플레이션은 가계와 기업들로 하여금 부동산 등에 대한 투기 활동에 몰두하게 만들어 경제성장을 저해하는 결과를 가져온다.

또한 국내 물가가 상승하면 세계시장에서 자국 상품의 가격경쟁력이 떨어져 국제수지가 적자로 가게 만든다. 우리나라와 같이 대외의존형 경제의 경우 원자재와 자본재 및 소비재의 많은 부분을 수입하기 위해서는 수출을 많이 해서 외화를 확보해야 한다. 이를 위해서는 반드시 국내 물가가 안정되어야 한다.

인플레이션과 사람들의 예상

사람들이 인플레이션을 '예상했는가' 아니면 '예상하지 못했는가'에 따라 인플레이션이 경제에 미치는 영향이 달라진다. 매년 각종 연구기관들은 국내외 경제여건을 종합하여 내년도 예상 인플레이션율을 발표하고 경제주체들은 이에 맞추어 경제활동을 한다. 그러나 갑작스러운 경제상태의 변화, 즉 경제충격(economic shock)으로 예상치 못한 인플레이션이 발생하는 경우에는 국민경제에 상당한 파장을 가져 온다.

예상치 못한 인플레이션(unexpected inflation)이 발생하면 채권자는 손해를 보고 채무자는 이득을 보게 된다. 예컨대 갑이 연 9% 이자율로 을에게 100만 원을 빌려 주어 1년 후에 109만 원을 받는다고 하자. 이때 이자율(이것을 명목이자율이라 부른다), 여기서 9%에는 두 가지 의미가 들어있다. 첫째는 1년 사이에 물가가 올라서 1년 후에 화폐의 구매력이 떨어질 것에 대한 보상(즉 예상 인플레이션을 의미한다. 여기서는 연 5%로 가정하자)이고, 둘째는 이 돈을 빌려 준 사람이 다른 용도로 돈을 사용하지 못하게 되는 데에 따른 보상(이를 실질이자율이라고 부른다. 여기서는 연 4% 라고 가정하자)이다. 즉 명목이자율은 실질이자율과 예상 인플레이션으로 구성되어 있다.

명목이자율(9%) = 실질이자율(4%) + 예상인플레이션율(5%)[7]

그런데 만약 물가가 5% 오를 것이라고 예상하여 연 9% 로 이자율을 정하였는데 실제적으로 물가가 더 많이 올라 8% 인플레이션이 일어났다면 채권자는 예상치 못한 3%의 손해를 보게 된다. 한편 채무자는 3%만큼 이득을 보게 된다. 따라서 예상치 못한 인플레이션이 발생하면 채권자와 채무자간에 부의 재분배가 일어난다. 그런데 사회 전체로 보면 채권자는 저축을 하는 일반 국민이고, 채무자는 국민이 저축한 돈을 빌려 쓰는 기업이나 정부인 경우가 많다. 따라서 예상치 못한 인플레이션이 발생하면 기업과 정부는 이익을 보고 일반 국민들은 손해를 보게 된다.

예상치 못한 인플레이션이 발생하면 고용과 산출도 영향을 받게 된다. 예를 들어 예상치 못한 인플레이션이 발생되면 채무자인 기업은 이득을 보게 되어 생산설비를 확장시킬 수 있게 되고 따라서 고용량과 산출량도 증가하게 된다. 이 경우 인플레이션은 경기를 자극하여 호황을 가져오게 된다. 그러나 예상치 못한 인플레이션이 반복되면 경제주체들은 경제전반에 대해 예상을 하기가 어렵게 되어 안정된 소비와 투자계획을 세울 수 없다. 따라서 경제 활동이 위축되는 결과를 가져오게 된다.

만약 인플레이션을 정확히 예상할 수 있다면 물가변화에 따른 부의 재분배는 일어나지 않는다. 또한 실질변수의 변동이 없어 고용과 생산에 영향을 미치지 않는다. 그러나 예상된 인플레이션(expected inflation)이라도 그 정도가 높게 지속되면 투자활동이 비생산적인 투기활동 쪽으로 흘러 경제의 효율성이 떨어지게 된다.[8]

급속도로 진행되는 높은 인플레이션을 초인플레이션(hyperinflation)이라 부른다. 제1차 세계대전에서 패망한 독일은 1922년 1월부터 1923년 11월까지 물가가 천문학적으로 상승했다. 이때 독일의 바이마르공화국에서는 당시 화폐였던 파피에르마르크(Papiermark, paper mark), 1924년에 라이시마르크(Reichsmark, State mark, 1948년에 Deutschemark로 대체됨)를 직접

7 이것을 피셔(J. Fisher) 방정식이라고 부른다.

8 또한 가격이 오를 때마다 가격표를 다시 바꾸어야 하는 소위 메뉴비용(menu cost)이라고 부르는 가격표 교체비용도 현실적으로 존재하게 하므로 경제의 효율성이 떨어진다.

난로에 넣고 불을 때우기도 하였다. 돈으로 구입한 땔감보다 돈이 오히려 오래 탔을 정도였다. 이러한 비정상적인 물가폭등은 이 밖에도 제2차 세계대전 이후 그리스와 헝가리, 1980년대 이스라엘, 남미 등 여러 나라에서 경험한 바 있다. 지금까지 경험한 대부분의 초인플레이션은 전쟁, 국제원자재나 원유값 상승 및 국제금리의 상승 등으로 발생한 재정적자를 통화증발로 해결하는 과정에서 발생하였다.

남부 아프리카의 짐바브웨(Zimbabwe)는 보츠와나, 모잠비크 그리고 잠비아로 둘러 쌓인 내륙국가이다. 짐바브웨 정부와 중앙은행의 과도한 화폐 발행 등 잘못된 경제 정책으로 말미암아 2008년도에는 인플레이션율이 연간 2억 3천백만%(월 2천 6백%)에 달했다. 급기야 중앙은행은 100조 짐바브웨 달러 지폐까지 발행하게 되었고, 국민들은 수중에 10억 짐바브웨 달러를 가지고도 굶어 죽을 지경에 이르렀다. 결국 짐바브웨 정부는 2009년도 자국 화폐인 짐바브웨 달러(Z$)의 공적 기능(offcial curvency)을 중단하고 호주 달러, 보츠와나 풀라(Pula), 영국 스텔링 파운드, 중국 위완화, 유로, 일본 엔, 인도 루피(Rupee), 남아프리카공화국 랜드(Rand), 그리고 미국 달러를 혼용하는 통화 시스템을 채택하였다. 2015년 9월, 짐바브웨 달러는 폐기(demonetized)되었다.

초인플레이션하의 생활은 어처구니없는 상황을 가져온다. 돈의 가치가 너무 떨어져서 도배지를 이용하는 것보다는 지폐로 방을 도배하는 것이 싸게 먹히는 경우도 있다. 또는 인플레이션이 급속도로 진행되면 시간이 지남에 따라 돈의 가치가 계속 떨어지게 되므로 손님들은 레스토랑에서 식사를 시키자마자 요금을 계산하려고 할 것이고, 술집에서는 술을 마시는 사이에 가격이 올라가기 때문에 아예 술통을 시켜 놓고 마셔야 할 것이다.

초인플레이션하에서는 정상적인 경제행위가 불가능하므로 화폐단위를 바꾸는 방식으로 화폐개혁(monetary reform)을 단행한다. 그러나 이렇게 새로운 화폐를 발행함으로써 어느 정도 화폐량을 줄일 수는 있겠지만 화폐개혁을 한다고 물가가 저절로 떨어지지는 않는다. 그러므로 초인플레이션이 발생하는 경우에는 우선적으로 화폐에 대한 신뢰회복을 통해 경제활동을 원활히 작동시킴으로써 물가수준을 안정시켜야 한다.

ECONOMIC EYES
경제의 눈

아르헨티나의 초인플레이션 기억

아르헨티나의 경제가 좀처럼 불황을 벗어나지 못하고 있다. 아르헨티나 경제는 2000년대 높은 인플레이션율로 어려움을 겪었는데, 정부는 연간 인플레이션율이 10~11% 정도라고 주장하지만, IMF는 이러한 통계를 믿지 않고 있으며, 민간 기관들에 따르면 인플레이션율은 연간 25%로 추정되고 있다. 이는 세계에서 가장 높은 수준에 해당된다.

아르헨티나의 크리스티나 페르만데즈(Cristina Fermandez) 대통령은 물가 상승을 완화하기 위하여 수입을 늘리고 수출을 줄이려고 아르헨티나의 화폐인 페소(peso convertible)의 환율을 페소의 가격이 높게끔 인위적으로 유지하려 하였지만 국내 생산자의 대외 가격 경쟁력을 떨어뜨리고 민간투자를 위축시키는 부작용을 초래하였다.

아르헨티나는 1989년 6월 대통령 선거를 앞두고 최악의 인플레이션을 겪은 기억을 가지고 있다. 당시 아르헨티나의 화폐였던 아스트랄(austral, 1992년 현재의 peso convertible로 교체됨)은 외환시장에서 17일 동안 가격이 하루에 50%씩 하락하였다. 그리하여 같은 기간 백만 아스트랄이 7.63아스트랄의 가격으로 폭락하였다. 이러한 하이퍼인플레이션이 나타나자 사람들은 극도의 공포감에 휩싸였다. 물건을 사기 위해 상점 안으로 들어가려는 사람들은 거의 광분한 상태였다. 사람들은 직장에 나가기를 그만뒀는데, 월요일에 번 돈은 금요일이 되면 거의 아무것도 살 수 없는 돈이 되어 버렸기 때문이다.

■ 'Hunger'라고 쓴 현수막 앞에 앉아 있는 아르헨티나의 실업자들

상점 주민들은 더 이상 물건 값을 써놓지 않게 되었는데, 하루에도 몇십 차례씩 가격을 바꿔 써야 했기 때문이다. 노동자들은 급여를 받자마자 상점으로 달려가 모든 돈으로 물건을 샀다. 상점에는 물건이 모두 동이나 버렸고, 상점 주인은 다음 날을 위해서 밤새 선반 위에 물건을 진열해야 했다. 외환시장에서 아스트랄의 가격은 더욱 빠르게 하락하였다.

마침내 상점 주인들은 물건을 판 돈으로 다음 날 팔 물건을 살 수 없게

■ Carlos Saul Menem (1989~1999, 아르헨티나 대통령)

되었고, 물건을 팔면 팔수록 재산이 줄어들었다. 결국 몇일 지나지 않아 상점들은 완전히 문을 닫아 버렸다. 그러자 사람들은 상점의 문을 부수고 들어가 물건을 약탈하기 시작하였고, 마침내 상점 주인이 약탈자들에 의해 사살되었다. 상점 주인도 총으로 무장하여 약탈자들에 대항하였다. 나라 안의 모든 상점들은 자국 화폐를 더 이상 받지 않게 되었고, 미국 달러만 통용되었다. 전국에 폭동이 퍼져나갔다.

17일 간의 극심한 혼란 끝에 새로 당선된 카룰로스 메넴(Carlos Menem: 1930 ~) 대통령은 미국으로부터의 긴급 차관을 통해 겨우 하이퍼인플레이션을 안정시킬 수 있었다. 그러나 그 이후 아르헨티나는 대외 의존적인 경제가 되었다. 메넴은 2009년 대통령 재임 기간 중의 불법 행위로 연방 법원에 의하여 기소되었다.

자료: Dale Martin, "Living in Argentina in the 1980s"

인플레이션의 대책은?

앞에서 인플레이션의 원인이 수요측면과 공급측면에 있다는 것을 살펴보았다. 따라서 인플레이션의 치유책도 수요측면과 공급측면으로 나눌 수 있다. 먼저 총수요 증가에 의해 야기된 인플레이션은 총수요를 진정시키는(즉 총수요곡선을 좌측으로 이동시키는) 경제정책을 펴야 한다. 이를 위한 정책으로는 소비절약 유도를 위한 정책 정부지출의 축소 등을 들 수 있다.

한편 생산비 증가나 생산성 하락에 의해 공급이 감소되고, 이로 인해 야기된 인플레이션은 총공급을 촉진시키는(즉 총공급곡선을 우측으로 이동시키는) 정책을 사용하여 인플레이션을 해소할 수 있다. 이를 위한 정책으로 임금과 물가의 상승을 규제하는 정책, 생산비를 낮추기 위한 경쟁촉진정책, 수입자유화와 관세인하를 통한 수입물가 하향 유도, 유통구조 개혁 및 생산성 증가를 위한 각종 지원 등이 있다.

그러나 인플레이션이 발생할 경우, 정부가 경제에 적극적으로 개입해서 지금까지 설명한 안정화 정책을 적극적으로 사용해야 하는가에 대해서 학자들간의 견해가 다르다. 일반적으로 자유방임을 강조하는 고전학파 경제학자들은 시장가격의 자동조절기능을 신뢰하기 때문에 정부가 시장에 개입하는 것을 반대한다. 인플레이션이 발생해 물가가 오르면 실질임금(즉, 명목임금/물가)이 떨어져서 실질소득이 줄고, 따라서 총수요를 위축시킨다. 반면에 실질임금의 하락으로 생산비가 감소하므로 총공급은 확대된다. 결국 경제 내 총수요가 감소하고 총공급은 증가하여 물가는 다시 떨어지게 된다. 이와 같이 경제가 스스로 조절하는 데 시간이 많이 소요되지 않는다고 보는 것이 고전학파의 견해이다. 고전학파의 전통을 따르는 통화주의자들(monetarists)이 이러한 견해를 지지한다. 통화정책의 영향을 강조하는 통화주의자들은 인플레이션이 과도한 통화공급으로 야기되므로 중앙은행이 재량적으로 통화량을 늘리거나 줄이는 것보다는 일정한 비율로 통화량을 증가시키는 방법을 선호한다. 그렇게 되면 경제주체들이 경제에 대해 예측하는 것이 가능하므로 경제를 안정시킬 수 있다고 본다. 통화정책에 대해서는 제9장 '화폐와 금융'에서 자세히 다룬다.

반면에 정부개입의 필요성을 강조하는 케인즈학파 경제학자들은 시장가격 기구의 자동조절기능을 그다지 신뢰하지 않는다. 시장의 가격기구가 작동하는 데는 시간이 오래 소요되기 때문에 정부가 적극적으로 수요를 조절해야 한다고 본다.

이들이 시장의 가격기능이 신속하게 작동하지 못한다고 보는 첫 번째 이유는 잦은 가격변화가 메뉴비용을 발생시키기 때문이다. 예컨대 식당주인이 매일 음식값을 바꾼다고 하자. 이렇게 되면 주인은 매일 메뉴에 요금을 고쳐야 하는 비용을 부담해야 할 뿐만 아니라 단골손님도 잃게 될 것이다. 그러므로 가격은 잘 변화하지 않는다.

두 번째 이유는 매매과정에서 수요자와 공급자는 가격변화를 원치 않아 장기계약(long-term contracts)을 하는 경우가 많기 때문이다. 흔히 노동시장에서 임금 교섭을 통해 결정된 임금수준은 일정기간 동안 고정된다. 노동시장의 인력 수급에 따라 시시때때로 임금수준이 변화하는 것이 아니라 다음 임금협상 때(우리나라 경우 1년)까지 일반적으로 고정되어 있다. 그러므로 임금도 상품가격과 마찬가지로 자유롭게 변화하지는 않는다.

세 번째 이유는 정부가 인위적으로 가격변화를 억제하는 경우도 있기 때문이다. 종종 정부는 인플레이션을 억제하기 위해 임금과 가격을 직접 통제하는 정책을 사용한다. 예를 들면 근로자의 생활안정을 위해 일정수준 이하로 임금이 내려가지 못하도록 하는 최저임금제를 실시하기도 하고, 물가안정을 위해 공공요금을 일정기간 동안 올라가지 못하도록 하는 가격통제를 실시하기도 한다. 이처럼 가격과 임금이 자유롭게 변동하지 않는 경우가 많이 있다. 이러한 이유로 인해서 가격이 잘 변하지 않는다고 보기 때문에, 케인즈학파 경제학자들은 시장을 내버려두기보다는 정부가 적극적으로 개입해서 경제를 안정시켜야 한다고 주장한다. 이러한 두 가지 서로 다른 주장 중에서 어느 주장이 더 인정을 받고 있는가 하는 것은 뒤의 제8장 '정부의 재정정책'에서 논의된다.

ECONOMIC EYES
경제의 눈

디플레이션과 디스인플레이션

20여 년 전 신흥국 경제의 부진은 세계 경제 성장에 작은 '흠' 정도에 불과하였지만, 이제는 이들 개도국 경제가 차지하는 비중이 40%에 달하고 있다. 따라서 개도국들이 수출하고 있는 원자재 가격이 하락하고, 글로벌 무역의 둔화와 개도국 화폐 가격의 상승 등으로 이들 개도국들의 문제가 글로벌 경제를 통하여 디스인플레이션 문제를 확산시킬 위험성이 있다고 JPMorgan Chanse(JPM)의 수석 이코노미스트 Bruce Kasman이 경고하고 있다.

디스인플레이션(disinflation)은 인플레이션이 완화되는 현상을 의미하는데, 실제로 가격 수준이 하락하는 현상을 뜻하는 디플레이션(deflation)과는 차이가 있다. 디스인플레이션은 바람직한 경제 현상이지만, 디플레이션은 장기간 지속되는 경우 경기침체를 가져올 수 있기 때문에 바람직하지 못한 경제 현상으로 평가된다.

신흥경제국들의 중앙은행이 자국의 금리를 지나치게 서둘러 올리는 현상이 나타나면서 디스인플레이션이 전 세계적으로 확산될 수 있다. 인도, 남아프리카공화국, 그리고 브라질이 외국인 투자가들의 자국 화폐 매각에 대처하기 위해서 이자율을 높였는데, Bank of America(BAC)는 남아프리카공화국, 브라질, 한국, 헝가리, 그리고 말레이시아가 기준금리를 올리고 통화정책을 긴축적으로 가져갈 것으로 예상하였다. 금리가 높아지면 기업과 가계가 지출을 줄이기 때문에 수요가 감소하고, 원자재 가격에 대한 하향 압력은 더 높아질 수 있다. 미국과 선진국 경제도 자국 화폐의 가격 상승이 계속되면 수입재의 가격을 떨어뜨리고 수출재의 가격을 높게 만듦으로써 화폐가격이 하락한 국가들에서 이들 선진국 수출상품을 구입하는 것이 더욱 어려워진다. 미국의 수입재 가격은 일년 전에 비하여 1.5% 하락하였다.

디스인플레이션은 기업이 상품 가격을 올리지 못하고, 노동자들도 임금 인상을 받지 못하게 되면 바람직하지 않을 수 있다. 더욱이 디스인플레이션이 디플레이션으로 이어질 때에는 상황은 더 심각해 질 수 있다. IMF 총재 Christine Lagarde는 "디플레이션의 위험이 높아지고 있고, 이는 세계경제의 회복에 바람

직하지 않다"고 말하였다. 그는 "디플레이션은 반드시 싸워 이겨내야 하는 괴물(ogre)이다"라고 했는데, 이는 유럽의 경제회복이 더디고, 그 영향이 물가에 나타나고 있는 현상을 언급한 것이다.

자료: Simon Kennedy and Rich Miller, "The lurking threat of deflation," BloombergBusinessweek, February 20, 2014.

ECONOMIC EYES
경제의 눈

애그플레이션(agflation)

애그플레이션은 2007년 금융회사 멜릴린치(Merrill Lynch)가 처음으로 고안한 표현이다. 당시 곡물에 대한 수요가 상승하면서 농산물 가격이 치솟았다. 애그플레이션은 농산품(agricultural commodities)과 인플레이션(inflation)을 합성한 표현이다. 따라서 애그플레이션은 농산품의 가격 상승으로 말미암아 초래되는 인플레이션을 뜻한다.

2000년에 이코노미스트(Economist) 잡지는 글로벌 식품가격 인덱스를 100으로 하고 2008년도의 인덱스를 다시 측정한 결과 135%나 높아져 235에 이르렀다. 과거에는 농산품은 주로 식량으로 사용되어 왔지만, 2007~2008년의 곡물가격 폭등은 곡물을 에너지 생산에 전용한 것이 원인이었다. 2005년 미국의 「The U.S. Energy Policy Act」가 재생에너지의 사용을 확대할 것을 의무화하자 에탄올 생산을 위한 곡물 수요가 폭등한 것이다. 뿐만 아니라 미국의 「Renewable Fuels, Consumer Protection and Energy Efficiency Act of 2007」로 인하여 에탄올 생산을 위한 옥수수에 대한 수요가 더욱 높아졌다. 2008년도의 곡물생산 증가로 곡물가격이 2005년 대비 2008년 25% 증가에 머물렀지만, 멕시코의 50년 만의 추운 겨울 등의 여파로 곡물가격이 다시 상승하였다.

애그플레이션의 또 다른 원인은 중국인과 인도인들이 경제적으로 부유해지면서 이들 국가에서 인구가 증가하는 것보다 더 빠른 속도로 곡물 소비가 증가하고 있는 것이다. 얼마 전까지만 해도 이 두 가지 상승률은 일정하게 유지되었지만, 최근 곡물 소비가 인구증가를 앞지르게 되었다.

게다가 중국과 인도의 경제 호황은 육류 소비의 빠른 증가를 가져왔다. 똑같은 열량을 얻기 위해서 육류를 소비하는 경우, 사료용으로 빵이나 쌀보다 더 많은 곡물 재배를 필요로 한다. 1kg의 돼지고기를 생산하기 위해서는 3kg의 곡물이 필요하고, 같은 양의 소고기를 생산하기 위해서는 8kg의 곡물이 필요하다.

자료: Tim McMahon, "Agflation-What is it?" Inflation.com, February 16, 2011. http://inflationdata.com/articles/2011/02/16/agflation-what-is-it/

실업: '공공의 적 Ⅱ'

경제의 건강 상태를 알려주는 두 번째 지표는 실업률이다. 과거 고도성장기인 1970~1980년대에는 평균 7~8%의 경제성장을 달성하여 우리나라의 실업률은 매우 낮았고, 기업들이 우수한 노동력을 확보하기 위해서 해고를 잘 하지 않았다. 그런데 이제 우리 사회에서도 평생직장이라는 말은 옛말이 되었다. 지난 외환위기 이후에 많은 사람이 실직의 아픔을 겪었고, 고용불안과 낮은 임금에 시달리는 비정규직 노동자가 늘어났다. 특히 전체 실업자의 55%가 30세 미만일 정도로 청년실업문제는 심각해서, '이구백'(20대 90%가 백수), '십장생'(10대들도 장차 백수 생각) 등의 말이 유행하고 있다. 왜 실업률이 높아지는가? 비정규직 종사자도 실업통계에 포함되는가? 실업률을 낮추려면 어떻게 해야 하는가 등의 문제에 대해서 살펴보자.

실업의 정의와 종류

실업과 실업률

실업(unemployment)이란 경제활동이 가능한 사람이 취업하지 않은 상태를 의미한다. '경제활동이 가능한 사람'을 '생산가능인구(A)(working-age population)'라고 하는데 이는 군인과 재소자를 제외한 만 15세 이상 인구를 말한다. 일반적으로 고용에 대한 통계 자료를 만들 때는 15세 이상 전 인구를 기준으로 작성하지만, 국제적인 비교를 할 때는 15~64세 인구를 주로 사용한다. 그 이유는 선진국에서는 65세 이상은 대부분 경제활동에서 은퇴하여 연금을 받고 생활하기 때문이다. 2018년 말 기준으로 우리나라의 생산가능인구는 4,418만 2천 명으로 조사되었다.[9]

생산가능인구 중에서 일 할 수 있는 '능력'과 '일할 의사'를 동시에 갖춘 사람을 '경제활동인구(B)(labor force)'라고 하며, 같은 시점을 기준으로 약 2,789만 5천 명으로 나타났다. 생산가능인구 중에서 남은 사람들을 '비경제활동인구(C)(not in labor force)'라고 하며 주로 주부나 학생 등이 포함된다. 생산가능인구 중 경제활동인구의 비율(B/A)을 '경제활동참가율'이라고 한다.

경제활동인구는 현재 취업상태에 있는지 여부에 따라 취업자(E)(employed)와 실업자(U)(unemployed)로 구분된다. 취업자란 매월 15일이 포함된 1 주일 동안에 수입을 목적으

9 통계청, KOSIS.

▲ 표 7-2 **우리나라 고용통계(2018년 12월)**

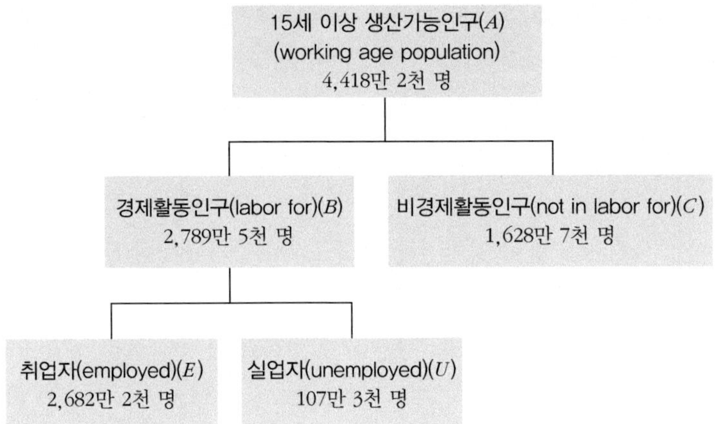

실업률은 실업자를 경제활동인구로 나누어준 것($\frac{U}{B}$)을 말한다.

로 1시간 이상 일한 사람과 본인 또는 가족이 소유하고 경영하는 농장이나 사업체에서 주당 18시간 이상 일한 무급 가족종사자를 가리킨다. 그 밖에 일정한 직장이나 사업장은 가지고 있으나 일시적인 질병, 일기불순, 휴가, 노동쟁의 등의 사유로 조사 기간 중에 일을 하지 않은 사람도 취업자로 분류된다.

ECONOMIC EYES
경제의 눈

비정규직 근로문제, 어떻게 해결해야 할까요?

비정규직의 개념에 대해 국제적으로 통일된 기준이 있는 것은 아니나, OECD는 임시직근로자(temporary worker), 시간제근로자(part-time worker) 정도를 비정규직으로 파악하고, 임시직근로자에게는 유기계약근로자(worker with fixed-term contract), 파견근로자(temporary agency worker), 계절근로자(seasonal worker), 호출근로자(on-call worker) 등을 포함한다.

1997년 외환위기 이후 비정규직의 개념 및 범위를 둘러싸고 우리나라에서 논쟁이 지속됨에 따라 2002년 7월 노사정위원회 비정규직법특별위원회에서 고용형태에 따른 분류기준에 합의하였는데, 이에 따르면 임금근로자를 정규직과 비정규직으로 나누고, 비정규직은 다시 한시적, 시간제 및 비전형으로 구분한다.

한시적 근로자란 근로계약을 정한 자 또는 정하지 않았으나 비자발적 사유로 계속근무를 기대할 수 없는 자로 정의되고 있고, 시간제 근로자란 근로시간이 짧은 파트타임 근로자로 정의된다. 또한 비전형 근로자란 파견근

로자, 용역근로자, 특수고용 근로자(자택 또는 가내), 일일(호출) 근로자를 포함한다.

이와 함께 노사정 합의에서는 근로지속이 가능한 무기계약 근로자이기 때문에 정규직으로 분류되지만 종사상 지위가 임시직 또는 일용직에 속하여 고용이 불안정하고 사회적 보호가 필요한 근로계층이 광범위하게 존재한다는 점을 인식하고 이를 '취약근로자'로 파악하기로 하였다.

정부와 학계는 노사정 합의기준에 의해 비정규직 규모를 파악하고 있는 반면에 노동계는 '취약 근로자'도 비정규직의 범위에 포함하여 파악하기 때문에 비정규직 규모에 대한 논란은 지속되고 있다. 우리나라는 정부 통계에 의하면 2014년 3월 현재 전체 임금근로자의 32.1%인 591만 1천명이 비정규직 근로자이다. 그 구성을 보면 한시적 근로자(57.5%), 시간제 근로자(32.4%) 및 비전형 근로자(36.4%)로 되어 있다.

비정규직은 외환위기 이후 급격히 증가하여 2001년에는 360만여 명이었는데, 2003년에는 480만 명으로 급격히 늘고, 다시 2004년에 539만 명으로 급증하였다. 2005년부터 비정규직의 증가세가 줄고 있지만, 대졸 이상의 고학력 비정규직의 수는 늘고 있다.

비정규직 근로자 중의 성별 구성비는 비슷하지만, 전체 여성 근로자(또는 취업자, 2014년 3월 기준, 1,030만 명) 중에서 비정규직(같은 시점 기준, 317만 7천 명)의 비율은 30.8%로 남자의 18.8%(273만 4천 명/1,452만 명)보다 훨씬 높다. 그리고 저연령층(15~19세)과 고연령층(60세 이상)에서 비정규직이 많고, 학력은 고졸 이하가 66.8%를 차지하였다. 비정규직의 임금은 정규직의 56.1%로 나타났다.

자료: 통계청, 보도자료, 2014년 3월

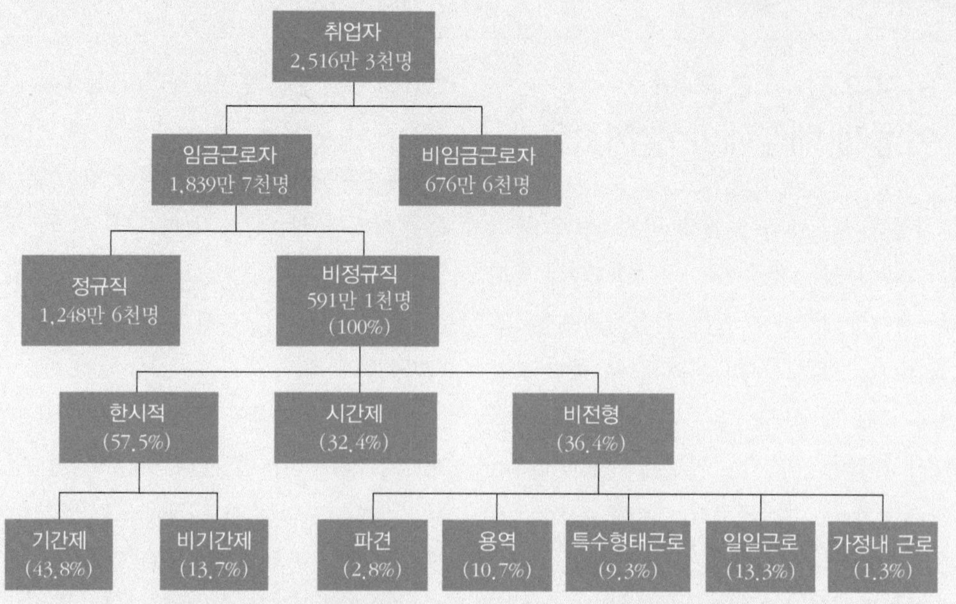

주: 비정규직 근로자의 전체 규모와 구성비(비중)은 비정규직 유형별로 중복되는 경우가 있어 그 합계와 불일치함.
그림 출처: 통계청, 보도자료 "2014년 3월 경제활동인구조사: 근로형태별 부가조사 결과", 2014년 5월 22일

통계청, "경제활동인구조사: 근로형태별 부가조사 결과"(2014년 5월 22일)를 이용하여 작성함.

실업률과 고용률

실업률은 실업자가 경제활동인구에서 차지하는 비율(U/B)을 나타낸다. 즉

$$\text{실업률} = \frac{\text{실업자수}(U)}{\text{경제활동인구}(B)} \times 100$$

〈그림 7-3〉은 1971~2018년 동안 한국 실업률의 추이를 나타내고 있다. 이 그림에 의하면 1997년 IMF 외환위기로 들어가기 이전 기간에 비해 IMF 외환위기로 들어가면서 실업률도 급격히 상승했음을 알 수 있다. 외환위기가 발생하기 전인 1997년 우리나라 경제활동인구는 약 2,166만 명이었고 실업자수는 약 56만 명으로 실업률은 2.6%였다. IMF 외환위기 이후 우리나라의 실업률은 6%를 넘어섰다. 2015년 5월 기준 우리나라 고용 및 실업 통계는 앞의 〈표 7-2〉와 같다.

우리나라의 실업률은 통계청이 전국의 3만 표본가구의 만 15세 이상의 인구를 대상으로 매월 15일을 포함하는 한 주 동안 주당 평균 1시간 이상 일한 사람을 취업자로 분류해 작성한다. 그러므로 실업자로 판정을 받으려면 그저 직업이 없다는 것만으로는 안 되고 만 15세 이상이며 조사시점으로부터 과거 1주 동안 적극적인 구직활동을 한 증거가 있어야 하고 조사기간 동안 수입이 전혀 없어야 한다.

이러한 실업률 정의는 ILO(International Labor Organization, 국제노동기구)기준에 따른 것인데 세계경제력 15위(2013년 기준), 그리고 OECD가입국인 한국의 현실적인 노동시장을 반영하기에는 거리감이 있다. 우리나라 실업통계 조사방식에서 논쟁이 된 것은 첫째로 주

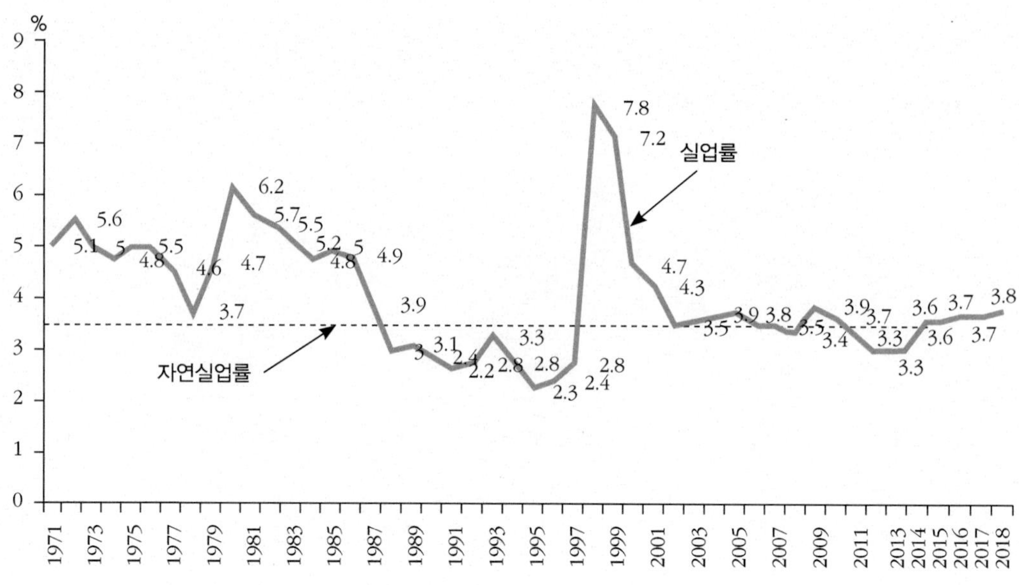

▲ 그림 7-3

한국의 실업률 추이(1971~2018)

우리나라의 실업률은 비교적 안정적인 것으로 나타나고 있으나 비정규직 등 고용의 질은 떨어진 것으로 지적되고 있다.

당 1시간만 일해도 취업자로 간주한다는 것과, 둘째로 1주일 동안 구직활동을 한 사람만을 실업자로 분류하는 것이다. 따라서 노동시간이 정규시간에 미치지 못하는 파트타임 근로자나 임시직에 고용된 불안정한 취업자 등 실업자에 가까운 사람도 모두 취업자로 간주된다. 특히 우리 나라는 무급 가족종사자가 많은데, 이들은 사실상 실업상태에 있음에도 불구하고 취업자로 분류된다. 그리고 조사대상 기간 전에 구직활동을 하다가 실망해서 구직활동을 포기한 사람도 실업자에 포함시켜야 하는데, 현재의 통계에는 일할 의사가 없는 사람으로 간주되어 경제활동인구에서 제외되므로 실업통계에 잡히지 않는다. 따라서 파트타임 근로자나 임시직 등 불안정취업자를 실업자 통계에 포함시키고, 실망실업자들인 구직단념자들을 실업자에 포함시키면 한국의 실업률 수치는 상당히 높게 나타날 것이다.

또한 1주일 동안 구직활동을 하였는가 여부에 따라서 실업률 통계에 포함되느냐 아니냐를 결정하는 것은 무리가 있었다. 만약에 1주일이라는 짧은 기간에 구직활동을 하고 나서 구직활동을 그만두게 되면 쉽게 비경제활동인구에 포함되어 버리고 실업률을 계산하는 데에서 제외되기 때문에 실업률이 실제보다 낮게 나타날 수 있다. 미국과 독일 등 대부분의 선진국에서는 최소 4주간 구직활동을 한 후 취업을 단념한 경우에만 비경제활동인구로 분류된다. 우리나라도 OECD 회원국이므로 OECD의 권고로 1999년 6월 조사 시점

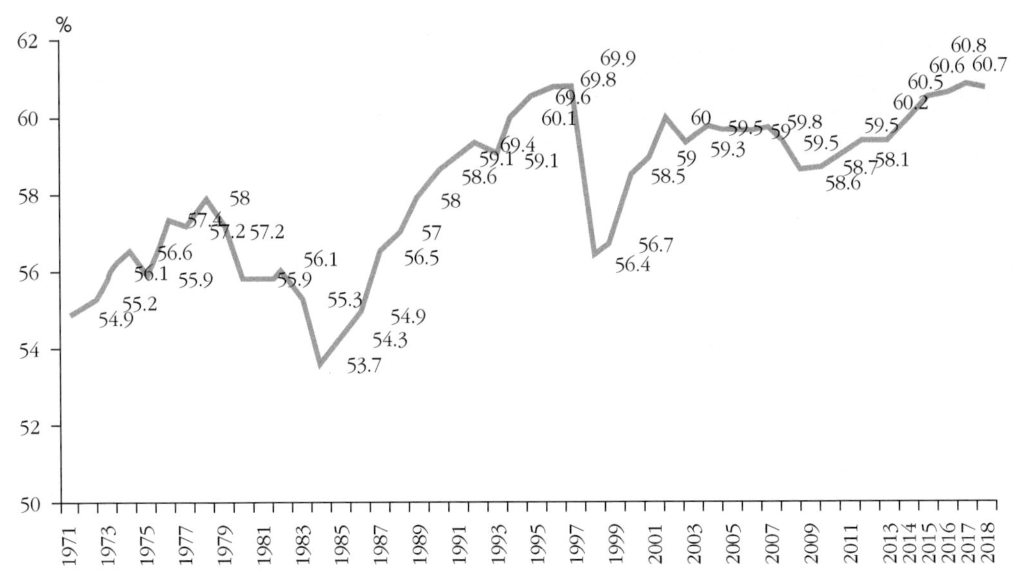

자료: 통계청, KOSIS, 주제별 통계 > 고용·노동·임금 > 고용

▲ 그림 7-4

우리나라 최근 고용률 추이(1971~2018)

고용률은 생산가능인구를 기준으로 산출한다.

으로부터 1주일뿐만 아니라 4주일 기간 동안 구직 활동한 기록이 있으면(계속은 아니더라도) 실업자로 인정하는 통계 조사를 병행하고 있다. 그리고 2005년 6월부터는 공식실업률을 OECD 기준으로 발표하고 있다.

또한 이러한 실업률은 근본적인 한계가 있다. 불경기에 직장을 구하다가 포기한 소위 '실망실업자'들이 늘어나고, 구직활동을 한 달 이상 하지 않으면 실업률 통계에는 일할 의사가 없는 사람으로 간주되어 비경제활동(*C*)으로 분류되기 때문에 실업률(*U/B*)에는 아예 반영이 되지 않는다. 그래서 오히려 불경기에 실업률이 떨어질 수도 있어 정확한 실상을 파악하기 어렵다.

이러한 문제점을 보완하기 위해서 고용률 지표를 사용한다. 고용률은 생산가능인구(*A*) 중에서 취업자(*E*)의 비율(*E/A*)로 나타내는데 여기에는 분모에 경제활동인구(*B*) 대신 생산가능인구(*A*)를 사용함으로써 비경제활동인구를 포함하여 보다 정확하게 고용현황을 파악할 수 있다. 우리나라의 실업률은 선진국에 비해 매우 낮아 매우 양호한 것으로 보이지만 고용률은 〈표 7-3〉에서 보는 바와 같이 선진국에 비해 낮아 고용상태가 별로 좋지 않다는 것을 알 수 있다. 특히 미국이나 일본, 및 영국에 비해 고용률이 매우 낮다. 이는 실업통계에 잘 반영이 안 되는 실망실업자 등이 매우 많다는 의미이다.

우리나라의 고용률은 선진국에 비해 낮다.

▲ 표 7-3 OECD 국가의 고용률 비교

국가	2005	2006	2007	2008	2009	2010	2011	2012
Australia	71.5	72.2	72.9	73.2	72.0	72.4	72.7	72.3
Austria	68.6	70.2	71.4	72.1	71.6	71.7	72.1	72.5
Belgium	61.1	61.0	62.0	62.4	61.6	62.0	61.9	61.8
Canada	72.4	72.8	73.5	73.6	71.5	71.5	72.0	72.2
Chile	54.4	55.5	56.3	57.3	56.1	59.3	61.3	61.8
Czech Republic	64.8	65.3	66.1	66.6	65.4	65.0	65.7	66.5
Denmark	75.9	77.4	77.0	77.9	75.3	73.3	73.1	72.6
Estonia	64.2	67.9	69.2	69.7	63.5	61.0	65.2	67.2
Finland	68.5	69.6	70.5	71.3	68.4	68.3	69.2	69.5
France	63.7	63.6	64.3	64.8	64.0	63.9	63.9	63.9
Germany	65.5	67.2	69.0	70.2	70.4	71.2	72.6	72.8
Greece	60.1	61.0	61.4	61.9	61.2	59.6	55.6	51.3
Hungary	56.9	57.3	57.3	56.7	55.4	55.4	55.8	57.2
Iceland	84.4	85.3	85.7	84.2	78.9	78.9	79.0	80.2
Ireland	67.5	68.5	69.2	67.9	62.2	60.0	59.2	58.8
Israel (1)	56.7	57.6	58.9	59.8	59.2	60.2	60.9	66.5
Italy	57.5	58.4	58.7	58.7	58.3	57.7	57.8	57.6
Japan	69.3	70.0	70.7	70.7	70.0	70.1	70.3	70.6
Korea	63.7	63.8	63.9	63.8	62.9	63.3	63.9	64.2
Luxembourg	63.6	63.6	64.2	63.4	65.2	65.2	64.6	65.8
Mexico	59.6	61.0	61.1	61.3	59.4	60.3	59.8	61.3
Netherlands	71.5	72.5	74.4	75.9	75.6	74.7	74.9	75.1
New Zealand	74.3	74.9	75.2	74.7	72.9	72.3	72.6	72.1
Norway	75.2	75.5	76.9	78.1	76.5	75.4	75.3	75.8
Poland	53.0	54.5	57.0	59.2	59.3	58.9	59.3	59.7
Portugal	67.5	67.9	67.8	68.2	66.3	65.6	64.2	61.8
Slovak Republic	57.7	59.4	60.7	62.3	60.2	58.8	59.5	59.7
Slovenia	66.0	66.6	67.8	68.6	67.5	66.2	64.4	64.1
Spain	64.3	65.7	66.6	65.3	60.6	59.4	58.5	56.2
Sweden	74.0	74.6	74.2	74.3	72.2	72.1	73.6	73.8
Switzerland	77.2	77.9	78.6	79.5	79.0	78.6	79.3	79.4
Turkey	44.4	44.6	44.6	44.9	44.3	46.3	48.4	48.9
United Kingdom	72.7	72.6	72.4	72.7	70.6	70.3	70.4	70.9
United States	71.5	72.0	71.8	70.9	67.6	66.7	66.6	67.1
OECD－Total	65.3	66.0	66.5	66.5	64.8	64.6	64.8	65.1

자료: OECD statistics 웹사이트

$$고용률(\%) = \frac{취업자}{생산가능인구} \times 100$$

2013년부터 정부는 임시직, 일용직 등의 불완전취업자, 취업준비자 및 구직단념자를 실업자로 간주하여 실업률을 계산한 체감실업률을 집계하여 발표하고 있다. 체감실업률은 10%대를 넘는 것으로 나타났다.[10]

우리나라의 경우 현재 구직난 속의 인력난을 겪고 있다. 즉 직장을 구하는 실업자는 많은데, 기업들은 사람을 못 구해서 인력난을 겪고 있다는 것이다. 그 이유는 '고되고(difficult), 더럽고(dirty), 위험한(danger)' 소위 3D 업종에는 아무도 일을 하려고 하지 않고, 모두 장래성도 있고 안정적이고 근무조건이 좋은 제대로 된 일자리를 찾고 있기 때문이다. 이렇게 구인자와 구직자의 눈높이가 크게 벌어진 것은 단순한 정보부족 때문만이 아니라 정부의 인력수급정책에 실패를 했기 때문이다. 우리나라의 대학진학률은 80%를 상회하고 있는데, 전체 취업자 중에서 2년제를 포함한 대졸 이상 비중은 이에 훨씬 못 미치는 30%대에 불과한 실정이다. 따라서 졸업자의 눈높이에 비해서 그들을 수용할 수 있는 고급 일자리가 부족하고, 이에 따라서 인력난 속의 취업난이 발생하고 있다. 따라서 한국의 실업문제의 상당부분은 이러한 마찰적 실업과 구조적 실업에 있다고 보아야 한다.

실업의 종류와 대책

실업은 노동자 자신이 원하느냐 혹은 원하지 않느냐에 따라 자발적 실업과 비자발적 실업으로 나눈다. 자발적 실업(voluntary unemployment)은 일할 능력이 있음에도 불구하고 현재의 임금수준에서 일할 의사가 없는 실업을 의미한다. 이런 실업은 일시적이고 필연적으로 나타나므로 대책을 마련하는 데에는 한계가 있다. 한편 비자발적 실업(involuntary unemployment)은 일할 능력과 현재의 임금수준에서 일할 의사가 있음에도 불구하고 일자리를 구하지 못한 상태를 의미한다. 이런 실업은 정부의 대책이 필요한 부분이다. 엄밀한 의미에서 임금수준이 너무 낮아서 일할 의사가 없다고 해도 자발적이라고 보기는 어렵다. 따라서 자발적인 실업자는 거의 없다고 보아도 과언이 아니다. 결국 실업은 모두 비자발적으로 파악하는 것이 옳다는 주장이 설득력을 갖는다.

실업은 발생원인에 따라 수요부족 실업과 비수요부족 실업으로 나눌 수 있다. 수요부족 실업(demand-deficient unemployment)은 경기 하강이나 성장 둔화에 따라 총수요가 부족하여 나타나는 실업으로 경기적 실업(cyclical unemployment)이라고도 한다. 즉 경기 후퇴에 따른 노동수요의 감소로부터 발생한다. 이를 해결하기 위해 정부는 확장적 재정정책과 통화

10 YTN, "1월 '체감실업률' 사상 최고 … 11.9%", 2015년 2월 12일

정책 등 총수요확대 정책을 사용한다.

비수요부족 실업(non demand-deficient unemployment)은 수요부족과는 관계없이 구인자와 구직자간 정보부족, 부문간 인력수급의 불균형 및 계절적 요인 등으로 나타나는 실업이다. 마찰적 실업, 구조적 실업 및 계절적 실업이 이에 해당한다. 마찰적 실업(frictional unemployment)이란 산업간 그리고 지역간 노동력 이동 과정에서 구인자와 구직자 사이의

ECONOMIC EYES
경제의 눈

'사실상 실업' 잠재실업

사실상 실업자가 정부 공식 통계의 3배가 넘는 316만 명에 달하는 것으로 나타났다. 통계청의 '고용동향'에 따르면 조사 시점을 기준으로 실업자는 공식 집계로 103만 명이다. 하지만 경제활동인구조사 결과를 바탕으로 분석해 본 결과 '사실상 실업'에 해당하는 사람은 이 수치의 3.1배인 316만 명이다.

'사실상 실업'은 통계청 공식 집계에는 들어가지 않지만 불완전 취업, 잠재구직자 등 실업과 마찬가지인 사람을 포함한 넓은 의미의 개념이다. 사실상 실업자이지만 통계적으로 실업자로 잡히지 않고 비경제활동인구로 분류된 이들을 포함하면 실업률도 공식 실업률보다 올라간다. 금융연구원에 따르면 현재 정부가 집계하는 실업률 기준은 너무 협소해 현실과는 거리가 멀다는 지적이다. '사실상 실업자'와 같은 통계의 사각지대는 고용 정책 수혜를 제대로 입지 못해 실업 문제를 악화시킬 수 있다는 우려도 있다.

한편 사실상 실업자는 매년 늘어나는 추세로 지난 2012년 297만 8천명, 2013년 298만 4천명에 달했다. 사실상 실업자 300만 명 소식을 접한 네티즌들은 "사실상 실업자 300만 명, 그래 저 안에 나도 포함이요" "사실상 실업자 300만명, 취업 좀 됐으면 좋겠다" "사실상 실업자 300만명, 취업하기가 하늘의 별따기" "사실상 실업자 300만명, 대체 이 실업률은 언제쯤 회복하려나" "사실상 실업자 300만명, 실업률 좀 해결해 주세요" 등의 반응을 보였다.

자료: 조선일보, "사실상 실업자 300만 명, 매년 늘어나 공식통계의 3.1배…", 2014년 5월 19일.

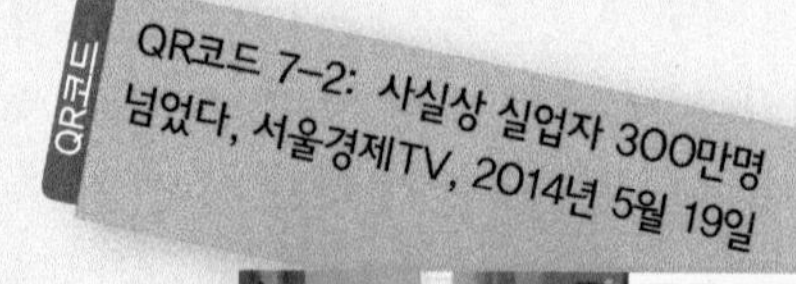

정보부족으로 일시적으로 발생하는 실업을 말한다. 이러한 실업의 방지책으로는 노동시장에 대한 정보서비스 기능 강화와 해고시 사전통지의 의무화 등을 들 수 있다.

구조적 실업(structural unemployment)이란 산업구조가 변화하여 직종간, 지역간의 노동수급의 불균형으로 발생하는 실업을 말하는데 이를 해소하는 데는 상당한 시간이 요구된다. 왜냐하면 다른 직종으로 이동시 요구되는 기술과 기능을 갖추기 위해서는 오랜 훈련기간이 필요하며 지역간 이동시 많은 이동비용이 따르기 때문이다. 특히 기업의 기술혁신이나 노동절약형 신기술도입으로 인한 노동수요 감소 때문에 발생하는 구조적 실업을 기술적 실업(technical unemployment)이라 한다. 1790년대 초 미국의 발명가 Eli Whitney(1765~1825)가 산업혁명의 중요한 요인이 된 목화에서 면을 추출하는 기계(gin)를 발명하게 된 것은 당시 면직 산업에 종사하던 많은 근로자들이 일자리를 잃고 실업자로 전락하게 되었다. 이러한 구조적 실업을 완화하기 위해서는 직업훈련 강화정책을 펴야 한다. 계절적 실업(seasonal unemployment)이란 건설업, 농업, 관광업 등과 같이 계절에 따라 노동수요가 결정되는 산업에서 발생하는 실업을 말한다. 이러한 실업을 예방하기 위해 해당 산업을 전천후 산업으로 만들기 위한 정부의 대책이 필요하다.

■ Eli Whitney (1765~1825)

실업률과 관련된 개념으로서 자연실업률(natural unemployment rate)이라는 개념이 있다. 자연실업률은 변동하는 실업률의 중간값으로서, 실제로 실업률은 이 자연실업률을 전후로 해서 변화하게 된다. 앞의 〈그림 7-3〉에는 우리나라의 자연실업률은 약 3%대 정도로 서구 선진국의 5% 수준에 비해 낮은 것으로 나타나고 있다.

국내총생산 수준과 실업의 관계

〈그림 7-5〉는 1971~2013년 기간의 우리나라의 실질 경제성장률과 실업률을 나타내고 있다. 이 그림에서 경제성장률과 실업률이 반비례의 관계를 나타내고 있음을 알 수 있다. 즉 경제성장률이 증가세를 나타낼 때에는 실업률은 감소세를 나타내고, 반대로 경제성장률이 감소세를 보일 때에는 실업률은 상승세를 나타낸다.

그런데 국내총생산(GDP)이 감소하는 데 따른 실업증가율의 정도는 국가마다 다르다.

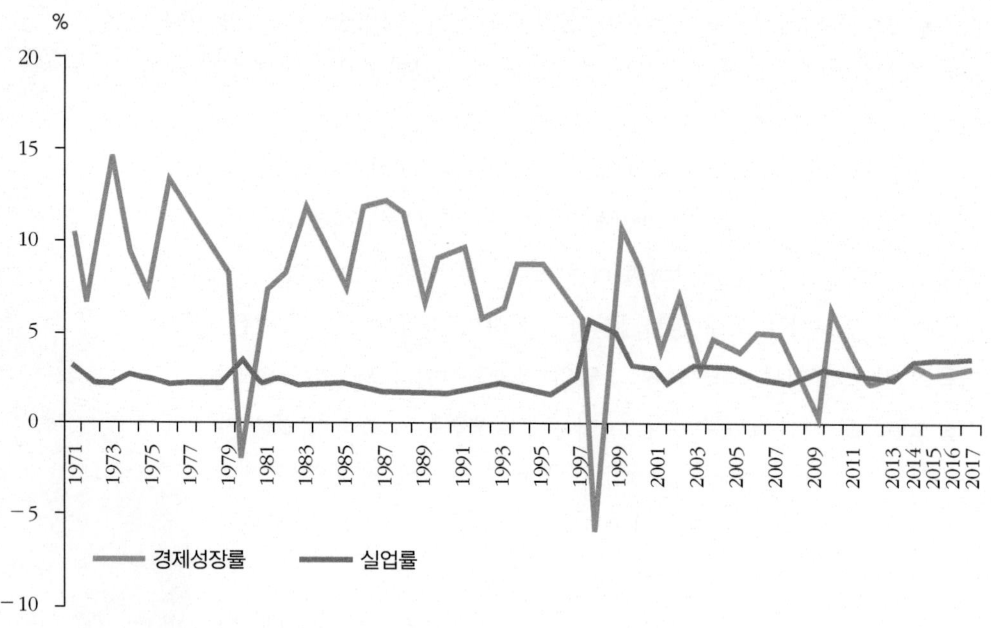

자료: 실질경제성장률은 한국은행 ECOS, 실업률은 통계청 KOSIS 자료를 이용하여 그래프로 표시하였음.

▲ 그림 7–5

경제성장률과 실업률

최근의 미국경제는 오쿤의 법칙을 잘 나타내고 있다.

예를 들면 미국은 경기변동에 따른 고용변화가 가장 심한 국가에 속하고, 반대로 일본은 가장 적은 국가에 속한다. 미국의 경제학자 오쿤(Arthur M. Okun)은 미국 경제의 자료를 이용하여 경험적으로 실업률과 실질 GDP간의 역관계를 밝혔다. 이러한 결과는 그의 이름을 따서 오쿤의 법칙(Okun's Law)이라고 부른다. 〈그림 7–6〉은 미국 경제가 오쿤의 법칙이 잘 작용한다는 것을 보여주고 있다. 이 그림에서 세로축은 실질 GDP 성장률을 표시하고 가로축은 실업률 증가율을 나타내고 있다.

오쿤은 1962년 연구논문에서 '완전고용하에서 경제는 얼마만큼의 산출을 생산하여야 하는가'를 의미하는 '잠재 GNP'를 추정하는 것을 원래 목적으로 하고 있다. 그러한 목적을 위하여 여러 가지 방식으로 실업률과 경제성장률간의 관계를 설명하고 있는데, 그 한 가지 방식이 다음과 같은 실업률 변화율과 GDP갭의 관계식이다(오쿤의 논문에서는 GDP 대신에 당시 주로 사용되던 GNP개념을 이용함).

$$\text{실업률 변화율} = c + \beta \cdot (\text{실질GDP 성장률} - \text{잠재 실질GDP 성장률})$$

여기서 상수 c는 '완전고용'(full employment) 수준으로 간주되는 실업률(왜냐하면 $Y = Y^*$이므로 Y^*는 완전고용수준의 생산량을 의미함)로 해석될 수 있다.

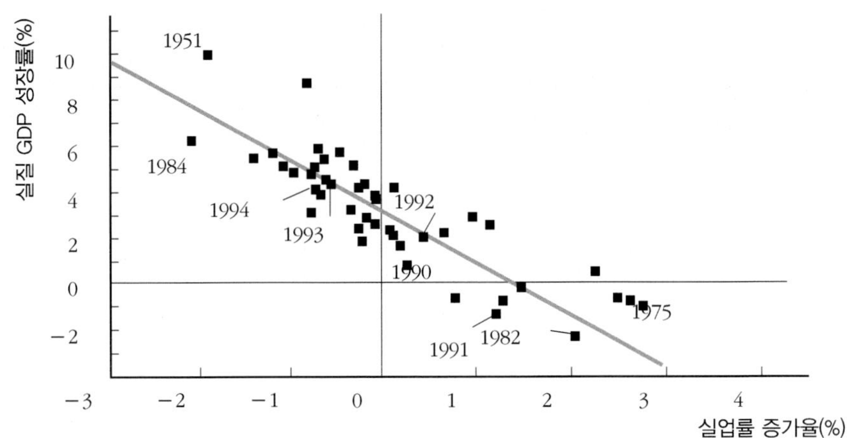

자료: 멘큐, 「거시경제학」, 제3판, p. 39.

▲ 그림 7-6

오쿤의 법칙(미국)

오쿤의 법칙은 실질 GDP 성장률과 실업률 변화율의 관계를 나타내고 있다.

위의 식에서 우변의 계수(β)를 오쿤계수(Okun's coefficient)라고 부른다.[11] 오쿤계수는 마이너스 부호를 갖는데, 이것은 실업률이 GDP갭(즉 실질GDP－잠재 실질GDP)과 역의 상관관계를 갖는다는 것을 의미한다. 오쿤은 그의 연구(1962년)에서 미국 경제의 오쿤계수를 3.2 정도로 추정하였는데, 그 의미는 실질 GDP가 3.2% 증가율로 증가할 때 실업률은 약 1% 감소함을 뜻한다.[12]

우변의 GDP갭은 실제 GDP와 잠재 GDP간의 차이(또는 성장률의 차이)를 의미한다. 여기서 잠재 GDP는 일종의 '정상(normal) GDP'의 개념이라고 할 수 있는데, 이는 실업률의 변화가 없는 상태에서의 실질GDP를 의미한다. 오쿤은 1960대 이후 미국의 정상 실질 GDP 성장률을 3.75%로 추정하였다. 따라서 오쿤계수는 산출량, 즉 실질GDP 성장률이 정상수준에서 벗어날 경우 고용량 조정이 얼마나 민감하게 반응하는가를 나타낸다. 오쿤의 법칙을 나타내는 방식에는 여러 가지가 있기 때문에 오쿤계수를 포함하여 그 의미를 해석하는데에는 주의가 필요하다.[13]

---

11 실제로 오쿤계수를 측정하는 식은 조금 더 복잡하다: $\Delta u_t = a_0 + a_1\Delta y_t + v_t$(여기서 Δu_t, Δy_t, 그리고 v_t는 각각 실업률의 연간 변화분, logGDP의 연간 변화분 그리고 회귀분석식의 오차항을 의미한다. Leopold Sögner et al., "Growth and employment in Europe: Sustainability and competitiveness," *Wirtschaftsuniversität Wien*, 2000, p. 5.; Laurence Ball, et al., "Do forecasters believe in Okun's law? An assessment of unemployment and output forecasts," *IMF Working Paper*, 2014, p. 6.

12 B. Moazzami et al., "Okun's law revisited: Evidence from OECD countries," *International Business & Economics Research Journal*, 2009, p. 22.

13 이 식을 바꾸어 $\frac{(Y-Y^N)}{Y^N} = -\beta(u-u^N)$로 표기하기도 한다. 여기서 Y와 Y^N은 각각 실제 GDP와 잠재 GDP을 나타내며, u와 u^N은 각각 실제 실업률과 자연실업률을 의미한다. 오쿤의 법칙을 이와 같은 방식

ECONOMIC EYES
경제의 눈

아더 M. 오쿤

■ Arthur M. Okun (1928~1980)

'오쿤의 법칙'으로 잘 알려진 아더 오쿤은 다른 많은 경제학 법칙들처럼 정교한 경제적 논리에 기초하고 있다기보다는 현실의 실증적인 규칙성을 면밀하게 관찰하였다. 그럼에도 불구하고 그의 발견 이후 그 법칙은 매우 잘 맞아 떨어졌다. 예일대학에서 오쿤의 동료였으며 존 F. 케네디 대통령의 경제자문위원회(Council of Economic Advisers, CEA)의 동료 멤버였던 제임스 토빈(James Tobin)은 오쿤의 법칙을 거시경제학에서 가장 믿을 만한 실증적인 규칙성(empirical regularities)이라고 말하였다.

오쿤은 그가 케네디 대통령의 경제자문이었을 당시에 오쿤의 법칙을 발견하였는데, CEA는 케네디 대통령으로 하여금 실업률을 7%에서 4%로 내리는 것으로부터 얻게 되는 경제 전반의 이득이 이전까지 생각되어 오던 것보다 훨씬 크다는 것을 믿게끔 하고자 하였다. 오쿤의 법칙은 케네디 대통령의 감세 정책의 가장 중요한 실증적 당위성을 제공하였다. 케네디의 뒤를 이은 린든 B. 존슨(Lyndon B. Johnson) 대통령 정부 말기 오쿤은 CEA의 의장직을 맡았다.

오쿤은 조세를 통한 부자로부터 가난한 사람들에게로의 부의 이전은 정부로서는 필요한 정책이라고 믿고 있었다. 하지만 이러한 부의 재분배 과정에서는 효율성의 상실이 불가피하다는 것도 알고 있었다. 그의 저서 『평등과 효율성: 거대한 상충관계(Equality and Efficiency: the Big Tradeoff)』에서 오쿤은 '새는 양동이'(the leaky bucket)의 비유를 소개하고 있다(본 책의 제1장 참조). "부가 부자로부터 가난한 사람들에게 옮겨질 때에는 새는 양동이가 된다. 물의 일부는 옮기는 과정에서 새어 나가고 가난한 사람들은 줄어든 양의 부를 전해 받을 수밖에 없다." 오쿤은 이러한 손실을 조세제도와 이전제도를 둘러싼 관료주의의 폐해, 그리고 효율성의 상실 때문이라고 보았다. 가난한 사람들은 사회보장지원을 받고자 일하려는 동기를 줄이고, 부자들은 추가적인 높은 세율 때문에 돈을 벌려 하지 않게 된다. 그는 "높은 세율은 눈이 오면 아이들이 썰매를 타고 미끌어 달려 가듯이 반드시 기막힌 생각으로 그것을 피해가려는 사람들이 나타나게 한다"라고 말하였다. 이러한 점에서 오쿤은 공급주의 경제학의 선구자라고 할 수 있다.

자료: Library of Economics and Liberty (www.econlib.org)

▲ 표 7-4 **국가별 · 시기별 오쿤의 계수**

나 라	1960~1980	1981~1990
미 국	− 0.40	− 0.47
독 일	− 0.27	− 0.42
영 국	− 0.17	− 0.49
일 본	− 0.15	− 0.23

자료: O. Blanchard, *Macroeconomics*, 1997, p. 363.

국가별 오쿤계수는 상이한 크기를 나타내고 있다. 또한 시간의 경과와 함께 모든 국가들의 오쿤계수의 수치가 높아지고 있다.

오쿤계수의 절대값의 크기(이하 오쿤계수를 모두 절대값으로 말한다)는 고용과 해고에 대한 기업내부의 유연성과 사회적·법적 규제에 의해 결정되므로 국가마다 다르게 나타난다. 〈표 7-4〉는 미국, 일본, 독일 및 영국의 오쿤계수를 1980년 이전과 이후의 두 시기로 구분해서 계산한 결과이다. 〈표 7-4〉에서 알 수 있는 첫 번째 사실은, 국가별로 볼 때 일본이 두 시기 모두 오쿤계수가 낮고, 미국이 가장 높으며, 유럽 국가들이 그 중간이라는 것이다. 일본이 가장 낮은 이유는 일본 특유의 경영관행 때문이다. 일본식 경영의 중요한 특징은 연공서열(seniority)식 승진과 보수, 그리고 종신고용(lifetime employment) 제도이다. 통계에 의하면 64세 전까지 미국 노동자들은 약 11번 정도의 직장을 옮겨 다니는 것에 반해 일본 노동자들의 이직 횟수는 5회 미만이다. 따라서 불황이 와도 일본은 실업률이 급격히 높아지지 않는다. 반면 미국은 노동시장이 유연해서 고용조정에 대한 사회적·법적 규제가 거의 없기 때문에 해고가 용이하다. 따라서 불황이 오면 기업은 쉽게 노동자를 해고할 수 있고, 경기가 좋아지면 또한 쉽게 고용을 증가시킬 수 있기 때문에 오쿤계수가 제일 높다.

국가간 오쿤계수 비교에서 알 수 있는 또 하나의 사실은 시간의 경과에 따라 모든 나라에서 오쿤계수의 수치가 상승했다는 점이다. 일본이 여전히 상대적으로 낮지만 일본도 역시 오쿤계수가 증가했으며, 특히 유럽은 미국 수준으로 올라갔다. 특히 영국은 미국보다 큰 수치를 보이고 있다. 이는 소위 '대처 혁명'이라고 부르는 신자유주의적 경제정책의 결과이다. '철의 여인'으로 불렸던 대처 전 영국 수상은 노동당과 노동조합의 반대를 무릅쓰고 노동시장의 유연성을 높이기 위해서 고용과 해고에 대한 법적 규제를 완화하는 신자유주의 정책을 실시하였다. 미국도 레이건 행정부의 주도하에 더욱 노동시장의 규제를 완화했으며, 뉴질랜드, 아일랜드 등 유럽국가들도 그 뒤를 이었다. 과거 1980년대 미국의 평균실업률은 7.2%이었으나 일본은 2.4%에 불과했다. 또한 10년간 일본의 평균실업률이 미국에 비해 약 $\frac{1}{3}$ 수준밖에 되지 않았다. 그래서 1980년대까지는 세계 각국에서 일본식 경영에 대한 관심이 높았다.

으로 나타낼 때에도 계수 β는 실업률과 실질GDP 증가율간의 반비례 관계를 나타낸다. 그러나 두 식의 정확한 표현을 감안해야 하므로 β가 그대로 오쿤계수의 역수를 의미하지는 않는다(한국은행, 『2013년도 연차보고서』, 2014년, pp. 29-31).

그러나 1990년대 말 이후부터 일본의 실업률이 미국보다 높아지면서, 노동시장이 경기변화에 유연하게 대응할 수 있게 하는 것이 장기적으로 국가에 이익이 된다는 주장이 설득력을 갖게 되었다. 결과적으로 신자유주의적 주장이 설득력을 갖게 되었고, 신자유주의 조류가 더욱 강하게 대두되었다.

오쿤계수가 높은 것이 좋은가, 낮은 것이 좋은가는 가치관에 따라 다르게 판단된다. 노동자를 보호한다는 측면에서는 낮은 것이 바람직하다고 볼 수 있으나, 장기적 효율성의 측면에서는 노동시장이 유연하게 작동하는 것이 바람직하다. 따라서 일본이나 우리나라와 같이 전통적으로 형평성을 중요시 여기는 아시아 국가들도 노동시장의 유연성을 높이는 정책을 확대하고 있다.

우리나라의 오쿤계수는 약 0.17 정도로 추정되고 있다.[14] 즉 실질 GDP 증가율이 정상 실질GDP 성장률보다 1% 낮아질 때 실업률이 0.17% 상승하는 것을 의미한다. 한국 경제의 잠재 실질GDP 성장률이 4%대라고 하면, 한국의 오쿤법칙은 다음 식으로 나타낼 수 있다.

$$\text{실업증가율} = (-0.17) \times (\text{실질GDP성장률} - 4\%)$$

따라서 만약 실질GDP 성장률이 2%라면 실업률은 0.34% 증가될 것으로 예측할 수 있다.

〈표 7-5〉는 국가별 오쿤계수를 비교한 것이다.[15] 이 연구의 오쿤계수 추정치에 의하면 네덜란드, 핀란드, 캐나다, 벨기에, 미국 순서로 높게 나타나고 역시 일본이 제일 낮게 나타났다. 유럽 국가 중에서 오스트리아와 스위스, 이탈리아가 낮게 나타났다. 외환위기 이전 한국의 오쿤계수는 0.19로 일본보다는 약간 높으나 서구에 비해서는 매우 낮은 것으로 나타났다.

오쿤계수의 절대값의 크기는 네덜란드, 미국 등이 높게 나타나고, 이탈리아, 그리고 일본 등이 낮게 나타났다.

▲ 표 7-5 **주요 국가의 오쿤계수**

국가	일본	오스트리아	스위스	이탈리아	노르웨이	스웨덴	독일	프랑스	덴마크	미국	벨기에	캐나다	핀란드	네덜란드
오쿤계수	−0.12	−0.15	−0.16	−0.21	−0.31	−0.35	−0.38	−0.43	−0.47	−0.52	−0.57	−0.60	−0.61	−0.82

자료: Sogner, Leopold and Alfred Stiassny, "A Cross−Country Study on Okun's Law," *Working Papers Series, Wirtschaftsuniversitat Wien*, September 2000.

14 B. Moazzami et al., ibid., p. 23, Table 1 참조. Moazzami et al.의 연구(2009)는 한국에 대하여 1988년 제1사분기~2007년 제4분기의 자료를 사용하여 오쿤계수를 추정하였다.

15 Sogner, Leopold and Alfred Stiassny, "A Cross-Country Study on Okun's Law", *Working Papers Series, Wirtschaftsuniversitat Wien*, September 2000.

실업과 인플레이션의 관계

필립스 곡선

앞에서 물가상승률과 실업률의 합계를 고통지수라고 했다. 바람직한 경제는 고통지수가 낮은 경제이다. 그런데 이 두 가지는 상충되는 경우가 많다. 어느 한 가지가 낮아지면 다른 한가지는 높아지는 경향이 있다. 우리나라는 1980년대에 이른바 '3저(低) 현상'[16]으로 이 두 가지를 모두 낮추는 데 성공한 바 있으나 이것은 매우 이례적인 경우이다. 인플레이션과 실업을 모두 낮추는 것이 과연 불가능한가?

뉴질랜드 태생 영국의 경제학자 필립스(Alban W. Phillips, 1914~1975)는 1866~1957년 동안 영국의 시계열자료를 이용하여 실업률과 명목임금상승률 사이의 관계를 분석한 결과 두 변수간 역관계가 있다는 사실을 발견했다. 즉 명목임금 상승률이 줄면 실업률이 증가하고, 반대로 명목임금 상승률이 증가하면 실업률은 감소한다는 것이다. 그 후 명목임금 상승률과 인플레이션율간에는 밀접한 관계가 있으므로, 〈그림 7-7〉과 같이 명목임금

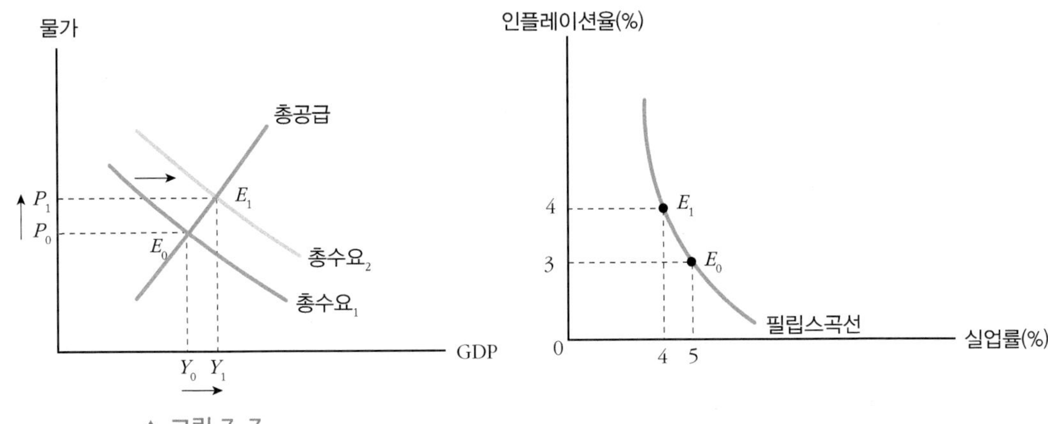

▲ 그림 7-7

총수요 · 총공급곡선과 필립스곡선

필립스곡선은 물가상승률과 실업률 사이의 역관계를 나타낸다. 즉 높은 물가상승률은 낮은 실업률과 함께 나타나고, 반대로 낮은 물가상승률은 높은 실업률과 함께 나타난다.

16 1980년대 초반 국제유가 하락, 국제금리 하락 그리고 달러 하락이 동시에 나타난 현상을 3저(低) 현상이라고 하는데, 세계 외환시장에서 미국 달러의 가격을 낮추는 합의(The Plaza Accord of 1985)로 일본 엔화의 가격이 올라가게 되어 한국은 일본 상품에 비하여 가격경쟁력을 가질 수 있어 한국의 수출에 유리하게 작용하였다.

상승률 대신 인플레이션율로 대체하여 실업률과 인플레이션율간에 역관계를 나타내는 곡선을 **필립스곡선**(Phillips curve)이라고 부른다.[17]

이와 같이 인플레이션율과 실업률간에 역관계가 나타나는 이유는 제6장에서 공부한 총수요와 총공급의 개념으로 설명될 수 있다. 총수요가 증가하는 경우, 물가가 오르고 총생산이 증가하게 되는데, 그 결과 고용증대에 따른 실업률의 감소가 나타난다. 예를 들어, 정부가 재정지출을 증가한다고 가정하면, 이는 〈그림 7-7〉과 같이 총수요의 증가를 가져온다. 결과적으로 총수요 곡선이 오른쪽으로 이동하고, 총생산이 늘어나 실업이 감소된다. 그러나 이 과정에서 물가는 오르게 된다.

이 곡선은 매우 중요한 정책적 의미를 갖는다. 그것은 실업률을 감소시키기 위해서는 어느 정도의 물가상승률을 감수해야 한다는 것이다. 예를 들면, 총수요를 늘리는 확장적 정책은 총수요 증가에 따른 고용증가로 실업률을 낮출 수 있으나 물가는 3%에서 4%로 올라 인플레이션이 유발된다(E_0점에서 E_1점으로 이동). 이렇게 필립스곡선은 총수요 정책을 통해 두 변수를 동시에 치유할 수 없다는 사실을 알려 준다.

이와 같은 결과는 거시경제정책을 수립하는 당국의 입장에서는 인플레이션과 실업이라는 두 가지 정책목표 사이에서 일종의 '선택의 메뉴'를 갖게 됨을 의미한다. 다시 말하자면 인플레이션보다는 실업을 줄이는 것이 경제정책의 목표라면, 그리고 어느 정도의 인플레이션을 감수할 수 있다면 이러한 목표를 달성할 수 있다는 것을 뜻한다. 즉 확대 정책을 사용하면 된다. 반면에 실업보다는 인플레이션을 줄이는 것이 목표라면 반대의 정책을 사용하면 된다. 정책 당국자가 인플레이션과 실업 사이에서 총수요관리정책을 통한 정책목표를 달성하는 것을 '미세조정'(fine-tuning)이라고 한다.

그러나 여기서 중요한 문제는 이러한 인플레이션과 실업의 역관계가 안정적인가 하는 점이다. 만약 안정적이라면, 정책당국자는 선택의 메뉴를 사용할 수 있지만, 그렇지 않다면 미세조정을 통해 정책목표를 달성할 수 없다.

1970년대에 들어와 세계적으로 인플레이션율과 실업률의 역관계가 흔들리기 시작했다. 즉 실업률이 증가하는 경기침체시에는 물가가 떨어지던 과거와는 달리 고실업과 고물가가 공존하는 현상이 나타난 것이다. 이러한 현상을 경기침체를 뜻하는 스태그네이션(stagnation)과 인플레이션(inflation)의 합성어로 '스태그플레이션'(stagflation)이라고 부른다. 스태그플레이션으로 인해서 필립스곡선이 안정적이라는 견해가 무너지게 된 것이다.

〈그림 7-8〉은 1961년부터 1992년 사이 미국의 인플레이션율과 실업률을 나타낸 것이다. 이 그림에 나타난 바와 같이 1960년대에는 실업률과 인플레이션율은 역관계를 갖는

17 오쿤의 법칙에서는 수평축이 실업률 증가율이었으나, 필립스곡선에서는 증가율이 아니라 실업률이라는 점을 유의할 것.

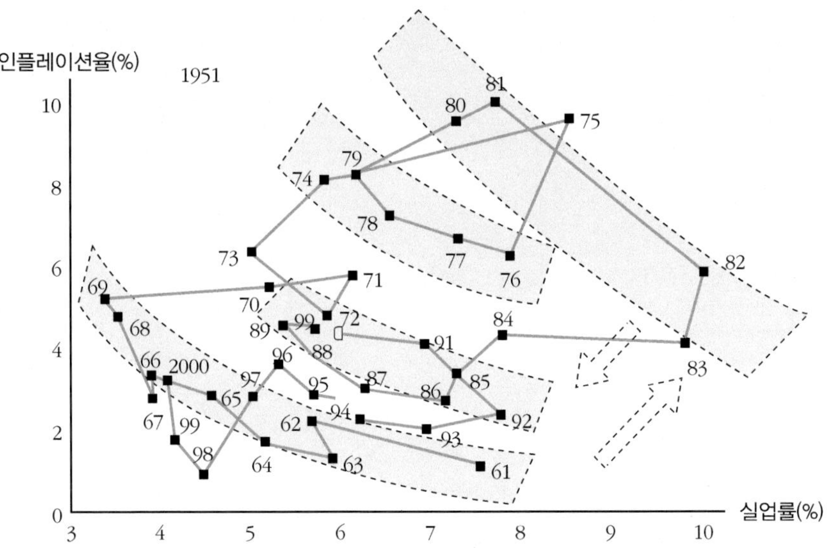

자료: 멘큐, 「거시경제학」, 제3판, p. 363.

▲ 그림 7-8

사라진 필립스곡선

1970년대 이후 미국 경제의 필립스곡선은 소멸되었다. 따라서 총수요관리 정책의 효과도 제한을 받게 되었다.

다. 그러나 1973~1975년에는 반대로 정의 상관관계가 나타나고 있다. 1976~1979년 기간에는 이 양자가 역관계를 보이지만 1960년대에 비해 위로 수평 이동했다. 다시 2차 오일쇼크(1979~1981) 이후에 역관계가 사라졌다. 그 후 1980년대 후반에 다시 역관계를 보이지만 1960년대에 비해 필립스곡선이 위쪽으로 더 이동했다는 것을 알 수 있다.

이러한 현상에 대하여 학자들은 근본적으로 실업률과 인플레이션율 사이의 안정적인 역관계가 존재하지 않는 것인지, 아니면 경제적 충격으로 일시적으로 안정성이 깨어진 것인지를 밝히려고 노력했다. 1973년 이후와 1979년 이후에 이 두 변수간의 역의 관계가 깨어진 것은 오일쇼크 때문으로 파악된다. 즉 오일쇼크와 그 이후의 원자재 가격 상승으로 인해서 〈그림 7-9〉에서 보는 바와 같이 총공급곡선이 좌측으로 이동함에 따라 새로운 균형점 E_1에서 균형이 형성되어 고용이 줄고(즉 실업이 늘고), 물가가 오르는 현상이 나타났던 것이다. 이러한 현상을 앞 장에서 스태그플레이션이라고 하였는데, 스태그플레이션이 발생하는 경우 실업률과 물가상승률이 동시에 높아질 수 있으므로 앞에서 언급한 실업률과 물가상승률 사이의 역관계는 나타나지 않게 된다.

이때 경기를 회복시키기 위해서 〈그림 7-9〉와 같이 총수요 확장정책을 사용하게 되면 다시 총수요곡선이 우측으로 이동해서 새로운 균형이 E_2에서 형성되는데, 이 점은 E_1에

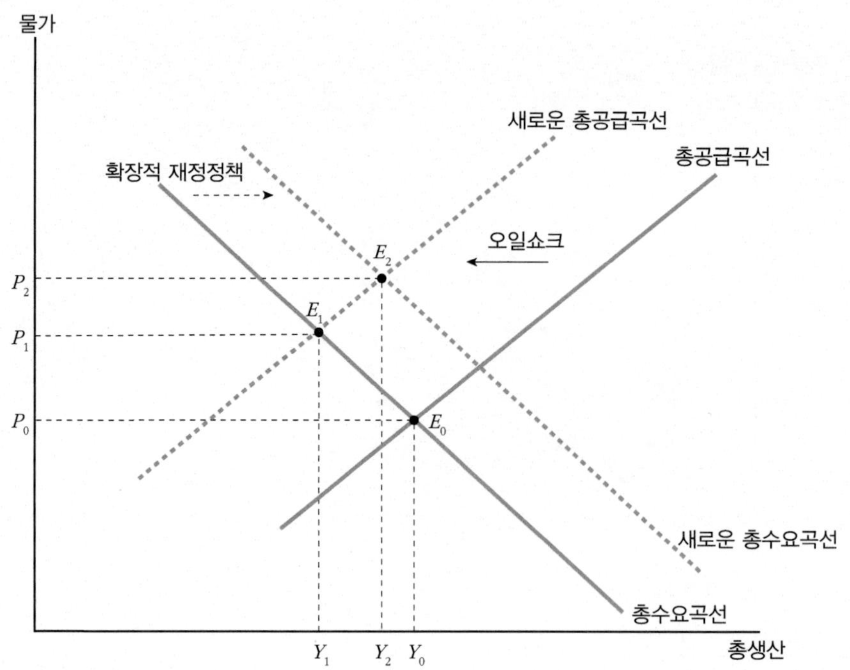

▲ 그림 7-9

스태그플레이션의 원인

수요견인 인플레이션과는 달리 스태그플레이션은 물가상승과 실업률 상승이 동시에 나타난다.

비해서 물가는 더 높아졌고, 고용은 E_1보다는 높아졌지만 원래의 균형점인 E_0보다는 여전히 낮은 수준이다(총생산이 높으면 실업률은 낮다). 따라서 E_0와 E_2를 비교해 보면 물가도 오르고, 실업도 늘어나는 현상이 나타나게 된다. 이와 같이 1970년대 이후의 스테그플레이션은 오일쇼크와 같은 공급충격과 그에 따른 각국의 수요확장정책의 결과라고 파악된다. 따라서 공급충격이 있을 경우에는 수요확장적 경제정책은 경제를 안정시키는 데 한계가 있다고 판단되어 1980년대 레이건 행정부는 공급중시 경제정책, 즉 공급곡선을 우측으로 회복시키는 정책을 사용하게 된다. 이것이 바로 레이거노믹스의 핵심이다.

〈그림 7-10〉은 1990년 이후 한국 경제의 물가상승률과 실업률을 표시한 것이다. 이 그림에서 보듯이 한국 경제에서는 1990년 이후 물가상승률과 실업률 사이에 안정적인 관계를 찾기 어렵다. 특히 IMF 외한위기 직후인 1998년의 경우는 예외적이다. 그리고 1990년부터 1997년 기간도 역의 상관관계를 찾기 어렵다. 1999년 이후 안정적인 관계로 돌아섰는데 그 이후는 더 관찰해야 할 것으로 보인다.

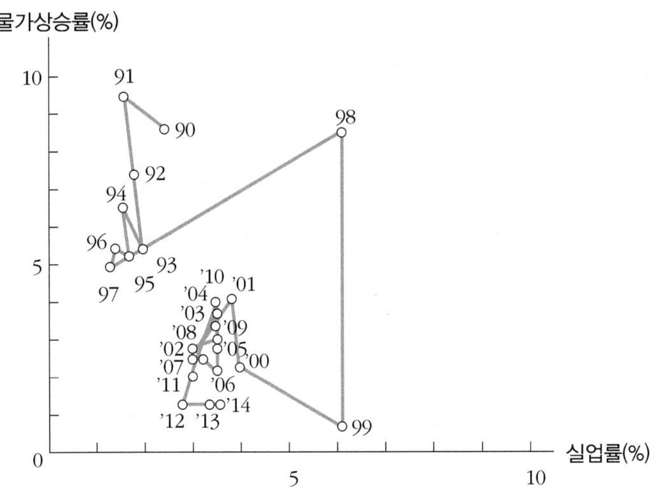

▲ 그림 7-10

한국 경제의 필립스곡선 찾기

1990년~2014년 기간의 한국경제에 대한 실업률과 물가상승률간에는 분명한 역관계가 존재하지는 않는다(참고: 물가상승률은 소비자물가지수 기준임).

ECONOMIC EYES

경제의 눈

인디아나 존스 경제학자 필립스(A. W. Phillips)

1949년 크리스마스 이브날 런던정경대(London School of Economics and Political Science, LSE)의 라이오넬 로빈스(Lionel Robbins, 1898~1984) 세미나에 아주 낯설은 사람이 주인공으로 참석하였다. 런던정경대 경제학과장이 주관하던 이 세미나는 훗날 많은 노벨경제학상을 수상한 경제학자들이 배출된 명성이 높은 세미나였다. 바로 그 주인공이 당시 학생 신분이었던 필립스(Alban William Phillips, 1914~1975)였다. 뉴질랜드 태생이었던 필립스는 당시 키도 작고 너무 긴장해서 세미나 내내 담배를 들고 있던 손이 떨릴 정도였다. 필립스는 1914년 뉴질랜드에서도 시골인 Te Rehunga라는 곳에서 태어났는데, 학교까지 가려면 자전거를 타고 9마일을 가야 할 정도였다.

필립스의 집안은 목장을 하였는데, 그의 아버지는 대단한 발명가였다. 필립스가 어렸을 때부터 장난감을 스스로 만드는 방법을 가르쳐 줄 정도였다. 필립스는 그러한 아버지의 영향으로 기계와 발명에 관심이 높았는데, 그

의 첫 발명품은 자전거 핸들 위에 책을 거치할 수 있는 독서대였다. 등하교 길에 시간을 낭비하지 않기 위함이었다. 그의 기술자로서의 대단한 자질이 드러난 것은 이웃집에 버려진 고장난 트럭을 고친 일이었다. 그는 주인의 허락을 받고 한참 동안 트럭 본넷을 열고 들여다 보더니 오랫동안 버려져 있던 그 트럭이 움직일 수 있게 수리하였다. 그리고는 친구들을 태우고 학교를 다녔다고 한다.

그는 금을 캐는 광산에서 일하기도 하였고, 악어 사냥꾼이 되기도 하였으며, 전쟁에도 참여하여 만주에서 일본군에게 포로가 되기도 하였고, 종국에는 시베리아 횡단 철도를 타고 런던까지 와서 LSE의 사회학과에 등록하기까지 하였다. 그러나 다시 태평양 전쟁이 터지자 싱가포르로 가서는 참전하여 일본군과 싸웠다. 처음에는 비행기를 고치다가 나중에는 민간인들을 탈출시키는 함선의 지휘관이 되어 일본 전투기의 공격을 받다가 다시 포로가 된 후 포로수용소에서 자신이 수용소장의 라디오 부속을 훔쳐 만든 라디오로 일본의 항복 소식을 듣게 된다.

종전 후 그는 다시 LSE로 돌아와서 사회학을 공부하다 이내 그만두고 경제학을 택하였다. 그는 자신이 대규모 댐에서 엔지니어로 일했던 경험을 살려 경제학을 물이 파이프라인을 통해 흐르는 것과 마찬가지의 시스템으로서 관찰하기 시작하였다.

그는 당시 그의 지도교수였던 제임스 E. 미드(James E. Meade, 1907~1995) 교수에게 찾아가 자신이 경제학의 새로운 방법을 제시하겠다고 하고는 실제로 경제 흐름을 보여주는 커다란 장치를 만들어 왔는데, 언뜻 보기에는 탱크와 파이프들이 연결된 것처럼 보였지만 자세히 살펴보니 분홍빛 물이 순환되고 있었고, 실제 경제활동의 흐름을 나타내는 설명들이 일일이 붙여져 있었다. 기계의 스위치를 켜자 영국 경제의 흐름이 그 기계에서 돌아가고 있었다. 필립스가 개발한 세계 첫 번째 '워터펌프 컴퓨터'였다.

비록 그가 개발한 컴퓨터는 진짜 컴퓨터에 의해서 묻혀버렸지만 필립스는 아주 중요한 한 가지 사실을 보여주었다. 바로 케인즈가 대공황 당시에 했던 말처럼 "경제는 아주 작은 한 가지가 작동하지 않을 때 무너질 수 있다. 마치 자동차가 아주 작은 부품인 매그니토(자석발전기) 하나의 고장으로 움직이지 않는 것과 같다"는 사실이다. 만약에 경제학자들이 경제의 문제를 찾아 낼 수 있고, 그 문제를 고칠 수 있다면, 경제 전체를 나아지게 할 수 있다. 오늘날 그러한 경제학자의 정신이 사라지고 없는 것은 아닌가. 소년 필립스가 모두가 가망이 없다던 고장난 트럭을 움직이게 했던 것처럼, 경제는 스스로 치유할 수 없는 경우가 있다. 경제학자는 필립스와 같은 노력을 기울여야 한다.[18]

출처: Tim Harford The Undercover Economist, The astonishing life of Bill Phillips, http://timharford.com/2013/02/the-astonishing-life-of-bill-phillips/

18 필립스는 61세라는 비교적 짧은 생을 마감하였다. 만약에 그가 더 오래 살았다면 노벨경제학상을 수상하였을 것이라는 견해가 많다. Encyclopedia of Management

ECONOMIC EYES
경제의 눈

다시 재현된 필립스커브 논쟁

〈미국의 실업률과 인플레이션율〉

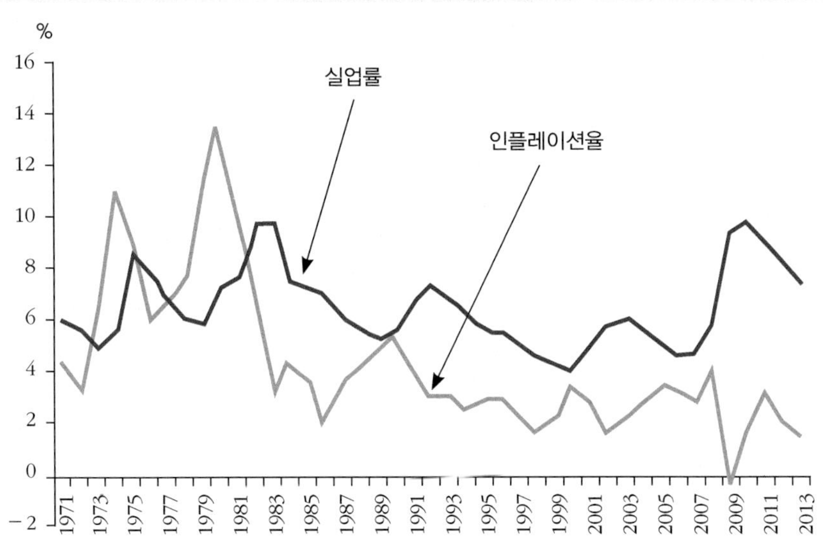

2011년에 680만 명의 미국인이 6개월 이상 실직 상태에 있었다. 현재에는 그 절반 정도가 그런 상태에 놓여 있다. 겉으로 보기에는 상황이 나아진 것 같지만, 실상은 그렇지 못하다. 이들의 5분의 4가 더 이상 취업에 대한 희망을 포기하거나, 파트타임 또는 이곳저곳 일자리를 떠도는 이른바 '장기적 실업자'(long-term unemployed)로 전락했기 때문이다. 이런 수백만의 사람들의 황폐한 삶이 지금 미국 내에서 어떻게 하면 인플레이션을 초래하지 않고 경기를 부양할 수 있는가라는 정치적 논쟁의 한 가운데에 있는 것이다.

미국 내 정책 입안자들은 이 한 가지 질문에 직면하고 있다: 이자율을 0% 가깝게 유지함으로써 경제 성장과 고용을 높여야 할 것인가 아니면 낮은 이자율이 장기적 실업자에게는 실질적 도움 없이 인플레이션을 다시 부추길 것인가?

오바마 행정부의 경제 자문이였던 알랜 크루거(Alan Krueger)을 중심으로 하는 한 학자들은 이러한 장기적 실업자들이 사람들이 생각하는 것보다 실제로 가용한 노동의 규모가 작다는 것을 의미한다고 보는데, 수백만의 사람들이 노동력에서 밀려나 있게 된다

■ Alan Krueger

면, 노동력 부족으로 임금이 오르고 인플레이션도 올라갈 수 있다고 주장한다. 미국 노동성이 2014년 5월의 인플레이션율이 전년 동기 대비 2.1% 오른 것은 2012년 말 이후 가장 높은 인플레이션율이라는 점이 이를 뒷받침한다.

다른 견해는 미국 연방준비위원회(Fed)의 옐렌(Janet Yellen) 의장을 중심으로 제기되는 것인데, 경제가 회복되면 이들 장기적 실업자들은 다시 노동시장으로 유입될 수 있다는 주장이다. 그렇게 되면 이 감춰진 노동공급으로 (임금은 그다지 오르지 않을 것이고 따라서) 인플레이션은 낮게 유지될 것으로 보고 있다.

■ Janet Yellen

첫 번째 주장은 Fed의 저금리정책이 경제성장과 장기적 실업을 해소하기 위해 할 수 있는 것은 이미 다 하였다고 본다. 두 번째 주장은 Fed가 아직도 저금리를 통하여 일자리를 더 만들 수 있다고 믿고 있다. 만약에 첫 번째 주장이 옳다면 Fed는 이자율을 올리기 시작하여 인플레이션을 통제해야 할 것이다. 그렇게 되면 주식시장과 채권시장은 흔들릴 수 있다.

이 논쟁은 Yahoo에서 고객서비스 담당 업무를 하다가 일자리를 잃은 콜린 포슬리(Colleen Posley, 37세)의 사례와 직접적으로 관련된다. 그녀는 지난 5년 이상 동안 일자리를 찾고 있다. 포슬리는 포틀랜드 교외에서 자신의 부모와 함께 살고 있는데, 직장을 잃은 후 경영학과 대학에서 학사를 마쳤고, 졸업 후 반년 동안 275장의 이력서를 보냈다. 결과는 다섯 번의 인터뷰 후 단 한 곳에서도 추후 연락을 받지 못했다. '컴퓨터에 앉아 있을 때마다 자신이 죽을 것만 같다'고 말하는 그녀는 이제는 상심하여 목요일만 자신이 보냈던 이력서가 어떻게 되어 가고 있는지를 확인한다고 한다. 포슬리는 바로 크루거 교수가 말하는 유형의 '변방의 노동력'(drifted to the sidelines of the workforce)이다.

크루거의 연구에서는 반년보다 긴 시간 동안 직장을 잃은 사람들의 11%만이 15개월 이내에 다시 제대로 된 직장을 찾은 것으로 조사되었다. 4분의 1 정도는 파트타임 일을 하거나 풀타임 직장을 찾았다가 다시 잃은 것으로 나타났다. 전체의 3분의 2에 달하는 실직자들이 일자리 찾는 것을 아예 포기하였거나 또는 포기하는 마음을 가진 채 일자리 찾기를 계속하고 있다. 그는 장기적 실업 문제를 해결하기 위해서는 다른 방식의 수단이 필요하다고 주장하고 있다. 옐렌 의장은 이러한 주장에 동의하지 않는데, '장기적 실업의 존재 속에서도 임금 상승이나 인플레이션이 심화될 수 있다'는 것은 대단히 미성숙한 견해라고 일축하였다.

경제학자들은 오랜 세월 실업률과 인플

레이션율간의 관계에 대해서 논쟁을 지속해 왔다. 1950년대 말 영국의 A. W. 필립스(Phillips)가 이 두 가지 변수간의 거의 확정적인 관련성—이른바 필립스 커브—즉 실업률이 오르면, 인플레이션율을 낮아지고, 반대도 성립한다는 주장이 바로 그것이다.

1970년대의 높은 인플레이션율과 높은 실업률은 스태그플레이션이라는 것을 가져와 필립스커브를 부정하게 하였다. 그러나 실업이나 가동이 되지 않는 공장과 같은 경제 안의 남아도는 생산요소(slack)가 있을 경우 인플레이션은 하락한다는 것은 아직까지도 심오한 내용으로 받아들여진다. 지난 수년간의 경험은 이 오랜 논쟁을 다시 테이블 위로 가져왔다. 2008년도 이후의 경기침체 속에 실업은 치솟았지만, 인플레이션은 크게 하락하지 않았다. 2009년 10월 이후 미국의 실업률은 10%에 이르렀지만, 소비자물가지수(CPI)는 경제학자들이 안정적이라고 보는 평균 2% 수준이었다. 실업이 그렇게 치솟는데도 인플레이션이 더 큰 폭으로 하락하지 않는 이유는 무엇인가?

크루거는 장기적 실업이 노동력(labor force)으로부터 떨어져 나와 있기 때문에 장기적 실업에 대하여 인플레이션이 반응하지 않은 것이라고 주장한다. 그에 따르면, 낮은 인플레이션은 단기간 일자리를 잃었지만, 아직 희망을 가지고 이력서를 매일 쓰고 있는 실업자와 더 잘 연결될 수 있다고 설명하고 있다. 그 외의 많은 경제학자들도 단기 실업이 임금의 하방 이동 압력에 더 직접적인 영향을 줄 수 있다고 주장한다. 크루거는 장기 실업자를 채용하는 기업에 대한 세제혜택이나 정부가 일자리 찾기를 지원해 주는 것과 같이 기존의 Fed의 일반적인 정책 수단이 아닌 새로운 접근이 필요하다고 강조하고 있다.

출처: John Hilsenrath et al., "Will holding down rates spark inflation without helping the long-term unemployed?" *The Wall Street Journal*, June 17, 2014.

신경제(고성장 속의 저물가)는 계속될 수 있을까?

1990년대 초반부터 10년간 미국경제가 경험한 낮은 실업률과 낮은 물가상승률이 공존한 현상은 많은 관심을 끌었다. 이 기간 동안 미국 경제는 지속적인 경제성장으로 4%대 초반의 낮은 실업률을 유지하였고 임금상승률과 물가상승률은 1% 이하로 거의 변동이 없었다. 이러한 고성장 속의 저물가 현상은 스태그플레이션과 반대적인 현상이라고 할 수 있다. 즉 〈그림 7-11〉처럼 스태그플레이션을 필립스곡선을 우상향으로 수평이동시키는 것으로 표현한다면, 신경제는 필립스곡선을 원점방향으로 수평 이동시키는 것으로 묘사할 수 있다.

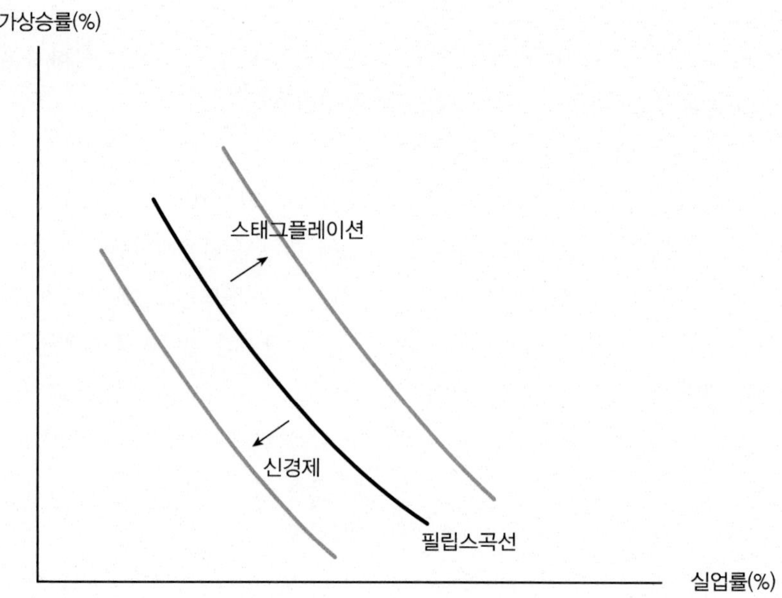

▲ 그림 7-11

필립스곡선, 스태그플레이션 그리고 신경제

2000년대 초반까지 계속된 세계경제의 호황 이후 세계경제는 다시 스태그플레이션의 우려를 낳고 있다.

이러한 미국 경제의 장기 호황에 대하여 얼마나 지속될 것인가를 두고 많은 논란이 있었다. 실업률이 좀 더 떨어지면 임금상승과 인플레이션 압박이 나타날 것이라는 예측이 많았고, 유가 등 국제 원자재값의 급락으로 인한 일시적 현상에 불과하다는 견해도 있었다. 그러나 국제유가의 등락 속에서도 미국의 고성장·저물가 현상이 10년 이상 계속되자 일부 경제학자들은 이러한 현상을 기존의 경제이론으로는 설명할 수 없다는 점에서 신경제(the new economy)라고 불렀다. 이러한 현상은 모든 국가들이 달성하고자 하는 바이므로 미국 신경제에 관심이 집중되었다.

신경제의 원인에 대한 견해는 크게 네 가지로 요약된다. 첫째, 경제의 글로벌화에 따른 기업들의 구조조정 때문이다. 국경 없는 무한 경쟁시대를 대비하여 1980년대부터 제너럴 일렉트릭(GE)과 같은 미국 기업들은 지속적인 구조조정을 해 왔다. 그 결과 경영·조직의 효율화와 과감한 기술혁신을 통해 생산성이 증대하여 지속적인 성장과 물가안정을 동시에 이루게 되었다.

둘째는 기업간 경쟁촉진으로 낮은 임금수준이 유지되었기 때문이라고 본다. 그 결과 물가도 안정될 수 있었다. 미국 연방준비은행(FRB) 보고서 등에 의하면 기업간 경쟁촉진은 가격경쟁력을 제고하게 되었고 이는 제품가격 및 임금상승 압박으로부터 기업을 보호하게 되었다고 분석하고 있다.

ECONOMIC EYES
경제의 눈

미국 경제 데이터는 어디서 찾나요?

미국 경제 데이터는 여러 미국 정부 기관들에서 조사하고 있습니다. 우선, 국민소득과 같은 거시경제 데이터는 상무성(Department of Commerce) 산하의 Bureau of Economic Analysis(BEA, www.bea.gov)에서 찾을 수 있습니다. 연방 및 주 정부의 예산 그리고 국제수지와 같은 대외 통계도 대부분 BEA에서 제공하고 있습니다. 한편, 소비자물가 지수(CPI)와 같은 물가지수와 고용통계는 노동성(Department of Labor) 산하의 Bureau of Labor Statistics(BLS, www.bls.gov)에서 제공합니다. 대부분의 데이터들은 1900년대 초까지 거슬러 올라갑니다. 연간자료, 분기자료 등 여러 가지 조건으로 검색이 가능하며, 엑셀 파일로 다운받을 수 있습니다. 2013년 하반기 미국 정부 적자 문제로 연방정부가 폐쇄되었을 때에는 이들 웹사이트도 마찬가지로 폐쇄되었습니다. 그러니까 미 의회에서 재정적자 문제가 논란이 되고 있을 때에는 미리 미리 데이터를 다운받는 것이 좋습니다.

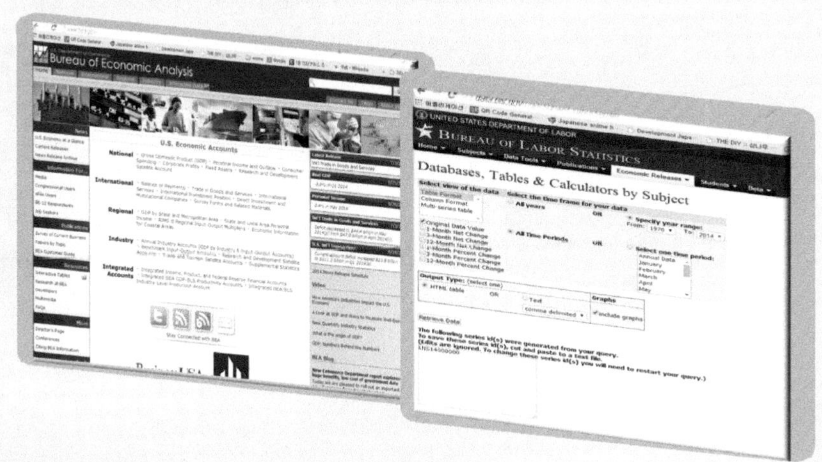

〈미국의 인플레이션율과 실업률 (1971~2014)〉 (단위: %)

연도	1971	1972	1973	1974	1975	1976	1977	1978	1979	1980	1981
인플레이션율	4.38	3.21	6.22	11.04	9.13	5.76	6.50	7.59	11.35	13.50	10.32
실업률	5.95	5.60	4.86	5.64	8.48	7.70	7.05	6.07	5.85	7.18	7.62
연도	1982	1983	1984	1985	1986	1987	1988	1989	1990	1991	1992
인플레이션율	6.16	3.21	4.32	3.56	1.86	3.65	4.14	4.82	5.40	4.21	3.01
실업률	9.71	9.60	7.51	7.19	7.00	6.18	5.49	5.26	5.62	6.85	7.49
연도	1993	1994	1995	1996	1997	1998	1999	2000	2001	2002	2003
인플레이션율	2.99	2.56	2.83	2.95	2.29	1.56	2.21	3.36	2.85	1.58	2.28
실업률	6.91	6.10	5.59	5.41	4.94	4.50	4.22	3.97	4.74	5.78	5.99
연도	2004	2005	2006	2007	2008	2009	2010	2011	2012	2013	2014
인플레이션율	2.66	3.39	3.23	2.85	3.84	−0.36	1.64	3.16	2.07	1.46	1.62
실업률	5.54	5.08	4.61	4.62	5.80	9.28	9.63	8.93	8.08	7.35	6.20

자료: BLS.

셋째는 1980년대 구조조정시 많은 인력을 해고한 미국 기업들은 경기 상승 국면에서 임금 인상보다는 고용확보에 치중했기 때문에 실업률 하락에 큰 기여를 하였다는 분석이다. 게다가 기업성장에 관계없이 자신의 몫만 챙기는 분배식 임금구조에서 탈피하여 생산성 향상을 위한 동기부여식 임금체계로 전환한 것도 신경제를 가능하게 한 하나의 요인으로 인식되고 있다. 기업들은 스톡옵션 및 이윤배분제 등과 같은 동기부여식 임금제를 적극 수용하여 생산성 증가를 통한 수익증대를 이루었고 이는 기업과 근로자 모두에게 이득을 가져다주었다는 것이다.

마지막으로 인터넷관련 부문의 성장도 한몫하였다. 정부의 지속적인 지원을 바탕으로 인터넷관련 부문에서 많은 기업들이 탄생되었고 이들은 고부가가치를 창출했을 뿐만 아니라 노동력을 흡수하는 데 일익을 담당하게 되었다.

미국의 신경제는 2000년대에 들어와 지나친 금융자산의 가격상승에 따른 버블이 빠르게 붕괴되면서 어려움을 맞게 되었다. 그럼에도 불구하고 미국의 신경제가 주는 교훈은 기업들은 철저한 자기변신만이 경쟁시대에서 살아남는 비결이라는 것이다. 미국과 유럽의 경험을 비교해 보면 구조조정은 빠르면 빠를수록 좋다. 또한 분배식 임금구조에서 탈피하여 생산성 증가를 위한 동기부여식 임금구조로 전환해야 한다. 그리고 정부는 경쟁체제구축을 위해 규제를 과감히 철폐하고 시장경제가 작동될 수 있는 경제여건을 조성하는 데 게을리 해서는 안 된다는 교훈을 얻을 수 있다.

실업과 인플레이션의 지속되는 위험성

오늘날 세계경제는 2008년 글로벌 금융위기를 극복해 가는 과정에서 과거 어느 때보다도 더 많은 불확실성과 경제적 문제들에 직면하고 있다. 유럽연합의 일부 회원국들이 경험하고 있는 심각한 재정위기뿐만 아니라 미국, 영국 그리고 독일 등 대부분의 선진국들도 지금까지의 경제 문제와는 전혀 다른 새로운 형태의 문제들을 해결하기 위하여 고심하고 있다. 노동시장의 구조가 산업 구조의 변화로 인하여 더욱 복잡해지고 있고, 과거와는 달리 경제 성장이 고용을 높이는 관계도 점점 더 약화되어 가고 있다. 우리나라를 비롯하여 대부분의 국가들에서 간헐적으로 디스인플레이션과 디스플레이션의 현상이 나타나는 가운데에도 성장이 둔화되고 물가가 상승하는 스태그플레이션의 잠재적 위험성이 공존하고 있다. 그러한 가운데 지구촌 인류의 대다수가 힘겨운 경제적 어려움을 극복하기 위하여 몸부림치고 있다. 새로운 형태의 인플레이션인 애그플레이션이 물가 상승을 견인하고 있고, 세계 각국의 노동 시장은 경제 호황을 누리는 일부 선진국에서도 비정규직의 장기화와 장기 실업의 고착화라는 새로운 고용 불안정이 확산되고 있다.

잠재성장률이 크게 둔화되고 있는 우리나라의 경우에도 정부의 온갖 정책에도 불구하고 장기 경기침체의 어두운 그림자가 쉽사리 걷히지 않고 있다. 정부가 발표하는 실업률에 대한 국민들의 불신이 깊어지면서 정부는 새롭게 고용률 목표치를 내세우고 있지만, 목표치 달성을 위한 허드레 일자리의 양산이라는 비판에 직면하고 있다. 정부가 공표하는 물가지수도 국민들이 체감하는 물가 수준과는 큰 괴리를 나타내고 있다. 무엇보다도 이들 주요 경제지표를 투명하게 집계하고 국민들이 가지는 경제지표에 대한 신뢰도를 회복하는 것이 급선무로 보인다.

실업과 물가를 어떻게 하면 안정적으로 관리할 수 있느냐는 모든 국가들의 공통된 정책 목표이다. 따라서 실업과 인플레이션을 정확하게 측정하는 것은 경제정책의 성과를 높이기 위한 필요조건이다. 이어지는 제8장, 9장 그리고 10장에서는 경기를 안정적으로 관리하고 장기적인 경제 성장을 가져오기 위한 대·내외 경제정책 운용에 관하여 논의하고자 한다.

생각하기

세계경제는 장기 실업과 물가불안정이 함께 증가하고 있다. 정부는 경제지표의 투명성과 신뢰도를 높여 정책 효과를 제고하여야 한다.

SUMMARY

본 장에서는 가장 중요한 경제정책의 두 가지 목표인 인플레이션과 실업에 대해서 살펴보았다. 인플레이션은 '물가주순이 지속적으로 상승하는 현상'으로 정의되며, 가장 바람직한 물가 수준의 변화는 안정적으로 서서히 상향 변화하는 것이다. 인플레이션이 발생하는 원인으로는 크게 총수요와 총공급의 변화를 들 수 있으며, 각각의 형태에 대하여 다른 경제정책의 적용을 필요로 한다. 실업은 실업자수를 경제활동인구로 나누어 준 것을 의미하며, 구직활동을 단념한 사람들이나 또는 잠재실업 상태에 놓여 있는 사람들을 고려하여 실업률보다는 고용률이 더 정확한 고용 상황을 나타내기 때문에 각국에서 고용률의 정책 지표로서의 역할이 높아지고 있는 추세이다. 우리 정부도 이러한 점에서 고용률 70% 달성 목표를 내세우고 있는데, 단순히 비정규직으로 고용률을 높여서는 안 된다는 지적이 있다. 오늘날 우리나라를 비롯한 세계 경제는 단기적인 디플레이션의 우려속에서도 과거의 경기와 인플레이션간의 안정적인 관계가 무너지고 장기 실업과 물가 불안이 작용하여 경제 성장 속에서도 고용이 증가하지 못하는 악순환이 계속되고 있다. 이러한 새로운 산업구조와 노동시장 변화에 대응하기 위하여 새로운 형태의 효과적인 경제정책이 요구되고 있다. 인플레이션율과 실업률 등 경제지표의 투명성과 신뢰도를 높이는 일은 경제정책의 효과를 제고하는 데 중요한 요건이다.

KEY TERMS

잠재성장률	고용률	OECD
양극화	시간선택제	공공의 적
인플레이션	고통지수	코어인플레이션
수요견인인플레이션	비용인상인플레이션	혼합형인플레이션
소득재분배	예상인플레이션	경제충격
명목이자율	실질이자율	초인플레이션
바이마르공화국	화폐개혁	통화주의
메뉴비용	장기계약	디플레이션
디스플레이션	애그플레이션	생산가능인구
경제활동인구	비경제활동인구	취업자
실업자	노사정합의	취약근로자
실업률	실망실업자	고용률
자발적 실업	비자발적 실업	수요부족 실업
경기적 실업	비수요부족 실업	마찰적 실업
구조적 실업	기술적 실업	계절적 실업

자연실업률
오쿤계수
스테그네이션
신경제
사실상 실업
필립스곡선
스테그플레이션
오쿤의 법칙
미세조정
장기적 실업

QUESTIONS

1. 수요견인 인플레이션의 주요 요인들은 무엇인가?

2. 예상치 못한 인플레이션이 발생하면 경제에 어떠한 영향을 미치는가?

3. 가격이 자유롭게 움직이지 못하는 이유를 설명해 보시오.

4. 실업률을 정의해보고 현재 사용중인 ILO기준의 실업률 통계치는 왜 현실과 거리감이 있는가?

5. 마찰적 실업이란? 그 해결책은 무엇인가?

6. 오쿤계수가 (−)라는 사실은 무엇을 의미하는가?

7. 필립스 곡선이란? 이곡선이 갖는 정책적 의미는 무엇인가?

8. 신경제의 원인을 요약해 보자.

EXERCISES

1. 아주 작은 마을에 다음과 같은 인구가 살고 있다. 이 마을에 관한 아래 질문들에 답하시오.

번호	이름	나이	현재 상태
1	강효동	50	대형마트 매니저
2	고소	27	소방관
3	배순지	18	아버지 소유 빵집에서 무급으로 주당 19시간 일함
4	김정은	15	학생
5	이순제	66	일자리를 찾았으나 구하지 못함
6	백이섭	55	주유소에서 주당 12시간 임시직으로 일함
7	현비	21	군복무 중
8	백수	25	일자리를 찾지 않고 집에 있음
9	이호리	38	가정주부
10	최불안	75	은퇴함

1) 생산가능인구는 몇 명이고, 누구누구가 해당되는가?
2) 경제활동인구는?
3) 생산가능인구이면서 경제활동인구가 아닌 사람은?
4) 실업자는 몇 명이고, 누구누구인가?
5) 취업자는?
6) 이 마을의 실업률을 계산하시오.

2. 최근 들어 오쿤계수는 어떤 변화를 보이고 있는가? 이러한 현상이 나타나는 이유는?

3. 신 경제가 발생하는 시기에 필립스 곡선의 형태는 어떤 모양을 나타내는가?

C·H·A·P·T·E·R

08

정부도 파산날 수 있나?
공공부문과 재정정책

토의주제

기업의 사내유보금에 대한 과세 정책은 우리 경제의 활력을 높일 것이다.

- 찬성: 기업 배당이나 임금 인상을 유도하여 소득소비 증가를 가져온다.
- 반대: 이중과세이며, 국부유출을 가져올 뿐 개인소비는 늘지 않는다.

문재인 정부 들어 '사내유보금'이 또다시 논란의 대상이 된 바 있다. 이 논쟁은 사실 박근혜 정부 당시인 2014년 7월 중순 박근혜 정부 2기 경제팀 수장으로 임명된 최경환 경제부총리 겸 기획재정부 장관에 의해서 촉발된 측면이 있다. 그는 "(기업들이 투자에 소극적이어서) 경제 회복의 동력 자체가 사라지는 것 아닌가 하는 위기감이 든다"고 하면서, 이런 함정을 빠져 나오기 위해 가능한 모든 정책을 쏟아 붓겠다는 메시지를 던졌다. 특히, 대기업들의 투자 위축과 과도한 현금 보유 문제를 한국 경제의 또 다른 '족쇄'로 지목하면서 대기업들의 사내유보금에 대하여 과세하겠다는 의도를 밝힌 것이다.

문재인 정부에 들어서는 "기업들이 투자를 하지 않고 임금도 올리지 않고 사내에 현금만 쌓아두고 있다. 이런 기업들이 보유한 유보금을 환수해 서민들에게 도움이 되도록 해야 한다"는 주장이 제기되었다. 특히 문재인 정부는 국내 이동통신사들이 수십조원의 '사내유보금'을 가지고 있다는 이유로 통신요금 인하 압박에 나서기도 하였는데, 문재인 대통령 자신도 대통령 후보 시절 광화문 마지막 유세에서 "정의로운 나라를 약속드린다. 기업이 수백 조 원 사내유보금을 곳간에 쌓아두고 야근수당, 주말수당 안 주고 아르바이트비를 뺐는 일은 없을 것"이라며, "반칙, 골목상권 장악한 재벌 대기업은 더 이상 없다. 저 문재인은 반드시 공정한 나라를 약속드린다"고 말한 바 있다.

이러한 주장에 대하여 기업들은 "사내유보금은 곳간에 쌓아놓은 현금은 아니다"면서, "여기에 징벌적으로 과세하는 건 말이 안 된다"고 반발하고 있는데, '사내유보금'이라는 표현은 회계학적으로 사용되는 용어는 아니며, 사내유보금을 기업들이 금고에 쌓아두고 사용하지 않는 여유 재원으로 오해하면서 불필요한 마찰이 생기고 있기 때문에 회계적으로 더 적합한 용어를 찾아야 한다는 입장이다. 실제로 기업이 영업활동으로 벌어들인 이익에서 주주들에게 배당금을 나눠주고 남는 '이익잉여금'과 자본거래에서 생긴 '자본잉여금'에 해당되는 이 개념은 기업들이 신규 투자 등을 하는 경우에도 회계 장부 상에는 그대로 세후 잉여금으로 남아 있기 때문에 잉여금 자체만으로 사내 유보의 형태를 파악할 수는 없다는 것이 회계학적인 설명이다. 개념이 어떻든 이른바 '사내유보금'에 대한 과세 논란은 쉽게 결론이 날 것 같지는 않아 보인다. 특히, 문재인 정부가 들어서면서 한국노총이 "그동안 상용자들은 사내 유보금을 많이 쌓아뒀다. 그러므로 대승적으로 보고 정리하는 게 바람직하다. 그 돈이 결국 밖에 있는 사람들에게 주는 게 아니라 그 회사를 위해 일해 온 노동자들에게 그동안 주지 못했던 것을 지급하는 것이기 때문이다"라는 입장을 제시하면서 노사 간의 갈등 양상으로까지 나타나고 있는 실정이다.

이러한 논란에 대하여 재계는 크게 반발하고 있는데 "이러한 주장이 사실상 증세(增稅)

뉴스초점 제29092호 2014년 7월 17일 목요일 A3

3년새 3배로… 현대車도 23兆

구글은 무인(無人) 자동차와 우주 개발 등에 조(兆) 단위 투자를 집행하고 있다. 당장 돈이 되지 않더라도

등 각종 규제 법안으로 대기업의 투자를 옥죄어 놓고 다른 한편으로 투자가 부진하다고 비판하는 것은 가

밭이 묶여 있다"고 말했다.
기업들은 '기업 사내유보금이 5년새 두 배로 늘어나 516조원에 이른

시설투자와 연구개발(R&D) 투자에 이미 사용한 돈"이라고 말했다.
전문가들은 "기업 자금이 가계로

를 하자는 것으로 기업 투자를 오히려 위축시킬 것"이라고 우려하였다. 특히, "2009년부터 내렸던 법인세 인하폭 내에서 과세 수준을 정하겠다는 것은 깎아준 만큼의 돈을 다시 걷어가겠다는 얘기나 다름이 없다"고 비판하면서 사내유보금 과세는 추가적인 법인세 증가 효과를 가져와 장기적으로는 기업의 투자 위축을 초래할 것이라며 "내수를 살리려면 사내 유보금에 과세할 것이 아니라 과감한 규제 완화와 기업 투자에 대한 세제지원을 해야 한다"고 주장하였다. 또한 기업의 당기순이익으로 배당을 확대해야 하게 되면 국내 개인투자가가 아닌 외국인의 지갑만 채울 것이기 때문에 국내 소비 진작과 거리가 멀고, "배당을 늘릴 경우 가장 큰 수혜자는 국내의 기관투자와 대주주"이므로 서민 가계소득이 늘어나기보다는 기업의 투자 여력만 떨어뜨릴 것이라며 비판하였다.

조세를 포함하여 재정이란 국가 경제에 어떠한 영향을 미치는가? 재정의 역할과 기능은 무엇인가? 재정정책은 현실 경세에서 어떻게 운용되는가? 바람지한 재정정책의 방향은 무엇인가? 이러한 질문들은 모든 국가가 직면하고 있는 중요한 문제들이다. 특히 2010년 이후 유럽 국가들이 경험하고 있는 재정 위기나 2013년 미국 연방정부의 파산 위기(2018년 말의 트럼프 행정부의 연방정부 폐쇄는 재정위기보다는 맥시코와의 국경장벽건설문제로 발생하였다) 등은 국가 재정의 운용이 갖는 많은 도전과 유의점을 잘 드러내 준다. 본 장에서는 이러한 질문들에 대해 답을 찾을 수 있는 재정의 기본적인 이해의 틀을 토의해 보기로 하자.

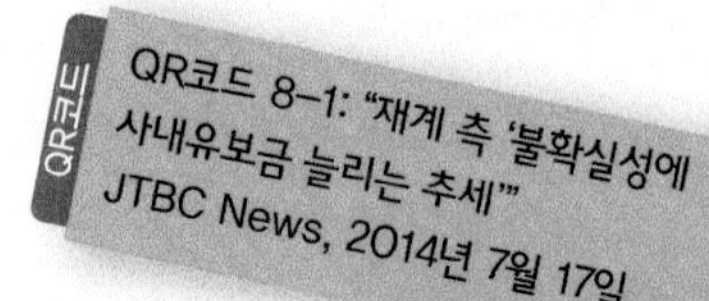

정부도 파산날 수 있나?

2014년 2월 미국의 버락 오바마(Barack Obama) 대통령은 미국 연방정부의 부채 한도(U.S. debt limit)를 2015년 3월까지 상향 조정하는 법안에 서명하였다. 이러한 법안이 채택되지 않았다면 미국 정부는 부채를 더 이상 갚을 수 없는 상태에 이르러 주요 정부 프로그램들을 중단해야 할 위기에 놓여 있었다. 실제로 2013년 10월 1일부터 17일까지 미 연방정부는 폐쇄되어 국가안전 등과 관련된 일부 기능을 제외하고 정부의 기능이 중단되었다.

매년 미국 정부는 세금을 걷어 여러 공공 프로그램과 공공기관들을 위하여 지출하고 있다. 특정 연도에 정부가 세금으로 걷어들이는 수입보다 지출을 많이 하면 '재정적자'(deficit)를 갖게 된다. 재정적자를 매우기 위해서 미국 재무성(U.S. Treasury)은 단기증권(treasury bills),[1] 국고증권(treasury notes), 국고채권(treasury bonds) 그리고 저축채권(savings bonds)을 금융권과 일반인들에게 판매하여 필요한 자금을 빌리게 된다. 이러한 매년 매년의 재정적자가 누적된 것이 '정부부채'(national debt)이다.

미국은 연방정부가 가질 수 있는 정부부채의 상한(上限, limit)을 법으로 규정하고 있다. 그러나 한 가지 유의해야 할 점은 미국 의회의 정부부채 상한은 실질적으로 하나의 액수로 정해지지는 않는다는 것이다. 그 이유는 '정부부채 상한의 연기'(suspension of the debt ceiling) 방식이 자주 사용되기 때문인데, 미국 정부의 재무성이 지출해야 할 예산이 남아 있지 않게 되면 의회가 정부부채의 상한 적용을 연기해 주고, 재무성은 의회가 승인한 항목에 대한 지출에 한해서 상한을 넘어도 지출을 할 수 있게 된다. 그렇게 해서 의회가 정한 상한을 초과하는 지출이 이루어지면 그 금액만큼 자동적으로 다시 상한이 높아지게 된다. 2013년 10월 부채의 상한을 초과하는 지출이 발생하게 되었을 때, 이 상한 적용 연기에 대한 미 의회의 상·하원간의 대립으로 연기를 위한 법안이 통과되지 못하여 미 연방정부가 16일간 폐쇄되었었다. 그러자 할 수 없이 2015년 3월까지 상한 적용 연기를 허용하는 법안이 통과되어 10월 17일 연방정부가 다시 기능하게 되었다. 2019년 1월 기준으로 미국 연방정부의 부채 상한은 약 21조 9천 5백억 달러 정도이며, 지금 이 순간에도 계속 늘어나고 있다.

■ US Debt Clock

QR코드 8-2: "$1 Trillion & US Debt in Physical $100 bills" Demonocracyinfo, October 16, 2013

1 treasury bill은 $1,000~$1,000,000 액면금액의 차입증서로서 90일의 만기일을 가지지만 이자를 지급하지는 않고 시장에서 정기적으로 액면가보다 낮은 가격에 할인(discount)되어 판매된다. treasury notes는 1년에서 5년의 중기 만기일을 가지는 이자지급 증권이다. treasury bonds는 이보다 긴 만기일을 가지는 이자지급 증권이며, savings bonds는 최소 6개월의 예치 기간을 가지는 저축예금이며 $50~$10,000까지 총 8가지 종류의 예금상품이 제공되어 어린이를 위한 어른들의 선물 등의 용도로 인기가 높다.

ECONOMIC EYES
경제의 눈

2013년 10월의 미 연방정부 폐쇄(shutdown)

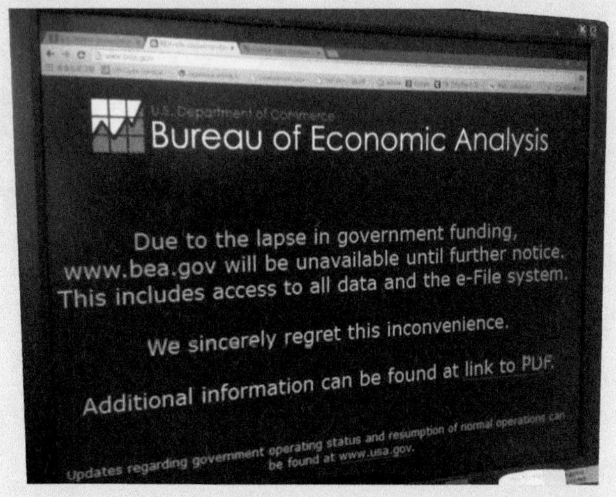

■ 미국 경제의 주요 데이터를 제공하는 미 상무성의 Bureau of Economic Analysis(BEA) 웹싸이트가 폐쇄된 모습(2013년 10월 3일 저자 캡처).

2013년 미 의회가 2014년 예산을 통과시키는데 실패하자 10월 1일부터 17일까지 미 연방정부는 폐쇄되었고, 대부분의 정부 기능은 중단되었다. 우여곡절 끝에 의회가 예산 임시 승인을 하고 나서야 다시 정부가 기능을 회복하였다. 정부 폐쇄 기간 동안 80만 명의 연방 공무원들이 무기한 무급휴가(furlough)에 들어갔고, 다른 130만 명 공무원들은 급여 지급에 대한 보장을 받지 못하였다. 다만 기본적인 공공 서비스에 해당되는 부문만 예외였다. 이전에 미 연방정부가 폐쇄되었던 것은 1995~1996년 기간이었다. 이번 정부 폐쇄는 미국의 역사상 세 번째로 긴 것인데, 1978년에 18일, 그리고 1995~1996년에 21일간 폐쇄된 적이 있다.

이번 예산 공백의 원인는 미국 의회의 상원과 하원이 예산 문제에 대하여 이견을 보였기 때문이었다. 공화당이 다수당인 하원은 보수성향이 강한 Ted Cruz 의원과 Heritage Action 단체 등의 압력으로 오바마 대통령이 주도하던 「The Patient Protection and Affordable Care Act」(이른바 '오바마케어'라 불리는 건강보험 개혁안)에 반대하였다. 반면에 민주당이 다수당인 상원에서는 현재의 시퀘스터(sequester: 예산삭감)를 유지하는 수준의 예산을 지원하는 입장이었다. 이와 같은 분야에서의 하원과 오바마와 그를 지지하는 상원간의 정치적 대립은 예산 통과를 가로막았고 많은 혼란을 불러왔다.

가장 핵심적인 문제는 2013년 9월 20일에 하원에서 통과된 「The Continuing Appropriations Resoulution, 2014」인데, 상원은 이 법안에서 오바마케어와 관련된 제한 조항을 삭제하고 통과시켰다. 그러자 하원은 상원이 삭제한 부분을 다시 삽입하여 재통과시켰는데, 상원이 이의 통과를 거부하자 9월 30일 2014년 예산의 시행이 불가능해졌고 연방정부는 폐쇄되었다. 국민들의 불만이 높아지자 2013년 10월 16일 늦게 미 의회는 이 법안을 통과시켰고, 오바마 대통령이 서명하여 10월 17일 자정이 조금 지난 시간에 연방 정부는 다시 기능하였고, 연방정부 부채 한도를 초과하는 지출이 2014년 2월 7일까지 가능하게 되었다. 2014년 2월 미 의회는 부채 한도를 초과하는 지출을 2015년 3월까지 허용하는 법안을 통과시켰다.

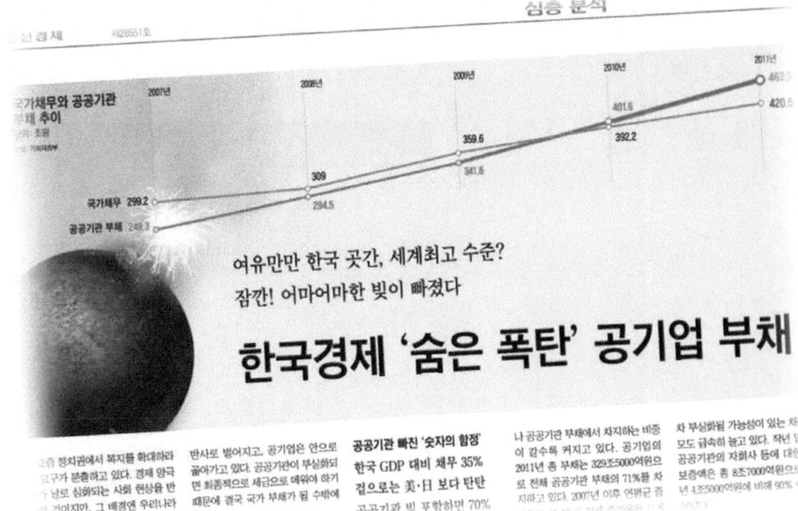

정부부채의 문제는 비단 미국만의 문제는 아니다. 대한민국도 빚더미에 빠져들고 있다는 지적이 제기되고 있다. 이미 가계 부채가 2014년 말 기준 1,000조 원(가구당 약 7천 600만 원)[2]에서 2018년 9월 말 기준으로 1,514조원이 되어 4년 만에 1.5배나 늘어났다(가구당 부채는 1억 7백만 원). '정부부채'는 '국가채무'라는 표현과 같은 의미로 사용되고 있는데, 국가채무는 『국가재정법』 상 중앙정부와 지방정부의 회계 및 기금을 대상으로 산출한다. '공공부문 부채'는 국가채무보다 더 넓은 개념인데, 국가채무에 공무원연금공단, 예금보험공사, 국민연금공단 등 165개 비영리공공기관의 국채와 차입금 등의 부채를 포함한 일반정부 부채를 산출하고, 다시 여기에 한국전력공사, 한국가스공사 등 비금융공기업이 포함한 국채와 차입금 등의 부채를 더한 것을 공공부문 부채라고 부른다(〈표 8-1〉 참조).

기획재정부는 2016년 12월 "정부와 비(非)금융 공기업[3]의 빚을 모두 합친 우리나라 공공부문 부채가 1,003조 5천억 원(2016년 12월 발표자료, 2015년 기준 수치)에 이른다"고 발표했다. 이 수치는 2012년 기준 821조 원에 비해 3년 만에 22.2%가 증가한 것이며, 국민 1인당 1,964만 원에 해당하고, 국내총생산(GDP) 대비 64.2%에 이른다. 이는 처음으로 국제통화기금(IMF)이 제시한 기준에 따라 공기업 부채를 포함하여 제시한 것인데, 이 기준에 따르면 공기업 부채는 국가가 결국 책임져야 하기 때문에 같이 합쳐서 공공부문 부채로 계산해야 한다는 것이다.

우리나라의 「예산회계법」에 의하면 행정부가 편성하여 국회에 제출하는 세입세출예산은 일반회계와 특별회계로 구성된다(이에 대한 자세한 설명은 본 장의 뒷부분에서 상세히 논의된다). 따라서 전통적으로 정부는 재정범위를 일반회계와 특별회계에 한정하여 인식하여 왔다. 그러나 1991년의 「기금관리기본법」이 제정되고, 2003년에 당시의 재정경제부(1994년 경제기획원과 재무부가 통합되어 설립, 2008년 기획재정부로 개편됨)가 운용하는 국가재정정보시스템(NAFIS)의 '결산개요(통계)'에 일반회계, 특별회계 그리고 정부기금이 재정범위로 규정되면서 비로소 정부기금을 포함하는 개념으로서 공공부문이 정의되었다.

2 가구주 연령 35~69세인 가구수는 1,312만 6,251가구로 나타남(통계청, KOSIS, 2014년 기준). 2017년은 1,418만 6,617가구이다.

3 우리나라의 재정통계는 중앙정부, 지방정부, 비금융공공기업 및 공공금융기관의 4개 부문으로 나누어 집계되고 있다. 공공부문에 대한 자세한 내용은 본 장의 뒷 부분에서 논의된다.

▲ 표 8-1 우리나라 공공부문 부채 산출 결과

(단위: 조 원)

분류				2011년	2012년	2015년
공공부문	일반정부	중앙정부	회계·기금	394.4	425.7	–
			비영리공공기관(165개)	43.1	52.3	–
			내부거래	△11.6	△11.3	–
		중앙정부 부채(a)		425.9	466.7	579.2
		지방정부	지방자치단체	40.8	43.4	–
			지방교육자치단체	9.9	9.9	–
			비영리공공기관(87개)	1.2	1.1	–
			내부거래	△0.5	△0.6	–
		지방정부 부채(b)		51.4	53.7	64.0
		중앙－지방간 내부거래(c)		△18.1	△15.8	△20.5
		일반정부 부채(A=a+b+c)		459.2	504.6	676.2
	비금융공기업	중앙(123개)		323.9	343.5	358.2
		지방(50개)		48.2	51.3	47.7
		내부거래		△8.1	△5.6	△7.0
		비금융공기업 부채(B)		363.9	389.2	398.9
	A와 B간 내부거래(C)			△69.8	△72.8[1]	△71.6
	공공부문 부채(A+B+C)			753.3	821.1	1,003.5

주: △는 마이너스(－)를 의미함.
내부거래는 공공부문 간의 거래로 서로 상쇄되는 부분을 의미함.
1) 국민연금－비금융공기업간 채무증권(30.8조), 국민주택기금－LH간 융자(29.7) 등

자료: 기획재정부, 『보도자료: '12년 말 공공부문 부채 산출 결과』, 2014년 2월 14일.;
기획재정부, 『2015년 공공부문 부채산출결과 주요내용』, 2016년 12월(2016년도 자료의 항목은 2014년보다 상이하여 일부 세부항목 수치는 제공되지 않음. 비금융 공기업수는 2015년에 달라짐.)

여기에 국민연금이 보유한 국채, 공사채권(각 공사가 발행한 채권) 물량(134조 원)과 금융공기업(산업은행, 기업은행 등 15개 금융공기업, 2014년 2월 현재 기준)[4] 채무, 그리고 앞으로 돌아올 공무원·군인 연금 지급 부담(437조 원)과 민간 기업이 못 갚으면 정부가 떠안아야 하는 보증채무(146조 원) 중의 일부도 공공 부채에 포함시켜야 한다는 지적이다. 그렇게 할 경우 사실상 공공 부채는 2014년도에 이미 1,000조 원을 넘긴 것으로 봐야 한다는 지적이다.[5]

일각에서는 금융공기업 부채가 공공부문 부채에 포함되지 않은 것에 대하여 문제점으로 지적하고 있는데, 국제통화기금은 공공부문 부채 작성지침에서 정부와 공기업이 직·간접적으로 지배하는 모든 제도단위를 포함하도록 권고했고, 비금융공기업은 물론 금융공기업까지 모두 포함되는 것을 원칙으로 제시하고 있는 것으로 받아들여지고 있다. 이에 대하여 공공부문 부채를 관리하는 기획재정부는 금융공기업은 예금이 부채로 인식되므로 일반적인 부채와는 성격이 다르기 때문에 공공 부채에 포함시키기 어렵다는 입장이다.[6]

4 금융공기업은 『공공기관의 운영에 관한 법률』이 정하는 기준에 따른 명칭은 아니다. 이 법률에 따르면 공공기관은 1. 공기업(시장형 공기업과 준시장형 공기업), 2. 준정부기관(기금관리형 준정부기관과 위탁집행형 준정부기관 등 특히 공공성이 강조되는 공공기관) 그리고 3. 기타공공기관으로 하고 있다. 금융공기업은 기획재정부와 한국은행 등이 공공부문계정을 작성하기 위하여 IMF 등의 기준을 적용한 명칭이다. 한국은행의 보도자료 "공공부문계정의 신규 작성 결과"(2014년 4월 3일)에 나타난 중앙정부 금융공기업은 금융감독원, 대한주택보증, 별정우체국연금관리단, 산업은행, 산은금융지주, 우체국금융개발원, 중소기업은행, 한국거래소, 한국벤처투자, 한국수출입은행, 한국예탁결제원, 한국은행, 한국정책금융공사, 한국주택금융공사, 한국투자공사 등 총 15개이다(한국은행의 『2017년 공공부문계정(잠정)』에 따르면 2018년 6월 기준으로 금융공기업은 13개이다).

5 기획재정부, 『보도자료: '12년 말 공공부문 부채 산출 결과』, 2014년 2월 14일. 인용내용은 조선일보 "공공부채 1,000조, 가계부채 1,000조" 2014년 2월 15일에서 인용함.

6 아주경제, "국민연금 등 일부 공공부채 제외 논란 가중" 2014년 2월 14일.

ECONOMIC EYES
경제의 눈

우리나라 공공부문은 어디까지?

우리나라의 공공부문에 대한 정의는 다소 헷갈린다. 그 이유는 「공공기관의 운영에 관한 법률」(이하 공운법)에 나타난 공공기관의 행정적 관리를 위한 정의와 기획재정부가 한국은행과 함께 작성하는 「공공부문계정」(국민계정과 연계) 작성을 위한 정의가 다르기 때문이다. 『공운법』 제4조에 따르면 공공기관은 기획재정부장관이 국가·지방자치단체가 아닌 법인·단체 또는 기관 중에서 정부가 출연한 기관, 정부지원액이 총수입액의 2분의 1을 초과하는 기관, 정부가 100분의 50 이상의 지분을 가지고 있는 기관 등 특별히 정한 기준에 해당되는 기관으로 정의하고 있다. 같은 법의 제5조에는 공공기관의 구분을 1. 공기업(시장형 공기업과 준시장형 공기업), 2. 준정부기관(기금관리형 준정부기관과 위탁집행형 준정부기관 등 특히 공공성이 강조되는 공공기관) 그리고 3. 기타공공기관으로 하고 있다. 즉 우리나라의 공공기관은 공기업, 준정부기관 그리고 기타공공기관의 세 가지 유형으로 구분된다.

그러나 기획재정부의 자료(〈표 8-1〉)에 따르면 공공부문은 일반정부와 공기업으로 구분된다. 일반정부는 중앙정부의 회계 및 기금, 지방정부의 회계 및 기금 그리고 비영리공공기관으로 구성된다. 그러나 비영리공공기관의 명확한 정의는 찾기 어렵다(공공기관은 원칙적으로 비영리기관일 것이다). 다만 기재부의 자료에 나타난 비영리공공기관을 구체적으로 살펴보면 2014년 2월 기준으로 중앙 공공부문에 공무원연금공단, 예금보험공사, 국민연금공단, 서울대학교 등의 총 165개 기관들이 포함되어 있고, 지방 공공부문에 공사(대구 도시철도공사 등)와 공단(서울특별시시설관리공단 등—서울특별시도 지방 자치단체이다) 등 총 87개가 포함되어 있다. 비금융공기업으로는 같은 시점을 기준으로 중앙 공공부문에 인천국제공항공사, 한국전력공사 등 123개의 공기업들이 포함되며, 지방 공공부문에는 서울메트로, 서울특별시도시철도공사 등 총 50개의 공기업들이 포함된다(이상 기획재정부 『보도자료: '12년 말 공공부문 부채 산출 결과』, 2014년 2월 14일 참조).

공공기관과 관련하여 한 가지 유의할 점은 기획재정부의 보도자료에 나오는 '금융공기업'이라는 명칭은 「공운법」의 정의에 따른 공공기관의 분류는 아니라는 것이다. 금융기관 중에서 공공기관에 해당되는 기관들(주로 금융위원회의 감독을 받는 기관들임)은 공기업이 아닌 준정부기관에 해당되기 때문에 「공운법」의 정의를 기준으로 하면 정확한 명칭은 '금융공기업'보다는 '금융공공기관'이 될 것으로 생각된다. 따라서 일반 국민들의 이해를 돕기 위해서 「공운법」 상의 공공기관의 정의와 공공부문계정 작성을 위한 공공부문의 정의가 서로 반드시 일치하는 것은 아니라는 점을 보다 명확히 밝힐 필요가 있다고 보인다. 참고로 「공운법」상의 공공기관의 종류를 확인하는 방법은 기획재정부의 공공기관 경영정보 공개시스템(알리오, ALIO, www.alio.go.kr)에서 소관부처별(예로, 금융위원회)로 검색하면 된다(ALIO 캡처 참조). 또한 '국가 채무', '공공부문 부채', '공공기관 부채', '준정부기관 부채' 등 다양한 용어들의 정확한 개념을 이해하고 사용하는 것도 대단히 중요하다고 생각된다.

자료: 옥동석, "일반정부 산정기준과 주요 쟁점" 「한국행정학회 하계학술발표논문집」, 2006년.

중앙 공공부문 포괄범위(2017년 기준)

구분	내용
일반회계	55개 중앙관서 중 일반회계가 없는 조달청, 특허청 제외(53개)
특별회계(18개)	1. 교도작업특별회계, 2. 교통시설특별회계, 3. 국방·군사시설이전특별회계, 4. 농어촌구조개선특별회계, 5. 등기특별회계, 6. 아시아문화중심조성특별회계, 7. 양곡관리특별회계, 8. 에너지및자원사업특별회계, 9. 우체국보험특별회계, 10. 우체국예금특별회계, 11. 우편사업특별회계, 12. 유아교육지원특별회계, 13. 조달특별회계, 14. 주한미군기지이전특별회계, 15. 지역발전특별회계, 16. 행정중심복합도시건설특별회계, 17. 혁신도시건설특별회계, 18. 환경개선특별회계
기금(67개)	1. 고용보험기금, 2. 공공자금관리기금, 3. 공무원연금기금, 4. 공적자금상환기금, 5. 과학기술진흥기금, 6. 관광진흥개발기금, 7. 국민건강증진기금, 8. 국민연금기금, 9. 국민체육진흥기금, 10. 국유재산관리기금, 11. 국제교류기금, 12. 국제질병퇴치기금, 13. 군인복지기금, 14. 군인연금기금, 15. 근로복지진흥금, 16. 금강수계관리기금, 17. 기술보증기금, 18. 낙동강수계관리기금, 19. 남북협력기금, 20. 농림수산업자신용보증기금, 21. 농산물가격안정기금, 22. 농어가목돈마련저축장려기금, 23. 농어업재해재보험기금, 24. 농업소득보전직접지불기금, 25. 농지관리기금, 26. 대외경제협력기금, 27. 무역보험기금, 28. 문화예술진흥기금, 29. 문화재보호기금, 30. 방사성폐기물관리기금, 31. 방송통신발전기금, 32. 범죄피해자보호기금, 33. 보훈기금, 34. 복권기금, 35. 사립학교교직원연금기금, 36. 사법서비스진흥기금, 37. 사학진흥기금, 38. 산업기반신용보증기금, 39. 산업기술진흥및사업화촉진기금, 40. 산업재해보상보험및예방기금, 41. 석면피해구제기금, 42. 소상공인시장진흥기금, 43. 수산발전기금, 44. 순국선열애국지사사업기금, 45. 신용보증기금, 46. 양곡증권정리기금, 47. 양성평등기금, 48. 언론진흥기금, 49. 영산강·섬진강수계관리기금, 50. 영화발전기금, 51. 예금보험기금채권상환기금, 52. 외국환평형기금, 53. 원자력기금, 54. 응급의료기금, 55. 임금채권보장기금, 56. 자동차사고피해지원기금, 57. 자유무역협정이행지원기금, 58. 장애인고용촉진및직업재활기금, 59. 전력산업기반기금, 60. 정보통신진흥기금, 61. 주택금융신용보증기금, 62. 주택도시기금, 63. 중소기업창업및진흥기금, 64. 지역신문발전기금, 65. 청소년육성기금, 66. 축산발전기금, 67. 한강수계관리기금
비영리 공공기관(217개)	1. 가축위생방역지원본부, 2. 건강보험심사평가원, 3. 게임물관리위원회, 4. 경제인문사회연구회, 5. 공무원연금공단, 6. 과학기술정책연구원, 7. 국가과학기술연구회, 8. 국립공원관리공단, 9. 국립광주과학관, 10. 국립낙동강생물자원관, 11. 국립대구과학관, 12. 국립대학법인서울대학교, 13. 국립부산과학관, 14. 국립생태원, 15. 국립해양박물관, 16. 국립해양생물자원관, 17. 국민건강보험공단, 18. 국민연금공단, 19. 국방과학연구소, 20. 국방기술품질원, 21. 국방전직교육원, 22. 국장기기증원, 23. 국제방송교류재단, 24. 국토교통과학기술진흥원, 25. 국토연구원, 26. 근로복지공단, 27. 기술보증기금, 28. 기초과학연구원, 29. 남북교류협력지원협회, 30. 노사발전재단, 31. 농림수산식품교육문화정보원, 32. 농림수산식품기술기획평가원, 33. 농업기술실용화재단, 34. 농업정책보험금융원, 35. 대구경북과학기술원, 36. 대구경북첨단의료산업진흥재단, 37. 대외경제정책연구원, 38. 대한무역투자진흥공사, 39. 대한법률구조공단, 40. 대한장애인체육회, 41. 도로교통공단, 42. 독립기념관, 43. 동북아역사재단, 44. 민주화운동기념사업회, 45. 북한이탈주민지원재단, 46. 사립학교교직원연금공단, 47. 사회보장정보원, 48. 산업연구원, 49. 서민금융진흥원, 50. 세종학당재단, 51. 소상공인시장진흥공단, 52. 시청자미디어재단, 53. 식품안전정보원, 54. 신용보증기금, 55. 신용보증재단중앙회, 56. 아시아문화원, 57. 여수광양항만공사, 58. 연구성과실용화진흥원, 59. 영상물등급위원회, 60. 영화진흥위원회, 61. 예금보험공사, 62. 예술경영지원센터, 63. 오송첨단의료산업진흥재단, 64. 우체국물류지원단, 65. 울산과학기술원, 66. 워터웨이플러스, 67. 의료기관평가인증원, 68. 의료기기정보기술지원센터, 69. 일제강제동원피해자지원재단, 70. 장애인기업종합지원센터, 71. 재단법인국악방송, 72. 재외동포재단, 73. 전략물자관리원, 74. 정동극장, 75. 정보통신산업진흥원, 76. 정보통신정책연구원, 77. 정부법무공단, 78. 중소기업기술정보진흥원, 79. 중소기업연구원, 80. 중소기업진흥공단, 81. 창업진흥원, 82. 축산물품질평가원, 83. 태권도진흥재단, 84. 통일연구원, 85. 학교법인한국폴리텍, 86. 한국개발연구원, 87. 한국건강가정진흥원, 88. 한국건강증진개발원, 89. 한국건설기술연구원, 90. 한국고용정보원, 91. 한국고전번역원, 92한국공예디자인문화진흥원, 93. 한국공정거래조정원, 94. 한국과학기술기획평가원, 95. 한국과학기술연구원, 96. 한국과학기술인지원센터, 97. 한국과학기술정보연구원, 98. 한국과학창의재단, 99. 한국광해관리공단, 100. 한국교육개발원, 101. 한국교육학술정보원, 102. 한국교통연구원, 103. 한국국방연구원, 104. 한국국제교류재단, 105. 한국국제보건의료재단, 106. 한국국제협력단, 107. 한국기계연구원, 108. 한국기상산업진흥원, 109. 한국기술자격검정원, 110. 한국기초과학지원연구원, 111. 한국나노기술원, 112. 한국노동연구원, 113. 한국노인인력개발원, 114. 한국농수산식품유통공사, 115. 한국농어촌공사, 116. 한국농촌경제연구원, 117. 한국도박문제관리센터,

	118.한국디자인진흥원, 119.한국로봇산업진흥원, 120.한국무역보험공사, 121.한국문학번역원, 122.한국문화관광연구원, 123.한국문화예술교육진흥원, 124.한국문화예술위원회, 125.한국문화정보원, 126.한국방송통신전파진흥원, 127.한국법무보호복지공단, 128.한국법제연구원, 129.한국보건복지인력개발원, 130.한국보건사회연구원, 131.한국보건산업진흥원, 132.한국보건의료연구원,133.한국보육진흥원, 134.한국사학진흥재단135.한국사회적기업진흥원, 136.한국산림복지진흥원, 137.한국산업기술진흥원, 138.한국산업기술평가관리원, 139.한국산업단지공단, 140.한국산업안전보건공단, 141.한국산업인력공단, 142.한국산학연협회, 143.한국생명공학연구원, 144.한국생산기술연구원, 145.한국세라믹기술원, 146.한국소비자원, 147.한국수목원관리원, 148.한국수산자원관리공단, 149.한국스마트그리드사업단, 150.한국식품안전관리인증원, 151.한국식품연구원, 152.한국양성평등교육진흥원, 153.한국언론진흥재단, 154.한국에너지공단, 155.한국에너지기술연구원, 156.한국에너지기술평가원, 157.한국에너지재단, 158.한국여성인권진흥원, 159.한국여성정책연구원, 160.한국연구재단, 161.한국영상자료원, 162.한국예술인복지재단, 163.한국원자력문화재단, 164.한국원자력안전기술원, 165.한국원자력안전재단, 166.한국원자력통제기술원, 167.한국원자력환경공단, 168.한국의료분쟁조정중재원, 169.한국의약품안전관리원, 170.한국인터넷진흥원, 171.한국임업진흥원, 172.한국자산관리공사, 173.한국장애인개발원, 174.한국장애인고용공단, 175.한국장학재단, 176.한국재정정보원, 177.한국저작권보호원, 178.한국저작권위원회, 179.한국전력국제원자력대학원대학교, 180.한국전자통신연구원, 181.한국정보화진흥원, 182.한국조세재정연구원, 183.한국지식재산보호원, 184.한국지식재산연구원, 185.한국지식재산전략원, 186.한국지질자원연구원, 187.한국직업능력개발원, 188.한국천문연구원, 189.한국철도기술연구원, 190.한국청소년상담복지개발원, 191.한국청소년정책연구원, 192.한국청소년활동진흥원, 193.한국출판문화산업진흥원, 194.한국콘텐츠진흥원, 195.한국특허정보원, 196.한국표준과학연구원, 197.한국학중앙연구원, 198.한국한의학연구원, 199.한국항공우주연구원, 200.한국해양과학기술원, 201.한국해양과학기술진흥원, 202.한국해양수산연수원, 203.한국해양조사협회, 204.한국행정연구원, 205.한국형사정책연구원, 206.한국형수치예보모델개발사업단, 207.한국화학연구원, 208.한국환경공단, 209.한국환경산업기술원, 210.한국환경정책평가연구원, 211.한식재단, 212.한약진흥재단, 213.항공안전기술원, 214.항로표지기술협회, 215.환경보전협회, 216.APEC기후센터, 217.IOM이민정책연구원
비금융 공기업 (114개)	1.강릉원주대학교치과병원, 2.강원대학교병원, 3.강원랜드, 4.경북대학교병원, 5.경북대학교치과병원, 6.경상대학교병원, 7.공영홈쇼핑, 8.광주과학기술원, 9.교통안전공단, 10.국가평생교육진흥원, 11.국립박물관문화재단, 12.국립암센터, 13.국립중앙의료원, 14.국제식물검역인증원, 15.국제원산지정보원, 16.그랜드코리아레저, 17.대한건설기계안전관리원, 18.대한석탄공사, 19.대한적십자사, 20.대한체육회, 21.부산대학교병원, 22.부산대학교치과병원, 23.부산항만공사, 24.부산항보안공사, 25.서울대학교병원, 26.서울대학교치과병원, 27.서울올림픽기념국민체육진흥공단, 28.선박안전기술공단, 29.수도권매립지관리공사, 30.에너지경제연구원, 31.에스알, 32.연구개발특구진흥재단, 33.예술의전당, 34.우체국시설관리단, 35.울산항만공사, 36.인천국제공항공사, 37.인천대학교, 38.인천항만공사, 39.인천항보안공사, 40.전남대학교병원, 41.전북대학교병원, 42.전쟁기념사업회, 43.제주국제자유도시개발센터, 44.제주대학교병원, 45.주택관리공단, 46.중소기업유통센터, 47.충남대학교병원, 48.충북대학교병원, 49.코레일관광개발, 50.코레일네트웍스, 51.코레일로지스, 52.코레일유통, 53.코레일테크, 54.한국가스공사, 55.한국가스기술공사, 56.한국가스안전공사, 57.한국감정원, 58.한국건설관리공사, 59.한국공항공사, 60.한국과학기술원, 61.한국관광공사, 62.한국광물자원공사, 63.한국교육과정평가원, 64.한국국토정보공사, 65.한국기술교육대학교, 66.한국남동발전(주), 67.한국남부발전(주), 68.한국데이터진흥원, 69.한국도로공사, 70.한국동서발전(주), 71.한국마사회, 72.한국문화재재단, 73.한국문화진흥주식회사, 74.한국발명진흥회, 75.한국방송광고진흥공사, 76.한국보건의료인국가시험원, 77.한국보훈복지의료공단, 78.한국사회복지협의회, 79.한국산업기술시험원, 80.한국상하수도협회, 81.한국서부발전(주), 82.한국석유공사, 83.한국석유관리원, 84.한국소방산업기술원, 85.한국수력원자력(주), 86.한국수자원공사, 87.한국승강기안전공단, 88.한국시설안전공단, 89.한국어촌어항협회, 90.한국우편사업진흥원, 91.한국원자력연구원, 92.한국원자력의학원, 93.한국잡월드, 94.한국전기안전공사, 95.한국전기연구원, 96.한국전력거래소, 97.한국전력공사, 98.한국전력기술주식회사, 99.한국조폐공사, 100.한국중부발전(주), 101.한국지역난방공사, 102.한국철도공사, 103.한국철도시설공단, 104.한국체육산업개발, 105.한국토지주택공사, 106.한국해양수산개발원, 107.한전KDN, 108.한전KPS, 109.한전원자력연료주식회사, 110.한전의료재단법인한일병원, 111.해양환경관리공단, 112.88관광개발, 113.EBS, 114.KBS

자료: 기획재정부『보도자료: 2017년 일반정부/공공부문 부채실적』, 2018년 12월 27일

지방 공공부문 포괄범위(2017년 말 기준)

구 분	
일반회계(243개)	광역 시·도 17개, 기초 시·군·구 226개(시 75개, 군 82개, 구 69개)
기타 특별회계 (1,832개)	자치단체별 특정목적 달성을 위해 설립
직영공기업 특별회계 (248개)	상수도 120개, 하수도 99개, 공영개발 29개 ※ 지역개발기금은 '17.1.1.부터 '지방자치단체 기금관리기본법'에 따라 공기업특별회계에서 제외 됨(지방자치단체로 이관)
기금 (2,371개)	노인, 청소년, 문화, 복지, 지역개발 등 특정목적을 위해 각 자치단체가 설립
교육비특별회계 (17개)	광역 시·도 17개 교육비 특별회계

구분		기관
비영리 공공기관 (97개)	공사 (8)	1.광주도시철도공사, 2.구리도시공사, 3.대구도시철도공사,4.대전도시철도공사, 5.양평지방공사, 6.의왕도시공사, 7.인천교통공사, 8.청도공영사업공사
	공단 (89)	9.가평군시설관리공단, 10.강남구도시관리공단, 11.강동구도시관리공단, 12.강북구도시관리공단, 13.강서구시설관리공단, 14.경주시시설관리공단, 15.과천시시설관리공단, 16.관악구시설관리공단, 17.광주광역시광산구시설관리공단, 18.광주환경공단, 19.광진구시설관리공단, 20.구로구시설관리공단, 21.구미시설공단, 22.군포시시설관리공단, 23.금천구시설관리공단, 24.기장군도시관리공단, 25.김포시시설관리공단, 26.노원구서비스공단, 27.단양관광관리공단, 28.대구광역시달성군시설관리공단, 29.대구시설공단, 30.대구환경공단, 31.대전광역시시설관리공단, 32.도봉구시설관리공단, 33.동대문구시설관리공단, 34.동작구시설관리공단, 35.동해시시설관리공단, 36.마포구시설관리공단, 37.문경관광진흥공단, 38.밀양시시설관리공단, 39.보령시시설관리공단, 40.부산시설공단, 41.부산지방공단스포원, 42.부산환경공단, 43.부여군시설관리공단, 44.사천시시설관리공단, 45.서대문구도시관리공단, 46.서울시설관리공단, 47.성동구도시관리공단, 48.성북구도시관리공단, 49.세종특별자치시시설관리공단, 50.속초시시설관리공단, 51.송파구시설관리공단, 52.시흥시시설관리공단, 53.아산시시설관리공단, 54.안동시시설관리공단, 55.안성시시설관리공단, 56.안양시시설관리공단, 57.양산시시설관리공단, 58.양주시시설관리공단, 59.양천구시설관리공단, 60.여수시도시관리공단, 61.여주도시관리공단, 62.연천군시설관리공단, 63.영등포구시설관리공단, 64.영월군시설관리공단, 65.오산시시설관리공단, 66.용산구시설관리공단, 67.울산광역시남구도시관리공단, 68.울산광역시중구도시관리공단, 69.울산시설공단, 70.울주군시설관리공단, 71.은평구시설관리공단, 72.의정부시시설관리공단, 73.이천시시설관리공단, 74.인천광역시강화군시설관리공단, 75.인천광역시계양구시설관리공단, 76.인천광역시남동구도시관리공단, 77.인천광역시미추홀구시설관리공단, 78.인천광역시부평구시설관리공단, 79.인천광역시서구시설관리공단, 80.인천광역시시설관리공단, 81.인천광역시연수구시설안전관리공단, 82.인천광역시중구시설관리공단, 83.인천환경공단, 84.전주시시설관리공단, 85.정선군시설관리공단, 86.종로구시설관리공단, 87.중구시설관리공단, 88.중랑구시설관리공단, 89.창녕군시설관리공단, 90.창원경륜공단, 91.창원시설공단, 92천안시시설관리공단, 93.청주시시설관리공단, 94.충주시시설관리공단, 95.파주시시설관리공단, 96.포천시시설관리공단, 97.포항시설관리공단
비금융 공기업 (54개)	공사	1.강릉관광개발공사, 2.강원도개발공사, 3.거제해양관광개발공사, 4.경기관광공사, 5.경기도시공사, 6.경기평택항만공사, 7.경상남도개발공사, 8.경상북도개발공사, 9.경상북도관광공사, 10.고양도시관리공사, 11.광명도시공사, 12.광주광역시도시공사, 13.광주도시관리공사, 14.구리농수산물공사, 15.김대중컨벤션센터, 16.김포도시공사, 17.김해시도시개발공사, 18.남양주도시공사, 19.당진항만관광공사, 20.대구도시공사, 21.대전도시공사, 22.대전마케팅공사, 23.부산관광공사, 24.부산교통공사, 25.부산도시공사, 26.부천도시공사, 27.서울교통공사, 28서울농수산식품공사, 29.서울에너지공사, 30.서울주택도시공사, 31.성남도시개발공사, 32.세종도시교통공사, 33.수원도시공사, 34.안산도시공사, 35.영양고추유통공사, 36.용인도시공사, 37.울산도시공사, 38.인천관광공사, 39.인천도시공사, 40.장수한우지방공사, 41.전남개발공사, 42.전북개발공사, 43.제주관광공사, 44.제주에너지공사, 45.제주특별자치도개발공사, 46.청송사과유통공사, 47.춘천도시공사, 48.충북개발공사, 49.충청남도개발공사, 50.통영관광개발공사, 51.평택도시공사, 52.하남도시공사, 53.함안지방공사, 54.화성도시공사

자료: 기획재정부『보도자료: 2017년 일반정부/공공부문 부채실적』, 2018년 12월 27일

우리나라의 대표적인 공기업인 토지주택공사(LH)와 한국전력공사(KEPCO)와 자회사들이 부채 총액이 2017년(말)을 기준으로 각각 115조 9천억 원과 88조 2천억 원이다. 이들 공기업의 하루 이자액만 각기 158억 원과 121억 원인 셈이다.[7] 그럼에도 불구하고 이들 공기업의 임직원의 상상을 초월하는 높은 임금 수준과 복리후생에 대하여 사회적 공분(公憤)이 높다.

■ 공공기관 경영정보 공개시스템

7 이자율 연 5% 적용시.

▲ 표 8-2 **주요 12개 공공기관의 부채 현황**

순위	기관명	부채 총액(조원)	연간 이자액(조원)[주]	하루 이자액(십억 원)
1	토지주택공사(LH)	(115.9)138.1	6.91	18.9
2	한국전력공사(KEPCO)	(88.2)95.1	4.76	13.0
3	예금보험공사	45.9	2.30	6.3
4	한국가스공사	(28.2)32.3	1.62	4.4
5	한국도로공사	(27.2)25.3	1.27	3.5
6	한국석유공사	(11.2)18	0.90	2.5
7	철도시설공단	(20.0)17.3	0.87	2.4
8	코레일	(13.6)14.3	0.72	2.0
9	한국수자원공사(K-Water)	(13.1)13.8	0.69	1.9
10	한국장학재단	8.4	0.42	1.2
11	한국광물자원공사	(4.2)2.4	0.12	0.3
12	대한석탄공사	1.5	0.08	0.2

주: 이자율 5% 적용시, 2012년 말 기준(괄호 안은 2017년 12월 기준)
자료: 한국조세재정연구원, 『공공기관 부채 문제의 현황과 해결방안』, 2013년 12월.

조선경제 제28723호

神도 기가막혀… 연봉 8700만원

투자자 호주머니 돈으로… 경쟁은 제로, 임금은 최고, 정년은 보장

2010년 명문 사립대를 졸업하고 A 시중은행에 취업한 최영민(가명)씨. 요즘 그는 금융 공기업에 재취업할 준비를 하고 있다. 친구가 한국거래소 직원인데 친구의 삶은 자신과 천지 차이였기 때문이다. 최씨는 "야근은 기본, 툭하면 주말 출근하는 내 처지에 비해 거의 매일 정시 퇴근하고 취미 생활도 하는 모습이 부러울 따름"이라고 했다. 게다가 연봉까지 친구가 더 많다. 최씨가 근무하는 은행의 평균 연봉은 7700만원, 한국거래소의 평균 연봉은 1억1400만원이다.

고비용·저효율의 대명사로 지탄받아 한동안 납작 엎드려 있는 듯했던 금융 공기업 임직원들의 잇속 챙기기가 부활하고 있다.

금융 공기업이란 기술신용보증기금과 신용보증기금, 예금보험공사, 코스콤, 한국거래소, 한국예탁결제원, 한국자산관리공사, 한국정책금융공사, 한국주택금융공사 등 금융위원회 산하 공기업을 말한다. 6일 공공기관 통합경영정보 공개시스템인 알리오(www.alio.go.kr)의 공시자료에 따르면, 9개 금융 공기업의 작년 직원 평균 연봉이 8700만원에 달한 것으로 나타났다. ...

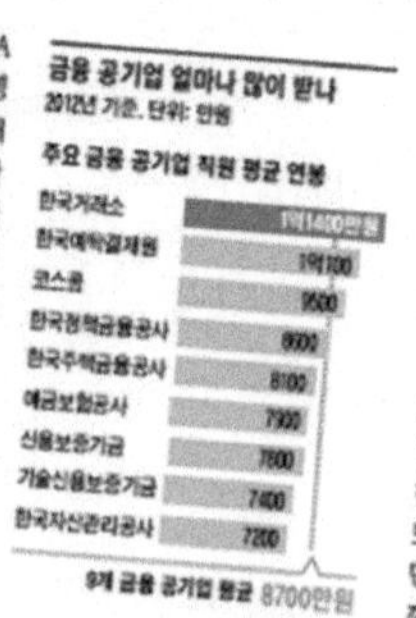

주요 민간 금융사 직원 평균연봉

삼성생명	8900만원
삼성화재	8300
신한은행	7700
국민은행	7700
우리은행	7400
하나은행	7200
현대카드	6900
기업은행	6600
삼성카드	6300

9개 회사 평균 7400만원

하는가 하면, 9억원을 들여 2년 이상 근무자 451명에게 노트북을 임차해 지급했는데 대부분 집에서 개인 용도로 쓰고 있다. 문제는 이런 고임금·고복지에 들어가는 돈이 모두 주식 투자자들의 호주머니에서 나온다는 점이다.

금융 당국 관계자는 "한국거래소는 증권거래 수수료를 주수입으로 운영되는데, 직원들이 이 수입으로 흥청망청하는 것은 문제"라고 말했다. 또 금융 공기업 직원들은 대형 사고만 일으키지 않으면 58~60세인 정년까지 회사를 다닐 수 있다. 오륙도(56세까지 회사 다니면 도둑), 사오정(45세면 정년) 현상에 시달리는 일반 회사원들은 금융 공기업을 '신의 직장'이라고 부른다.

◇낙하산 CEO와 강성 노조가 만나…

금융 공기업의 고연봉·고복지는 낙하산 출신 최고경영자(CEO)와 귀족 노조의 합작품이란 평가가 많다. 익명을 요구한 전직 금융 공기업 사장은 "취임할 때 노조가 출근 저지 투쟁을 해서 어쩔 수 없이 호텔에서 노조를 따로 만나 연봉과 복지 혜택에 대한 이면 합의를 해준 적이 있다"고 말했다.

ECONOMIC EYES
경제의 눈

'숨은 폭탄' 공공기관 부채의 진실

한국의 재정 여건은 외형적으로 보면 '명품 재정'이다. 한국의 GDP 대비 국가 채무 비율은 2011년에 35.1%에 불과한데, 선진국들과 비교해 보면 그야말로 '최우수' 수준에 해당한다. 200%가 넘는 일본은 차치하고라도 100% 안팎인 미국, 영국, 프랑스보다 훨씬 낮고, 깐깐하기로 유명한 독일(87%)보다도 건전하다. 경제협력개발기구(OECD) 평균이 103.0%인 데 비하면 한국은 그야말로 재정 청정 국가라 할 수 있다.

하지만, 이렇게 지표상으로 나타나는 국가 채무 수준은 매우 양호한데도 불구하고, 한국의 재정 상태에 대한 우려감은 좀처럼 사라지지 않고 있다. 공식적인 국가 채무에 포함되어 있지는 않지만, 장차 재정 건전성을 해칠 수 있는 다양한 불안 요인이 잠복해 있기 때문이다.

가장 우려되는 부분은 공공기관, 특히 공기업의 재정 부실이 심화되고 있는 점이다. 공공기관 부채는 공식적인 국가 채무 통계에 잡히지 않는다. 이 때문에 정부가 재정으로 해결할 일을 공기업에 떠넘기는 일이 다반사로 벌어지고, 공기업은 안으로 곪아가고 있다. 공공기관이 부실화되면 최종적으로 세금으로 메워야 하기 때문에 결국 국가 부채가 될 수밖에 없다.

한 가지 예로 한국수자원공사는 국토교통부 산하의 준시장형 공기업인데 2008년까지만 해도 차입금 의존도(총자산 대비 차입금 비율)가 11.7%, 부채비율(자기자본 대비 부채 총액 비율)은 19.6%에 불과했으나 이후 3년 동안 금융 부채가 급증하여 2011년 말에는 두 지표가 각각 48.2%와 116.0%로 급상승했다. 이 기간 4대강 사업과 경인 아라뱃길 사업이 본격 추진되었기 때문이다. 대형 국책 사업을 정부 채권 발행 등이 아닌 공기업 사업으로 추진하다 보니 겉으로 국가 채무는 늘지 않지만, 공기업 경영 상태는 악화되고 실질적인 국가 재정 부담은 늘어나고 있는 것이다.

그렇다면 공공기관 부채는 얼마나 빠른 속도로 늘어나고 있을까? 정부에 따르면 2011년 말 현재 463조 원을 넘어 전년에 비해 15.4%가 증가했다. 글로벌 금융위기 직전인 2007년에 약 249조 원이었던 것이 그동안 연평균 16.8%씩 늘어나 거의 2배 수준이 되었다.

그 결과 공공기관 부채는 국가 채무 435조 5,000억 원을 능가했다. 만일 공공기관 부채를 국가 채무에 포함할 경우 GDP에서 차지하는 국가 채무 비율은 70%에 육박하게 된다. 불행히도 공공기관 부채 통계는 국가마다 기준이 다르고 통계가 제대로 공표되지 않아 국제 비교가 어렵다. 하지만 한국처럼 공공기관 부채가 많고, 빠르게 늘어나는 경우가 드문 현상임은 분명하다.

이른바 준(準) 정부기관 부채는 더욱 문제가 심각하다. 정부가 지정한 공공기관은 2012년 6월 말 현재 총 288개인데, 이 중 준정부기관이 83개이고, 28개가 공기업으로 지정되었다. 준정부기관이란 공무원연금공단이나 예금보험공사처럼 공공기관 중에서 특히 공공성이 강조되는 기관을 말한다. 또 공기업은 한국전력이나 가스공사, 수자원공사처럼 민간과 경쟁하는 시장성이 상대적으로 강한 기관을 말한다. 나머지 기관들은 기타 공공기관(예로 코레일네트웍스(주))이라고 하며, 경영 공시만 하면 될 정도로 정부 규제가 약하다. 준정부기관 부채는 2008년만 해도 80조 원대에 머물러 있었다. 그런데 2010년에 100조 원대로 불어나고, 2011년에는 124조 9,000억 원으로 전년에 비해 24.0% 급증했다. 공공기관 총 부채 증가율보다 훨씬 빠른 증가 속도이다.[10]

이뿐만 아니라 388개에 달하는 지방공기업의 부채의 증가 속도가 심각한 수준인데, 지방공기업은 지방자치단체가 직접 경영하거나, 출자한 뒤 민간에 경영을 맡긴 곳들이다. 서울, 부산, 대구 등 7개 광역시별로 있는 지하철공사와 16개 시도에 있는 도시개발공사가 대표적인 지방공기업이다. 2000년 272개였던 지방공기업은 12년 새 100개 이상 증가했다. 현재 이들의 총자산은 160조 원이다. 부채는 2011년 말 기준 69조 1,000억 원이다. 얼핏 자산과 비교하면 작아 보이지만, 지방자치단체 부채 28조 원과 비교하면 2배가 넘는다. 더 큰 문제는 증가 속도다. 지방공기업 부채는 2008년 47조 8,128억 원에서 3년 만에 44.5% 증가했다.[11]

금융공기업의 부채를 포함하면 국가부채가 2.7배로 치솟는다는 지적도 제기되고 있다.[12] 한국경제연구원의 보고서에 따르면 금융공기업 부채가 289조 7천억 원에 달하고 있는데, 이를 포함하면 공공부문 부채 총괄치는 회계·기금상 일반 정부 채무인 443조 1천억 원보다 2.7배 많은 1천 207조 1천억 원

8 조선일보, "한국경제 '숨은 폭탄' 공기업 부채", 2012년 10월 17일(이 기사의 제목에서 '공기업 부채'는 '공공기관 부채'로 표현되어야 정확할 것이다. 왜냐하면 「공운법」에는 준정부기관은 공기업과 다르기 때문이다).

9 조선일보, "3년 만에 부채 50% 급증··· 388개 지방공기업, 빚이 LTE속도로 늘어난다", 2013년 5월 8일.

10 연합뉴스, "금융공기업 빚 포함하면 국가부채 2.7배 치솟아", 2014년 2월 25일.

~1천 218조 4천억 원에 이른다는 주장이다. 보고서는 또 공무원연금이나 군인연금과 같은 연금충당 부채와 퇴직수당 충당부채도 국가가 부담해야 한다는 법적 근거가 있고 실제로도 부족분을 보전해 주고 있기 때문에 이를 국가부채에 포함하는 것이 합리적이라고 지적하고 있다. 아울러 사립학교교직원연금과 국민연금의 미적립 부채는 국가가 부족분을 보장해야 한다고 법률로 명시돼 있지 않으나 강제가입 제도이기 때문에 광의의 관점에서 국가부채로 볼 수 있다. 이런 연금충당 부채와 미적립부채를 포함하는 '광의의 국가부채'를 산정해 보니 총 2천 124조 1천억 원~2천 135조 4천억 원으로 나타나며, 이는 2012년 명목 국내총생산(GDP)의 166.9~168.8%에 해당된다는 것이다.

이렇게 급속도로 증가하고 있는 공공기관 부채에도 불구하고 이들 공공기관의 도덕적 해이 문제가 심각한 수준인 것으로 나타나고 있다. 2014년 1월 2년 만에 다시 공공기관으로 지정된 산업은행과 중소기업은행의 경우 민영화를 추진하기 위한 명분으로 2012년 공공기관에서 해제됐었는데 공공기관운영위원회에서 다시 족쇄를 채운 것이다. 또 공공기관 지정을 해제시켜 달라고 요청해 온 한국거래소(KRX)에 대해서는 계속 공공기관으로 남겨두기로 결정하였다. 공공기관 전인 2008년 8억 원에 달하던 거래소 이사장 연봉은 2013년 1억 7,000만 원으로 줄었다. 이사들의 연봉도 같은 기간 5억 원에서 1억 4,000만 원까지 감소했다. 숨어서 호의호식하다가 속살이 적나라하게 공개됐고, 비판 여론이 거세지자 임원들의 연봉을 삭감한 것이다.[13]

재정이란 정부 예산인 세입과 세출의 운용을 의미한다. 인체에 비유하면 **중추신경**과 같으며, 중추신경이 올바로 작동할 때 사람의 걸음걸이가 바른 것처럼, 재정의 운용이 합리적일 때 국가 경제의 생산성이 높아지고 경제가 바람직한 방향으로 나아갈 수 있다. 그러나 모든 국가에 동일하게 적용될 수 있는 재정의 운용 방식이 있는 것은 아니며, 한 국가의 사회, 문화, 그리고 역사적 배경에 따라 재정의 운용은 다른 모습을 나타낼 수 있다. 본 장에서는 재정의 기능을 살펴보고, 바림직한 재정의 방향에 대해서 살펴보고자 한다.

정부가 재정을 통하여 경제에서 어떠한 역할을 해야 하는가에 대한 시각은 역사적으로 바뀌어 왔다. 어떤 시기에는 정부가 소극적 역할에 머물러야 한다고 생각하기도 했고, 또 어떠한 시기에는 적극적으로 시장에 개입해야 한다고 생각하기도 했다. 이러한 시각의 흐름을 먼저 살펴보고 나서, 정부의 경제정책 중에서 금융정책과 함께 중요한 역할을 맡고 있는 재정정책을 살펴본다. 금융정책은 다음 장에서 다루어진다. 재정정책은 주로 예산을 심의하고 통과시키는 국회와 기획재정부에서 담당한다.

11 조선일보, "공공기관 딱지가 싫다는 신(神)의 직장들", 2014년 1월 17일.

정부의 역할에 대한 시각

영국의 경제학자 마샬(Alfred Marshall, 1842~1924)은 경제정책의 궁극적인 목표를 경제의 성장, 안정 그리고 균형이라고 했다. 생산활동이나 소득 그리고 고용과 같은 항목들은 성장이 바람직하다. 그러나 물가, 이자율, 그리고 환율 등의 경우에는 안정이 중요한 정책목표가 된다. 한편 국제수지와 소득분배 등은 균형을 필요로 하는 항목들이다. 따라서 경제정책의 실질적인 목표를 크게 세 가지로 정리할 수 있다. 첫째는 경제를 성장시켜 실업률을 낮추는 것이고, 둘째는 물가를 안정시키고 국제수지의 균형을 달성해서 대외적으로 경제의 안정을 이룩하는 것이다. 셋째는 경쟁질서를 확립하고 사회적 안전망을 갖추어 경쟁에서 낙오된 자들을 보호하는 것이다. 이 세 가지 목표를 동시에 달성하기 어렵기 때문에 이들을 흔히 '세 마리의 토끼'라고 부르기도 한다.

경제정책의 목표를 달성하기 위해 정부가 어떠한 역할을 해야 하는가에 대해서는 여러 가지 견해가 있다. 그 중 하나는 개입주의(interventionism)로 정부의 적극적인 개입이 필요하다는 주장이다. 이러한 주장을 하는 이유는 경제를 자유방임 상태로 둘 경우, 빈익빈 부익부 현상, 경기변동, 그리고 지나친 기업집중 등의 문제가 나타나므로 앞에서 언급한 경제목표가 달성되기 어렵다고 보기 때문이다. 또 다른 하나는 자유주의(libertarianism)로 정부의 간섭이 오히려 경제의 자율적인 안정구조를 해치기 때문에 정부의 역할은 최소한의 수준으로 제한되어야 한다는 견해이다. 자유주의의 가장 대표적인 국가가 미국이다. 미국 내에도 개입주의를 선호하는 사람들도 있지만 전체적으로 볼 때 자유 시장을 중시하고 국가의 개입은 제한하는 것을 선호하는 사람들이 많다. 개입주의와 자유주의는 역사적으로 그 중요성이 서로 교차되었는데, 일부 경제학자들은 그것을 '정부와 시장 사이의 전쟁'이라고까지 표현한다.[12]

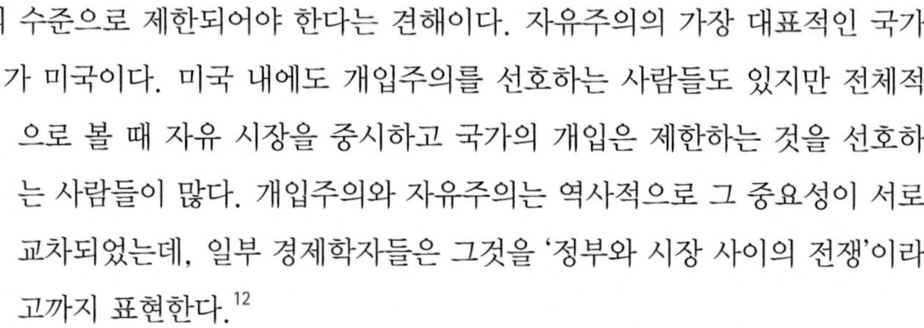

교통이 발달하기 전에는 대부분의 사람들이 자기가 속한 공동체를 떠나지 않았기 때문에, 전통적인 관습에 의해 질서가 유지되었다. 그런데 시장의 발달로 경제단위가 확장되면서 서로 모르는 사람과의 거래가 중요하게 대두되자, 정부가 질서를 바로 잡아야 한다는 인식이 확산되었다. 그리하여 근대 초기 중상주의(重商主義) 시대에는 정부가 시장을 강력하게 통제했다. 그런데 아담 스미스 등 고전학파 경제학자들이 등장해 경제주체들에게 경제적 자유를 주어도 시장이 질서를 유지할 수 있으며, 완전고용의

12 Yergin, D. and J. Stanislaw, *The Commanding Heights*, New York: Free Press, 1998.

달성이 가능하다는 자유방임주의적 시장경제이론을 주장했다.

그러나 주기적으로 발생한 불황으로 인해서 많은 기업이 도산하고, 불황을 이겨낸 기업들의 시장지배력이 확산되면서 자유방임적 시장경제에 대한 비판이 확산되었다. 가장 극단적인 비판은 시장과 가격기구의 작동을 근본적으로 부정하고, 시장 대신 정부에 의한 배분을 주장한 공산주의 이론이다.

자본주의 내부에서도 시장실패를 정부가 보완해야 한다는 견해가 등장했다. 독일의 경우 시장의 자유로운 기능을 절대적으로 중요시하지만, 전통적으로 시장의 질서를 확립하기 위하여 정부가 중요한 역할을 수행하는 질서경제정책(Ordnungspolitik)을 기반으로 하고 있다. 대기업과 중소기업의 영역을 규정하고, 기업간의 수평적 협력관계를 제도화하며, 또한 노사간 공동합의기구를 의무화하는 것 등이 질서경제정책의 핵심이다.

특히 1930년대의 대공황은 시장기능에 대한 근본적 회의를 불러일으켰다. 시장의 기능은 완전하지 않으므로 이를 보완하기 위해서 정부가 적극적으로 개입해야 한다는 정부개입주의(interventionism)가 득세하기 시작했다. 선진국뿐만 아니라 후진국에서도 이러한 경향이 나타났다. 소련이 대공황의 영향을 받지 않고 빠른 경제성장을 이룩했다는 사실도 이러한 주장을 뒷받침하는 것으로 받아들여졌다. 그 결과 많은 나라에서 국영기업을 설립하고, 정부주도적 공업화정책을 추진하거나, 또는 단기적인 경기조정을 위하여 경제활동에 개입하는 수정자본주의가 공감을 얻었다.

자본주의 체제하에서 정부개입이 가장 확대된 것은 복지국가이념이다. 서유럽에서는 정부가 국민에게 '요람에서 무덤까지'(From cradle to grave)의 모든 복지를 제공해 주어 공산주의의 확산에 대응하였다. 영국 정부는 한때 소득의 83%까지 세금으로 거두어들여 사회보장제도를 위해 사용하였다.

그러나 지나친 정부개입의 결과로 문제점이 나타났다. 이러한 문제가 가장 심각하게 등장한 국가 중의 하나가 영국이었다. 1970년대를 지나면서 영국은 국가경제가 퇴보하기 시작하였는데, 그 이유는 지나친 복지로 인해 국민들은 일할 동기를 상실하였고, 생산성은 하락하였으며 산업은 몰락하거나 국외로 이주하였다. 그 결과 물가가 상승하고, 정부의 재정부담은 갈수록 늘어만 갔다. 한편, 노동조합의 영향력은 강해져서 수시로 파업이 발생하였다. 노동자들은 '클로즈드 숍'(closed shop) 제도에 묶여 노조에 가입하지 않으면 일을 할 수 없었다.

영국이 소위 '영국병'(the British disease)에서 헤어나지 못하게 된 것이다. 이때 강력한 지도자를 원하는 국민들의 기대 속에 마가렛 대처(Margaret Thatcher, 1925~2013)가 등장했다. 1979년 노조를 기반으로 하는 노동당(Labor Party)에 압승한 보수당(Conservative Party)의 대처 수상은 우선 소득세와 법인세를 30~60%까지 인하하였다. 그는 또한 사회보장을 위해 정부가 사용하던 예산을 크게 삭감하였고, 대부분의 공공부문에 대한 민영화를 통해 자유경쟁을 촉진시켰다. 이와 함께 정부의 규모도 축소하였다. 대처 수상은 불법파업에 대해 강경하게 대응하고 '클로즈드 샵'을 철폐함으로써 만성적인 파업을 몰아냈다. 이와 같은 노력에 힘입어 영국 경제는 다시 회생의 길에 접어들게 되었고, 그 결과 1983년과 1987년 총선에서 보수당은 국민들로부터 절대적인 지지를 받음으로써 윈스턴 처칠(Winston Churchill, 1874~1965) 이후 최초로 세 번 연이어 집권하는 정당으로서의 영예를 누리게 되었다. 대처 수상의 이러한 노력은 '대처리즘'(Thatcherism)이라는 이름으로 표현되기도 하였다.

영국과 비슷한 시기에 미국에서도 비슷한 변화가 나타났다. 당시 미국은 베트남전쟁 이후 여러 가지 정치·경제상의 어려움을 겪고 있었다. 워터게이트 사건과 오일쇼크에 따른 경기침체, 그리고 이란과의 관계악화 등으로 미국 역시 재정적 어려움을 겪고 있었다. 이때 제40대 로날드 레이건(Ronald Reagan, 1911~2004) 대통령이 미국 경제를 침체에서 벗어나게 하기 위하여 정부지출을 삭감하고, 민간부문의 효율성을 강화하는 방향으로 정책을 바꾸었다. 이를 위하여 '재정조정법'(Budget Reconcilation Act, 1981)과 '소득세법'(Income Tax Act, 1986) 등을 통하여 세금과 정부지출을 줄이고, 규제를 철폐했다.

레이건 대통령은 정부의 개입을 줄여 민간부문의 경제활동을 촉진시킴으로써 낮은 세율에도 불구하고 소득 증가에 따른 세입 창출을 기대하고 있었다. 사람들은 이러한 정책을 '공급중시경제학'(supply side economics) 또는 '레이거노믹스'(Reaganomics)라고 불렀다. 그러나 소위 스타워즈(The Star Wars: the Strategic Defense Initiative, SDI)라고 불리는 미사일방어체제를 위한 높은 방위비 지출과 1980년대의 세계적인 경기침체에 따른 소득 감소로 레이거노믹스는 오히려 재정적자가 크게 늘어나는 결과를 초래하였다. 비록 미국 경제가 1980년대 말까지 지속적인 어려움을 겪기는 했어도 후에 레이건 대통령의 공급중시경제학은 정부의 지나친 시장개입을 제한함으로써 민간부문의 경쟁력을 개선하였다는 평가를 받았다. 이와 같이 1980년대 이후 세계경제는 영미를 선두로 정부의 시장 개입을 가능한 한 제한하고, 민간부문의 경쟁을 통한 효율성 제고를 도모하는 방향으로 나아가고 있다.

그러나 이러한 현상이 반드시 미국과 같은 자유방임적 시장주의가 최선의 선택임을 의미하는 것은 아니다. 독일의 경우에서와 같이 자유방임적 시장주의보다는 확립된 경제 질서의 틀 안에서 자유롭게 시장이 기능하도록 하는 국가도 있다. 우리나라의 경우 과거 개발연대에 정부의 재정과 금융을 통한 시장개입은 경제발전에 기여한 부분도 많으나 금융, 소득분배의 불균형, 취약한 산업기반, 정경유착 등 많은 부작용을 가져왔다. 그러므로 정부의 시장개입을 줄이고, 민간부문의 효율성을 증대시키는 방향으로 우리 경제를 변화시켜 나가야 할 것이다.

ECONOMIC EYES
경제의 눈

레이거노믹스의 교훈

1981년 지미 카터를 물리치고 집권에 성공한 로널드 레이건은 백악관에 입성하면서 "미국에 새로운 아침(new morning)을 열겠다"는 일성(一聲)으로 경제정책 패러다임의 일대 전환을 예고했다. '공급중심경제학'(supply-side economics) 또는 '레이거노믹스'(Reagonomics)가 그것이다. 레이거노믹스는 총수요 관리에 집중한 케인즈 경제학이 인플레이션을 동반한 경기침체, 즉 스태그플레이션이라는 1970년대 미국경제의 고질병을 치료하는 효과적 접근방법이 아니라는 인식에 근거한다. 레이거노믹스의 아이디어는 감세를 통해 총공급을 확대함으로써 경기와 물가라는 두 마리 토끼를 모두 잡겠다는 것이다. 이를 위해 레이건 행정부는 다음과 같은 경제정책 패키지를 선택했다. 첫째, 연방정부 지출을 감축하고, 그 연장선상에서 특히 복지예산을 삭감한다. 둘째, 소득세와 법인세의 대폭적 인하를 통해 소비와 투자를 확대한다. 셋째, 고이자율을 유지하고 통화공급을 억제한다. 넷째, 규제완화를 시행한다.

실제로 레이건 행정부는 1981년과 1986년 두 차례에 걸친 세제개혁을 통해 고소득자들에 대한 소득세를 대폭적으로 인하함으로써 집권 기간 중 이들에 대한 평균세율은 40%에 근접하는 수준으로 낮아졌다. 기업에 대한 법인세도 48%에서 34%로 약 14%point 인하하는 한편, 투자를 가로막는 각종 제도를 개선함으로써 특히 제조업 활성화에 크게 기여한 것으로 평가되고 있다. 고이자율및 통화공급 억제와 동반된 달러강세 유지 기조는 만성적인 인플레이션을 진정시키는 데 매우 효과적이었다. 종합적으로 레이건 행정부는 집권기간 중 실업률을 2.5% 수준으로 관리할 수 있었으며, 직전 행정부 시절 10%에 근접하던 물가상승률을 6% 수준으로 낮추는 데 성공했다. 물론 레이거노믹스에 대한 부정적 평가도 없지 않다. 가장 빈번하게 거론되는 부분은 복지예산 감축에도 불구하고 증가한 재정적자와 무역적자 등 국가부채로서, 이는 냉전하에서의 과도한 국방비 지출을 원인으로 지목한다. 고소득자들에 대한 감세가 '낙수효과'(trickle-down effect) 없이 양극화라는 경제사회적 후유증을 야기한 부분에 대해서도 비판이 많다.

현재 한국경제는 경기침체가 길어짐에 따라 심리적 작용에 의해서 저소비, 저투자, 저성장, 저고용 등 거시경제 상황이 필요 이상으로 더 악화되는 소위 '이력효과'(hysteresis effect)와 무관하지 않은 비정상적 국면을 통과하고 있다. 우리 정책당국이 이러한 염려 속에서 경제 정상화를 위해 구사하는 정책들이 1980년대 미국 레이건 행정부가 추진한 '공급중심'(supply-side)의 경제정책 패러다임인 레이거노믹스와 흡사한 부분이 적지 않다. 한국경제는 성공적으로 평가받고 있는 레이거노믹스가 던져주는 함의를 면밀하게 관찰하고 분석해야 할 것이다.

자료: 이한영, "한국경제 정상화를 위한 레이거노믹스의 교훈", 『주간 하나금융포커스』, 2014년 7월 7일.

ECONOMIC EYES
경제의 눈

세율을 낮추면 세금이 더 걷힌다?: 래퍼곡선

1978년 12월 월스트리트저널의 부국장 와니스키(Jude Wanniski), 포드 대통령 비서실장 럼스펠드(Ronal Rumsfeld), 그리고 그의 보좌역 체이니(Dick Cheney)는 시카고 대학교 경제학 교수인 래퍼(Arthur Laffer)와 워싱턴 호텔의 Two Continents 식당에서 저녁 식사를 함께 하고 있었다. 그들은 당시 포드 대통령의 'WIN'(Whip Inflation Now) 정책을 위한 세율 인상안에 대하여 논의하고 있었다.

경기부양을 위해 재정지출 확대가 효과적이라는 정부 측 주장과 이에 반대하는 야당 간의 논란은 많은 나라에서 선거 때마다 자주 등장하는 현상이다. 감세정책은 세금을 감면해 줌으로써 가계의 소비와 기업의 투자 심리를 회복시키고자 하는 정책인데 재정확대정책과 함께 재정정책의 중요한 형태이다. 감세는 세금을 줄여주는 것이기 때문에 개인이 소비하거나 저축할 수 있는 가처분 소득을 증가시킨다. 가처분소득의 증가는 소비의 증가를 가져오고, 기업의 생산활동을 촉진시킨다.

과거 미국 레이건 대통령(Ronal Reagan, 1911~2004, 미국 제40대 대통령) 정부의 감세정책이 미국 경제 회복에 기여했다는 견해가 있는데, 당시 레이건 정부는 개인 소득세와 법인세율의 대폭 인하로 고소득층의 납세액이 증가했고, 성장률 등 거시경제 지표가 대폭 개선된 것으로 나타났었다. 최상위 10% 소득계층이 납부한 실질 소득세 수입은 1981년 1,506억 달러에서 1988년 1,988억 달러로 32.7% 증가한 것으로 나타났다.

세율을 낮췄는데도 정부의 세수입이 늘어날 수 있었던 것은 소위 '래퍼곡선'(The Laffer Curve)으로 설명될 수 있다. 레이건 행정부에서 8년간 대통령 경제자문을 역임한 아더 래퍼는 "세율이 영(零, zero)일 때 세수입(稅收入, tax revenue)도 영이 되지만, 세율이 100%일 때에는 누구라도 소득을 얻기 위한 활동을 거부하기 때문에 자연히 세수입도 영이 된다"는 사실에 착안했다. 이를 토대로 세율과 세수입의 관계를 나타내는 래퍼곡선을 고안해 냈다. 래퍼곡선에 따르면 세수입이 극대화될 수 있는 세율이 존재하는데, 레이건 대통령의 감세정책은 당시 미국의 세율의 높았기 때문에(최고 소득세율 70%) 이를 낮춤으로써(28%) 세수입을 높일 수 있다는 판단에 근거하였다.

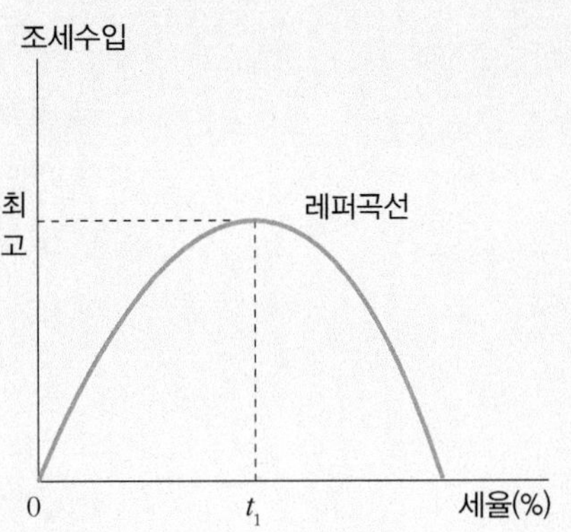

우리나라의 노동 및 자본소득에 대한 세율은 선진국에 비해 비교적 낮은 편이지만 내수

〈미국의 세율 변화〉

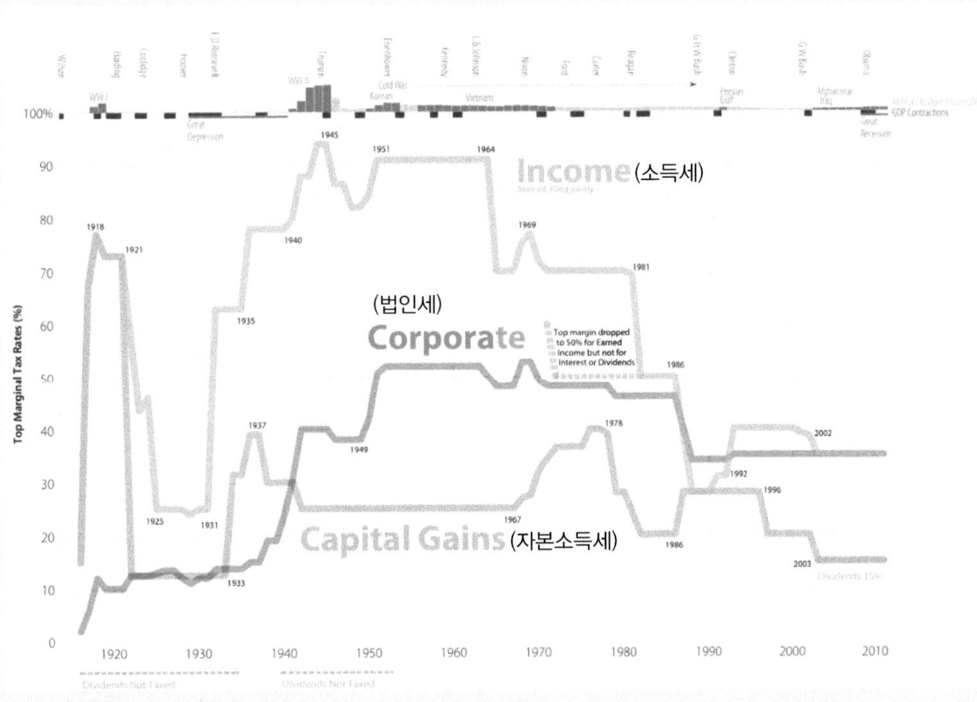

침체가 지속되고 있는 상황에서 세율 인하는 소비와 투자 활성화 그리고 세수입 증가를 위해 바람직하다는 지적이 제기되곤 한다. 그러나 한편에서는 이러한 감세정책에 따른 가처분소득의 증가가 현실적인 소비증가로 나타나기까지는 많은 시간이 소요된다는 주장도 있다. 그러므로 때에 따라서는 도로, 항만, 그리고 철도 등 사회간접자본 등에의 공공투자를 통해 재정지출을 확대하는 것이 동시에 필요하다(policy mix)는 견해가 제기되기도 한다. 중요한 것은 가계가 일상적인 소비활동을 영위하고, 기업들이 적극적인 투자에 나설 수 있는 여건이 마련되지 못한다면 재정지출 확대이든, 감세정책이든 실질적인 경제회복 효과를 기대할 수 없다는 점일 것이다.

와니스키는 1978년 Public Interest에 발표한 글 "Taxes, Revenues, and the 'Laffer Curve'"에서 래퍼 교수의 조세이론에 래퍼커브라는 명칭을 붙여 주었다. 와니스키에 따르면 래퍼 교수는 테이블의 냅킨 위에 펜으로 세율과 세수입의 반비례 관계를 즉석에서 그림으로 그렸다고 하는데, 막상 래퍼 교수는 와니스키의 그러한 주장에 동의하지 않는다. 왜냐하면 래퍼 교수의 기억으로는 Two Continents 식당의 냅킨은 고급 천으로 되어 있었고, 그는 어머니의 가르침을 받아 자신은 좋은 물건을 망가뜨리지 않기 때문이라고 한다.

자료: Laffer, A., "The Laffer Curve: past, present, and future," June 1, 2004, http://www.heritage.org/research/reports/2004/06/the-laffer-curve-past-present-and-future.

재정의 역할

재정의 기능

재정(財政, public finance)이란 국가의 예산인 세입(歲入)과 세출(歲出)의 운용을 말한다. 세입은 정부가 거둬들이는 세금수입을 말하고, 세출은 정부가 지출하는 돈을 뜻한다. 여기서 말하는 재정은 기업의 재정(corporate finance)과는 의미가 다르다. 기업 활동과 관련하여 사용되는 재정이라는 표현은 기업이 자금을 조달하여 운용하는 것을 말한다. 국가의 재정은 기본적으로는 기업의 재정과 큰 차이가 없지만, 공공부문에서의 자금운용이므로 공공재정(public finance)이라고 한다.

국가의 재정은 국가경제를 바람직하게 운용하기 위해 대단히 중요한 역할을 담당한다. 그 이유를 이해하기 위해서 공공재정의 기능에 대하여 살펴보자. 공공재정은 여러 가지 기능을 갖는다. 우선, 가장 근본적인 기능은 국가의 치안유지와 국방이다. 정부는 국가의 치안유지와 국방에 재정을 사용한다. 이를 통하여 국민의 안녕과 질서를 확립하는 것이 최소한의 국가기능이다.

재정의 두 번째 기능은 경제 하부구조[13]의 확충이다. 경제 하부구조란 도로, 철도, 전력 등 경제활동에 기본적으로 필요한 기반 시설을 말한다. 경제 하부구조가 발달되어 있지 못하면, 경제활동이 제대로 수행되기 어렵다. 예를 들면, 도로가 잘 닦여 있지 못한 국가의 경우, 높은 물류비용을 감수하지 않으면 안 된다. 따라서 경제 하부구조는 사회적 비용을 최소화하고, 생산력을 최대화하는 역할을 수행한다.

그러나 재정의 기능에는 이보다 더 적극적인 역할이 있다. 그 중의 하나가 소득재분배 기능이다. 소득재분배는 소득분배와는 다르다. 소득분배는 국가경제 안에서 생산활동의 결과에 따라 일차적으로 각 가계에 소득이 분배되는 것을 의미한다. 반면에 소득재분배는 일단 분배된 소득을 조세와 보조금 등의 정책수단을 통하여 다시 조정하는 것을 말한다. 즉, 재정의 적극적인 기능을 통해서 보다 바람직한 소득재분배를 도모할 수 있는 것이다. 이러한 목적으로 사용되는 제도 중의 하나가 조세를 누진세율로 걷는 것이다. 누진세는 소득 수준이 높은 사람이 더 높은 세율을 부담하는 것을 말한다. 예를 들어, 소득이 1천만 원인 사람이 10%의 세율을 부과 받는다면, 누진세의 경우 소득이 2천만 원인 사람이 15%의 세율을 적용받는 방식이다. 세율이 일정하여도 소득 수준이 높은 사람은 더 많은 세금을 납부하겠지만, 누진세의 경우 고소득자에 대한 세율도 더 높아지기 때문에 고소득자는 훨씬 더 많은 세금을 납부하게 된다.

넷째로 재정은 경기조절의 수단으로 사용되기도 한다. 즉 경기가 침체되면 재정지출을 늘리고, 세금을 감면해 주는 확장적 재정정책(expansionary fiscal policy)을 통해 유효수요를 확대한다. 반대로, 경기가 지나치게 과열되면, 긴축적 재정정책(restrictive fiscal policy)을 통해 재정지출을 축소하고, 세금을 인상함으로써 유

13 하부구조는 영어표현으로 infrastructure라고 한다. 여기서 infra는 밑을 나타내는 접두어이다.

효수요를 축소시킨다.

재정의 다섯 번째 기능은 신사업 분야의 개발이다. 변화하는 대내외 경제 및 사회적 환경에 능동적으로 준비하기 위해서, 정부는 재정정책을 통해 국가 사회의 미래 수요를 예측하고, 이에 필요한 새로운 사업 분야를 개발하는 데 앞장서기도 한다. 예를 들면, 정보화사회를 준비하기 위해서는 정보통신 사업 분야에 대한 정부투자를 확대함으로써 변화하는 사회적 수요에 대비한다. 이를 위하여 공공부문과 민간부문의 결합인 '제3섹터'(the third sector) 방식이 활용되기도 한다. 이러한 방식은 민간부문만으로서는 수행하기 어려운 새로운 사업 분야에 공공부문이 앞서서 민간부문의 참여를 유도하는 방식이다. 제3섹터 방식은 공공부문만에 의해서 사업이 수행되는 데 따른 문제점들도 해소할 수 있다는 장점이 있다.

재정의 마지막 기능은 가장 적극적인 기능이라고 할 수 있는 산업지원의 기능이다. 우리나라의 경우 과거 경제개발 연대 기간 동안 국가 전략산업부문에 대한 정부의 세금 감면과 보조금 지급 등으로 이들 산업이 빠르게 성장할 수 있도록 하였다. 오늘날 이러한 방식의 산업지원이 용이한 것은 아니지만, 세계 각국은 보이지 않는 형태로 현재에도 국가 전략산업에 대한 각종 재정적 지원을 하고 있다. 일본의 경우, 이미 방위산업 부문에서 기술개발(R&D)을 위한 세금 감면과 보조금 지급을 하고 있다. 방위산업 부문의 기술개발에 대한 지원은 WTO의 뉴라운드(2001~)에서도 빈번하게 논란의 대상이 되고 있는 분야이다.[14] 한 가지 예로, 미국 보잉(Boeing)와 유럽의 에어버스(Airbus)간의 R&D 보조금을 둘러싼 분쟁인데, 에어버스사의 대형 항공기 A300의 약진에 자극을 받은 보잉사가 에어버스사의 보조금을 문제 삼자, 이에 대항하여 에어버스사가 미국 항공우주국(NASA)의 보잉사에 대한 R&D 보조금이 WTO의 보조금협정에 위배된다고 제소하였고, 이에 대하여 WTO의 분쟁해결(dispute settlement) 패널은 문제가 된 보조금이 오로지 보잉사의 혜택과 사용만을 위한 것이기에 보조금협정을 위반했다고 결론지었다. 이처럼 방위산업에 대한 R&D 지원은 실질적으로 지원받은 산업 또는 기업의 경쟁력을 강화하여 교역에 영향을 미쳤다고 판단되는 경우에 한해서만 WTO의 제제를 받기 때문에 각국은 다양한 형태로 전략 산업에 대한 간접적인 지원을 하고 있는 실정이다.

지금까지 설명한 6가지 재정의 기능을 통해 정부의 역할을 살펴보았다. 치안과 국방

14 정재호, "정부의 연구개발지원과 WTO 보조금협정과의 관계에 관한 소고", 『재정포럼』, 2011년.

이라는 공공재를 제공하고 하부구조를 건설하는 것이 국가의 가장 소극적인 역할이고, 가장 적극적인 역할은 특정계층의 소득을 지원하는 소득정책과 특정 산업을 지원하는 산업정책이다. 과거에는 적극적 재정정책이 중요했으나, 최근에는 정부실패가 중요하게 부각되면서 적극적 정책을 줄여야 한다는 목소리가 높다. 특히 WTO에서는 각국의 산업정책을 면밀하게 감독하고 있다. 각국 정부는 국제기구가 허락하는 범위 내에서 국가의 경쟁력을 높이기 위해서 가장 효율적인 시장운영의 방안을 마련하기 위해서 고심하고 있다.

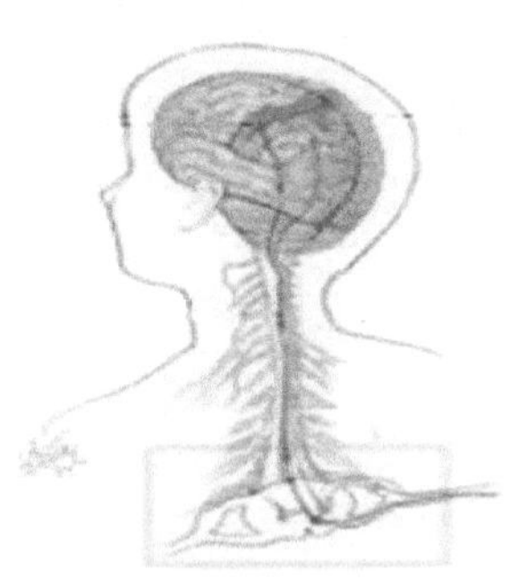

금융시스템이 인체의 혈관에 비유될 수 있다면 국가재정은 무엇에 비유될 수 있을까? 재정은 인체에 비유하면 중추신경과 같다고 할 수 있다. 인체에서 중추신경이 제대로 기능하지 못하면, 사람의 걸음걸이가 올바르지 못하듯이, 국가경제도 재정이 올바르게 운용되지 못하면, 갈 길을 바로 잡지 못하게 된다.

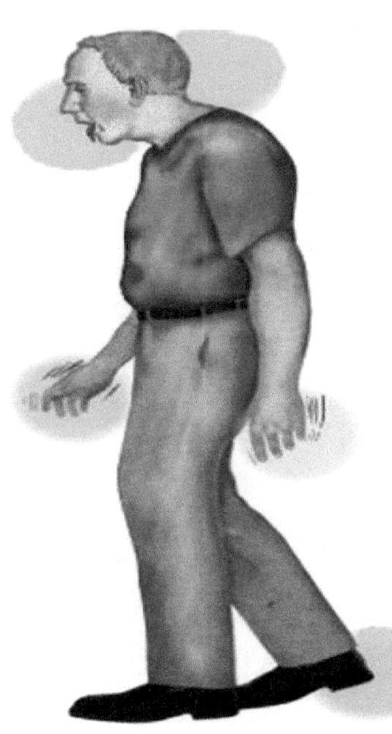

재정에 대한 시각

재정은 국가의 탄생과 함께 등장하였다. 특히, 15세기 이탈리아의 프로렌스(Florence)와 같은 도시국가와 독일의 지방도시들(Reichsstädte)에서 재정의 기능이 발달하였다. 19세기 초, 영국의 정치가이면서 재정가인 글래드스톤(W. E. Gladstone)은 이러한 재정의 이념을 정립시켰다. 글래드스톤의 재정 이념을 가장 잘 나타내는 표현이 '긴축'(retrenchment)이다. 즉 '정부기관의 최소화, 그리고 남는 기능의 합리화'가 바로 그러한 이념을 뒷받침하는 목표가 된다. 따라서 글래드스톤의 재정이념은 '재정 수입만을 위한 징세'(taxation for revenue only)라고 할 수 있다. 당시에는 그 이상의 조세는 모두 바람직하지 않은 것으로 간주되었다. 또한 균형재정의 중요성이 강조되었다. 글래드스톤의 이러한 재정이념은 현대 재정이념의 출발이라고 할 수 있다.

균형재정, 적자재정 및 흑자재정 중 어떤 형태가 바람직한가에 대한 견해는 시대에 따라 변화하였다. 19세기 입헌군주시대에는 전쟁수행 등 불가피한 경우를 제외하고는 군주의 지출을 억제하는 것이 의회의 관심이었기에 균형재정을 이상적으로 여겼다. 그러나 이러한 재정의 이념은 20세기에 들어와 변화되었다. 부의 축적과 전쟁의 감소는 각국의 독립적인 재정을 가능하게 하였고, 이를 토대로 하여 적극적인 재정의 이념이 등장하게 되었다. 영국의 마샬(Alfred Marshall)은 재정을 통한 소득 재분배의 기능을 강조하였는데, 그의 이러한 재정이념은 '변화를 위한 징세'(taxation for change)로 표현될 수 있다. 이때부터 재정의 적극적인 기능을 강조하는 후생경제학(welfare economics)이 발달하게 된다. 특히, 1930년대 세계경제 대공황을 겪으면서 재정의 적극적인 기능이 더욱 강조되었고, 이러한 재정의 이념은 각국에서 널리 받아들여졌다.

케인즈는 총수요의 부족으로 대량실업이 발생했다고 보고 정부지출을 증가시켜, 즉 적자재정을 통해 유효수요를 창출해 실업을 해소해야 한다고 주장하였다. 이와 같이 케인즈는 총수요가 부족할 때는 적자재정을 통해서라도 부족한 수요를 보충하고, 수요가 과다할 때는 흑자재정을 사용해서 경기를 조절해야 한다고 주장했다. 즉 재정의 경기조절기능을 중시하는 이른바 '기능적 재정'(functional finance)관을 가지고 있었다. 그러나 한 번 방만해진 정부지출을 축소시키기란 쉬운 일이 아니다. 본 장의 앞에서 미국과 우리나라의 예를 보았듯이, 오늘날 대부분 나라들은 방만한 정부지출의 증가로 재정적자가 누적되었고, 높은 국가채무는 금리의 인상을 가져와 자유시장기능을 위축시키고, 동시에 과도한 재정지출로 인하여 인플레이션 심리를 심화시킨다는 부작용을 가져왔다. 또한 재정적자의 재원을 충당하기 위해 국채를 발행할 경우 다음 세대에게 세금을 부담시키는 것을 의미하기 때문에 정치적 부담이 될 수 있다. 최근에는 경기부양을 위한 공공투자 지출증가와 저소득층 및 고령자에 대한 사회복지 지출증가로 적자재정을 경험한 대부분의 선진국들은 균형재정을 선호하는 경향을 보이고 있다.

ECONOMIC EYES
경제의 눈

글래드스톤(Gladstone)과 긴축

글래드스톤(William E. Gladstone, 1809~1898)은 영국 역사에서 영국의 자유당을 대표하는 정치인이며, 1852~1855년 그리고 1859~1866년에 걸쳐 재무장관을 역임하였다. 또한 그는 네 차례(1868~1874, 1880~1885, 1886, 1892~1894)에 걸쳐 영국 수상을 역임하였다. 그는 공공부문의 계혁과 비밀투표제도의 도입을 포함하여 많은 개혁을 이루었다. 무엇보다도 글래드스톤은 현대적 재정이론을 확립한 것으로 높이 평가받고 있다. 그의 재정이론은 '재정수입만을 위한 징세'라는 표현에서 담겨 있듯이 긴축(retrenchment)을 재정정책의 가장 중요한 요소로 강조하였다.

그는 신앙심이 대단히 깊은 정치가였으며, 종교적 도덕성을 정치에 반영하고자 노력하였다. 그는 현대 재정이론을 확립한 사람으로 평가받고 있는데, 그럼에도 불구하고 당시의 빅토리아 여왕은 그의 이러한 재정관을 탐탁치 않게 생각하였다. 그가 남긴 유명한 말들로는 다음과 같은 것들이 있다:

"도덕적으로 옳지 않은 것 중에 정치적으로 옳은 것은 하나도 없다"(Nothing that is morally wrong can be politically right).

"정부의 의무는 국민들이 옳지 않은 일을 하기 어렵게 하고, 옳은 일을 하기 쉽게끔 하는 것이다"(It is the duty of government to make it difficult for people to do wrong, easy to do right).

"대외정책의 첫 번째 원리는 좋은 정부이다"(Here is my first principle of foreign policy: good government at home).

"정의의 실현이 지연되는 것은 정의가 거부되는 것이다"(Justice delayed is justice denied).

자료: http://www.brainyquote.com/quotes/authors/w/william_e_gladstone.html

ECONOMIC EYES
경제의 눈

재정건전성

경기침체가 지속되면 세수입이 차질을 빚게 되고, 그럴 경우 적자재정이 불가피해진다. 이럴 경우 정부는 종종 "균형재정은 3~5년간 중기적으로 맞추면 되는 것"이라며 단기적으로 적자재정을 감수할 수도 있다는 입장을 나타내기 쉽다. 그러나 일단 정부가 적자재정에 맛을 들이면, 일본의 경우처럼 만성적 적자재정의 전철을 밟을 수 있다는 것이 전문가들의 견해이다.

우리나라는 1997년 외환위기와 같이 경제적으로 어려울 때마다 탄탄한 재정이 견인차 역할을 하며 국가경제를 지탱해 왔다. 그러나 적자재정으로 이러한 재정의 역할이 무너질 경우 더 이상 기댈 언덕이 사라지게 된다. 특히 그동안 외국 투자자들이 북핵 위기 등에도 불구하고 한국의 재정건전성을 감안해 한국에 대한 투자를 유지했지만, 앞으로는 이를 장담할 수 없는 상황이다. 과거 정부의 각종 사회보장비 지출과 주한미군 재배치에 따른 국방비 증액 등이 중장기적으로 적자재정을 악화시킬 가능성이 높다고 보기 때문이다.

'재정건전성'이란 국가 재정의 부실화를 방지할 수 있도록 계획성 있게 운영되는 재정상태를 말한다. 현대의 재정학자들은 경우에 따라서는 적자재정을 통해 침체된 경기를 부양함으로써 재정정책의 효과를 높일 수 있다고 주장하기도 한다. 그렇지만 오늘날 많은 국가들이 방만한 정부지출의 증가로 재정적자가 누적되었고, 이는 자유시장기능을 위축시키는 부작용을 가져오고 있다. 우리 사회에서 크게 늘어날 것으로 예상되는 저소득층 및 고령자에 대한 사회복지 지출에 대비해 재정건전성을 유지하는 것이 중요할 것으로 보인다.

조세

재정은 세입과 세출로 구성되고, 세입은 다시 조세수입, 세외수입 및 자본수입으로 나누어진다. 여기서는 세입항목 중 우선 조세수입을 따로 살펴보자. 그 이유는 조세수입은 정부의 세입 중 가장 중요한 항목이고 국민경제에 영향을 주는 중요한 정책적 수단이기 때문이다. 조세는 국민에게는 경제적 부담이 되므로 공평성(equity)과 효율성(efficiency)에 입각하여 부과하여야 한다. 조세의 유형을 살펴보면 다음과 같다.

첫째, 세금을 내는 납세자와 세금을 부담하는 담세자가 같은가 다른가에 따라 직접세와 간접세로 구분할 수 있다. 직접세(direct tax)는 납세자와 담세자가 일치하는 조세를 말하는데 우리나라의 경우 소득세, 법인세, 그리고 재산세 등이 이에 속한다. 소득세의 경우 근로자가 자신이 납부하는 세금을 직접 부담하며, 법인세의 경우에도 기업이 자신의 이윤에 대한 세금을 직접 부담하여 납부한다. 그리고 재산세도 자신이 소유한 재산에 대하여 자신이 납부하므로 직접세에 해당된다. 반면에 간접세(indirect tax)는 납세자와 남세자가 일치하지 않은 세금을 지칭하며 주로 재화와 용역의 소비를 대상으로 부과된다. 우리나라의 경우 부가가치세, 특별소비세, 주세, 수입관세, 그리고 전화세 등이 이 범주에 속한다. 이러한 세금들은 이들 상품들을 구매하는 소비자들이 세금을 부담하지만 실제로 정부에 세금을 납부하는 주체는 기업이다.

둘째, 과세표준의 기준에 따라 종가세(終價稅, ad valorem tax: tax in proportion to the value)와 종량세(從量稅, specific tax)가 있다. 과세표준이란 세금을 부과함에 있어서 그 기준이 되는 것을 말한다. 예를 들어서 소득세의 경우에는 소득금액이 과세표준이 되며, 재산세의 경우는 재산가치가 과세표준이 된다. 종가세는 과세표준을 화폐단위로 표시하는 세금을 말하며, 종량세는 과세표준을 수량이나 부피로 표시하는 것을 말한다. 예컨대 판매가격의 일정비율을 세금으로 내는 것이 종가세(정률세)이고, 술의 원료인 주정(酒精)과 담배와 같이 판매되는 상품단위마다 일정액의 세금을 내는 것이 종량세(정액세)이다.

종가세는 상품가격이 높을수록 많은 금액의 세금이 부과되므로 소득분배 측면에서 조세부담의 공평성을 기할 수 있다. 그러나 상품가격에 따라 일일이 세율을 정해야

하므로 과세물건의 가격을 정확하게 파악해야 하는 어려움이 따른다. 그러나 종량세는 과세는 간단하지만 부자나 가난한 사람이나 구분 없이 소비량에 비례해서 세금을 내는 것이므로 사회의 형평을 해칠 우려가 있다. 참고로, 종가세와 종량세는 일본어 표현을 가져온 것으로 '가격에 따라 세율이 정해지는 종가세'와 '양에 따라 세율이 정해지는 종량세'로 오해될 수 있다. 보다 정확한 개념은 '종가세는 정률세로서 가격에 따라 세수입이 변하는 세금' 그리고 '종량세는 정액세로서 수량에 따라 세수입이 변하는 세금'으로 이해하는 것이 옳을 것이다. 우리나라에서 담배에 대한 세금을 종량세에서 종가세로 바꾸려는 정부의 입장에 대하여 논란이 제기된 바 있다(종량세와 종가세에 관한 자세한 설명 제10장에서 다루어진다).[15]

셋째, 세율의 결정방법에 따라 정액세, 누진세, 비례세, 그리고 역진세가 있다. 정액세(여기서는 세액 자체가 고정되는 경우인 lump-sum tax를 의미함)는 과세표준의 크기에 상관없이 일정한 세금을 부담하는 형태인데 주민세 및 방범비 등이 이에 해당된다. 과세표준이 커질수록 세율이 높아지는 세금을 누진세(progressive tax)라고 하고, 과세표준의 크기에 관계없이 세율이 일정한 경우를 비례세(proportional tax), 그리고 과세표준이 커질수록 세율이 낮아지는 것을 역진세(regressive tax)라고 한다. 소득세는 소득이 증가할 때 세율이 증가하므로 누진세에 해당하고 소득수준에 관계없이 일정한 세율을 적용하는 소비세, 사회보장세 등은 비례세에 속한다. 한편 역진세는 현실적으로 세금의 형태로는 존재하지 않지만 세금과 비슷한 성격을 가지는 정부 발행 복권의 경우를 들 수 있다. 정부가 공공주택건설 등의 사업을 위한 충분한 예산을 확보하지 못할 경우 복권 발행을 통해 필요경비를 조달하는 경우가 있다. 이 경우 복권판매액에서 당첨금을 제외한 수익을 공익을 위해 사용하기 때문에 자발적 조세와 같다. 이는 조세저항이 적어서 정부 각 기관이 매우 선호한다. 그런데 문제는 복권을 사는 사람들이 대부분 저소득층이라는 것이다. 복권이 주로 지하철역이나 버스정류장에서 판매된다는 것이 이러한 사실을 뒷받침해 준다. 따라서 복권을 통한 재원 마련은 매우 역진적 조세가 된다. 세금구조가 누진적일수록 과세의 형평을 가져와 소득재분배 기능이 높아진다.

넷째, 조세를 징수하는 주체에 따라 국세와 지방세가 있다. 국세(national tax)는 중앙정부가 조세를 징수하는 형태로 통상 내국세, 관세, 그리고 교육세 등이 이에 해당된다. 특히 내국세에는 소득세와 법인세 등의 직접세와 부가가치세, 특별소비세, 그리고 주세 등의 간접세가 포함된다. 지방세(local tax)는 지방정부가 조세를 징수하는 형태로 주민세, 취득세, 재산세, 자동차세 및 등록세 등이 있다. 담배의 경우 세금은 대부분 지방정부의 재원으로 활용되어 왔는데, 2014년 말 담배값을 대폭 인상하면서 개별소비세(2,000원 인상분 중 약 594원)를 신설하여 부족한 중앙정부 세금을 메우려는 의도가 있다는 비판이 제기되었다.

15 조선일보, "정부 '담뱃값 따라 세금 부과'···불붙은 담배세 논쟁, 2014년 4월 11일.

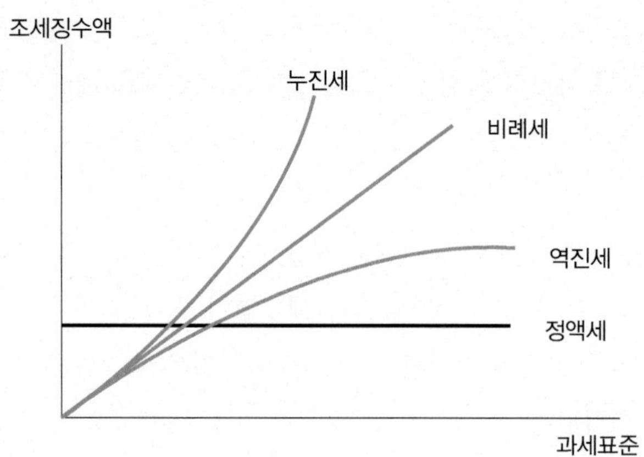

▲ 그림 8-1

세율기준에 따른 세금형태

소득이 높아질수록 세율이 증가하는 누진세와 그 반대인 역진세가 있다. 과세표준은 세금부과의 기준이 되는 소득을 말한다.

재정의 운용

재정의 기구: 예산

재정을 꾸려 나가기 위해 중앙정부든 지방정부든 모든 정부는 매년 예산을 편성한다. 예산은 국가 정책 수행을 위해 필요한 지출과 이를 위한 재원을 금액으로 나타낸 것을 말한다. 따라서 예산은 '숫자로 표시된 정부의 정책'이라고 할 수 있다.[16] 회계연도(우리나라의 경우 1월 1일부터 12월 31일까지의 1년 단위로 구성, 미국은 10월 1일에서 다음해 9월 31일까지임) 전에 편성된 예산을 본예산이라 한다. 그러나 회계연도 중이라도 국내외 경제상황의 변화 또는 천재지변과 같은 돌발사태가 발생할 경우 예산을 다시 수정할 수 있는데 이를 추가경정예산이라고 한다.

예산을 집행한 결과를 결산이라고 한다. 결산은 예산범위 내에서 이루어지지만 반드시 일치한다는 보장은 없다. 왜냐하면 경기에 따른 조세수입의 변동, 사업의 진척 속도 및 인플레이션에 의한 비용상승 등 여러 가지 이유로 예산에 준하여 집행되기가 어렵기 때문이다.

우리나라 중앙정부의 세입예산은 크게 국세수입과 세외수입 및 자본수입으로 분류된

16 기획예산처, "예산의 이해," 재정 아카데미.

다. 국세수입은 소득세, 법인세, 상속세, 부가가치세, 그리고 특별소비세 등의 내국세와 관세, 교통세 및 특정목적에 용도가 한정된 주세(酒稅)와 농특세(農特稅)로 구성된다.

세외수입은 국세 이외의 수입을 말하는데 정부출자수입, 벌금 등의 경상세외수입과 공기업 주식매각 수입 및 전년도 이월금 등으로 이루어진다. 일반회계는 국세수입이 대부분을 차지하나 특별회계는 목적세 수입을 제외하고는 세외수입이 많은 부분을 차지한다. 국세수입과 세외수입을 합해 경상수입이라고 한다. 이 밖에 자본수입은 토지나 건물 등 자본재를 판매해서 발생하는 수입을 말한다.

세출은 정부가 행하는 모든 지출을 말하며 흔히 재정지출이라고도 불린다. 세출은 경제적 분류(economic classification)와 기능적 분류(functional classification)로 구분해 작성된다. 세출을 경제적으로 분류하면 경상지출, 자본지출, 순대출로 나누어진다. 경상지출은 공무원 봉급지급을 포함한 정부소비지출, 정부가 차입한 채무에 대한 이자지급 및 이전지출을 말한다. 이전지출(transfer payments)이란 재화나 용역에 대한 구입의 형태가 아닌 가계나 기업에 보조금 형태로 지급하는 것을 말하며 의료보험, 실업보험, 사회보조금 등이 이에 해당된다. 자본지출은 정부가 토지, 건물, 자본재 등을 취득하는 데 드는 지출을 말한다. 순대출은 정부가 각종기관에 빌려 준 융자금에서 회수금을 뺀 것을 말한다.

통합재정수지와 관리재정수지

우리나라의 경우 정부예산 또는 재정은 '통합재정수지'라는 개념으로 집계되고 있다. 우리나라 재정의 범위를 말하는 통합재정수지는 중앙은행을 포함하여 공적인 금융기관의 재정을 의미하는 '공공금융기관'과 이를 제외한 '비금융 공공부문'으로 구성된다. 우리나라에서 공공금융기관이 존재하는 이유는 과거 경제개발 과정에서 자금조달을 위한 금융기구의 기능이 중요했기 때문이며, 이러한 영향은 아직 우리나라의 재정구조 안에서 남아 있다. 그러나 실질적으로는 통합재정수지는 비금융공공부문만을 포함한다. 참고로 공공금융기관의 민영화 문제는 오랜 시간 논의가 지속되고 있다.

세계 각국은 IMF의 「정부재정통계편람」(*A Manual on Government Finance Statistics*)에 따라 통합재정수지를 산출하고 있는데, 이는 각국의 재정 통계를 표준화하기 위함이다. 우리나라도 1979년 이후 이와 같은 방식에 따라 통합재정수지를 산출하고 있다. 통합재정은 공공목적을 달성하기 위해 강제적으로 재원을 조달하여 공공재를 생산하는 비금융재정활동을 포괄한다. 우리나라의 통합재정수지는 일반정부와 비금융 공기업으로 구성되며, 일반정부는 다시 중앙정부와 지방정부로 구성된다. 우리나라의 통합재정수지의 구조를 그림

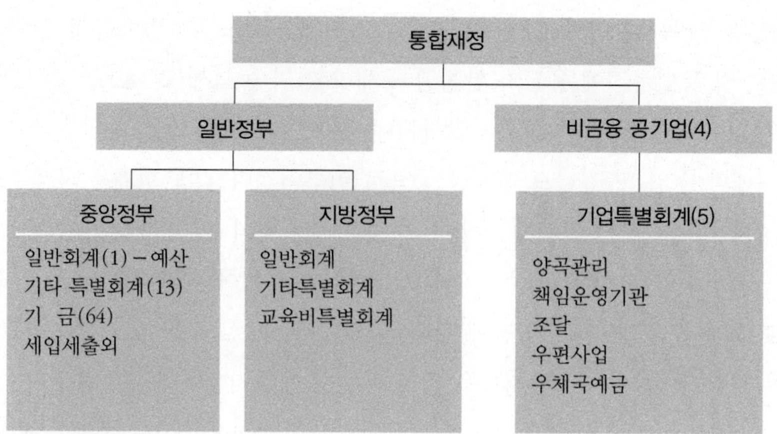

▲ 그림 8-2

우리나라 통합재정의 포괄범위

우리나라의 통합재정은 일반정부와 비금융공기업을 포함한다.

으로 나타내면 〈그림 8-2〉와 같다.

중앙정부 예산은 1개의 일반회계와 18개의 특별회계(5개의 비금융공기업의 기업특별회계와 농어촌구조개선 특별회계를 비롯한 13개의 기타 특별회계; 2014년 기준)로 구성된다. 일반회계는 일반 세입으로 일반적 지출을 담당하는 회계이다. 소득세, 법인세, 부가가치세, 관세 등 국세 수입의 대부분과 정부보유주식 매각분, 각종 수수료 등 세외수입을 세입으로 하여 정부의 일반행정비, 방위비, 사회개발비, 경제 개발비, 지방재정교부금, 채무상환 및 기타부문에 지출된다. 또한 특정한 사업의 수행을 위해 운영되는 특별회계의 자체 재원이 부족할 경우 이를 지원하기도 한다.

특별회계는 양곡, 통신, 조달 등 기업특별회계와 농어촌구조개선 특별회계 등 국가에서 특정한 목적의 사업을 운영할 때, 또는 재정융자 특별회계와 같이 특별한 자금을 보유해 운용할 때, 그리고 기타 특정한 세입을 특정한 세출에 충당함으로써 일반 세입세출과 구분해 정리할 필요가 있을 때 지원한다. 특별회계는 각 개별법에 의해 설치 및 운영되고 있다.

중앙정부의 예산에는 별도로 각 중앙관서의 장이 관리 및 운영하는 기금이 있다. 이 기금들은 특정한 분야의 사업에 대해 지속적이고 안정적인 자금지원이 필요하거나 사업 추진에 있어 탄력적인 집행이 필요한 경우에 예산과 별도로 설치하여 운용하는 것이다. 기금의 운용계획은 국무회의 심의를 거쳐 대통령 승인을 받아 확정된다(기금은 일반회계 예산 외로 운영되기 때문에 기금 운용계획의 변경은 일반회계 예산과는 달리 추가경정예산의 대상이 아니다). 세입세출외는 일반회계, 특별회계 그리고 기금에 포함되지 않는 거래(국고금 운용 이자수입, 한은 일시차입 이자비용 등 제한적인 항목이 해당됨)를 의미한다.

통합재정의 범위에서 일반정부 중 중앙정부의 예산은 국회의 심의를 거쳐 통과되어야 확정되며, 지방정부의 예산은 지방의회의 의결을 거치게 된다. 따라서 우리가 통상 '예산'이라고 하면 통합재정에 포함된 중앙정부의 일반회계, 특별회계 및 기금을 의미한다. 중앙정부는 기획재정부의 관할이며, 지방정부는 안전행정부 관할이다. 국회의 승인을 받은 2015년도 우리나라의 정부 예산은 375조 4천억 원이며, 2019년 정부계산은 이보다 25% 증가한 470조 5천억 원이다.

예산의 수입 측면에서 보면, 국세수입 중에서 주세, 전화세, 토지초과이득세, 교육세 등 일부 세원은 일반회계에 편입되지 않고 곧바로 지방자치단체 지원 재원으로 사용되는데 이를 지방양여금이라 한다. 지방정부는 예산편성 및 결산작성의 시차, 그리고 회계과목간의 차이 때문에 현재 통합재정에 포함시키지 않고 있으나, 정부재정의 투명성 향상 및 정부재정 전체의 포괄적 이해를 위해 통합재정에 지방재정을 포함시켜야 할 필요성이 있어 '01년부터 지방예산과목 구조 개편 및 회계별 전산시스템을 구축하였고, '05년에 지방재정법 개정을 통해 통합재정 도입의 근거를 마련하였다. 이에 따라 지난 2005회계연도분부터 중앙정부 통합재정수지, 중앙정부와 지방정부 통합재정수지 그리고 일반정부 재정수지 등 세 종류의 재정수지 통계를 발표하고 있다.

〈표 8-3〉에는 지난 14년간 우리나라의 통합재정수지 추이가 나타나 있다. 2018년 기준으로 우리나라 통합재정의 세입은 약 409조 원이며, 세출은 약 371조 원으로 약 29조 원의 흑자를 나타내고 있다. 한편, 관리재정수지는 정부의 모든 수입과 지출의 차이인 통합재정수지에서 국민연금 등 사회보장성 기금의 수지를 제외한 것으로 정부의 실질적인

▲ 표 8-3 우리나라 통합재정수지 추이

(단위: 10억 원)

재정수지별(1)	2004	2005	2006	2007	2008	2009	2010	2011	2012	2018[1)]
총수입	178,760	191,446	209,573	243,633	250,713	250,811	270,923	292,312	311,456	408,637
경상수입	177,432	190,165	208,140	241,693	248,809	248,279	268,540	289,785	307,754	406,508
조세수입	117,797	127,467	138,046	161,459	167,306	164,542	177,718	192,381	203,015	279,901
사회보장기여금	22,848	24,906	27,315	29,739	32,896	33,896	35,601	38,892	43,904	59,520
세외수입	36,790	37,794	42,732	50,495	48,607	49,841	55,221	58,512	60,836	67,088
자본수입	1,329	1,281	1,482	1,940	1,904	2,532	2,383	2,527	3,702	2,129
총지출 및 순융자	173,134	186,557	203,584	206,584	234,882	268,431	254,230	273,694	292,977	371,229
경상지출	144,744	158,884	171,345	173,277	200,964	215,134	216,937	235,458	252,620	329,668
자본지출	26,992	24,648	29,047	26,199	28,439	35,248	34,209	34,310	34,301	25,209
순융자	1,398	3,024	5,747	7,107	5,480	18,049	3,084	3,926	6,056	16,352
통합재정수지	5,626	4,890	5,989	37,049	15,831	−17,620	16,692	18,618	18,479	28,653

주 1): 2018년은 11월까지의 누계임.
자료: KOSIS, 통합재정수지

재정 상태를 보여주는 지표이다. 2018년의 경우, 28조 5천억 원의 적자를 나타냈다.[17] 관리재정수지가 악화된 것은 경기 침체로 법인세 등이 덜 걷히면서 전체 세수가 감소한데다, 지출은 경기 진작을 위하여 늘어난 영향으로 보인다. 국가 재정의 꼼꼼한 관리가 필요하다고 하겠다.

균형재정은 필요한가?

흔히 세입과 세출간 차이가 발생하는데 세입이 세출보다 큰 경우를 흑자재정(budget surplus), 세입이 세출보다 적은 경우를 적자재정(budget deficit), 그리고 세입과 세출이 같은 경우를 균형재정(balanced budget)이라고 한다. 재정수지가 마이너스(-)인 경우, 즉 적자재정인 경우 정부는 적자를 메워 주는 돈을 어디에선가 충당(보전)해야 한다. 충당방법은 중앙은행과 예금은행에서 돈을 빌리거나, 또는 국공채를 발행하거나, 아니면 외국에서 돈을 차입해야 한다. 따라서 정부의 예산제약식(government budget constraint)은 다음과 같이 표현된다.

정부지출 - 조세 = 통화공급 증가 + 국공채발행 증가 + 해외차입 증가

적자재정은 정부의 예산제약을 초과해 지출한 것을 말하는데 이는 총수요의 증가를 의미하며 인플레이션을 유발시킨다. 또한 적자재정은 실물경제에도 상당한 영향을 미치게 된다. 그 이유는 첫째, 적자재정은 정부차입을 의미하는데 국공채발행 등 민간부문으로부터 차입증가는 국내자금시장을 경색시켜 이자율이 상승하게 된다. 이는 민간부문의 투자활동을 위축시켜 총산출량 수준을 하락시킨다. 이를 구축효과(驅逐效果, corwding-out effect)라고 한다. 장기적으로는 민간부문의 투자 위축으로 자본축적량을 감소시켜 경제성장을 저해한다. 둘째, 적자재정은 정부부채이므로 이자를 부담해야 한다. 따라서 이자부담만큼 세금을 더 거두어야 하므로 국민의 부담이 더 늘어난다. 셋째, 적자재정은 국제수지에 나쁜 영향을 준다. 우리나라의 재정적자로 이자율이 상승하여 유가증권 수익률이 증가하였다고 하자. 이는 외국투자가들에게 우리나라의 유가증권에 대한 매력을 느끼게 해 외국투자가들은 유가증권을 사들이기 위해 원화에 대한 화폐수요를 증가시킨다. 이는 우리나라의 화폐가격을 상승시켜 수출이 감소하고 수입이 증가하여 국제수지를 적자로 가게 하는 요인이 된다.

경우에 따라서 정부가 경기부양을 목적으로 적자재정을 편성하는 경우도 있다. 그러

17 기획재정부, 『2018~2022년 국가재정운용계획』, 2018년 8월.

나 일반적으로 적자재정은 바람직하지 못하다. 반면에 흑자재정은 적자재정보다는 바람직하다고 할 수 있겠지만 예산의 잉여분을 금융기관에 상환하거나 대출하는 경우 통화량의 증가를 가져와 물가상승의 원인이 될 수 있다. 그러므로 경제상황에 따라 다르기는 하지만 정부는 균형재정을 재정의 목표로 삼는 경우가 많다.

재정은 어디에 쓰는 것이 좋은가?: 기능별 예산

기능별 예산이란 예산이 어떠한 용도로 사용되는가를 말한다. 우리나라의 경우 예산 중 일반·지방행정, 국방, 보건·복지·고용 등의 예산은 경직성 예산으로 분류될 수 있으며 국가경제의 생산력 증대에 직접적으로 기여하지는 못하는 분야이다. 반면에 산업·중소기업·에너지와 SOC 등은 사업성 예산에 포함되며 국가경제의 생산력 제고에 기여할 수 있는 분야라고 볼 수 있다. 〈표 8-4〉는 우리나라 예산 중 일반회계의 기능별 분포를 나타내고 있다.

▲ 표 8-4 우리나라의 기능별 예산(일반회계)

(조 원)

구 분	'18년(A)	'19안(B)	증감(B-A)	%
총지출	428.8	470.5	41.7	9.7
1. 보건·복지·고용	144.6	162.2	17.6	12.1
※ 일자리	19.2	23.5	4.2	22.0
2. 교육	64.2	70.9	6.7	10.5
※ 지방교육재정교부금	49.5	55.7	6.2	12.5
3. 문화·체육·관광	6.5	7.1	0.6	10.1
4. 환경	6.9	7.1	0.2	3.6
5. R&D	19.7	20.4	0.7	3.7
6. 산업·중소기업·에너지	16.3	18.6	2.3	14.3
7. SOC	19.0	18.5	△0.5	△2.3
8. 농림·수산·식품	19.7	19.9	0.2	1.1
9. 국방	43.2	46.7	3.5	8.2
10. 외교·통일	4.7	5.1	0.4	7.5
11. 공공질서·안전	19.1	20.0	0.9	4.9
12. 일반·지방행정	69.0	77.9	8.9	12.9
※ 지방교부세	46.0	52.8	6.8	14.8

자료: 기획재정부, "경제활력·일자리 예산", 2018년 9월.

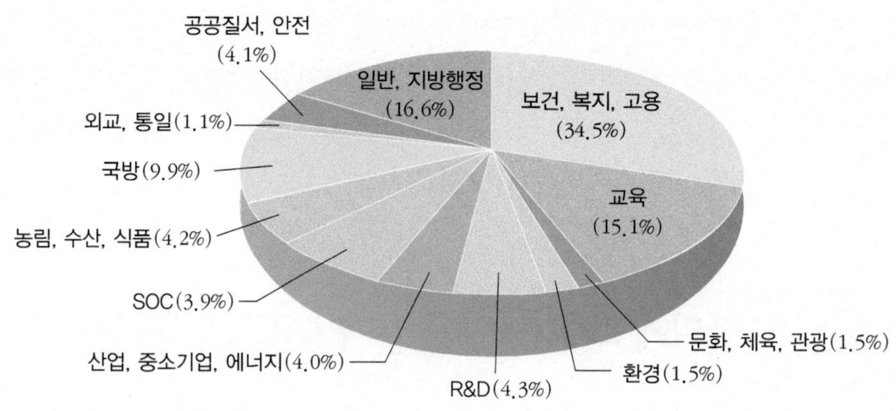

▲ 그림 8-3

우리나라의 기능별 예산(2019년, 단위 %)

예산의 기능적 배분은 국가경제의 생산성에 영향을 미치는 대단히 중요한 요소이다.

〈표 8-4〉에 따르면 경직성 예산인 공무원 인건비 등의 일반 공공행정비의 비중이 17%에 달하고 국방비도 10%에 이른다. 이처럼 예산의 크기도 중요하지만 전체 예산이 어떠한 기능으로 사용되는가는 더욱 중요하다. 국가재정이 국가경제의 비용을 감소시키고 생산성을 증가시키기 위해서는 경직성 예산의 비중이 줄어들어야 하며, 반대로 사업성 예산의 비중은 늘어나야 한다.

그러나 비록 사업성 예산이라고 하더라도 구체적인 내용을 점검할 필요가 있기 때문에 사업성 예산의 수치만 가지고는 예산이 합리적으로 편성되어 있는지를 판단하기는 어렵다. 최근 공공부문의 개혁을 평가하는 여러 조사에서 공공부문의 방만한 예산 운용이 큰 사회적 문제를 가져온 것을 보아도 이러한 문제점을 알 수 있다. 예산이 어떠한 용도로 사용되는가를 의미하는 실질적인 기능별 배분은 재정의 효율적 운용을 결정하는 매우 중요한 지표이다.

바람직한 재정의 운용은 국가마다 다르다

예산의 운용을 통하여 재정의 기능을 수행하는 정책을 재정정책(fiscal policy)이라고 부른다. 그렇다면 한 국가에 가장 바람직한 재정정책은 어떠한 것일까? 중요한 것은 모든 나라에 일관되게 적용할 수 있는 국가 재정의 정형화된 모형은 존재하지 않는다는 것이다. 그 이유는 각 나라마다 그 나라의 역사, 전통, 그리고 문화적 기반이 다르기 때문이다. 각국의 재정정책도 이러한 기반 위에서만이 존재할 수 있다. 예를 들어, 미국과 같은 나라의 경우는 다인종 사회이기 때문에 고용창출과 사회복지 확립에 재정의 중요한 초점이 맞춰져 있다. 그러나 독일과 일본의 경우는 이외에도 국가 재정이 산업지원의 기능을 포함하고 있다.

우리나라의 재정은 여러 가지 과제를 안고 있다. 첫째, 경직성 예산의 축소, 둘째 행정개혁을 통한 효율적인 정부의 구현, 셋째 공공부문의 민간부문 이양, 그리고 마지막으로 국제화시대에 맞는 재정의 기능 창출 등을 지향해야 한다. 특히, 현재 공공부문이 담당하고 있는 부분들 중의 상당부분이 민간에 이양될 수 있을 것이다. 미국의 경우, 심지어 교도소도 민간기업이 운용함으로써 재소자들에 대한 질 높은 서비스를 제공하고 있다.[18] 또한 교정시설에서의 교화율이 정부가 운영하는 교도소의 교화율보다 높은 것으로 나타나고 있다. 실제로 민간 교도소의 경우, 재소자가 공공 교도소에 비하여 자신의 감방에 머무르는 시간이 적은 것으로 나타났다. 그만큼 다양한 프로그램을 통하여 재소자의 교화율을 높일 수 있다는 것이다.

또한 글로벌시대에 재정을 통한 기업의 국제화 전략지원과 외국투자의 유치와 같은 재정의 국제적 역할도 강화해 가야 할 것이다. 그러나 무엇보다 중요한 것은 우리에게 맞는 재정의 역할을 재정립해야 할 필요가 있다는 것이다. 우리 사회가 서구식 사회보장제도를 도입하기 위해 재정의 많은 부분을 할애하는 것이 무조건 바람직한가는 깊이 생각해 보아야 할 문제이다. 사회보장제도가 가장 발달되어 있는 유럽 선진국들에서 노후를 외롭게 보내는 노인들이 많은 것은 우리에게 시사하는 점이 크다고 하겠다. 우리의 대가족제도와 같은 가족을 기반으로 하는 사회보장제도는 외국에서도 높게 평가하고 있다. 그러므로 우리에게 적합한 재정정책을 확립하는 것이 우리에게 주어진 가장 중요한 과제이다(경제의 눈: 마츠시타 이야기 참조).

18 Segal, G. F., "Comparing Public and Private Prisons on Quality," Reason Foundation, 2005.

■ 서구의 학자들에 따르면 3대(代)가 이루는 대가족제도는 가족을 기반으로 하는 우수한 시회보장제도이다.

ECONOMIC EYES
경제의 눈

마츠시타 이야기

Panasonic으로 유명한 일본 마츠시타 그룹의 유명한 경영자인 마츠시타 고노스케(松下幸之助, 1894~1989)는 1947년 그는 전후 일본 사회가 급속한 경제성장을 경험하면서 정신적인 측면과 물질적인 측면이 균형을 이루는 것이 중요하다고 생각하고 PHP(Peace and Happiness Through Prosperity) 연구소를 설립하였다. 이 연구소는 일본 사회에 필요한 많은 도서들을 출간하였다. PHP 연구소가 설립 30주년을 맞이한 1977년에 그는 이를 기념하기 위하여 화려한 행사보다는 한권의 책을 출간하였는데 그 책이 『나의 꿈, 일본의 꿈, 21세기 일본』(私の夢 日本の夢 21世紀の日本)이다.

그는 이 책의 서문에서 PHP 연구소의 30주년을 기념하는 특별한 방법으로 이 책을 출간하였다고 밝히고 있는데, 이 책 속에는 21세기 초에 일본을 방문하는 서방의 인사들이 일본에 대한 궁금한 점들을 질문하고, 그에 대하여 일본의 관계자들이 답을 하는 방식으로 이야기가 전개되고 있다. 그 중에서 미국측 인사가 "일본은 인구가 1억 명이 넘는데 어떻게 그렇게 정부의 예산은 작습니까? 사회보장제도도 갖고 있지 않은가 보군요." 이러한 질문에 대하여 일본 측 인사는 웃음을 보이며

"우리도 30년 전에 그런 문제로 고민을 했습니다. 어떻게 하면 바람직한 사회보장제도를 운영할 수 있을 것인가 하고요. 우리가 내린 결정은 이러했습니다. 부모를 모시고 사는 사람에게는 세금을 깎아주자. 그리고 장인, 장모를 모시고 사는 사람에게는 세금을 더 깎아주자. 길거리에 있는 홀로 된 노인을 모시는 사람에게는 세금을 더 깎아주자. 그러자 우리는 사회보장제도가 필요 없는 가정 중심의 사회복지를 갖게 되었지요."

그러자 미국 측 인사가 다시 물었다. "일본은 이렇게 높은 소득수준을 갖고 있는 나라인데도, 아직 구멍가게 같은 낙후된 유통방식을 고수하고 있군요?" 이에 대해 일본 측 인사는 또다시 웃음을 지으며 답하였다. "우리도 그 문제를 생각해 보지 않은 것은 아니지요. 그러나 우리가 택한 방식은 당신의 나라와는 다른 방식이었습니다. 구멍가게에서 일하면서 노인들은 자신들의 행복과 보람을 찾을 수 있지요. 그래서 우리는 현대식 대규모의 수퍼마켓도 있지만, 조금은 가격이 비싸더라도 구멍가게에서 물건을 삼으로써 건강하게 일할 수 있는 노인복지 시스템을 만들 수 있었습니다."

마츠시타의 이 책은 수백만부가 팔려서 엄청난 수입을 벌여들였다. 물론 그 수입은 PHP 연구소가 더 좋은 책을 만드는 데 쓰여졌다. 마츠시타의 이야기를 통해, 우리는 국가의 재정이란 정해진 모델이 있는 것이 아니고, 그 사회의 전통과 문화적 가치관 등에 기반을 두고 고려되어야 한다는 것을 생각하게 된다. 미국이나 유럽은 재정이 모든 사회보장을 책임지고 있기 때문에 재정의 비효율성이 문제가 되고 있지만, 우리는 지나치게 국가재정으로 모든 사회보장을 책임지기보다는 가정을 중심으로 하는, 스스로 일하는 보람을 느낄 수 있는 그러한 사회보장제도를 통하여 합리적인 재정의 운용을 도모할 필요가 있다.

파킨슨의 법칙(Parkinson's Law)

영국의 역사학자 파킨슨(C. Northcote Parkinson, 1909~1993)은 1955년 이코노미스트 잡지에 기고한 유머스러운 글[19]에서 관료주의의 위험성에 대하여 '파킨슨의 법칙'(Parkinson's Law)이라는 개념으로 설명하였다. 그에 따르면 할 일이 별로 없는 나이든 할머니가 자신의 조카에게 엽서를 보내는 데 하루 내내 걸릴 수 있지만, 같은 일이 바쁜 이에게는 단 3분이면 해낼 수 있는 일이라고 하였다. 그 할머니는 느긋하게 엽서와 안경을 찾고, 주소를 기억해 내고는 한 시간 반 정도 문장도 다듬고, 그리고는 아마도 우체국에 우산을 들고 가야 할지

■ C. Northcote Parkinson(1909~1993)

19 Parkinson, C. N., "The Parkinson's Law," *The Economist*, November 19, 1955.

도 고심할 것이지만, 이 모든 일들은 바쁜 이에게는 금새 해치워야 할 사무라는 것이다. 파킨슨의 주장은 한 마디로 '해야 할 일의 양과 그 일을 위해 얼마나 많은 사람이 실제로 필요한 가는 그다지 밀접한 관련성이 없다'는 것이다.

그의 글은 "일이란 그 일을 마치기 위해 시간이 남으면 그만큼 늘어나기 마련이다"(Work expands to fill the time available for its completion)라는 말로 시작하는데, 이로부터 다음 두 가지의 법칙을 제시하고 있다:

| 법칙 1 | **하급자(下級者) 양산의 법칙**(The law of multiplication of subordinates)

| 법칙 2 | **업무 양산의 법칙**(The law of multiplication of work)

공공부문에 종사하는 인력(A)은 업무상 도움이 필요할 때, 자신의 승진을 위해서 결코 경쟁자(B)에게 도움을 요청하지 않고 자신의 하급자(subordinates, C)를 만들게 되는데, 이때 자신만이 알고 있는 업무를 두 사람의 하급자(C와 D)에게 배분하여 자신(A)의 경쟁상대가 되지 않도록 하고, C나 D가 업무를 나누는 방식도 마찬가지로 E, F, G 그리고 H 등 자신들의 하급자를 복수로 지속적으로 늘여나가게 된다는 것이다(법칙 1).

이렇게 A 한 사람이 할 일을 일곱 사람이 같이 하게 되면서 온갖 불필요한 잡무들이 발생하게 된다. 늘어난 하급자들간의 업무가 뒤섞이면서 A의 업무도 쓸데없이 많아지고, 하급자들과 또 그들의 하급자들간의 서류 결제와 참조와 그리고 회송으로 일은 쌓여만 간다는 것이다(법칙 2).

파킨슨은 자신의 법칙을 통계적으로 뒷받침하였는데, 그는 당시 대영제국의 해군의 사례를 이용하였다. 그의 예를 보면(아래 통계표 캡처 참조), 1914년에서 1928년의 기간 동안 영국 해군의 전투 인력은 큰 폭으로 감소하였음에도 불구하고 해군의 관료계급(Admirality officials)은 2,000명에서 3,569명으로 큰 폭으로 늘어났음을 알 수 있다. 이 기간은 영국 해군력이 인원은 3분의 1이 그리고 함정은 3분의 2가 축소된 기간이므로 관료계급의 업무는 사실상 축소되었다. 그럼에도 불구하고 관료계급은 78.45% 증가를 보였다.

우리나라도 정부가 바뀔 때마다 공무원 수는 계속해서 증가했는데, 지난 1982년의 64만 8천 명에서 2002년에 88만 2천 명으로 약 24만 명 늘어났다. 2012년 말을 기준으로 우리나라 공무원 수는 99만 4천

291명으로 집계되고 있는데, 이는 국민 약 48명당 공무원 1명에 해당되는 것이다. 1982년에서 2012년까지의 30년 동안 인구 증가율이 연평균 0.7%에 불과하였는데 이에 비하여 공무원 수의 증가율은 1.7%에 이르고 있다. 우리 사회에는 사회정책의 사각지대(死角地帶)에서 소외되어 있는 많은 사람들이 있다. 따라서 사회복지 등의 분야에서 행정수요가 폭발적으로 증가하고 있는 것이 사실이다. 그러나 전문가들은 행정 수요 변화에 따른 인적자원 배분 노력이 뒤따르지 못한다면 앞으로도 공무원 수는 계속 늘어날 수밖에 없다고 지적하고 있다. 파킨슨의 법칙이 말하는 것처럼 공공부문이 효율적으로 작동하기 위해서는 공공부분이 갖는 비효율성을 해소하기 위한 공무원들 스스로의 노력이 중요할 것이다.

C. NORTHCOTE PARKINSON'S DATA:
Bureaucracy grows even though its reason for existence vanishes

ADMIRALTY STATISTICS

Year	Capital ships in commission	Officers and men in R.N.	Dockyard workers	Dockyard officials and clerks	Admiralty officials
1914	62	146,000	57,000	3249	2000
1928	20	100,000	62,439	4558	3569
Increase or Decrease	−67.74%	−31.5%	+9.54%	+40.28%	+78.45%

COLONIAL OFFICE

1935	1939	1943	1947	1954
372	450	817	1139	1661

ECONOMIC EYES
경제의 눈

한국 젊은이들의 공무원 시험 열풍

우리나라 젊은이들의 공무원 지원 열풍이 식을 줄 모르고 있다. 얼마 전 치러진 9급 공무원 시험에는 2,738명을 선발할 예정이었는데, 20만 명이 넘는 인원이 지원하였다. 약 74.8대 1의 경쟁률이다. 지난 2010년 82.2대 1, 2011년 93.3대 1, 2012년 72.1 대 1 등 '고공행진'을 이어왔다. 이처럼 대한민국에서 최고로 선망되는 직업은 공무원이며, 최근 각종 설문조사 결과를 봐도 20~30대 젊은이들의 공무원 선호는 뚜렷하다.

젊은이들이 이토록 공무원을 선호하는 까닭이 '평생직장'이기 때문이라고 알려져 있는데, 늘 구조조정과 감원 등 불안에 떨어야 하는 대부분의 직장인들과 달리, 공무원은 부정부패로 쫓겨나지만 않으면 60세까지 자리를 지킬 수 있다. 직업 안정성, 정년보장, 퇴직연금 등 공무원이 누리는 혜택도 적지 않다. 상황이 이렇다보니 공무원 시험과 관련한 학원들은 1년 내내 수강생들로 붐비고 있다.

이러한 우리의 현실과 대조적인 나라가 이스라엘이다. 이스라엘은 세계에서 가장 기술형 기업의 창업(start-ups)이 많은 나라이다. 세계에서 가장 큰 규모의 벤처자금을 끌어들이고 있는데, 이는 미국의 2.5배, 유럽의 30배,

인도의 80배, 그리고 중국의 300배에 달하는 규모이다. 또한 미국의 벤처기업 주식시장인 NASDAQ에 상장된 기업의 수는 미국을 제외하고는 이스라엘 기업들이 가장 많다. 이들 많은 이스라엘 벤처기업들은 젊은이들에 의해서 창업되고 있다. 우리나라의 많은 젊은이들이 안정된 직업으로서 공무원이 되기 위하여 젊음을 쏟아 붇고 있는 것은 국가의 장래를 위해서는 결코 바람직한 모습은 아닐 것이다.

자료: 조선일보, "9급 경쟁률 75:1, 여전히 식지 않는 공무원 열기", 2013년 5월 18일.

총수요관리정책과 재정

재정정책에 대한 오해

본 장의 앞에서 우리는 재정의 기능을 치안유지와 국방, 경제 하부구조의 확충, 소득재분배, 경기조절, 신사업 분야의 개발, 그리고 산업지원의 기능 등 6가지로 설명하였다. 이러한 재정의 폭넓은 기능은 국가에 따라서 그 중요도가 다를 수 있다. 예를 들어 미국의 경우 신사업 분야의 개발이나 특정 산업에 대한 지원 기능은 제한적이다. 그 이유는 미국 사회의 다인종적(유태계, 아이리시계 특성으로 인하여 특정한 인종이 산업 분야에 대한 편중된 지원이 어렵기 때문이다. 그래서 미국의 경제정책의 가장 중요한 내용은 시장의 경쟁을 보장하는 '독과점방지법'(The Antitrust Laws)[20]이다. 이들 법은 소비자들의 권익을 보장하는 경쟁을 보호하기 위함이다. 이를 통하여 시장이 경쟁적으로 기능하고, 소득이 증대하고 고용이 창출되면 미국의 다인종 사회는 안정성을 유지할 수 있다. 그러나 독일과 일본과 같은 나라들은 재정정책을 통하여 전략 산업에 대한 지원과 같은 적극적인 기능까지 도모하고자 한다. 우리나라의 경우에도 재정정책은 산업지원의 기능을 수행하는 넓은 의미의 재정정책이 채택되고 있다.[21]

그렇지만 우리나라의 경제학 교과서들에서 이러한 재정정책의 국가별 차이점이 간과

20 미국의 독과점방지법에는 The Sherman Act(1890), *The Federal Trade Commission Act*(1914) 그리고 *The Clayton Act*(1919)의 세 가지 법이 있다(참조: The Federal Trade Commission, http://www.ftc.gov/tips-advice/competition-guidance/guide-antitrust-laws/antitrust-laws).

21 예로 들면, 기획재정부의 "2013~2017년 국가재정운용계획"(2013년 9월)에 따르면 '산업분야는 산업융합, S/W 등 미래 성장동력 확충에 주력'하고 '중소기업·소상공인에 대한 지원은 지속 확대/이차보전 등 민간자금 활용 및 정책금융 지원 강화'을 재정운용계획의 중요한 내용으로 하고 있다.

되는 경우가 많다. 예를 들어, '재정정책(fiscal policy)은 조세와 정부지출의 변화를 이용하여 총지출에 영향을 미치는 정책이다'라고 정의하는 경우[22]에는 미국의 관점에서 재정정책을 경기조절 정책의 좁은 의미로 정의하고 있다고 할 수 있다. 따라서 우리나라의 경우에는 총수요관리정책과 재정정책을 구분할 필요가 있다. 총수요관리정책은 재정정책의 한 분야로서 정부지출과 조세의 변화를 통하여 경기조절을 목적으로 하는 정책이라고 정의할 수 있다.

재정을 통한 총수요관리

자동안정화장치

재정의 중요한 기능 중 하나가 총수요관리이다. 제6장에서 총수요(*AD*)를 구성하는 항목은 가계의 소비(*C*), 기업의 투자(*I*), 정부의 정부지출(*G*) 그리고 순수출(*X*)이라고 하였다. 이와 같이 총수요 중에 정부지출(*G*)이 포함되기 때문에 정부는 정부지출 등 세출의 변화를 통해 물가를 안정시키거나 또는 생산활동을 촉진할 수 있다. 또한 총수요의 다른 구성요소인 가계의 소비(*C*)는 가처분소득의 함수이고, 가처분소득은 소득에서 조세(*T*)를 뺀 것이므로 조세 등 세입이 변화되면 가계의 소비가 영향을 받아 역시 총수요가 변하게 된다. 이렇게 정부가 물가를 안정시키거나 생산활동을 촉진시키고자 하는 목적으로 세출과 세입을 변화시키는 정책을 재정을 통한 총수요관리정책이라고 한다.

재정을 통한 총수요관리정책의 한 가지 특징은 재정의 특징상 경기변동에 대하여 자동적으로 대응하는 기능을 가지고 있다는 점이다. 이를 자동안정화장치(built-in stabilizer)라고 한다. 자동안정화장치란 정부가 의도적으로 개입하지 않아도 자동적으로 경기를 안정화시켜 주는 재정의 기능을 말한다. 즉 경기가 과열되어 총수요가 너무 많을 때 이를 완화시켜 주고 반대로 총수요가 부족할 때 이를 자동적으로 보충해 주는 장치를 말한다. 대표적인 자동안정화장치로 누진소득세(progressive income tax)와 실업보험(unemployment insurance)을 들 수 있다. 먼저 누진소득세의 자동안정효과에 대하여 살펴보자. 경기가 좋아져 총소득이 증가

22 Krugman, Paul, et al.(김재영 외 옮김), 『크루그먼의 경제학』, 서울: 시그마프레스, 2011; Arnold, Roger A.(이병락 옮김), 『경제학원론』, 서울: 박영사, 2012; 이준구 외, 『경제학 들어가기』, 서울: 법문사, 2010년.

하면 누진소득세구조에서는 높은 소득세율을 적용받기 때문에 세금을 많이 내게 되고 따라서 소비수요가 감소하게 된다. 이는 총수요의 확대를 억제시키고 경기과열을 완화시키는 작용을 한다. 반대로 경기불황으로 총소득이 감소하면 낮은 소득세율을 적용받게 되므로 이는 소비수요가 덜 줄어들어 총수요 위축을 억제시키고 경기침체를 완화시키는 작용을 한다.

다음은 실업보험의 자동안정효과에 대하여 알아보자. 실업보험이란 평상시 기업과 근로자 및 국가로부터 일정액의 보험료를 적립하였다가 근로자가 실업을 당하게 되면 재취업 때까지 정해진 실업수당을 지급하는 사회보장제도의 하나이다. 이 제도는 불황 시 민간의 소비수요가 급격히 감소되는 것을 막을 수 있기 때문에 경제안정화에 도움이 된다.

한편 자동안정화장치는 경기호황과 경기침체의 강도를 완충시키는 긍정적인 측면이 있지만 부정적인 측면도 있다. 경제가 불황을 극복하여 회복국면에 들어설 때 누진세율인 소득세율도 함께 올라 경기회복을 더디게 할 수 있다. 또한 경제 내 자기조정기능 및 시차 등의 문제 때문에 자동안정화장치만을 가지고는 경제의 완벽한 안정성을 보장할 수 없다. 따라서 경제안정화를 기하기 위해 정부의 의도적 개입이 필요하다고 주장하는 견해들도 있다.

재량적 재정정책

경제안정화를 위해 정부가 의도적으로 개입하는 정책을 재량적 재정정책(discretionary fiscal policy)이라고 한다. 경기조절을 위한 미세조정(fine-tuning)의 수단으로 재정을 사용하는 것이다. 이를 케인즈의 단순모형을 이용하여 살펴보자. 〈그림 8-4〉에서 AD는 총수요곡선을, AS는 총공급곡선을 나타낸다. Y_f는 자연적 실업을 제외한 고용수준을 가지는 완전고용국민소득을 나타낸다. 완전고용국민소득 수준 이상으로 공급이 증가할 수 없으므로 AS곡선은 Y_f에서 수직선이 된다.

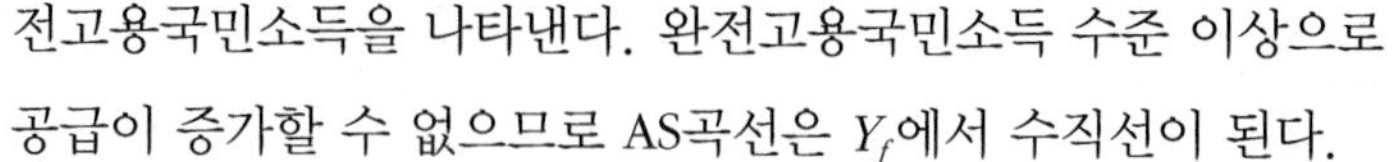

〈그림 8-4〉에는 세 개의 총수요곡선(AD_0, AD_1, AD_2)이 나타나 있다. 총수요수준이 AD_0일 때 균형국민소득(Y_0)이 완전고용국민소득(Y_f)과 일치하여 완전고용을 달성하게 된다. 그러나 총수요수준이 AD_2일 경우 총수요의 부족으로 균형국민소득(Y_0)이 완전고용국민소득(Y_f)보다 낮아 경기침체와 실업이 우려된다. 이때 정부는 조세감면이나 정부지출 증가에 의한 확장적인 재정정책으로 총수요를 확대시켜 AD_0 수준으로 경기침체와 실업을 해결할 수 있다. 한편 총수요수준이 AD_1일 경우 총

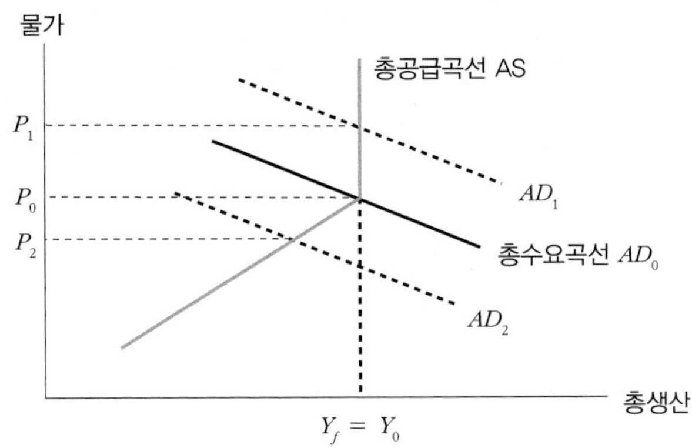

▲ 그림 8-4

재량적 재정정책

경기상태에 따라 조세나 정부지출을 재량적으로 사용하여 실업이나 인플레이션을 줄이고자 하는 정책을 재량적 재정정책이라고 한다.

수요가 완전고용국민소득을 상회하여 물가가 P_0에서 P_1으로 올라 인플레이션이 우려된다. 이때 정부는 조세증수나 정부지출 감소에 의한 긴축적인 재정정책으로 총수요를 AD_0 수준으로 억제시켜 인플레이션을 방지할 수 있다.

그러나 재량적 재정정책은 모든 경제문제를 한꺼번에 해결해 주지는 못한다. 즉 총수요조절에 의한 재량적 재정정책은 두 마리 토끼(예를 들자면 실업과 인플레이션)를 한꺼번에 잡을 수 없다는 것이다. 한 마리의 토끼를 잡기 위해서는 다른 한 마리를 희생하여야 한다. 이에 대해서 좀 더 자세히 설명하기로 하자.

총수요관리정책의 한계

현실적으로 정책을 수행하는 단계에서 정책목표간에 서로 상충관계(trade off)가 종종 발생한다. 대표적인 예로 인플레이션과 실업(즉 물가안정과 경제성장)을 들 수 있다. 실업이나 인플레이션 중 한쪽이 크게 우려되지 않는다면 총수요관리정책은 그 기능을 발휘할 수 있다. 그러나 총수요관리정책으로 물가안정과 경제성장을 동시에 달성할 수 없다는 사실은 제7장의 필립스곡선에서 이미 지적했다.

이것을 〈그림 8-4〉에서 나타난 총수요-총공급모형으로 다시 살펴보자. 제7장에서 설명한 바와 같이 확장적 재정정책이나 통화정책(통화정책은 제9장에서 자세히 다루어짐)을 사용하면 총수요곡선이 우측(AD_1)으로 이동할 것이다.[23] 이 경우 〈그림 8-5〉에서처럼 균형점

23 제6장 〈그림 6-10〉을 참조.

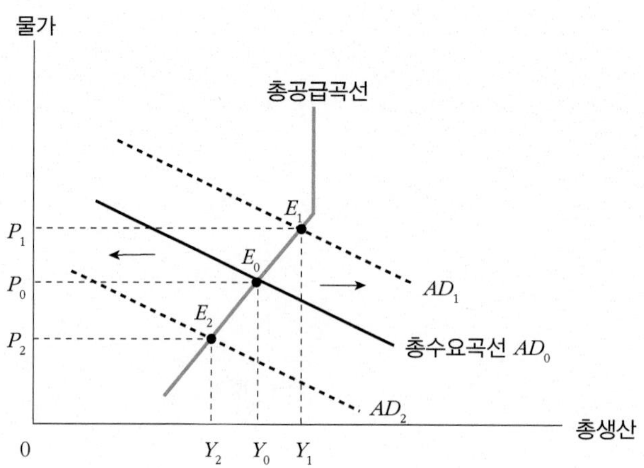

▲ 그림 8-5

총수요관리정책의 한계

총수요관리정책은 실업과 인플레이션을 동시에 치유할 수 없다. 즉 한 변수를 치유하기 위해 다른 변수는 희생되어야 한다. 예컨대 확장적인 재정정책이나 금융정책으로 균형점 E_0에서 E_1으로 사용하는 경우 경기상승으로 실업률 낮출 수 있으나 물가 상승이 유발된다.

은 E_0에서 E_1으로 이동한다. 즉 균형국민소득이 Y_0에서 Y_1으로 증가하므로 실업은 감소하지만, 물가수준이 P_0에서 P_1으로 증가하므로 물가상승은 피할 수 없다.

반대로 물가상승을 잡기 위해 긴축적인 총수요관리정책을 사용하면 총수요곡선은 좌측(AD_2)으로 이동하여 균형점이 E_0에서 E_2으로 이동한다. 따라서 물가상승은 억제하지만 경기침체(실업증가)는 더욱 심화된다. 이것이 바로 총수요관리정책이 지닌 딜레마이다. 총수요관리정책의 한계는 한 가지 정책목표를 달성하기 위해서는 다른 정책목표는 희생을 해야 한다는 것이다.

총수요관리정책의 한계를 극복하기 위하여 정부는 실업과 인플레이션 방지에 직접적으로 개입하는 정책도 사용한다. 이러한 방법의 예로서 소득정책(incomes policy)을 들 수 있다. 소득정책은 실업 감소 없이 인플레이션을 억제하기 위해 정부가 임금과 가격을 직접적으로 규제하는 정책을 말한다. 소득정책에는 임금·가격을 억제하기 위해 정부가 업계·노조에게 강력한 요청을 하는 조보닝(jawboning), 임금·물가상승률의 상한선을 정하는 임금물가가이드라인(wage-Price guideposts), 임금·물가의 인상을 통제하는 임금물가통제(wage-price controls), 그리고 임금·물가의 인상을 동결하는 임금물가동결(wage-price freezes), 그리고 임금·물가의 인상 억제에 협조하는 기업과 근로자들에게 세금혜택을 주는 세금혜택소득정책(tax-based incomes policy) 등이 있다.

이러한 총수요관리 정책들은 단기적으로 가능하지만 장기적으로는 가격기능을 왜곡시켜 자원배분을 비효율적으로 하게 만드는 문제점을 초래한다. 그러므로 장기적으로는 생산 기반의 확충을 통한 경제의 생산역량을 강화하는 방법만이 실업과 인플레이션의 문제를 해결할 수 있다.

경제정책의 운용

경제정책의 목표와 수단

경제정책의 현실적인 목표는 완전고용 달성, 물가안정, 국제수지 균형, 지속적 경제성장, 삶의 질 향상, 그리고 소득 및 부의 분배개선 등을 들 수 있다. 정부가 경제정책의 현실적인 목표를 달성하기 위하여 사용하는 수단은 나라마다 다르지만, 일반적으로 재정적 수단, 금융 및 통화적 수단, 환율 수단, 권유와 직접명령, 그리고 제도의 변경 등이 있다. 자본주의 경제가 성숙되지 못한 사회에서는 권유, 명령, 제도변경과 같은 직접적 조절수단들이 주로 사용되는데 이는 시장기능을 중요시하는 경제에서는 바람직하지 않은 수단들이다.

일반적으로 정책수단의 수보다 해결해야 할 목표의 수가 더 많을 때 정부가 경제정책을 사용하는 데 있어서 원하는 모든 목표들을 달성하기란 불가능하다. 1969년도 노벨경제학 수상자인 틴버진(Jan. Tinbergen, 1903~1994)은 정부가 경제정책을 사용하는 데 있어서 바람직한 결과를 얻기 위해서는 정책수단이 정책목표의 개수만큼 있어야 한다고 말한다. 이를 '틴버진의 원리'라고 한다.

이처럼 정부는 상황에 따라서 여러 가지 정책수단들을 동시에 사용해야 할 때가 있는데 이를 **정책결합**(policy mix)이라고 부른다. 예를 들어 현재 물가와 이자율이 높아 투자가 위축되어 있다고 하자. 이를 해결하기 위해 정부지출을 감소시킴으로써(재정정책) 총수요를 위축시켜 물가를 잡으려 한다면 높은 이자율로 투자가 감소하여 경기가 침체될 수 있다. 따라서 통화량을 증가시켜(통화정책) 이자율 하락을 유도함으로써 투자증대를 꾀할 수 있다. 이와 같이 경우에 따라서는 정책결합으로 경제문제를 해결할 수 있다.

■ Jan Tinbergen(1903~1994)

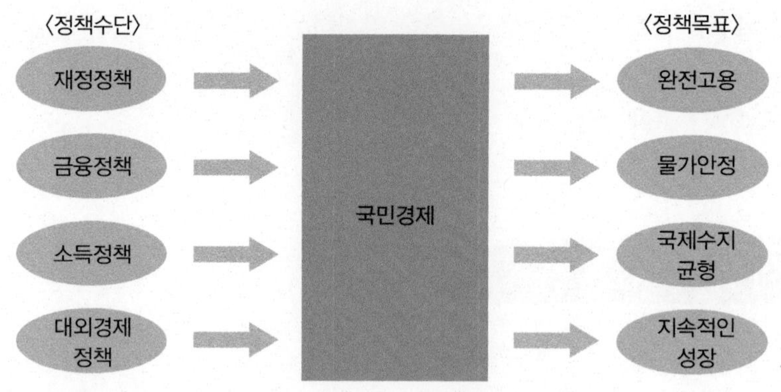

▲ 그림 8-6

경제정책의 목표와 수단

경제정책의 목표에는 완전고용, 물가안정, 국제수지균형, 그리고 지속적인 성장 등이 있다. 이러한 목표들을 달성하기 위해서는 그에 상응하는 수의 정책수단이 필요하다.

정책운용방식

바람직한 경제정책의 운용방식에 관해서는 여러 가지 견해가 제시되고 있다. 여기에서는 경제정책의 운용방식에 관한 두 가지 논쟁을 살펴본다. 첫째는 경기변동에 정부가 적극적으로 대처할 것인가 아니면 소극적으로 대처할 것인가에 관한 문제이고, 둘째는 정부가 재량적인 경제정책을 수행해야 할 것인지 아니면 준칙(rule)에 의한 경제정책을 해야 할 것인지에 관한 문제이다.

개입의 정도: 적극적인 경제정책과 소극적인 경제정책

적극적인(active) 경제정책을 옹호하는 학자들(주로 케인즈학파)은 예상치 못한 충격으로 경제는 항상 불안정하기 마련이라고 보고 재정정책이나 통화정책을 통해 경기의 미세조정(fine-tuning)이 가능하다고 주장한다. 반면에 소극적(passive)인 경제정책을 옹호하는 학자들(주로 통화주의론자들)은 경제란 근본적으로 자기치유적(self-correcting) 기능을 가지고 있는 것으로 보고 이를 무시한 적극적인 안정화정책은 오히려 비효율적인 경기변동을 야기시킬 수 있다고 경고한다. 이들이 적극적인 경제정책에 회의적인 반응을 보이는 이유로 정책의 시차(policy lag)를 든다.

흔히 경제정책이 수립 및 집행되는 시점과 그 정책효과가 나타나는 시점까지는 상당한 시차가 존재한다. 〈그림 8-7〉처럼 정책당국이 외부적 충격으로 발생한 경기변동을 인

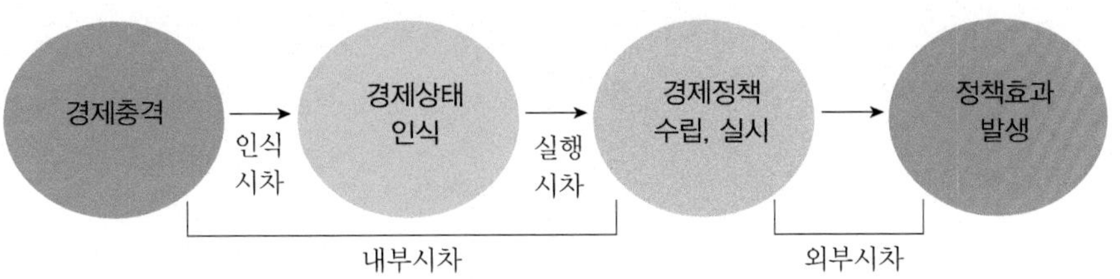

▲ 그림 8–7

정책시차

경제의 충격이 발생할 경우에 흔히 경제상태의 인식, 정책수립 및 실시, 이에 따른 정책 효과의 발생에는 시차가 존재한다.

지하는데 걸리는 시간인 인식시차(recognition lag)와 이에 따른 정책의 수립과 국회의 동의에 걸리는 시간인 실행시차(implementation lag)가 있다. 이 두 가지를 내부시차(inside lag)라고 한다. 또한 실시된 정책이 현실적으로 효과를 나타내는 데도 시간이 소요되는데 이를 외부시차(outside lag)라고 한다. 일반적으로 재정정책은 정책의 수립·집행되는 데 긴 시간이 소요되나 실시 후 효과는 빨리 나타나므로 내부시차는 길며 외부시차는 짧은 것이 일반적이다. 그러나 통화정책은 정책의 수립 및 집행이 비교적 간단한 반면에 실물부문에 효과를 가져다주는 데 상당한 시간이 소요되므로 내부시차는 짧고 외부시차는 길다. 예를 들어 이자율 수준이 높아 투자가 부진하다고 하자. 중앙은행이 시중의 자금경색을 완화하기 위해 통화량을 풀어 이자율을 하락시키면 이자율 하락이 실물부문에 영향을 미치는 데 상당한 시간이 걸린다. 이것이 바로 통화정책의 외부시차가 길다는 의미이다. 소극적 경제정책을 옹호하는 학자들은 정책의 시차뿐만 아니라 경기예측의 어려움도 적극적인 안정화정책이 경제의 불안정성을 야기시키는 요인이 된다고 주장한다.

개입방법: 재량적인 경제정책과 준칙에 의한 경제정책

재량적인(discretionary) 경제정책은 앞에서 말한 적극적인 경제정책과 일맥상통하는 것으로 정부가 경기를 파악하여 경기안정을 위해 정책을 재량적으로 운용하는 것을 말한다. 반면 준칙(rule)에 의한 경제정책은 정책결정자가 경제상황과는 무관하게 미리 공포한 준칙에 따라 정책을 실시하는 것을 말한다.

통화량의 증가가 생산수준에는 아무런 영향이 없고 물가수준만 올린다고 믿는 통화주의론자들(monetarists)이 주장하는 통화정책의 준칙에 대

■ Milton Friedman (1912~2006)

해 살펴보자. 그들은 통화정책이 단기적으로 재정정책보다 강력한 효과를 지니고 있으나 (외부)시차의 문제를 극복할 수 없기 때문에 경제를 안정화하는 데 적합하지 않다고 보았다. 그리고 방만한 통화공급은 장기적으로 물가 상승만 초래한다고 보았다. 따라서 재량적인 통화정책보다는 장기적 경제성장률에 대응하는 일정비율로 통화공급을 매년 증가시키는 것이 바람직하다고 주장하였다. 이를 흔히 프리드만(Milton Friedman)의 k% 준칙이라 한다.

흔히 준칙에 의한 경제정책이 재량적인 경제정책보다 바람직한 이유는 '정책결정자에 대한 불신'과 '시간의 비일치성' 때문이다. 먼저 정책결정자에 대한 불신은 국민들이 정책결정자의 정책방향이 일관적으로 유지되리라고 믿지 않는다는 뜻이다. 예를 들자면 집권당이 정권을 잡기 위해 선거 전에는 팽창정책을 사용하여 선거시기와 경기호황을 겹치도록 유인하나, 선거 후에는 인플레이션을 잡기 위해 긴축정책을 채택하는 경우가 허다하다. 이렇게 발생되는 경기변동을 정치적 경기변동(political business cycle)이라고 하는데 이를 제거하기 위해 준칙에 의해 균형예산을 의무화하는 법을 제정함으로써 정치적 요인을 줄일 수 있다.

다음으로 시간의 비일치성(time inconsistency)이란 정책결정자가 민간의 기대형성(forming expectations)에 영향을 미치려고 정책을 미리 공포하는 경우 민간의 기대가 형성되고 행동으로 옮겨진 후에는 다른 정책을 수행하려는 현상을 말한다. 이에 대한 예를 들어보자. 현재 인플레이션율은 8%이고 실업률은 5%라고 가정하자. 정부는 현재 인플레이션율이 높다고 생각되어 내년에는 현재 수준보다 통화 증가율을 낮추어 4%대의 인플레이션을 유지시키겠다고 공포하였다. 이렇게 되면 민간들은 내년 인플레이션을 4%로 예상하여 경제활동(즉 저축, 노동 공급, 투자 등)을 수행하게 된다. 그리하여 경제정책을 수행할 시점에서 이 경제는 4%의 인플레이션과 5%의 실업률 수준으로 된다. 그러나 새로운 경제상황에서 정부는 약간의 인플레이션을 감수하면 실업률을 3%로 줄일 수 있는 유혹을 느껴 결국 약속을 깨고 통화증가율을 앞서 공포한 통화증가율보다 높게 책정하게 된다. 이것이 바로 흔히 일어나는 시간의 비일치성에 대한 예이다. 시간의 비일치성으로 정부가 신뢰를 잃게 되면 민간은 정부가 공표한대로 기대형성을 하지 않기 때문에 장기적으로 정부가 의도한 방향으로 정책을 유도하기 어렵게 된다.

지금까지 우리는 경제정책의 운용방식에 대하여 살펴보았다. 실제 경제문제를 해결하기 위해 어떤 운용방식이 더 좋다고 단정 지을 수 없다. 일반적으로 경제가 안정적인 상태에서는 자기조정능력을 가지므로 소극적인 경제정책이 바람직하다. 그러나 경제가 극도로 불안정할 때는 정부의 보다 적극적인 개입이 필요한 경우가 있다. 그러므로 재정정책을 포함하여 모든 경제정책의 시행은 신뢰성을 확보할 수 있는 원칙과 기준 위에서 이루어지는 것이 중요하다.

특정 경제정책이 바람직한 결과를 초래했는지를 평가할 수 있는 기준(criteria)에는 여러 가지가 고려될 수 있다. 특히 ① 자원을 효율적으로 사용했는가에 대한 효율성 기준, ② 경제 내 각 주체들에게 공평하게 분배되었는가에 대한 형평성 기준, ③ 완전고용과 물가안정에 해당하는 안정성 기준, ④ 지속적인 경제성장에 관련된 성장 기준, 그리고 ⑤ 국민 후생수준을 나타내는 삶의 질 기준 등이 중요하다.

그러나 하나의 경제정책이 모든 평가기준을 만족시킬 수는 없다. 따라서 정책결정자는 평가기준의 우선순위(priority)를 두어 적절한 정책을 선택하여야 한다. 과거 고도성장에 초점을 두었던 우리 경제를 생각해 보면, 성장과 관련된 각종 경제지표들은 향상되어 왔으나, 지나친 고도성장의 결과로 도시와 농촌간의 불균형, 소득불평등의 심화, 환경과 삶의 질의 저하 등 여러 가지 문제점들이 발생하였다. 따라서 정부는 시기에 따라 평가기준에 우선순위를 설정하여 이에 맞는 경제정책을 강구해야 한다.

또한 정책결과의 평가는 단기인가 또는 장기인가에 따라 달라진다. 예컨대 자동차시장의 개방은 단기적으로 국내 자동차산업에 피해를 줄 수 있다. 즉 외국 자동차업체가 품질이 높은 외국산 자동차로 국내시장을 공략하게 되면 국내 자동차산업은 위축될 것이다. 그러나 국산자동차산업의 구조조정 및 경쟁력 강화에 대한 각고의 노력은 장기적으로 국산차의 세계시장의 점유율을 높임으로써 한 단계 더 발전할 수 있는 기회를 가질 수 있을 것이다.

재정은 국가경제의 중추신경

사내유보금에 세금을 물리겠다는 명분은 충분하다는 주장이 많다.[24] 이명박 정부 때 기업투자를 촉진하기 위해 법인세 최고 세율을 25%에서 22%로 3%포인트 낮춰주었는데도 기업들이 투자를 늘리지 않았기 때문이다. 최근 몇 년 동안 기업의 설비투자가 부진했고, 그 대신 현금성 자산은 크게 늘어난 게 사실이다. 정부가 "기업의 추가 법인세 부담이 3% 포인트를 넘지 않을 것"이라고 밝힌 것도 이를 반영한다는 주장이다. 이러한 주장에 따르면 투자·배당·임금인상을 하지 않는 기업에 대해서는 감세(減稅) 혜택을 줄 이유가 없

24 조선일보, 사설 "사내 유보금 활용 좋지만 '벌금 과세(課稅)'까지 해선 곤란하다", 2014년 7월 30일.

는 만큼 깎아 준 세금을 다시 걷어가겠다는 것이 정부의 입장이라고 한다.

그러나 정부의 이런 주장에는 큰 허점이 있다는 지적도 있다. 2009년 법인세 인하 이후 기업 투자가 늘지 않은 가장 큰 이유는 유럽 위기 등으로 세계경제의 불확실성이 커지고 투자 위험도 높아졌기 때문이라는 것인데, Nokia와 BlackBerry처럼 세계적인 대기업도 한순간의 판단 착오로 무너지는 것을 주목해야 한다는 것이다. 그래서 기업들로선 신규 사업 진출이나 확대 투자 결정에 더 신중할 수밖에 없다는 것이다. 그러므로 정부는 먼저 기업 투자에 대한 세제 지원과 규제 완화를 통해 기업들이 유보금을 투자에 돌릴 여건부터 만들어 주어야 한다는 것인데, 한편에서는 불합리한 규제들이 산적한데 기업들에게 투자를 왜 안 하느냐고 다그치는 것은 앞뒤가 맞지 않는다는 주장이다.

재정이란 국가경제의 중추신경과 같아서 재정의 올바른 운용 없이는 국가경제가 올바른 방향으로 나아갈 수 없다. 2010년 이후 유럽 국가들이 경험하고 있는 재정 위기나 2013년 미국 연방정부의 파산 위기 등은 국가 재정의 운용의 중요성을 잘 나타내고 있다. 재정은 단순히 단기적인 경기조절의 수단에 머무르는 것이 아니고 신산업의 발굴과 전략산업의 육성 등을 통하여 국가경제의 장기적인 생산성을 높여 가는 중요한 기능을 담당한다. 뿐만 아니라 재정의 소득재분배 기능은 사회의 안정과 화합에 기여할 수 있다. 바람직한 재정정책의 운용은 모든 나라에서 하나의 형태로 나타나는 것은 아니며, 각국의 역사, 사회, 전통과 문화의 바탕을 토대로 하여 지속적인 안정과 성장을 도모할 수 있는 국가경제의 기반을 제공하는 데 초점을 맞추어야 한다. 지나치게 단기적인 경제 목표에 중점을 둔 재정정책은 단기적인 성과를 가져올 수는 있을지 모르지만 장기적으로 국가경제의 운용에는 바람직하지 못할 것이다.

국가재정은 자칫 만성적인 적자재정을 통하여 국가부채의 누적으로 이어질 수 있음을 많은 국가들의 사례를 통하여 알 수 있다. 과도한 국가부채는 국민들의 부담을 가중시켜 올바른 경제활동의 선순환을 심각하게 저해할 수 있으므로 정부는 적자재정의 위험성을 항상 경계하여야 한다. 일반 국민들의 재정에 대한 올바른 이해를 높일 수 있는 교육과 자료의 제공에도 정부는 더욱 노력을 기울여야 한다.

생각하기

재정은 국가경제의 중추신경이다. 따라서 재정의 올바른 운용 없이는 국가경제가 올바른 방향으로 나아갈 수 없다. 국가 재정은 지나치게 단기적인 목표보다 국가경제의 장기적 목표에 초점을 두어야 한다.

SUMMARY

본 장에서는 재정이 국가 경제에 어떠한 영향을 미치고, 재정의 역할과 기능은 무엇인가, 그리고 재정정책은 현실 경제에서 어떻게 운용되고 있으며, 바람직한 재정정책의 방향은 무엇인가 등에 대하여 토의하였다. 이러한 질문들은 모든 국가가 직면하고 있는 중요한 문제들이며, 특히 2010년 이후 유럽 국가들이 경험하고 있는 재정 위기나 2013년 미국 연방정부의 파산 위기 등은 국가 재정의 운용이 갖는 많은 도전과 유의점을 잘 드러내 주고 있다. 금융시스템이 인체의 혈관에 비유될 수 있다면 국가재정은 중추신경과 같다고 할 수 있다. 인체에서 중추신경이 제대로 기능하지 못하면, 사람의 걸음걸이가 올바르지 못하듯이, 국가경제도 재정이 올바르게 운용되지 못하면, 갈 길을 바로 잡지 못하게 된다. 재정은 단순히 단기적인 경기조절의 수단에 머무르는 것이 아니고 신산업의 발굴과 전략 산업의 육성 등을 통하여 국가경제의 장기적인 생산성을 높여가는 중요한 기능을 담당하고, 또한 재정의 소득재분배 기능을 통하여 사회의 안정과 화합에 기여할 수 있다. 바람직한 재정정책의 운용은 각국의 역사, 사회, 전통과 문화의 바탕을 토대로 하여 운용되어야 하며, 단기적인 경제 목표보다는 국가경제의 장기적인 목표 달성에 초점을 맞추는 것이 중요하다. 과도한 국가부채는 국민들의 부담을 가중시키므로 정부는 적자재정의 위험성을 항상 경계하여야 할 것이다.

KEY TERMS

사내유보금 과세	재정적자	정부부채
미연방정부 폐쇄	국가채무	공공부문 부채
예산회계법	비금융공기업	공운법
세입	세출	예산
개입주의	자유주의	질서경제정책
요람에서 무덤까지	영국병	대처리즘
재정조정법	공급중시경제학	레이거노믹스
래퍼곡선	경제하부구조	제3섹터
글래드스톤	긴축(entrenchment)	후생경제학
기능적 재정	재정건전성	균형재정
종가세	종량세	누진세
비례세	역진세	국세
지방세	결산	통합재정수지
일반회계	특별회계	구축효과
기능별예산	파킨슨의 법칙	자동안정화장치
재량적 재정정책	상충관계	준칙

QUESTIONS

1. 경제정책의 목표를 당성하기 위한 정부의 역할에 있어서 개입주의 자유 방임주의를 비교 설명하시오.

2. 공급중시경제학에 대해 설명하시오.

3. 국가의 예산인 세입과 세출의 운용을 뜻하는 재정의 기능을 정리하여 설명하시오.

4. 재정의 항목인 세입과 세출의 구성에 대해 정리하고 설명하시오.

5. 종가세와 종량세를 비교 설명하시오.

6. 총수요관리정책에 대해 설명하고 그 한계점을 설명하시오.

7. 자동안정화 장치에 대해 설명하고 예를 제시해 보시오.

EXERCISES

1. 국산 담배와 수입 담배의 세금을 포함한 판매 가격이 각각 5,000원과 3,000원이라면, 담배에 부과되는 세금이 다음 두 가지 방식으로 적용되는 경우에 관하여 아래 질문들에 대하여 답하시오.

   [방식 1] 모든 담배 한 갑 당 500원의 세금을 부과한다.

   [방식 2] 모든 담배에 10% 세금을 부과한다.

   a. 방식 1을 적용하는 경우, 국산 담배와 수입 담배의 세율은 각각 얼마인가? 이 방식을 적용할 때, 어느 담배를 생산하는 경우가 더 유리한가? 이유는?

   b. 방식 2를 적용하는 경우, 국산 담배와 수입 담배의 세금은 각각 얼마인가? 이 방식을 적용할 때, 국산 담배와 수입 담배 중 어느 담배가 높은 세율을 적용 받는가?

   c. 방식 1과 방식 2를 각각 무엇이라고 부르나?

   d. 2014년 정부가 담배세를 종가세에서 종량세로 전환하고자 한 이유는 무엇이라고 생각하는가? (이데일리, "'종량세'로 돌아선 담뱃세…외산담배 속으로 웃는다", 〈2014년 12월 3일〉 기사 참조.[27]

2. 소득분배와 소득재분배의 차이를 설명하고 재정의 적극적 기능의 하나인 소득재분배의 사회적 중요성을 논하시오.

3. 확장적 재정정책과 긴축적 재정정책이 경기조절에 어떻게 이용되는지를 예와 함께 설명하시오.

4. 간접세와 소득분배의 관계를 설명하시오.

5. 준칙에 의한 경제정책이 재량적인 경제정책보다 바람직하다는 관점에 대해 논평하시오.

6. 정책의 시차(Policy lag)란 무엇인가?

---

25 http://www.edaily.co.kr/news/public/pop_print.asp?newsid=01374326606314912

C·H·A·P·T·E·R

09

금융은 화폐현상? 실물현상?
화폐와 금융

토의주제

우리은행 민영화를 위해서 사모펀드에 매각하는 것을 검토해야 한다.

- 지지: 사모펀드는 기업가치를 제고시키므로 반드시 나쁜 것은 아니다.
- 반대: 사모펀드에 공적 기능을 가진 우리금융을 파는 것은 문제가 있다.

우리은행 매각이 국가적 관심사가 되면서 사모펀드의 금융기관 소유 문제가 다시 뜨거운 논쟁의 중심이 된 바 있다. 사모펀드(私募—, private equity funds, PEF)란 공개적으로 투자자를 모집하는 공모펀드(公募—, mutual funds)와는 달리 비공개로 제한된 숫자의 투자자를 모집하여 비교적 자유로운 방식으로 주식과 채권 등에 투자하는 기금을 의미한다. 사모펀드는 2003년 외환은행을 인수하고 8년여 만에 5조 원에 가까운 차익을 거두고 한국을 떠나면서 불거진 이른바 '먹튀'('먹고 튀기'의 준말) 논란의 주인공 론스타(Lone Star)처럼 대개 장기적인 투자보다는 단기적 수익 창출에 목적을 둔다. 따라서 국가 기간산업인 우리은행을 사모펀드에 매각해서는 안 된다는 주장이 제기된 것이다. 그러나 한편에서는 사모펀드는 기업가치를 제고시키기 때문에 국내 토종 펀드라면 꼭 나쁜 것만은 아니라는 반론도 제시되었다.

정부가 우리은행의 주인이 된 것은 외환위기 직후인 1999년으로 거슬러 올라간다. 1999년 1월 당시 정부는 한일은행과 상업은행을 통합하여 한빛은행을 출범시키고, 2001년 이를 자회사로 소유하는 우리금융지주를 설립하여 13조 원에 가까운 공적자금을 투입하면서 우리은행은 정부 소유 은행이 되었다. 이후 정부는 정부기관인 예금보험공사가 소유한 100% 우리금융의 정부지분을 단계적으로 매각해 왔다. 2014년 11월 28일 실시한 4번째 우리은행 매각을 위한 입찰에서 유력한 응찰로 예상되었던 교보생명이 응찰을 포기하고 중국의 안방보험(安邦財産保險股份有限公司)이 단독으로 응찰함으로써 경쟁입찰 요건이 충족되지 않아 무산된 바 있다. 상황이 이렇게 되자 정부가 목표로 해 오던 우리은행의 경영권을 보장해 주는 방식의 매각을 포기하고 어느 정도는 분할매각이 불가피하다는 주장이 힘을 받게 되었다. 이 과정에서 정부가 자칫 대기업 등의 산업자본이 일정 부분 주인이 되는 사모펀드의 우리은행 소유를 허용하려는 의도가 있는 것이 아닌가라는 의혹이 제기되면서 다시 오랜 '금산분리'(산업자본의 금융지배 금지)의 논쟁도 뜨거워진 바 있다.

이와 함께 '우리은행만은 외국자본에 넘겨서는 안 된다'라는 외국자본의 금융지배에 대한 우려도 다시 높아졌는데, 론스타의 외환은행 인수 건처럼 투기성 자본의 '먹튀' 형태뿐만 아니라 국내 금융에 대한 외국자본의 지배가 과다하다는 문제점도 제기되

었다. 사실 우리나라 주요 금융기관들은 모두 외국지분이 50%를 크게 웃돈다. 2014년 말 기준으로 SC은행(구 SC제일은행이 2012년 1월 1일에 변경됨)과 씨티은행의 외국인 지분은 100%이고, 하나금융이 70%, 신한금융과 KB금융이 65%에 달한다. 실제로 우리나라의 주요 은행 중에 국내 지분이 50%를 넘는 실질적인 민간 '토종은행'은 하나도 없는 셈이다. 삼성전자와 같은 주요 제조업의 외국인 지분율이 50%를 넘는 것과 금융기관의 외국인 지분율이 50%를 넘는 것은 어떤 차이가 있을까에 대해서도 생각해 볼 필요가 있을 것이다.

2014년 말에 금융감독원의 정기검사에서 SC은행이 1조 1,620억 원의 배당금을 영국 본사에 송금하기 위해 선방위 로비를 시도가 담긴 문건이 드러나면서 외국자본의 금융기관 소유에 대한 우려가 다시 현실화된 바 있다. 금융권 출입 기자들 사이에서는 "씨티은행은 김장도 안 담근다"라는 비아냥 소리도 나온다고 하는데, 국내 금융기관들은 연말이면 연탄도 배달하고, 불우이웃 돕기 김장도 담그고 하는데, 이들 외국계 금융기관들은 사회봉헌에 대하여 아예 관심도 없다는 지적인 셈이다. 금융기관이 도산하고, 그 피해가 서민들에게 그대로 이어지는 많은 사례들을 통해서 볼 때, 안정되고 효율적인 금융이 국가 경제에서 차지하는 얼마나 중요한 역할을 차지하는지에 대하여 새삼 깨닫게 되는 것이다. 금융의 정의, 역할, 금융기관과 금융시장의 차이, 통화정책의 역할, 그리고 금융감독의 기능과 같은 주제에 대한 국민들이 올바른 이해가 어느 때보다 요청된다고 하겠다.

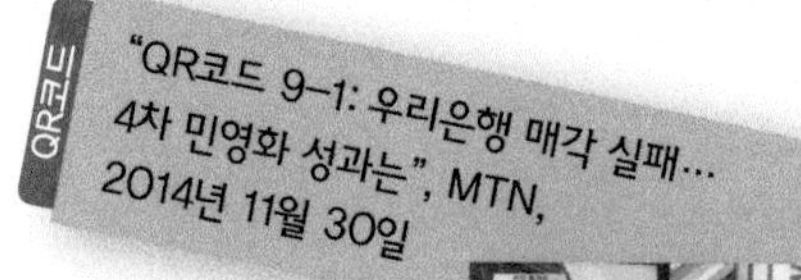
QR코드
"QR코드 9-1: 우리은행 매각 실패… 4차 민영화 성과는", MTN, 2014년 11월 30일

금융은 자본의 수요와 공급을 의미한다. 자본은 돈과 달리 미래의 수익을 목적으로 소유하는 부(富)를 의미한다. 그렇다면 자본의 수요와 공급, 즉 금융이 일어나는 이유는 무엇일까? 금융정책과 통화정책의 차이는 무엇일까? 중앙은행의 가장 중요한 목표는 무엇이고 그 목표는 어떻게 달성하는가? 본 장에서는 이러한 질문에 답하기 위해 금융의 역할과 화폐경제가 어떻게 작용하는가를 공부하는 것이 목표이다.

우리는 지금까지는 주로 실물경제 부문을 다루었다. 실물경제에서는 국내총생산(GDP), 물가, 소득, 지출, 그리고 고용 수준 등이 결정된다. 그러나 이러한 경제변수들이 반드시 실물경제 부문에 의해서만 결정되는 것은 아니다. 화폐경제와 금융 부문도 국가경제 안에서 중요한 역할을 한다. 특히 화폐경제 부문은 실물경제 부문에 밀접한 영향을 준다. 사실 실물경제와 화폐경제라는 구분은 어느 정도 편의를 위한 구분이다. 실제로 이 두 부문은 서로 밀접하게 연결되어 있고, 경우에 따라서는 명확하게 구분하는 것이 쉽지 않다.

예를 들어, 물가는 총생산량의 많고 적음에 의해서 변화될 수도 있는 실물경제 현상인 동시에, 통화량의 변화에 의해서도 달라질 수 있는 화폐경제 현상이다. 다음 이야기를 생각해 보자. 제2차 세계대전 당시 포로수용소의 화폐는 적십자사가 배급해 주는 담배였다. 죄수들 간의 모든 은밀한 물품 거래는 담배 숫자로 그 가치가 정해졌다(이런 장면은 영화 「쇼생크 탈출」(1994)에서도 나온다). 만약 적십자사가 조달하는 담배 공급이 일시적으로 중단되면, 수용소 안의 물품들에 대해 담배가 가지는 가치는 어떻게 되는가? 이는 인플레이션인가 아니면 디플레이션인가? 적십자사의 담배 공급이 중단되면, 죄수들이 담배를 피우는 데 따라 담배의 양이 점점 줄어들고, 수용소 안에서는 담배가 화폐이므로, 이는 화폐가 줄어드는 것과 마찬가지이다. 화폐인 담배의 양이 줄어들고 다른 거래 물품의 양이 일정하다면 담배의 상대가치는 높아진다. 결과적으로 화폐의 가치가 물품(담배를 제외하고)의 가치에 비해 상대적으로 높아졌으므로 이는 물가의 하락을 뜻하는 디플레이션이다. 수용소 주변에 공습이라도 있는 날에는 초조한 죄수들의 흡연이 늘어날테고, 그만큼 '화폐'인 담배의 가치가 올라가게 되어 물가의 하락을 뜻하는 디플레이션은 더욱 심화될 것이다.[1]

1 Paul Heyne, Peter Boettke and David Prychitko, *The Economic Way of Thinking*, New Jersey: Pearson, 2006, p. 396.

일반적으로 화폐경제는 통화량과 이자율이 결정되는 국가경제의 국면이라고 정의할 수 있다. 금융부문에 대한 논의에 앞서 우선 실물부문과 화폐부문이 어떤 관계에 있는가를 논의해 보기로 하자.

실물부문과 화폐부문은 어떤 관계에 있나?

실물부문(real sector)은 재화와 용역의 생산과 거래가 이루어지는 부문으로서 생산량, 고용량, 실업, 소비, 투자, 저축, 정부지출, 수출, 수입 등이 결정된다면, 화폐부문(monetary sector)에서는 중앙은행의 화폐발행 등 화폐공급과 경제주체들의 화폐수요가 중요한 초점이 된다. 〈표 9-1〉은 실물경제 부문과 화폐경제 부문의 주요내용을 요약하고 있다.

화폐의 중립성과 고전적 이분법이란?

경제학을 체계화시킨 고전학파 경제학자들은 "화폐는 마치 투명한 베일(veil)과 같아서 실물 부문에 아무런 영향을 미치지 못한다"고 보았다. 이들은 실물부문과 화폐부문은 동전의 앞뒷면과 같아 실물부문만 분석하면 화폐부문은 고려하지 않아도 된다고 생각했다. 화폐가 실물부문에 영향을 미치지 않는다는 것을 **화폐의 중립성**(neutrality of money)이

실물경제 부문은 총생산, 국민소득, 고용 등이 그 초점이 되고, 화폐경제 부문에서는 통화량과 이자율이 주요 변수로 다루어진다.

▲ 표 9-1 **실물경제 부문과 화폐경제 부문**

실물경제 부문 (주요변수: GDP와 물가)
수요 = 소비 + 투자 + 정부지출 + 수출
공급 = 국내총생산 + 수입

균형조건: 국내총생산 + 수입 = 소비 + 투자 + 정부지출 + 수출
또는 국내총생산 = 소비 + 투자 + 정부지출 + 순수출

화폐경제 부문 (주요변수: 통화량과 이자율)
화폐 공급: 한국은행과 금융기구
화폐 수요: 개인, 기업 및 공공부문의 화폐 수요

균형조건: 화폐 수요 = 화폐 공급

라고 한다. 고전학파 경제학자들에게는 화폐는 단순히 경제활동을 원활하게 하는 수단이며, 화폐의 양이 생산이나 소득과 같은 실물부문에는 아무런 영향을 미치지 못한다고 보았다. 따라서 중앙은행이 통화량을 인위적으로 변화시켜 실물경제에 영향을 주려는 통화정책에 대해서도 찬성하지 않았다. 이렇게 고전학파학자들은 화폐부문이 실물부문에 아무런 영향을 미치지 않으며 독립적으로 구분되어 있다는 생각을 가지고 있었고, 이를 고전적 이분성(classical dichotomy)이라고 부른다.

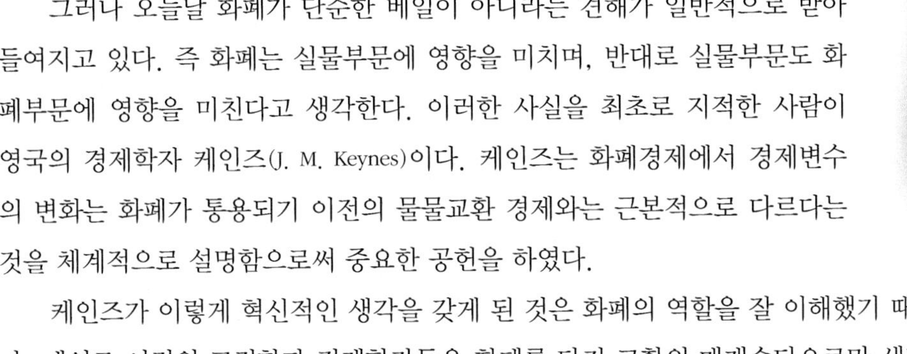

그러나 오늘날 화폐가 단순한 베일이 아니라는 견해가 일반적으로 받아들여지고 있다. 즉 화폐는 실물부문에 영향을 미치며, 반대로 실물부문도 화폐부문에 영향을 미친다고 생각한다. 이러한 사실을 최초로 지적한 사람이 영국의 경제학자 케인즈(J. M. Keynes)이다. 케인즈는 화폐경제에서 경제변수의 변화는 화폐가 통용되기 이전의 물물교환 경제와는 근본적으로 다르다는 것을 체계적으로 설명함으로써 중요한 공헌을 하였다.

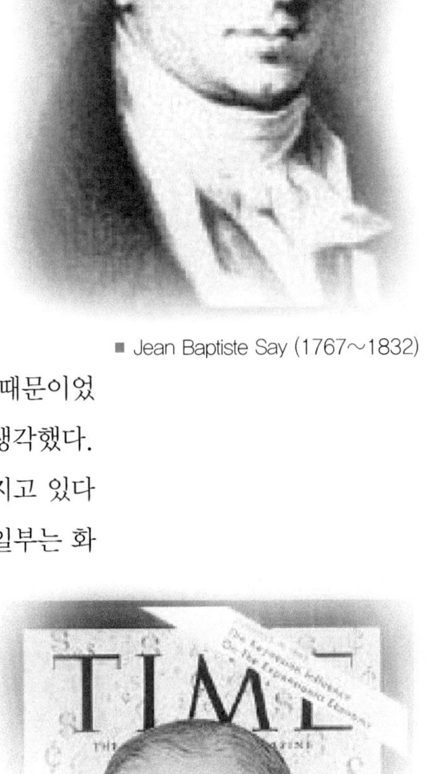

■ Jean Baptiste Say (1767~1832)

케인즈가 이렇게 혁신적인 생각을 갖게 된 것은 화폐의 역할을 잘 이해했기 때문이었다. 케인즈 이전의 고전학파 경제학자들은 화폐를 단지 교환의 매개수단으로만 생각했다. 그러나 케인즈는 화폐가 그 외에도 금융거래를 위해 가치를 저장하는 기능도 가지고 있다는 점에 주목했다. 현실적으로 사람들은 자신의 소득을 다 실물로 바꾸지 않고, 일부는 화폐나 금융자산의 형태로 보유한다. 그러면 소비가 줄어들어 생산물이 다 팔리지 않고, 따라서 재고가 늘어날 수 있다. 원래 고전학파 경제학자들은 생산된 것은 다 수요되기 마련이라고 생각했다. 이것을 처음 주창한 사람의 이름을 따서 세이의 법칙(Say's Law)이라고 한다.[2]

그러나 케인즈는 화폐의 형태로 자신의 자산을 가지고 있는 사람들이 있기 때문에 생산된 것이 다 소비되지 않을 수 있다고 주장함으로써 화폐부문은 실물부문에 영향을 줄 수 있어, 더 이상 화폐는 실물부문의 그림자가 아님을 설명했다. 즉 케인즈는 화폐가 단순히 매개의 수단이 아니라 이자율에 의해서 수요가 영향을 받는 하나의 자산으로 보았던 것이다. 이자율이 높으면 사람들은 화폐보다는 이자를 지급하는 채권과 같은 다른 금융 자산을 선호한다는 것인데, 화폐는 이자는 지급하지 않지만 시장 상황에 따라 신속하게 다른 형태의 자산으로 바꿀 수 있는 유동성(liquidity)이 높은 금융 자산으로 보았다. 중앙은행의 통화정책은 통화량을 변화시켜 화폐와 다른 금융자산들에 대한

2 프랑스 경제학자. 세이의 법칙 "공급은 스스로 수요를 창출한다"는 세이 자신의 표현은 아니고 밀(James Mill)이 세이의 사상을 옮긴 것이다. 세이는 그의 1803년 저서에서 "생산자들은 상품을 손에 가지고 있을 수 없기 때문에, 모든 상품은 다른 상품의 생산을 통해서 그 값이 치러지고, 결국 대체 된다"고 하였다.

선호에 영향을 주게 되어 이자율을 변화시키고, 궁극적으로 투자를 늘리거나 줄이게 하여 실물경제에 영향을 준다는 설명이다. 따라서 화폐가 널리 사용되는 화폐경제 하에서는 실물경제의 안정과 성장을 위해서 화폐부문에 대한 연구가 반드시 필요하다는 주장이다.

화폐는 경제 안에서 어떤 역할을 하나?

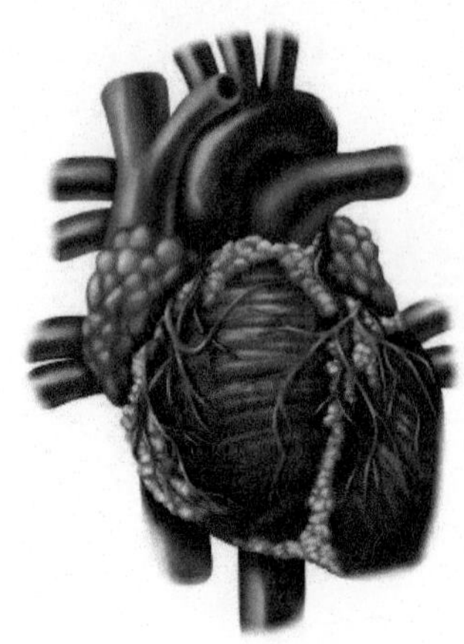

경제에서 화폐의 역할은 인체에서 피의 역할에 비유될 수 있다. 적절한 양의 피가 잘 순환되어야 건강하듯이 경제도 적절한 양의 화폐가 유통되어야 건전해진다. 피가 지나치게 많거나 적게 흐르면 고혈압이나 저혈압이 발생하듯이, 경제에서도 화폐의 양이 지나치게 많이 흐르면 인플레이션의 압력이 발생하고, 반대로 화폐의 양이 너무 적으면 디플레이션(또는 경기침체) 현상이 나타날 수 있다.

화폐가 경제에 미치는 영향을 설명하는 견해에는 여러 가지가 있다. 그 중 한 가지는 화폐의 양이 늘어나면 그대로 물가수준의 상승으로 이어진다는 견해이다. 그러나 화폐의 양이 늘어나도, 그 늘어난 화폐가 생산적인 목적으로 사용되는 경우에는 물가수준의 상승으로 이어지지 않고 국가경제의 생산역량을 확대시킬 수 있다. 그러므로 중요한 것은 화폐의 양보다도 화폐의 쓰임새라고 할 수 있다.

ECONOMIC EYES
경제의 눈

■ Alfred Marshall (1842~1924)

마샬의 k—돈은 어느 정도 발행해야 할까?

2000년대 중반 우리나라에서 재계와 통화당국 간에 이른바 '마샬 k 논쟁'이 화제가 된 적이 있었다. 사건의 발단은 어느 재벌 그룹 회장이 당시 재무장관과 만난 자리에서 '우리나라의 마샬 k 지표가 일본이나 대만에 비해 훨씬 낮은 만큼 통화량을 더 풀어야 한다'고 주장한 것이 계기가 됐다. '마샬 k'는 영국의 경제학자 알프레드 마샬(Alfred Marshall, 1842~1924)의 화폐이론의 근간이 되는 개념인데, 통화량을 명목 국민소득으로 나눈 값이다. 즉, 경제주체들이 소득 대비 얼마를 화폐로 보유하고 있느냐를 나타내는 것이다.

당시 우리나라의 마샬 k지표는 0.37로 경쟁국인 일본 1.09, 그리고 대만 1.34에 비해 크게 낮았다. 당시 재벌 그룹 회장이 '통화량을 더 풀어야 한다'고 주장한 것도 바로 이처럼 마샬 k지표가 다른 나라에 비해 훨씬 낮았기 때문이다. 경제규모에 비해 통화량규모가 지나치게 적어 생산활동을 저해하는 만큼 경제활성화를 위해 일본과 대만의 마샬 k지표에 육박할 정도로 통화를 공급해야 한다는 논리였다.

그러나 마샬 k지표를 국가간에 단순 비교하는 것은 옳지 않다. 국가마다 경제의 안정성과 통화의 쓰임새가 다를 수 있기 때문이다. 일본과 대만은 국민들이 근검한 소비습관을 갖고 있는 전형적인 국가들이다. 따라서 아무리 통화량이 넘쳐난다고 해도 물가불안으로 이어지지는 않는다. 오히려 생산적인 용도로 쓰이는 경우가 태반이다. 우리나라의 경우 실물투기로 물가상승률이 이들 국가들보다 훨씬 높았기 때문에 국민들이 통화를 보유하려는 성향이 낮아 통화량을 풀면 마샬 k지표는 더 떨어질 수 있었다. 통화증가율이 엄청나게 높은 중남미국가들의 경우 브라질 0.15, 아르헨티나 0.2, 그리고 멕시코 0.2 등 마샬 k지표가 매우 낮은 상황이었다. 따라서 마샬 k만으로 통화량의 과부족을 따질 수는 없는 것이다. 중요한 것은 통화의 쓰임새이다.

우리나라에서 고액권 화폐의 발행 논의가 활발하게 진행되고 있었던 2000년대 후반, 정부와 한국은행은 화폐의 단위를 경제규모에 맞게 높여야 하고, 수표 발행의 높은 비용을 절감해야 한다며 고액권 필요성을 주장하였는데, 단순히 외국의 고액권과 단순 비교해서 우리에게도 고액권이 필요하다는 주장은 옳지 않다. 실제로 미국의 경우 지폐의 수명이 1달러짜리는 18개월인 데 비해, 100달러짜리는 102개월로 조사됐다. 그만큼 미국인들에게 100달러는 자주 사용되지 않는 큰돈인 것이다. 우리나라에서도 2009년부터 2014년 상반기까지 발행된 총 85조 9,095억 원의 5만원권 가운데 55.7%에 달하는 47조 8,289억 원 상당이 시중에서 사라져 대거 지하경제로 흘러든 것으로 추정되었다.

고액권 발행과 관련하여 당시 한국은행의 한 관계자는 “서랍속에 방치된 10원짜리 동전을 아이들도 거들떠 보지 않는다”며 화폐단위의 변경 필요성을 강조했는데, 우리 아이들에게 아무리 적은 돈이라도 그 소중함으로 가르치는 일이 더 중요할 것이다.

금융과 금융제도

금융이란?

화폐부문을 분석하기 위해서는 '화폐시장'을 분석해야 한다. 그런데 이 화폐시장은 자본시장'과 어떻게 다를까? 또 '금융시장'이라는 용어도 사용이 되는데 금융시장은 화폐시장과 같은 것인가? 그리고 금융시장은 금융자산이 거래되는 '금융기관'을 말하는 것인가? 이러한 용어들은 비슷해 보이지만 약간씩 다르다. 그런데 현실적으로 매스컴에서는 '자본시장의 개방'과 '금융시장의 개방'이 같은 것처럼 사용되기도 한다. 또한 금융기관과 금융시장이 혼동되기도 한다. 이러한 혼동을 피하기 위해서 먼저 이러한 개념들을 정확하게 이해할 필요가 있다.

금융은 '자본의 수급 현상'

먼저 금융이라는 용어의 개념을 살펴보자. 금융의 사전상의 정의는 '특수상품으로서 화폐 또는 화폐자본이 수급되는 현상'을 말한다. 금융의 영어 표현인 finance는 원래 지불하다는 pay의 의미를 갖는다(지금도 '벌금'을 영어로는 fine이라고 하는 것을 보면 알 수 있다). 다시 말하자면 금융은 화폐 또는 화폐자본이 특수한 목적으로 지불되는 현상을 말한다.

반면에 자본은 소비를 목적으로 하지 않고 현재 소유한 화폐를 기반으로 하여 현재보다 더 많은 화폐를 얻고자 소유하는 화폐를 자본이라 한다. 예를 들면, 노름꾼의 돈은 단순한 화폐(또는 돈)이지만, 만약 노름꾼이 노름밑천으로 가지고 나갔다면 자본이다. 즉, 자본이란 이윤을 얻을 목적으로 하는 화폐라고 할 수 있으므로 자본이란 쉽게 말하면 밑천인 셈이다. 오늘날 자본은 주로 기계, 장비 또는 설비의 형태로 존재하기 때문에 자본재라는 표현이 자본이라는 용어와 함께 자주 사용된다.

자본의 개념을 이해하면 금융이 발생하는

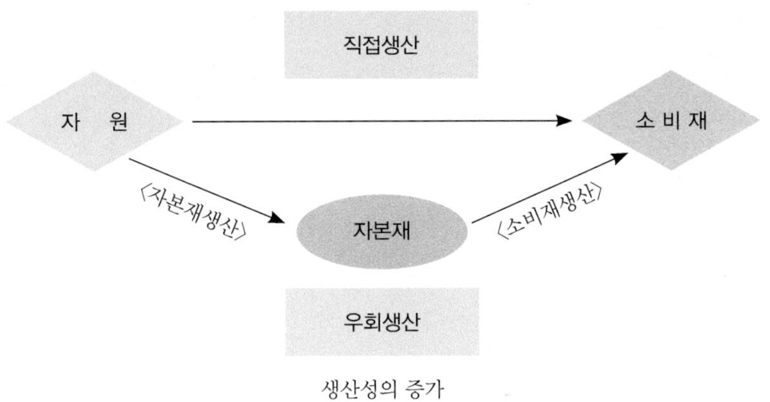

▲ 그림 9-1

금융의 기능

금융은 자본재의 수급을 의미한다. 자본재는 우회생산을 통한 생산성의 증가를 가져오고, 생산성의 증가는 자본재 사용에 대한 이자지급을 가능하게 한다. 이자는 생산성의 증가가 있을 때에만 지급이 가능해진다.

이유를 이해할 수 있다. 〈그림 9-1〉에서 나타나 있듯이, 자본의 특성은 단순한 화폐와 달리 자본재를 생산하여 우회생산(迂廻生産)을 가능하게 함으로써 생산성의 증가를 가져올 수 있다는 데 있다.

2000년에 개봉된 Tom Hanks 주연의 영화 Cast Away에서 우리는 자본의 역할을 찾을 수 있다. 테네시주의 멤피스(Memphis, Tennessee)에 살고 있던 주인공 척(Chuck Noland, Tom Hanks 역)은 아주 치밀한 성격의 FedEx 매니저였는데 말레이시아로 출장을 가는 비행기가 추락하여 태평양 한가운데 섬에 홀로 파도에 휩쓸려 밀려 오게 된다. 척은 끼니를 해결하기 위해 처음에는 손으로 게도 잡고 물고기도 잡았다. 그러나 손으로는 물고기를 많이 잡을 수 없다는 것을 깨닫게 된 그는 물고기 잡는 것을 중단하고 그물을 만들었다. 아마도 최소 몇 시간은 그물을 만들기 위해서 사용해야 했을텐데, 엉성하지만 그물이 완성되어 척은 더 많은 물고기를 잡게 된다.

이 경우 주인공 척의 그물은 자본재이고 그물을 사용함으로써 척의 생산성이 증가된다. 이 생산성의 증가(즉 그물로 물고기를 몇 마리 더 잡게 되었는가)가 주인공으로 하여금 그물제작에 착수할 것인가의 여부를 결정하게 해 준다.

이처럼 옛날에는 자본의 축적과 이를 통한 생산성의 증가가 한 사람에 의해서 동시에 이루어졌다. 농사를 위하여 수로를 정비하고 관개시설(灌漑施設)을 만드는 농부에게 있어서 관개시설을 정비하기 위하여 농사일을 중단하는 것은 저축인 동시에 투자가 된다. 척의 경우에도 그물을 짜기 위해 물고기 잡는 것을 중단한 것은 오늘의 소비를 줄이는 '저축' 행위이며(오늘의 소비를 참는 것이므로), 동시에 자본재 생산이라는 '투자'행위가 된다. 따라서 척의 경우에는 저축과 투자가 동일인에 의해서 일어난 것이다. 그러나 현대 사회에서는 투자와 저축이 동일인에 의해서 일어나지 않는다. 가계는 저축에 전문화하고, 기업은 투자 대상 선정에 탁월하기 때문에 투자에 전문화한다. 여기서 저축은 자본의 공급을 의미하고, 투자는 자본의 수요를 의미한다.

금융시장은 자본시장과 어떻게 다르지?

자본의 공급(즉 저축의 주체인 가계)과 자본의 수요(즉 투자의 주체인 기업)가 만나는 방식에는 〈그림 9-2〉에서와 같이 두 가지가 있다. 첫 번째 방식은 가계와 기업이 은행과 같은 금융기관을 통해 만나는 간접적인 방법이 있고, 두 번째 방식은 시장을 통해 직접 만나는 방법이 있다. 첫 번째 방식을 간접금융이라고 하고, 두 번째 방식을 지접금융이라고 한다.

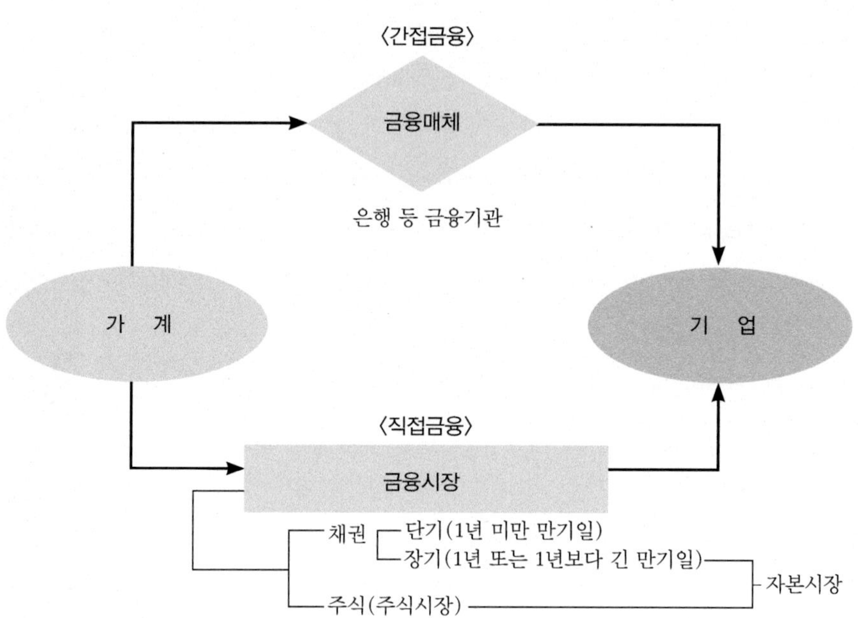

▲ 그림 9-2

금융의 두 가지 방식

금융활동에는 두 가지 방식이 있다. 간접금융은 은행과 같은 금융기관을 통해 가계와 기업이 연결되는 금융의 방식을 의미하는데, 이 경우 가계는 자신의 자본을 어느 기업이 빌려가는지 알지 못한다. 반면에 직접금융의 경우에 채권과 주식을 통해 가계와 기업이 직접 만나는 시장에 해당된다.

간접금융의 경우에 가계와 기업은 서로 직접 마주하는 일이 없다. 은행과 같은 금융매체(financial intermediaries)를 통해 간접적으로 연결된다. 여러분이 은행에 돈을 예금하는 경우, 그 돈을 누가 빌려 가는지 알 수 없다.

반면에 직접금융의 경우에는 가계와 기업이 금융시장을 통해서 직접 만난다. 직접금융의 가장 대표적인 경우가 주식시장이다. 예를 들어 임꺽정이라는 사람의 가계가 삼성전자의 주식을 주식시장에서 구입하는 경우에는 전통시장을 찾았을 때 고객이 상인들을 직접 만나게 되는 것처럼 금융시장에서 여러분은 삼성전자와 일대일로 직접 만나게 된다. 이처럼 직접금융이 이루어지는 곳을 금융시장이라고 한다.

금융시장에서는 유가증권(有價證券)이 거래된다. 유가증권은 크게 나누어 채권(債券, bonds)과 주식(株式, stocks)을 포함하는데 채권에는 만기일에 따라 1년 미만인 것을 단기채권, 1년 이상인 것을 장기채권이라고 부른다. 주식은 만기일이 없는 유가증권이므로 모두 장기채권이다. 그러므로 금융시장에서 거래되는 채권과 주식 중 장기채권과 주식이 거래되는 시장을 묶어 자본시장(capital market)이라고 부르는 것이다(영화 제임스본드에서 제1대 주인공 Sean Connery는 KGB에 붙잡히면 자신의 이름을 '본드'(bond: 채권) 대신에 '스탁'(stock: 주식)이라고 말하는 장면이 나온다).

정리하면 금융기관은 간접금융과 관련된 것이고, 금융시장과 자본시장은 직접금융과 관련된 것이다. 따라서 금융기관 개방, 금융시장 개방, 및 자본시장의 개방은 각기 의미하는 바가 다르다. 외환위기 당시 논의된 금융개방은 금융시장 중에서도 자본시장의 개방이 중요한 초점이 되고 있다. 한편, '국제금융시장'이라는 용어는 외국인에게도 매매가 개방된 금융시장을 말한다.

금융정책과 통화정책의 차이

금융은 경제 안에서 크게 세 가지의 기능을 수행한다. 우선, 경제활동의 매개적 기능이다. 경제주체들간의 경제활동은 금융을 통해서 이루어진다. 가계는 소득의 일부를 금융기구에 저축하고, 기업은 운영과 투자에 필요한 자금을 금융기구로부터 조달한다. 또한 정부의 지원정책도 금융기구를 통해 수행된다. 특히 경제 개발 초기에 이러한 기능이 강조되었었다. 금융의 두 번째 기능은 보유와 증식의 기능이다. 금융은 국민들에게 금융자산을 통하여 재산 축적의 수단을 제공하고, 그에 따른 과실을 증식해 주는 역할을 한다. 금융이 이러한 역할을 올바로 수행하지 못할 때 국민들은 저축의 수단을 잃게 된다. 마지막 금융의 기능은 산업 활동 지원 기능이다. 기업 대출을 통한 신용공급은 산업활동을 지원한다. 이를 통하여 국가경제는 생산 활동 기반을 확충하고 성장 기반을 늘려갈 수 있다. 이것은 금융의 적극적인 지원기능이다.

이러한 금융의 기능이 효과적으로 작용하도록 하는 정책을 **금융정책**(financial policy)이라고 부른다. 한 국가의 금융정책은 다음과 같은 세 가지 기본 테두리 안에서 운용되어야 한다. 첫째, 국민의 저축동기를 최대화함으로써 금융자산의 축적이 가능해야 한다. 국민들이 저축하지 않으면, 금융자산도 축적되지 않으며, 따라서 금융도 제 기능을 발휘할 수 없게 되기 때문이다. 그렇기 때문에 금융은 금융자산을 통해 얻어지는 소득을 극대화할 수 있어야 한다.

둘째는 적정 예대마진의 유지이다. 예대마진이란, 예금금리와 대출금리간의 차이를 말한다. 예금금리는 높을수록 더 많은 저축을 유도할 수 있지만, 반면에 대출금리가 높아지면 기업들은 쉽게 자금을 빌릴 수가 없게 된다. 그러므로 낮은 대출금리를 통해서 기업들의 생산기반 확충을 위한 투자가 이루어지도록 해야 한다. 즉, 가계의 입장에서는 예금금리가 높을수록 유리하고, 기업의 입장에서는 대출금리가 낮을수록 유리하다. 따라서 예대금리간에는 항상 상충관계가 존재한다. 그러므로 금융기관은 어떻게 하면 좁은 예대마진에서 적정 이윤을 확보하는가가 중요하다. 이러한 이유에서 금융기관의 어느 정도의 대형화가 필요한 것이다. 지나치게 영세한 금융기관은 예대마진을 줄이기 어렵기 때문이다. 금융기관도 생산성을 높여야 생존할 수 있다.

마지막으로 자금대출의 우선순위를 선정하는 문제가 있다. 금융기구를 통해서 공급할 수 있는 자금이 부족하지 않은 경우에는 문제가 되지 않지만, 그렇지 못한 경우, 어떻게 부족한 자금을 분배하는가의 문제가 존재한다. 소비자들에게 소비재 구입을 위해 필요한 자금을 우선적으로 공급할 것인가, 아니면 기업들의 생산기반을 확충하는 데 자금을 우선적으로 배분할 것인가에 대해 우선순위를 설정해야 할 필요성에 직면한다.

이러한 금융의 기능을 감독하기 위하여 금융위원회와 금융감독원과 같은 금융감독기구가 존재한다. 금융위원회와 금융감독원은 역할과 기관의 성격에서 차이가 있다. 우선 금융위원회는 금융정책, 외국환업무 취급기관의 건전성 감독 및 금융감독에 관한 업무를 수행하게 하기 위하여 국무총리 소속으로 되어 있는 정부기구이다. 반면에 금융감독원은 금융위원회나 증권선물위원회의 지도·감독을 받아 금융기관에 대한 검사·감독 업무 등을 수행하기 위하여 설립된 무자본(無資本) 특수법인이다(이상 모두 「금융위원회의 설치 등에 관한 법률」(1997년 제정 후 수차례 개정됨)에 의해 존립).

이와 같은 점에서 볼 때, 과거 우리나라의 금융은 많은 문제점을 포함하고 있었다. 개발연대에 절대적으로 부족한 자본을 배분하는 과정에서 정부가 금융 기관들에 개입하지 않으면 안 되었고, 그 결과 '은행은 망하지 않는다'라는 잘못된 관행이 만연되었다. 은행들은 첨단 기업이어야 함에도 불구하고, 정부의 간섭으로 인하여 정부에 의존하는 경영방식을 오랫동안 유지해 왔다. 그 결과 앞에서 언급한 금융의 요건들을 갖추지 못했다. 즉, 금융기관의 영세성, 자율성의 결여, 경영방식의 후진성에 따른 서비스의 낙후 등으로 우리나라의 금융질서가 불안정했다. 아직도 금융기관의 선진화는 한국 경제에 있어서 가장 시급한 과제가 되고 있다. 특히 외국 금융기관들과의 글로벌 경쟁에서 살아남기 위한 금융산업의 경쟁력 강화가 중요한 이슈이다.

한편, 금융정책의 한 분야가 **통화정책**(monetary policy)이다. 통화정책은 통화량의 조절을 통하여 이자율을 변화시켜 생산활동 수준과 물가를 조정하는 정책을 말한다. 이자율의 변화는 기업의 투자에 영향을 주어, 기업의 자본 형성을 변화시키기 때문에 금융정책의 일부로 볼 수 있다. 미국과 같은 서구 국가에서는 금융을 통해서 특정 산업을 지원할 수 없기 때문에 통화정책이 중요하게 부각된다. 그러나 우리나라, 독일 그리고 일본과 같은 국가들에서는 금융정책은 단순한 통화정책보다는 더 넓은 의미로 사용되고 있다. 따라서 금융정책(financial policy)과 통화정책(monetary policy)의 개념을 정확하게 이해하고 사용하여야 한다.

중앙은행과 금융

우리나라의 중앙은행(central bank)은 한국은행(The Bank of Korea)이다. 중앙은행의 기능을 살펴보면, 첫째, 화폐를 발행한다. 미국의 경우 예전에 일반은행에도 은행권을 발행할 수 있는 권한이 있었지만, 대부분의 국가들은 중앙은행만이 법화를 발행할 수 있는 권한이 있다. 우리나라는 한국은행이 한국조폐공사에 의뢰하여 제조한 화폐를 보관하다가

한국은행의 본점과 지점을 통해서 시중에 내보낸다. 이렇게 발행된 화폐는 시중에서 유통되다가 예금이나 세금납부 등으로 금융기관에 들어오게 되며 이 중 일부는 한국은행으로 다시 돌아오게 된다. 한국은행은 되돌아온 화폐 중에서 깨끗한 돈은 다시 시중에 유통시키고 파손되거나 더러워진 돈은 골라내어 폐기한다.

둘째, 중앙은행은 통화량을 조절한다. 중앙은행의 가장 중요한 일은 통화신용정책을 수립하고 집행하는 것이다. 통화신용정책이란, 경제가 건전하게 발전할 수 있도록 통화량과 자금흐름을 적절하게 조절하는 것을 말한다. 통화량이 경제규모에 비하여 지나치게 많으면 경기과열과 그에 따른 인플레이션 및 투기가 초래되며, 반대로 통화량이 지나치게 적으면 경기침체와 실업이 발생하게 된다. 따라서 경기과열이나 경기침체를 막고 경제의 건전하고 지속적인 발전을 이룩하려면 통화량을 알맞은 수준으로 조절하는 것이 매우 중요하다. 한국은행은 통화량을 조절하기 위하여 재할인정책, 공개시장조작, 지급준비율정책을 주요 수단으로 활용하고 있다. 이에 대한 자세한 설명은 뒤에서 다시 다룬다. 이 밖에도 통화량이 급격히 늘어날 경우에는 은행이 대출할 수 있는 최고 한도를 정하기도 한다.

셋째, 중앙은행은 '은행의 은행'으로서 일반은행으로부터 예금을 받고, 또 은행에 대출을 한다. 은행은 예금의 일부분을 지급준비금으로 한국은행에 예치해야 한다. 원래 이 제도는 예금자가 맡긴 돈을 찾으려 할 경우 은행이 이에 언제든지 응할 수 있도록 하기 위한 것이었으나, 오늘날에는 예금자보호 기능은 거의 사라지고 통화량을 조절하기 위한 수단으로 사용되고 있다. 또한 한국은행은 은행에 대하여 재할인 또는 담보대출의 형태로 자금을 공급해 주는데 이는 은행이 기업에게 할인한 어음을 다시 할인해 주거나 은행이 가지고 있는 어음이나 채권을 담보로 대출해 주는 것을 말한다. 한편 금융기관이 일시적으로 자금이 부족하여 예금을 내주기가 어렵게 되는 위기 발생시 긴급자금을 제공해 주기도 하는데 이를 최종대부자(lender of last resort)기능이라고 한다. 여기서 최종대부자란, 다른 어느 곳으로부터도 돈을 빌릴 수 없는 대부자라는 뜻이다. 이와 같이 한국은행은 금융제도의 안전성을 지켜주는 마지막 보루라 할 수 있다. 따라서 은행들은 비상시 예금인출에 대비한 거액의 지급준비금을 보유할 필요가 없으므로 자금을 보다 효율적으로 이용할 수가 있다.

ECONOMIC EYES
경제의 눈

조폐공사에서 여권을 만든다?

한국조폐공사에도 영업사원이 있습니다. '돈 찍어 내는 곳에서 웬 영업이냐' 하실 분들이 계실 겁니다. 정부와 은행이 지폐나 수표 제작을 의뢰하면, 그에 맞춰 만들면 되기 때문이지요. 거래 상대가 정해져 있으니, 따로 영업이라는 게 필요 없어 보입니다. 그럼 조폐공사 영업사원은 무엇을 팔까요? 바로 상품권입니다. 상품권은 화폐와 달라 일반 인쇄업체도 제작이 가능합니다. 현재 활발히 활동 중인 상품권 제작업체가 수십 곳이나 된다고 합니다. 거기다 외국회사들도 있지요. 이렇다 보니 조폐공사도 가만히 앉아 있을 수가 없지요. 2006년부터 마케팅본부를 만들어 본격적인 영업에 나서고 있습니다.

'조폐공사 영업맨'이 가장 바쁜 때가 설이나 추석과 같은 명절 때입니다. 명절을 앞두고 백화점 등에서 상품권 주문이 쏟아지기 때문입니다. 처음 조폐공사 명함을 받은 사람들은 대부분 고개를 갸우뚱 한다고 합니다. 돈 만드는 회사에서 뭐가 아쉬워 찾아왔느냐는 반응이지요. 그럴 때 재빨리 가방에서 샘플과 참고책자를 꺼내, 상품권에 들어가는 각종 위·변조 방지 장치 등 신기술을 설명하며 영업에 들어갑니다. 불빛에 비추면 나타나는 그림이나 미세문자 등이 단골 레퍼토리이지요. 그렇게 올린 상품권 매출액이 작년에 46억 원쯤 된다고 합니다.

조폐공사는 상품권 외에도 기념주화와 메달 등도 만듭니다. 또 각종 문화재의 모형을 만들어 팔기도 합니다. 일반 기업체와 회사, 지방자치단체 등을 찾아다니며 영업하는 것도 이들 마케팅본부의 일입니다. 담당 과장은 "조직 특성상 영업 지원비가 없어 가끔 사비(私費)를 털어 점심을 사는 경우도 있다"고 말합니다.

실제로 한국조폐공사의 사업 부문은 화폐 제작 이외에도 수표, 우표, 상품권 및 증·채권류의 인쇄, 기념주화, 메달 그리고 훈장을 제작하는 압인(壓印), 특수용지를 만드는 제지, 화폐교환기, 지폐계수기 그리고 진위식별기와 같은 인식기기 제작 사업과 이들의 수출 영업도 하고 있습니다. 여러분이 가지고 있는 대한민국의 여권을 제작하는 곳도 한국조폐공사입니다. 이러한 모든 상품들은 고도의 보안과 위조방지 장치를 필요로 하는 분야입니다. 한국조폐공사는 화폐 생산에 필수적인 보안과 위조방지 기술을 토대로 이러한 분야의 사업을 하고 있습니다.

넷째, 중앙은행은 '정부의 은행'으로서 국고금의 수금 및 정부에 대한 여신을 담당하여 정부재정을 대행한다. 정부는 중앙은행에 정부 당좌예금계정을 설치하여 모든 세입은 정부예금계좌에 입금되고, 모든 세출 역시 정부 예금계좌로부터 인출된다. 그런데 국고금을 수납하고 지급하는 업무는 전 국민을 상대로 하기 때문에 제한된 점포와 인력을 가진 한국은행이 모두 취급하기는 어렵다. 따라서 한국은행은 금융기관 점포를 대리점으로 지정하여 국고업무를 수행하도록 한다. 또한 한국은행은 정부가 자금이 부족한 경우 국회가 정한 범위 내에서 대출을 하거나 국채를 매입함으로써 정부에 필요한 자금을 공급한다. 이 밖에 한국은행은 정부를 대신하여 국채를 발행하고 상환하는 업무를 담당하기도 하며 외국환평형기금, 국채관리기금 등을 운용·관리하는 업무도 수행한다.

다섯째, 중앙은행은 중앙집중 지급결제 기능을 수행한다. 지급결제란 각종 경제활동의 결과로 발생하는 채권채무관계를 마무리짓는 것을 말한다. 한국은행은 금융기관간의 자금거래를 최종적으로 결제한다. 중앙은행은 법정지급준비금 예치금계정을 통하여 각 은행간 수표와 어음의 교환잔액을 결제시켜 준다. 이를 위하여 한국은행은 한국은행과 각 금융기관을 온라인으로 연결하여 금융기관간의 자금거래를 즉시 결제해 주는 한국은행 금융결제망을 직접 운영한다.

여섯째, 중앙은행은 대외지급 준비자산을 보유하고 운용한다. 한국은행은 우리나라의 대외지급 준비자산을 적당한 수준으로 보유하여 대외지급에 대비하는 한편 보유 외화자산을 국내외 금융기관에 맡기거나 외국증권에 투자하여 운용하고 있다. 또한 한국은행은 국제통화기금(IMF), 세계은행(IBRD), 아시아개발은행(ADB) 등 우리나라가 가입하고 있는 국제금융기구와 금융거래를 한다.

일곱째, 중앙은행은 은행의 경영상태를 점검한다. 한국은행은 금융제도의 안정성 유지를 위하여 은행의 경영상태를 항상 분석하는 한편 필요한 경우에는 검사도 한다. 은행이 건전하게 운영되는 것은 매우 중요하다. 그리고 통화신용정책이 효과적이기 위해서는 은행들이 중앙은행의 정책을 제대로 이행하는지를 점검할 필요가 있다. 따라서 한국은행은 은행이 불건전한 영업으로 부실화되는 것을 방지하기 위하여 은행으로부터 자료를 제출받아 경영상태를 점검한다. 그리고 통화신용정책 수행을 위하여 필요한 경우 은행뿐만 아니라 한국은행에 당좌예금을 개설한 기관으로부터도 자료를 받는다. 또한 한국은행은 필요한 경우 금융감독원에 금융기관에 대한 검사를 요구할 수 있으며 금융감독원과의 공동검사를 통해 금융기관의 경영상태를 현장에서 직접 확인하기도 한다. 그리고 한국은행이 금융기관이나 기업에 긴급여신을 제공한 경우에는 해당 금융기관이나 기업의 업무와 재산상황을 한국은행이 독자적으로 조사·확인할 수 있다.

마지막으로 중앙은행은 경제조사연구 및 통계 업무를 수행한다. 한국은행도 국내외 경제 전반에 관한 조사연구 업무를 수행하고 있으며 이와 관련된 각종 통계를 작성한다. 중앙은행이 앞에 언급한 이러한 업무를 잘 수행하기 위해서는 국내외 경제의 움직임에 대하여 잘 알고 있어야 하므로 한국은행은 경제조사 및 연구를 통하여 경제의 움직임을 분석·전망하고 대책을 제시함으로써 통화신용정책은 물론 다른 경제정책의 수립에 기초자료로 활용할 수 있도록 한다. 한국은행이 작성하는 주요 통계에는 통화금융통계, 국민계정, 국제수지통계, 자금순환표, 산업연관표, 기업경영분석, 생산자물가지수 등이 있다. 또한 한국은행은 조사통계월보, 연차보고서 등의 정기간행물과 각종 조사연구 자료를 발간하고 있다.

우리나라의 금융기관

우리나라의 금융기관은 〈표 9-2〉에 요약되어 있는 바와 같이 금융기관은 금융부문에서 저축자와 차입자 사이에서 저축과 투자를 연결해 주는 기능 등을 수행하며 은행, 비은행예금취급기관, 금융투자업자, 보험회사, 기타 금융기관, 그리고 금융보조기관 등 6개 그룹으로 구분한다.[3]

이러한 분류체계를 중심으로 각 그룹에 포함되는 금융기관을 구체적으로 보면 우선 은행에는 일반은행과 특수은행이 있다. 일반은행은 시중은행, 지방은행, 그리고 외국은행 국내지점으로 구성된다. 특수은행은 은행법이 아닌 개별적인 특별법에 의해 설립되어 은행업무를 핵심업무로 취급하고 있는 금융기관이다. 여기에는 한국산업은행, 한국수출입은행, 중소기업은행,[4] 그리고 농업협동조합중앙회 및 수산업협동조합중앙회 등이 포함된다.[5]

3 이러한 구분은 업종별 분류에 따른 것이라기보다는 금융기관의 제도적 실체에 중점을 둔 것이다. 즉 은행업, 금융투자업, 보험업 등 금융업무를 구분하고 각 업무별로 해당 업무를 영위하는 기관을 분류한 것이 아니라 각 금융기관의 근거법률을 중심으로 주된 업무의 성격이 유사한 금융기관을 그룹별로 구분한 것이다. 이러한 금융기관 분류는 제도적 실체와 관련 없이 통화성 부채의 보유 여부가 중요한 분류 기준인 국제통화기금(IMF)의 분류체계와도 다소 차이가 있다(한국은행, 『한국의 금융제도』, 2011, p. 27, 각주 17).

4 중소기업은행은 2012년 1월 공공기관에서 해제되어 현재는 'IBK기업은행'으로 알려져 있으나 법률상으로는 '중소기업은행'의 명칭을 유지하고 있다.

5 자금조달과 운용의 특성을 고려하는 금융업종 분류에서는 한국산업은행과 한국수출입은행을 상업은행(commercial banks)과 구분하여 개발기관으로 분류하지만 여기서는 제도적 기준에 맞추어 특수은행에 분류하였다(앞의 책, p. 27의 각주 18).

우리나라의 금융기관은 은행과 비은행금융기관들인 비은행예금취급기관, 보험회사, 증권회사 그리고 기타금융기관 등으로 구성된다.

▲ 표 9-2 우리나라의 금융기관

구분			기관 수	비 고
은행	일반은행	시중은행	8	인터넷전문은행 2 포함
		지방은행	6	
		외은지점	38	점포 수 45
	특수은행	한국산업은행	1	
		한국수출입은행	1	
		중소기업은행	1	
		농협은행 주식회사	1	
		수산업협동조합중앙회	1	
비은행 예금취급 기관	상호저축은행		79	
	신용협동기구	신용협동조합	898	
		새마을금고	1,315	
		상호금융	1,358	
	우체국예금		1	
	종합금융회사		1	우리
금융 투자업자	투자매매중개업자	증권회사	55	외국사 지점(11) 포함
		선물회사	5	
	집합투자업자		215	
	투자일임자문업자		179	역외사 포함(371)
	신탁업자	은행/증권/보험/부동산신탁	56	19/20/6/11
보험회사	생명보험회사		25	외국사(9) 포함
	손해보험회사	손해보험회사	19	외국법인(4), 외국사지점(4) 포함
		재보험회사	10	외국사 지점(9)
		보증보험회사	3	외국사 지점(1)
	우체국보험		1	
	공제기관		3	새마을공제, 수협공제, 신협공제
기타 금융기관	금융지주회사	은행지주 비은행지주	8 1	지방은행지주 포함
	여신전문금융회사	리스/카드/할부금융/신기술금융	97	26/8/21/42
	벤처캐피탈회사	중소기업창업투자회사	120	
	증권금융회사		1	
	대부업자		8,084	
공적 금융기관	한국무역보험공사		1	
	한국주택금융공사		1	
	한국자산관리공사		1	
	한국투자공사		1	
	서민금융진흥원		1	

자료: 한국은행, 『한국의 금융제도』, 2018년.

비은행예금취급기관은 은행과 유사한 여수신업무를 주요 업무로 취급하고 있지만 보다 제한적인 목적으로 설립되어 자금조달 및 운용 등에서 은행과는 상이한 규제를 받는 금융기관이다. 즉 지급결제기능을 전혀 제공하지 못하거나 제한적으로만 제공할 수 있는 등 취급업무의 범위가 은행에 비해 좁으며 영업대상이 개별 금융기관의 특성에 맞추어 사전적으로 제한되기도 한다. 여기에 분류되는 금융기관으로는 상호저축은행, 신용협동조합·새마을금고·상호금융 등 신용협동기구, 그리고 종합금융회사 등이 있다.

금융투자업자는 직접금융시장에서 유가증권의 거래와 관련된 업무를 주된 업무로 하는 금융기관을 모두 포괄하는 그룹이다. 여기에는 투자매매중개업자(증권회사 및 선물회사), 집합투자업자, 투자일임자문업자, 그리고 신탁업자가 있다.[6]

보험회사는 사망·질병·노후 또는 화재나 각종 사고를 대비하는 보험을 인수·운영하는 기관이다. 보험회사는 업무 특성과 기관 특성을 함께 고려하여 생명보험회사, 손해보험회사, 우체국보험, 공제기관[7] 등으로 구분된다. 손해보험회사에는 일반적인 손해보험회사 이외에 재보험회사와 보증보험회사가 있다.

기타 금융기관은 앞에서 열거한 그룹에 속하는 금융기관의 업무로 분류하기 어려운 금융업무들을 주된 업무로 취급하는 기관을 말한다. 여기에는 여신전문금융회사(리스회사, 신용카드회사, 할부금융회사, 신기술사업금융회사), 벤처캐피탈회사(중소기업창업투자회사), 증권금융회사 및 공적 금융기관 등이 있다.

공적금융기관은 금융거래에 직접 참여하기보다 정책적 목적으로 각각의 기능에 맞게 설립된 기관을 의미한다. 여기에는 한국무역보험공사, 한국주택금융공사, 한국자산관리공사, 한국투자공사, 서민금융진흥원 등이 해당된다.

한편 2017년말 현재 주요 금융기관 총자산에서 개별 금융업이 차지하는 비중을 보면 은행(신탁계정 포함)이 51.8%로 가장 높고 다음으로 보험회사가 20.2%, 신용협동기구가 10.0%의 비중을 차지하고 있다. 이어 집합투자업 8.6%, 투자매매중개업 6.8%, 우체국예금 1.2%의 순서로 나타나고 있다.[8]

6 은행의 경우 국공채 인수·매출 등 일부 증권업무를 수행할 수 있으나 동 업무를 은행의 주된 업무로 간주하기는 곤란하기 때문에 증권 관련기관에 포함하지 않았다(앞의 책, p. 28의 각주 19).

7 공제기관의 경우 일반인을 대상으로 보험서비스를 판매하고 있는 농업협동조합공제, 수산업협동조합공제, 신용협동조합공제, 새마을금고공제 등을 포함하였다(앞의 책, p. 28의 각주 20).

8 한국은행, 『한국의 금융제도』, 2018년.

시장이자율은 어떻게 결정되나?

생산물시장에서 각 재화마다 각각의 가격이 존재하고 이를 대표하는 물가지수가 존재하듯이, 화폐부문에도 각 금융상품마다 각각의 이자율이 존재하고, 이를 대표하는 시장이자율이 존재한다. 이 절에서는 시장이자율의 개념에 대해서 살펴보자.

화폐시장과 금융시장

시장이자율을 설명하기 전에 먼저 화폐시장에 대해서 살펴보자. 앞에서 금융시장과 자본시장의 차이점에 대해서 설명했다. 이번에는 금융시장과 화폐시장의 차이점에 대해서 설명해 보자. 일반적으로 경제학 교과서에서는 "시장이자율은 화폐시장에서 결정된다"고 하는데, 화폐시장이란 무엇인가 그리고 금융시장과 어떻게 다른가는 잘 설명되지 않고 있다.

앞에서 금융시장은 자금의 공급자인 가계와 자금의 수요자인 기업이 직접 만나는 시장, 즉 금융자산이 거래되는 시장을 말한다고 했다. 여기서 말하는 금융자산이란 채권이나 주식 등 사고 팔 수 있는 모든 형태의 자산을 말한다. 일반적으로 가장 대표적인 금융자산에는 채권과 주식이 있다. 채권(bond)은 다른 말로 하면 '빚'(debt)이다. 즉 기업이 채권을 발행한다는 것은 기업이 외부로 부터 자금을 차입하는 것을 의미하며, 채권이란 만기일이 되면 빌린 돈을 이자와 함께 갚겠다는 것을 약속한 증서이다. 반면에 주식(stock, 또는 equity)이란 그 주식을 발행한 기업의 소유권을 나누어 갖는 것을 말한다. 어느 기업의 주식 백만 주 중에서 한 주를 가지고 있다면, 이는 그 기업의 소유권을 백만분의 일을 가지고 있는 것을 뜻한다. 따라서 기업이 이익을 보면 그 이익의 백만분의 일을 가질 권한이 있고, 손해를 보면 그 손해의 백만분의 일만큼 자신도 책임을 진다.[9]

금융자산에는 이렇게 채권과 주식만 있는 것이 아니다. 부동산이나 화폐도 자산의 일종이며 그러한 자산을 증명하는 부동산 증서나 현금 예금액을 나타내는 예금증서도 모두 금융자산의 일종이다. 다시 말하면 화폐도 금융자산의 일종으로 간주된다는 것이다. 그런데 화폐는 다른 자산들과 어떤 점에서 다른 특징을 가진다. 화폐는 어떠한 특징을 가지는

9 이러한 의미에서 주식을 영어 표현으로 'equity'(동등) 또는 'share'(몫)이라고도 부른다. 그러므로 주식을 소유하는 것은 그 주식을 발행한 기업에 대한 소유권을 확보하는 것을 의미한다. 따라서 채권을 소유한 사람에게는 주주총회에 참석할 권한이 없지만, 주식을 소유한 사람은 주주총회에 참석할 권리를 갖는다. 또한 주식은 만기일이 없다. 그 기업이 망하지 않는 한, 주식을 소유한 사람은 기한에 관계없이 그 기업에 대한 소유권을 유지할 수 있다. 따라서 주식은 모두 장기증권이다.

금융자산일까? 화폐의 중요한 특징은 가장 안전하고 유동적(流動的)이라는 것이다. 첫째, 화폐가 가장 안전하다는 것은 도난이나 분실의 위험이 없다는 것이 아니라 액면가가 하락하지 않는다는 의미이다. 채권이나 주식 등의 수익성 자산은 수익을 얻을 수 있는 반면에 가격이 떨어지면 손해를 볼 가능성도 있다. 하지만 화폐는 이자수입 등은 얻을 수는 없지만(있다고 해도 아주 미미한 수준이다), 액면가가 떨어질 염려가 없다는 점에서 안전한 자산이라고 부르는 것이다.

화폐의 두 번째 특징은 유동성(liquidity)이 높다는 것이다. 유동성이란 다른 형태의 금융자산으로 쉽게 바꿀 수 있는 성질을 말하는데 화폐로는 어떠한 자산으로도 손해를 보지 않고 쉽게 바꿀 수 있기 때문에 유동성이 높다. 반면에 주식이나 채권 등 수익성 자산들은 다른 자산으로 바꾸려면 약간의 손실을 감수해야 하는 경우가 많기 때문에 유동성이 화폐에 비해서 떨어진다. 만약 여러분이 더운 여름 날 운동을 하고 갈증이 날 때, 여러분이 가지고 있는 전 재산이 63빌딩 하나라고 가정한다면, 그 재산은 여러분의 갈증을 푸는 데 아무런 도움이 되지 않을 것이다. 63빌딩을 쉽게 처분하여 시원한 콜라 한 캔이라도 살 수가 없기 때문이다. 이런 의미에서 화폐는 유동성이 가장 높은 자산이라고 한다. 이렇게 화폐가 유동성이 가장 높은 자산이기 때문에 화폐 그 자체를 다른 말로 유동성이라고 부르기도 한다.

사람들은 자기 자산의 일부를 당장의 편의를 위해 유동성이 높은 화폐의 형태로 보유하고, 남는 것은 수익성 자산의 형태로 보유한다. 사람들이 어떠한 형태의 금융자산을 선택하느냐를 포트폴리오(portfolio), 즉 자산배합이라고 한다.[10] 특히, 포트폴리오 결정은 채권(bond: B)과 같은 수익성 자산과 화폐(money: M)와 같은 유동성 자산의 자산배합 비율의 결정을 의미한다. 〈그림 9-3〉에서 보는 바와 같이, 전체 자산 중에서 수익성 자산이 차지하는 비중이 결정되면(예를 들면, 60%), 유동성 자산(화폐)이 차지하는 비율은 자동적으로 결정(40%)된다.

이와 같이 금융시장 전체를 채권이나 주식 등 수익성 자산이 거래되는 시장과 수익성이 없는 화폐가 거래되는 시장으로 나눌 수 있다. 수익성 자산이 거래되는 시장을 채권시장이라고 부르고 유동성이 거래되는 시장을 화폐시장이라고 부른다. 개인이 유동성 자산의 보유액을 결정하면 수익성 자산의 보유액은 저절로 결정되듯이, 사회 전체적으로도 화

10 포트폴리오(portfolio)는 고대시대 사람들이 자신의 재산목록을 적은 두루마기를 말한다. 오늘날 금융 용어로서는 어떠한 형태로 자신의 자산을 보유하는가를 의미한다.

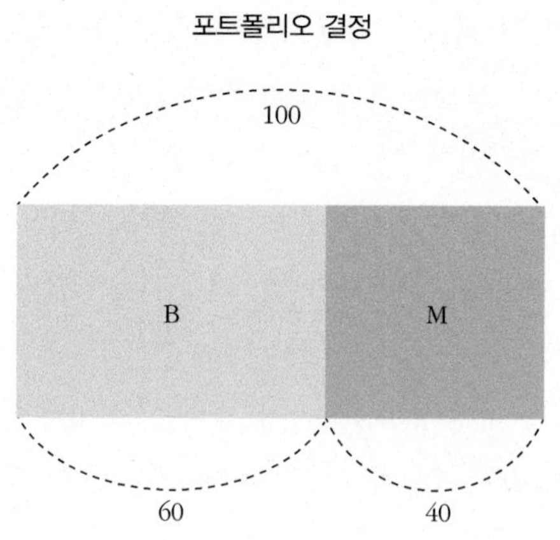

▲ 그림 9-3

포트폴리오 결정의 특징

모든 금융자산은 편의상 수익을 가져오는 자산(채권, Bond)과 수익은 없지만 가장 안전하고 유동적인 화폐(Money, M)의 두 그룹으로 나눌 수 있다. 일단 한쪽 자산의 보유비중이 결정되면 나머지 다른 자산의 보유비중은 따라서 정해진다.

폐시장이 결정되면 채권시장은 저절로 결정된다. 즉 채권과 화폐의 공급은 일정한 상태에서 각 개인들이 유동성의 보유를 늘리게 되면 채권에 대한 수요는 줄이는 셈이 되므로, 화폐시장에서는 초과수요가 발생하고 채권시장에서는 초과 공급이 발생하게 된다. 그 결과 화폐시장의 이자율은 올라가고 채권시장의 이자율 즉 채권 수익률은 떨어지게 된다.

여기서 한 가지 흥미로운 점은 채권시장과 화폐시장은 어느 한 쪽만 분석해도 다른 한 쪽의 가격은 저절로 알 수 있기 때문에 한 가지 금융자산 시장만 봐도 전체 금융자산 시장에 대해서 알 수 있다는 점이다. 그렇다면 여러분은 어떤 금융자산 시장(화폐와 채권 중에서)을 다루고자 하겠는가? 당연히 더 쉬운 화폐시장이다. 채권시장은 이자율, 만기 등 복잡한 내용들을 포함하기 때문이다. 그래서 일반적으로 대부분의 경제학원론에서는 화폐부문을 고려할 때 채권시장은 분석하지 않고 유동성, 즉 화폐 시장만을 분석 대상으로 삼는다(그 이유는 친절하게 설명하지 않는 경우가 많다). 이 책에서도 앞으로는 화폐부문을 언급할 때 화폐시장만을 대상으로 할 것이다. 그렇지만 실제로는 금융부문 전체를 다루는 것이다.

시장이자율이란?

화폐시장에서는 이자율이 결정된다. 이자율(interest rate)이란 '금리'라고도 표현되는데,[11] 일반적으로 돈을 일정 기간 예금 등 금융자산의 형태로 보유하는 대가로 인식된다. 그러나 돈만이 아니라 채권 등 각종 금융자산의 수익률도 일종의 이자율이다. 추상적인 경제학 모형에서는 이자율이 하나인 것처럼 표시하지만 실제로는 각종 금융자산마다 서로 다른 이자율이 존재한다. 은행마다 이자율이 다르고 한 은행에서도 예금상품의 종류에 따라서 이자율이 다르기 때문이다. 또한 정부가 발행하는 국공채[12]의 수익률 그리고 기업이 발행하는 회사채 유통수익률도 각기 다르다. 이렇게 실제 경제에는 여러 가지 이자율이 존재하는데 시장을 대표하는 이자율은 무엇인가? 물가는 정부가 소비자물가지수나 생산자물가지수 등을 조사해서 발표하므로 쉽게 알 수 있다. 그러나 이자율의 경우에는 물가처럼 정부가 평균이자율을 조사해서 발표하지 않는다. 그러면 여러 금융자산의 이자율 중에서 어떠한 이자율이 시장이자율이 되는가? 미국의 경우는 프라임 레이트를 시장 평균이자율로 본다. 프라임 레이트(prime rate)란 우량기업이 은행에서 대출받을 때 적용받는 금리를 말한다. 미국의 경우에 신용도가 높은 우량기업은 다른 기업에 비해서 은행으로부터 비교적 낮은 금리로 자금을 조달할 수 있다. 이러한 우량기업의 대출금리가 기준이 되어 돈을 빌리는 측의 신용도가 낮을수록 돈을 떼일 위험이 높으므로, 프라임 레이트에 리스크 프리미엄을 더하여 대출금리를 결정하겠다.

우리나라의 경우에는 1993년 금리자유화가 실시되기 이전까지 은행의 예금금리를 시장에 맡겨 두지 않고 정부가 결정했다. 따라서 은행의 이자율이 시장의 상황을 반영할 수 없었다. 그래서 우리나라에서는 주로 3년 만기 회사채 유통수익률을 시장이자율의 지표로 사용하였다. 회사채가 유통되는 시장은 이미 발행된 채권이 거래되는 시장(the secondary market)을 의미하는데, 이미(旣) 발행된 채권의 가격은 시장의 수요와 공급에 의해 변동하고, 따라서 채권의 수익률도 변하게 된다.

11 한국은행 홈페이지, '경제용어'

12 국채는 정부가 국회의 의결을 얻어 발행하는 채권이며, 공채는 주로 지방자치단체 등을 포함한 공공기관이 발행하는 채권을 의미한다.

ECONOMIC EYES
경제의 눈

채권 수익률이 바로 시장이자율!

일 억
주식회사한화제12회무보증사채권
제 12 회
金 일억원 整
W 100,000,000
見 樣
무보증

채권은 세 가지 요소를 포함하는데, 첫째, 액면가(the face value), 둘째, 이자율, 그리고 마지막으로 만기일(the maturity)이다. 액면가란 만기일에 돌려받게 되는 약속된 금액이며, 이자율이란 이 채권을 가지고 있을 때 지급받는 이자의 비율을 말한다. 예를 들어, 액면가 10만 원에 이자율 10%인 1년 만기 채권을 생각할 수 있다. 채권은 20년 내지 30년에 이르는 만기일이 대단히 긴 채권도 있다.

여기서 한 가지 중요한 것은 채권의 가격이다. 채권의 가격은 채권이 신규로 발행될 때에는 액면가와 같지만, 일단 발행된 채권의 가격은 액면가와는 다르게 된다. 채권시장에서 채권의 수요에 의해 가격이 결정되기 때문이다.

예를 들어 설명해 보자. 앞에서 예를 들었던 액면가 10만 원, 이자율 10%의 1년 만기 채권이 9만 5천원에 거래되고 있다고 하자. 이 채권의 수익률(the rate of yield, r)은:

$$
\begin{aligned}
r &= \text{수익}/\text{채권의 가격} \\
&= [(100{,}000 - 95{,}000) + 10{,}000]/95{,}000 \\
&= 0.158
\end{aligned}
$$

이 된다. 즉 이 채권이 가져오는 총수익은 만기일에 돌려받는 액면가 10만 원에서 이 채권을 사기 위해 지불한 금액인 9만 5천 원을 뺀 5천 원과 1년 동안의 이자인 1만 원을 합한 1만 5천 원이고, 이 금액을 채권의 가격으로 나누어 주면 이 채권을 사기 위해 지불한 9만 5천 원에 대한 수익률이 계산된다.

여기서 한 가지 중요한 것은 채권의 가격과 수익률과의 관계이다. 만약에 시장에서 자금이 많이 풀려서 채권에 대한 수요가 증가하여 이 채권의 가격이 9만 8천 원으로 오른다면 이 채권의 수익률은 어떻게 되겠는가? 같은 수익을 가져다 주는 채권의 수익률도 채권의 가격이 달라지면 따라서 변하게 된다. 즉 채권 가격이 9만 8천 원이 되면, 수익률은 아래와 같이 12.2%로 낮아지게 된다.

$$
\begin{aligned}
r &= \text{수익}/\text{채권의 가격} \\
&= [(100{,}000 - 98{,}000) + 10{,}000]/98{,}000 \\
&= 0.122
\end{aligned}
$$

즉 채권에 대하여 지불하는 가격이 높아졌기 때문에 수익률은 낮아진 것이다. 이처럼 채권의 가격과 수익률은 반비례의 관계를 갖는다. 채권의 가격이 오르면, 채권의 수익률은 낮아지고, 반대로 채권의 가격이 내려가면, 수익률은 높아진다.

채권이 새로 발행될 때에는 수익률은 해당 채권의 액면 이자율과 같지만, 일단 채권이 발행되고 나면 그 채권은 유통시장에서 거래되게 되어, 그 채권의 수익률은 시장에서 결정되는 채권의 가격에 의해서 변하게 된다. 기업이 신규 채권을 발행할 때에는 유통시장에서 거래되는 기 발행 채권의 수익률에 따라 신규 채권의 이자율을 정하기 때문에 유통시장에서 거래되는 기 발행 채권의 수익률이 '시장 이자율'이 된다. 특히, 장외시장(채권시장은 채권의 종류가 다양하기 때문에 주식시장과는 달리 성격상 장외시장 중심으로 거래된다. 장내시장은 한국거래소에서 취급하고 있고 주로 국고채(국채의 한 종류)에 한정된다. 거래량 기준으로 2015년 1월 현재 장외시장의 비중이 약 80%이다)에서 거래되는 3년 만기 회사채(AA-)의 수익률을 시장 이자율이라고 한다. 한국은행의 경제통계시스템(ECOS)에 따르면 이외에도 양도성예금증서(CD)의 91일물의 이자율과 같은 다양한 종류의 시장이자율이 있다.

한편, 채권시장은 주로 장외브로커(증권회사)들에 의해서 메신저나 전화로 거래되고, 그 규모도 100억 단위 정도이기 때문에 금융당국에서는 시장의 투명성을 위하여 「자본시장법」(2007년 제정)에 의해 금융투자협회(Korea Financial Investment Assoiciation, KOFIA)가 모든 장외채권거래의 내역과 수익률을 공시하고 있다. 그러니까 채권시장은 주식시장(한국거래소)과 달리 장외시장을 중심으로 운영되기 때문에 채권의 물리적인 시장이 존재하는 것은 아니다.

유통시장에서 채권에 대한 수요가 높아지면 채권의 가격은 오르고, 결과적으로 채권의 수익률은 내려가게 된다. 만약 기업이 새로운 채권이 발행되는 발행시장(the primary market)에서 신규채권을 발행해서 자금을 조달하려면 이미 발행된 채권의 시장인 유통시장에서의 수익률과 같은 수준의 이자율을 적용한다. 왜냐하면 신규채권의 수익률이 유통시장의 수익률보다 낮으면 채권은 팔리지 않게 되고, 반대로 유통시장의 수익률보다 높게 할 필요는 없기 때문이다. 이러한 이유에서 유통시장에서의 채권 수익률은 자금시장의 자금 수급상황을 가장 잘 반영한다. 그렇기 때문에 채권의 수익률, 특히 3년 만기 회사채 수익률을 시장이자율로 본다. 앞에서 언급하였듯이 한국은행은 '경제통계시스템'(ECOS)에서 91물 양도성예금증서(certificate of deposit, CD)의 이자율 등도 시장이자율로 발표하고 있다.

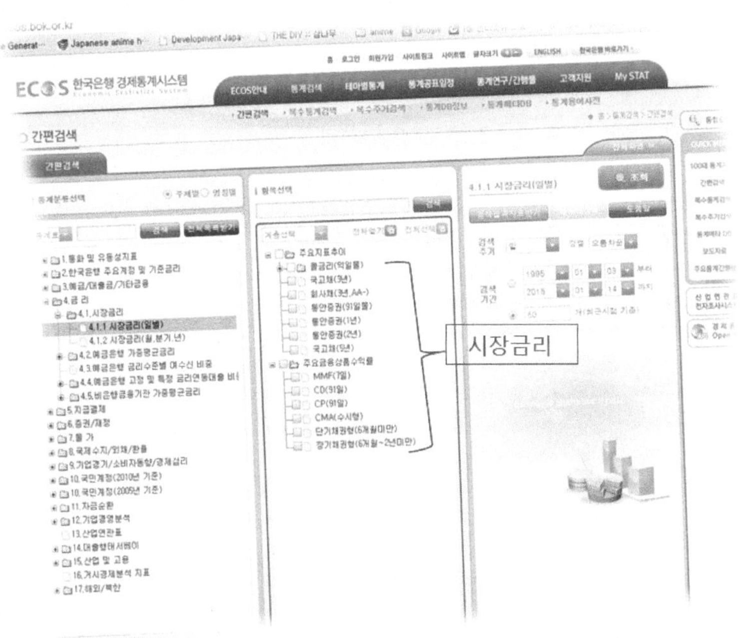

한편 우리나라에서 시장의 자금 수급상황을

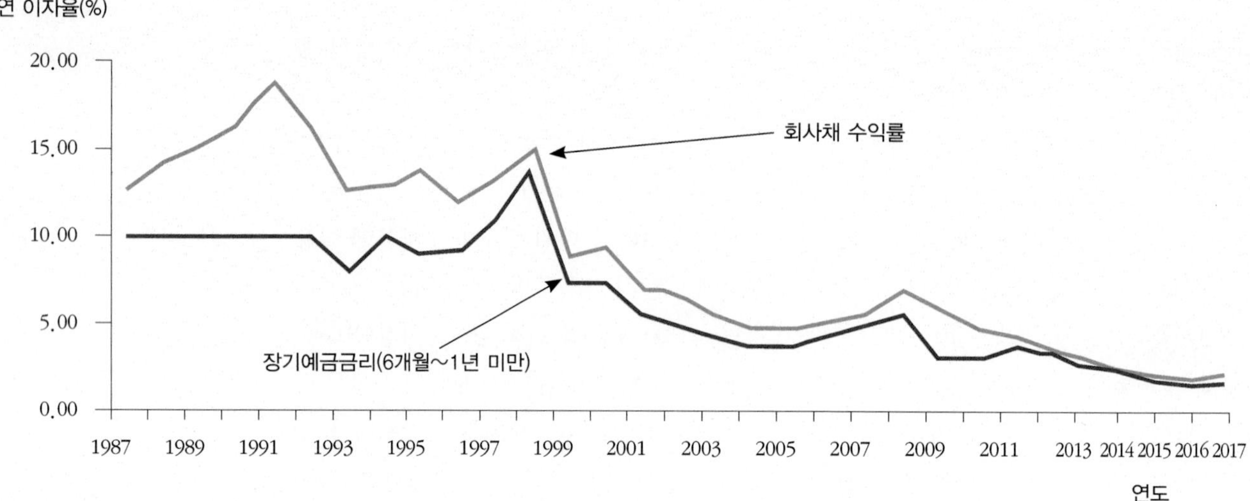

▲ 그림 9-4

한국의 주요 금리 추이(1987~2017)

한국의 주요금리는 1980년대 말까지 낮은 수준을 유지하다가 1990년대 초반 회사채 수익률의 상승을 경험하였다. 1990년대 말 외환위기로 금리는 높은 증가를 나타내었으며, 이후 낮은 수준을 나타내다가 2005년 이후 다시 높은 변동성을 보이고 있다.

잘 보여 주는 또 다른 지표가 통화안정증권수익률이다. 한국은행은 통화량의 수급을 조정하기 위해서 통화안정증권을 발행한다. 시중에 통화량이 너무 많아서 인플레이션의 위험이 있을 때는 이 증권을 발행해서 시중의 자금을 회수하고, 시중에 자금이 부족하여 부도율이 높아지든지, 추석 등 자금수요가 급증할 것으로 예측되어 시중에 자금을 공급할 필요가 있으면, 화폐 발행의 방법 이외에 이 증권을 회수하여 통화량을 공급한다. 이 증권이 판매되려면 시중의 다른 금리보다는 약간 높아야 자금이 중앙은행으로 들어오므로 이 증권의 수익률은 일반적으로 회사채 유통수익률보다 조금 높다.

〈그림 9-4〉는 우리나라의 회사채 수익률과 정기예금금리의 추이를 보여 주고 있다. 이 그림은 1993년 금리자유화가 실시된 이후 정기예금금리가 시장 상황을 반영하기 시작했음을 보여 주고 있다. 그리고 이 그래프는 한국 경제가 1997년 말 이후 외환위기를 겪으며 IMF의 요구에 의해서 고금리정책을 사용하여 금리가 급격히 상승했다가, 1998년 이후 빠르게 안정을 찾았으며 그 이후 경기가 침체되어 이자율 수준이 1980년대보다 낮아졌음을 보여주고 있다. 그러나 최근 국내경제와 세계경제의 불안정이 높아지면서 금리의 변동성이 커지고 있다.

이자율의 변동은 경제에 어떤 영향을 줄까?

이자율이 경제에 어떠한 영향을 미칠까? 이자율이 변하면, 국내총생산, 실업, 부동산 가격, 주가지수, 그리고 환율 등 주요 경제지표에 영향을 준다. 뿐만 아니라 거꾸로 이자율도 이러한 변수에 의해서 영향을 받는다. 이자율의 변화가 생산에 어떠한 영향을 미칠까? 이자율이 오르면 기업의 금융비용이 높아져서 수익이 떨어지므로 생산이 위축되어 GDP증가율이 감소한다. 따라서 이자율이 하락하면 금융비용 감소분만큼 가격을 낮출 수 있고, 따라서 국제 경쟁력이 제고(提高)되므로 생산이 증가할 것이다.

특히 우리나라는 기업의 부채비율이 높기 때문에 상품을 만들 때까지의 금리부담이 우리의 경쟁국인 일본의 3배, 대만의 2배 정도 된다. 이러한 높은 금융비용은 우리나라 제품의 경쟁력 하락을 가져오고, 이들 국가에 대한 만성적인 무역적자의 원인으로 작용한다는 주장이 제기되기도 한다.

이자율은 주가나 부동산 가격과도 밀접한 관계에 있다. 금리자유화가 시작되기 이전인 1993년 이전에는 정부에서 정한 공금리 수준이 시장의 사금리보다 낮았다. 당시 사채시장의 사금리는 높으나 위험성이 높으므로, 여유자금이 갈 곳이 없어서 부동산으로 몰리면 부동산 투기가 일어나고, 주식시장으로 몰리면 주가 폭등이 일어났다. 한편 이자율이 높아지면 주가나 부동산 가격은 하락한다. 왜냐하면 외환위기 직후인 1998년과 같이 금리가 연 20% 가까이 상승하면 여유자금을 가진 사람들은 주식이나 부동산에 투자하지 않고, 금융상품으로 몰리게 된다. 1998년에 고금리정책으로 인해서 우리나라의 이자율이 올라가자 부동산과 주식시장이 얼어붙었다. 그러다가 1999년에 들어서 이자율이 다시 1997년 이전 수준으로 하락하자 다시 주식시장과 부동산 시장이 호황을 이루는 현상을 목격할 수 있었다.

이와 같이 이자율과 주가는 단기적으로는 반비례한다. 그러나 유의해야 할 점은 이자율과 주가가 항상 반대로 움직이는 것은 아니라는 점이다. 장기적으로는 이자율과 주가가 정비례하게 된다. 왜냐하면 시장 평균이자율은 장기적으로는 모든 금융자산의 평균수익률과 거의 같게 되기 때문이다. 장기적으로 이자율이 낮아지면 수익률도 낮아지므로 주식의 배당률도 낮아지고 따라서 주가도 낮아진다. 또한 부동산의 임대 수입도 낮아져 부동산 가격도 하락하게 된다. 따라서 장기적으로는 이자율, 주식, 부동산 가격은 모두 경기를 반영하기 때문에 같은 방향으로 움직이게 된다.

단기금리와 장기금리는 어느 쪽이 더 높을까?

일반적으로 장기금리는 단기금리에 비해 높다.[13] 왜냐하면 상환기간이 길어질수록 위험이 더 많아지기 때문이다. 따라서 만기가 길수록 위험 프리미엄이 커지게 되어 금리가 높아지는 것이다. 일반적으로 단기금리는 중앙은행의 통화정책 변화에 따라 변하고, 장기금리는 미래에 대한 기대에 좌우된다. 장단기 금리 격차가 커진다는 것은 중앙은행의 통화완화정책으로 단기금리가 크게 하락하거나, 미래 경기에 대해 낙관하는 경제주체들이 많아져 장기금리가 급등하는 때이다. 따라서 장·단기 금리차이가 커지면 경기호황 가능성이 높아진다는 것을 의미한다.

반면, 장단기금리차가 급격히 좁혀지거나 역전되는 것은 통화긴축으로 단기금리가 급등하거나 미래에 대한 불안감이 확산되어 장기금리가 급락하는 시기에 나타나므로 경기침체 가능성을 예고하는 것이라고 할 수 있다. 이와 같이 장단기 금리스프레드(spread)에는 통화당국의 단기금리 정책의 변화와 함께 경제주체들의 미래에 대한 기대를 반영하고 있으므로 최근에는 금리 수준 자체보다 장단기 금리차가 미래의 경제활동을 예측하는 데 있어 더욱 주목을 받고 있다.[14]

그렇다면 이자율은 어떻게 결정되는가? 다음 절에서 화폐시장에서 화폐에 대한 수요와 공급에 의해 시장이자율이 결정되는 과정을 살펴보자.

통화량이란 무엇이고, 어떻게 결정되나?

화폐경제 부문의 분석대상인 화폐는 일반적으로 말하는 현금만을 의미하는 것은 아니다. 왜냐하면 현실적으로 거래의 수단으로 현금 이외에도 수표 등도 사용되기 때문이다. 이렇게 경제에서 유통되는 화폐를 통화(通貨)라고 부른다. 따라서 통화는 화폐의 기능적인 측면을 강조하는 표현이라고 할 수 있다. 통화에는 현금이나 수표뿐 아니라 금융시장을 통해 거래되는 여러 가지 금융자산(financial assets)이 포함된다. 그런데 여러 금융자산 중에 무엇을 통화에 포함시켜야 화폐경제 부문의 문제점을 정확하게 파악하고 그에 대한 정책을 수립하는 데 효과적인가에 대해서는 일치된 견해가 있는 것은 아니다. 여기서는

13 일반적으로 장·단기 금리차는 10년 국채수익률과 3개월 국채수익률의 차이로 나타냄.

14 이창선, "금리 스프레드를 보면 경기가 보인다," 「LG주간경제」, 2001년 3월 7일 pp. 5~6.

일반적인 통화의 개념과 측정방법에 대하여 설명해 보자. 중요한 것은 여러 금융자산들이 화폐의 기능면에서 얼마나 현금통화와 쉽게 대체될 수 있는가이다. 이러한 현금통화의 대체성, 즉 유동성을 기준으로 통화지표를 만든다.

통화지표란?

통화량의 크기와 변동을 파악할 수 있는 지표를 통화지표(measuring money)라고 한다. 통화지표는 유동성의 크기를 기준으로 구분한다고 했는데, 모든 자산은 각기 수익성과 유동성을 가지고 있다. 수익성(profitability)이란, 어떤 자산을 보유할 때 발생하는 이익을 말하며, 유동성(liquidity)이란, 어떤 자산을 가치 손실이 없이 얼마나 손쉽게 현금화할 수 있는가 하는 정도를 말한다.

모든 자산은 현금화할 수 있으므로 정도의 차이는 있지만 모두 유동성을 가지고 있다. 자산의 종류에 따라 수익성이 다르듯이 유동성도 다르다. 예를 들면 자산을 현금의 형태로 가지고 있으면 아무런 수익이 생기지 않는다. 그렇지만 현금은 다른 자산과 쉽게 교환이 가능하다. 따라서 현금은 유동성이 가장 높은 자산이다. 만약 정기예금의 형태로 자산을 보유하고 있다면 다른 것을 사고 싶을 때 은행에 가서 예금을 해약하고, 약간의 이자 손실을 감수해야 하므로 비용이 소요되어 유동성이 떨어진다. 그러나 손실의 정도가 비교적 작으므로 예금은 현금보다는 유동성이 떨어지지만 유동성이 큰 편에 속한다. 반면에 부동산의 형태로 자산을 소유할 경우에는 현금으로 바꾸고자 할 때, 부동산이 잘 팔리지 않으면 팔릴 때까지 기다려야 하며, 급히 팔려면 싸게 내 놓아야 하므로 많은 대가를 치러야 한다. 따라서 부동산은 유동성이 낮은 자산이다. 이와 같이 모든 자산은 유동성이라는 성질을 가지고 있으며, 자산의 형태에 따라 유동성의 크기가 다르다.

이렇게 얼마나 신속하고 편리하게 다른 자산으로 교환될 수 있는가를 나타내 주는 것이 유동성이다. 각 종류의 자산을 유동성의 크기에 따라 나열하면, 현금과 요구불 예금(demand deposits)이 유동성이 가장 크고, 다음으로는 저축성예금, 단기 정부증권, 장기 정부증권, 회사채, 주식, 부동산의 순서가 될 것이다. 한국은행은 유동성의 크기에 따라 통화지표를 다음과 같이 분류하고, 이를 정기적으로 집계하고 관찰한다.

우리나라의 통화지표는 2002년 3월 국제통화기금(IMF)의 권고에 따라 새롭게 재편되었다. IMF는 세계 금융환경의 변화에 따라 금융기관간 경계가 모호해짐에 따라 금융자산 중심의 통화지표 편제를 적극 권장하였다. 우리나라에서도 새로운 통화지표는 IMF의 『통화금융통계 매뉴얼』과 일치하도록 금융기관의 제도적 형태보다는 금융상품의 유동성을

ECONOMIC EYES
경제의 눈

리디노미네이션(redenomination)

인도네시아 정부는 자국 통화 루피아(rupiah)의 화폐단위를 1,000분의 1로 줄이는 리디노미네이션을 고려하고 있다. 인도네시아의 가장 큰 지폐단위인 100,000(약 $9 정도) 루피아는 인근 국가들 중에서는 베트남의 통화인 동(dong) 다음으로 큰 화폐 단위이다. 화폐 단위가 이렇게 크다 보니 식당이나 가게에서 사용하는 현금 등록기들은 최소한 9자리 숫자를 표현할 수 있어야 한다.

우리나라도 과거 노무현 정부(2003년 2월~2008년 2월) 때 한국은행이 현재의 화폐단위를 바꾸는 소위 '디노미네이션'을 추진하겠다는 발표로 큰 사회적 혼란이 야기된 바 있다. 한국은행이 제기한 이유는 화폐단위가 너무 커져 비효율적이고 또 우리나라 화폐의 대외적 위상도 높일 수 있다는 것이다. 예를 들어, 1,000원이 1원으로 되면 화폐 단위가 작아져 실생활에서 계산이 간단하고, 컴퓨터 입력 용량도 줄어드는 등 편리한 점이 많다는 주장을 내세웠지만 실행에 옮기지는 못했다.

디노미네이션(denomination)은 원래 화폐의 액면가를 뜻하는 단어이다. 우리나라에서는 아직도 잘못 번역돼 화폐의 액면 표시단위를 낮춘다는 의미로 사용되고 있다. 정확한 용어는 화폐단위를 다시 정해 부른다는 의미를 갖는 리디노미네이션(re-denomination)이다.

우리나라는 현대사에서 2차례에 걸쳐 화폐 단위가 낮춰졌다. 모두 팽창된 과잉 통화를 흡수해 인플레이션을 방지하려는 의도에서 실시됐다. 53년도에 단행된 액면가 절하는 극심한 인플레이션을 수습하여 경제안정을 도모하는 전환점으로 삼으려 한 것이다. 화폐단위를 100분의 1로 낮췄고, 명칭도 원(圓)에서 환(圜)으로 개칭됐지만, 소기의 성과를 거두지는 못했다. 62년도에 실시된 액면가절하 조치는 비교적 안정기조를 지속한 경제상황하에서 장기 경제발전을 위한 투자재원의 조달을 목표로 하였다. 새로운 화폐로의 교환을 통해 은닉자금을 끌어내기 위한 목적이었다. 화폐단위를 10분의 1로 낮추고, 명칭도 환에서 다시 원으로 개칭했지만, 유통과정의 경색, 기업 가동률의 저하, 그리고 생산 활동 위축 등 부작용을 초래하였다.

외국의 경우에도 화폐 단위를 낮추는 것이 그다지 효과적이지는 못하였다. 브라질은 인플레이션을 억제하기 위해 수차례 화폐단위를 낮췄고, 유고슬라비아도 지난 30년간 6번의 액면가 절하를 실시했지만 경제회복에 기여하지는 못하였다. 화폐단위 절하는 역사적으로 높은 인플레이션으로 인해 만성적인 통화가치 하락을 경험한 나라들에 의해서 이루어졌다. 대부분 경제사정이 극도로 악화돼 사회가 불안정한 상태에 있는 나라들이었다. 따라서 우리나라의 경우 리디노미네이션은 더욱 신중한 논의가 필요할 것으로 보인다. 중요한 것은 통화의 안정성을 확보하는 일일 것이다.

기준으로 재편되었다.[15] 새롭게 재편된 통화지표는 다음과 같다.

좁은 의미의 통화(通貨), *M*1

가장 기본적인 통화지표로 '협의의 통화'(*M*1)이다.

협의의 통화(M1) = 현금통화(currency: *CU*) + 요구불예금(demand deposits: *DD*)
+ 수시입출식예금(은행의 저축예금 및 MMDA)[16]

이 정의는 유동성이 완벽한 것만을 통화로 보자는 견해이다. 즉 현금과 거의 유사한 정도의 유동성을 가진 자산만을 포함한 개념이 협의의 통화(M1)이다. *M*1에는 현금통화와 예금통화 그리고 수시입출식 저축성 예금이 포함된다.[17]

현금통화란 민간의 화폐보유액을 말하고, 예금통화란 통화금융기관의 요구불예금을 말한다. 요구불예금이란 고객이 언제든지 인출할 수 있는 당좌예금액을 말한다. 여행자수표(traveler's checks)나 자동대체구좌 등도 현금과 거의 마찬가지로 높은 유동성을 가지기 때문에 현금통화에 포함된다. 수시입출식저축성예금이란 이자율의 손해 없이 수시로 출금을 할 수 있는 저축성 예금을 말한다.

광의의 통화(*M*2)

화폐의 교환수단 기능을 중시하던 때에는 *M*1이 화폐의 흐름을 파악할 수 있는 가장 적절한 지표라고 생각했었다. 그러나 오늘날 신용경제가 발달하면서 이러한 통화만으로는 경제의 실상을 제대로 파악할 수 없게 되었다. 그래서 보다 넓은 의미의 통화의 개념이 등장하게 되었다. 이것은 광의의 통화라고 불리는 *M*2라는 개념인데, 앞에서 언급한 통화

15 한국은행, 『새 통화지표 편제결과 보고』, 2002년 3월.

16 요구불예금과 수시입출식예금을 합하여 결제성예금이라고 한다; MMDA(money market deposit account)는 시장금리부 수시입출식예금을 의미한다.

17 한국은행, 『우리나라의 통화지표 해설』, 2008년.

(*M1*)에 유동성이 다소 떨어지나 *M1*과 대체성이 높은 예금취급기관의 금융상품인 기간물 정기예적금, 시장형상품, 실적배당형상품, 금융채 등을 포함시킨다. 단, *M2*에는 유동성이 낮은 만기 2년 이상 금융상품은 제외된다.

광의의 통화(*M2*) = *M1*(협의의 통화) + 기간물 정기예적금
+ 시장형상품(CD, RP, CMA, 표지어음 등)
+ 실적배당형 상품 + 금융채 + 기타(투신사 증권저축 등)

금융기관유동성(*Lf*)

'금융기관유동성'(*Lf*)은 '광의통화'(*M2*) 편제대상인 중앙은행 및 예금은행 등의 예금취급기관 외에, 증권금융회사와 생명보험회사(농협공제 및 우체국보험 포함)도 편제대상 기관에 포함한다. 구성상품에 있어서는 '광의통화'(*M2*)에 포함되는 상품에 추가로 만기가 2년 이상인 상품(정기예적금, 금융채 등)과 증권금융 예수금 및 생명보험회사의 보험계약준비금 등이 포함된다.

증권금융 예수금은 증권회사 및 선물회사가 예치한 예탁금, 발행어음, 환매조건부채권 매도 등으로 구성된다. 이 중 대부분을 차지하는 것이 증권회사 및 선물회사가 예치한 예탁금이다.

광의유동성(*L*)

'광의유동성'(*L*)은 가장 넓은 범위의 유동성 측정 지표로서 금융기관의 금융상품 외에 정부 및 기업이 발행하는 유동성 상품까지 포괄하는 개념이다. 광의유동성은 한 나라 경제가 보유하고 있는 전체 유동성의 크기를 측정하기 위한 것으로 *M2* 이외에, 금융기관이 공급하고 있는 금융기관유동성(*Lf*: liquidity aggregate of financial institutions = 개편 전의 *M3*와 같음)에다 기업 및 정부 등 이 발행하는 기업어음, 회사채, 국공채 등의 유가증권이 추가된 것이다.[18]

광의유동성(*L*) = *M2* + *Lf* + 국채, 지방채, 회사채, 기업어음 등

18 한국은행, 『알기쉬운 경제지표 해설』, 2014.

ECONOMIC EYES
경제의 눈

우리나라에 없지만 선진국에 있는 것: 개인수표(personal check)

개인수표 사용이 보편화되어 있는 미국과 같은 선진국들에서는 아주 작은 금액의 상품을 구입할 때에도 개인수표를 사용한다. 사진에서 10달러 미만(우리나라 돈으로 만 원 정도)의 주류를 구입하면서 개인수표가 사용된 것을 알 수 있다. 이처럼 개인신용이 정착된 국가들에서는 개인수표를 현금과 똑같이 사용하기 때문에 많은 현금 소지를 필요로 하지 않는다. 개인수표를 사용할 수 있는 요구불예금은 현금과 똑같기 때문이다. 물품을 구입하고 수표에 서명하여 지불하면, 상점 주인(이 경우 American Liquors, Inc.)은 자신의 거래은행에 보내고, 다시 수표 사용자의 거래은행으로 보내져 매달 월말에 사용된 모든 수표들이 수표 사용자에게 우편으로 발송된다. 미국인들은 늘 자신의 check book을 소지하고 다닌다. 우리나라도 신용사회로 발전해 가면 이러한 개인수표 사용이 가능해지지 않을까?

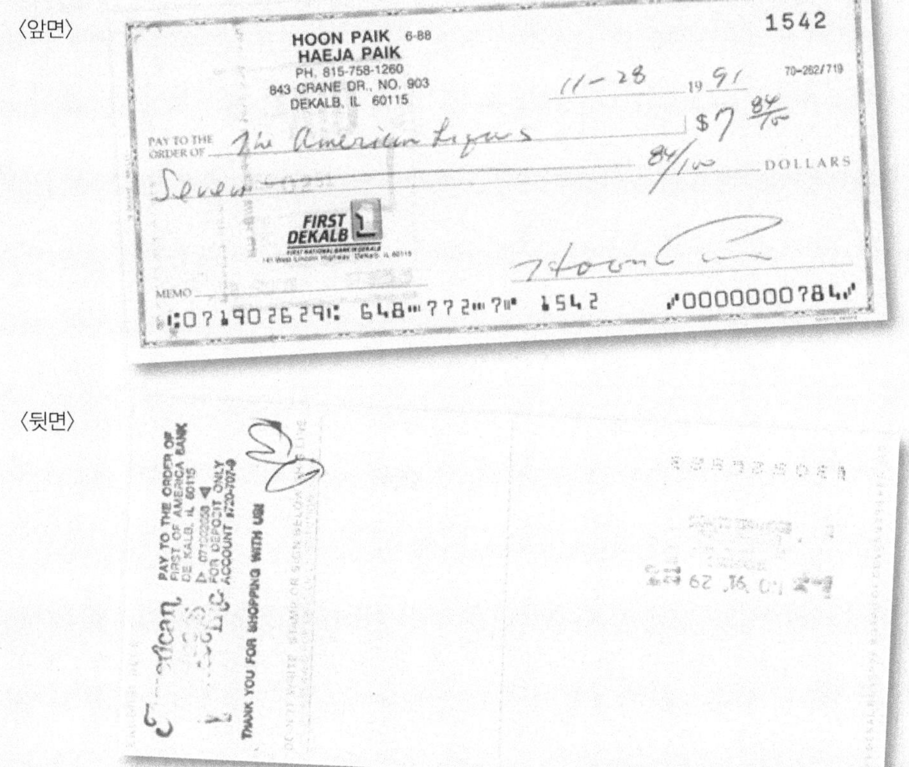

ECONOMIC EYES
경제의 눈

통화당국의 참을 수 없는 가벼움

영국의 경제학자 래드포드(R. A. Radford)는 2차 대전 당시 자신이 전쟁 포로로 겪었던 수용소에서의 경험을 경제학에 응용하여 설명하였다. 그에 따르면 당시 포로수용소 안에서는 모든 물품의 교환이 적십자사가 공급하는 담배 개비 수에 의해서 이루어졌다고 한다. 아무도 이를 공표하지는 않았지만, 자연스럽게 담배가 교환의 매개 역할을 하면서 화폐의 자리를 차지하게 된 것이다. 담배가 가진 화폐로서의 장점은 여러 가지였는데, 우선, 동질의 성질을 지녔고, 비교적 오래 보관이 가능하고, 또 낱개는 작은 거래에, 그리고 보루는 큰 거래에 사용되는 등 거래 규모에 쉽게 맞출 수 있었다.

■ Thomas Gresham (1519~1579)

그런데 시간이 지나면서 담배가 가진 화폐로서의 문제점이 나타났다. 적십자가 파이프용 담배를 공급하기 시작하면서 혼란이 생긴 것이다. 파이프용 담배를 종이에 말아 거래하기 시작하자, 죄수들은 유통되는 담배의 질에 대하여 신경을 쓰지 않을 수 없게 되었다. 그러자 점점 기계로 만든 담배는 거래에서 자취를 감추고 손으로 말아 만든 담배들이 주로 화폐로 사용되게 되었다. 영국 경제학자 그레샴의 '악화(惡貨)가 양화(良貨)를 구축(驅逐: 몰아냄)한다'는 이른바 '그레샴의 법칙'(Gresham's Law)이 발동한 것이다.

담배가 화폐로서 사용되는 데 따른 또 다른 문제점은 만성적인 디플레이션 문제였다. 적십자가 공습 등으로 담배 공급을 제 때 하지 못하게 되면서, 담배의 공급이 줄어든 것이다. 담배의 양은 정해져 있는데 죄수들이 담배를 피워대니까(공습이 있을 때에는 담배 소비가 더욱 늘어날테고) 담배 양은 점점 더 줄어들 수밖에 없었다. 그 결과 담배는 점점 더 희소해져 그 가치가 올라갔는데, 담배가 화폐였으므로 이는 디플레이션을 의미한다. 이처럼 화폐의 가치가 오르면, 인플레이션보다는 오히려 디플레이션이 나타난다.

이러한 점은 인플레이션을 방지하여야 하는 중앙은행들에게 중요한 시사점을 준다. 통화당국이 오만 원권과 십만 원권 새 지폐를 발행한다고 발표했을 때, 만 원짜리가 나온지 벌써 20년이 넘었고, 그동안 물가는 12배, 그리고 경제규모는 150배 이상 늘어났다고 주장한 바 있다. 그 후 2009년 오만 원권이 도입되었고, 십 원짜리 동전은 제조비용이 액면가보다 높다고 아예 1원짜리 크기로 줄어들었다. 새 10원짜리 동전은 자판기에서도 사용할 수 없고, 누구나 갖게 되면, 기존의 10원짜리 동전보다 먼저 써버리려고 한다. 새 동전은 악화(惡貨)가 되어 버린 것이다. 이제 새뱃돈으로 주는 만 원짜리는 아이들도 별로 반

가워 하지 않는다.

중앙은행의 진정한 임무는 화폐의 가치를 지키는 것이다. 그러나 우리의 통화당국은 오히려 화폐의 가치를 떨어뜨리는 일에 앞장서고 있다. 통화당국이 주장하는 것처럼 외국이 고액권 화폐를 가지고 있지만, 실제로 미국의 경우, 100달러 지폐가 처음 나온 것은 1914년이고 100년이 지난 현재에도 100달러가 최고액 지폐이다. 미국 경제의 낮은 인플레 덕이다. 미국인들이 지갑 속에 100달러짜리 지폐를 가지고 다니는 경우는 극히 드물다. 자기앞 수표 발행 비용이 크다면 선진국처럼 신용사회 기반을 갖추어 개인수표를 사용하도록 해야 할 것이다. 중요한 것은 통화당국이 화폐의 가치를 지키기 위하여 물가의 안정을 확립하는 임무에 충실하는 것이다.

자료: Pau, Heyne, et al., *The Economic Way of Thinking*, Upper Saddle River: Pearson Education, 2006, pp. 395-396.

우리나라의 통화 개관

우리나라의 각 통화지표의 크기는 어느 정도인가? 2017년 말 기준으로 우리나라의 현금통화규모는 약 97조 원이다. *M*1, *M*2, *Lf*, 그리고 *L*의 상대적 크기는 〈그림 9-5〉와 같다. 이 그림에서 보듯이 현금통화, 요구불 예금 그리고 수시입출식 저축성예금의 합인 *M*1은 약 850조 원인데, 기간물 정기예적금 등이 포함되는 *M*2의 크기는 2,530조 원 규모로 *M*1의 3배에 달한다. 한편 *L*은 4,531조원 규모로 *M*2의 1.8배에 가깝다.

이러한 세 가지 통화지표 중에서 통화당국이 기준으로 삼아 통화정책을 펴는 중심통화지표는 어떤 것일까? 우리나라에서는 1978년까지는 *M*1을 중심통화지표로 사용해 왔다. 1979년 이후 *M*2가 실물경제와의 상관성이 더 높아 *M*2를 중심통화지표로 사용하고 *M*1과 *M*3(현재의 *Lf*)를 보조로 활용해 왔다. 그 후 *M*2의 실효성이 떨어져 1999년부터는 *Lf*(*M*3)를 중심통화지표로 사용해 왔다.

그러나 최근에는 통화지표보다는 이자율을 통화정책의 목표로 하는 경우가 늘어나면서 통화지표의 중요성이 상대적으로 감소하고 있는 추세이다. 기존의 통화지표들이 금융기관 상품의 성격을 토대로 편재돼 현금 흐름을 제대로 반영하지 못하는 단점을 극복하기

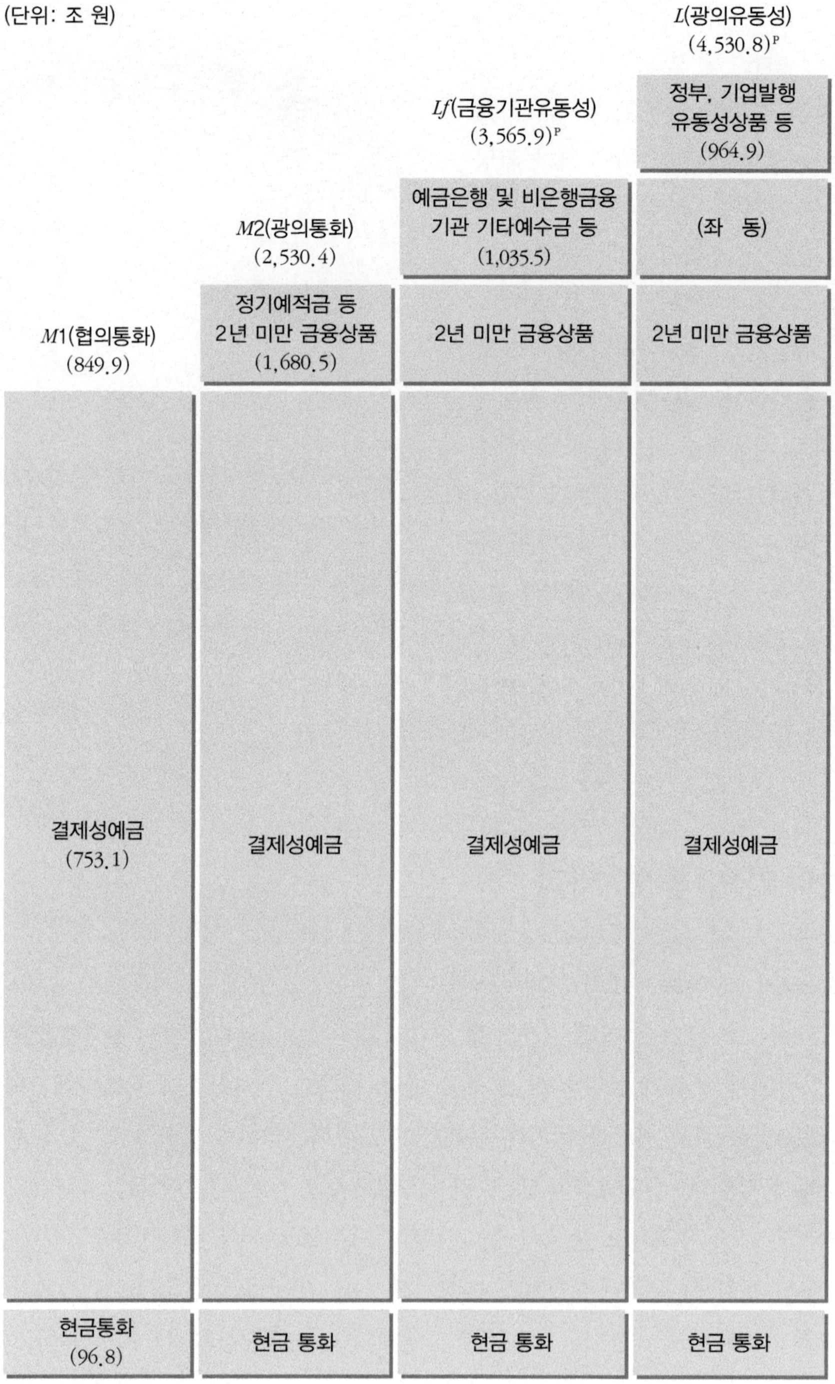

(단위: 조 원)

*M*1(협의통화) (849.9)	*M*2(광의통화) (2,530.4)	*Lf*(금융기관유동성) (3,565.9)[P]	*L*(광의유동성) (4,530.8)[P]
			정부, 기업발행 유동성상품 등 (964.9)
		예금은행 및 비은행금융기관 기타예수금 등 (1,035.5)	(좌 동)
	정기예적금 등 2년 미만 금융상품 (1,680.5)	2년 미만 금융상품	2년 미만 금융상품
결제성예금 (753.1)	결제성예금	결제성예금	결제성예금
현금통화 (96.8)	현금 통화	현금 통화	현금 통화

▲ 그림 9–5

우리나라 통화지표의 구성요소(2017년 말 기준)

한국은행이 집계하여 발표하는 통황에는 *M*1, *M*2, 그리고 *L* 등이 있다. 통화의 분류 기준은 얼마나 현금의 기능을 대체할 수 있는가의 여부이다.

자료: 한국은행, 『알기 쉬운 경제지표해설』, 2019년.

위하여 한국은행은 2002년에 다시 정의를 내려 '신$M1$',' 신$M2$' 그리고 '신 L'로 불렀다. 이 새로운 통화지표들은 통화의 유통속도, 현금화 가능성(즉 유동성) 등을 보다 정확히 반영하는 것으로 평가되고 있다.

그 후 2006년 5월 한국은행은 통화지표를 일부 개편하였는데, 2002년 개편 당시 $M1$에 포함되었던 MMF(money market fund)[19]가 새로이 $M2$에 포함되었다. 그 이유는 MMF를 구입한 후 다시 매각하는 이른바 환매방식이 당일 환매에서 하루 경과 후에 찾을 수 있는 익일환매로 전환되어 그만큼 MMF의 유동성이 낮아졌기 때문이다. 이처럼 금융상품의 변화들이 통화지표의 변화를 가져오고 있다. 경제학 교과서에서 말하는 '통화량'은 협의의 통화인 '$M1$'을 의미한다고 보면 된다.

화폐수요를 결정하는 요인은 무엇인가?

우리는 화폐시장을 통하여 금융부문 전체를 파악하기로 하였고, 이를 위해서는 화폐의 수요와 공급에 대해서 논의할 필요가 있다. 지금까지 화폐 부문의 분석 대상인 통화량과 이자율이 무엇인가를 살펴보았다. 이제는 화폐시장의 수요와 공급 및 균형을 살펴보자.

화폐 수요란?

돈이야 많으면 많을수록 좋은 것이므로 화폐의 수요는 무한대가 아닐까 하는 생각을 하기 쉽다. 그러나 경제학에서 말하는 화폐의 수요란 각 금리 수준에서 '개인 자산(富) 중 일부를 수익이 나지 않는 현금 등으로 보유하고자 하는 양'을 말한다. 개인의 재산을 모두 현금으로 보유하면, 수익이 하나도 발생하지 않는다. 오히려 도둑 맞을 위험만 높아진다. 그래서 사람들은 자기재산을 모두 화폐의 형태로 보유하지 않고 따라서 화폐의 수요는 무한한 것이 아니다. 그럼에도 불구하고 왜 사람들은 자산의 일부를 화폐로 보유할까?

19 money market fund(MMF)는 단 하루만 운용하여도 수익을 얻을 수 있는 수시 입출금식 실적배당상품이다. 자산운용사가 주로 단기 채권과 기업어음(CP) 등에 투자하여 수익을 낸다.

화폐의 수요가 무엇에 의해서 결정되는가에 대해서 경제학자들간에 서로 견해가 다르다. 그러나 가장 최초로 화폐 부문의 중요성을 강조했던 케인즈의 견해를 중심으로 화폐의 수요에 대해서 설명하고 다른 학파들의 견해를 요약하고자 한다.

Keynes의 화폐수요 이론 - 유동성(liquidity) 선호설

화폐의 기본적 특징은 유동성이 가장 크다는 것이다. 그래서 케인즈는 화폐의 수요를 언급할 때 '화폐의 수요'(demand for money)라는 용어 대신 '유동성 선호'(liquidity preference)라는 용어를 사용했으며, 케인즈는 화폐가 수요되는 이유는 유동성이 크기 때문이라고 보았다. 요구불예금은 화폐는 아니지만 필요할 때 인출할 수 있으므로 유동성이 화폐와 거의 유사한 금융자산이다. 이렇게 유동성이 큰 금융자산까지 포함하려면 화폐라는 용어보다는 '유동성'이라는 용어가 더 적절하기 때문이었다. 그래서 우리는 케인즈의 화폐수요이론을 '유동성 선호설'이라고 부른다. 이 절에서 화폐의 수요와 공급을 설명할 때 '화폐'란 케인즈의 유동성을 의미하며, 화폐 자체만이 아니라 통용되는 화폐, 즉 통화를 의미한다.

케인즈에 의하면 유동성을 선호하는 이유는 크게 세 가지이다. 첫째는 거래를 하는데 필요하기 때문이고(거래적 동기), 둘째는 갑작스러운 일에 대처하기 위해서이며(예비적 동기), 셋째는 투자를 결정할 때까지 보유하기 위해서(투기적 동기)이다. 그러면 이 세 가지를 좀 더 자세히 설명해 보자.

첫째, **거래적 동기에 의한 화폐수요**(transaction demand)는 거래의 필요성 때문에 유동성이 높은 자산이 필요하다는 것이다. 수입은 대개 월급 등의 형태로 이루어지지만 지출은 수시로 해야 하므로 수입과 지출에는 시간적 간격이 생긴다. 따라서 언제 지출해야 할지 정확히 모르기 때문에 지출하기 위해 필요한 화폐를 늘 보유해야 한다. 이와 같이 화폐가 교환수단으로서의 기능을 하기 때문에 화폐가 필요하다. 일반적으로 고소득층일수록 거래할 목적으로 화폐를 보유하는 양이 많아진다.

■ 부산에 소재한 KRX 본점

둘째, **예비적(豫備的) 동기에 의한 화폐수요**(precautionary demand)란 예기치 못한 지출이 필요하기 때문에 화폐를 보유하려고 한다는 것이다. 소위 비상금이라고 하는 것이 이러한 부류에 속한다. 이 역시 소득이 많을수록 액수가 높아진다.

마지막으로 **투기적 동기에 의한 화폐수요**(speculative demand)란 투자의 시기를 기다리기 위해서 한시적으로 현금 등 유동성이 높은 형태의 자산을 보유한다는 것이다. 물론 소득이 높은 계층의 사람들만이 이러한 동기에 의해서 현금을 보유할 수 있어, 이러한 목적으로 돈을 쌓아 두고 있는 사람은 많지 않다. 그러나 투기적 목적으로 보유하는 화폐의 양은 거래를 위해서 지갑에 보관하는 금액에 비해서 상대적으로 고액이기 때문에 이 역시 경제 전체의 화폐수요에서는 무시 못할 수준이 되는 것이다.

투기적 동기에 의한 화폐수요는 보통 이자율에 영향을 받는다. 만약 이자율이 낮아지면 당장은 이자수입을 희생하더라도 은행에 예금하기보다는 채권시장 또는 주식시장(한국거래소, KRX) 같은 더 나은 투자처를 찾기 위해서 화폐의 형태로 보유하게 된다. 반면에 이자율이 높아지면 화폐보유의 기회비용이 크므로 투기적 동기에 의한 화폐수요는 낮아질 것이다. 따라서 두기적 동기에 의한 화폐수요는 이자율의 역함수이다. 이러한 투기적 동기에 의한 화폐수요는 화폐를 자산 가운데 하나로 인식하는 것이므로 화폐의 가치저장 기능을 중시하는 것이다.

화폐 수요함수

화폐수요에 영향을 주는 요소는 소득과 이자율이다. 앞의 두 가지 거래적 및 예비적 동기는 소득(Y)에 비례적으로 변하고, 세 번째 투기적 동기에 의한 화폐수요는 이자율(r)과 반비례적으로 변한다는 것을 설명하였다. 그런데 고전학파 경제학자들은 화폐수요는 소득에 의해서만 영향을 받는다고 인식했었다. 그러나 케인즈는 투기적 동기를 강조해 화폐수요에 영향을 주는 요소는 소득뿐만 아니라 이자율도 또한 영향을 준다는 것을 지금까지 설명한 방식으로 밝혔다.

$$\text{화폐수요} = L(\overset{(+)}{\text{소득}},\ \overset{(-)}{\text{이자율}})$$

여기서 (+)와 (−) 부호는 각각 화폐에 대한 수요가 소득에 비례하고, 이자율에 반비례하

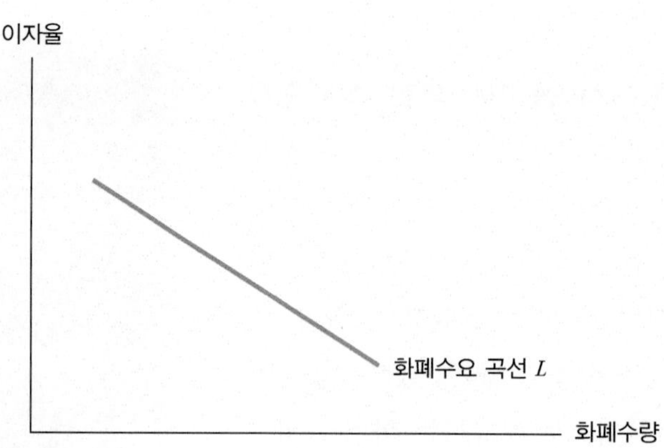

▲ 그림 9-6

화폐의 수요곡선

화폐에 대한 수요는 소득수준과 이자율에 의해 정해진다. 같은 소득수준 하에서는 이자율이 높을수록 화폐에 대한 수요는 줄어들고, 반대로 이자율이 낮으면 화폐에 대한 수요는 늘어난다.

는 것을 나타내고 있다.

오늘날 케인즈학파 경제학자들이나 고전학파의 전통을 이어받은 신고전학파 학자들 모두 소득과 이자율이 모두 화폐의 수요에 영향을 준다는 것은 인정한다. 그러나 소득과 이자율 중에서 더 중요한 요인이 무엇인가에 대해서는 여전히 견해 차이를 보이고 있다. 케인즈학파의 학자들은 화폐수요에 더 큰 영향을 주는 것은 이자율이라고 주장을 하는 반면에 프리드만(Milton Friedman) 등 신고전학파 학자들은 화폐수요에 더 큰 영향을 주는 것은 소득이고, 이자율은 큰 영향을 주지 못한다고 주장한다.[20]

화폐의 수요곡선을 그래프로 나타낼 때에는 이자율과 화폐수량을 각각 수직축과 수평축으로 하여 사용하며, 소득이 일정하다고 가정하면, 이자율과 화폐수요의 관계는 〈그림 9-6〉과 같이 우하향하는 것으로 나타낼 수 있다. 앞에서 언급한 바와 같이 통화의 수요는 이자율의 역함수이기 때문이다.

화폐는 어떻게 공급되는가?

앞 절에서는 화폐의 수요에 영향을 주는 것은 소득과 이자율이라는 점과 소득이 증가하거나 이자율이 낮아지면 화폐의 수요가 증가한다는 것을 배웠다. 여기서는 화폐의 공급

20 여기서 소득이란 실질국민소득을 말한다.

에 영향을 주는 요인들을 검토해 보자.

앞에서 언급한 바와 같이 통화량에는 현금뿐만 아니라 금융기관에서 창조된 예금도 포함되므로 화폐의 공급처는 중앙은행을 비롯한 여러 금융기관이 될 수 있다. 즉 통화량의 밑돈이 되는 본원통화를 발행하는 중앙은행과 신용창조가 일어나는 예금은행[21]이 통화의 공급기관이다.

중앙은행에 의한 통화공급

본원통화란?

중앙은행이 우리 경제의 화폐 공급에 어떻게 영향을 주는지 살펴보자. 이를 위해 먼저 본원통화의 개념에 대하여 알아보자. 본원통화(base money)란 중앙은행 창구를 통하여 시중에 나온 화폐를 말한다. 중앙은행 창구를 통해 나온 화폐만이 본원통화이므로 중앙은행의 금고 속에 있는 현금은 통화량에 포함이 되지 않는다. 따라서 화폐발행고와 통화량과는 다른 개념이다. 화폐가 인쇄되어 나오는 순간 시중의 통화량이 증가하는 것이 아니라, 중앙은행의 창구를 통하여 나올 때 비로소 통화량이 증가하는 것이다. 그리고 시중에 나왔던 통화량도 중앙은행 창구를 통하여 중앙은행의 금고 속으로 들어가면 통화량이 감소하는 것이다. 본원통화의 일부는 시중에 유통되며(이를 현금통화라고 함), 일부는 예금은행에 예치되어 승수효과를 통하여 예치된 금액의 몇 배에 해당하는 예금창조가 발생되므로 본원통화는 고성능화폐(high-powered money, H)라고도 한다.

본원통화(M_B 또는 H)는 시중에 현금으로 유통되는 현금통화(C)와 불시에 찾아오는 고객의 요구에 대비하여 준비하고 있는 총지불준비금(R)으로 구성된다. 그런데 총지불준비금 중의 일부는 의무적으로 한국은행에 예치해야 하는데 이것을 법정지불준비금(requried reserve, RR)이라고 한다. 그 비율을 법정지불준비율(법정지불준비금/총예금)이라고 부른다. 법정지불준비금을 제외한 나머지를 초과지불준비금(excess reserve, ER)이라 하고,

21 예금은행이란 상업은행(일반은행)과 특수은행 중 예금업무를 취급하는 은행을 말한다.

은행들은 이 초과지불준비금을 대출자금으로 사용할 수 있다. 또한 예금은행은 영업자금을 확보하기 위해 은행금고에 현금을 일부 보관하는데 이를 시재금(cash in vault, C_v)이라고 한다. 한편 시중에 유통되는 현금통화와 시재금을 합쳐 화폐발행액이라고 한다. 이를 정리하면 다음과 같다:

$$\begin{aligned}
\text{본원통화}(H) &= \text{현금통화}(C) + \text{총지불준비금}(R) \\
&= \text{현금통화}(C) + \text{시재금}(C_v) + \text{중앙은행 지준예치금} \\
&= \text{화폐발행액}(CU) + \text{중앙은행 지준예치금}(RE) \\
&= \text{화폐발행액}(CU) + \text{법정지불준비금}(RR) + \text{초과지불준비금}(ER)
\end{aligned}$$

그러면 중앙은행이 본원통화의 조절을 통한 통화 공급량의 조절을 어떻게 하는지 살펴보자.

중앙은행의 '대차대조표'가 열쇠다!

우리는 앞에서 통화량은 $M1$, 즉 현금과 요구불예금의 합을 의미한다고 하였다. 이 통화량은 중앙은행이 결정하는 것은 아니다. 물론 영향을 줄 수는 있다. 그렇다면 "중앙은행이 통화량을 결정하는 것은 아니다"라는 말의 의미를 살펴보기로 하자. 통화량이 결정되는 과정에서 가장 중요한 개념은 본원통화(monetary base, M_B)이다. 본원통화는 '중앙은행의 돈'이라고도 하며, 이 것이 중앙은행이 결정할 수 있는 전부이다. 본원통화의 개념을 이해하는 것은 통화량이 결정되는 과정을 이해하는 데 없어서는 안 될 열쇠이다. 중앙은행의 돈인 본원통화는 중앙은행의 계정 안에 있다. 다음 표는 중앙은행의 대차대조표를 나타내고 있다.

▲ 표 9-3 중앙은행의 대차대조표

자산(assets)	부채(liabilities)
금, 은 및 외환	현금(Currency)
중앙은행 여신(Central Bank's Credit)	시중현금(Held by public)
국공채(Govn't Securities)	시재금(Vault Cash)
대출금(Loans and Discounts)	예금은행 예치금(Reserve)
기타 자산	
본원통화(근원별, By Sources)	본원통화(용도별, By Usages)

중앙은행의 대차대조표는 국가마다 다르다. 각국의 금융 여건이 다르기 때문이다. 미

국은 국공채 시장이 발달해서, 이를 통해 통화량을 조정한다. 우리나라는 국공채 시장이 미미하기 때문에 미국과는 중앙은행의 대차대조표가 다르다. 여기서는 일반적인 경우를 이해하기 위해서 일반적인 중앙은행의 대차대조표를 설명하고, 나중에 우리나라의 경우를 다루기로 하자.

중앙은행의 대차대조표는 일반 기업의 경우와 마찬가지로 좌변에는 자산 항목을 갖고, 우변에는 부채 항목을 기록하는 T-account이다(T자 모양이므로). 자산은 팔 수 있는 것이고, 부채는 갚아야 하는 것이다. 중앙은행의 자산과 부채는 어떠한 것들이 있겠는가(여러분의 자산과 부채 항목들이 무엇인지 생각해 보는 것도 도움이 될 것이다)?

중앙은행의 자산 항목 중에서 처음 오는 것은 금, 은 및 외환 자산이다. 중앙은행은 이러한 것들을 자산으로 가지고 있다. 국제통화기금(IMF)의 공식통화인 특별인출권(Special Drawing Right, SDRs)도 첫 번째 자산에 포함된다. 두 번째 자산은 일반은행들에게 대출해 준 것에 대해 가지고 있는 담보들인 어음(commercial papers)과 국공채 등이다. 중앙은행은 일반은행들의 은행이다. 따라서 일반은행들은 중앙은행에 각각 자신들의 계좌를 가지고 있으며, 필요하면 중앙은행으로부터 돈을 빌리기도 한다. 이 때 자신들이 가지고 있는 기업이 발행한 어음이나 또는 정부가 발행한 국공채(국채는 중앙정부, 공채는 지방정부가 발행한 채권)를 담보로 하여 돈을 빌린다. 그러므로 중앙은행이 가지고 있는 이들 담보채권들은 중앙은행의 대출자로서의 기능을 반영한다고 할 수 있다. 이를 '중앙은행 여신'이라고 부른다. 중앙은행은 이들 담보채권들을 자산으로 가지고 있는 것이다. 실제로 중앙은행에는 이러한 국공채를 사고 파는 딜링룸이 있고, 그곳에서 전문 딜러들이 근무하고 있다. 중앙은행은 이외에 다른 자산들도 일부 가지고 있다.

그러면 중앙은행의 부채 항목에는 어떠한 것들이 있을까? 중앙은행은 현금의 발행자이다. 그러므로 현금은 중앙은행의 부채이다. 현금은 크게 일반인들이 가지고 있는 현금과 은행이 소유하고 있는 현금으로 나눌 수 있다. 은행은 예금자들의 인출 요구에 대응하기 위해서 일정 현금을 은행 금고에 가지고 있다. 이러한 현금을 시재금이라고 한다. 그러나 실제로 은행들이 가지고 있는 시재금의 규모는 그다지 크지 않다. 자신들은 대부분의 거래를 중앙은행에 있는 자신들의 계좌를 통해서 수행하기 때문이다. 예를 들어, 어떤 예금자가 자신의 은행 계좌에서 다른 은행 계좌로 송금을 하길 원한

다면, 이 예금자의 은행은 자신의 중앙은행 계좌에서 다른 은행의 중앙은행 계좌로 자금을 이채하면 된다. 굳이 현금을 가지고 있을 필요가 없다. 더욱이 중앙은행 계좌에 있는 돈은 이자를 받지만(미국은 이자가 있지만, 우리나라는 이자가 없다), 은행이 자신의 금고에 가지고 있는 현금은 아무런 이자를 벌지 못한다.

일반은행들이 중앙은행 계좌에 가지고 있는 돈을 '지불준비금 또는 리저브(reserve)'라고 한다. 중앙은행이 금융시스템 안에서 담당하는 중요한 역할이 바로 이 리저브를 통해서 이루어지기 때문에 미국의 중앙은행을 뜻하는 '연방준비제도'(The Federal Reserve System)의 영어 표현에 Reserve가 들어가 있다. 어쨌든 예금은행(또는 일반은행)들의 중앙은행 예치금은 중앙은행이 갚아야 하는 돈이므로 중앙은행의 부채에 해당된다.

이 자산과 부채 항목을 각각 본원통화(monetary base, M_B)라고 부르는데, 전자는 근원별(by sources) 본원통화, 그리고 후자는 용도별(by usages) 본원통화라고 한다. 전자는 본원통화가 만들어지는 근거가 되기 때문이고, 후자는 본원통화를 어떻게 사용하고 있는가를 나타내고 있기 때문이다. 이상과 같이 중앙은행의 주요 자산항목으로는 금, 은 및 외환과 중앙은행 여신이 있고, 부채로는 현금과 리저브가 있다. 현재는 금본위제도를 사용하는 국가는 없으므로, 중앙은행의 자산과 부채가 일치할 필요는 없다. 중앙은행은 자산보다 많은 부채를 발행할 수 있기 때문이다. 그렇다면 중앙은행의 대차대조표를 공부하는 진짜 이유는 무엇일까? 그것은 바로 통화량이 결정되는 과정에서 중앙은행의 대차대조표가 핵심적인 역할을 수행하기 때문이다. 자, 그러면 통화량이 결정되는 과정을 살펴보기로 하자.

통화량의 결정 과정

본원통화는 'high-powered money'라고도 하는데 그 이유는 본원통화의 1단위가 시중 통화량의 1보다 큰 단위로 늘어나기 때문이다. 이러한 원리는 '부분예치금 제도'(fractional reserve system)로부터 온다. 즉, 예금은행들은 예금주가 맡긴 예금의 일부만을 중앙은행에 있는 자신이 계좌에 예치해두면 된다. 나머지는 물론 다른 사람에게 대출해서 이자를 받는다. 예금은행이 예금주가 맡긴 돈의 일정부분을 법에 의해 중앙은행 계좌에 남겨두어야 하는 부분을 '법정지급준비금'(required reserve)이라고 부르고, 이 비율을 지준율(required reserve ratio)이라고 부른다. 지준율은 예금의 종류에 따라 다른데, 우리나라의 경우 저축성예금에는 2%의 지준율이 적용되고, 그 외의 예금에 대해서는 7% 수준이 적용되고 있다.[22] 외국의 경우는 보통 10% 내외인데, 우리나라는 IMF 외환위기에 따른 경제불황으로 인하여 지준율을 대폭 하향 조정하였다.

지불준비금 중에서 의무지불준비금을 뺀 나머지는 초과지급준비금(excess reserve)이 되고, 바로 이 초과지불준비금을 이용해서 은행들은 대출을 실시할 수 있다. 예금은행들이 초과지급준비금을 이용하여 대출함으로써 금융기관을 통하여 예금이 창출되는 과정을 우리는 신용창출(credit creation)이라고 부르는데, 이것은 통화량이 창출되는 과정을 의미한다. 아래 〈그림 9–7〉에는 본원통화 1단위가 더 많은 단위의 통화량을 창출하는 과정이 묘사되어 있다.

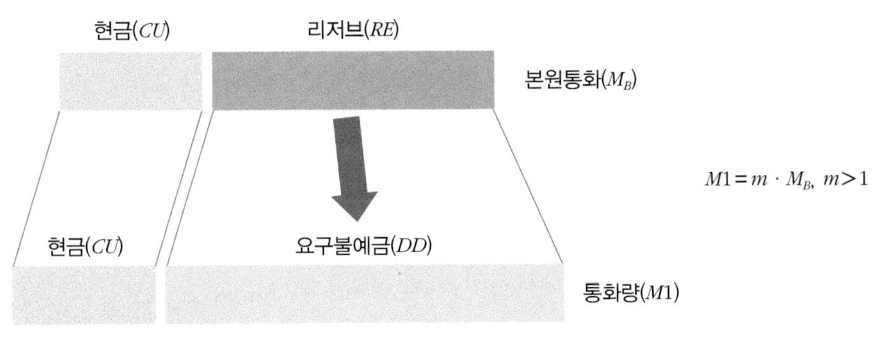

▲ 그림 9–7

신용창출의 과정

사다리꼴의 윗변은 본원통화(즉, $M_B = CU + RE$)를 나타내고 있고, 아랫변은 통화량(즉, $M1 = CU + DD$)이 나타나 있다. 본원통화의 현금 1원은 그대로 통화량의 1원이 된다. 현금 자체가 시중에 유통되는 현금과 은행이 갖고 있는 시재금의 합이기 때문이다. 그러나 본원통화의 리저브는 다르다. 리저브 중 초과지급준비금은 예금은행들이 대출해 줄 수 있는 부분이다. 여러분이 방학 동안 일해서 번 돈 100만 원을 여러분의 은행인 A은행에 예금한다고 가정하자. A은행은 여러분이 예금한 100만 원에 대해서 5만 원(지준율이 5%인 경우)을 법정지급준비금으로 예치해 두고 나머지 95만 원은 갑이라는 사람에게 대출해 줄 수 있다. 갑은 95만 원을 대출받아 자신의 은행인 B은행에 예금하고, B은행은 다시 4만 7천 5백 원(95만 원의 5%)을 법정지급준비금으로 중앙은행에 예치하고 나머지 90만 2천 5백 원을 대출할 수 있다. 여기서 본원통화가 몇 배의 통화량으로 되느냐를 나타내는 계수 m을 화폐승수(money multiplier)라고 부른다. 화폐승수는 언제나 1보다 크다.

예금은행이란 영리를 목적으로 하는 상업은행과 예금업무를 실시하는 특수은행을 말

22 한국은행, 『한국의 통화정책』, 2012년 12월 31일, p. 223.

한다. 상업은행(commercial banks)[23]은 은행법에 의해 설립되어 상업상의 영리목적으로 운영되는 은행으로, 낮은 이자율로 예금을 흡수하여 높은 이자율로 대출하여 예대마진으로[24] 이익을 얻는다. 특수은행이란 특별법에 의해서 설립된 특수 목적은행으로 정부의 직접 감독하에 있다. 특수은행 중에서 중소기업은행이나 주택은행 등은 예금업무를 수행하기 때문에 예금은행에 포함되지만 한국산업은행이나 한국수출입은행 등은 예금업무를 수행하지 않으므로 예금은행에 포함되지 않는다. 여기서는 편의상 예금은행, 상업은행 그리고 시중은행을 같은 의미로 사용하기로 한다.

이러한 예금은행들은 직접 화폐를 발행하는 것은 아니지만 예금업무를 통해서 신용을 창출하여 통화량을 증대시킨다. 이것을 신용창조(credit creation)라고 한다. 신용창조가 가능한 것은 현금만을 통화라고 보지 않고, 요구불예금이나 저축성 예금도 통화에 포함되기 때문이다.

만약 중앙은행이 1,000억 원의 본원통화(H)를 발행했다고 가정하자. 이 말의 의미는 중앙은행이 시중은행들로부터 국공채를 매입하고 그 대가로 시중은행의 리저브를 올려준다는 의미와 같다. 그러면 예금은행들은 법정지불준비금을 제외하고 대출할 것이다(단, 시재금은 0 이라고 가정하자).

만약 법정지불준비율(z)이 20%라고 하면 800억 원이 시중에 유출될 것이다. 시중은행은 자신의 리저브를 대출하여 수익을 내는 것이 기본적인 영업방식이기 때문이다. 이 돈이 시중에 유통되다가 다시 다른 예금은행들에 예금되었다고 가정하자. 그러면 그 예금은행들은 또다시 법정지불준비율 20%를 제외한 800억 원의 80%인 640억 원을 다시 대출하여 시중에 유입시킬 것이다. 이러한 과정이 계속되면 총예금창조액은 시재금이나 초과지불준비금이 없다는 가정 하에 다음과 같은 식으로 나타낼 수 있다:

$$\text{총예금창조액} = H + (1-z)H + (1-z)^2H + (1-z)^3H + \cdots$$
$$= \frac{H}{1-(1-z)}$$
$$= \frac{H}{z}$$

23 상업은행과 한국상업은행을 혼돈하기 쉽다. 한국상업은행은 한일은행과 합병하여 한빛은행으로 명칭이 바뀐 후 다시 '우리은행'으로 변경되어 이제는 역사 속으로 사라진 고유명사이다. 반면에 상업은행이란 상업상의 영리목적으로 설립된 은행을 총칭하는 보통명사이다.

24 예대마진이란 예금금리와 대출금리의 차이를 말한다. 과거 우리나라 일반은행의 예대마진은 외국계 은행에 비해 많이 컸다. 외환위기 직전인 1996년도를 기준으로 평균 명목예대금리 차이가 4.66%로 미국(3.87%), 일본(2.31%포인트)보다 훨씬 높았다. 즉 편한 장사를 해 왔다고 할 수 있다. 그러나 부실채권과 높은 지준율 등을 감안한 '실세 예대금리차'는 2.2%로 미국(3.72%), 일본(2.25%)에 비해 오히려 낮아 경영 내실은 좋지 않았다. 2000년대에 들어서면서 저금리로 인해 우리나라 은행들이 명목예대마진이 2%대로 크게 낮아졌다.

위 식에서 총예금창조액은 본원통화가 늘어난 금액에 지불준비율의 역수($1/z$)를 곱한 것임을 알 수 있다. 지불준비율이 20%, 즉 1/5이면 본원통화의 5배의 신용창조가 일어난다. 이 지불준비율의 역수를 신용승수(credit multiplier)라고 한다. 신용승수는 본원통화 1원이 얼마의 총예금창조액이 되는가를 나타내는 계수라고 할 수 있다. 본원통화량이 일정하더라도 지불준비율이 떨어지면 신용승수가 올라가고, 따라서 예금창조액이 증가하여 통화량이 증가한다.

지금까지 우리는 민간부문에서 보유하는 화폐는 전혀 없고 모두 은행에 예금한다고 가정했고, 시재금도 없다고 가정했다. 이는 논의를 간단하게 하기 위한 것이고, 실제로는 본원통화 중의 일부를 민간이 보유하며, 은행도 예금의 일부를 시재금으로 갖게 되므로 통화공급은 통화량 중에 현금이 차지하는 비중과 시재금에도 영향을 받는다.

이와 같은 신용창출의 과정을 거쳐 본원통화 1원은 더 많은 통화량이 된다. 앞에서 본원통화와 통화량의 단순비율을 나타내는 m을 통화승수(money multiplier)라고 부른다고 하였다(통화승수와 지불준비율의 역수 $\frac{1}{z}$인 신용승수는 서로 같은 개념이 아니다). 통화승수의 크기를 결정하는 것은 당연히 사람들이 얼마나 자신의 돈을 현금과 요구불예금의 형태로 가지고 있느냐와 예금은행들이 얼마나 적극적으로 대출을 하느냐에 의해 결정될 것이다. 사람들이 현금보다 요구불예금을 선호할수록, 그리고 예금은행들이 적극적으로 대출을 할수록 통화량은 늘어나고, 통화승수의 크기도 커진다. 그러므로 통화량의 크기를 결정하는 것은 사람들의 선호와 은행의 행동이다. 중앙은행은 단지 본원통화의 크기를 결정할 뿐이다. 그러나 현실에서는 다른 변수가 작용하지 않는다면 사람들의 선호와 은행의 행동은 비교적 일정하다고 볼 수 있다. 금융시장에 급격한 변화가 생긴다면, 물론 이들의 행동이 변화하지만, 그렇지 않은 경우에는 비교적 안정적이라고 할 수 있다. 그렇다면 중앙은행은 본원통화의 조절을 통해서 통화량에 변화를 줄 수 있게 된다. 그래도 "중앙은행이 통화량을 결정한다"라는 표현은 정확한 표현은 아니다. 다음에서는 중앙은행이 본원통화의 변화를 통해서 통화량에 영향을 주는 흥미로운 과정을 공부해 보기로 하자.

고전적 통화정책 수단

국가마다 중앙은행의 대차대조표의 구체적인 항목들이 다르듯이, 중앙은행이 통화량을 조절하는 방식도 국가마다 다르다. 금융시장의 발달 정도가 다르기 때문이다. 여기서는 일반적인 통화정책의 수단을 먼저 살펴보고 우리나라의 경우를 이해해 보기로 하자. 중앙은행의 통화정책 수단은 간접방식과 직접방식으로 나눌 수 있다.

ECONOMIC EYES
경제의 눈

미국 중앙은행이 '연방준비제도'(Federal Reserve System)라고 불리는 이유

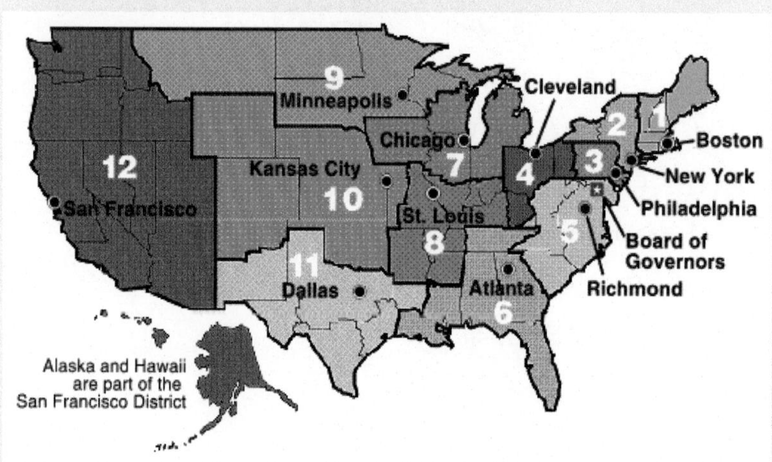

중앙은행의 대차대조표는 국가마다 다르다. 각국의 금융 여건이 다르기 때문이다. 미국은 국공채 시장이 발달해서, 이를 통해 통화량을 조정한다.

중앙은행의 자산 항목 중에서 처음 오는 것은 금, 은 및 외환 자산이다. 중앙은행은 이러한 것들을 자산으로 가지고 있다. 두 번째 자산은 일반은행들에게 대출해 준 것에 대해 가지고 있는 담보들인 어음(commercial papers)과 국공채 등이다. 중앙은행은 일반은행들의 은행이다. 따라서 일반은행들은 중앙은행에 각각 자신들의 계좌를 가지고 있으며, 필요하면 중앙은행으로부터 돈을 빌리기도 한다. 이 때 자신들이 가지고 있는 기업이 발행한 어음이나 또는 정부가 발행한 국공채를 담보로 하여 돈을 빌린다. 그러므로 중앙은행이 가지고 있는 이들 담보채권들은 중앙은행의 대출자로서의 기능을 반영한다고 할 수 있다. 중앙은행은 이들 담보채권들을 자산으로 가지고 있는 것이다.

일반은행들이 중앙은행 계좌에 가지고 있는 돈을 '지준예치금' 또는 '지불준비금'(reserve)이라고 한다. 중앙은행이 금융시스템 안에서 담당하는 중요한 역할이 바로 이 리저브를 통해서 이루어지기 때문에 미국의 중앙은행을 뜻하는 '연방준비제도'(Federal Reserve System)의 영어 표현에 Reserve가 들어가 있다.

현재의 미 연방준비제도(Fed)의 의장은

Janet L. Yellen이며, 그녀의 임기는 2014년 3월~2018년 2월이다. Fed에 들어온 1997년 이전에 그녀는 미국 University of California at Berkeley의 교수를 역임하였다. 미국 중앙은행의 홈페이지 주소의 도메인이 '정부'를 뜻하는 '.gov'인 것은 흥미로운데, Fed가 행정부로부터 독립적인 지위를 가진다는 것을 의심하는 사람은 아무도 없을 것이다. 의장의 임기는 대통령의 임기와 엇갈리게(staggering) 되어 있다.

간접방식

공개시장조작

간접방식은 주로 중앙은행의 본원통화를 조절함으로써 통화량에 영향을 주는 통화정책 수단을 말한다. 물론 본원통화의 크기가 변화되는 것만을 의미하지는 않는다. 우선 선진국에서 가장 일반적으로 사용되는 통화조절 수단은 공개시장조작(open market operations)이다. 공개시장은 국공채 시장을 말한다. 누구나 국공채를 살 수 있도록 시장이 공개되어 있기 때문이다. 앞에서 중앙은행 대차대조표를 공부하였지만, 국공채는 중앙은행의 중요한 자산이다. 아마도 가장 중요한 자산이다. 중앙은행이 통화량을 조절할 수 있는 가장 손쉬운 방법이기 때문이다. 공개시장조작을 통해서 중앙은행이 통화량을 조절하는 과정을 살펴보자.

만약에 중앙은행이 통화량을 늘릴 필요가 있을 경우, 중앙은행은 예금은행이 보유한 국공채를 매입한다. 이것을 공개시장매입(open market purchases)이라고 부른다. 시중은행으로부터 매입한 국공채에 대하여 중앙은행은 시중은행의 중앙은행 계좌에 해당 금액만큼 지급준비금을 높여준다. 이러한 과정에서 중앙은행의 자산이 늘고(중앙은행 여신 증가), 부채도 늘어난다(예금은행의 지급준비금은 중앙은행의 부채!). 결국 본원통화가 늘어나고, 앞의 〈그림 9-7〉에서처럼 신용창출의 과정을 통해 통화량은 그보다 더 많이 늘어나게 된다. 중앙은행은 돈을 하나도 찍지 않고도, 손쉽게 시중 통화량을 늘릴 수 있었다. 얼마나 신비한 현상인가! 반대로 중앙은행이 시중 통화량을 줄여야 한다면 자신이 보유한 국공채를 매각하면 된다. 이때는 물론 국공채를 사는 예금은행들의 계좌에서 지급준비금을 삭감한다. 본원통화가 줄어들고, 통화량도 줄어든다. 예를 들면, 100억 달러의 공개시장매입이 있는 경우, 미국의 대차대조표에는 어떤 변화가 나타나겠는가?

여기서 한 가지 중요한 사실은 통화량을 증가시키는 경우, 중앙은행은 자산을 획득하고, 그 대가로 부채를 발행함으로써 본원통화를 늘리는 것이다. 이러한 이유에서 중앙은행의 대차대조표를 공부하는 것이 중요하게 된다. 이러한 방식의 통화정책 수단이 사용되

▲ 표 9-4 **중앙은행의 대차대조표(공개시장매입의 경우)**

(단위: 10억 원)

자산(assets)		부채(liabilities)	
중앙은행 여신(Central Bank's Credit)		예금은행 예치금(Reserve)	+10
국공채(Govn't Securities)	+10		
본원통화(근원별, By Sources)	+10	본원통화(용도별, By Usages)	+10

기 위해서는 국공채 시장이 발달되어 있어야 한다. 그러나 우리나라의 경우는 국공채 시장이 발달되어 있지 않기 때문에 공개시장조작이 일반적인 통화정책 수단으로 사용되지는 않는다. 그렇기 때문에 공개시장조작을 우리나라에서도 가장 대표적인 통화정책 수단으로 생각하는 것은 옳지 않다(우리나라의 경우는 뒤에서 상세히 논의된다).

재할인율

두 번째 간접방식이 재할인율(discount rate)을 조절하는 방식이다. 재할인율이란 중앙은행이 예금은행들에게 돈을 빌려줄 때, 담보로 제공하는 상업어음(commercial papers)에 대해 적용하는 할인율을 말한다. 상업어음은 기업이 언제까지 돈을 지급하겠다는 약속어음이므로 만기일 전에는 액면가보다 할인된(discounted) 가격에 거래된다. 예금은행이 중앙은행으로부터 돈을 빌리고자 할 때, 상업어음에 대하여 할인율을 적용받게 되는데, 이 어음들은 이미 예금은행들이 스스로 기업에 대해서 한 번 할인한 것이기 때문에 재할인율이라는 표현이 사용된다. 그러므로 재할인율에 대한 영어 표현도 사실은 discount rate가 아니라 re-discount rate를 의미한다.

이처럼 중앙은행은 할인창구(discount windows)를 운영하면서, 예금은행들에 대한 대출을 실시한다. 재할인율이 높으면 은행들은 돈을 빌리려 하지 않을 것이고, 반대로 재할인율이 낮으면 기꺼이 빌리려고 할 것이다. 그러므로 재할인율의 변경을 통해서 중앙은행은 예금은행들에 대한 대출을 조절함으로써 지급준비금을 늘려주기도 하고, 줄이기도 한다. 재할인율을 인하하면 은행들은 더 많은 돈을 대출받게 되고, 자신들의 지급준비금(이러한 지급준비금을 차용지급준비금(borrowed reserve)라고 부른다)이 늘어나기도 하고 줄어들기도 한다. 지급준비금의 변화는 본원통화의 변화를 의미하고, 이것은 다시 통화량의 변화를 의미하게 된다.

지준율

세 번째 간접방식은 지준율을 변화시키는 방식이다. 중앙은행이 지준율을 올리면, 은행들이 대출할 수 있는 초과지급준비금의 규모가 축소되어, 신용창출의 과정도 축소된다. 결과적으로 통화량이 줄어든다. 반대로 지준율을 내리면, 초과지급준비금도 늘어나 통화량이 늘어난다. 여기서 한 가지 주의해야 할 점은 지준율을 변화시키는 경우, 본원통화의 크기는 달라지지 않는다는 것이다. 공개시장조작이나 재할인율 변화의 경우는 본원통화의 크기가 달라졌지만, 지준율을 변화시키는 경우에는 본원통화 크기 자체는 변하지 않고, 지급준비금의 구성이 달라질 뿐이다. 즉, 법정지급준비금과 초과지급준비금의 비율만 달라진다.

지준율을 변화시키는 방식은 우리나라에서도 자주 사용되는 방식은 아니다. 중국은 최근에도 지준율 정책을 사용한 적이 있지만, 선진국의 경우에는 잘 사용되지 않는다. 왜냐하면 지준율을 변화시키는 것이 금융시스템 전체에 미치는 영향이 너무 크기 때문이다. 선진국의 경우는 지준율을 통해서 금융기구의 안정성을 보장하는 데 노력하고 있다.

직접방식

이상과 같은 간접방식 이외에 직접적으로 통화량을 조절하는 방식이 있다. 우리나라의 경우, 개발연대를 통하여 이러한 방식으로 경제발전을 위한 통화정책이 사용된 바 있다. 이러한 방식은 민간부문, 공공부문 그리고 국외부문에 대해서 정부가 직접적으로 신용할당을 실시하는 것을 말한다. 이를 위하여 특정 부문의 대출한도를 제한하거나, 이자율을 직접적으로 규제하는 방식이 사용된다. 그러나 경제규모가 커지고, 경제구조가 발달할수록 직접적인 방식을 통한 통화량의 조절은 그 비중이 감소하는 추세이다.

한국은행도 공개시장조작을 하나?

우리나라의 경우, 국공채 시장이 발달되지 않았기 때문에 미국과 같이 국공채만으로 공개시장조작은 하기는 어렵다. 대신에 중앙은행인 한국은행이 직접 발행하는 통안증권을 통해서 주로 통화량을 조절한다. 통안증권의 경우, 한국은행이 발행자이므로 시중에 발행되어 있는 통안증권은 한국은행의 부채가 된다. 그러므로 한국은행은 대차대조표상에 본원통화 항목 아래에 별도로 통안증권 계정을 만들어 놓고, 통안증권을 매입 또는 발매함으로써 통화량을 조절하는 방식을 사용한다. 그럼에도 불구하고 한국은행은 '공개시장조작'이라는 표현을 사용하고 있는데, 실제로 국공채 매입과 매각을 통해서 이루어지는 공개시장조작은 그 비중이 작고, 통안증권계정을 통한 비중이 대부분을 차지하고 있다. 따라서 '공개시장조작'이라는 표현의 사용은 혼란을 가져올 수 있다.[25]

이자율과 화폐공급

중앙은행이 결정하는 본원통화량과 법정지불준비율은 정책변수이므로 중앙은행에서

25 2013년 한국은행의 공개시장조작 중 국공채가 차지하는 비중은 8.0%이고, 통안증권의 비중은 86.0%이다(한국은행, 『2013년도 연차보고서』, 2014년 3월).

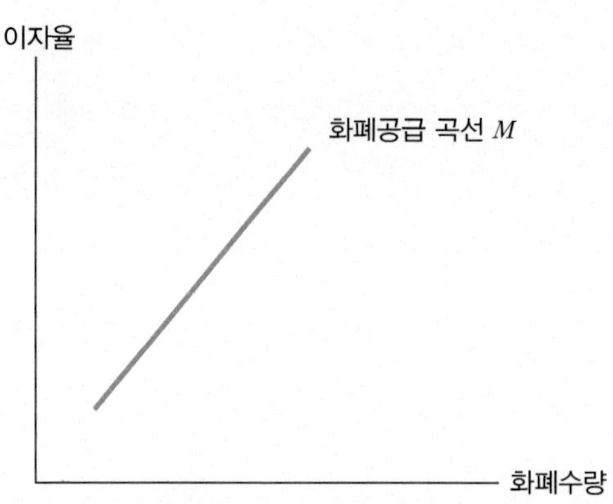

▲ 그림 9–8

화폐의 공급곡선

통화공급은 단기적으로는 이자율의 증가함수로 나타난다.

정책적으로 결정한다. 그러나 민간의 현금통화율과 은행시재금(C_v)은 시장이자율에 영향을 받는다. 왜냐하면 이자율이 높을 때는 현금으로 가지고 있기보다는 이자를 받기 위해서 은행에 예금하려고 하는 경향이 높기 때문이다. 따라서 이자율이 높을수록 현금통화율은 낮아질 것이다. 마찬가지로 은행에서도 이자율이 높을수록 은행의 금고에 보관하는 시재금을 가능한 작게 유지하려고 할 것이고 그 결과 화폐공급량은 증가하게 된다. 이를 그래프로 나타내면 〈그림 9–8〉과 같다.

화폐공급량(M)이 본원통화나 법정지불준비율에 더 큰 영향을 받을 것인가, 아니면 은행 시재금과 현금통화율에 의해서 더 크게 영향을 받을 것인가? 만약 후자라면 이자율이 화폐공급량에 미치는 영향이 클 것이고, 전자라고 하면 화폐공급량은 정책적으로 결정될 뿐이고, 이자율과는 별로 상관이 없게 된다.

이는 학자들 사이에도 의견이 분분하다. 일부 학자들은 은행관리의 효율화를 위해 은행 시재금은 일정하고, 현금통화율(현금/통화량)도 관습적으로 단기간에는 잘 변하지 않기 때문에 화폐공급은 본원통화량과 법정지불준비율 등 정책적 변수에 의해 결정된다고 주장한다. 실증적 연구에 의하면 통화량의 장기변동에는 본원통화량이 중요한 역할을 하고 단기변동에는 시재금과 현금통화율, 즉 이자율이 더 중요한 역할을 하는 것으로 나타난다.

화폐시장의 균형과 시장이자율의 결정

화폐시장의 균형

지금까지는 화폐의 수요와 공급에 영향을 미치는 요인을 살펴보았다. 요약하면 화폐의 수요에 영향을 주는 것은 소득과 이자율이고, 공급에 영향을 주는 것은 중앙은행의 정책과 이자율이다. 따라서 소득이 일정하고, 정부의 정책이 일정하다면 화폐시장에서 수요와 공급에 결정적인 역할을 하는 것이 이자율이 라는 사실을 알 수 있다. 따라서 〈그림 9-9〉와 같이 화폐의 수요곡선과 공급곡선은 이자율의 함수로 표시할 수 있고, 이 두 곡선이 만나는 점에서 화폐시장의 균형이 성립되며 이때 균형이자율이 결정된다. 만약 균형이자율이 10%인데, 현재 시장이자율이 9%라면 이 화폐시장에 초과수요가 발생할 것이다. 그러면 이자율에 웃돈을 주고 돈을 빌리려고 하는 사람들이 생기므로 이자율이 상승하여 균형이자율 수준인 10%가 될 때 화폐시장이 안정을 찾을 것이다.

우리는 앞에서 우리니라에시는 3년 만기 회사채(AA-)의 유통수익률이 대표적인 시장이자율 중의 하나라고 하였다. 화폐시장에서 초과수요가 존재하는 경우 어떻게 회사채의

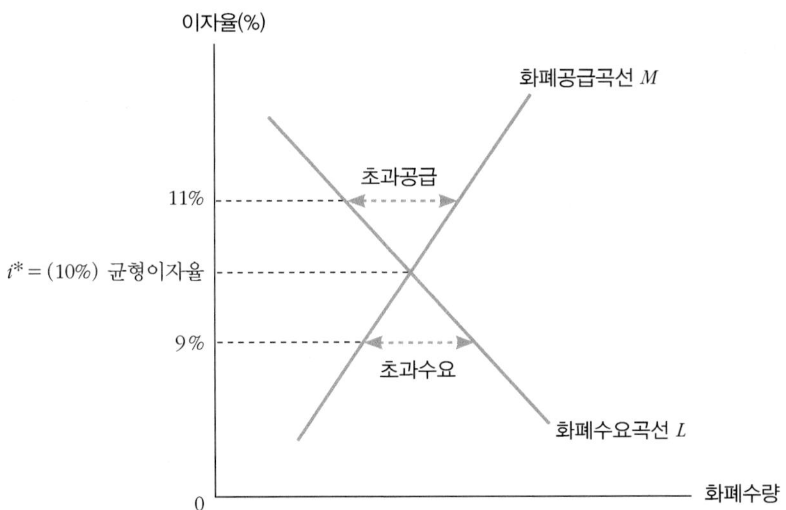

▲ 그림 9-9

화폐시장의 균형

화폐시장의 초과공급은 채권시장의 초과수요를 의미하고, 이 경우 채권의 가격이 올라 유통수익률이 하락하게 된다. 채권의 유통수익률은 시장이자율이다.

유통수익률이 오르게 되는가? 〈그림 9-9〉에서는 화폐시장만이 나타나 있지만, 앞에서 설명한 바와 같이 금융자산에 대한 포트폴리오 결정의 특징은 화폐에 대한 수요가 결정되면 동시에 나머지 금융자산인 채권(주식 등 다른 금융자산도 미래수익을 갖는다는 점에서는 채권과 마찬가지라고 하였다)에 대한 수요도 결정된 것이다.

금융시장에서 이자율이 결정되는 과성을 설명하는 이론은 여러 가지가 있다. 여기서는 그 중 하나로서 통화량의 변화가 자산 포트폴리오의 변화를 가져와 자산에 대한 수요 변화를 통하여 자산가격을 변화시키게 되고, 궁극적으로 채권의 수익률에 영향을 주게 되는 과정을 중심으로 이야기하고자 한다. 이러한 설명은 화폐시장과 채권시장의 관계를 이해함으로써 현실 금융시장의 자산 가격과 이자율의 관계를 파악하는 데 도움을 줄 것이다.

만약 화폐시장에서 시장이자율이 균형이자율보다 낮으면, 화폐시장에서 화폐의 초과수요가 존재하고, 이는 채권시장에서 채권에 대한 초과공급을 의미하므로, 채권의 가격이 하락한다. 그러면 앞에서 공부하였듯이 채권가격은 채권의 수익률과 반비례하므로, 채권의 수익률이 오르게 된다. 즉 시장이자율은 균형이자율을 향하여 상향 조정된다. 그러므로 균형이자율은 화폐시장과 채권시장 모두에서 초과수요나 초과공급이 존재하지 않게 되는 시장이자율이며, 이 시장이자율에서 화폐시장과 채권시장은 균형을 이루게 된다(즉 사람들의 포트폴리오 배합은 그대로 유지된다). 따라서 금융자산의 가격과 수익률의 변화가 없게 되어 화폐경제 또는 금융경제 전체가 균형을 이루게 된다(여기서 균형은 '진자'의 의미임).

이러한 과정에서 가장 중요하게 작용하는 것이 사람들의 포트폴리오 결정이며, 사람들이 현재의 상태에서 채권이나 화폐에 대한 수요를 변화하지 않으면, 채권의 가격도 불변이고, 따라서 채권의 수익률인 시장이자율도 변하지 않아, 화폐경제는 균형을 이루게 된다. 바로 이러한 상태가 우리가 현실에서 목격하게 되는 화폐경제의 균형이 된다. 그러므로 우리는 화폐시장과 화폐경제라는 표현이 서로 다른 의미로 사용되고 있음을 기억할 수 있다. 화폐시장은 하나의 금융상품으로써 화폐가 거래되는 시장을 말하고, 반면에 화폐경제라는 표현은 화폐뿐만 아니라 채권과 같은 모든 금융상품들을 포함하는 금융경제 전체를 의미하는 것이다.

앞에서 설명한 〈그림 9-8〉은 화폐시장의 균형이자율이 화폐에 대한 수요와 공급에 의해서 결정된다는 것을 나타내고 있다. 여기서 한 가지 주의해야 할 것은 균형이라는 상태는 반드시 균형을 향해 조정되어 가는 과정을 설명할 수 있어야 된다. 예를 들면, 사과시장의 균형가격을 설명할 때에는 사과에 대한 초과수요가 존재하면 사과의 가격은 올라가고, 그 반대의 경우에는 가격이 내린다는 사실이 바로 그 것이다. 그러나 이 그림에서는 마찬가지 방식으로 설명하기가 곤란하다. 우선 이자율은 엄밀하게 말하면 화폐의 가격이 아니라, 시간의 경과를 전제로 하는 신용의 가격이기 때문이다. 채권의 가격과 수익률의 변화를 이용한 설명은 화폐시장(더욱 넓게는 화폐경제 전체)이 균형을 향해 조정되어 가는 과정을 설명하고 있다. 이를 보다 자세히 설명해 보자.

이자율의 변화

시장이자율의 변화를 가져오는 요인들은 무엇일까? 우선, 화폐의 수요가 줄어들면 이자율이 떨어질 수 있다. 화폐의 수요에 영향을 주는 요인은 경제의 생산 또는 소득수준이다. 따라서 경기가 침체되어 소득이 줄어들면 이자율이 낮아지게 된다.

또한 〈그림 9-10〉에서와 같이 화폐공급곡선 M이 우측으로 M'로 움직이면, 즉 통화의 공급량을 늘리면 이자율이 떨어질 것이라는 것을 알 수 있다. 앞에서 우리는 통화공급에 영향을 주는 요인이 중앙은행의 화폐발행고나 지급준비율이라는 사실을 배웠다. 따라서 중앙은행이 화폐발행고를 늘리든지, 지급준비율이 낮아지면 금리가 하락할 것이라는 것을 알 수 있다.

중앙은행이 통화량을 늘리면, 대개의 경우 회사채 수익률은 하락한다. 그 이유는 무엇일까? 통화량과 회사채 수익률은 어떤 관계를 갖는가? 이 질문에 답하기 위해서는 앞의

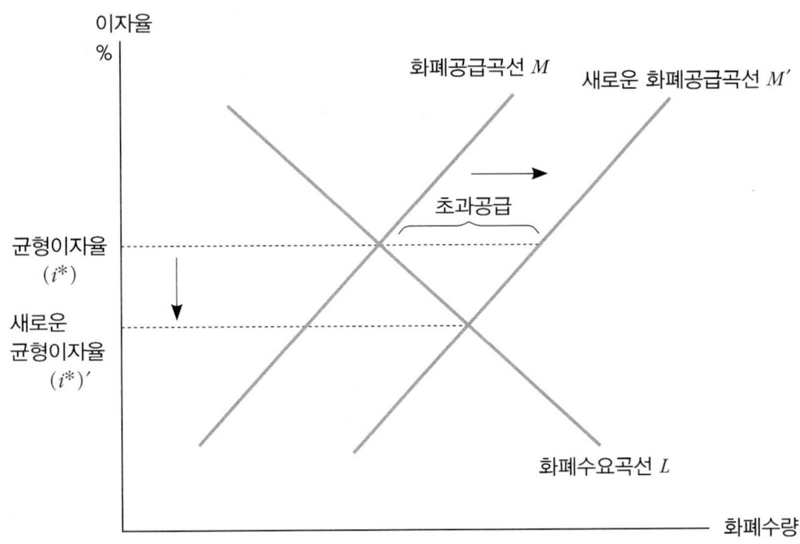

▲ 그림 9-10

화폐시장 균형의 이동

화폐공급이 늘어나며 화폐시장에서 초과공급이 발생하고 이것은 채권시장에서 초과수요를 의미한다. 채권의 초과수요는 채권의 가격을 인상시켜 채권의 수익률은 하락하게 한다. 이는 시장이자율의 하락을 뜻한다.

ECONOMIC EYES
경제의 눈

거품경제와 유동성 함정

세계경제 침체로 각국의 이자율이 낮은 수준에 머물면서 '유동성 함정'에 대한 관심이 높아지고 있다. '유동성 함정'(liquidity trap)이란 금리가 매우 낮은 수준으로 내려가 있어 통화정책이 효과를 가져오지 못하게 되는 현상을 뜻한다.

통화당국이 금리인하를 통해 기업의 투자와 가계의 소비를 활성화하고자 시도해도, 경제가 유동성 함정에 빠지게 되면 이러한 통화정책이 아무런 효과를 가져올 수 없다. 금리가 이미 최저 수준으로 낮은 상태에 있기 때문에 아무리 통화량이 늘어나도 사람들은 유동성, 즉 화폐 보유만을 고집하게 된다. 통화량 증가가 투자 증대나 소비의 증가를 가져오지 못하게 되는 일종의 함정에 빠지게 되는 것이다.

유동성 함정은 지난 1930년대 세계 경제 대공황 때 영국의 경제학자 케인즈(John Maynard Keynes, 1883~1946)가 제기한 이론인데, 1998년 미국의 프린스턴 대학 경제학 교수 폴 크루그만(Paul Kurgman)이 일본 경제가 유동성 함정에 빠져 있다고 주장하면서 다시 관심을 모았다. 일본 경제는 1980년대의 거품경제가 붕괴되면서 지난 1990년대 초반부터 높은 실업률과 물가 하락(디플레이션), 그리고 경기침체로 어려움을 겪기 시작하였다. 중앙은행인 일본은행은 단기금리를 1991년의 8.3% 수준에서 1999년 거의 0%까지 인하하였다. 1999년 당시 2년 만기 국채와 회사채의 금리는 가각 0.48%와 0.8%에 불과하였다. 낮은 금리에도 불구하고 일본경제의 소비와 투자가 회복되지 못하면서 일본의 장기 불황이 시작되었다.

크루그만에 따르면 일본이 유동성 함정에 빠지게 된 이유는 국민들이 일본 경제의 미래에 대한 신뢰감 상실이 가장 중요한 원인이라고 하였다. 미래의 생산능력이 현재보다 낮아질 것이라는 예상만으로도 경제가 유동성 함정에 빠질 수 있다는 것이다. 일본 인구의 빠른 노령화와 경제의 구조개선 지연이 일본 경제의 생산 능력을 떨어뜨릴 수 있다는 우려가 투자와 소비를 위축시켜 일본 경제가 유동성 함정에 빠지게 되었다는 설명이다.

우리나라 경제도 장기불황과 성장 여력의 감소로 일본과 같은 장기불황에 빠지고 있는 것은 아닌지 우려가 높다. 이러한 문제점을 해소하기 위해서는 무엇보다도 우리 경제의 미래 생산 능력에 대한 신뢰가 필요하겠다. 크루그만의 이론에서처럼 우리 국민들이 미래 생산 능력을 비관적으로 바라보게 되면 이것만으로도 유동성 함정에 빠질 수 있기 때문이다.

설명을 사용할 수 있다. 즉 〈그림 9–10〉에서 통화량이 늘어나면, 통화량을 나타내는 화폐공급곡선이 오른쪽으로 이동하고, 원래의 균형이자율에서 화폐시장에서는 화폐의 초과공급이 존재하게 된다. 이것은 채권시장에서 채권의 초과수요를 의미하고, 채권의 가격은 상승하고, 채권의 수익률 즉 시장이자율은 새로운 균형이자율로 하락하게 된다.

중앙은행의 통화 증발(增發: 추가 발행)이 회사채 수익률의 하락을 가져오는 이유는 이상과 같이 화폐시장, 채권시장, 그리고 사람들의 포트폴리오 결정에 따른 금융자산의 가격 변화와 수익률 변화로 보다 더 잘 설명될 수 있다. 우리가 흔히 '통화량이 늘어나면, 이자율이 하락한다'라는 단순한 표현이 갖는 실제 의미는 이렇게 복잡한 내용을 포함하고 있다. 이와 같은 과정을 통해서 화폐경제는 시장이자율 수준을 결정하게 되는데, 화폐경제가 시장이자율을 결정하는 것은 그 자체도 중요하지만 이어서 설명하게 되는 실물경제의 작용과정에서 더욱 중요한 의미를 갖는다. 한 마디로 말해서 화폐경제에서 결정된 시장이자율은 실물경제부문에서 지출(특히, 내구재에 대한 소비와 투자)에 영향을 주어, 실물경제의 생산활동 수준에 영향을 미치게 된다.

'뉴 노멀'시대와 금융의 역할

'뉴 노멀' 시대의 도래[25]

2000년대 이후의 글로벌경제에 나타나고 있는 현상들은 과거 수십년간 세계경제의 모습과는 크게 다른 모습이다. 이는 단순한 경기변동의 순환과정과는 다른 것이며, 경제질서의 재편을 의미하고 있다. 중요한 질문은 "새로운(new) 정상적(normal)인 상태는 어떠한 것인가?"이다. 글로벌경제의 위기가 얼마나 지속될 지는 아무도 알 수 없지만, 세계경제에 나타나고 있는 새로운 변화는 과거의 현상과는 사뭇 다르다. 이러한 "뉴 노멀"은 다양한 경제적 요인들의 복합적 작용에 의해서 나타나고 있다. 그러한 요인들은 2008년 금융위기로 인하여 발생한 것들도 있고, 또 그보다 이전에 이미 진행되어 온 요인들도 있다.

우선, 가장 분명한 것은 글로벌 금융체제 안에서 '차입'(leverage)이 의미 있는 수준에서 줄어들었다는 점이다. 과거 금융체제의 '차입'이 증가했던 이유는 두 가지였다. 첫째, 금융상품의 위험을 줄

26 Davis, Ian, "The new normal," *McKinsey Quarterly*, March 2009.

■ JP Morgan Chase의 CEO Jamie Dimon; 그는 2012년 파생상품 거래에 따른 60억 달러의 손실을 초래해 미국 금융당국의 조사를 받았다.

이기 위해서 선물이나 옵션 등 새로운 금융상품이 개발됨에 따라서 이러한 금융상품의 성격상 작은 액수로 큰 거래를 할 수 있는 '차입거래'로 자연스럽게 큰 규모의 '차입'이 가능했었다. 둘째, 잘못된 금융거래 관행과 책임이 따르지 않는 위험 거래, 감독의 부재, 그리고 부정 등으로 신용거품(credit bubble)이 발생하였던 것이다. 이 두 가지가 어떻게 구분되는가는 분명하지 않다. 한 가지 분명한 것은 앞으로는 차입 규모는 현저히 줄어들어 위험에 대한 대가가 우리가 예상하는 것보다 높아질 것이라는 점이다. 차입에 의존하는 경영모델은 수익이 줄어들 것이고, 생산성 상승을 통한 금융자산에 대한 수익 창출이라는 고전적 형태의 경영모델에 의존하는 기업들은 그 보상을 받을 것으로 보인다.

또 다른 중요한 변화는 '뉴 노멀'이 각국 정부의 확대된 역할을 의미한다는 점이다. 1930년대 대공황 시절, 미국 루즈벨트(Franklin D. Roosevelt, 1882~1945, 미 32대 대통령; 재임 1933~1945) 정부는 미국의 금융시스템 안에서의 정부의 역할을 완전히 새롭게 정의한 바 있다. 오늘날에도 당시와 비슷한 금융체제의 구조변화에 대한 요청이 높아지고 있다. 어떤 사람들은 금융체제에 대한 감독체계가 너무 오래된 것이므로 변화가 필요하다는 생각을 가지고 있고, 다른 사람들은 이러한 변화가 자칫 정부의 지나친 개입을 가져올 수 있다는 우려를 제기하고 있다. 어떤 경우든 각국 정부는 보다 강화된 금융감독을 도입할 것으로 보인다. 이러한 변화는 헷지펀드(hedge funds)와 같은 투기성 자금에 대한 투명성(transparency)과 공개성(disclosure)을 강화하고, 최고경영자에 대한 높은 연봉 등 전적으로 이들에게 맡겨졌던 의사결정과정에 정부가 더욱 개입할 것으로 전망된다.

금융산업이 이러한 변화에 가장 크게 영향을 받을 것으로 보이는데, 정부 개입의 영향은 폭넓게 나타날 것이다. 바람직한 변화는 글로벌 금융의 조정(coordination)과 투명성이 강화될 수 있다는 것이다. 바람직하지 않은 변화는 기업들이 생산성이 높은 개도국으로 자유롭게 자본을 이동하는 것을 제약하는 보호주의가 나타나게 되어 세계 경제의 성장을 가로막을 수 있다는 것이다.

이러한 두 가지 힘—낮아진 차입과 높아진 정부의 개입—은 글로벌 금융위기가 가져온 직접적인 영향들이다. 그러나 글로벌 금융위기 이전부터 이미 나타난 현상들로서 최근에 더욱 심화되고 있는 변화들도 있다. 예를 들어, 글로벌 금융위기 이전부터 미국의 소비는 이미 경제성장의 엔진이 되지 못하였다. 소비는 소득 증가에 의해서 늘어나는데, 미국의 소득 증가는 1985년 이후 여성 인력의 대거 노동시장 진입과 대학졸업자의 증가 등 특별한 변화에 의해서 늘어났을 뿐이다. 이러한 요인들은 이미 그 역할이 다하였다. 더욱이 베이비붐 세대들의 늘어난 소비가 80년대와 90년대 소비시대의 정점을 가져왔지만, 이제 이들이 얼마 되지 않았던 연금으로 살아가는 세대가 되면서 소비 수준이 낮아지고 있다. 이들의 연금 저축은 주택과 주식시장의 가치가 사라지기 이전에도 이미 그렇게 높은 수준은 아니었다.

이러한 '뉴 노멀'의 경제 환경은 우리나라도 예외가 아니다. 인구의 고령화로 경제성장이 둔화되고, 그에 따른 소득감소로 소비가 위축되고 있고, 과도한 가계부채로 중산층조차도 소비 여력을 가지고 있지 못하다. 경제 침체와 디플레이션이 장기간 지속될 것으로 전망되는 가운데, 금융정책의 변화와 새로운 역할이 요청되고 있다고 하겠다.

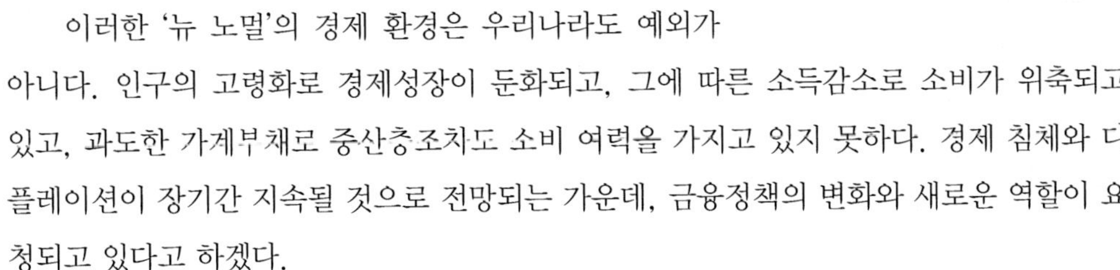

'비전통적 통화정책'[26]

전통적(conventional) 통화정책은 주로 은행간 1일 기한 차입금의 금리(콜금리, overnight call rates)의 목표치를 정하고 이를 이루기 위하여 중앙은행이 국공채를 매입 또는 매각하는 공개시장조작(이를 통하여 시중 은행들의 리저브를 조정하여 궁극적으로 콜금리를 변화시킴)을 의미한다. 중앙은행은 자신의 대차대조표상의 리스크를 최소화하기 위하여 시중은행들이 국공채를 다시 원래대로 환원하는 것을 조건으로 하여 일종의 국공채 담보부(as collateral) 공개시장조작을 한다. 다시 말해서, 정상적(normal)인 경제 상황하에서는 시중은행들에게 직접적인 대출이나 국공채 또는 민간부문의 채권 등을 직접 시장 가격으로 매입(outright purchases)하지는 않는다. 즉 중앙은행은 주로 주요 목표 금리를 변화시켜, 화폐시장의 유

27 Smaghi, Lorenzo Bini, "Conventional and unconventional monetary policy," Keynote lectuure at the International Center for Monetary and Banking Studies (ICMB0, Geneva, 28, April 2009 (http://www.ecb.europa.eu/press/key/date/2009/html/sp090428.en.html last visited on January 19, 2015).

동성을 조절하고 이를 통하여 중기적으로 물가안정의 목표를 달성하는 것이다.

그러나 다음과 같은 두 가지 경우, 전통적인 통화정책 수단이 충분히 작동하지 못할 수 있다:

첫째, 경제 충격이 너무 커서 명목이자율이 제로로 낮추어지는 경우이다. 이 경우, 이자율을 더 이상 내리는 것이 불가능하기 때문에 비전통적인(unconventional) 추가적인 통화정책 수단을 통한 부양책이 사용된다.

둘째, 비록 이자율이 제로보다 높지만, 통화정책의 파급 과정(transmission mechanism)이 제대로 작동하지 않는 경우이다. 이 경우, 중앙은행은 두 가지의 방법을 택할 수 있는데(상호 배타적이지는 않음), (1) 단기 명목 이자율을 정상적인 경우에 비해 더 낮게 내리거나, (2) 비전통적인 방식을 통하여 통화정책 파급 과정에 대하여 직접적으로 대응하는 것이다.

2008년, 당시 미국에서 4번째로 큰 규모의 투자은행인 리먼 브라더스(Lehman Brothers)가 서브프라임(subprime mortage) 주택담보대출의 부실화로 파산하면서, 미국 금융시장의 유동성이 사라졌고, 금융시장에 대한 급작스런 신뢰 상실은 금융의 기능을 마비시켰다. 이러한 상황하에서 단순한 금리 인하는 충분한 효과를 가져 오지 못하였고, 통화정책의 파급 과정은 심각하게 훼손되었다. 그러자 미국의 중앙은행은 비전통적인 통화정책 수단을 사용하였다.

비전통적인 통화정책 수단의 정의는 금융기관마다 차이가 있으나, 은행, 가계 및 기업들에 대한 자금 조달 비용인 이자율과 유동성에 직접적으로 영향을 줄 수 있는 다양한 정책들을 포함하는데, 그 중의 하나로서 금융자산들의 위험도와 관계없이 전반적인 장기 이자율의 수준에 영향을 주는 정책이다. 이를 위하여 장기 정부 채권을 매입하는 경우를 일반적으로 '양적 완화'(quantitative easing, QE)라고 부르고, 상업어음이나 회사채 등을 매입하는 경우를 '신용 완화'(credit easing)라고 부른다.[28] 미 연방준비제도의 의장을 지낸 버냉키(Ben Bernanke; 임기 2006년 2월~2014년 2월)는 2002년에 행한 한 연설에서 밀턴 프리드만(Milton Friedman)의 '헬리콥터 돈 살포'(helicopter drop)라는 표현을 인용하면서 '헬리콥터 벤'(Helicopter Ben)이라는 별명을 얻었는데, 그의 재임 기간 중 총 3차에 걸친 QE를 통하여 4조 달러에 달하는 국채와 다른 채권들을 매입한 것으로 알려져 있다.

28 Klyuev, V., "Unconventional choices for unconventional times: credit and quantitive easing in advanced economic," *IMF Staff Position Note*, November 4, 2009, p. 9.

신용 완화의 경우, 중앙은행은 민간 부문에 직접적으로 관여하게 되어 이들 기업들의 위험도를 그대로 감당하는 문제에 당면하게 된다. 이외에도 간접적인 비전통적 통화정책 수단으로서 시중은행들에 대하여 보다 긴 만기일을 가지는 대출을 제공하는 방식 등이 있다.

이와 같은 비전통적 통화정책 수단이 사용되는 경우, 경제 상황이 호전되거나 금융시스템의 불안정성이 개선되면 금융시스템에 공급된 유동성을 다시 회수하는 문제가 중요해 진다. 이를 '출구전략'(exit policy)이라고 부른다. 출구전략을 위해 QE를 단계적으로 줄여가는 것을 tapering이라고 한다. 출구전략은 여러 가지 면에서 어려움이 존재하는데, 우선, 전통적인 통화정책 수단과 비전통적인 통화정책 수단을 어떤 연계성으로 조화시키느냐의 문제가 있고, 또 비전통적 통화정책 수단으로 제공된 유동성을 어떠한 속도로 회수하느냐의 문제가 존재한다. 자칫, 너무 빠른 출구전략의 시행이 금융시스템의 불안정성을 다시 높게 할 수 있기 때문이다.

우리나라 통화정책의 변화

우리나라의 통화정책이 체계적으로 수립된 것은 1957년 '재정안정계획'이 마련되면서부터이다. 이 계획은 해방과 6.25 전쟁의 불안정한 상황 속에서 우리나라의 재정을 안정화시키기 위한 조치였다. 물가 불안을 해소하기 위하여 정부는 IMF와의 협정을 통하여 통화지표의 목표를 정하였고, 이를 중심으로 하여 재정안정계획이 수립되었다.[29]

1979년에 중심통화지표를 *M*1에서 *M*2로 변경하였고, 1980년대에 와서 통화지표와 물가와의 연관성이 약화되면서 통화량보다는 금리중심의 통화정책으로 변경되었다. 그 후 1997년 통화당국은 통화지표의 유용성이 약화되었다는 판단하에 물가안정목표제를 공식적으로 채택하였다. 이를 위하여 초기에는 '콜금리 목표'를 설정하였는데, 콜금리가 지준금 시장의 수급 상황을 제대로 반영하지 못하자, 2008년 3월 이후부터는 한국은행과 금융기관간 거래의 기준이 되는 기준금리를 정책금리로 채택하여 현재까지 통화정책의 목표로 삼고 있다.

기준금리는 매월 2번째 목요일에 개최되는 금융통화위원회에서 결정되는데 일반적으로 0.25% 포인트씩 점진적으로 조정하는 것이 관례이다. 그러나 필요하다고 판단되는 경우에는 이보다 더 큰 폭으로 조정될 수 있다. 기준금리 목표를 달성하는 과정을 살펴보면 다음과 같다. 기준금리 목표를 달성하기 위해 한국은행은 통화정책 파급경로의 시발점이

29 강명헌, 이혜란, 『한국 통화정책의 유효성 연구』, 한국금융연구원, 2014년, pp. 29-44.

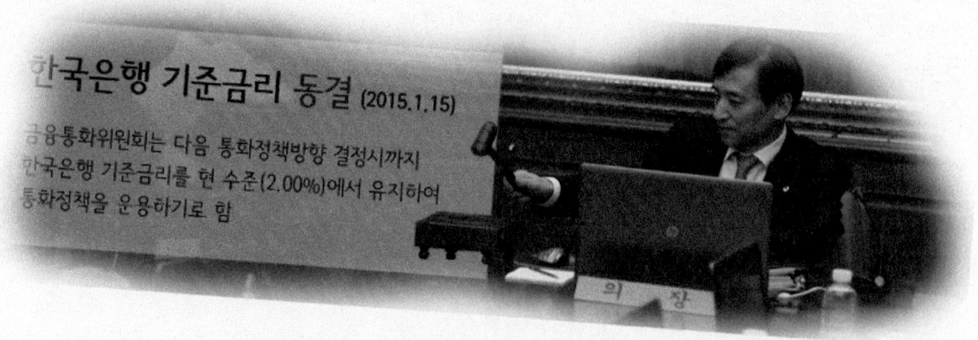

■ 이주열 한국은행 총재(재임: 2014년 4월 ~; 임기 4년 1차 연임 가능)

되는 콜금리가 기준금리에서 크게 벗어나지 않게끔 공개시장조작 등을 통하여 단기유동성을 조절한다. 즉, 시중은행들이 한국은행에 보유하고 있는 지준금의 규모를 조정하여 콜금리가 기준금리에 근접하게끔 조정하는 것이다. 콜금리의 변화는 단기시장금리와 자산가격의 변화를 가져오고, 이는 다시 장기시장금리와 여수신금리 등에 영향을 미치게 되어 궁극적으로 실물경제(경기, 물가 및 고용 등)에 영향이 파급되는 것이다.

최근의 연구에 따르면, 우리나라의 통화정책의 운용체계로서 물가안정목표제의 유효성은 신흥시장국 등에서는 높게 나타나는 것으로 보이지만, 글로벌 금융위기 이후 통화정책의 목표를 달성하는 데 그 유효성이 저하되고 있는 것으로 나타난다.[30] 따라서 물가안정목표제를 보완할 수 있는 방안이 강구되어야 할 것으로 보인다. 이를테면, 통화정책의 시그널을 보다 강화하고, 기대인플레이션을 억제하며, 아울러 향후 통화정책에 대한 방향성(forward guidance)을 제고하는 등의 방안과 함께 재정적자를 방지하기 위한 통화정책의 역할도 중요하게 고려되어야 한다는 지적이다.

금융의 새로운 역할 필요

금융위원회의 '금융규제개혁'(2014년 7월) 방안의 핵심은 규제를 대폭 풀어 정체된 금융산업에 새로운 기회를 불어 넣겠다는 내용이었다. 금융회사의 영업 행위에 대해서는 자율성을 대폭 확대하고, 시장 진입 장벽을 허물어 경쟁을 촉진하는 한편, 해외진출 규제 완화로 국내 금융산업의 외연을 확대한다는 것이다. 구체적으로는 규제개혁을 통한 경제성장의 돌파구를 마련하기 위하여 건전성, 소비자보호 및 개인정보 규제는 유지 및 강화하고, 진입, 판매채널 및 영업규제는 폐지 또는 네거티브제도(안 되는 것만 제시) 방식으로 전환하며, 기술평가시스템의 활성화를 통한 기업 지원, 자산운용 및 해외진출을 촉진하며, 금융회사의 내부통제와 규율을 강화하는 등의 내용이다.

우리나라의 금융기관들은 정부의 규제와 보호 속에 안주하면서 낮은 수익성과 영업

30 앞의 연구, p. 76.

능력의 한계를 드러내고 있다. 국내 은행의 자기자본이익률(return on equity, ROE: 기업이 자본을 이용하여 얼마만큼의 이익을 냈는지를 나타내는 지표, 예를 들어 자본총액이 1억 원인 회사가 천만 원의 이익을 냈다면, ROE는 10%가 된다)은 주요 국가의 ROE인 10% 내외에 크게 못미치는 것으로 나타났다. 개발연대 기간 동안 부족한 자본을 효율적으로 배분하기 위하여 정부가 금융부문에 개입한 것은 어느 정도 긍정적인 효과를 가져온 것은 사실이다. 그러나 이러한 관행이 지속되면서 우리나라의 금융기관들은 지나치게 정부의 영향력 하에 놓임으로써 스스로 영업역량을 키우는 데 소홀히 하였다. 현재에도 이러한 문제점은 사라지지 않고 있다. 정부가 어떠한 금융규제개혁안을 내어 놓는다고 하여도 정부의 금융에 대한 관치 관행이 개선되지 않고, 금융기관들도 보다 효율적이고 공정한 금융 서비스 체제를 구축하지 않는다면, 우리의 금융은 실물경제 성장에 도움을 주지 못할 것이다.

글로벌 경제의 불황이 지속되면서 지금까지와는 다른 새로운 경제 규범이 요청되고 있다. 특히, 국가경제 안에서 금융의 역할이 그 어느 때보다 중요하게 대두되고 있다. 국내적으로는 우리은행 매각이 국가적 관심사가 되면서 사모펀드의 금융기관 소유 문제가 다시 뜨거운 논쟁의 중심이 된 바 있다. 사모펀드는 2003년 외환은행을 인수하고 8년 여 만에 5조에 가까운 차익을 거두고 한국을 떠나면서 불거진 이른바 '먹튀'('먹고 튀기'의 준말) 논란의 주인공 론스타처럼 대개 장기적인 투자보다는 단기적 수익 창출에 목적을 둔다. 따라서 국가 기간산업인 우리은행을 사모펀드에 매각해서는 안 된다는 주장이 제기된 것이다. 그러나 한편에서는 사모펀드는 기업가치를 제고시키기 때문에 국내 토종 펀드라면 꼭 나쁜 것만은 아니라는 반론도 제시되었다.

론스타의 외환은행 인수 건처럼 투기성 자본의 '먹튀' 형태뿐만 아니라 국내 금융에 대한 외국자본의 지배가 과다하다는 문제점도 제기되었다. 실제로 우리나라의 주요 은행 중에 국내 지분이 50%를 넘는 실질적인 민간 '토종은행'은 하나도 없는 셈이다. 우리은행은 정부(예금보험공사)가 경영권 지분을 가지고 있으므로 엄격한 의미에서는 토종은행이라고 볼 수 없을 것이다. 삼성전자와 같은 주요 제조업의 외국인 지분율이 50%를 넘는 것과 금융기관의 외국인 지분율이 50%를 넘는 것은 어떤 차이가 있을까에 대해서도 생각해 볼 필요가 있을 것이다.

금융기관이 도산하고, 그 피해가 서민들에게 그대로 이어지는 많은 사례들을 통해서 볼 때, 안정되고 효율적인 금융이 국가 경제에서 차지하는 얼마나 중요한 역할을 차지하는지에 대하여 새삼 깨닫게 되는 것이다. 금융의 정의, 역할, 금융기관과 금융시장의 차이, 통화정책의 역할, 그리고 금융감독의 기능과 같은 주제에 대한 국민들이 올바른 이해가 어느 때보다 요청된다고 하겠다. 이를 위하여, 국민 모두가 금융에 대한 관심을 가지고, 금융당국이 합리적인 금융정책을 추진해 갈 수 있게끔 감독할 수 있어야 할 것으로 보인다.

생각하기

국가경제에서 금융이 차지하는 높은 중요성을 고려할 때 국가 기간 금융기관의 민영화 과정에서 사모펀드 또는 외국계자본에 대한 매각은 금융정책 차원에서 신중하게 접근해야 한다.

SUMMARY

금융은 자본의 수요와 공급을 의미한다. 자본은 미래의 수익을 목적으로 소유하는 부(富)를 의미한다. 자본의 특성은 단순한 화폐와 달리 자본재를 생산하여 우회생산(迂廻生産)을 가능하게 함으로써 생산성의 증가를 가져올 수 있다는 데 있다. 금융은 경제 안에서 크게 세 가지의 기능을 수행한다. 우선, 경제활동의 매개적 기능이다. 두 번째 기능은 보유와 증식의 기능이다. 마지막으로 금융은 산업 활동을 지원한다. 이러한 금융의 기능이 효과적으로 작용하도록 하는 정책을 금융정책이다.

한 국가의 금융정책은 국민의 저축동기를 최대화함으로써 금융자산의 축적이 가능하게 해야 한다. 국민들이 저축하지 않으면, 금융자산도 축적되지 않으며, 따라서 금융도 제 기능을 발휘할 수 없게 되기 때문이다. 둘째는 적정 예대마진의 유지이다. 예금금리는 높을수록 더 많은 저축을 유도할 수 있지만, 반면에 대출금리가 높아지면 기업들은 쉽게 자금을 빌릴 수가 없게 된다. 그러므로 낮은 대출금리를 통해서 기업들의 생산기반 확충을 위한 투자가 이루어지도록 해야 한다. 금융기관은 어떻게 하면 좁은 예대마진에서 적정 이윤을 확보하는가가 중요하다. 또한 금융은 자금대출의 우선순위를 선정하여야 한다.

금융기관이 도산하고, 그 피해가 서민들에게 그대로 이어지는 많은 사례들을 통해서 볼 때, 안정되고 효율적인 금융이 국가 경제에서 차지하는 얼마나 중요한 역할을 차지하는지를 잘 알 수 있다. 글로벌 경제의 새로운 장기적 불황과 같은 '뉴 노멀' 환경 변화 속에서 금융의 정의, 역할, 금융기관과 금융시장의 차이, 통화정책의 역할, 그리고 금융감독의 기능과 같은 주제에 대한 국민들이 올바른 이해가 어느 때보다 요청된다고 하겠다. 이를 위하여, 국민 모두가 금융에 대한 관심을 가지고, 금융당국이 합리적인 금융정책을 추진해 갈 수 있게끔 감독할 수 있어야 할 것으로 보인다.

KEY TERMS

우리은행 민영화	사모펀드	공모펀드
먹튀	화폐의 중립성	고전적 이분법
세이의 법칙	유동성	마샬의 k
금융	우회생산	금융시장
자본시장	금융기관	간접금융
직접금융	유가증권	금융정책
통화정책	예대마진	금융위원회
금융감독원	중앙은행	한국은행
한국조폐공사	재할인정책	공개시장조작
지급준비율정책	최종대부자	준비자산
특수은행	채권	주식

포트폴리오(자산배합)	시장이자율	유통수익률
발행시장	유통시장	통화안정증권
단기금리	장기금리	통화
금융자산	통화지표	통화량
리디노미네이션	협의의 통화(M1)	광의의 통화(M2)
금융기관유동성(Lf)	광의유동성(L)	그레샴의 법칙
화폐수요	유동성선호설	거래적 동기
예비적 동기	투기적 동기	화폐수요함수
본원통화	고성능화폐	법정지불준비금
초과지불준비금	시재금	중앙은행 대차대조표
연방준비제도	신용창출	현금통화율
통화승수	고전적 통화정책	화폐시장의 균형
유동성함정	거품경제	뉴노멀시대
비전통통화정책	기준금리	금융통화위원회
양적완화	신용완화	통화정책의 방향성

QUESTIONS

1. Keynes는 화폐가 실물부분에 영향을 미친다고 했는데, 그 이유는?

2. 금융시장과 자본시장을 구별하시오.

3. 우리나라의 경우 시장이자율의 지표는 무엇으로 사용되는가? 그리고 그 이유는?

4. 이자율, 주가, 부동산 가격의 관계를 단기와 장기 관점에서 설명하시오.

5. '돈은 많을수록 좋으므로, 화폐의 수요는 무한한 것이다'라는 진술에 대하여 옳은지 또는 그른지를 설명하시오.

6. Keynes의 화폐수요에 대하여 간단히 요약하시오.

7. 법정준비율이란 무엇인가? 이를 상승시키면 화폐공급에는 어떤 변화를 가져오는가?

8. 화폐공급을 증가시키면 시중이자율이 내려간다. 이것을 채권수익률 개념을 이용하여 설명하시오.

EXERCISES

1. 액면가 10만 원의 1년 만기 채권의 이자율이 10%인 경우에 대하여 아래 질문들에 답하시오.

   1) 이 채권이 현재 유통시장에서 95,000원에 거래되고 있다면 수익률은 얼마인가?
   2) 만약에 이 채권의 가격이 90,000원으로 낮아진다면, 채권의 수익률은 얼마가 되는가?
   3) 채권의 가격과 수익률은 어떤 관계를 가지는가? 이유는?

2. 시재금이나 초과지불준비금이 없다는 가정하에서 본원통화 3,000억 원이 발행되었고 법정지불준비율이 15%이면, 총예금창조액은 얼마가 되는가?

3. 1930년대 미국경제의 유동성 함정과 최근 일본경제의 유동성 함정에 대한 차이점을 인터넷 검색을 통해 요약해 보시오.

4. 한국은행 홈페이지를 이용하여 최근 정책금리 변동추이를 파악해 보고, 정책금리의 변동이유를 기술해 보시오.

C·H·A·P·T·E·R

10

글로벌 경제는 기회인가? 글로벌 무역과 금융

토의주제

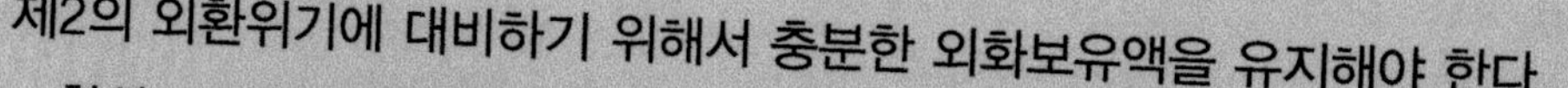

제2의 외환위기에 대비하기 위해서 충분한 외화보유액을 유지해야 한다.

- 찬성: 글로벌 금융 불안정성의 심화에 대비하기 위해서 확보가 필요하다.
- 반대: 외환보유액의 높은 유지 비용과 비효율성을 동시에 감안해야 한다.

한국은행은 우리나라의 '외채' 규모가 약 4,300억 달러 수준인 것으로 나타났다고 밝혔다(2014년 9월 말 현재).[1] 1997년 외환위기로 우리나라의 외채, 특히 단기외채(만기일이 1년 미만) 관리의 중요성이 높게 인식되고 있다. 그렇다면 '외채'란 정확하게 무엇을 의미하나? 본 장에서는 '외채'의 의미를 포함하여, 더욱 밀접하게 연관되고 있는 글로벌 경제가 국가 경제에 가져오고 있는 새로운 변화와 의미에 대하여 생각해 본다.

■ 2012년 말 완공된 WTO의 새 건물. 옆에는 원래 ILO(International Labor Organization) 본부였다가 1975년에 GATT 본부가 된 Centre William Rappard(CWR: 스위스 외교관, 1883~1958) 건물이 있다. CWR은 현재 Montessori School이 들어와 있다

오늘날 세계는 글로벌 무역과 금융으로 하나의 경제시스템이 되어 가고 있다. 1995년 세계무역기구(WTO)의 출범 당시 128개국이었던 회원국은 라오스(Lao People's Democratic Republic, 2013년 2월), 타지기스탄(Tajikistan, 2013년 3월), 세이셸(Seychelles, 아프리카 동부 인도양의 섬나라, 2015년 4월), 카자흐스탄(Kazakhstan, 2015년 11월), 라이베리아(Liberia, 2016년 7월), 아프가니스탄(Afghanistan, 2016년 7월)의 가입으로 164개국(2019년 1월 기준)으로 늘어났다. 전 세계 교역량의 97%를 담당하고 있다.[2] 이제는 WTO의 규범을 준수하지 않고서는 세계 어느 나라와도 교역이 어려운 것이 현실이다. 우리나라는 2004년 4월 칠레와의 FTA 협정 발효를 시작으로 싱가포르, EFTA, 아세안, 인도, EU, 페루 그리고 2012년 5월 미국과의 FTA 협정 발효로 총 8개 국가 내지는 지역경제권들과의 FTA를 시행하고 있고(2015년 1월 기준; 2014년 11월 한-중 FTA 협정 타결로 본 협정이 발효되면 9개 국가 또는 지역이 됨), 캐나다, 한-중-일 FTA 등 다수의 FTA 협상을 진행하고 있다.[3] 이외에도 미국이 주도하는 이른바 '메가 FTA'로 불리는 '환태평양경제동반자협정'(Trans-Pacific Partnership, TPP) 논의도 가속도가 붙고 있다.

금융부문에서도 지난 20여 년 간 글로벌 금융시장에서의 국경을 초월한 초국적 자본의 이동이 세계경제 성장에 크게 기여하였으나 2008년의 글로벌 금융위기 이후 글로벌 금융시

1 한국은행, 보도자료『2014년 9월말 국제투자대조표(잠정)』, 2014년 11월 20일.

2 WTO, *Annual Report 2014*, 2014, p. 22. Seychelles 가입을 추가로 설명하였음.

3 외교부, http://www.mofa.go.kr/ENG/policy/fta/status/overview/index.jsp?menu=m_20_80_10 (검색일: 2015년 1월 25일).

조선일보 제28830호

기획

日 참가에 자극받은 韓國 '메가 FTA' 참여로 선회

(초대형 다자간 자유무역협정)

美·日과는 TPP, 中과는 FTA… 안보·경제 균형 맞추기

FTA경쟁서 뒤처졌던 日, 단숨에 한국 따라잡게 돼

美 주도 TPP에 거부감 갖던 中도 참여 가능성 시사

박근혜 정부 출범후 변수 생기며 무역정책 대폭 수정

日 지각 승차로 한국도 막차 탈 기회

9~10월 참여 선언하면 내년초 합류

TPP, 모든 상품 관세철폐 목표… 한국 농수축산물 추가 개방 불가피

장의 불안정성 또한 높아져 이에 대한 감독의 강화와 글로벌 금융의 새로운 변화에 대한 논의가 진행되고 있다. 이러한 현상들은 세계 경제가 이제 교역과 금융을 통하여 서로 밀접하게 연계되는 하나의 '글로벌 경제'가 되었음을 의미한다.

앞의 금융부문과 관련된 장에서도 논의가 되었듯이, 이제 외국인들의 국내 경제활동은 다양한 부문에서 크게 늘어나고 있다. 외국 기업들이 국내에 공장을 건설하고 생산활동을 함으로써 국내 소득과 고용 창출에 기여하고 있고, 외국인들이 국내 금융시장 금융자산을 소유하고 거래하는 규모가 내국인을 초과하는 현상도 나타나고 있다. 이러한 외국인의 국내 경제활동에 미치는 영향의 증가는 긍정적인 측면과 부정적인 측면을 동시에 가지고 있는 것으로 판단된다.

예를 들어, 우리나라 금융자산을 소유한 외국 자본의 비중이 높아지는 것은 우리나라 경제에 어떤 의미를 가질까? 외국 자본의 국내 유입은 기업에 대한 투자의 증가를 가져와 생산성 향상에 기여할 수 있으나, 국내외 경제 요인에 의한 외국 자본의 일시적인 유입과 유출은 주식시장의 급등락과 원화의 급속한 환율 변화 등 국내 경제에 심각한 부작용을 가져올 수 있다. 더 나아가 우리나라 금융시스템의 붕괴로도 이어질 수 있기 때문에 외국 자본의 급속한 유출입을 완화할 수 있는 방안이 마련되어야 할 것이다. 이를 위하여 한국은행을 포함하여 금융당국은 '선물환 포지션 한도제도', '외환건전성 부담금' 등의 제도를 통하여 외국자본 유출입의 양과 속도를 우리 경제 상황에 맞게 조절하기 위하여 노력하고 있다. 그러나 이러한 제도가 작동한다고 하여도 위기를 완전히 예방할 수는 없기 때문에 외환보유고를 적정 수준으로 관리하고 다른 나라와의 통화스왑 등 국제공조도 강화할 필요가 있을 것이다(비디오 QR-코드 10-1 참조).

그러나 무엇보다 중요한 것은 외국자본의 역할에 대한 국민들의 올바른 인식일 것이다. 외국 자본이 지나치게 단기적인 수익에 초점을 맞추고 있을 때, 이를 감시하고 외국 자본의 긍정적인 기능이 극대화될 수 있게끔 국민적 합의가 작용해야 하기 때문이다. 이를 위해서는 글로벌 경제 시스템과 글로벌 경제가 국가 경제에 미치는 영향과 상호관계에 관하여 이해하는 것이 중요하다.

2008년의 미국 발(發) 서브프라임 모기지 사태의 확산은 세계경제환경의 급격한 변화를 이해하는 것이 얼마나 중요한 것인지를 일깨워 주었다. 이러한 국제적 변화를 한마디로 나타내는 표현이 '글로벌경제'이다. 글로벌경제는 경제활동이 국가를 초월하여 범지구적 시스템과 네트워크 안에서 작용하게 되는 것을 의미한다. 글로벌경제 안에서 국가의 경계는 낮아지고 세계경제는 공유된 원칙하에서 긴밀하게 움직인다. 이러한 빠른 변화에 적응하여 생존하고 발전하기 위해서는 각국은 사회적 대응을 해야 한다. 예를 들면 국제금융의 발달, 초국적기업의 활동, 그리고 정보통신 네트워크의 확산 등에 의해 촉진된 글로벌경제화는 세계경제를 하나의 거대시장으로 만들었으며, 이로 인한 새로운 문제들이 발생하고 있다. 따라서 향후 세계경제 체제는 모든 국가들에게 무차별적으로 획일적인 원칙을 강요하는 데 따른 위험성을 방지하고, 각국에 적합한 다양한 가치관과 경제운용 이념을 존중하는 것이 되어야 한다는 지적이 제기되고 있다. 우리나라가 새로운 세계경제 질서의 변화에 대응하기 위해서는 우리 실정에 맞는 대내외 경제정책의 운용이념을 확립할 필요가 있다.

본 장에서는 이러한 글로벌경제에 대하여 살펴본다. 특히, 글로벌경제의 특징, 문제점, 그리고 글로벌경제의 관리방식에 대하여 설명하고 있다. 글로벌경제는 크게 무역과 금융으로 구성되어 있는데, 글로벌 무역시스템 안에서 국가간 재화와 서비스의 교역을 설명하는 국제무역의 이론들을 살펴본다. 특히, 자유무역이 가져오는 혜택과 함께 현실적으로 무역의 관리가 존재하는 이유에 대하여 설명한다. 아울러 국제금융의 기능과 역할에 대해서 살펴보고, 이를 수행하기 위한 국제수지, 외환시장의 기능, 그리고 환율의 결정과정 등에 대하여 설명한다. 마지막으로 글로벌경제가 당면하고 있는 문제점들과 글로벌경제에 대응하기 위한 대내외 경제정책의 방향에 대하여 살펴본다.

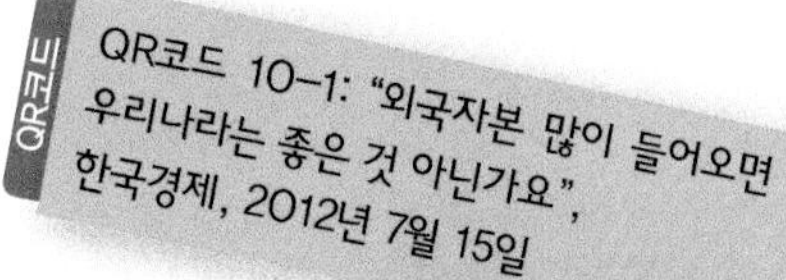

외국 자본과 외채는 어떤 관계?

'외채'는 '외국에서 빌린 돈'을 말하는 것은 아니다

'외채'란 한 나라가 다른 나라로부터 지고 있는 빚을 의미하겠지만, 개인과는 달리 나라와 나라 사이에는 다양한 형태의 채무 관계가 존재한다. 한 국가가 국외의 금융자산을 보유하고 있는 규모를 '대외투자'라고 부르고, 반대로 외국인이 해당 국가에 보유하고 있는 금융자산을 '외국인투자'라고 부른다. 한국은행에 따르면 2018년 3월말 현재 우리나라의 대외투자는 1조 495억 달러이며, 외국인투자는 1조 219억 달러로 순국제투자 잔액이 2,765억 달러라고 발표하였다.[4] 이는 우리나라가 관련 통계편제 이후 처음으로 국외에 보유하고 있는 총 자산의 규모가 외국인이 국내에 보유한 총 자산을 초과하였다고 한다. 대외투자와 외국인투자 총액에서 직접투자 중의 지분투자,[5] 증권투자 중의 지분증권[6] 그리고 파생금융상품 등 만기가 정해져 있지 않거나(지분투자와 지분증권의 경우) 또는 가격 변동에 따라 가치가 크게 변동할 수 있는 자산(파생금융상품)을 제외한 확정 대외 금융자산 및 부채를 각각 대외채권과 대외채무라고 부른다. 즉,

대외투자 = 대외채권 − (직접투자 중 지분투자 + 증권투자 중 지분증권 + 파생금융상품)
대외채무 = 외국인투자 − (직접투자 중 지분투자 + 증권투자 중 지분증권 + 파생금융상품)

우리가 흔히 말하는 '외채'라는 것은 위 식에서 '대외채무'와 같은 의미이다. 다시 말해서, 외국인이 가지고 있는 우리나라의 금융자산 중에서 만기일이 없고 가격이 확정되지 않는 지분 관련 주식을 제외한 금융자산 보유분을 '대외채무'라고 부르고, 이를 일반적인 표현으로 우리나라의 '외채'라고 하는 것이다. 그러니까, '외채'가 언뜻 생각하듯이 우리나라가 외국으로부터 돈을 빌린 것과는 조금 다른 개념이다. 실제로 돈을 빌렸다기보다는 외국인이 국내에서 금융자산을 획득하는 행위의 결과로 외국인의 국내 금융자산 보유가 발생할 때, 이를 외채라고 부르는 것이다.

---

4 한국은행, 보도자료, "2014년 9월말 국제투자대조표(잠정)", 2014년 11월 20일.

5 외국에 있는 기업에 대한 경영 통제 또는 상당한 영향력을 행사하기 위한 목적으로 행해지는 투자(지분, 계열기업간 대출·차입 등)로서 투자자가 투자기업의 의결권을 10% 이상 보유하는 경우에는 직접투자로 간주한다. 직접투자 중 계열기업간 대출·차입 등을 제외한 부분을 지분투자라고 한다(한국은행, 『우리나라 국제투자대조표의 이해』, 2014년 11월; 이 밖에도 다수의 유용한 경제통계 해설책자가 한국은행 홈페이지 〉 ECOS 〉 통계연구/간행물 〉 주요 경제통계해설책자에 pdf 화일로 제공되고 있다).

6 증권투자는 외국과의 주식, 채권(국채, 회사채 등) 거래를 의미하며 직접투자와 준비자산은 제외한다. 증권투자 중에서 지분을 가지는 주식을 지분증권이라고 한다.

▲ 표 10-1 **우리나라의 '외채'**

(단위: 10억 달러)

	2016말	2017.9말p	2017말p	2018.3말p
A. 대외금융자산	1,244.5	1,396.6	1,453.7	1,495.3
1. 직접투자	310.2	347.8	355.8	366.4
(지분투자)	261.8	291.5	298.2	309.1
2. 증권투자	303.0	391.0	420.7	445.5
(지분증권)	176.9	228.1	250.2	264.4
(부채성증권)	126.1	162.9	170.4	181.1
3. 파생금융상품	22.2	18.7	26.3	23.5
4. 기타투자	237.9	254.3	261.7	263.2
5. 준비자산[1]	371.1	384.7	389.3	396.8
〈대외채권〉	780.8	855.2	875.5	894.7
단 기	533.4	562.0	571.2	580.5
장 기	247.5	293.2	304.3	314.2
B. 대외금융부채	966.6	1,128.7	1,205.4	1,218.8
1. 직접투자	188.9	211.3	230.6	235.4
(지분투자)	164.5	181.9	198.4	202.1
2. 증권투자	573.6	714.9	775.0	778.3
(지분증권)	385.1	512.7	565.3	558.5
(부채성증권)	188.5	202.2	209.6	219.8
3. 파생금융상품	32.8	23.6	22.9	24.4
4. 기타투자	171.3	178.9	177.0	180.8
〈대외채무〉	384.1	410.5	418.8	433.9
단 기	104.7	118.9	115.9	120.5
장 기	279.4	291.6	302.9	313.4
C. 순대외금융자산(A−B)	277.9	267.9	248.3	276.5
〈순대외채권〉	396.7	444.7	456.7	460.8

주: 1) 외환보유액총액을 계상
출처: 한국은행, 보도자료, "2018년 3월말 국제투자대조표(잠정)", 2018년 5월 30일.

2018년 3월말 현재 우리나라의 외채는 4,339억 달러이다. 같은 의미에서 대외채권이 8,947억 달러이므로, 우리나라의 순대외채권은 4,608억 달러라는 것이다. 즉, 우리나라는 2018년 3월말 현재 외채보다 대외채권이 더 많다는 것이다.

한국은행에 따르면, 이와 같이 우리나라의 대외 자산 보유액이 증가하는 이유는 여러 가지가 있는데, 첫째는 글로벌 금융위기 이후 큰 폭의 경상수지 흑자를 지속했다는 점이다. 본 장에서 자세히 설명되지만, 경상수지 흑자는 기업, 금융회사, 중앙은행이 재화나 용역 수출 또는 투자를 통하여 얻은 이익이며 국외 금융자산 매입 또는 대출 등으로 활용

될 수 있기 때문에 대외 자산이 그만큼 증가했다는 것이다. 둘째로는 우리나라의 대외 직접투자가 외국인의 국내 직접투자를 초과했기 때문이며, 셋째, 저금리 및 경제성장률 둔화로 국내 투자수익률이 낮아지면서 국내 거주자의 해외증권투자가 확대되었고, 마지막으로 2011년 3분기 이후 국내 주가와 원화가격 상승세의 둔화에 따라 외국인 투자의 평가가치의 증가폭이 상대적으로 크지 않았다는 설명이다. 또한 한국은행에 따르면, 경상수지 흑자가 순대외자산 증가 요인으로 작용하고 (우리나라의) 금융발달 등 선진국 진입은 순대외부채 증가요인으로 작용하는데 우리나라는 아직까지 선진국 진입 움직임에 따른 순대외부채 압력보다는 경상수지 흑자에 따른 순대외자산 압력이 강한 것으로 판단되므로 우리나라가 순대외자산 국가의 지위를 가지게 될 것으로 전망하였다.[7] 한마디로 말하면, 우리나라의 대외채무가 늘어나지만, 대외자산은 그보다는 적게 증가하기 때문에 우리나라가 외국에 보유한 자산이 외국인이 국내에 보유한 자산보다 많아질 것이라는 설명이다.

한국은행의 이러한 설명은 언뜻 보기에는 우리나라의 외채가 많아지고는 있지만, 대외자산도 따라서 증가하고 있기 때문에 외채문제는 그다지 심각하지 않다는 생각을 갖게 할 수 있다. 물론 외채 중에서도 갚아야 할 기간에 따라 단기외채(1년 미만의 만기)와 장기외채를 구분하여야 하고, 우리나라의 단기외채 비중이 2012년말의 31.3%에서 2018년의 27.8%로 감소하고는 있다고 하지만 국내 기업과 금융기관들에 대한 외국자본의 과도한 비중에 대해서는 보다 신중한 논의가 필요할 것으로 보인다.

적정 외환보유액은?

또한 우리나라의 대외투자 항목 중에서 '외환보유액'을 의미하는 '준비자산'의 적정 수준에 대한 논쟁도 뜨겁다. 2014년말 현재, 우리나라의 외환보유액은 3,644억 달러 규모로 세계 5~6위에 해당된다고 한다. 그러나 우리나라가 변동 환율제도를 가지고 있기 때문에 환율을 유지하기 위한 외환보유액이 과도하게 요구되지 않으며, 1997년의 외환위기 때와 비교하여 단기외채 비중이 낮고, 외환보유액의 운용 수익이 낮기 때문에 지나치게 높은 외환보유액은 높은 비용을 감수해야 한다는 주장이 있다.[8]

그렇다면 과연 우리나라의 적정 외환보유액은 어느 수준인가? 적정 외환보유액의 규모와 외국자본의 비중 등은 각국이 처해 있는 경제적 여건과 환경에 따라 다를 수 있다. 우리나라와 같이 자원이 빈약한 국가의 경우에는 국외로부터 필수적인 자원을 확보하기

7 ChosunBiz, "한은 1~2년 내 韓 대외자산, 대외부채보다 많아진다", 2014년 7월 14일.

8 이인형, "외환보유액, 다다익선이 최선은 아니다" *WeeklyBiz* (Chosun.com), 2009년 8월 22일.

위하여 자원이 풍부한 국가에 비하여 충분한 외환보유액을 유지할 필요가 있다. 또한 금융시장의 발달이 미비한 경우에는 외국자본의 유출입에 의해서 국내 금융시장의 변동성이 높아질 수 있다. 따라서 외국자본의 적정 수준 유지가 중요한 관건이 될 수 있다.

지난 20여 년간 세계경제의 글로벌화의 진전에 따라 우리나라 경제가 글로벌 무역시스템과 금융시스템에 더욱 긴밀하게 연계되는 현상이 나타나고 있다. 적정 외환보유액의 규모와 외국자본의 비중 등도 이러한 글로벌 경제화의 진전 속에서 새로운 의미로 우리에게 다가오고 있는 것이다.

'글로벌경제'는 '세계경제'와는 다른가?

'글로벌경제'의 의미는?

오늘날 세계경제의 변화를 가장 잘 나타내는 표현이 '글로벌경제'(the global economy)라고 했는데, 이것의 정확한 의미는 무엇인가? 지금까시 사용되어 온 '국제경제'(the international economy) 그리고 '세계경제'(the world economy)라는 표현과 어떻게 다른가? 이 질문은 오늘날의 국제경제의 변화를 이해하는 데 도움을 준다.

우선, 국제경제란 두 개 이상의 국가 간에 이루어지는 경제활동을 의미한다. 예를 들면, 두 국가간의 수출과 수입은 국제경제 활동이다. 국제경제 활동은 국가가 처음 출현했을 때인 고대시대부터 이미 존재했다. 한편, 세계경제라는 표현은 국가 간 경제 활동이 활발해져 더 많은 국가들의 경제활동을 의미한다. 일부 학자들은 19세기 후반에 세계경제라는 개념이 확립되었다고 한다. 특히 제1, 2차 세계대전을 겪으면서, 전 세계적인 차원의 경제회복이 요청되면서 세계경제의 개념이 더욱 중요해졌다. 이러한 관점에서 볼 때 세계경제라는 용어는 범지구적인 경제활동을 대상으로 하는 개념이다. 하지만 세계경제라는 표현 속에는 아직 개별 '국가'의 의미가 중요하다.

이와 달리, 글로벌경제라는 개념은 경제활동이 세계적으로 확장될 뿐만 아니라 국가의 개념을 초월하여 범지구적 시스템과 네트워크가 형성되는 것을 말한다. 쉽게 말해서, 국가의 개념이 약해지고 전 세계가 하나의 원칙 안에서 긴밀하게 작용하는 현상을 지칭하는 것이다. 이러한 의미에서 글로벌경제는 공유된 원칙 안에서 진행되는 세계경제 활동현상이라고 정의할 수 있다. 즉, 글로벌경제라는 표현은 세계경제 전체를 하나의 단위로 바라보는 시각이다.

세계무역기구(WTO), 국제통화기금(IMF), 또는 국제결제은행(BIS)[9] 등은 글로벌경제 하에서 공유된 원칙을 제공한다. 1990년대에 들어와 급속하게 진행된 국제금융의 발달, 다국적기업과 초국적기업[10]의 활발한 활동, 그리고 정보통신 네트워크의 확산 등에 의해 촉진된 글로벌경제화는 세계경제를 하나의 거대 시장으로 만들고 있다. 그리고 세계 각국은 점점 더 이러한 원칙을 준수하지 않을 수 없게 되었다.

이와 같이, 국제경제, 세계경제 그리고 글로벌경제라는 표현들은 비슷하게 사용되지만 엄밀하게 말하면 차이가 있다. 추상적으로 표현하면, 이 세 가지 개념들은 국가 간 경제활동이 각각 선(線)으로, 면(面)으로, 그리고 공간(空間)으로 확대되는 것을 의미한다고 할 수 있다.

ECONOMIC EYES
경제의 눈

'세계화'는 잘못된 표현?

1990년대 초반 문민정부가 들어서면서 자주 사용되기 시작한 용어들 중에 '국제화', '개방화' 그리고 '세계화'라는 용어들은 명확한 개념 정의 없이 혼동되어 사용된 점이 없지 않다. 이 용어들의 정확한 개념은 무엇인가.

우선, 국제화라는 것은 한 나라 또는 국민들이 자신들이 유지해 온 관행을 탈피하여 더욱 바람직한 국제 관행을 받아들이고, 국제규범에 맞도록 국내 규범을 변화시켜가는 것이라고 할 수 있다. 예를 들어, 정부의 경제에 대한 불필요한 규제가 심했던 나라가 규제를 철폐하거나, 경제운영 방식을 한층 더 시장경제 쪽으로 향해가는 경우라든지, 불공정거래의 관행 등을 국제 규범에 맞도록 개선하는

9 세계무역기구는 the World Trade Organization(WTO), 국제통화기금은 the International Monetary Fund(IMF), 그리고 국제결제은행은 the Bank for International Settlement(BIS)을 의미한다.

10 다국적기업(multinational corporations)이 두 개 이상의 국가에서 기업 활동을 하면서 본국(home-country)의 개념이 존재하는 개념인 데 반하여, 초국적기업(transnational corporations)은 기업 활동이 지사(branches), 관계회사(affiliates), 종속회사(subsidiaries), 부품공급자 네트워크, 배급자, 마케팅 부서 및 그 밖의 기업의 모든 기능과 고객 등이 전 세계에 파급되어 있어서 본국의 개념이 모호해 지는 경우를 말한다. Phillips, GM 그리고 Ford와 같은 회사들이 초국적기업의 대표적인 예이다.

경우가 이에 해당될 수 있다. 즉, 국제적인 질서와 규칙을 받아들여 기존의 관행을 그것에 맞추어 나가는 과정이 국제화이다. 따라서 국제화란 다분히 자율적인 선택이며, 고유의 바람직한 전통을 상실하는 것은 아니다.

개방화란 문자 그대로 안으로부터의 요구나 바깥으로부터의 압력에 의하여 그동안 금지되었던 것을 풀어준다는 의미이다. 따라서 앞에서 설명한 국제화가 능동적인 의미를 갖는 용어인 것과는 달리 개방화는 피동적 의미의 용어이다. 따라서 한국 사회가 지향하는 목표를 나타내는 표현으로서는 적절하지 못하다. 개방화의 진전은 분명한 추세이지만, 국가의 목표로 개방화를 추진한다는 것은 맞지 않는다. 개방화는 수입개방, 자본시장개방 등에 사용되는 것이 적절하다.

한편, 세계화라는 표현은 많은 문제점을 안고 있는 용어인 것 같다. 이 표현은 영어 표현의 '글로벌리제이션'(globalization)에서 유래한 것으로 보이지만, 한국 사회에서 이 용어가 갖는 의미는 '세계적 수준을 가진다'라는 의미인 듯하다. 1990년대 초반 문민정부에 의해 사용된 이 표현은 정치, 경제, 사회 및 문화 모든 면에서 '세계 수준'이 되자는 구호가 되었다. 당시 지방의 행정관서에 가면 흔히 눈에 띄는 구호가 '행정의 세계화'였다. '행정의 세계화'는 '행정업무의 세계적 수준을 달성하자'는 정도의 의미일 것이다(건설현장에서도 비슷한 표현이 사용되고 있다(사진 참조): 견실시공과 세계화가 대체 무슨 관련이 있을까?).

■ 고려사이버대학교 김중순 총장

그러나 원래 영어 표현 글로벌리제이션은 전 세계를 하나의 단위로 생각하는 세계관을 나타내는 용어로서, 지구 차원의 생태계의 보존, 환경문제, 빈곤문제 등 범지구적인 문제의 중요성을 강조하기 위한 필요성에서 사용되고 있다. 따라서 굳이 한국말로 번역한다면 '지구촌화'라는 표현이 더욱 적절할 것이다.

현재 우리 사회에 필요한 것은 국제화이다. IMF관리체제는 어떻게 보면, 우리가 바람직하지 못한 우리의 관습들을 답습한 채, 새로운 국제적 질서와 규범을 수용하지 못한 데서 비롯된 것인지도 모른다. 기본적인 사회적 질서를 포함하여, 정치, 경제 및 기업경영의 질서가 투명하고, 공정하고, 합리적이지 못했기 때문에 경제발전의 신기루가 하루아침에 무너져버린 것이 아닌가. 그렇다면, 우리가 어려움을 극복해 가는 작업은 새로운 자신의 모습을 받아들이는 용기와 지혜에서 시작되어야 할 것이다. 변한다는 것, 그것이 국제화의 참뜻인지도 모른다.

자료: 김중순, "국제화란 말의 참뜻," 「동아일보」, 1994년 1월 22일.

글로벌경제의 특징

글로벌경제의 특징은 세 가지로 요약할 수 있다. 첫째, 글로벌경제는 범국가적인 무역시스템과 금융시스템 안에서 작용한다. WTO와 IMF는 각각 대표적인 무역시스템과 금융시스템이며, 각국의 경제활동은 이들 시스템이 만드는 원칙 안에서 움직이고 있다. 세계경제의 연계성이 높아지면서, 대부분의 국가들은 이 원칙을 받아들이고 있다.

글로벌경제의 두 번째 중요한 특징은 초국적기업들(transnational corporations)에 의해 형성된 네트워크이다. 현재 지구상에는 3개국 이상에 걸쳐서 활동하는 약 4만 개 정도의 초국적 기업이 있다. 이 초국적 기업들은 전 세계 무역의 3분의 2를 차지하며, 각국의 각종 규제와 장벽을 철폐시키고 있다. 이들이 만들어 내는 소위 '세계상품'(world products)은 각 사회 고유의 생활이나 문화를 바꾸어 놓고 있다.

세 번째 특징은 국경을 초월하여 활동하는 세계 금융자본의 존재이다. 이 세계 금융자본은 전자통신망을 통하여 수익이 높은 곳이면 어디든지 과감하게 투자했다가 수익이 떨어질 것으로 예상되면, 즉각적으로 이탈하여 각국에 막강한 영향력을 행사한다. 이 세계 금융자본은 각국 정치가들조차 서로 손을 잡으려고 애쓸 정도의 위력을 과시하고 있다

(외환위기 직후인 1998년 1월 한국을 방문한 당시 투기자금 운용회사 Quantum의 조지 소로스가 김대중 대통령 사저로 초대받았다).

마지막 특징은, 오늘날 세계경제는 과거 그 어느 때보다 더욱 긴밀하게 연결되어 상호 영향을 주고 있다는 점이다. 미국 발 서브프라임 모기지 위기로 촉발된 미국 경제의 침체가 전 세계 경제의 침체를 가져오고, 각국의 금융시장들도 동시적인 불안정을 나타냈다. 이러한 연계성의 증대는 세계경제의 불안정을 더욱 심화시키는 결과를 가져오고 있다. 또한 인도, 중국 등 신흥국들의 에너지 부족 현상은 새로운 에너지원의 개발을 촉진하여, 다양한 신·재생에너지들이 사용되고 있다. 그러나 많은 나라들의 바이오에너지 정책의 추진은 전 세계적으로 곡물가격을 인

ECONOMIC EYES
경제의 눈

초국적지수(TNI)란?

유엔무역개발위원회(UNCTAD)는 매년 World Investment Report(WIR)와 함께 세계 글로벌기업의 초국적지수(Transnationality Index)를 발표한다. 2012년 현재 TNI가 가장 높은 기업은 스위스계 Nestlé로 97.1을 나타냈고, 네덜란드계의 필립스가 88.0로 11위, 일본의 도요타와 소니도 각각 54.7과 52.3으로 77위와 80위를 나타내고 있다. 우리나라는 100대 초국적기업에 포함되는 기업은 없다.

TNI는 전체 자산 중 국외자산 비중, 전체 판매액 중 국외 판매액 비중, 그리고 전체 고용 중 국외 고용의 비중의 평균으로 계산된다. TNI는 기업의 국경을 초월한 경영활동의 척도로 인식되고 있는 가운데, 세계 100대 초국적 기업들이 보유하고 있는 국외자산과 판매액 규모는 각각 7조 달러와 5조 달러를 넘어서고 있는데, 2000년대 초의 각각 2조 달러 규모였던 것을 감안할 때, 초국적화가 빠르게 진전되고 있는 것으로 보인다. 같은 기간 국외 고용도 6백만명 수준에서 9백만명 수준으로 늘어났다.

기업의 국제활동은 일반적으로 세 단계로 발전한다. 첫 번째 단계는 국제기업(international corporations)이며, 이는 기업이 원자재나 상품을 수입 또는 수출하는 초기 단계를 말한다. 두 번째 단계로 기업의 국제 활동이 발전하면, 기업은 외국의 소비자 또는 원자재 시장에 더욱 가까이 근접할 필요성이 커지게 되고, 또 같은 상품을 생산하는 다른 국가의 생산자와의 연계도 중요해 지기 때문에 외국에 지사를 설립하고 생산 공장을 세우게 된다. 이러한 단계의 기업들을 다국적기업(multinational corporations)이라고 부른다. 마지막 단계로서, 다국적기업의 국외 활동이 외국의 지사, 자회사, 공급자 네트워크, 소비자, 배급회사, 그리고 마케팅 전문회사 등 기업과 관련된 많은 활동들로 확산되면, 전통적인 개념에서의 '본국'(home country)의 개념이 약화되게 된다. Koninklijke Philips Electronics N.V.(네덜란드계의 건강, 소비자 라이프스타일 및 조명기기 회사)와 Anheuser-Busch InBev(벨기에-브라질-미국 음료 회사) 같은 회사들이 그 대표적인 예이다.

이들 초국적기업(transnational corportations)들은 상품의 개발, 디자인, 공정, 자금조달 그리고 조세 분야 등에서 각각 전문화된 국외기지를 활성화하고 있기 때문에 대부분의 경우 어느 국가의 기업인가가 분명하지 않게 된다. 전 세계의 초국적기업의 수는 8만개를 넘고, 자회사의 수도 백만개에 달하는 것으로 알려지고 있다. 이들 초국적기업들은 전 세계 부(富)의 3분의 2를 차지하고, 각국의 각종 규제와 장벽들을 철폐시키고 있다. 이들이 생산하는 소위 '세계상품'(world products)은 각국에서 고유의 생활과 문화유형을 바꿔 놓기까지 하고 있다. 최근 베트남에서 전통간장을 고품질로 생산하는 데 성공한 초국적기업 유니레버(Unilever)는 외국기업이 아닌 베트남기업으로 인식되고 있다. 향후 초국적기업들의 영향력이 더욱 늘어날 것으로 보인다.

상시켜, 농업유발형 인플레이션을 뜻하는 '애그플레이션'(agflation, agriculture + inflation의 합성어)을 초래한다는 지적도 제기되고 있다.

▲ 표 10-2 **세계 20대 초국적기업(2012년 현재) TNI**

순위	기업명	모(母)경제(Home economy)	분야	TNI(%)
1	NestléSA	Switzerland	Food, beverages and tobacco	97.1
2	Anglo American plc	United Kingdom	Mining & quarrying	94.2
3	Xstrata PLC	Switzerland	Mining & quarrying	93.7
4	Anheuser-Busch InBev NV	Belgium	Food, beverages and tobacco	92.8
5	ABB Ltd.	Switzerland	Engineerig services	91.9
6	ArcelorMittal	Luxembourg	Metal and metal products	91.1
7	Linde AG	Germany	Chemicals	90.7
8	Vodafone Group Plc	United Kingdom	Telecommunications	90.4
9	Schneider Electric SA	France	Electricity, gas and water	90.1
10	WPP PLC	United Kingdom	Business services	88.1
11	Koninklijke Philips Electronics NV	Netherlands	Electrical & electronic equipment	88.0
12	Barrick Gold Corporation	Canada	Gold mining	87.9
13	SABMiller PLC	United Kingdom	Food, beverages and tobacco	87.6
14	AstraZeneca PLC	United Kingdom	Pharmaceuticals	87.2
15	Pernod-Ricard SA	France	Food, beverages and tobacco	87.1
16	Unilever PLC	United Kingdom	Diversified	87.1
17	Liberty Global Inc	United States	Telecommunications	85.8
18	Teva Pharmaceutical Industries Limited	Israel	Pharmaceuticals	84.9
19	BG Group plc	United Kingdom	Electricity, gas and water	84.7
20	Hon Hai Precision Industries	Taiwan Province of China	Electrical & electronic equipment	84.3

주: 국외 자산 규모 기준; TNI는 전체 자산 중 국외자산 비중, 전체 판매액 중 국외 판매액 비중, 그리고 전체 고용 중 국외 고용의 비중의 평균으로 계산됨.

자료: UNCTAD, The world's top 100 non-financial TNCs, ranked by foreign assets.

글로벌경제의 새로운 문제들

이러한 환경의 변화로 도래할 새로운 글로벌경제 체제는 다양한 문제들을 포괄적으로 수용할 수 있어야 한다. 이러한 새로운 경제체제를 만들기 위해서 해결해야 할 문제점은 다음과 같다.

외환리저브의 한계

글로벌화가 진전되면서 각국의 외환보유고 또는 외환리저브(foreign exchanges)의 성격과 수준이 안정적인 세계경제를 유지해 나가는 데 적절한가라는 문제가 제기되고 있다. 미국달러가 국제 거래에서 가장 빈번하게 사용되기 때문에 대부분의 국가들은 외환보유고의 상당 부분을 미국달러로 보유하고 있다.

국제거래를 위한 별도의 화폐 대신 미국달러가 기축화폐로 사용되면, 각국은 미국달러를 외환리저브로 축적하므로 미국의 국제수지 적자는 불가피해 진다. 따라서 글로벌경제의 규모가 증가하면, 미국이 국제수지 적자를 더욱 늘리지 않는 한, 세계경제가 필요로 하는 외환의 지속적 공급이 불가능해진다.

과거 수 년 간 미국은 수입을 확대하고 외국 자산을 대규모로 매입하고 그 대가로 달러를 지불함으로써 세계 각국이 외환리저브를 충당하는 데 별 문제가 없었다. 그러나 미국 국제수지 적자의 확대는 미국 경제가 호경기일 때는 큰 문제가 없으나, 미국 경제가 침체되면 국외로부터 수입을 계속할 수 없으므로 세계의 달러 공급이 차질을 빚게 된다. 이러한 이유에서 이미 많은 국가들이 유로(Euro)나 일본의 엔화 및 증권 등을 보유함으로써 자산배합의 다양성(diversity)을 높여가고 있다. 그리하여 진정한 의미의 '국제화폐'(international currency)를 개발하는 방안이 논의되고 있다. 이러한 변화가 가속화되는 경우, 달러 중심의 국제통화제도에도 많은 변화가 올 것으로 예상된다.

환율의 불안정

1970년대에 들어와 세계경제가 고정환율제도를 버리고 변동환율제도로 이행하였다. 그 이유는 유연한 변동환율제도가 각국의 국제수지 균형을 상대적으로 용이하게 해결할 수 있으리라고 믿었기 때문이었다. 즉, 자유로운 환율의 변동은 각국 상품의 국제시장 가격을 변화시킴으로써 국제수지의 불균형을 자동적으로 해결할 수 있을 것으로 기대했다.

그러나 최근에 이러한 생각이 틀렸다는 것이 밝혀졌다. 그 이유는 한 국가의 국제수지가 상품의 거래보다는 자본거래에 의해서 좌우되기 때문이다. 금융자산의 거래를 취급하는 '자본계정'의 비중이 상품의 거래를 다루는 '경상계정'보다 현저하게 높아졌다.

일반적으로 자본계정은 경상계정보다 변동이 심하다. 그 이유는 자본계정은 환차익을 좇는 투기자들에 의해 움직이기 때문이다. 1990년대 말 동아시아의 외환위기는 변동환율제도를 통해 국제수지 불균형 문제를 해결하는 것이 어렵다는 것을 보여주었다. 따라서 글로벌경제하에서 세계는 새로운 환율제도를 모색하고 있다.

투기성 자금의 이동

국제 금융시장의 투기성 자금인 헤지펀드(hedge fund)의 이동은 글로벌 경제에 심각한 영향을 미치고 있다. 헤지펀드란 공공 금융기관을 통하지 않고 순수 민간 차원에서 운영되는 투자 파트너십으로서 국제금융시장에서 다양한 유가증권에 투자하는 회사를 말한다.[11] 1997년 하반기에 시작된 동아시아의 외환 위기는 이러한 대규모 투기성 자금의 이동으로 인해 발생하였다는 지적도 많다. 이들 헤지펀드는 국제 금융시장의 불안정성을 이용하여 이윤을 얻으려 하기 때문에 이들이 글로벌 경제에 주는 영향은 부정적인 측면이 더 강하다. 헤지펀드를 포함한 단기 투기성 자금의 안정성 확보도 글로벌 경제가 갖고 있는 과제 중의 하나이다.

전 세계 헤지펀드 규모는 1990년 390억 달러이던 것이 2005년에는 1조 1,300억 달러, 2006년 상반기에는 1조 5,000억 달러, 그리고 2010년 초 2조 달러 규모로 급성장했다.[12] 투자자 국별 분포는 미국의 비중이 과거에 비해 대폭 줄어들었지만 아직 미국의 비중이 60% 이상이고 아시아는 10% 미만으로 추정된다.

1990년대 후반에 발생한 외환위기를 극복하기 위하여 한국은 외국인의 국내 금융시장 참여나 직접투자를 촉진시켰다. 그러나 단기성 외국자금의 비중이 증대되면 국내 금융시장이 불안정해진다. 단기 수익을 좇는 자본은 높은 수익성이 보장되지 못할 때 쉽게 이탈할 수 있기 때문이다. 외국인의 직접투자도 국내 기업들의 경영 기술을 개선시킨다는 장점은 있지만 국외자본에 대한 의존도가 높아진다는 문제점이 있다. 이러한 문제점은

11 헤지펀드는 한 마디로 말해서 '모여진 투자자금'(pooled investment)이라고 할 수 있다. 즉, 모든 참가자들의 자금을 모아 유가증권에 투자하게 된다. 이 과정에서 다양한 금융상품들을 활용하여 위험을 피하고자 하기 때문에 '헤지'(hedge: 울타리, 즉 위험을 회피한다는 의미)펀드라고 불린다. 일반적으로 헤지펀드의 참가자는 크게 두 가지 유형으로 구분되는데, 그 하나가 제너럴 파트너(general partner)이고, 다른 하나가 리미티드 파트너(limited partner)이다. 제너럴 파트너는 헤지펀드를 직접 운영하는 주체를 말하고, 리미티드 파트너는 자금은 제공하지만 실제로 그 자금을 운영하지는 않는 주체를 말한다.

12 *The Hedge Fund Journal*, "The 50 Largest US Managers," http://www.thehedgefundjournal.com/sites/default/files/hfj-us50-2012.pdf(검색일: 2015년 1월 29일).

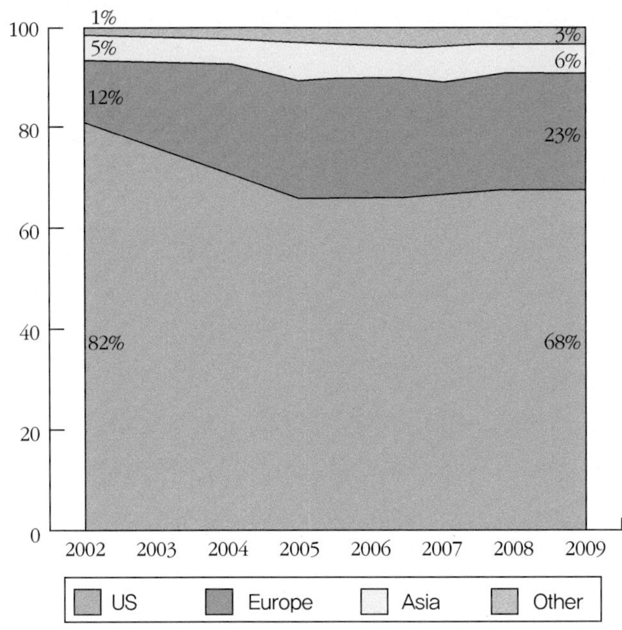

자료: IFSL Research, "Hedge Funds 2010," 2010.

▲ 그림 10-1 **헤지펀드 운용자산의 지역별 비중**

1994년 외환위기를 겪은 멕시코에서도 마찬가지로 나타났다.

국가 간 정책조화의 어려움

글로벌경제화 현상이 빠르게 진행되면서, 세계경제가 장기적으로 성장하려면 각국의 협조와 정책조화가 필요하다. 인플레이션, 공공부채 및 국제수지 간에는 밀접한 연계관계가 있기 때문에 경제운용에 대한 국제적 합의는 각국의 여러 경제변수에 영향을 미친다. 또한 글로벌경제하에서 개별 국가들의 정책목표들은 서로 대치될 수 있다. 따라서 각국의 경제변수들에 대한 우선순위에 이견이 있을 경우 정책조화가 어렵다.

또한 어느 한 국가의 국내 경제정책이 다른 국가에게 부정적인 영향을 미칠 수 있다. 경제정책 목표의 우선순위에 대하여 각국은 서로 다른 입장을 가질 수 있다. 따라서 글로벌경제는 개별 국가들의 경제활동과 세계경제가 갖는 연계성을 조화시켜 나가야 하는 과제를 안고 있다.

글로벌경제는 이와 같은 문제점들을 안고 있으며, 어떻게 관리하고 운영해 나갈 것인가에 대해서 많은 논의가 진행되고 있다. 오늘날의 글로벌경제 시스템을 갖게 된 배경과 과정에 대해서 다음 절에서 살펴보자.

ECONOMIC EYES
경제의 눈

조지 소로스와 헤지펀드

브레튼우즈(The Bretton Woods)체제가 1971년 무너지고, 변동환율제도가 채택되면서 국제외환 및 금융시장은 상상을 초월한 불안정을 겪게 되는데, 이러한 불안정의 증가는 많은 부분 투기적인 단기 자금인 헤지펀드 때문에 야기되었다. 헤지펀드가 그와 유사한 다른 종류의 금융 자금에 비하여 훨씬 더 강력한 힘을 갖는 데는 두 가지 이유가 있다. 우선, 헤지펀드는 만기일이 다르고, 금액 규모가 다른 복잡한 금융 상품들(derivatives)을 광범위하게 활용하기 때문에 자신의 자금보다 엄청나게 큰 규모의 자금을 차입(leverage)할 수 있다. 따라서 공공 금융기관의 자금보다 훨씬 막대한 규모의 자금 조달이 이루어진다. 그렇기 때문에 헤지펀드는 이윤을 내도 크게 내고, 손실을 입을 때에도 크게 입는다.

헤지펀드의 '파워'의 다른 배경은 헤지펀드를 주무르는 '큰손'의 위력이다. 이들 헤지펀드의 큰손들은 금융시장에서 일반인들의 예상이 형성되는 과정에서 절대적인 영향력을 갖는다. 이들의 영향력은 영국의 저명한 경제학자 케인즈(John Maynard Keynes: 1883~1946)에 의해서 예견된 바 있다. 케인즈는 헤지펀드의 영향을 1930년대 공황하의 영국에서 소일거리로 유행하던 '미인선발 내기'에 비유하였다. 당시 영국인들은 일요신문에 난 여성 사진 가운데에서 누가 가장 아름다운 여성으로 선발될 것인가를 내기하곤 하였는데, 선발을 담당하는 것은 사회 유명인사들이었다. 그러다 보니, 사람들은 자신의 의견보다는 유명인사들이 누구를 선발할 것인가가 관심사였고, 어느 유명인사의 견해가 소문으로 나돌게 되면, 모두 그 소문을 따라 자신의 내기를 걸곤 하였다. 이와 마찬가지로 헷지 펀드의 큰손들의 '예상'은 실제로 시장에서 일반투자가들의 의사결정 방향을 주도하게 된다.

헤지펀드의 대명사인 Soros Fund Management LLC 회장 조지 소로스(George Soros)는 "불안정성 속에서 예기치 않은 변화를 잡아야 돈을 벌 수 있다"(Money can be made by capitalizing on instability, by reaching for unexpected development)라고 말했다. 소로스도 인정하듯이, 불안정성은 헤지펀드의 요체(要諦)이다.

ECONOMIC EYES
경제의 눈

다보스 세계경제포럼
(The World Economic Forum: WEF)

세계경제포럼(the World Economic Forum: WEF)은 1971년 1월 스위스의 클라우스 슈바브(Klaus Schwab)에 의해서 만들어졌다. 슈바브는 경영학 교수로서 유럽 기업들이 당면한 경제적 문제점들을 해결하기 위한 비공식적인 모임을 스위스 산간 도시인 다보스(Davos)에서 개최하였다. 그의 노력은 당시 유럽공동체(the European Communities, EC)의 위원회(the Commission)의 지지를 받았으며, '유럽경영포럼'(the European Management Forum, EMF)이라는 재단으로 출범하였다. 이 재단의 연례 모임은 현재 전 세계 정상들이 참가하는 '글로벌 정상회담'의 지위로 발전하였으며, 매년 세계가 나아갈 정치, 경제 및 기업활동의 최우선 목표를 제시하고 있다. 1990년대 중반까지 이미 이 재단의 비연례모임은 500회를 넘어섰고, 전 세계 30개 이상의 수도(首都)에서 모임이 개최되었다. 그러나 가장 대표적인 모임인 연례 모임(the annual meeting)은 다보스에서 개최되고 있다.

이 재단이 국제적 기구의 지위를 갖게 된 것은 1970년대 중반 이후이며, 특히, 1979년부터 발간하고 있는『글로벌경쟁력보고서』(The Global Competitiveness Report)는 각국 정부가 대단히 심각하게 받아들이는 국가별 성적표가 되고 있다. 1982년 최초로 「비공식 세계 경제 지도자 회의」(Informal Gathering of World Economic Leaders)가 다보스에서 개최된 이후 각국의 장관들과 세계은행(the World Bank), 세계통화기금(the International Monetary Fund), 및 GATT 등과 같은 국제기구와 긴밀한 관계를 갖게 되면서, 명실상부한 최고 권위의 세계 지도력 기구로서의 위상을 차지하게 되었다. 실제로 스위스의 서부 로잔(Lausannc)에서 열린 17개국 통상장관들의 '비공식모임'(Informal Gathering, 실제로는 공식적인 모임이지만)은 우루과이라운드(1986~1994)가 구성되는 계기가 되었다. 1987년 이 재단의 세계적 기구로서의 위상을 반영하여 공식명칭이 현재의 세계경제포럼(the World Economic Forum)으로 변경되었다.

그러나 다보스 포럼은 한 번 참석하는 비용이 수만 달러에 달하는 등 '부자들을 위한 사교장'이라는 비난도 받고 있다. 그럼에도 불구하고 정치인, 기업인, 그리고 유명인들의 입장에서는 한 번에 세계 정상급 인사들을 만날 수 있다는 점에서 결코 비싼 비용이 아니라는 생각일 것이다. 바로 이 점이 이 연례 모임을 주관하고 있는 클라우스 슈바브의 마케팅 전략이다.

글로벌경제의 관리

전후 세계경제질서의 확립

오늘날의 글로벌 금융시스템은 브레튼우즈체제에서 시작되었다. 제2차 세계대전이 끝나기 약 1년 전인 1944년 7월, 세계 44개국 대표들이 미국 동부 뉴햄프셔(New Hampshire)주의 작은 마을 브레튼우즈(Bretton Woods)에 소재한 Mt. Washington Hotel에서 국제통화제도의 새로운 질서를 마련하려고 모였다. 그들은 1930년대 세계 대공황 당시 국제통화제도 붕괴의 어두운 기억을 가지고 있었다. 1930년대 당시 세계는 '경제민족주의'(economic nationalism)의 걷잡을 수 없는 소용돌이에 휩싸여 있었다.

경쟁적으로 자국 통화를 평가절하하고, 통화블럭을 형성하였고, 이로 인하여 국제적 상호 경제협력 기반이 상실되고, 여기에 정치적 불안정이 가세하여 결국 제2차 세계대전으로 이어지게 되었다. 브레튼우즈에서의 목표는 또 다른 경제적 그리고 정치적 붕괴와 그로 인한 군사적 재난을 막기 위한 국제 경제시스템을 구축하는 것이었다.

당시에 형성된 공감대는 금(金)의 수급에 전적으로 의존했던 과거의 금본위 통화체제가 부적절했다는 것이다. 브레튼우즈에 모인 관리들은 체계적이고 안정적인 국제통화질서를 설립하고자 하였다. 또한 무역장벽을 완화시키고 국제무역을 증대시킴으로써, 경제민족주의의 확산을 방지할 수 있을 것이라고 생각하였다. 국제 교류에 의한 자유주의적인 경제체제는 궁극적으로 세계 평화의 기초를 제공하리라고 믿었다. 이러한 배경에서 2년에 걸친 영·미간 양자협상의 결과로서 국제통화제도의 청사진이 그려졌다.

■ Mt. Washington Hotel, Bretton Woods

이 새로운 체제는 한마디로 국제적 기구에 의한 운영체제였는데, 이 체제를 위해 만들어진 두 개의 국제적 기구가 국제통화기금(the International Monetary Fund, IMF)과 IBRD(the Bank for International Reconstruction and Development, 세계은행인 the World Bank의 한 기구)였다.[13]

13 실제로 브레튼우즈체제는 '세 개의 다리'를 갖는 체제(a three-legged stool)로 시도되었다. 나머지 한 다리는 끝내 실현되지 않은 '국제무역기구'(the International Trade Organization, 즉 ITO)이다.

글로벌무역의 관리

GATT체제의 출범

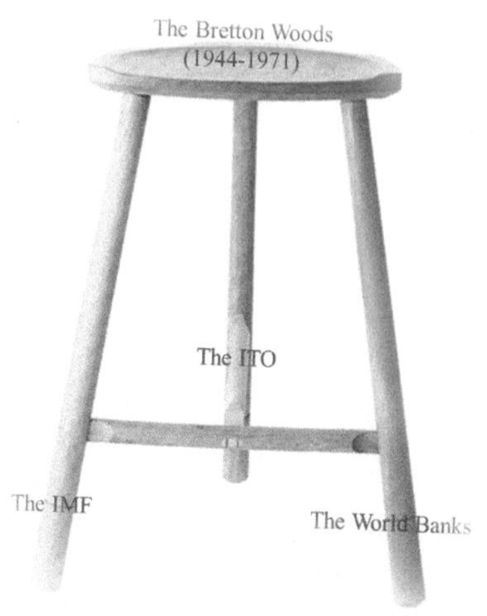

■ 세 다리 스툴(three-legged stool)

제2차 세계대전 이후 국제 금융부문과 마찬가지로 무역부문에서도 국제기구의 필요성이 제기되었다. 양차 세계대전 사이에 세계는 보호무역주의로 회귀하여 대공황이라는 경제적 대재앙과 제2차 세계대전을 경험했다. 세계는 이러한 비극의 재발을 방지하기 위해 경제민족주의와 경제 규제를 완화하고 통제할 수 있는 장치가 필요하다는 인식이 높아졌고, 미국이 기꺼이 주도적인 역할을 담당했다. 그리하여 1947년 쿠바의 수도 하바나에서 '하바나 헌장'(the Havana Charter)이 채택되었다.

하바나 회담이 갖는 가장 중요한 목표는 전후 세계무역을 관장하는 국제무역기구(International Trade Organization: ITO)를 설립하는 것이었다. 하지만 이는 금융부문의 협력보다 훨씬 어려웠다. 무역체제의 합의를 위한 협상절차는 통화제도의 협상절차와는 많이 달랐다. 브레튼우즈에서는 기축통화국인[14] 미국과 영국이 우세한 의사 결정주체였기 때문에 쉽게 합의에 도달할 수 있었다. 그러나 국제무역에 대해서는 이 두 강대국들도 서로 합의하기 어려웠고, 또 다른 국가들도 고려해야 했다.

미국의 루즈벨트(Franklin Roosevelt: 1933~1945 재임)와 그 뒤를 이은 트루만(Harry Truman: 1945~1953 재임) 행정부가 새로운 무역질서를 위해 각국의 협조를 호소했지만 정작 미국 의회의 동의는 얻지 못했다. 전통적으로 보호무역과 고관세를 선호하는 보수당인 공화당도 반대하고, 반대로 자유무역과 저관세를 선호하는 민주당의 자유무역주의자들도 불충분하다고 반대해, 결국 양당 모두로부터 지지를 얻지 못해 미국 정부는 의회 통과가 불가능하다고 판단하여 이 제안을 철회하였다. 결국 미국은 자신이 제안한 하바나 헌장에 자신이 서명하지 않는 아이러니를 만들었고, 결국 이 헌장은 사문화되었다. 비록 겉으로 천명된 자유무역과 이를 위한 국제협력의 이상은 더없이 높았고, 미국 지도력도 지속적이고 강력했지만, 무역에 대한 국제적 협조는

14 국제적 거래에서 기준이 되는 통화 내지는 환율을 정하는 데 기준이 되는 통화로서 브레튼우즈체제하의 미국 달러가 이에 해당된다. 오늘날에는 미국 달러, 영국 파운드, 유로, 엔 그리고 캐나다 달러가 이에 포함된다.
(http://www.investinganswers.com/financial-dictionary/forex/key-currency-6019)

환상으로 그치고 말았다.

ITO를 만들기 위한 하바나헌장이 사문화되었으나 국제무역을 위한 질서의 필요성에 대한 합의는 살아 있었고, 그 합의가 GATT(The General Agreement on Tariffs and Trade)에 의해 구체화되었다. 1947년까지 하바나 회의에 참석하였던 국가들에 의하여 GATT에 대한 서명이 이루어졌다. GATT는 정기적이고 다자적인 무역협상을 위한 절차와 기본원칙들을 제공함으로써 ITO를 대신하게 되었다. 그리하여 하나의 합의문에 불과한 GATT가 마치 세계무역을 중개하는 정식 기구(organization)처럼 활동하였다.[15]

GATT의 원칙들

GATT는 세계무역의 확대가 모든 국가들에게 번영을 가져다주고 세계 평화에 기여할 수 있다는 정치적 공감대하에서 개방적 무역체계를 지향하였다. 이를 뒷받침하기 위한 GATT 운영의 기본원칙 중 대표적인 것이 '무차별원칙'(the principle of nondiscrimination)이다. 이 원칙에 따라 모든 가입국가들은 한 국가에 의해서 유리한 조건이 제공되는 경우, 모든 다른 가입 국가들도 같은 조건을 부여받는다는 '최혜국대우'(the most-favored-nation status) 원칙을 존중할 것을 약속하였다. 또 하나의 무차별원칙은 '국산품대우'(national treatment) 원칙으로서 외국 상품도 세금, 규제, 운송 및 유통상 국산품과 동등한 대우를 해야 한다는 내용이다. GATT의 협상방식은 다자간 협상방식(round)이다. 특정 사항에 대해 협상 양국이 합의하는 쌍무협상과 달리 GATT는 모든 의제에 대하여 모든 협상국이 함께 일괄 타결하는 다자간 협상방식을 택하고 있다.

1947년의 제네바(Geneva) 라운드에서 1986년에 시작된 우루과이(Uruguay)[16]까지 총 8차에 걸친 라운드가 GATT 체제하에서 개최되었다. 그 내용과

15 이러한 이유로 GATT 가입국에 대한 표현도 '회원국'(member states)이라는 표현이 사용되지 않고, 대신에 '체약국'(締約國, contracting parties)이라는 표현을 사용하였다.

16 우루과이 라운드는 남미 우루과이의 Punta del Este에서 1986년에 각료 회담으로 시작되었다. 1993년 12월 15일 최종적으로 합의되었고, 1994년 4월 15일 북아프리카의 모로코(Morocco)의 마라케쉬(Marrakesh)에서 채택되었다.

▲ 표 10-3 **다자간 무역협상**

다자간 무역협상은 시간이 지날수록 참가국수가 늘어났고, 포함된 의제도 많아졌으며, 그에 따라 협상기간도 길어졌다.

라운드	기간 및 참가국수	주제 및 접근방식	결 과
제네바 라운드 (Geneva round)	1947, 23개국	관세: 품목별 협상	45,000 관세율에 대한 양허*
에네시 라운드 (Annecy round)	1949, 29개국	관세: 품목별 협상	점진적 관세인하
토르케이 라운드 (Torquay round)	1950~51, 32개국	관세: 품목별 협상	8,700 관세율 양허
제네바 라운드 (Geneva round)	1956, 33개국	관세: 품목별 협상	점진적 관세 인하
딜런 라운드 (Dillon round Geneva)	1960~61, 39개국	관세: 품목별 협상 제조업 제품에 대한 EEC의 관세율 20% 일괄 인하 제안 거부됨	ECC 창설에 따른 관세율 조정(1957); 4,400 관세율 양허
케네디 라운드 (Kennedy round, Geneva)	1964~67, 74개국	관세: 일괄적용방식과 품목별 협상 병용. 비관세 무역장벽: 반덤핑에 대한 원칙.	선진국 평균 30% 관세 인하; 30,000 관세율 인하약정; 반점핑과 관세적용원칙 합의.
도쿄 라운드 (Tokyo round)	1973~79, 99개국	관세: 일괄적용방식; 비관세 무역장벽: 반덤핑, 보조금, 관세적용원칙, 정부구매, 제품기준, 세이프가드.	선진국 평균 관세 1/3감소(제조업 제품 평균 6% 관세율); 비관세 무역장벽에 대한 일부 국가의 행동원칙 합의.
우루과이 라운드 (Uruguay round, Geneva)	1986~94, 103개국으로 출발 117개국(1993); 128개국(1995)	관세: 품목별 협상과 일괄협상: 비관세 무역장벽; 토쿄라운드 이슈+선적전 검사, 무역관련투자, 원산지 규정; 새로운 이슈: 서비스 교역, 지적소유권, 분쟁해결절차, 투명성, 무역정책감시.	선진국 관세 1/3수준 감소. 농산물 및 섬유제품 포함. WTO출범, 서비스협정(GATS)타결, 도쿄 라운드 내용 강화 및 모든 회원국 자동적용.
도하개발의제 (Doha Development Agenda)	2001~ 144개국	농산물, 서비스시장 추가개방, 전자상거래, 환경 및 경쟁정책 등	2005년 1월 1일 시한으로 협상 개시하였으나 합의에 실패함. 2013년 12월 인도네시아 발리(Bali)에서 개최된 WTO 각료회의와 2014년 11월 General Council의 후속조치로 무역촉진, 농업, LDC 이슈 등에서 합의를 도출함.

*양허(concession)란 국가간 협상에 의해 관세율을 정하는 것을 의미한다.

협상결과는 〈표 10-3〉에 간략하게 요약되어 있다. 처음의 5차에 걸친 회담들은 전적으로 관세(tariffs)만을 다루었다. 여섯 번째인 케네디 라운드를 시작으로 하여, 관심이 비관세 무역장벽(Non-tariff Barriers, NTBs)으로 옮겨졌다. 케네디 라운드가 GATT에 이미 포함된 NTBs를 다루었던 것에 비하여, 도쿄 라운드는 GATT에 저촉되지 않았던 NTBs들을 다루었다.[17]

17 예를 들면, 제품기준(product standards)이나 정부구매(governent procurement) 등이다. 이러한 경향은

WTO체제로의 전환

앞에서 언급한 바와 같이, 공식적으로 말해서 GATT는 법적 지위(a legal entity)를 갖는 국제기구는 아니었다. GATT체제하에서 마지막 라운드인 우루과이 라운드가 타결되고(1994년 4월), 그에 따라 국제기구(international organization)로서의 지위를 가지는 세계무역기구(The World Trade Organization, WTO)가 탄생하였다. WTO는 근본적으로 개별 기업체들의 행동에 관여하는 것은 아니다. WTO는 오직 정부의 행동에만 관여하며, 관세, 쿼터, 보조금, 그리고 정부 간 거래(state-trading) 등을 다루는 원칙들을 만드는 데 그 목적이 있다. 따라서 WTO는 수입상품이 국내시장에서 갖는 경쟁력에 영향을 미칠 수 있는 각국 정부의 행동을 규제한다. 이러한 의미에서 WTO는 과거의 GATT와 크게 다르지 않다.

그러나 WTO는 GATT와는 달리 국제기구로서의 지위를 가지기 때문에 강한 법적 구속력을 가지고 있다. WTO는 그 안에 세 개의 다자간 협정을 포함하고 있다. 즉 '재화와 관련된 협정'(GATT, trade in goods), '서비스에 관한 협정'(GATS, trade in services), 그리고 마지막으로 '지적재산권에 대한 협정'(TRIPs, trade-related intellectual property rights)이다.

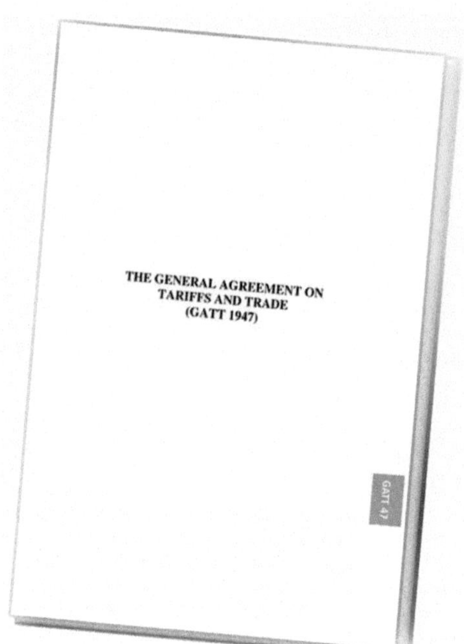

과거의 GATT는 협정문(agreement)으로서 시작되었으나, 점차 실질적으로는 협의체(institution)로서의 역할을 했었다. 1994년 우루과이 라운드의 타결로 협의체로서의 GATT는 수명을 다하고 사라졌고, 국제협정문으로서의 GATT로서만 WTO협정문의 내용 안에 남아 있다. 따라서 GATT는 두 가지로 구분하여 사용할 필요가 있다. 우선, GATT-1947은 이미 사라진 협의체로서의 GATT를 말하고, GATT-1994는 WTO 안에 남아 있는 GATT의 협정문을 의미한다. 따라서 GATT-1994는 WTO의 출범으로 사라진 GATT-1947보다 훨씬 광범위한 의미를 가진다고 하겠다.

우루과이 라운드의 타결과 WTO체제의 출범으로 국가 간 교역에서 새로운 분야로 등장한 부문이 서비스 분야와 지적재산권 분야이다. 서비스(service)부문은 1970년대 이후 시장이 급속히 개방되고, 통신수단과 컴퓨터 기술이 발달하면서 그 비중이 증대되었다. 많은 서비스 분야들은 정부의 규제를 많이 받거나 정부에 의해서 운영된다. 따라서 외국기업의 시장 진입이 허가 및 세제상의 불이익, 국내산업 우선정책, 투자의무조항, 정부구매시의 차별, 그리고 정부 독점 등을 통해 통제되는 경우가 많다. 이러한 이유로 인해 우루과이라운드 이전에는 서비스 분야가 GATT협상에서 제외되었다. OECD의 경우 보험업에 한정하여 교역 자유화를 추진하기는 하였지만, 대체로 서비스 분야는 국제무역 분야에서 중요하게

우루과이 라운드에서도 이어져, 서비스 분야, 지적재산권, 그리고 원산지관련 규정(rules of origin) 등과 같은 문제들이 다루어졌는데, 이들은 그때까지 GATT가 거의 취급하지 않았던 분야들이다.

취급되지 않았다.

그러나 서비스 부문의 비중이 빠르게 확대되면서 미국이나 영국의 서비스 산업은 서비스 분야를 국제무역 협상에 포함시켜 줄 것을 요구했다. 예를 들어, 미국의 서비스 산업은 미국 무역법을 보완하여 재화의 교역뿐 아니라 서비스 산업도 무역법으로 다루어질 수 있도록 개정하는 데 성공하였다. 그 결과로, 미국과의 양자 간 무역협상에서 서비스 분야의 중요성이 높아지게 되었다. 또한 다른 선진국들도 우루과이 라운드에서 서비스 분야를 포함시키는 데 동의하여 우루과이 라운드에서는 서비스 부문이 협상대상으로 채택되었다.

지적재산권(intellectual property rights)도 또 하나의 새로운 무역문제로 대두된 분야이다. 선진국들의 비교우위 산업은 높은 기술을 요구하는 분야이고, 신기술의 개발에는 많은 비용이 소요된다. 예를 들면, 컴퓨터 소프트웨어의 비용은 대부분 개발비용이다. 마찬가지로, 의약품의 개발에도 많은 비용이 소요되지만, 그러한 기술은 쉽게 모방될 수 있다. 따라서 기술개발을 촉진하기 위하여 선진국들은 기술개발자들을 특허(patent), 상표(trademark), 그리고 저작권(copyright law)으로 보호하고 있다.

선진국들은 '세계지적재산권기구'(WIPO)[18]를 통하여 국가 간 지적재산권에 관한 협의절차와 분쟁해결절차를 마련하고자 노력하고 있다. 그러나 WIPO가 효과적으로 이러한 목표를 달성하지 못해 우루과이라운드에 지적재산권 분야를 포함시켰다. 특히, 전자상거래 시장에서 우위를 선점하고 있는 선진국들은 인터넷을 통한 콘텐츠의 교역에 있어서 지적재산권 보호를 위한 강력한 제도를 만들어 가고 있다.

WTO가 GATT와 다른 가장 중요한 점은 WTO가 국제기구로서 무역분쟁에 대한 분쟁조정기구(The Dispute Settlement Body, DSB)를 가지고 있다는 점이다. DSB는 세 가지 단계를 가지고 있는데, 첫 번째 단계가 협의(consultation)이고, 두 번째 단계가 패널(panels)이며, 마지막 단계가 이의신청(the Appellate Body: 4년 임기의 7인으로 구성)이다. 마지막 단계의 결정은 모든 당사자가 반드시 따라야 한다. 1995년 WTO 설립 이후 2013년 말까지 474개의 분쟁이 DSB에서 다루어졌고, 이 중 약 20% 정도가 첫 단계인 협의 단계에서 해결되었다.

■ WTO의 Appellate Body members

18 The World Intellectual Property Organization

다자주의의 위기

■ The 6th Summit of the Americas at Cartagena de Indias, Colombia (2012)

국제무역 협약에서 1990년대 이후 나타나고 있는 두드러진 특징은 다자주의(mulilateralism)로부터의 이탈과 쌍무주의(bilateralism) 또는 지역주의(regionalism)의 확산이다. 미국은 아메리카 대륙에서뿐만 아니라 아시아·태평양 지역에서까지도 지역주의를 확대하고 있다. 1994년에 미국, 캐나다 그리고 멕시코 사이에서 설립된 NAFTA(North American Free Trade Agreement)는 이 세 국가 간의 공산품뿐만 아니라, 서비스 및 농업부문에 대해서도 무역장벽을 없애는 것을 목표로 하고 있다. NAFTA의 결성은 서방지역에서 새로운 경제블럭을 촉진하였다. 남미와 카리브해(Caribbcan) 국가들은 이미 자기들 간에 무역장벽들을 없애고 있다. 예를 들어, 아르헨티나, 브라질, 파라과이, 그리고 우루과이 등은 1991년에 공동시장인 메르코수르(Mercosur=Southern Common Market)를 만들었다. 그리고 1994년 12월의 미주정상회의(the Summit of the Americas)에서는 아메리카 대륙 34개국이 모여 거대 자유 무역지대(free trade area)를 형성하기로 하였다.

세계에서 가장 큰 경제블럭을 형성하고 있는 유럽연합(the European Union: EU)[19]은 유럽자유무역연합(the European Free Trade Association: EFTA)[20]과 유럽경제지역(European Economic Area: EEA)을 결합하여 범유럽경제권을 확립하였을 뿐만 아니라 2008년 글로벌 금융 위기를 극복하기 위하여 통화동맹(economic and monetary union, EMU)에서 재정동맹(fiscal union)으로 발전하기 위한 논의를 확대해 가고 있다.

아시아·태평양 지역에서도 지역적 무역자유화 움직임이 증

19 EEA 설립 당시인 1994년 15개국(Belgium, Denmark, France, Germany, Greece, Ireland, Italy, Luxembourg, the Netherlands, Portugal, Spain, The United Kingdom, Sweden, Finland, Austria)이었던 EU는 2004년에 10개 신규 회원국들(Poland, Czech Republic, Slovakia, Hungary, Slovenia, Malta, Cyprus)이 가입하였고, 2007년에는 Romania와 Bulgaria가, 그리고 2013년에 Croatia가 가입하여 2015년 1월 현재 총 28개국이다.

20 Iceland, Liechtenstein, Norway 및 Switzerland.

대되고 있다. 1992년에 아세안(Association of South Asian Nations: ASEAN)[21]은 2018년까지 자유무역지대를 형성하기로 합의하였다. 이어 1989년에는 형성된 APEC(the Asia Pacific Economic Cooperation)[22]은 2020년까지 이 지역에 대한 자유무역 및 투자를 허용하기로 합의하였다. ASEAN에 한·중·일 3국을 포함하는 ASEAN+3가 논의되고 있으며 화교경제권의 통합도 등장하였다. 그리고 세계인구의 절반 가까이 차지하는 중국과 인도의 FTA도 제안되면서 히말라야 경제권 또는 친디아 경제권이 등장하고 있다.

한편, 쌍무주의(bilateralism)도 같은 기간 동안 증가하였다. 미국과 일본 사이에서 이루어진 수차례의 협상타결은 MOSS(시장 지향적이고 특정 산업 접근 방식, market-oriented, sector-specific)와 시장의 구조를 개선하는 SII(구조개선접근, structural impediments initiative)[23] 등의 독특한 양자 간 방식에 의하여 이루어졌다.

이 협상의 결과는 GATT의 최혜국대우원칙에 의해서 다자간 협상의 내용으로 확대되었다. 지역주의와 양자주의가 확산되면서, 다자간 무역체제가 몇 개의 무역 블럭으로 쪼개어 지는 것이 아닌가라는 우려가 더욱 높아지고 있다. 지역주의와 쌍무주의가 자유무역을 확대시키는 데 기여할 수는 있지만, 강력한 다자주의에 의해 감독되지 않는다면 배타적으로 변모되어 자유무역을 제한할 수 있기 때문이다.

■ Sheraton Hotel, Doha

새로운 다자간 협상과 과제

2001년 11월 페르시아만의 작은 국가 카타르(Qatar)의 수도 도하(Doha)에 위치한 Sheraton Hotel에서 개최된 WTO의 각료회의는 우루과이 라운드 이후 새로운 다자간협상을 성공적으로 출범시켰다. 이 합의에 따라 WTO회원국 144개국은 2005년 1월 1일을 시한으로 하여 3년간 새로운 세계무역질서를 확립하기 위한 협상을 진행시켜 나가게 되었다. 그러나 이 시한을 달성하는 데 실패하였다. 미국과 EU간의 농업 및 환경이슈 등을 둘러싼 의견 차이와, 개도국에 의한 특별지원 요구 등으로 이러한 협상의 출발이 어려울 것

21 ASEAN 회원국은 Indonesia, Malaysia, Philippines, Singapore, Thailand, Brunei, Vietnam, Laos, Myanmar, 및 Cambodia 등 총 10개국이다.

22 APEC 회원국은 Australia, Brueni Darussalam, Cananda, Chile, China, Hong Kong, Indonesia, Japan, Korea, Malysia, Mexico, New Zealand, Papua New Guinea, Peru, The Philippines, Russia, Singapore, Chinese Taipei, Thailand, The United States, 및 Vietnam 등 21개국이다.

23 MOSS는 특정 산업을 지목해 협상을 추진하는 방식을 말하고, SII는 특정 국가의 사회적, 경제적 관행 또는 구조가 시장개방을 제약하는 것으로 인정되는 경우, 이러한 구조를 개선하고자 하는 협상이다.

■ 제6대 WTO 사무총장 Roberto Azevêdo (임기: 2013년 9월 ~ 2017년 8월; 브라질 출신)

으로 전망되었지만 WTO회원국들이 1999년 시애틀 회의에서의 실패를 교훈 삼아 성공적인 뉴라운드의 출범을 지지하였다. 또한 첨예한 의견대립이 예상되는 분야에 대해서는 신축적인 협상자세를 취하였다.

이 각료회의에서 중국과 대만이 WTO에 가입함으로써 WTO 회원국은 144개국이 되있으며, 리시아도 2012년 8월에 회원국으로 가입하였으며, 2015년 4월 인도양의 작은 섬나라 세이셸(Seychelles)의 가입으로 2015년 6월 현재 161개국이 회원국이며 아프카니스탄 등 25개국이 가입을 준비하고 있다. 도하각료회의는 새로운 협상의 시작을 기존의 '라운드'라는 표현 대신에 '도하 개발 의제'(Doha Development Agenda)로 칭하는 등 WTO 협상 과정에서 개발도상국들에 대한 배려가 중요한 관심사가 되고 있다. 도하 각료회의에서 채택된 각료선언문은 WTO의 협상의제와 일정 그리고 협상 방식 등을 규정하고 있다.

도하 각료선언문에 포함된 주요 의제들을 살펴보면 향후 국가간 무역과 투자 등에 관해서 어떠한 분야가 중요하고, 또한 어떠한 규범들이 적용되어 갈 것인가를 예상할 수 있다. 도하 각료선언문에 포함된 의제들은 크게 농업, 서비스, 공산품 시장접근,[24] WTO 규범(보조금, 반덤핑 및 지역무역협정 등), 지적재산권 분야와 새로운 분야의 의제로서 무역과 투자, 경쟁정책, 정부조달의 투명성, 무역원활화 및 전자상거래 등을 포함하고 있다.

농업부문에서는 시장접근의 실질적인 개선, 수출보조금의 단계적 폐지를 목표로 한 감축, 무역을 왜곡하는 국내 제도의 대폭적인 감축 등을 핵심 목표로 하고 있다. 따라서 협상 결과에 따라 농업부문에서의 시장개방이 크게 확대될 것으로 예상된다. 서비스부문은 현재까지의 시장개방 과정에 맞추어 더욱 넓은 분야에서 정해진 기한 내에 협상을 진행하도록 하고 있다. 공산품시장접근과 관련해서는 고관세 및 경사관세(tariff escalation)[25] 등의 삭감 또는 철폐를 협상하도록 하고 있다.

또한 반덤핑 규정의 개선 및 명확화, 보조금과 상계관세[26] 규율의 개선 등을 위한 협상이 진행되고, 아울러 지역무역협정에 관한 통보의무를 강화하는 등 보다 엄격한 지역무역협정의 규범이 협의될 것으로 보인다. 지적재산권 보호를 위한 규범의 강화도 협상분야

24 시장접근(market access)이란 국내 시장에 대한 외국상품의 수입을 일정 부분 의무화하는 제도를 말한다.

25 가공단계가 높을수록 더 높은 관세율이 적용되는 제도이다. 이 제도로 인하여 개도국이 제조 과정에서 보다 높은 수준의 가공제품을 수출하는 데 어려움을 겪을 수 있다.

26 상계관세는 수출국의 보조금으로부터 수입국의 생산자가 입은 피해를 보상하기 위해 보조금에 해당되는 관세를 부과하는 제도이다.

이다.

새로운 의제로 채택된 무역과 환경분야는 EU의 강력한 주장에 따라 협상 의제로 채택되었으며 특히 수산보조금이 주요 협상 분야로 포함되었다. 무역과 투자와 관련해서는 다자간투자협정의 요소들에 대한 명확한 개념을 정립하는 작업이 진행될 것으로 보인다. 또한 새로운 의제로서 경쟁정책은 각국의 경쟁 정책관련 규정을 명확하고 투명하게 만드는 작업이 협상의 주요 내용이 될 것이다. 정부조달[27]의 투명성과 관련해서는 개도국 공공부문 시장에 진입하고자 하는 선진국과 이에 반대하는 개도국간의 의견 차이가 크기 때문에 협상에 어려움이 예상되는 부문이다.

무역 원활화도 새로운 의제분야에 포함되는데, 이는 선적물의 물리적 이동, 수출입 절차 및 요건, 국경을 초월하는 상품이동에 영향을 미치는 제반 금융요건, 그리고 전자기반시설의 중요성 등이 주요 협상 내용이다. 이에 관하여 선진국들은 새로운 시장접근의 기회로 인식하고 있는 반면에 개도국들은 추가적인 시장개방으로 받아들이고 있어서 협상의 어려움이 예상되고 있다. 전자상거래 분야와 관련해서도 전자전송물에 대한 관세부과 유예문제 등이 주요한 협상대상이 되고 있다. 이러한 새로운 의제들은 개도국의 반대에도 불구하고 본격적인 협상 의제로 부각될 것으로 보인다. 따라서 우리나라도 국내제도를 더욱 투명하고 국제적인 수준의 제도로 개선해 나가는 것이 시급한 과제이다.

2013년 12월 인도네시아 발리(Bali)에서 개최된 WTO 각료회의와 후속조치로서 2014년 11월 General Council의 결정(Decisions)은 무역촉진, 농업, 그리고 LDC 이슈 등에서 합의를 도출하였으며, 2015년 현재 DDA의 타결을 위해 논의를 계속해 나가고 있다.

지구상의 200여 개의 국가들 중에서 160개 이상을 회원국으로 하는 WTO 체제는 향후 지속적으로 국제무역의 관리자로서의 역할과 기능을 강화해 나갈 것이다. 그러나 앞에서도 지적하였듯이, WTO는 국가의 영향력으로부터 완전히 자유로울 수는 없다. 그렇기 때문에, WTO의 원칙들이 모든 국가들에게 공정한 규칙이 되리라고 기대할 수는 없다. 따라서 우리에게 주어진 과제는 글로벌 무역의 유형이 결정되는 방식을 올

27 정부조달은 정부가 공공부문에서 필요로 하는 재화와 서비스를 구매하는 것을 말한다.

바로 이해하고, 그 안에서 생존과 번영을 위한 삶의 방식을 획득해 가는 일이다.

글로벌금융의 관리

브레튼우즈체제는 고정환율제도(fixed exchange rate system)를 위한 장치를 제공하였다. 각국은 1930년대 변동환율제도가 가져왔던 '재앙'의 기억이 생생하였기 때문에 고정환율제도가 국제무역을 위한 가장 안정적이고 바람직한 제도라고 결론지었다. 그래서 모든 참여 국가들은 자국 통화가 갖는 금에 대한 가치(parity)[28]를 정하고, 이 기준에서 1% 범위 내에서 변동할 수 있도록 해 놓았다.

IMF는 이러한 규칙의 감독자이며 국제적 운영을 담당하는 기관이다. 가중치 표결 방식에 의하여 미국은 이 기관 안에서 가장 큰 영향력을 발휘한다. 환율을 변경하기 위해서는 IMF의 인정을 받아야 했고, IMF는 회원국의 통화제도에 영향을 주는 국내정책들에 대한 자문을 하였다. IMF의 가장 중요한 역할은 국제수지 적자인 회원국에 대하여 신용대출을 해 주는 것이었다. IMF 자금은 회원국들의 충당금(contribution)으로 이루어졌다.

브레튼우즈 통화체제는 미국 달러에 대한 확신에 기초하였다. 미국 경제가 갖는 엄청난 규모의 금보유고, 그리고 35달러를 금 1온스와 교환해 주겠다는 미국 정부의 약속이 이 체제에 대한 신뢰를 제공해주었다. 그러나 이 체제가 발전되면 될수록 그 기반인 미달러에 대한 확신이 약화된다는 모순을 안고 있었다.

이 국제통화제도가 제대로 운영되기 위해서는 미국으로부터의 충분한 달러 공급이 필요하다. 미국의 국제수지 적자는 국제 거래에 필요한 유동성을 각국에 제공하기 위해서 반드시 필요한 것이었다. 그러나 만약 미국의 대외적자가 지속되어 외국의 달러 보유고가 미국의 금보유고보다 높아지면, 달러에 대한 확신이 약화되고, 따라서 시스템 전체가 무너지게 된다.

---

28 parity는 영어의 'par'에서 온 말이다. par란 '같은 양' 또는 '같은 수'를 의미한다.

1958년이 되자 미국은 더 이상 대외 적자를 감당하지 못하게 되었다. 유럽과 일본 경제가 거의 완벽한 수준으로 회복되어 이들의 국제수지 적자는 줄어들고 있고, 외환보유고는 꾸준히 늘어났다. 1959년 말경에는 유럽과 일본의 외환보유고가 미국의 금보유고와 비슷한 수준이 되었다. 미국의 금보유고는 1948년 말 244억 달러에서 1959년 말에 195억 달러 수준으로 감소되었다. 더욱 중요한 것은 미국이외의 각국이 보유한 달러는 1948년 말 73억 달러에서 1959년 말 194억 달러로 늘어났다. 1960년에 이르자 외국의 달러 보유고가 미국의 금보유고를 초과하게 되었다. 이는 달러에 대한 신뢰감을 떨어뜨리게 하였고, 마침내 1971년에 닉슨 대통령은 달러의 금태환성을 포기한다고 선언함으로써 브레튼우즈체제는 역사 속으로 사라졌다.

스미소니언협정과 킹스턴체제

브레튼우즈체제가 무너지고 나서 대부분의 세계 주요 화폐들은 외환시장에서 아무런 제한없이 변동하게 되었다. 그러나 세계 금융체제는 아직 자유로운 변동환율제도를 수용할 수 있는 준비를 하지 못했다. 이러한 가운데 1971년 12월 10개국 그룹[29]은 외환시장을 안정시키기 위해 금의 달러가격을 1온스에 35달러에서 38달러로 인상해, 미국 달러의 과대평가를 시정하고, 그리고 환율의 변동폭을 1%에서 ±2.25%(즉, 총 4.5%)로 확대하였다. 이러한 조치를 협정이 체결된 워싱턴의 박물관의 이름을 따서 스미소니언합의(the Smithsonian Agreement)라고 부른다.

그러나 스미소니언합의는 국제통화제도의 문제점을 개선하지 못하여, 세계 각국은 1976년 1월에 자마이카(Jamaica)의 수도 킹스턴(Kingston)에서 새로운 관리변동환율

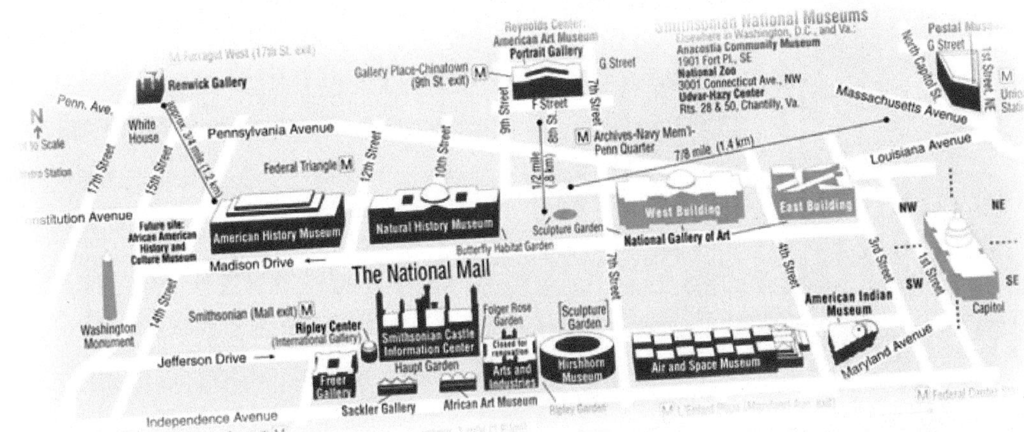

■ The Smithsonian Institution, Washington DC

29 이 10개국 그룹(the Group of Ten)은 1961년 12월에 발족된 선진 10개국 재무장관들이 참석하는 회의로 설립된 다자간 국제통화체제이다. 10개국은 벨기에, 프랑스, 독일, 이탈리아, 네덜란드, 스웨덴, 캐나다, 일본, 영국, 그리고 미국이다. 이 모임은 '차입에 관한 일반 협정'(the General Arrangement to Borrow)을 만들어 외환관리를 위한 60억 달러 규모의 기금을 10개국 산하에 두었다.

제도(管理變動換率制度)를 채택하게 되었다. 여기서 채택된 자마이카협정(The Jamaica Accord)은 금에 대한 공적 가격을 폐지하고, 금의 비통화화를 위하여 IMF 회원국들로 하여금 금 확보에 대한 의무를 없앴다. 자마이카 협정의 가장 중요한 내용은 각국이 스스로 원하는 환율제도를 채택할 수 있도록 허용한 것이다. 즉 각국의 중앙 정부가 개입하여 외환의 수급불균형을 조정하기로 한 것이다. 이 협정 이후 현재까지 국제통화제도는 이 관리변동환율제도를 기반으로 운영되고 있다.

브레튼우즈체제가 붕괴된 후 미국이 여전히 지도력을 행사하기는 하였지만, 더 이상 미국의 독점에 의해 운영되지는 못했다. 그 대신 미국을 포함한 선진국들에 의한 다자간 운영체제로 발전하게 되었다. 10개국 그룹(Group of Ten)과 국제결제은행(BIS) 등이 이러한 다자간 운영체제의 핵심이다.

그러나 1990년대 말의 동아시아 외환위기는 미국의 경제력이 세계경제에 절대적인 영향력을 행사할 수 있다는 것을 다시 인식시키는 계기가 되었다. 1997년 7월경에 태국에서 외국인들의 투자 회수로 시작된 외환위기는 동아시아 전체로 파급되었다. 미국은 워싱턴에 본부를 둔 IMF를 통하여 문제를 해결하려고 시도하였다. 일본과 유럽 등 다른 경제 대국들은 이 문제를 해결할 수 있는 능력도 의사도 없었다. 따라서 외환위기의 과정에서 세계경제에 대한 미국의 영향력은 높아질 수밖에 없었다.

■ 제11대 IMF 첫 여성 총재 Christine Lagarde (프랑스 재무장관 출신; 임기 2011년 7월 ~)

미국의 내정 개입적인 자세에 대하여 불만이 있음에도 불구하고 동아시아 국가들은 미국 없이는 아무것도 해결할 수 없다는 현실을 실감하였다. 그 가운데서도 동아시아 국가들은 미국이 주도하는 현 시스템의 문제점을 지적했다. 그들은 자신들의 시장이 제도적으로 준비를 갖추기 전에 지나치게 급속하게 개방되는 것을 우려했다. 더욱이 미국은 아시아의 외환위기에 지나치게 늦게 대응하거나, 또는 그릇된 처방을 강요한다는 비난도 받고 있다.

한편 일본은 약 150억 달러 규모의 기금을 제공하고, 엔화를 기축화폐로 하는 AMF(the Asian Monetary Fund)의 설립을 제안한 바 있다. 일본의 이러한 제안은 아시아 경제에 대한 주도권을 확보하려는 일본의 의도를 반영하는 것이다.

향후 아시아 금융시스템에서 일본이 어떠한 역할을 수행할 수 있을지는 더 두고 봐야 하겠지만, 국제 금융의 발달이 가져온 국가 경제 간의 상호 연계성 증가는 글로벌금융의 새로운 관리방식을 요구하고 있다. 이러한 요구를 효과적으로 수용할 수 있는지의 여부가 국제통화제도가 해결해야 하는 과제이다.

ECONOMIC EYES
경제의 눈

한국의 외환위기와 IMF의 오류

국제통화기금(IMF)은 세 가지 이유에서 독특한 존재이다. 첫째, 그 주체가 정부들이고, 대주주(大株主)격인 미국이 이사회에서 가장 강력한 영향력을 행사하고 있다는 점에서 독특하다. IMF의 목적은 회원국, 특히 북대서양 국가들이 제공한 대외차관을 보호함으로써 세계의 금융안정을 도모하는 데 있다. 단기 금융지원과 전문적 조언으로 채무국들을 돕는 것도 주요 목적 중의 하나이지만, 실제로 채권국과 채무국의 이익이 서로 일치하지 않을 수도 있다. 이때 IMF는 대개 채무국들에 대한 금융지원에 엄격한 조건을 부과함으로써 부유한 국가들의 이익에 도움이 되도록 하게 마련이다.

둘째, IMF는 독점적 기구다. 한국 같은 나라가 외채문제에 봉착했을 때 도움을 청할 만한 곳이 달리 없다. 1997년 가을, IMF의 이러한 독점적 위치를 약화시킬 수 있는 기회가 있었다. 일본과 한국을 비롯한 아시아 국가들이 「아시아판 IMF」 결성을 시도한 바 있다. 하지만 로버트 루빈 미(美) 재무장관이 이에 강력히 반대했다. 루빈은 아시아 재무장관들의 팔을 비틀어 결국엔 물러나게 만들었다. 대단히 유감스러운 일이다. IMF가 모종의 경쟁상대를 가질 수 있는 기회였다.

■ Alice Amsden(1943~2012; MIT대학 교수)

셋째, IMF는 '경기침체'라는 수단을 주로 사용하는 이상한 사업을 하는 기구이다. 회원국 통화가치를 안정시키고, 그 틈새로 해외차관 변제가 가능해지도록 경제를 가능한 한 저성장을 유도하는 기묘한 방식을 사용한다. 기업이 투자를 유보하고, 노동자들의 월급이 줄어들고, 정부 지출이 줄어들면, 외채 상환은 더욱 용이해진다. 다시 말해, IMF는 환율안정과 외채 조기 상환을 위한 최선의 방법은 고도성장이라는 케인즈 학파의 이론을 정면 반박한다. 수입(收入)이 늘면, 저축이 늘고, 저축이 늘면, 외채 상환도 쉬어진다. 그러나 국제금융계는 케인즈 이론을 좋아하지 않는다. 은행가들은 보통 인플레를 싫어하기 때문이다.

IMF의 한국 처방의 오류는 금리 부문에서 두드러진다. IMF는 고금리 정책을 통해 통화량 감소, 원화안정, 투자 감축 등을 노렸으나, 한국은 IMF체제 시작 이전부터 이미 고금리 통화긴축하에 있었다. 추가 금리 인상은 이미 부채상환에 허덕이고 있는 대다수 기업의 도산을 초래하고 말 것이다. 인플레 우려에 기초한 IMF의 정책은 한국에는 맞지 않는다.

IMF는 한국 기업 파산의 해결책으로 외국기업에 의한 인수를 제시하였다. 현재 한국에선 IMF 덕분에 외국인의 기업지분 50% 인수가 가능해진 상태다. 이것이 IMF가 선진국이익에만 충실한 것처럼 비쳐지게 하는 이유이다. 하지만 한국의 우량기업들이 외국기업에 헐값에 정리세일 당하기를 기다리고 있어서는 안 된다. 한국은 구제 장치 마련을 강력히 주장해야 한다.

자료: Amsden, Alice, "IMF의 오류," 「조선일보」, 1998년 1월 23일. Amsden은 미국 MIT대학의 한국통 정치경제학자, 주요저서로서 *Asia's Next Giant: South Korea and Late Industrialization*가 있다.

자유무역이론

교역의 증가

지난 50여 년간 자유무역의 확대는 세계경제 발전의 원동력이 되어 왔다. GATT에 이어서 WTO는 각국의 무역장벽을 완화하고, 국제 무역 관계를 조절하는 네트워크를 마련하는 데 중심적인 역할을 해 왔다. 다자간 무역 협상으로 무역규제도 완화되었고 교역량도 크게 증가했다.[30] 세계 총무역량은 수출을 기준으로 2013년도에 23조 천억 달러를 넘어섰다. 이 중 재화의 교역은 18조4천억 달러 규모이고, 서비스는 4조 7천억 달러 규모이다(〈표 10-3〉 참조).

그러나 2000년도 이후에는 서비스 수출 비중의 증가세가 둔화되었다. 서비스 교역의 비중이 줄어든 이유는 1차 산품 등 재화 가격이 빠르게 상승하고 재화 교역이 증가하는 추세에 있기 때문이다.[31] 최근에는 다시 전체 수출에서 서비스 수출이 차지하는 비중은 증

30 이 책에서는 '교역'과 '무역'을 동일한 개념으로 사용한다. 그러나 교역(exchange)은 국가 간 모든 교환행위(상품, 자본, 노동 등)를 지칭하는 보다 일반적인 개념이고, 무역(trade)은 상품(재화와 서비스)의 교환을 의미하는 보다 구체적인 개념이다.

31 WTO, *International Trade Statistics*, 2014.

▲ 표 10-4 **전세계 수출 규모**

(단위: 10억 달러, %)

연도	1995	1998	2000	2003	2006	2017
재화수출(A)	5,072.0	5,422.0	6,186.0	7,371.0	11,783.0	17,198.0
서비스수출(B)	1,192.8	1,290.1	1,435.0	1,447.0	12,144.0	5,279.0
총수출(A+B)	6,264.8	6,712.1	7,621.0	8,818.0	13,927.0	22,477.0
B/(A+B)%	19.0	19.2	18.8	16.4	15.4	23.5

자료: WTO, *World Trade Statistics*, 2018.

2017년도를 기준으로 전 세계 수출 규모는 22조 5천억 달러이다. 이 중 서비스수출이 차지하는 규모는 5조 3천억 달러로 전체수출의 23.5%에 해당된다.

가하고 있는 추세이다.

세계 교역이 빠르게 증가하고 있지만, 교역의 대부분은 선진국들 사이에서 이루어지고 있다. 세계 교역은 서유럽, 북미 그리고 아시아 지역에 편중되어 있으며, 이 지역들을 제외한 지역에서는 그 비중이 미미하다. 미국, 중국 그리고 유럽 일부 국가들의 재화 교역 규모는 1조 달러 이상이지만, 반면에 아프리카와 남미 국가들의 재화 교역 규모는 2,500억달러 이하이다.

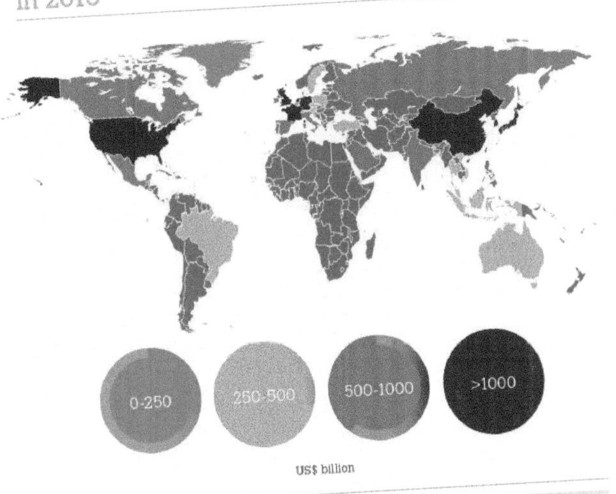

■ 지역별 재화 교역 규모: 미국, 중국 그리고 유럽 일부 국가들의 재화 교역 규모는 1조 달러 이상이지만, 반면에 아프리카와 남미 국가들의 재화 교역 규모는 2,500억달러 이하이다.

교역의 효과

세계교역의 증가는 국가 간 개방의 정도를 높이는 데 기여하였다.[32] 2016~2017년 기간에 세계총생산은 3.74% 증가하였는데, 세계 수출과 수입은 4.7% 증가하였다. 이는 국가간 교역으로 나타내진 상호의존도가 생산 활동 수준의 증가보다 빠르게 높아지고 있음을 의미한다.

이러한 각국 경제간 연계성의 증가는 각국의 생산성도 증가시켰다. 이것은 교역의 증가가 각국의 경쟁력을 강화시켰고, 이로 인한 기술력 향상과 기업 활동의 혁신이 있었기 때문이다. 이러한 의미에서 GATT 체제와 그 뒤를 이은 WTO 체제는 세계경제 발전에 기여했다고 할 수 있다. 그러나 개발도상국들이 GATT 체제에 참여하는 것을 꺼려 왔던 이유는 이 체제가 선진국들의 이익을 옹호한다고 믿었기 때문이

32 개방도는 국내 총생산(GDP)에 대하여 수출과 수입 절대값의 합이 차지하는 비율을 말한다. 이 개방의 정도는 다른 표현으로 '대외의존도'라고 부른다.

$$\text{대외의존도}(\%) = \frac{|\text{수출}| + |\text{수입}|}{GDP} \times 100$$

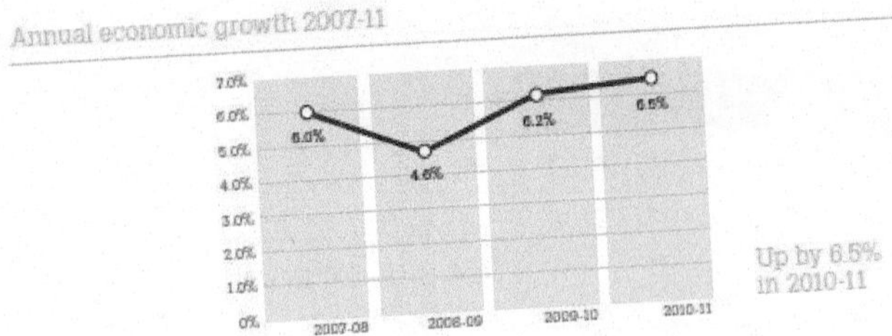

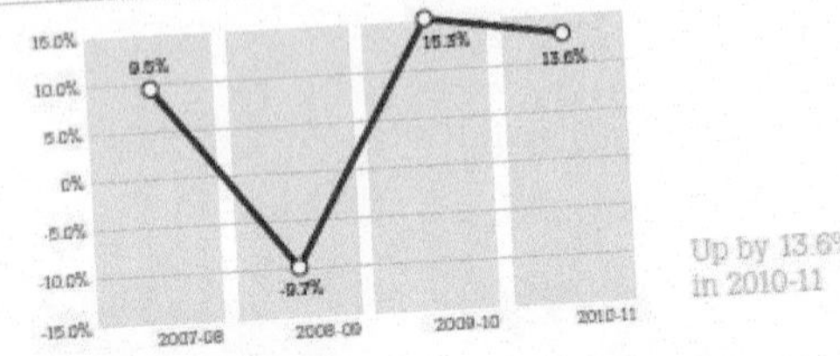

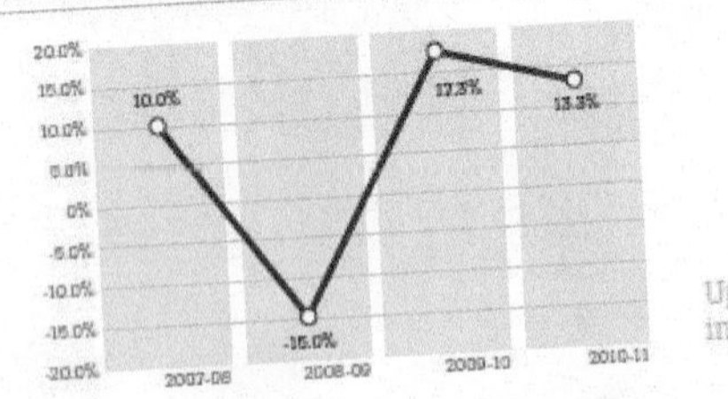

다. 그러나 WTO 출범 이후, 개발도상국들과 구 공산권국가들은 WTO 체제 안에서 국제무역의 문제를 해결하려는 경향을 나타내고 있다. 이것은 WTO 체제 안에서 개발도상국들의 입지가 강화된 것을 반영한다.

글로벌 무역시스템을 지배하는 가장 강력한 논리는 신자유주의이다. 이 이념은 국가의 개입을 최소화해야 하고 시장의 역할을 강조한다. 한편으로는 자유경쟁을 촉진함으로써 기업들을 세계시장으로 유도하는 측면이 있지만, 다른 한편으로는 경쟁에서 유리한 지위를 선점한 선진국들에게 유리한 결과를 가져 오는 것이 아닌가 하는 의혹을 제기하는 사람들도 많다. 다음은 이러한 질문들에 답하기 위하여 세계 무역 시스템을 이해하는데 도움을 줄 수 있는 국제무역과 관련된 이론적 배경과 현안들을 살펴보기로 하자.

최초의 무역이론: 중상주의(重商主義)

■ Jean-Baptiste Colbert (1619~1683)

16세기에 들어오면서 유럽을 중심으로 새롭게 형성된 민족국가들은 국부(國富)의 원천이 국가가 보유한 금의 양이라고 생각하였다. 이를 중금주의(重金主義, bullionism)라고 부른다. 따라서 각국의 통치자들은 가능한 많은 금을 축적하려고 애를 썼다. 이것을 위한 한 가지 방법은 가능한 한 많은 재화를 수출하고, 반대로 수입(輸入, import)은 최소한으로 제한하는 것이었다. 당시에는 국가 간 대금 결제가 금으로 이루어졌으므로 만약 한 국가의 수출이 수입보다 부족하면 그 나라의 금 보유고는 줄어든다. 반면에 수출이 수입을 초과하는 나라는 금을 축적할 수 있었다. 따라서 국부를 증진시키는 길은 수출을 늘리고 수입은 줄이는 것이었다. 이러한 견해에 바탕을 둔 최초의 근대적 경제이론이 중상주의(重商主義, mercantilism 16~18세기)[33]이다.

33 중상주의를 뜻하는 영어 표현 mercantilism의 mercantile은 trade, commerce의 의미를 갖는다. 즉 중상주의는 국제무역과 상업을 중시하는 사상이라고 할 수 있다. 그러나 중상주의가 무역과 관련된 이론만을 의미하는 것은 아니다. 중상주의국가들은 국내적으로는 경제를 정부가 통제하고, 국제적으로는 보호무역을 추구하였다. 물론 국가마다 중상주의 정책은 달랐다. 네덜란드와 같이 중개교역국은 자유무역을 추진하였으나 프랑스는 보호무역을 하였다. 가장 대표적인 중상주의 정책은 프랑스의 콜베르(Jean-

중상주의자들의 무역논리는 자연히 수출을 장려하고 수입을 억제하는 것이었다. 이들에게 국제무역은 금을 획득하기 위한 하나의 방편이었다. 중상주의자들의 이러한 견해는 국제무역을 '제로-섬 게임'(zero-sum game)으로 인식하게 만들었다. 즉 어느 한 국가가 이익을 달성하면 다른 국가는 반드시 손해를 본다고 생각했기 때문에 전체적으로 보아 이득과 손실의 합은 영이 된다고 생각했다. 이렇게 중상주의 시대에는 교역을 통해 모든 국가가 혜택을 받는 것이 아니라, 이득을 보는 나라가 있으면 손해를 보는 나라도 반드시 있다고 보았다. 교역을 통해 교역 양당사자가 모두 이익을 얻을 수 있다는 사실을 밝힌 사람이 아담 스미스(Adam Smith: 1723~1790)이다.

절대우위 원리

영국의 경제학자 아담 스미스는 국부론(國富論, 1776)에서 중상주의가 갖고 있었던 국제무역에 대한 잘못된 견해를 완전히 뒤집었다. 그는 국제무역을 통해 교역 당사국이 모두 이득을 볼 수 있음을 증명하였다. 스미스는 무역을 통하여 더 적은 비용으로 생산할 수 있는 나라에서 각 재화가 생산되도록 함으로써 전 세계에서 생산되는 재화의 양이 늘어나고, 이를 적절히 국가 간 배분하면 무역을 통해 모두가 이익을 얻을 수 있음을 보여 주었다. 따라서 국제무역은 제로-섬 게임이 아니라 양쪽이 모두 이익을 볼 수 있는 파지티브-섬(positive-sum) 게임이 될 수 있다고 주장하였다.

이를 보다 구체적으로 설명하기 위해 〈표 10-5〉의 예를 보자. 미국의 경우 밀 한 단위 생산에 노동 2단위가, 자동차 한 단위 생산에 노동 4단위가 필요하고, 한국의 경우 밀 한 단위 생산에 노동 3단위가, 그리고 자동차 한 단위 생산에 노동 3단위가 필요하다고 가정하자. 이럴 경우 미국이 밀 생산에 있어서 한국보다 더 적은 양의 노동을 필요로 하므로, 미국은 밀 생산에 절대우위(absolute advantage)를 갖는다고 말한다(부등호의 방향을 보시

▲ 표 10-5 **절대우위의 원리**

각 재화를 한 단위 생산하는 데 필요한 노동의 양

	미국		한국
밀 한 단위를 생산하기 위해 필요한 노동의 양	2	<	3
자동차 한 단위를 생산하기 위해 필요한 노동의 양	4	>	3

미국은 밀 생산에 절대우위를 갖고, 한국은 자동차 생산에 절대우위를 갖는다. 각국은 자신의 절대우위 재화의 생산에 전문화하고, 절대열위 재화를 수입하면 모두 더 나아질 수 있다.

Baptiste Colbert, 1619~1683) 재상이 추진한 정책이었다.

오). 반면에, 한국은 자동차 생산에서 미국보다 더 적은 양의 노동을 필요로 하므로 자동차 생산에 절대우위를 갖는다.

한편 미국은 자동차 생산에 절대열위(absolute disadvantage)를 갖는다고 말하고, 반면에 한국은 밀 생산에 절대열위를 갖는다고 말한다. 이 때 만약 미국과 한국이 자급자족한다면, 각각 밀과 자동차를 한 단위씩 생산하기 위해 각국은 각기 6단위의 노동이 필요하다. 그런데 만약 미국이 이 6단위의 노동력을 가지고 밀만 생산한다면 밀을 3단위 생산할 수 있다. 그리고 한국도 자동차만 생산한다면 자동차 2단위를 생산할 수 있다. 그러면 자급자족에 비해서 두 나라에서 생산되는 재화의 양은 총 밀 3단위와 자동차 2단위로 자급자족 시에 비해서 밀을 한 단위 더 생산할 수 있다.

이 때 늘어난 밀 한 단위를 두 국가 사이에 적절하게 분배하게 되면, 무역을 통해서 모두 이익을 볼 수 있게 된다. 이와 같이 각국이 절대우위에 따라 생산에 진문화하고 서로 교역하면 모두 이익을 볼 수 있다. 절대우위에 따른 국제무역의 이익이 가능한 이유는 전문화로 인해 보다 효율적으로 생산이 이루어지기 때문이다.

아담 스미드의 공헌은 이처럼 자유무역이 '제로-섬 게임'이 아니라 '파지티브-섬 게임'이라는 것을 처음으로 증명하였다는 것이다. 마치 모두가 다 이길 수 있는 가상의 카드 게임처럼 자유무역이 모든 국가들에 이익을 가져다 줄 수 있다는 놀라운 사실을 보였다. 아담 스미드 이전의 중상주의가 주장한 무역이론을 뒤집는 결과였다. 그러나 아담 스미드의 놀라운 공헌에도 불구하고, 그의 업적은 자유무역이 가져올 수 있는 이익을 충분히 설명하지는 못하였다. 그의 뒤를 이은 데이비드 리카르도가 자유무역의 이익을 더 폭넓게 설명하였다.

비교우위 원리

아담 스미스의 절대우위 원리는 각국이 서로 다른 재화에 절대우위를 갖는 경우를 설명하였다. 그런데 1817년, 영국의 경제학자 데이비드 리카도(David Ricardo, 1772~1823)는 어느 한 국가가 두 재화를 모두 더 적은 비용으로 생산할 수 있다 하더라도 각국이 상대적으로 더 유리한 재화의 생산에 특화함으로써 두 국가가 모두 이익을 볼 수 있음을 보였다. 이것을 비교우위 원리라고 부른다. 따라서 리카도는 국제무역의 잠재적 이익이 훨씬 크다

▲ 표 10-6 비교우위의 원리

각 재화를 한 단위 생산하는 데 필요한 노동의 양

	미국		한국
밀 한 단위를 생산하기 위해 필요한 노동의 양	2	<	8
사과 한 단위를 생산하기 위해 필요한 노동의 양	4	<	8

비록 미국이 한국보다 밀과 사과를 모두 더 효율적으로 생산할 수 있지만 미국은 상대적으로 유리한 밀 생산에 전문화하고, 한국은 상대적으로 덜 불리한 사과 생산에 전문화하는 것이 두 국가 모두에게 이익을 가져다 준다.

는 것을 보여 주었다. 〈표 10-6〉을 이용하여 비교우위 원리의 개념을 이해해 보자.

〈표 10-6〉을 보면, 미국이 밀과 사과 모두에서 절대우위를 갖고 있음을 알 수 있다(부등호의 방향을 보시오). 스미스의 절대우위 원리에 따르면, 이 경우에는 무역이 이루어질 수 없다. 그러나 리카도는 이 경우에도 교역을 통해 상호 이익을 얻을 수 있음을 보였다.

이 예에서 미국은 밀 한 단위를 생산하기 위해서 2단위의 노동이 필요하고, 사과 한 단위의 생산을 위해서는 4단위의 노동이 필요하다. 그리고 한국은 밀과 사과 한 단위 생산에 각각 8단위의 노동이 필요하다. 이때 미국은 한국의 1/4밖에 안 되는 비용으로 밀을 생산할 수 있고, 사과는 한국의 1/2 비용으로 생산할 수 있다. 따라서 미국은 밀과 사과를 모두 한국보다 저렴하게 생산할 수 있지만, 상대적으로 밀을 사과보다 더 효율적으로 생산할 수 있다. 이때 미국은 밀에 비교우위(comparative advantage)를 갖는다고 한다. 이를 제1장에서 공부한 기회비용의 개념으로 좀 더 자세하게 설명해 보자.

미국에서 밀 생산을 한 단위 늘리려면 노동이 2단위 소요되므로 밀 한 단위 생산을 위해 사과 1/2단위만 포기하면 된다. 그런데 한국의 경우 밀 생산에 드는 노동량은 8단위로 사과 한 단위 생산과 같은 노동량이 소요되므로 밀을 한 단위 더 생산하기 위해서는 사과 한 단위를 포기해야 한다. 따라서 미국은 밀을 한 단위 더 생산하기 위해 포기해야 하는 사과 생산량이 한국보다 적으므로 미국은 한국보다 밀 생산의 기회비용이 낮다. 반면에, 사과의 경우, 미국은 사과를 한 단위를 더 생산하기 위해 밀 두 단위를 포기해야 하는데 반해서, 한국은 사과 한 단위를 더 생산하기 위해 밀 한 단위만을 포기하면 된다. 즉, 한국은 미국보다 사과를 더 효율적으로 생산할 수 있다. 이 경우, 미국은 밀 생산에, 그리고 한국은 사과 생산에 비교우위를 가지고 있다고 말한다.

여기서 매우 흥미로운 사실은 〈표 10-7〉에서처럼 미국이 한국보다 밀과 사과 모두에서 절대우위를 갖지만, 두 재화 모두 더 적은 '기회비용'으로 생산할 수 있는 것은 아니라는 것이다. 미국의 경우, 밀 1 단위를 생산하기 위한 생산비용(기회비용)은 1/2 사과이다(즉 사과 $\frac{1}{2}$단위를 포기해야 한다). 이는 한국의 밀 1단위 생산비용인 1사과보다 낮다. 그렇지만, 사과의 경우는 이야기가 다르다. 미국의 사과 1단위 생산비용은 2밀이다(즉 밀 2단위를 포기해야 한다). 이는 한국의 사과 1단위 생산비용인 1밀보다 높다. 요상한 결과이다.

한 국가가 비록 모든 재화 생산에서 다른 국가보다 더 효율적으로 생산할 수 있다 하더라도 모든 재화 생산에서 더 낮은 기회비용을 갖지 못하는 이유는 무엇일까? 이 질문에 비교우위 원리의 핵심이 담겨 있다. 그 이유는 그 나라가 다른 나라보다 잘 생산하지 못해서가 아니라, 한 재화를 워낙 잘 생산할 수 있기 때문에 다른 재화를 생산하게 되면 그에 따른 손실이 큰 것이다. 앞의 예에서 미국은 밀과 사과 생산에서 한국보다 모두 더 효율적이지만, 밀 생산을 워낙 잘하기 때문에 밀 생산을 그만두고 사과를 생산하게 되면 손실이

ECONOMIC EYES
경제의 눈

데이비드 리카도 (David Ricardo)

■ David Ricardo(1772~1823)

데이비드 리카도는 아담 스미드의 『국부론』(An Inquiry Into the Nature and Causes of the Wealth of Nations)이 출간되기 4년 전에 태어났다. 리카르도가 유태인이라는 것은 그다지 많이 알려져 있지 않은 것 같다. 그는 암스테르담으로부터 런던으로 이주해 간 부유한 증권업자 아버지를 갖고 있었다. 그의 정식 교육은 13세의 나이에 모두 끝났고, 대부분은 독학에 의한 학습이었다. 그 후 리카도는 아버지의 증권사무실을 도우며 지냈는데, 증권투자로 큰 성공을 거두었다. 나폴레옹의 마지막 몰락을 가져온 워터루(Waterloo)전쟁 직전에 증권업에서 은퇴하기로 결심하였는데, 그때 그의 나이는 40세였다.

그는 영국의 캣콤(Catcomb)이라는 곳에 커다란 집을 구입하여, 당대의 유명한 학자들과 교분을 쌓았는데, 그들 중에 대표적인 사람들이 맬더스(Thomas. R. Malthus, 1766~1834)와 존 스튜어트 밀(John Stuart Mill, 1806~1873)의 아버지인 제임스 밀(James Mill)이었다. 밀의 권유에 의해서 리카도는 의회에 진출하기도 하였는데, 역시 그의 권유로 그의 가장 대표적인 저서 *The Principles of Political Economy and Taxation*을 집필하게 된다. 그의 이 저서는 최초의 순수 경제이론서로서 평가받고 있다. 리카도는 현실적인 학자로서 계량적인 설명보다는 철저히 이론적인 방법으로 설명하기를 좋아하였다. 그의 저서는 가격의 결정, 임금 결정, 그리고 여러 가지 형태의 조세가 가져오는 영향에 대하여 설명하고 있다. 물론, 무엇보다도 중요한 내용은 비교우위원리이다.

리카도는 1823년 51세의 나이로 생을 마감하였다. 그가 세상을 떠났을 때, 그의 유산은 오늘날 화폐로 천만 달러가 넘었다고 한다. 그는 살아있는 동안 정직성, 위트, 그리고 명쾌한 지성으로 사람들로부터 많은 사랑과 존경을 받은 인물로 기록되어 있다.

자료: Baumol, Willian J., and Blinder, Alan S., *Economics: Principles and Policy*, 2nd ed., New York: Harcourt Brace Jovanovich, 1982, pp. 714-715.

▲ 표 10-7 각 재화를 한 단위 생산하는 생산비용(기회비용)

	미국		한국
밀 한 단위를 생산하기 위한 기회비용	$\frac{1}{2}$사과	<	1사과
사과 한 단위를 생산하기 위한 기회비용	2 밀	>	1밀

앞의 〈표 10-5〉에서 비록 미국이 밀과 사과 모두를 한국보다 더 적은 노동량으로 생산할 수 있지만 두 재화 모두에서 미국이 한국보다 더 낮은 생산비를 가지는 것은 아니다. 미국은 밀 생산비용이 한국보다 낮지만, 사과 생산비용은 한국보다 높다. 이유는?

크고, 따라서 무리해서 사과를 생산하는 데 따른 기회비용은 한국보다 더 크게 나타나는 것이다.

비교우위 원리의 이해를 돕기 위해 현실 생활에서 이와 유사한 예를 들어보자. 어느 변호사가 뛰어난 재능을 갖고 있어서 타이핑 실력도 비서보다 뛰어나다고 하자. 그렇다고 해서 이 변호사가 타이핑까지 다 맡아 해야 할까? 아마 그렇지 않을 것이다. 이 변호사가 타이핑을 하기 위해서는 더 잘할 수 있는 변호업무의 일부를 포기해야만 한다. 그것은 대단히 높은 비용을 수반할 것이다. 따라서 이 변호사는 타이핑을 비서에게 맡기는 것이 현명할 것이다. 이와 같이 리카도의 비교우위 원리는 무역이론에서만 적용되는 것이 아니라, 우리의 일상생활에서도 적용될 수 있다.

교역으로부터의 이익

앞의 예에서 우리는 한 국가가 두 재화 모두 절대우위를 갖는 경우에도 각국이 각각 비교우위를 갖는 재화의 생산에 전문화하여 교역하면 두 나라 모두에게 이익이 될 수 있음을 보았다. 그렇다면 실제로 비교우위에 따라 교역하는 경우 얻게 되는 이익은 얼마인가? 〈표 10-6〉의 예에서 비교우위 원리에 따라 전문화하여 미국은 밀만 생산하고, 한국은 사과만 생산하는 경우를 생각해 보자. 하나의 예로서, 미국은 2단위의 밀을 생산하고, 한국은 2단위의 사과를 생산하는 경우를 생각해 보면, 양국의 생산량을 합치면 밀 2단위와 사과 2단위로 각자가 밀과 사과를 각각 1단위씩 생산했을 때와 같다. 그러나 미국이 밀을 2단위 생산하는 데는 노동력이 4단위밖에 소요되지 않아, 밀과 사과를 각각 한 단위씩 생산하던 때에 비해 노동력이 2단위 절감된다. 그리고 한국은 밀과 사과를 각각 1단위씩 생산하는 데 소요되는 노동력이 각각 8단위로 동일하므로 사과만 2단위를 생산해도 노동력 사용에는 변화가 없다. 결과적으로 두 나라의 생산량에는 변화가

없으나 두 나라가 사용한 노동량은 미국이 절감할 수 있는 2단위만큼 절감된다. 이 절감된 노동력 2단위는 미국이 사과를 생산할 경우 사과 1/2단위를 추가로 생산할 수 있는 노동의 양이다.

그러므로 양국이 비교우위가 있는 제품생산에 전문화하는 것을 통해서 얻을 수 있는 잠재적인 이익은 사과 1/2단위이다. 여기서 '잠재적'이라는 표현을 사용한 것은 아직 교역이 일어나지는 않은 상태이기 때문이다. 만약 한국과 미국이 잠재적인 이익인 추가적인 생산량 사과 1/2단위를 적절하게 배분할 수 있다면 교역을 통해서 두 나라 모두 이익을 볼 수 있게 된다. 이러한 결과가 비교우위 원리가 가져오는 교역의 이익에 해당된다.

실제로 어느 나라가 더 많은 이익을 얻게 되는가는 전적으로 두 나라 사이의 교역조건(terms of trade)에 달려 있다. 교역조건이란 각국이 전문화를 통해 생산한 후 어떤 조건하에서 서로 재화를 교환하는가를 말한다. 앞의 예에서 미국의 입장에서는 수출하는 밀 1단위에 대한 대가로 1/2단위보다 많은 사과를 받기 원하고, 한국은 수입하는 밀 1단위에 대해서 1단위보다 적은 사과를 주고자 할 것이다. 그 이유는 미국이 국내에서 사과 1단위를 생산하려면 밀 2단위 생산을 줄여야 하고, 한국은 밀 1단위를 생산하려면 사과 1단위 생산을 줄여야 하기 때문이다. 따라서 교역조건은 '1/2 사과 < 1 밀 < 1 사과' 사이에서 결정될 것이다. 이는 양국에서 밀 1단위를 생산하는 기회비용의 사잇값이기도 하다. 가능한 많은 사과와 교환할 수 있을 때 미국에게 돌아가는 이익은 커지고, 반대로 밀 1단위를 가능한 적은 양의 사과와 교환할 수 있을 때 한국에 돌아가는 이익은 커진다.[34]

선진공업국과 후진농업국의 교역은 절대우위에 입각한 교역이라고 볼 수 있다. 그러나 이러한 무역유형이 현실의 국제무역에서 차지하는 비중은 그다지 크지 않다. 현실에서는 비교우위에 입각한 교역이라고 볼 수 있는 선진국(일본의 자동차)과 선진국(미국의 컴퓨터)간의 무역이나 개도국과 개도국간의 무역이 높은 비중을 점유하고 있다. 따라서 리카도의 비교우위원리는 현실의 국가 간 교역에 관하여 보다 많은 부분들을 설명해 준다.

신중상주의와 신자유주의

데이비드 리카도의 비교우위원리는 200년 가까이 지난 지금까지도 자유무역을 대변하는 대표적인 이론이 되고 있다. 비교우위에 따른 자유무역이 세계 각국에게 이익을 가

34 자유무역의 이익이 두 국가 간에 밀 생산을 위해서 포기해야 하는 사과의 양(밀 생산의 기회비용)이 갖는 차이로 나타내지는 것은 흥미롭다. 즉 ($\frac{8}{8} - \frac{2}{4} = \frac{1}{2}$)단위의 사과이다. 여기서 우리는 비교우위의 차이가 크면 클수록 전문화를 통한 이익은 크다는 것을 알 수 있다.

져다주는 것은 사실이지만 현실적으로 그렇게 간단하지만은 않다. 비록 당장은 비교우위가 없지만 무조건 포기하기 어려운 산업들도 있다. 그래서 자유무역이 가져오는 영향에 대하여 많은 논란이 제기되었고, 지금도 계속 제기되고 있다.

지금으로부터 약 150년 전인 1860년대 약 10년간 유럽에서는 자유무역주의가 확산되어 이 시기를 '자유무역 제국주의'시대라고 부른다. 그러나 자유무역이 이론적으로는 무역 당사국 모두에게 이익이 되지만 실제로 세계가 자유무역의 이념을 수용하는 것이 쉬운 일은 아니었다. 특히 독일의 경우 역사학파를 중심으로 자국의 산업을 보호해야 한다는 주장이 제기되었다. 게다가 1873년 이후 23년이나 계속된 유럽의 대불황은 선진 각국을 보호무역으로 선회하게 만들었다. 그리하여 제1차 세계대전(1914~1918), 대공황(1929~1933), 그리고 제2차 세계대전(1938~1945)을 겪으면서 20세기 전반기 세계는 자유주의의 이념을 포기하고 중상주의 시대와 같이 정부의 보호와 간섭이 증대되었다. 그리하여 이 시기의 사조를 신중상주의라고 부른다.

그러나 양차 세계대전을 겪은 후에 서방의 자유진영에서는 보호주의로 말미암아 세계대전이 발생했다는 공감대가 형성되면서 앞에서 설명한 바와 같이 브레튼우즈 체제가 출범되었다. 그 후 지속적으로 GATT를 중심으로 하여 자유무역주의를 확산시켰으며, 특히 1980년대 이후 영국의 대처 정부와 미국의 레이건 행정부는 자유주의 사조를 확대시켰고, 1990년대 공산권의 붕괴와 함께 이러한 사조가 세계로 확대되었다. 그리하여 이를 신자유주의 사조라고 부른다. 이러한 믿음은 WTO를 중심으로 한 무역시스템의 지배적인 이념이다. 이 이념을 토대로 하여 지구촌 경제는 자유무역을 기반으로 하는 하나의 커다란 '자유 시장'을 형성해 가고 있다.

신자유주의는 고전적 자유주의와 약간의 차이가 있다. 고전적 자유주의를 작은 정부를 추구하는 자유방임형 자유주의라고 한다면, 신자유주의는 '작지만 강한 정부'로 표현할 수 있다. 즉 정부에 의한 시장 간섭에는 반대하면서 작은 정부를 지향한다는 점에서는 고전적 자유주의와 유사하지만, 시장질서를 교란시키는 행위에 대해서는 강력한 제재를 가한다는 점에서는 강력한 정부를 추구한다.

신자유주의는 정부의 시장개입을 철저히 배격하고, 국제무역과 금융에 대한 개방을 강조하며, 정부와 노조의 기업 활동에 대한 간섭을 배제한다. 이러한 신자유주의 사조에 대해 찬반 의견이 첨예하게 대립하고 있다. 강대국을 중심으로 세계경제 질서의 헤게모니를 잡고 있는 국가들은 신자유주의를 옹호하고 있고, 일부 제3세계에서는 이에 반발하고 있다. 따라서 우리에게 중요한 것은 세계무역의 현실을 직시하고, 자유무역이 가져오는 장점과 함께, 신자유주의가 가져올 수 있는 위험성을 이해하는 것이다. 다음 절에서는 현실적으로 각 나라가 자국의 산업을 보호하기 위해서 취하는 보호무역 장치들을 살펴보기로 하자.

현실의 국제무역: 무역장벽

자유무역을 하면 비교우위에 따른 전문화를 통하여 무역참가국 모두에게 이익을 가져다 준다는 것은 하나의 '이상'(理想)이다. 각국의 국회의사당 로비를 채우고 있는 것은 보호주의의 '현실'이다. 세계 각국이 보호주의를 추구하는 이유는 현재는 비교우위가 없는 유치산업(幼稚産業)을 외국 기업들과의 경쟁으로부터 일정 기간 보호하여 비교우위가 창출되도록 하기 위해서이다.

현재는 비교우위가 없지만 국가 경제의 중요한 산업은 장기적인 안목에서 비교우위를 만들어 갈 필요성이 있기 때문이다. 우리나라의 경우 제철공업을 처음 시작할 때는 원료, 기술, 그리고 시장 등 어느 것도 갖추지 못했기 때문에 비교우위가 없었지만, 지난 20년간 보호정책을 통해 국제경쟁력을 갖는 산업으로 육성되었다.

농업의 경우에도 보호가 필요하다는 주장이 있다. 주식인 쌀을 생산하는 농업이 비교우위가 없다고 해서 쌀을 모두 외국으로부터 수입하는 것은 식량의 주권을 외국에 종속시킬 위험성이 있다는 것이다. 그러나 농업 역시 지나치게 보호하는 것은 발전을 저해할 수 있다. 주식(主食)의 자급자족 기반을 확충하면서 경쟁력을 갖춰 나가는 것이 중요하다.

오늘날 현실적인 무역의 유형은 '관리무역'(managed trade)이다. 관리무역이란 관세, 수출입에 대한 양적 제한 등을 통하여 무역의 흐름에 정부가 관여하는 행위를 총칭하는 것이다. 관리무역의 정당성과 필요성을 주장하는 대표적인 사람은 미국 클린턴 대통령 행정부 당시의 경제자문회의 의장을 지낸 로라 타이슨(Laura D'Andrea Tyson)이다. 그녀의 주장을 한 마디로 요약하면, 오늘날과 같이 관리무역이 일반화된 국제무역환경 아래에서는 자유무역이 정책목표가 될 수 없고, 다자간이나 또는 쌍무적인 협정을 통하여 무역을 조율할 필요성이 있다는 것이다.

미국 관리무역주의의 가시적(可視的) 성과는 1991년 미·

일간 반도체협정에서 두드러지게 나타났다.[35] 이 협정을 통하여 미국은 일본 반도체 시장의 20%를 외국기업에게 개방하도록 하였다. 그 결과 세계 반도체 산업의 경쟁을 촉진하는 한편 미국도 첨단 산업부문이 세계시장에 진출하는 데 기여하였다.

미국의 관리무역 정책을 총괄하는 기관이 무역대표부(the United States Trade Representative, USTR)이다. USTR은 미국 대통령 직속기관으로서, 기관의 장(長)은 장관급으로, 대사(大使)의 지위를 갖고 모든 무역관련 협상에서 미국을 대표한다. 미국은 신자유주의를 선도하며 세계 각국에 자유무역을 확대할 것을 주장하면서도 자국의 이익과 관련된 부문에서는 관리무역을 지향하고 있는 것은 아이러니라 할 수 있다.

관세정책

관리무역의 가장 전통적인 방식이 관세를 부과하는 것이다. 관세란, 국경을 통과하는 상품에 부과되는 세금을 말한다. 관세에는 수입관세와 수출관세(또는 수출세)가 있는데, 일반적으로 관심의 대상이 되는 것은 수입재에 부과되는 수입관세이다.

관세를 부과하는 이유는 크게 두 가지로 나눌 수 있다. 첫 번째 이유는 국가의 세입을 충당하기 위한 것으로, 역사적으로 관세가 등장한 것은 바로 이것이 가장 중요한 목적이었다. 특히 소득세 제도가 고안되기 이전에는 관세가 정부 세입의 가장 큰 부분을 차지했다. 그러나 오늘날 이러한 목적으로 관세를 부과하는 경우는 드물다. 두 번째 이유는 국내산업을 보호하기 위해서 관세 장벽을 설치하는 것이다. 관세를 부과하면 국내 산업을 외국과의 경쟁으로부터 보호해 주는 효과를 갖는다. 오늘날 관세를 부과하는 가장 중요한 이유는 바로 이 두 번째 이유 때문이다.

관세가 국내 산업을 보호하는 효과가 있으나, 긍정적인 영향만을 주는 것은 아니다. 관세부과가 가져오는 부정적 영향을 살펴보면 다음과 같다. 첫째, 관세는 수입재의 가격을 인상시키고 동시에, 수

35 관리무역과 비슷한 '무역의 관리'(management of trade)라는 것이 있다. '무역의 관리'란 '관리무역'(managed trade)과는 달리 첨단기술 산업과 국가기간산업의 대외경쟁력을 제고할 수 있는 전략의 수립, 이를 통한 국제수지의 방어, 그리고 국가경제의 낭비적 요소를 제거함으로써 국가경제의 경쟁력을 제고하는 통상정책의 방식을 말한다.

입재와 경쟁 관계에 있는 국산 재화의 가격도 인상시켜 수입국 소비자들이 피해를 보게 된다. 둘째, 관세 부과는 국내생산을 무리하게 증대시켜 해당 산업의 비효율성을 초래한다. 관세부과로 가격이 상승하면 외국에서 저렴하게 생산될 수 있는 것을 무리하게 국내에서 비싸게 생산되도록 만든다. 이는 전 세계적으로 볼 때 자원의 낭비를 가져온다. 예를 들어 열대지방이 아닌 지역에서 비닐하우스에 높은 난방비를 들여 생산하는 것이 그 예가 될 수 있다.

이처럼 수입관세는 생산의 비효율성과 소비의 비효율성을 초래한다. 이러한 이유에서 GATT와 그 뒤를 이은 WTO는 수입관세의 인하 또는 폐지를 위해 오랫동안 노력해 왔다. 그러한 노력은 괄목할 만한 성과를 가져왔는데, GATT가 출범할 1947년 당시 세계 각국의 평균관세율은 40%가 넘었는데 우루과이 라운드 이후 7% 수준으로 하락하였다.

비관세 무역장벽

관세가 아닌 다른 무역장벽, 즉 수입금지, 쿼터, 수출보조금, 덤핑, 그리고 '행정규제상의 기준' 등을 비관세 무역장벽이라고 부른다. GATT 체제하에서는 모든 비관세 무역장벽은 철폐하고 관세만을 허용했으며, 그 관세도 점차 낮추어 가는 것을 목표로 출발했다. 그러나 점차적으로 무역수지 적자국에 대한 예외를 인정하였고, 선진국들도 자국의 산업을 보호하고 무역수지 적자 문제를 해소하기 위해 상대적으로 눈에 잘 드러나지 않는 비관세 무역장벽들을 점차 널리 사용하였다. 특히 첨단기술, 정보통신 및 서비스 분야에서 자국의 국제경쟁력을 높이기 위해 간접적인 방식으로 국가의 지원을 강화하였다. 그리하여 오늘날 신보호주의 현상이 세계 무역의 중요한 현안으로 대두되었다.

수입금지와 수입쿼터

가장 대표적이고 직접적인 비관세 무역장벽이 수입금지와 수입쿼터(import quota)이다. 수입금지는 특정 품목들을 아예 수입금지하는 것이고, 수입쿼터는 수량 제한을 하는 것을 말한다. 선진국들은 주로 자국의 농업을 보호하기 위해 수입쿼터를 실시한다. 일본의 쌀 수입쿼터와 미국의 원당(原糖) 수입쿼터가 좋은 예이다. 반면에 개발도상국들은 제조업 부문을 보호하기 위해 수입쿼터를 실시한다. 우리나라는 과거 자동차산업과 과수농업 등을 보호하기 위해 외제 자동차나 바나나 수입에 대하여 수입쿼터를 적용하였다.

수입쿼터는 여러 가지 점에서 수입관세와 유사하다. 그러나 관세 또는 수입쿼터 부과에 따른 수입이 누구에게 귀속되느냐는 다르다. 관세수입은 관세를 부과하는 수입국 정부에 관세수입으로 귀속된다. 그러나 수입 쿼터의 경우에는 수입가격과 국내 판매가격과 차이 때문에 발생하는 이익이 여러 가지 방식으로 귀속된다. 우선 수입국 정부가 수입량을 관리하고 수입권(import license)을 경매에 붙여 입찰하면 쿼터 수입은 관세와 마찬가지로 수입국 정부에 귀속된다.[36]

■ 사탕수수

또한 정부가 채산성이 없는 산업을 전략적으로 육성하기 위해 쿼터를 특정 기업에게 일종의 보조금처럼 주는 경우도 있다. 이러한 일이 많아지면 수입업자들은 수입권을 따내려고 로비를 해 수입권을 따기 위한 불필요한 경쟁이 자원의 낭비를 초래하게 된다.[37]

흥미롭게도 쿼터제로 인해서 수입국이 아니라 수출국이 이익을 보는 경우도 있다. 수출국이 수입국 정부의 압력을 받아 수출물량을 자율적으로 제한하는 경우가 있다. 이것을 수출자율규제(Voluntary Export Restraints, VER)라고 부른다. 이 경우, 수출국 정부가 생산자들 간에 수출량을 사전에 배분하여 수출업자들 간의 경쟁을 방지해 수출 가격을 높이면 오히려 수출국이 이익을 보게 된다.

■ 1981년 미국 협상 대표인 William Brock(가운데)가 일본의 Zenko Suzuki 수상과 수상 관저에서 일본 자동차의 대미 수출자율규제 합의 후 대담하고 있다.

이러한 수출규제의 대표적인 예가 일본 자동차의 대미 수출자율규제이다. 자동차 부문의 대일 무역적자가 심각하게 되자, 미국 정부는 1981년 일본 정부에 자동차 수출을 줄이기 위해 수출자율규제를 해 줄 것을 요청했다. 그러나 이는 전혀 예상치 못한 결과를 가져왔다. 일본 정부가 일본 자동차 생산자들에게 수출물량을 배분함으로써 오히려 미국 시장에서 일본 자동차 가격 인상으로 인한 이익이 일본 자동차 메이커들에게 귀속되었다. 1985년 이후 미국은 수출자율규제의 폐지를 희망하였지만, 그 후에도 일본은 1994년까지 이 제도를 유지했다.

수출자율규제가 의도된 효과를 가져 오지 못하

36 이러한 방식으로 운영되는 쿼터를 경매쿼터(auction quota)라고 부른다. 재정적자가 많은 나라는 경매쿼터를 선호한다.

37 예를 들어, 수입업자들은 관공서에서 긴 줄을 서면서 대기하려 할 것이다. 이러한 현상을 경제 용어로서 '큐잉'(queuing)이라 부른다.

자, 최근에는 수입국이 자발적으로 수입을 확대하도록 하는 수입자율확대(voluntary import expansion, VIES) 조치가 사용되고 있다. 특히, 미국은 일본으로 하여금 미국산 자동차에 대한 수입을 자율적으로(실제로는 의무적으로) 확대하도록 요구하고 있다. 이러한 형태의 수입자율확대는 앞으로도 선진국들에 의해서 더욱 빈번하게 사용될 것으로 예상된다.

수출보조금과 상계관세

GATT에서 관세부과를 규제하자, 각국은 수출산업의 경쟁력을 높이기 위해 수출산업에 대하여 보조금을 지급하기 시작했다. 수출보조금은 기업의 수출에 대하여 정부가 재정적 보조를 실시하는 것을 말한다. 수출 기업은 자신의 수출 상품에 대하여 외국의 소비자들로부터 받는 가격 이외에 추가로 자국 정부로부터 보조금을 받는다.

수출보조금 제도는 비관세 무역장벽들 중에서 가장 복잡하고 개념이 불분명한 것 중의 하나이다. 수출보조금이 겉으로는 드러나지 않는 경우가 많기 때문이다. 각종 산업에 대한 세제 및 금융상의 혜택은 쉽게 구분하기 어렵다. 과거 GATT부터 수출보조금제도가 많은 논란이 되고 있는 이유도 바로 수출보조금이 갖는 이러한 특성 때문이다. 각국에서 산업계는 자국으로 상품을 수출하는 국가들이 실시하는 수출보조금으로 자국의 기업들이 불리하게 된다고 주장한다. 이러한 주장은 미국에서 가장 빈번하게 제기되었다. 미국과 경쟁을 하고 있는 일본이나 개발도상국들에서 실시되는 수출보조금이 미국기업들에게 불공정한 요인으로 작용하고 있다는 주장이다.

다른 무역장벽들과는 달리 수출보조금은 수입국뿐만 아니라 수출국에도 영향을 준다. 우선 수입국 소비자들은 낮은 가격의 혜택을 입지만, 수입국 생산자는 피해를 입는다. 수출국에서는 보조금의 지급으로 무리하게 생산이 이루어져 자원배분의 비효율성이 발생한다.

수출보조금의 효과는 이를 실시하는 국가의 숫자에 따라 다르게 나타날 수 있다. 모든 국가가 실시하면 가격인하 경쟁이 불가피하게 되어 국제가격이 하락한다. 이때 어느 한 국가가 나서서 먼저 수출보조금을 폐지하지 못한다. 그럴 경우, 세계시장에서 가격 경쟁력을 상실하게 되기 때문이다. 바로 이 점이 우루과이 라운드에서도 농산물 보조금 문제가 쉽게 타결되지 못한 이유이다.

수출보조금으로 인해 피해를 입은 경쟁국들은 보조금을 무력화시키기 위해서 그에 상응하는 '상계관세'(相計關稅, countervailing duties)를 부과한다. 즉 상계관세는 수출국 정부가 실시하는 수출보조금으로 인하여 수입국 생산자가 입게 되는 손실을 보상해 주기 위해 수입국 정부가 수출보조금에 해당되는 금액만큼의 관세를 수입재에 부과하는 제도를 말한다. GATT와 WTO에서는 상계관세가 일종의 관세임에도 불구하고 수출보조금에 의해서 야기된 자원배분의 비효율성을 원점으로 되돌릴 수 있기 때문에 허용하고 있다.

반덤핑

아마도 비관세 무역장벽 중에서 국제무역 관행으로서 가장 논란의 대상이 되는 것이 덤핑을 둘러싼 논쟁들일 것이다. 덤핑의 정의는 두 가지가 있다. 그 첫째가 '가격기준'(the price-based)에 따른 정의이고, 다른 하나는 '비용기준'(the cost-based)에 따른 정의이다. 가격기준 정의에 의하면 어느 국가의 기업이 외국 시장에서 자국 내에서의 가격보다 낮은 가격으로 판매하는 경우에는 덤핑으로 판정한다. 반면에 비용을 기준으로 하는 덤핑의 정의는 제품의 생산비용 이하의 가격으로 판매되는 경우를 말한다. 과거에는 덤핑이라 하면 대개 가격을 기준으로 하는 정의로 인식되었고, 실제로 국가 간 교역에서 문제가 되었던 경우들도 가격기준의 덤핑이다.

최근 몇 년 사이에 와서는 비용을 기준으로 하는 덤핑이 점점 더 널리 사용되게 되었고, 특히 미국에서 제기된 덤핑 사례들이 판매가격과 생산비용 간의 차이를 문제로 삼는 경우가 많아지고 있다. 덤핑을 정의하는 방식이 중요한 문제가 되는 이유는 덤핑을 어떻게 정의하느냐에 따라서 덤핑으로 분류되기도 하고, 또 그렇지 않을 수도 있기 때문이다. 궁극적으로 수입국의 반덤핑(anti-dumping) 조치의 합법성 여부도 좌우될 수 있다.

예를 들어, 미국의 철강회사인 American Steel Company가 한국의 포항제철을 덤핑으로 제소하고 싶을 경우 American Steel Company나 미국의 무역대표부가 포항제철의 생산비를 쉽게 알지 못하기 때문에 포항제철이 American Steel Company의 생산비용 이하로 판매하고 있다고 주장한다. 그러나 이를 근거로 덤핑 판정을 한다면 국가 간 교역에 대단히 부정적인 영향을 미치게 될 것이다.

왜냐하면 비교우위가 없는 어느 국가도 경쟁국을 덤핑으로 몰 수 있기 때문이다. 비교우위를 갖는 국가가 그 재화 생산에 전문화해야 한다는 것이 비교우위 원리의 핵

심적인 내용이다. 부주의한 덤핑의 정의에 근거한 반덤핑제소 때문에 국가 간 교역을 허용하지 않는다면 비교우위를 기초로 하는 국가 간 교역은 상당히 위축될 것이다.

국산품비율 규정과 원산지규정

국산품비율규정(domestic content requirement)은 수입품 부품의 일부분과 조립이 국내에서 이루어져야만 한다는 조항이다. 원산지규정(rules of origin)은 제품이 어느 곳에서 생산되었는지를 표시하도록 하는 제도이다. 국산품비율규정은 부품생산자와 부품산업에 종사하는 노동자들을 보호하기 위한 것이었다. 그런데 이 조항으로 인해 외국 기업들의 생산비가 상승되어 산업보호의 효과가 나타나게 된다.

국산품비율규정은 특히 자동차 산업에 많다. 예를 들면, 미국의 자동차 노동조합 UAW(the United Auto Workers)는 미국 시장에서 50만 대 이상을 판매하는 자동차 생산자의 부가가치 중 90%를 북미에서 창출되도록 하는 법안을 지지하였다. 그 이유는 외국산 자동차의 수입을 억제하고 '외부조달'(outsourcing)을 제한하기 위한 것이다. 외부조달이란, 국내에 기반을 둔 생산자가 외국으로부터 부품을 조달하거나 외국에서 제품을 조립하는 것을 말한다. 국내 생산자는 비용 면에서 유리하기 때문에 외국에서 부품과 조립을 조달하게 된다. 미국의 자동차 생산자들은 일본의 하이테크 조립 방식을 받아들여 전 세계 공장에서 자동차를 생산하고 있다. 자동차의 주요 부분인 엔진과 기어변속장치(transmission) 등도 캐나다, 멕시코 및 브라질에서 생산되어 미국으로 수입되어 '미국 자동차' 안에 장착된다. 이러한 경향은 부품산업을 위축시키고, 일자리가 줄어들게 하므로 노조에 의해서 문제가 제기되었다.

그런데 한 국가가 연구개발에서 디자인, 그리고 노동집약적인 조립작업 등 모든 자동차 제조공정에서 비교우위를 갖기는 어렵다. 따라서 외부조달은 각 공정을 가장 비교우위가 있는 곳에서 일어나게 한다. 그런데 국산품비율규정과 원산지규정은 이러한 전문화과정을 실질적으로 제한하는 결과를 가져온다.

국산품비율규정과 원산지규정으로 인하여 외부조달이 제한되는 것은 개발도상국들에게 특히 불리하게 작용한다. 왜냐하면 개발도상국들은 자동차산업과 같은 산업의 경우 전 과정을 개발하기가 어렵다. 따라서 몇 가지 특정 부품산업만을 가지고 있거나 선진국 기업의 조립 라인을 유치하고 있는 경우가 대부분이다. 그러므로 선진국에서 외부조달을 제한하게 되면 개발도상국들은 자신들이 생산한 부품을 수출하지 못하게 되거나 조립라인을 가동할 수 없게 된다.

정부조달정책

정부조달(government procurement)의 경우 많은 국가들은 국산품을 우선적으로 구매하도록 하는 '국산품 구매조항'(buy-domestic requirements)을 적용하고 있다. 예를 들면, 공무원들이 공무로 여행할 경우 자국 항공사를 이용해야 한다든지, 또는 보험은 자국 보험회사와 계약해야 하는 등의 규정이 바로 그것이다.

미국의『The Buy American Act of 1933』는 정부조달 시 자국 기업에 대하여 6%의 마진을 유리하게 배정하도록 하고 있다. 즉 외국 기업은 국내 기업보다 6% 낮은 가격으로 입찰에 응해야 동등하게 경쟁할 수 있다. 방위산업은 이 마진이 50%에 달하므로 군사장비는 거의 대부분 미국 기업으로부터 조달하고 있다.

■ VIN(vehicle identification number: 자동차의 생산에 관한 모든 정보를 제공하고 있음)

정부조달과 관련하여 문제가 되고 있는 현안들은 대부분 더 복잡하고 비공식적인 내용들이 많다. 예를 들어, 정부가 외국기업들에게는 입찰과 관련된 정보를 주지 않는다든지 외국 기업이 접근하기 어려운 방식으로 입찰을 하는 방식이 그것이다. GATT의 도쿄 라운드 협상은 정부조달과 관련된 이러한 문제점들을 제기하였고, 그 후 우루과이 라운드에서 이 문제 해결을 위한 노력이 있었다. 하지만 정부조달과 관련된 조항에 서명한 국가는 22개국에 불과하며 극히 제한적인 정부기관에만 적용되고 있다. 그럼에도 불구하고 정부조달과 관련된 입찰이 구체적이고 공개적인 절차가 되어야 한다고 합의한 것은 한 걸음 진전된 것이라고 할 수 있다.

행정, 기술 및 규제적 기준

관세가 점진적으로 폐지되어 감에 따라서 새로운 보호무역의 수단으로서 각종 행정규제들이 사용되고 있다. 국산품비율 규정 및 원산지 규정, 정부조달 기준, 기술적 제품기준, 그리고 규제적 조항 등이 자주 사용되는 행정규제의 예이다. 이러한 규제들이 국제무역에서 논란의 대상이 되는 이유는 원래의 의도와는 달리 이들 행정·기술상의 규제들이 보호주의의 수단으로 사용되는 경우가 있기 때문이다.

각국 정부는 국민의 건강과 안전을 지키기 위해 여러 가지의 행정(administrative), 기술(technical) 및 규제적 기준(regulatory standards)을 통하여 경제활동을 규제한다. 그런데 이러한 규제가 결과적으로는 무역장벽이 되는 경우가 있다. 예를 들면 식품이나, 장난감 등의 안전검사는 원래 국민의 건강이나 안전을 보호하기 위한 규제였으나 오늘날에는 무역장벽으로 이용되고 있다.

좀 더 구체적인 예를 들자. 일본의 도로세(road taxes)는 배기량이 큰 승용차에게 불리하도록 되어 있다. 또한 미국 정부는 에너지효율 기준을 충족시키지 못하는 자동차에 대해서는 재정적 벌금을 물리고 있는데, 이 벌금의 피해를 가장 많이 입는 회사는 메르세데스-벤츠(Mercedes-Benz)나 BMW 같은 고급 자동차를 생산하는 독일의 자동차 회사들이다. 한편 일본은 한때 미국산 자동차용 전화는 가장 비즈니스가 활발한 도쿄-나고야 구간에서는 사용할 수 없게 규제하였다. 이 규제는 미국이 보복조치를 취한 후에야 해제되었다. 또한 독일은 471년 동안 독일에서 판매되는 맥주에는 '물, 호프(hops), 이스트(yeast), 그리고 보리(barley)'만이 들어가야 한다는 '순수맥주법'(Reinheitsgebot: purity order)이 존속시켰다. 이 조항은 외국산 맥주의 독일 내 판매를 효과적으로 규제하였다. 외국산 맥주는 대부분 화학첨가물(chemical additives), 쌀(rice), 옥수수(corn), 콩(soy), 또는 수수(millet)를 재료로 하기 때문이다.

Reinheitsgebot

유럽연합 EU는 1980년대 후반부터(당시는 European Economic Community(EEC)였음) 회원국 간 자유롭게 이동되는 상품들에 대하여 공동의 기준인 CE-마크를 사용해 오고 있다. CE-마크는 전기제품이나 장난감 같이 안전과 관련된 제품에 대하여 적용되는 엄격한 기술적 기준이다. 이러한 기술적 기준들도 경우에 따라서는 매우 효과적인 비관세 무역장벽으로 작용할 수 있다. WTO 체제 안에서 이러한 규제가 중요한 쟁점으로 논의되고 있다.

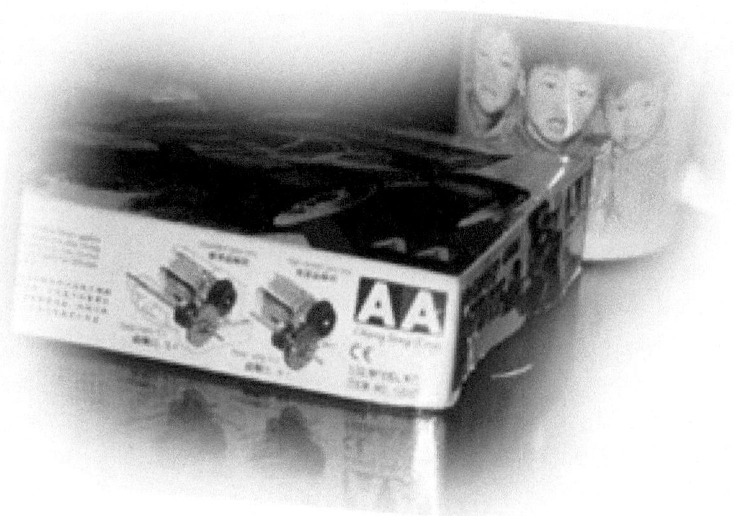

■ CE-Mark; 우리 주변에서 CE-마크가 표시된 제품을 찾아 보자(예, 스마트폰 배터리, 노트북 등)

■ CE-마크가 표시된 일본의 장난감

지역주의의 확산은 바람직한가?

지금까지 설명한 바와 같이 자유시장의 원리에 의해 전 세계가 국가 간 교역을 제한하는 국경이 사라지며 글로벌화가 전개되고 있다. 그러나 이와 동시에 다른 한편으로는 지역경제가 통합되는 현상이 함께 일어나고 있다. 지역주의(regionalism)라고도 표현되는 이러한 현상은 지역을 토대로 하여 무역을 자유화하고 촉진하기 위하여 정부가 취하는 여러 가지 조치들을 의미한다. 그러나 WTO가 사용하는 정의인 '지역무역협정'(Regional Trade Agreements, RTAs)은 반드시 지역을 기반으로 하는 것은 아니다. RTA는 한국과 칠레와 같이 지리적으로 멀리 떨어진 국가들 사이에서 이루어지는 무역협정들도 모두 포함한다. 따라서 본 절에서 사용되는 지역경제통합이라는 표현은 RTA와 마찬가지로 반드시 지리적으로 국한되는 개념은 아니며, 국가 간에 이루어지는 무역협정을 의미하는 보다 일반적인 개념이다.

WTO는 각 회원국들의 양자간 또는 다자간 지역무역협정을 통보받도록 규정되어 있으며, 이러한 협정의 체결 시 반드시 WTO의 '무차별조항'(non-discrimination clause: Article I of GATT, Articel II of GATS 등)을 준수하도록 하고 있다. WTO의 입장에서는 RTA가 WTO의 규정을 준수하는 경우 국제무역의 확대를 가져올 수 있다고 보기 때문에 이를 금지하지는 않고 있다. 본 절에서는 지역경제가 통합되는 이유와 유형 그리고 그에 대한 우리의 대응을 생각해 본다.

지역경제통합이 일어나는 이유

국가 간 장벽이 사라지면서 새로운 경제 블록화가 나타나는 이유는 하나로 통합된 세계시장 안에서 시장에 대한 영향력을 잃지 않으려는 동기 때문이다. 지역경제통합은 〈그림 10-2〉에서와 같이 개별국가 경제와 글로벌경제의 중간에 위치한다고 할 수 있다. '글로벌경제'란 전 세계가 하나의 시장으로 통합되는 것인 반면에 '개별국가 경제'는 국가의 주권이 강력하게 행사되는 것을 말한다. 세계경제는 이 두 가지 경제체제 사이에서 갈등을 나타내고 있으며, 그 힘의 균형 속에서 중간 지점에 위치하는 것이 지역경제권이다. 세계경제가 하나로 통합되어 가면서 개별국가의 주권이 의미를 잃어가고, 개별국가들은 이를 만회하기 위해 경제 블록을 형성하고 있다. 그러므로 지역경제권이 늘어난다고 궁극적으로 반드시 세계경제가 하나로 통합된다는 것은 아니다. 오히려 지역경제권이 늘어날수록 힘의 대립이 심화될 수도 있다.

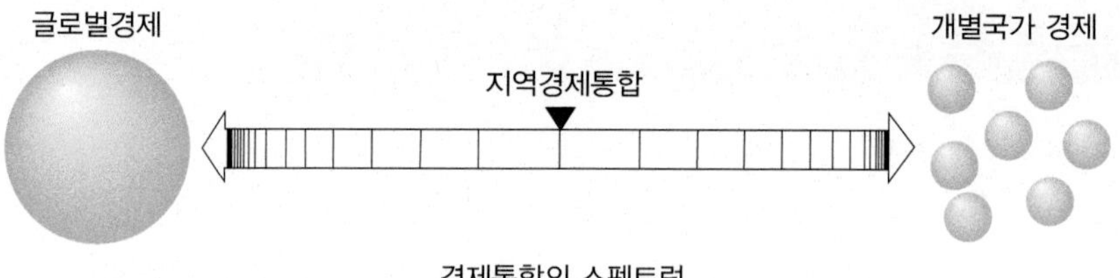

▲ 그림 10-2

세계경제의 통합

글로벌 경제는 전 세계가 일관된 행동원칙을 갖는 하나의 시장으로 통합되는 것을 의미한다. 반면에 개별국가 경제는 국가의 주권이 강력하게 행사된다. 세계경제가 이 두 가지 극단의 위치에 정착하는 것이 지역경제권이다.

지역경제통합의 단계

초기 단계의 통합: 선호무역배려, 자유무역지대, 관세동맹

〈그림 10-3〉에는 경제통합의 단계가 나타나 있다. 경제통합이 반드시 이와 같은 순서에 따라 진행되어야 하는 것은 아니다. 그러나 일반적으로 이러한 과정을 따르고 있다. 경제통합의 가장 초기적인 수준은 회원국에 대하여 특별한 혜택을 제공하는 '선호무역배려'(preferential trading arrangements, PTA)이다. PTA 회원국들은 회원국들 간에 비회원국들에

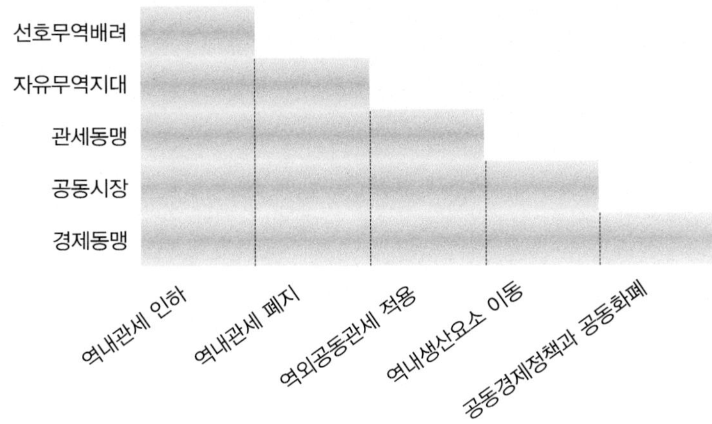

▲ 그림 10-3

경제통합의 단계

경제통합은 몇 단계로 구분되는 것이 중요하기보다는 통합의 내용이 무엇인가를 이해하는 것이 중요하다. 지역경제통합은 일반적으로 선호무역배려, 자유무역지대, 관세동맹, 공동시장 및 경제동맹의 단계로 진행된다.

비해 무역장벽만을 낮추어준다. 예를 들면, 회원국들에게는 비회원국들에 비해 수입관세를 절반으로 낮추어 준다.

〈그림 10-4〉의 (1)에는 신호무역배려를 실시하는 2개 회원국과 1개 비회원국 간의 교역관계의 예를 보여 준다. A국과 B국은 PTA의 회원국이며, C국은 비회원국이다. 예를 들어, 회원국 간에는 비회원국보다 낮은 관세율(5% 또는 10%)이 적용되고 있다.

두 번째 단계의 경제통합은 〈그림 10-4〉에서 보듯이 자유무역지대(free-trade area, FTA)이다. 자유무역지대는 회원국들 간, 즉 역내(域內, intra-group) 국가에 대하여는 모든 무역장벽을 제거하고, 비회원국가, 즉 역외(域外, nonmembers) 국가에 대하여는 각자가 무역정책을 결정한다. 미국, 캐나다 및 멕시코 간의 '북미자유무역협정'(the North America Free Trade Agreement, NAFTA)가 그 예이다. 자유무역지대는 모든 재화에 대하여 적용될 수도 있고, 또는 특정 상품에 대하여만 적용될 수도 있으므로 합의가 쉽게 이루어진다는 장점이 있다.

그러나 비회원국과 독자적인 관세율을 유지하기 때문에 관세가 낮은 국가를 통하여 상품을 수입하는 우회수송(transshipment)의 문제가 발생한다. 〈그림 10-4〉에 나타니 있듯이 비회원국 C는 회원국 B에 직접 수출하기보다는 회원국 A를 경유해 B국으로 우회수출하면 관세를 10% 절약할 수 있다. 이럴 경우 B국은 관세수입을 잃고, 전체적으로는 수송비가 더 소요되는 낭비를 가져온다.

이러한 문제점을 해결하기 위한 한 가지 방법이 관세동맹(關稅同盟, customs union)이다. 관세동맹은 역내국들 간에는 무역장벽을 제거한다는 점에서는 자유무역지대와 같으나,

(1) 〈선호무역배려(PTA)〉

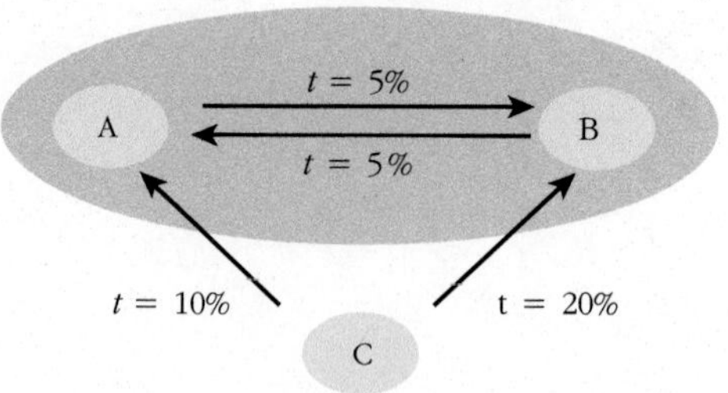

(2) 〈자유무역지대(Free-Trade Area)〉

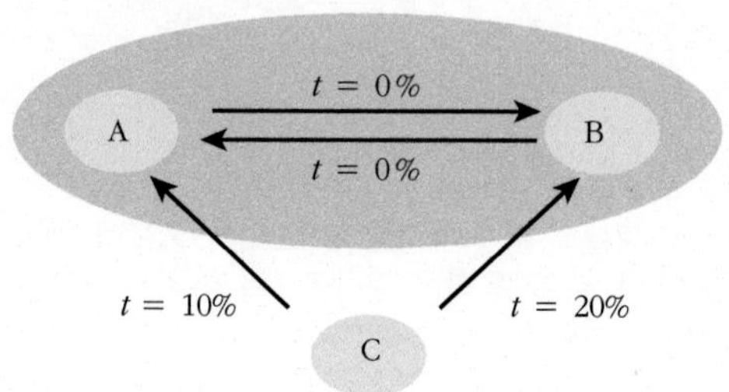

(3) 〈관세동맹〉

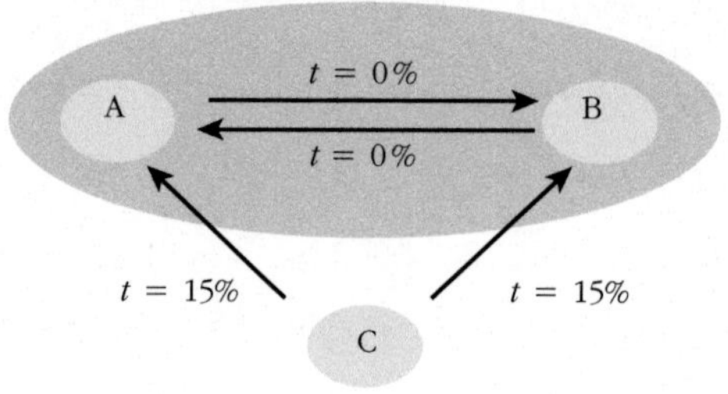

▲ 그림 10-4

지역경제통합의 수준과 관세율

선호무역배려의 경우 회원국간에 낮은 관세율이 적용되고, 자유무역지대는 회원국간에 관세가 폐지되나 비회원국에 대해서는 서로 다른 관세율이 적용된다. 관세동맹의 경우는 비회원국에 대해서도 같은 관세율을 적용하여 우회적으로 재화가 수입되는 것을 방지한다(참고: A와 B는 회원국을, C는 비회원국을 나타낸다. t는 관세율이다).

역내국들은 역외국들에 대하여 공동의 역외관세(Common External Tariff, CET)를 적용하는 점에서 차이가 있다. 관세동맹 하에서는 우회수송의 동기가 사라진다. 관세동맹의 가장 대표적인 사례는 유럽연합(EU)의 전신인 유럽경제공동체(the European Economic Community, EEC)가 로마협약(1958년)으로 시행한 것이며, 유럽연합의 경우 CET는 통합 이전의 회원국들의 평균관세가 적용되었다.

통합의 성숙 단계: 공동시장과 경제동맹

관세동맹까지는 개별회원국들이 경제주권이 제한되지 않기 때문에 비교적 쉽게 이루어질 수 있다. 그러나 관세동맹보다 더욱 강화된 경제통합은 개별 회원국들에 많은 영향을 주고, 또한 개별회원국의 경제주권을 제한하기 때문에 그렇게 쉽게 이루어지지는 않는다. 이는 회원국 간의 많은 합의와 노력을 필요로 한다. 관세동맹에서 발전된 경제통합이 공동시장(共同市場, the common market)이다. 이는 재화뿐만 아니라 생산요소(즉, 노동과 자본 등)의 이동을 허용하는 것이다. 그리고 회원국 화폐 간에 고정환율제도(fixed exchange rates)를 유지하려고 노력한다. 고정환율제도가 공동시장을 위해 반드시 진제되는 것은 아니지만, 다음 단계인 경제통합을 위해서는 반드시 단일 화폐를 필요로 하기 때문이다. 유럽 연합의 경우는 공동시장을 위한 '네 가지 자유'(the four freedoms)로서 노동, 재화, 서비스 및 자본의 자유로운 이동을 들고 있다.

가장 높은 수준의 경제통합은 경제동맹(經濟同盟, economic union)이다. 경제동맹은 공동의 경제정책을 실시하며 공동화폐를 갖는다. 현실적으로 경제동맹은 대단히 달성하기가 어렵다. 그 이유는 정치적으로, 경제적으로 그리고 문화적으로 개별국들이 처해 있는 상황이 달라 경제정책에 관해서도 합의를 이끌어 내는 것이 대단히 어렵기 때문이다. 따라서 현실에서 공동시장이나 경제동맹의 사례가 많지는 않다. 역사적으로도 프로이센이 관세동맹을 통해 경제적 통합을 이룩하였고, 그 후 경제통합을 거쳐 독일의 정치적 통합을 이룩한 예가 있을 뿐이다. 유럽연합은 1957년 로마협약을 통하여 경제동맹을 추진해 왔으며, 2002년 1월 단일 화폐인 유로(Euro)를 일상생활에서 전면적으로 사용하면서 완전한 경제동맹을 달성하였다(은행 간 거래에서는 1999년부터 유로 사용). 그러나 2008년 글로벌 금융위기를 극복하는 과정에서 유럽연합은 회원국들 간에 국가 재정에 대한 공동의 규범을 가지는 재정동맹(fiscal union)의 필요성이 높아지고 있다. 재정동맹 없이는 경제통합이 제한적일 수밖에 없다는 인식이 높아지고 있다.

지역경제통합에 대한 우리의 대응

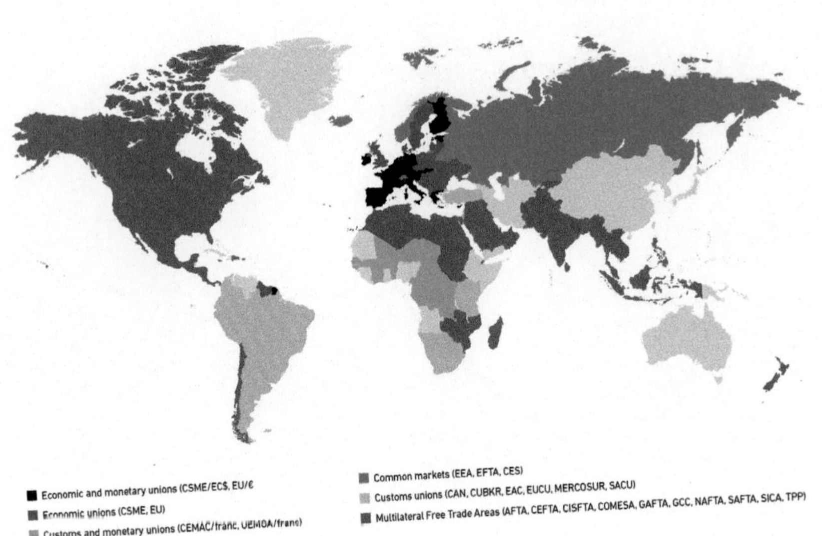

세계적으로 지역경제통합은 현재 논의 단계에 있는 경우에서 부터 단일통화를 실시하는 경우까지 많은 유형이 존재하고 있다. 한국을 비롯하여 21개 회원국이 가입되어 있는 APEC, 즉 '아시아 태평양 경제협력'(The Asia Pacific Economic Cooperation, APEC)은 아직 논의단계에 불과하다. 반면에, 유럽연합은 2002년 1월 1 일을 시점(始點)으로 가장 높은 수준의 통합인 경제동맹(economic union; EU는 이를 economic and monetary union(EMU)라고 함)을 달성하였다. 〈표 10-8〉에는 현재 실질적으로 작용하고 있는 대표적인 지역경제권의 면모(面貌)가 정리되어 있다.

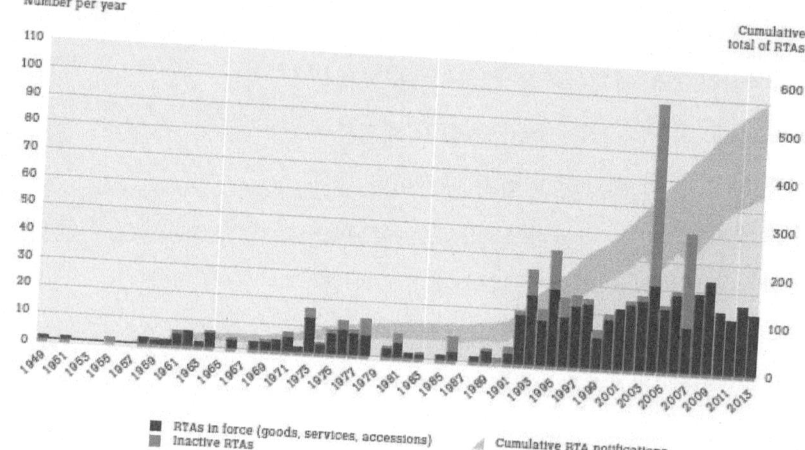

현재 세계는 FTA 체결의 열풍이 불고 있다고 해도 과언이 아니다. 지금도 FTA 체결건수는 급속히 증가하고 있다. 세계 각국 의 FTA 체결 현황을 살펴보면 가장 많은 FTA를 체결한 국가인 칠레는 54개 국가와 FTA를 체결했다. 그 다음이 유럽자유연합(EFTA)의 4나라로 45개국과 체결하였다. 그리고 멕시코가 44개국과, 그리고 유럽연합(EU)이 43개국과 체결했다. 미국의 경우 19개국과 체결을 하였다.[38]

우리나라의 경우 정부는 2003년 8월에 "FTA 추진 로드맵"을 세우고 주요 교역 대상국과 전략적이고 단계적인 FTA를 동시다발적으로 추진하기로 하였다. 특히 미국, EU, 중국 등 거대경제권과의 FTA를 중장기

38 2007년 현재. 유럽자유연합(EFTA)은 스위스, 노르웨이, 아이슬란드, 리히텐슈타인 등 유럽연합에 가입하지 않은 서유럽 4개국을 말한다.

▲ 표 10-8 **지역경제권의 예**

명 칭	설립배경	연 도	회 원 국	주요 의제(현안)	문 제 점
유럽연합(EU, the European Union) www.europa.eu.int/	제2차 세계대전 후 독일을 포함하는 안정적인 유럽을 건설할 목적으로 로마협약에 의해 설립	1958년	Belgium, Luxemburg, Netherlands, France, Germany, Italy, Britain, Ireland, Denmark, Greece, Spain, Portugal, Austria, Finland, Sweden, Czech Republic, Cyprus, Estonia, Latvia, Lithuania, Hungary, Malta, Poland, Slovenia, Slovakia, Bulgaria, Romania	추가 가입 신청국의 가입문제, 도하 각료회의에 따른 WTO의 서비스, 농산물 분야, 경제사회적 결속 등	2008년 글로벌 금융위기 극복 과정에서 재정동맹 필요성 대두됨.
아세안(ASEAN, the Association of southeast Asian Nations) www.asean.org	동남아시아 국가들의 지역 공동 번영을 위한 경제성장, 사회 및 문화적 발전 목표.	1967년	Indonesia, Malaysia, Philippines, Singapore, Thailand(창설국), Brunei(1984), Vietnam(1995), Laos, Myanmar(1997), Cambodia(1999)	2015년까지 The ASEAN Community 설립 추진	Treaty on the Southeast Asia Nuclear Weapon-Free Zone 난항, ASEAN+3 관계 등
아시아태평양 경제협력기구(APEC, Asia Pacific Economic Cooperation) www.apec.org	아시아태평양 경제의 상호의존성 증기에 대응하기 위하여 Pacific Economic Cooperation 발족(1980년 9월, Canberra)	1989년	The U.S., Japan, Canada, Australia, New Zealand, ASEAN 6개국(Brunei Darussalam, Indonesia, Malaysia, The Philippines, Singapore, Thailand), Korea(이상 창설 12개국), Chile, China, Hong Kong, Mexico, Papua New Guinea, Peru, Russia, Chinese Taipei, Vietnam (이상 21개국)	2001년 10월 상하이 제8차 정상회의 개최: 보고르선언을 실현시키기 위한 일정 수립 합의.	회원국 중 선진국과 개도국 간의 이해 차이, 전원 합의 의사결정방식에 따른 느슨한 협의체 체제.
Mercosur www.mercosur.int	Treaty of Asuncion (Paraguay)에 의해 창설(1991년 3월)	1991년	Argentina, Brazil, Uruguay, Paraguay Venezuela	관세동맹 형태에서 최종적으로 공동시장 추진	Chile(1996)와 Bolivia(1997)는 associate members이나 관세율 조정문제 존재.
북미자유무역협정(NAFTA, North-America Free Trade Agreement) www.nafta-sec-alena.org	멕시코의 경제개혁 조치 추진에 따른 미국과의 자유무역 협정으로 시작, 캐나다의 참여로 3자 협정 체결.	1994년	Canada, Mexico, the United States	Chapter 11(투자국 분쟁 조항)	Chapter 11이 국제법과의 배치되는 문제
아메리카 자유무역지대(FTAA, Free Trade Area of the Americas)	아메리카대륙국가들 사이에 무역과 투자 장벽의 해소 및 자유무역지대 창설	1994년	United States, Canada, Brazil, Colombia, Chile, Coasta Rica 등 아메리카 대륙 34개국	2005년 12월 FTAA 협정 발효	회원국간의 경제규모 격차에 따른 입장 차이 조정 문제

자료: www.wto.org/english/fratop_e/region_e/reglnk_e.htm

세계는 크게 북미, 중남미, 유럽, 그리고 동남아시아로 대표되는 지역경제권으로 분할되고 있다.

적으로 추진하기로 하고 그 일환으로 한-미FTA를 추진하였다. 우리나라는 2004년 4월 칠레와의 FTA 협정 발효를 시작으로 싱가포르, EFTA, 아세안, 인도, EU, 페루, 미국, 터키, 콜롬비아, 호주, 캐나다, 중국 그리고 뉴질랜드 등과 FTA를 맺고 있다.[39] 이외에도 미국이 주도하는 이른바 '메가 FTA'로 불리는 '환태평양경제동반자협정'(Trans-Pacific Partnership) 논의도 가속도가 붙고 있다.

세계가 이렇게 FTA 체결에 열을 올리는 이유는 여러 가지가 있을 수 있다. 첫째, FTA가 일반적으로 양 당사국간의 협정이므로 신속하고 강력하게 추진할 수 있고, 둘째는 추진일정을 탄력적으로 조정할 수 있으며, 셋째는 역시 양자 간 협상이므로 협상의 거래비용을 절감할 수 있고, 또한 넷째, 상대국 선별이 자유롭기 때문에 윈-윈(win-win)효과를 증대시킬 수 있다는 점 등이다. 또한 회원국들은 FTA를 통하여 완전 개방화에 대비할 수 있다.

한국도 이러한 지역경제권의 확산에 적절하게 대응할 필요가 있을 것이다. 특히, 지역경제권을 통해 회원국들 간의 무역장벽을 해소함으로써 무역을 확대시킬 수 있는 긍정적인 효과(무역창출효과)를 극대화해야 할 것이다.[40] 그리고 지역경제권으로 인하여 생산적인 비회원국과의 교역이 비생산적인 회원국과의 교역으로 바뀌는 부정적인 영향(무역전환 또는 무역이탈)을 최소화시켜야 한다. 이러한 측면에서 볼 때, 지역경제권의 형성이나 가입에는 신중한 접근과 사전 검토가 필요할 것이다.

흔히 생각하듯이 회원국간의 산업구조가 보완적이거나, 또는 생산요소(노동과 자본) 간의 보완성이 높다고 바람직한 지역경제권이 되는 것은 아니다. 오히려 회원국 간에 산업구조가 경쟁적인 경우에 지역경제권의 효과가 크게 나타날 수 있다. 그 이유는 단기적으로는 회원국 간의 산업구조가 보완적인 것이 역외국가들에 대해 경쟁력을 높이는 효과를 가져 오겠지만, 장기적으로는 새로운 제품이나 기술의 개발을 도외시하게 되어 경쟁력을 확보하지 못하게 되기 때문이다. 따라서 한국과 중국처럼 산업구조가 보완적인 경우보다는 한국과 일본처럼 경쟁적인 경우가 회원국 간에 비교우위를 더욱 강화해 갈 수 있다는 점에서 바람직할 수 있다.

지역경제권 회원국 간의 산업구조가 중요한 한 가지 역사적인 예를 유럽자유무역연

39 외교부, http://www.mofa.go.kr/ENG/policy/fta/status/overview/index.jsp?menu=m_20_80_10(검색일: 2015년 6월 10일).

40 무역창출(trade creation) 효과란 자유무역지대가 설립되면서 회원국 간에 무역이 새롭게 늘어나면서 얻게 되는 후생증가 효과를 의미한다. 이는 자유무역지대가 가져오는 긍정적인 측면이다. 그러나 이와는 반대로 자유무역지대가 설립됨으로써 원래는 비효율적이어서 무역 상대국이 아니었지만, 이제는 자유무역지대에 의해 회원국이 되어 관세가 철폐됨으로써 무역 상대국이 된 국가로부터의 수입(輸入)으로부터 오는 손실이 발생하게 된다. 이는 자유무역지대가 설립되기 이전에는 생산이 효율적이었던 국가로부터 수입이 이루어졌지만, 그 효율적인 국가가 자유무역지대 회원국이 되지 못함으로써 그 국가로부터의 수입이 제한되는 데 따른 손실이며, 이러한 손실을 '무역이탈'(trade diversion)이라고 부른다. '무역전환효과'라고 번역되기도 하지만, 부정적인 측면을 나타내기 위해서는 '전환'보다는 '이탈'이라는 표현이 더 적절해 보인다.

합(the European Free Association, EFTA)과 유럽연합(EU)의 전신인 유럽경제공동체(the European Economic Community, EEC)에서 찾을 수 있다. 1950년대 말에 출범한 이 두 지역경제권은 회원국의 산업구조 면에서 서로 비교된다. EFTA의 경우 출범 회원국의 산업구조는 보완적이었다. 오스트리아(제철, 금속가공), 스웨덴(전기기기, 승용차), 스위스(기계금속, 화학), 그리고 영국(철강, 기계) 등은 제조업 중심의 산업구조를 가지고 있는 반면, 덴마크(낙동, 농업), 노르웨이(낙농, 목재), 그리고 포르투칼(농산물 가공)은 1차 산업 위주의 산업구조를 가지고 있었다. 반면에 EEC 출범 회원국들인 서독(자동차, 기계, 전기), 프랑스(자동차, 조선, 철강), 이탈리아(자동차, 철강, 조선, 기계), 벨기에(철강, 기계, 자동차), 룩셈부르크(철강, 화학, 금속), 그리고 네덜란드(화학, 전자, 기초금속)는 공업기반이 강한 나라들로써 상호 경쟁적인 관계에 있었다. 그런데 40여 년의 시간이 흐른 뒤 보완적인 산업구조를 가지고 있는 EFTA보다는 상호 경쟁적인 산업구조를 가지고 있는 EEC가 결국 EU로 발전되어 유럽 경제를 통합시켰다. 이러한 역사적 경험을 통해서 볼 때 무역 구조가 보완적인 국가들로 구성된 지역경제권이 반드시 지역통합에 유리하다고 보기 어렵다. 그리고 서로 경쟁관계에 있는 국가들로 구성된 지역경제권이 오히려 장기적으로는 더 경제통합에 유리할 수 있다는 것을 알 수 있다.

또한 회원국 간의 생산요소 간에도 보완성보다는 대체성이 높은 경우가 바람직할 수 있다. 그 이유는 생산요소의 보완성에 의존하면 단기적으로는 비용면에서 유리할지 모르지만, 장기적으로 볼 때는 회원국들 간의 비교우위를 희석시킬 위험성이 있기 때문이다. 예를 들어 어느 회원국이 자국의 높은 임금에도 불구하고 자동차산업에서 높은 기술력을 토대로 비교우위를 확보하고 있는 경우, 지역경제권에 들어오게 되면서 역내 회원국의 저렴한 노동을 사용하게 됨으로써(공동시장 단계의 경우) 단기적으로는 자동차 산업에서 높은 기술력을 유지하지 않고도 국제시장에서 가격경쟁력을 가질 수 있게 된다. 따라서 자신이 가지고 있었던 기술면에서의 비교우위를 유지하고자 하는 노력을 소홀히 할 수 있고, 장기적으로 볼 때 지역경제권의 가입이 오히려 부정적인 결과를 초래할 수 있다. 따라서 지역경제권의 가입을 결정할 때는 장기적인 경제적 측면을 충분히 고려해야 하며, 단기적인 이해관계에 급급하거나, 특히 정부나 정치권이 산업구조와 생산요소의 보완성을 내세워 특정 국가 또는 지역경제권과 FTA를 체결해야 한다고 언급할 때에는 주의가 필요하다고 하겠다.

글로벌 금융과 한국경제

우리는 앞에서 글로벌 무역시스템에 대해서 살펴보았다. 본 절에서는 글로벌 금융시스템을 살펴본다. 글로벌경제의 가장 중요한 특징이 전 세계가 하나의 네트워크로 연결되고 있다는 것이라고 했는데, 이 네트워크의 기본이 되는 것이 바로 금융 네트워크이다. 1997년 동아시아의 외환위기와 2008년도의 리먼사태는 글로벌 금융을 통해 세계경제가 긴밀하게 연결되어 있다는 것을 보여 주는 대표적인 사건들이다. 본 절에서는 글로벌 금융네트워크와 시스템을 구성하는 국제금융시장, 외환시장, 그리고 환율제도 등을 다룬다. 이를 위하여 우선 국제금융의 개념과 역할을 살펴보자.

국제금융은 어떤 기능을 하나?

국제금융의 기능

제9장에서 금융이란 '자본의 수급(需給) 현상'을 의미한다고 하였다. 그러므로 국제금융은 금융자산이 국가 간 수급되는 현상을 의미한다. 어느 한 국가에서 자본 생산성이 높아 이자율이 높게 지불될 수 있다면 국제 자본은 그 곳으로 이동한다. 경제 성장률이 높은 지역으로 국제자본이 이동하는 이유도 바로 이것 때문이다. 국제금융은 이렇게 자본의 생산성이 높은 지역으로 자본이 쉽게 이동하도록 하는 역할을 한다. 따라서 국제금융은 자본의 효율적인 배분을 통하여 세계경제의 생산성 증가에 기여한다. 1980년대 이후 세계의 자본이 아시아지역에 몰린 이유도 바로 이 지역이 상대적으로 생산성이 빠르게 증가했기 때문이다.

그러나 투기를 목적으로 한 막대한 단기성 자금의 이동이 국내경제에 미치는 영향이 커지는 것은 문제로 지적되고 있다. 이로 말미암아 개별국가의 국내 통화량, 생산, 금리 등의 조정이 어려워졌다. 예를 들면, 중앙은행이 국내경기 조절을 목적으로 국내 통화량을 늘리거나 줄이는 정책을 취하는 경우, 국내 금리의 변동으로 인하여 자금이 외국으로 유출되거나 또는 유입되어 정책이 본래 의도한 결과를 달성하기 어렵게 되었다. 따라서 국제금융의 발달은 세계경제의 성장을 촉진한다는 긍정적인 측면과 함께, 각국 경제의 연계성을 심화시키고 국내 경제정책의 효과를 상쇄시켜 세계경제의 불안정성을 높인다는 부정적인 측면도 함께 갖고 있다.

빠른 '증권화' 현상

2015년 2월 5일 목요일 증권 제29264호 조선경제

주식도 해외직구 열풍, 남들은 뭘 사나 봤더니

한국 투자자들, 해외 ETF·애플·테슬라 등 쓸어 담아

해외 주식에 직접 투자하는 국내 투자자들이 늘고 있다. 그동안 해외 투자는 주식형 펀드를 통해 간접 투자하는 방식이 일반적이었지만 이제는 투자자가 직접 나서서 해외 주식을 사고파는 방식으로 투자 방식이 변하고 있다. 국내 증시가 오랜 기간 답답한 흐름을 이어가고 해외 주식 투자가 간편해지면서 직접 해외 증시를 노리는 사람이 많아진 것이다.

주식 '직구' 217% 급증

지난해 한국인이 많이 산 해외 주식 (단위: 달러) 자료: 예탁결제원

차이나 AMC CSI300 인덱스 ETF	2억3500만
애플	2억1400만
테슬라	2억1200만
아이셰어즈 유로 하이일드 회사채 ETF	1억8300만
다이렉션 SH ETF	1억6600만
다이렉션 스몰캡 ETF	1억5900만
중국인민보험공사	1억5900만
프로셰어즈 트러스트 ETF	1억1300만
SPDR S&P500 ETF	9900만

주식 직구, 3년 새 200% 증가
해외 주식은 정보 얻기 어려워 투자하기엔 ETF가 더 쉬워
환율 위험·세금 부과 유의를

식에 투자하는 '차이나 AMC CSI300 인덱스 ETF'는 국내 투자자들의 매수와 매도 물량을 포함한 결제 금액이 2억3500만달러로 가장 많았다. 유럽 하이일드 회사채 ETF인 블랙록의 '아이셰어즈 유로 하이일드 회사채 ETF(ISHARES EURO HY CORP BND ETF)'도 결제금액이 1억8300만달러였다. 미국 ETF 운용사인 다이렉션의 '다이렉션 SH ETF(DIREXION SH ETF TR)' '다이렉션 스몰캡 ETF(DIREXION SMALL CAP BULL 3X SHARES)'에 대한 결제금액도 각각 1억6600만달러, 1억5900만달러였다.

다이렉션 SH ETF는 모건스탠리캐피탈인터내셔널(MSCI) 이머징마켓지수를 따르고, 다이렉션 스몰캡 ETF는 뉴욕증시의 소형주로 구…

…해외 종목보다 투자하기 쉽다"고 설명했다.

◇세금·환율 셈법 따져야

해외 주식 투자는 생각보다 간편하다. 증권사에 해외 주식 매매 거래 계좌를 만들고 해외 투자 전용 홈트레이딩시스템(HTS)을 깔면 된다. HTS를 통해 국내 주식을 거래하는 것과 마찬가지로 해외 주식…

해외 주식 직접투자 결제 금액 (단위: 달러)

2011년	24억9268만
2012년	29억577만
2013년	56억2675만
2014년	79억945만

1990년대 이후 국제금융시장의 두드러진 현상은 유가증권(즉 채권과 주식) 시장이 은행부문보다 빠르게 확대되는 '증권화현상'(securitization)이다. 특히 개발도상국에 대한 은행대출이 감소하면서, 점차로 유로채권시장[41]을 통한 자금 조달이 확대되고 있다. 그리고 규모는 작지만 유로주식시장도 점차 활성화되고 있다. 비록 증권화현상이 은행부문의 비중을 감소시키는 경향이 있지만, 은행의 증권시장 참여가 증대되어 은행부문과 증권부문 간의 관계가 더욱 좁아지고 있다. 증권화현상은 다음 절에서 다룰 선물, 옵션, 및 스왑과 같은 새로운

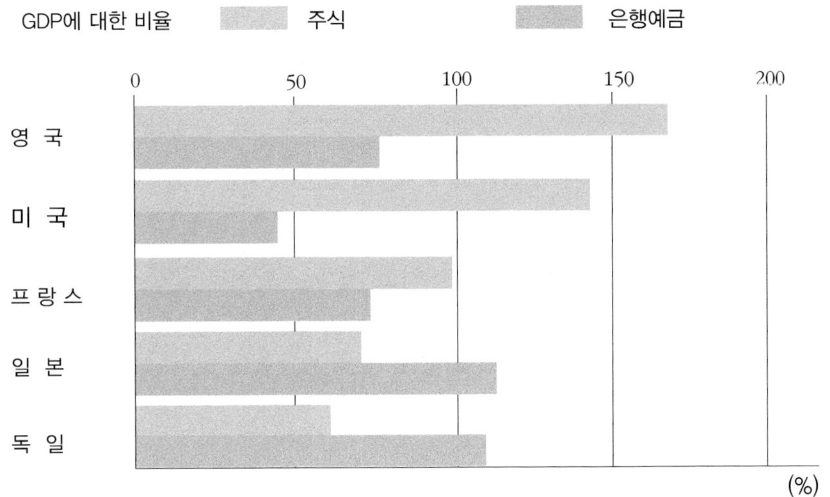

자료: The Economist.

▲ 그림 10-5

주요국의 주식과 은행예금의 대 GDP비율(%)

세계 주요국 중에서 영국, 미국, 그리고 프랑스의 경우 GDP대비 주식비율은 GDP대비 은행예금의 비율보다 훨씬 높다(2001년 기준). 일본과 독일의 경우는 은행예금의 비율이 높지만 점차 주식의 비율이 높아지는 추세를 보이고 있다.

41 Eurobond 또는 Euroequity에서 Euro는 원래 미국 달러가 미국이 아닌 다른 곳(주로 유럽이었다)에서 거래되는 것을 Eurodollar시장이라고 부른 것에서 유래한다. 그렇지만, 이제는 현지의 화폐가 아닌 다른 국가의 화폐로 발행된 유가증권임을 뜻한다.

상품들의 등장을 가져왔으며, 이러한 파생상품(derivatives)[42]들은 투자가들의 신용, 유동성 및 환율상의 위험을 감소시키는 데 도움을 주고 있다.

또한 금융 부문은 전자통신기술의 발달로 인하여 더욱 빠르게 국제화되고 있고, 이러한 추세는 실물경제의 성장을 추월할 것으로 보인다. 또한 국가 간 자본이동에 대한 정부의 규제도 빠르게 완화되고 있다. 그 결과 다양한 금융거래가 나타나고 있다. 예를 들어, 국가 간 외환 대출(forex: foreign exchange credits)이나 이러한 자금의 예치 등은 유럽에서는 거의 제한 없이 이루어지고 있으며, 증권거래의 자유도 보장되고 있다. 이와 같이 국제금융시장은 앞으로도 빠르게 성장할 것으로 보인다. 그러므로 국제금융의 확대가 글로벌 경제에 가져다주는 효과와 영향에 대한 이해는 더욱 중요한 문제가 되고 있다.

국제금융시장은 어디에?

최근에는 한국에 거주하는 일반인들도 국외 주식에 직접 투자하는 이른바 '직구'(直購, 직접 구매)가 크게 늘어나고 있다고 한다. 그동안 국외 투자는 주식형 펀드를 통해 간접적으로 투자하는 방식이 일반적이었지만 이제는 일반인들이 직접 나서서 외국의 주식을 사고파는 방식이 늘어나고 있다는 것이다. 간단한 국외 투자 전용 홈트레이딩 시스템을 다운받아 설치하면 된다고 하는데, 환율의 급작스런 변화와 국외 주식 거래에만 부과되는 세금 문제 등이 있다.

이처럼 이른바 '국제금융시장'이라는 것은 특정 물리적 공간이나 장소를 의미하기보다는 24시간 국제금융 거래가 가능한 개념적 정의라고 할 수 있다. 전 세계의 투자가들은 온라인 거래 등 다양한 거래 방식을 통하여 금융 자산을 사고파는 국제금융시장에 참여하고 있는 것이다. 이 국제금융시장에서 거래되는 주요 상품으로는

42 파생상품은 원래의 금융상품으로부터 만들어진 상품을 말한다. 본 장의 뒤에서 다루어지는 선물환 시장 그리고 옵션 등이 파생상품의 예이다.

▲ 표 10-9 **자본시장 규모(2013년)**

(단위: 10억 달러)

	GDP	외환보유고 (금 제외)	주식시장 (a)	채권시장 (b)	은행 자산 (c)	a+b+c (d)	$\frac{d}{GDP} \cdot 100$
World	74,699.3	12,129.7	62,552.0	99,788.8	120,421.6	282,762.4	378.5
European Union	16,286.9	570.0	12,646.3	30,072.5	44,871.4	87,590.2	537.8
Euro area	12,874.1	331.0	7,539.2	22,478.9	32,394.2	62,412.3	484.8
North America	18,594.8	205.4	24,417.8	39,130.0	19,809.5	83,357.3	448.3
Canada	1,826.8	71.8	2,137.1	2,187.6	3,881.7	8,206.4	449.2
United	16,768.1	133.5	22,280.7	36,942.4	15,927.8	75,150.9	448.2
Japan	4,898.5	1,237.2	4,599.3	12,243.6	11,422.5	28,265.4	577.0
EU Countries							
Austria	416.1	12.5	121.8	658.8	1,502.8	2,283.4	548.8
Belgium	508.3	18.1	366.7	776.5	1,162.6	2,305.8	453.7
Denmark	330.6	86.1	320.4	901.0	1,174.9	2,396.3	724.8
Finland	267.4	9.4	218.1	310.4	544.3	1,072.8	401.2
France	2,807.3	50.8	2,140.1	4,756.7	8,178.3	15,075.0	537.0
Germany	3,636.0	67.4	2,030.4	4,356.9	8,281.5	14,668.8	403.4
Greece	241.8	1.4	82.6	222.1	560.9	865.6	358.0
Ireland	232.2	1.4	168.1	1,195.6	1,021.4	2,385.1	1,027.4
Italy	2,072.0	50.8	631.1	4,074.3	2,986.2	7,691.6	371.2
Luxembourg	60.4	0.9	78.6	841.5	983.8	1,903.9	3,152.1
Netherlands	853.8	22.6	818.6	2,377.8	2,514.8	5,711.2	668.9
Portugal	220.1	2.8	85.9	395.5	636.4	1,117.7	507.9
Spain	1,358.7	35.4	774.8	2,389.2	3,834.4	6,998.3	515.1
Sweden	558.9	60.5	751.3	848.9	1,019.6	2,619.8	468.7
United	2,523.2	92.4	4,035.4	5,843.8	10,282.6	20,161.7	799.0
Newly Industialized	2,365.5	1,342.5	6,252.7	2,566.8	5,228.7	14,048.1	593.9
Asian economies							
Emerging Markets	28,913.0	7,995.2	11,232.7	11,226.4	31,782.5	54,241.6	187.6
Of which:							
Asia	13,750.4	4,679.1	6,024.8	5,796.6	22,612.2	34,433.6	250.4
Latin Americas and	5,748.7	802.9	2,183.6	3,564.8	3,761.2	9,509.6	165.4
Caribbean							
Middle East and North	3,127.3	1,396.8	1,114.3	236.6	1,927.5	3,278.4	104.8
Africa							
Sub-Saharan	1,575.9	204.2	609.1	244.7	579.6	1,433.4	91.0
Europe	4,710.7	912.2	1,301.0	1,383.6	2,901.9	5,586.5	118.6

자료: IMF, *Global Financial Stability Report: Risk Taking, Liquidity, and Shadow Banking, Curbing Excess while Promoting Growth*, October 2014, p. 163.

각국 기업의 주식과 채권, 정부채권, 외환, 금, 석유 등의 자원과 같은 상품(commodities) 그리고 이들 금융자산의 파생상품 시장 등이다. 가장 대표적인 상품시장 중의 하나인 NYMEX(New York Mercantile Exchange)는 날씨에 대한 계약을 사고팔기도 한다. 이 계약의 주된 고객은 날씨 변화에 경영 성과가 직접적으로 영향을 받는 제설장비 회사, 소금 공급 회사, 스키장 및 리조트 등이다.

국제수지가 중요한 이유는?

국제수지는 왜 중요한가?

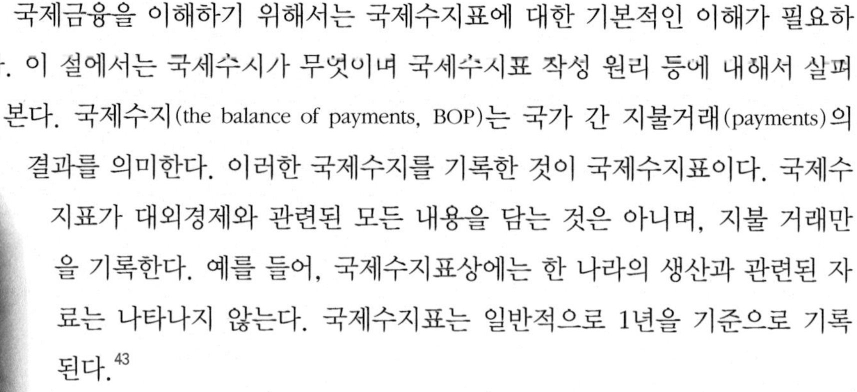

국제금융을 이해하기 위해서는 국제수지표에 대한 기본적인 이해가 필요하다. 이 절에서는 국제수지가 무엇이며 국제수지표 작성 원리 등에 대해서 살펴본다. 국제수지(the balance of payments, BOP)는 국가 간 지불거래(payments)의 결과를 의미한다. 이러한 국제수지를 기록한 것이 국제수지표이다. 국제수지표가 대외경제와 관련된 모든 내용을 담는 것은 아니며, 지불 거래만을 기록한다. 예를 들어, 국제수지표상에는 한 나라의 생산과 관련된 자료는 나타나지 않는다. 국제수지표는 일반적으로 1년을 기준으로 기록된다.[43]

경제가 개방적이고 대외의존도가 높을수록 국제수지가 중요하다. 한국은 미국 또는 말레이시아 등과 달리 부존자원의 대부분을 외국에 의존하고 있고, 특히 (재화의) 수출과 수입의 규모가 GDP의 80.8%(2017년 기준)에 이를 정도로 높은 대외의존도를 가지고 있으므로 언제라도 다시 외환위기가 발생할 수 있는 가능성이 있다고 할 수 있다. 따라서 국제수지 문제가 대단히 중요하다.[44]

특히, 우리나라의 경우에는 연간 5천 8백억 달러 규모의 수출(2017년 기준)을 하고 있지만, 연간 4,570억 달러 규모의 수입을 하고 있다. 수입의 내용을 살펴보면 원자

43 국제수지표는 모든 거래가 지불에 초점을 맞추어 기록된다. 그리고 국민소득(GDP) 계정과 마찬가지로 '기간'이 명시되어야 하는 플로우(flow) 개념이다. 예로, 2015년 1년 동안의 우리나라와 다른 나라들과의 거래를 기록한다.

44 2017년을 기준으로 우리나라의 대외의존도 = $\frac{|\text{재화수출}| + |\text{재화수입}|}{GDP} \times 100 = \frac{577,381 + 457,493}{1,530,200} \times 100 = 80.8$(단위: 백만 달러, %)

▲ 표 10-10 **국제수지가 중요한 이유: 우리나라의 수입품 구조**

(단위: 백만 달러)

연 도	총수입	소비재	원자재(원유)	자본재
2000	160,481	16,074	78,975(25,216)	65,433
2002	152,126	18,795	76,063(18,465)	56,399
2004	224,463	23,296	117,723(28,484)	81,135
2006	309,383	31,652	174,767(54,289)	101,237
2010	425,212	41,855	249,462(68,662)	133,386
2014	525,564	62,168	313,466(94,972)	149,494
2018	535,172	67,834	390,222(80,374)	77,116

자료: 한국무역협회 홈페이지 www.kita.net > 무역통계 > 한국무역 > 품목별 수출입 또는 산업/성질별 수출입

우리나라의 2018년도 총수입 약 5,352억 달러 중 소비재 수입이 13%인 678억 달러, 원자재 수입이 약 73%인 3,902억 달러(그 중 원유 수입이 804억 달러), 그리고 자본재 수입이 약 15%인 771억 달러에 달한다. 경상수지 흑자가 많아도 한국 경제는 매년 이같이 막대한 수입을 충당해야 하는 어려움을 안고 있다. 특히, 유가의 변동폭이 큰 경우 국제수지 관리는 매우 중요한 문제가 될 수 있다.

재가 3,903억 달러로 전체 수입의 73%를 차지하고 있다. 이 중에서 원유와 천연가스 등 에너지 수입에 1,250억 달러(전체 수입의 23%)를 지불하고 있어, 우리나라의 대표적인 수출품인 반도체(1,267억 달러)를 제외하고 자동차(409억 달러), 그리고 석유제품(466억 달러)를 합친 금액에 가깝다. 만약에 우리나라가 충분한 외환보유액을 유지하지 못하게 된다면 우리는 에너지 등 원자재 수입을 할 수 없게 되고, 우리 경제는 심각한 어려움에 처하게 될 것이다. 1997년 말의 외환위기와 2008년의 글로벌 금융위기 같은 위기 상황에 대처하기 위해서는 충분한 외환보유액의 확보가 매우 중요한 문제가 될 것이다. 국제수지에 대한 이해는 이러한 관점에서 우리 국민 모두에게 매우 중요한 사안이라고 할 수 있다.

국제수지표의 기본 개념

국가마다 경제활동의 중점사항과 운영방식이 다르기 때문에 국제수지표도 약간의 차이가 있으나, 대부분의 나라들은 국제통화기금(IMF)의 국제수지표 양식을 기본으로 해서 약간 변형된 양식을 사용하고 있다. IMF 국제수지표의 기본구조는 '2+1 구조'이다. 즉 국제수지표는 두 개의 주요 계정인 경상계정(current account)과 자본계정(capital account), 그리고 한 개의 마감계정인 공적결제계정(official settlement account)으로 구성되어 있다.[45]

경상계정은 당해년(current, 해당연도)의 거래를 기록한다는 뜻에서 '경상'(current)이라고 부른다. 실제로 '경상'이라는 용어는 자본계정과 대응되는 이름이 아니다. 따라서 '상품(경상)계정'이라고 부르는 것이 마땅한데 '상품'이라는 단어를 떼고 그냥 경상계정이라고 부른다. 물론 자본계정 등 다른 계정들도 역시 당해 연도의 거래를 기록한다. 과거에는 상품의

45 경상계정, 자본계정 그리고 공적결제계정은 각각 영어로 current account, capital account, 그리고 official settlement account라고 부른다.

거래가 국제수지의 대부분을 차지했기 때문에 '경상계정'은 상품 거래가 대부분이었다. 그러나 오늘날에는 금융자산의 거래를 기록하는 '자본계정'(또는 금융계정)의 비중이 더 커지고 있다. 그러나 국제수지표 상에 관례적으로 이러한 용어로 굳어진 것으로 보인다.

경상계정은 상품, 즉 재화와 서비스의 거래를 기록하는 계정이다.[46] 재화의 수출은 대변(貸邊, credit)거래, 즉 수입(受入)으로 기록되고 (+)로 표시된다. 반면에, 재화의 수입은 차변(借邊, debit)거래, 즉 지급(支給)으로 기록되며 (−)로 표시된다. 수출의 경우 자국 상품이 국외로 나가는데 플러스(+)로 기록되는 것은 앞에서 설명하였듯이 국제수지표가 국가 간의 '거래'(payments)만을 기록하기 때문이다. 재화의 수출이 발생하면, 외환은 국내로 들어온다.

경상계정 중에서 재화의 거래만을 기록하는 계정을 예전에는 '무역수지'(trade balance)라고 불렀다. 그러나 한국은행이 사용하는 새로운 용어는 '상품수지'이다. 그러나 경제용어로서 '상품'은 재화뿐만 아니라 서비스도 포함하기 때문에 이 새로운 용어는 적절하지 못하다. 일반적으로 trade balance라고 할 때에는 재화와 관련된 지불거래를 의미한다. 한국은행의 '상품수지'는 IMF의 명칭에 따르면 'merchandise balance'이다.

다음의 서비스수지는 운수, 보험, 여행 및 해외 금융자산에 대한 투자수익 등을 기록한다. 상품이 눈에 보이지 않는 다는 이유에서 '보이지 않는 계정'(an invisible account)이라고 불리기도 한다. 한편 소득수지(income account balance)는 국내에서 취업하고 있는 외국인 근로자에게 지급된 소득과 외국에서 취업한 내국인이 벌어들인 소득, 그리고 대외금융자산 또는 부채와 관련된 배당, 이자 등의 투자소득으로부터의 수입(credit)과 지급(debit) 간의 차이를 말한다. 투자소득은 더 자세히 구분하면 직접투자소득, 증권투자소득, 그리고 기타투자소득으로 나눌 수 있다. 한편, 국가 간 원조, 재외 동포의 송금 등 반대급부를 전제로 하지 않는 거래인 이전거래도 경상계정에 포함시킨다. 그러므로 경상계정은 재화의 거래, 서비스의 거래, 소득수지 그리고 이전거래를 포함한다.

'2 + 1' 구조의 두 번째 계정인 자본계정은 금융자산 거래로 이루어지는 지불을 기록한다. 예를 들면, 외국 주식시장에서 주식을 매입하는 경우 외국으로 돈이 지불되므로 자본유출이 되고, 자본계정에 차변거래(−)로 기입된다. 반대로 외국인이 국내 부동산을 매입하기 위해 내국인에게 돈을 지불을 하였다면, 이 거래는 자본계정에 대변거래(+)로 기록된다.

외국인이 국내 자산을 매입하는 경우 자본수지는 플러스로 기록되는데 사실은 자국의 대외부채는 증가한 것이다. 다시 말해서 그만큼 외국으로부터 자본을 차입하는 것이

46 경제학에서는 상품은 재화와 서비스로 구분되는데, 한국은행의 국제수지표에는 '상품'이라는 용어는 '재화'의 의미로 사용하고 있다. 이는 경제학에서 사용되는 표현과 다르다.

고, 따라서 대외부채도 증가한다. 반대로 자국민이 국외 자산을 매입한 경우에는 자본수지에 마이너스로 기록된다. 이 경우는 자국의 국외자산은 늘어난다. 그러므로 자본수지가 플러스가 되는 것이 반드시 바람직한 것만은 아니다. 그만큼 외국에 대해 빚이 늘어나는 셈이기 때문이다. 중요한 것은 외국 자본이 국내에 도입됨으로써 장기적으로 자국 경제에 도움이 되는가의 여부이다. 이 점에 관해서는 다음 절에서 다시 논의하기로 하자.

'2 + 1' 구조에서 '+1'에 해당되는 마감계정인 '공적결제계정'(official settlement account)이다. 이 계정은 여러 가지 이름으로 불리지만 중요한 것은 이 계정의 역할이다. 한 마디로 말해서 공적결제계정은 경상계정과 자본계정에서 이루어지는 모든 민간 거래상의 수입(credit)과 지급(debit)간의 차이가 기록되는 계정이다. 다음에 설명되는 국제수지표의 '복식부기' 원리는 경상계정, 자본계정 그리고 공적결제계정 간의 관계를 이해하는 열쇠가 된다.

국제수지표의 원리: '복식부기'

국제수지표는 복식부기 방식으로 기록된다. 복식부기원리는 모든 거래를 장부상에 대변과 차변에 각각 한 번씩, 즉 모두 두 번 기록되도록 하는 기록 방식이다. 국제수지표가 복식부기를 사용하는 이유는 국제수지가 갖는 중요성 때문에 기록이 잘못되거나 누락되는 일을 방지하기 위함이다. 단식부기의 예는 가계부를 들 수 있다. 가계부의 경우 모든 항목이 수입 또는 지출 칸에 한 번만 기록된다. 국제수지표에 사용되는 복식부기의 원리를 간단한 예를 통하여 이해해 보자. 다음과 같은 국가 간 거래를 생각해 보자.

미국의 CoCa-Cola 회사가 영국에 1백만 달러어치의 코크(Coke)를 수출하고 그 대가로 파운드 수표를 받았다.

▲ 표 10-11 국제수지표의 기록방식

(단위: $천)

	수입(credits)	지급(debits)	수지(balance)
〈경상계정〉			
무역수지	1,000		
(경상수지)			
〈자본계정〉			
(자본수지)		-1,000	
			0

미국의 CoCa-Cola 회사가 영국에 수출한 백만 달러어치의 Coke는 경상수지의 재화수출(+)과 자본수지의 자본유출(-)로 두 번 기록된다.

미국이 수출한 1백만 달러어치의 코크는 미국의 국제수지표상의 경상계정에 (+) 백만 달러로 기록된다. 수출이 있었고, 그에 대하여 영국 수입상으로부터 미국 회사에게 지불이 이루어졌기 때문이다. 이 때 CoCa-Cola 회사가 받은 파운드 수표는 영국 내 CoCa-Cola 회사의 거래은행에 예치될 것이다. 영국 은행에 예치된 이 수표는 미국의 국외자산의 증가가 되고(수표는 금융자산이므로), 국제수지표 상에는 자본유출로 자본계정에 (−) 백만 달러로 다시 한번 기록된다. 이때 미국 본사가 이 수표를 본국에서 가지고 있다고 해도 마찬가지이다.

결과적으로 CoCa-Cola 회사가 영국에 수출한 1백만 달러어치의 코크는 미국의 국제수지표상에 한 번은 경상계정에 (+)로, 다른 한 번은 자본계정에 (−)로 총 두 번 기록된다. 결과적으로 국제수지표 전체 수지는 항상 0이 된다. 따라서 국제수지표 전체를 놓고 흑자인가 또는 적자인가를 따지는 것은 의미가 없다. 국제수지는 복식부기의 원리에 따라서 항상 전체적으로 0이 되도록 되어 있기 때문이다. 그러므로 국제수지표상에 필요한 곳에 선을 긋고 거기까지의 수지를 보게 되는 것이다.[47]

자본수지는 경상수지의 '거울'?

그렇다면 경상계정과 자본계정은 서로 어떠한 관계를 갖는지 살펴보자. 한 마디로 말해서 자본계정은 경상계정의 '금융상의 상대역'(financial counterpart)이다. 다시 말해서, 자본계정은 경상계정에서 어떤 지불거래가 이루어졌는지를 결과적으로 보여준다. 예를 들어 설명해 보자. 만약에 어느 국가가 경상계정에서 백만 달러의 적자가 났다고 가정해 보자. 이 말은 이 국가가 외국에 대하여 재화와 용역 및 이전거래 등에서 외국으로부터 받은 돈보다 지불한 돈이 백만 달러만큼 많았다는 뜻이다. 그렇다면 받은 돈과 지불한 돈의 차이는 어떻게 메워지겠는가? 이 차이가 메워지는 방법에는 여러 가지가 있으나, 가장 일반적인 방법으로, 외국인으로부터 빌리는 경우를 생각할 수 있다. 외국인으로부터 차입하는 경우, 외국인은 국내에 있는 금융자산, 예를 들어 주식, 채권, 건물 등을 취득하

47 국제수지표에 실선을 그어 필요한 용도에 따라 국제수지표를 활용하는 것을 영어 표현으로는 'drawing the line'이라고 한다. 그리고 그어진 실선(the line)의 윗부분에 위치하게 되는 항목들을 'items above the line', 아래쪽에 위치하는 항목들을 'items below the line'이라고 한다.

고, 그 대가로 내국인에게 지불을 하여 경상수지에서 부족한 부분을 메워주게 된다.[48]

외국인의 국내 금융자산의 취득은 국제수지표상에서는 자본계정의 자본유입, 즉 (+)로 나타나게 된다. 즉, 경상계정의 적자가 자본계정의 흑자로 나타나게 된다. 이러한 의미에서 자본계정은 경상계정의 금융상의 상대역이라고 말하는 것이다. 즉, 경상계정의 적자는 자본계정의 흑자로 나타난다는 것이다. 물론 그 반대도 성립된다.

자본계정과 경상계정의 밀접한 관계는 미국경제의 경우에서도 알 수 있다. 미국은 1980년대 중반 이후 1990년대 초까지 경상수지 적자를 만성적으로 겪어왔다. 특히 재화의 수출이 수입을 크게 밑돌았다. 결과적으로 미국의 경상수지 적자는 자본수지의 흑자로 충당되었다. 외국인의 미국 자산획득 중 가장 큰 비중을 차지한 것은 일본인들의 미국 내 자산매입이었다. 일본인들은 미국에 대한 경상수지 흑자로 벌어들인 돈을 다시 미국 내 자산 획득의 형태(미국의 국제수지표상에는 자본유입)로 미국인들에게 빌려 준 셈이다. 이렇듯 국제수지표의 경상계정과 자본계정은 동전의 앞면과 뒷면의 관계와 같다고 할 수 있다.[49]

공적결제계정은 민간 부문의 거래로 나타난 수입과 지급의 차이를 마감하는 계정이므로 그 자체로서 큰 의미는 없다. 그러나 경상계정과 자본계정의 두 계정에서 수지가 균형(즉 0)을 이루지 않았을 경우에 나타나는 변화를 기록하는 계정이라는 점에서 한 국가의 국제수지 전반을 이해하는 열쇠가 된다.

공적결제계정에 포함되는 두 가지 항목은 '자국 중앙은행의 자산 감소'와 '외국 중앙은행의 국내자산 증가'이다. 여기서 주의해야 할 점이 한 가지 있다. 그것은 자국 국제수지표상에 자국 중앙은행 자산변동의 경우에는 감소가 (+)로 기록되고, 외국 중앙은행 자산의 경우는 증가가 (+)로 기록된다는 것이다. 그 이유는 다른 데 있는 것이

▲ 표 10-12 준비자산의 '증가'는 (−)로 기록

(단위: 백만 달러)

	수입(credits)	지급(debits)	수지(balance)
〈경상계정〉			
무역수지	2,000		
(경상수지)			
〈자본계정〉			
(자본수지)		−1,000	
자국중앙은행 외환리저브 증(−)			−1,000
			0

경상계정과 자본계정에서 10억 달러 흑자가 나면 자국 중앙은행의 외환리저브가 10억 달러 만큼 늘어난다. 그러나 공적결제계정비는 −10억 달러로 기록되어 전제수지는 0이 된다.

48 경상계정의 적자가 외국인의 국내 자산 취득에 따른 자금의 유입으로 메워지지 않고, 자국 중앙은행의 외화보유고로부터 지불될 수도 있다. 그럴 경우, 국제수지표상에는 어떻게 기록이 될까?

49 미국의 경상수지 적자는 외국자본의 국내유입을 가져왔고, 따라서 미국내 외국인 소유 자산이 크게 늘어났다. 결과적으로 미국은 전 세계 국가 중에서 외국인 소유 국내자산이 가장 많은 나라가 되었다.

아니고 국제수지표가 복식부기 원리에 의해 전체 수지는 항상 0으로 되어야 하기 때문이다. 이해를 돕기 위해 하나의 예를 들어 설명해 보자.

갑국의 국제수지표상에 지난 일 년 동안 경상계정과 자본계정에서 10억 달러의 흑자가 발생하였다고 가정하자. 이 두 계정에서 발생한 10억 달러의 흑자는 결과적으로 한 해 동안 갑국의 사람들이 외국 사람들로부터 받은 돈이 외국에 지불한 돈보다 10억 달러만큼 많았음을 뜻한다. 〈표 10-12〉에는 이러한 예가 나타나 있는데, 경상계정과 자본계정의 수지가 10억 달러의 흑자가 된다. 그렇다면 이 차이는 갑국의 국제수지표에 어떻게 기록되겠는가?

이 경우, 갑국의 중앙은행이 보유하고 있는 외환보유고가 10억 달러만큼 늘어날 것이다. 이 10억 달러의 리저브 자산의 증가는 갑국의 국제수지표상에 (-)로 기록이 된다. 이처럼 자국 중앙은행의 외환자산의 '증가'가 '-'로 기록되는 이유는 아주 간단하다. 앞에서 설명되었듯이, 국제수지표는 복식부기의 원리로 기록되고 전체 수지는 항상 0이 되어야 하기 때문이다. 이 예에서 경상수지와 자본수지가 (+)10억 달러를 나타냈기 때문에 공적결제계정에서는 ㄱ에 상당하는 (-)10억 달러의 수치가 기록되어야 하고, 그래야만 국제수지표의 전체 수지가 0으로 마감될 수 있다. 이러한 이유에서 갑국 중앙은행의 리저브 자산의 '증가'가 (-)로 기록된다.

이와 같이 자국 중앙은행의 외환보유고의 증가가 (-)로 기록되는 것은 어떤 경제적 의미가 있는 것은 아니라 단지 국제수지표의 복식부기 원리에 따른 것일 뿐이다. 따라서 국제수지표상에서 자국 중앙은행의 자산 감소는 (+)로 기록되는 것도 마찬가지 이유에서이다. 그러므로 여러분이 우리나라의 국제수지표에서 공적결제계정 상에 자국 중앙은행의 자산증감에서 (-)수치가 나타나면 우리의 외환보유고는 증가했음을 알 수 있다. 반대로 자국 중앙은행의 자산증감에서 (+)수치가 나타나면 한국은행의 외환보유고는 오히려 감소했다는 의미임을 알 수 있다. 〈표 10-13〉의 우리나라 2014년도 국제수지표에서도 외환보유고는 약 179억 달러 증가한 것이다. 이와 같이 공적결제계정은 마감계정이지만 한 나라의 국제수지 내용을 파악할 수 있도록 한다는 의미에서 매우 주요한 계정이다.

마지막으로 '오차와 누락'(erros and omissions)은 국제수지표의 대변 항목과 차변 항목의 불일치를 나타낸다. IMF의 Balance of Payments Manual에는 오차와 누락의 허용 범위에 대해서 구체적으로 적시하고 있지는 않지만,[50] 그럼에도 불구하고 '오차와 누락'이 지나치게 큰 경우에는 국제수지표의 신뢰성이 손상될 수 있음을 강조하고 있다.

50 과거에는 $\dfrac{\textit{statistical discrepencies}}{(\textit{merchandise exports imports})}$의 비율이 5% 이내의 정확성 유지하도록 하였음.

▲ 표 10-13 우리나라의 국제수지표(2017년도)

항목	한국은행 양식	간료화한 양식	'2 + 1' 양식
경상수지	78,460.2	78,460.2	
상품수지	119,888.7	119,888.7	119,888.7
상품수출	577,381.4		
상품수입(FOB)	457,492.7		
서비스수지	−34,472.2	−34,472.2	−34,472.2
서비스수입	87,496.6		
서비스지급	121,968.8		
본원소득수지	122.0	122.0	122.0
이전소득수지	−7,078.3	−7,078.3	−7,078.3
자본수지	−31.3	−31.3	−31.3
자본이전	60.3		
수입	175.3		
지급	115.0		
비생산비금융자산	−91.6		
수입	72.3		
지급	163.9		
금융계정	87,100.4	87,100.4	87,100.4
직접투자	14,623.0	14,623.0	
직접투자(자산)	31,675.8		
직접투자(부채)	17,052.8		
증권투자	57,847.4	57,847.4	
증권투자(자산)	75,537.4		
증권투자(부채)	17,690.0		
파생금융상품(순자산)	−8,253.3	−8,253.3	
기타투자	18,523.3	18,523.3	
기타투자(자산)	21,970.6		
기타투자(부채)	3,447.3		
준비자산	4,360.0		
오차및누락	8,671.5	8,671.5	8,671.5
			0.0

자료: 한국은행, ECOS

우리나라의 국제수지

우리나라의 국제수지표 작성을 담당하고 있는 한국은행은 1998년 1월부터 IMF가 제시한 새로운 국제수지표 양식을 사용하고 있다. 새로운 국제수지표 양식은 IMF권고안과 동일한 2+1'체계로 경상수지, 자본수지 및 준비자산증감(즉, 공적결제계정)의 체계이다.[51] 과거의 경상수지 항목이었던, 무역수지, 무역외수지 및 이전수지가 새로운 양식에서는 상품·서비스수지, 소득수지, 그리고 이전수지 항목으로 바뀌었다. 여기서 상품수지는 재화수지를 의미하며,[52] 무역외수지는 서비스수지와 소득수지로 대체되었는데, 서비스수지는 운수, 여행, 통신, 보험, 사업, 정부, 기타서비스 및 특허권 등에 대한 사용료를 포함하고, 소득수지는 과거에 무역외수지에 포함되었던 투자수익수지, 외국으로부터의 임금소득 등을 포함한다. 즉 과거의 무역외수지가 서비스와 소득수지를 한데 묶어 놓았던 것에 비하여 새로운 체계에서는 서비스 수지와 소득수지를 구분하여 나타내고 있다.

한편, 자본수지는 과거의 장기자본수지(과거 경제 성장을 위한 중요한 요소로 간주되었음)와 단기자본수지의 구분을 폐지하고, 대신에 투자수지와 기타자본수지로 나누었다. 투자수지는 다시 직접투자, 포트폴리오 투자(즉, 금융자산에 대한 투자) 및 기타투자로 구분된다.

우리나라의 국제수지표가 IMF방식으로 바뀌었다는 것은 그만큼 외국인들에게 국제수지상의 거래를 명료하게 보여줄 수 있다는 장점을 갖는다. 그러나 국제수지표는 각국의 경제목표에 따라서 어느 정도 차이를 가질 수는 있다. 과거 우리나라의 국제수지표는 자본수지를 자산의 성격에 따라 장기자본수지와 단기자본수지로 구분하여 경상수지와 장기자본수지까지를 묶어 기초수지라고 불렀다. 그 이유는 바로 이 기초수지가 한 나라의 장기 대외결제능력을 나타내기 때문이었다. 비록 우리나라의 국제수지표가 IMF방식에 더욱 가까워진 것은 사실이지만 한국경제가 장기적인 안목에서 운용되기 위해서는 현재에도 이러한 기초수지의 관리는 여전히 매우 중요한 과제이다.

국제수지표를 이해하기 위한 좋은 방법은 각국의 복잡한 국제수지표를 IMF의 '2 + 1' 구조로 간료화해 보는 것이다. 〈표 10-13〉에는 한국은행이 작성하는 우리나라의 국제수지표가 제시되어 있는데, 복잡한 항목들을 서로 묶어 '2 + 1'구조로 간료화해 보면 전체수지가 '0'이 되는 것을 확인할 수 있다.[53] 이렇게 간료화하면, 우리나라의 국제수지 현황

51 과거 금융계정에 계상되었던 예금은행(즉, 시중은행)의 대외자산변동은 민간기업의 대외거래와 함께 자본수지에 계상하고 금융계정은 폐지되었다. 따라서 새로운 양식에서 '준비자산 증감' 항목에는 IMF양식에서와 마찬가지로 각종 대외거래의 결과로 발생한 통화당국의 외환보유액 증감만을 기록하고 있다.

52 한국은행의 국제수지표 양식에는 '상품수지'와 '서비스수지'가 구분되어 있는데, 이는 상품을 단순히 재화의 개념으로 사용하고 있기 때문이다.

53 학생 여러분도 한국은행의 ECOS에서 엑셀 자료를 다운로드받아서 꼭 간료화하는 연습을 해 보면 국제

을 한 눈에 파악하는 데 도움이 된다(2017년 우리나라의 상품 수출, 수입, 서비스의 수출 및 수입, 자본유입과 유출, 외환리저브의 변화는 각각 얼마입니까?)

외환시장과 배낭여행

외환시장은 먼 시장이 아니다

외환시장은 여러 국가의 화폐, 즉 외환이 거래되는 시장이다. 오늘날 외환시장은 국가뿐만 아니라 기업들과 일반인들의 일상적인 활동에 큰 영향을 미치고 있다. 기업이 외국의 정부 또는 기업들과 거래를 할 때, 언제 그리고 어떠한 방식으로 대금을 결제하고 또 지급받느냐가 기업의 사활을 결정하는 경우가 많다. 얼마 전 우리나라에서 크게 사회적 이슈가 되었던 이른바 '키코'(knock-in knock-out option trading) 사태는 기업들이 환율시장에 대한 이해의 부족으로 큰 손해를 입었던 대표적인 사례이다. 기업들이 미래의 달러 거래를 감안하여 미리 정한 금액의 달러를 시장 환율보다 비싸게 은행에 팔아 환차익을 올릴 수 있도록 설계된 일종의 파생상품인데, 환율이 약정한 변동폭 상한선을 벗어나게 되자 기업들이 계약금의 2~3배만큼의 달러를 당초 정한 불리한 가격에 은행에 팔아야 하는 처지가 되어 거액의 환차손을 입었다. 2008년 글로벌 금융위기로 달러 가격이 급상승하면서 키코에 가입한 중소기업들이 막대한 손해를 입었고, 이들 기업들이 키코를 판매한 은행들을 상대로 소송을 냈었지만, 결국 대법원에서 패소하였다.

> 大法 "키코, 불공정 상품 아니다"… 은행 손 들어줘
>
> 지난 2008년 글로벌 금융위기 당시 수출 중소기업들에 3조원대의 손실을 입혔던 파생금융상품인 키코(KIKO·키워드)와 관련된 소송에서 대법원이 은행 측의 손을 들어줬다. 은행들이 키코를 판매한 것에 대해 불공정 거래 등의 문제가 없다는 결론을 내렸고, 손실 가능성에 대한 설명이 부족했던 불완전 판매 등에 대해서만 은행이 일부 배상 책임을 지도록 했다. 이번 판결은 지난 5년간 논란을 빚어온 키코 소송에 대한 대법원의 첫 판결이다.
>
> 대법원 전원합의체(재판장 양승태 대법원장)는 26일 수산중공업이 우리은행 등을 상대로 낸 183억원의 부당이득금 반환 청구 소송 등 4건
>
> 키코(KIKO·Knock-In Knock- out option trading) 달러 가치가 특정 범위 내에서 움직이면 수출 기업들이 환차손을 입지 않게 해주는 파생상품이다. 그런데 글로벌 금융 위기 여파로 달러값이 특정 범위를 벗어나 폭등하면서 수출 기업들이 막대한 손실을 입었다. 계약 금액의 1~2배에 해당하는 달러를 매입해 은행에 갚아야 했기 때문이다.
>
> 5년간 논란 빚은 키코 소송
> 大法 "환헤지에 부합한 상품
> 손실 가능성 설명 부족했던
>
> 2007년에 판매량이 급증했었다. 당시 달러 약세 현상이 지속돼 달러 대비 원화 환율이 상승할 가능성이 거의 없어 보였기 때문에 많은 기업이 키코에 가입했다. 그런데 2008년 글로벌 금융위기가 터지고, 1달러당 900원대 초반이던 달러에 대한 원화 환율이 1500원대로 폭등했다. 금융감독원 집계에 따르면 키코 피해 기업들의 손해액은 3조3528억원이라고 한다.
>
> 키코 소송은 440건 정도가 제기됐는데, 202건은 1심 판결이 나왔고, 165건은 은행이 이겼고, 나머지 건은 기업이 일부 승소했다. 1심 판결이 나온 소송 중 63건은 소송 당사자들이 불복해 2심을 거쳐

일반인들도 외국으로부터 도서 또는 다른 상품들을 직접 구매하는 이른바 '직구족'이 늘어나고 있어서 환율의 변화는 구매 상품의 가격과 운송비 등에 영향을 미칠 수 있다. 또한 외국에 배낭여행을 갈 계획을 세우는 경우에도 환율이 크게 변해서 원래 세웠던 예산의 범위를 벗어나 여행을 포기하는 경우도 있다. 외국에 교환학생으로 파견되거나, 또는 우리나라에 와서 공부를 하고 있는 외국

수지표를 이해하는 데 도움이 되리라 생각한다.

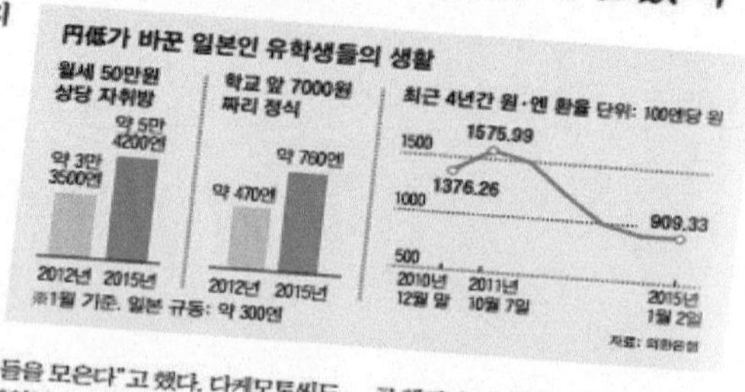

엔低 때문에… 국내 일본인 유학생들 '삶의 질' 추락

"日선 2800원이면 밥 사먹는데… 한국선 어림없어"

밥은 학교식당, 휴대폰도 해지
원룸도 비싸 고시원으로…

서울의 한 사립대 통번역 대학원에 재학 중인 일본인 유학생 A(29)씨는 올여름 졸업 시험을 앞두고 최근 일본으로 돌아갔다. '환율' 때문이었다. '엔저(低) 현상'이 장기화돼 갈수록 생활비 부담이 커지자 시험까지 6개월간 일본에서 공부한 뒤 시험 날짜에 맞춰 한국에 돌아오기로 한 것이다.

원·엔 환율은 최근 100엔당 910원대까지 떨어져 2008년 3월 이후 약 7

…들을 모은다"고 했다. 다케모토씨도 "일본 규동(牛丼·쇠고기 덮밥) 한 그릇 값인 300엔(2800원)으로 한국

…곤 했지만 이번엔 귀성을 포기했다. 아버지가 전송해준 새해 음식 사진을 보며 설움을 달랬다는

인 교환학생들의 경우에도 환율의 변화는 사람들에게 직접적인 영향을 미칠 수 있다.

외환시장은 지구 곳곳에 자리하고 있어 하루 24시간 내내 어느 때라도 외환을 사고 팔 수 있다. 〈그림 10-6〉에는 세계 외환시장의 지리적 위치가 나타나 있다. 유럽과 미국의 동부가 동시에 개장하고 있는 유럽의 오후는 가장 시장이 '깊은'(deepest) 시간대이다. 이 시간대는 다양한 외환상품이 제공되기 때문에 큰 규모의 외환거래를 하기에 적당한 시간이다. 반면에 미국의 서부인 캘리포니아가 하루를 마감하는 시간이 되면 유럽은 잠자리에 들고 도쿄와 홍콩은 다음 날 장을 위해 기지개를 펴는 시간이다. 이 때를 시장이 가장 '얇은'(thinest) 시간대라고 부른다. 이 때가 공격적인 투기꾼이나 중앙은행이 많은 양의 외환을 움직여 가격에 영향을 주려고 시도하는 시간

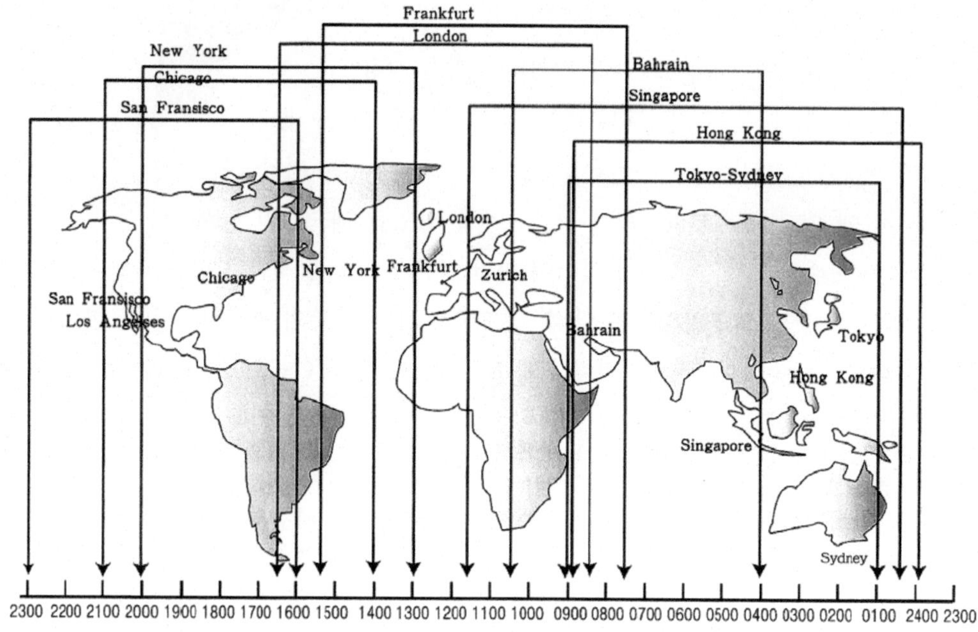

▲ 그림 10-6

세계의 외환시장

하루 24시간 내내 지구상 어느 곳에선가 외환시장이 개장되어 있다. 세계의 외환시장 중에서 가장 먼저 열리는 곳이 도쿄와 시드니이다. 그 후 홍콩, 싱가포르, 바레인, 프랑크푸르트, 취리히, 런던, 뉴욕, 시카고, 그리고 샌프란시스코의 순서로 외환시장이 개장된다. 유럽의 오후가 가장 거래가 많은 시간대이며, 샌프란시스코가 폐장할 때 도쿄와 시드니가 열리는 시간이므로, 이때가 가장 거래규모가 작은 시간대이다.

대이다.

외환시장에는 외환 딜러(dealers)와 외환 브로커(brokers) 등이 활동한다. 외환 딜러는 주로 은행이나 비은행기관들로서 외환의 재고(stock)를 가지고 '비드'(bid, 사자 주문)와 '오퍼'(offer, 팔자 주문)를 통해 외환의 시장가격이 결정되는 데 있어서 중추적인 역할을 하는 주체이다. 반면에 외환 브로커는 재고를 가지지 않은 채 외환의 가격을 매기기보다는 외환을 사거나 팔고자 하는 사람들을 대신하여 거래를 성사시키고 수수료(commission)를 받는 사람들이다. 브로커들은 전화 또는 메신저 등을 통하여 거래를 성사시킨다.

환율, 어렵고도 쉬운 개념

환율은 '비율'이 아니라 '가격'

외환시장은 여러 나라의 화폐가 거래되는 시장이므로, 이 곳에서 각 화폐 간의 가격이 결정된다. 이러한 화폐간의 가격을 환율이라고 한다. 환율은 비율이라기보다는 화폐의 가격이다. 사과시장에서 사과의 가격이 결정되듯이, 외환시장에서는 화폐의 가격이 결정된다.

화폐가 발달하지 못했던 때에는 물물교환을 통해 거래가 이루어졌다. 예를 들면, 시장에서 옥수수 한 꾸러미가 호박엿 반판과 맞바꾸어진다고 하자. 이 경우에 옥수수 한 꾸러미의 값이 호박엿 반판인 셈이다. 이렇듯 어느 재화의 가격은 다른 재화의 양으로 표시된다. 화폐의 가격인 환율의 표시방법도 이와 마찬가지이다. 그러면 다음과 같이 표시된 환율은 미국 달러화(貨)(\$)의 가격인가, 아니면 영국 파운드화(£)의 가격인가 생각해 보자.

$$e = \$2/£1$$

e=\$2/£1라고 표시된 이 환율은 1파운드당 2달러를 의미하므로 영국 파운드화의 가격을 나타내고 있다. 외환시장에서 1파운드를 사기 위해 2달러를 지불해야 한다는 의미이다. 이렇게 표시된 환율을 '아메리칸 텀'(American terms)이라고 부른다. 왜냐하면 파운드의 가격은 미국인들에게 더 의미가 있기 때문이다(파운드화를 사려는 미국인들에게는 파운드의 값이 중요하지 미국 달러의 값이 중요한 것은 아니다. 사과를 살 때 사과의 가격이 중요한 것과 마찬가지이다).

이와는 반대 방식으로 표시되는 환율이 있다. 즉

$$e' = £0.5/\$1$$

이것은 달러의 가격이므로 영국인 또는 유럽인들에게 중요한 환율이다. 그래서 이렇게 표시되는 환율을 '유러피안 텀'(European terms)이라고 한다. 왜냐하면 $1를 사기 위해 필요한 파운드의 양, 즉 영국 돈으로 표시된 미국 달러화의 값을 나타내고 있기 때문이다.

그렇다면 우리에게 중요한 e=₩1,200/$1라고 표시된 환율은 한국 돈으로 표시된 미국 달러의 가격이며 '코리안 텀'(Korean terms)을 의미할 것이다. 그러나 유감스럽게도 코리안 텀이라는 표현은 없고, 외국화폐로 표시된 달러의 가격을 나타내는 환율은 국가에 관계없이 모두 유러피안 텀이라고 부른다. 그렇지만 실제로는 우리나라의 금융시장에서 환율의 표기 방식이 잘못되어 있는 것을 쉽게 발견할 수 있다. 우리나라는 '유러피안텀'을 사용하기 때문에 환율의 표기 방식은 'KRW/USD'가 맞는 표현이다(왼편 사진에서 잘못된 환율 표기를 확인할 수 있다). 예전에는 은행에 가면 환율표시판에 '매도율'(賣渡率, 파는 값)과 '매수율'(買受率, 사는 값)이라는 표현을 사용하여, 고객들이 아리송하게 생각해야 했는데(이 표현들은 은행 입장에서 본 표현들이다), 요즘은 이 표현들 대신에 '사실 때'와 '파실 때'라는 표현으로 대체되었다(비로소 고객 중심으로 생각하게 된 것이다).

〈표 10-14〉는 WSJ이 게재하는 두 가지 방식의 환율표이다. 지구상의 200개에 가까운 국가들은 대부분 자신들의 화폐를 갖고 있다. 그러나 실제로 아주 작은 국가들의 화폐는 거의 거래되지 않는다. 또 개발도상국들 중에는 자국의 화폐 거래를 규제하는 나라도 있다. 이러한 국가들은 화폐를 사용하지 않고 '구상무역'(求償貿易)[54]을 통해 교역을 한다. WSJ도 50개 정도 국가의 화폐에 대해서만 매일 매일 가격을 고시하고, 그 외 국가의 환율은 일주일에 한 번(월요일)만 고시한다. WSJ에 고시되는 가격은 주로 은행 간에 이루어지는 큰 규모의 외환거래에 적용되는 가격이다.

54 교역국 간에 협정을 통하여 일정기간 서로 수출과 수입의 균형을 도모하여 무역차액을 없앰으로써 결제자금이 필요 없는 무역형태를 말함.

▲ 표 10-14 환율의 고시(告示)

THE WALL STREET JOURNAL.

ASIA EDITION 9:52 p.m. EST Thursday, February 5, 2015

Home World Asia China India Japan SE Asia Business Markets Tech Life & Style Real Estate

MARKET DATA CENTER

Market Data Home | U.S. Stocks | International Markets | ETFs | Mutual Funds | Bonds, Rates & Credit Markets | Commodities & Futures | Currencies

Exchange Rates: New York Closing Snapshot

Thursday, February 05, 2015 Find Historical Data | WHAT'S THIS?

VIEW AS SPREADSHEET

U.S.-dollar foreign-exchange rates in late New York trading

	IN US$		US$ VS. % CHG		PER US$	
Country/currency	Thurs	Wed	1-Day	YTD	Thurs	Wed
Americas						
Argentina peso	0.1156	0.1156	0.03	2.2	8.6528	8.6502
Brazil real	0.3650	0.3644	-0.15	3.1	2.7398	2.7439
Canada dollar	0.8040	0.7951	-1.11	7.0	1.2438	1.2577
Chile peso	0.001603	0.001595	-0.48	2.8	623.90	626.90
Colombia peso	0.0004204	0.0004180	-0.57	0.1	2378.65	2392.17
Ecuador US dollar	1	1	unch	unch	1	1
Mexico peso	0.0676	0.0671	-0.70	0.3	14.7885	14.8928
Peru new sol	0.3267	0.3271	0.12	2.6	3.0613	3.0575
Uruguay peso	0.04105	0.04080	-0.61	1.5	24.3600	24.5100
Venezuela bolivar	0.15888021	0.15888274	unch	unch	6.2941	6.2940
Asia-Pacific						
Australian dollar	0.7797	0.7753	-0.56	4.8	1.2825	1.2898
China yuan	0.1600	0.1601	0.07	0.8	6.2519	6.2478
Hong Kong dollar	0.1290	0.1290	unch	unch	7.7527	7.7524
India rupee	0.01621	0.01617	-0.22	-2.1	61.70850	61.84200
Indonesia rupiah	0.0000793	0.0000791	-0.28	1.4	12604	12640
Japan yen	0.00851	0.00853	0.21	-1.8	117.53	117.28
South Korea won	0.0009204	0.0009190	-0.14	-0.7	1086.54	1088.09
Sri Lanka rupee	0.0075557	0.0075827	0.36	0.9	132.35	131.88
Taiwan dollar	0.03178	0.03178	unch	-0.6	31.46	31.46
Thailand baht	0.03067	0.03063	-0.15	-0.9	32.600	32.650
Vietnam dong	0.00004698	0.00004671	-0.58	-0.5	21284	21408

자료: The Wall Street Journal, 2015년 2월 5일.
www.wsj.com 〉 Markets 〉 Currencies 〉 New York Closing

ECONOMIC EYES
경제의 눈

‘환율이 떨어졌다?’ 그 표현만은 쓰지 마세요…

우리나라는 환율 표시 방식에서 유러피안 텀을 쓰고 있다. 미국 달러화의 가격을 원화로 표시하는 것이다. 언론에서 자주 ‘환율이 떨어졌다’라는 표현을 사용하고 있는데, 이는 원화로 표시된 미국 달러화의 가격이 하락하였다는 의미이고, 이 말은 달러화로 표시된 원화의 가격이 상승하였다는 의미이다. 그러나 유러피안 텀을 사용하다 보니 ‘환율이 떨어졌다’라는 표현은 자칫 원화의 가격이 하락하였다는 의미로 다가오는 경우가 많다. 경제 전문가들도 방송에서 이러한 표현을 사용하다가 스스로 헷갈리는 경우가 종종 있는데, 일반인들에게는 더 말할 나위도 없을 것이다.

환율의 변화를 설명할 때, ‘환율이 떨어졌다’라는 표현보다는 ‘달러화의 가격이 낮아졌다’ 또는 ‘원화의 가격이 올랐다’라고 표현하면 이러한 불필요한 혼란을 피할 수 있을 것이다. 원화의 가격이 오르면 우리나라 상품이 달러화로 표시될 때 더 비싸지니까 수출이 줄어들 것이고, 반대로 원화로 표시된 외국 상품들은 가격이 낮아지니까 수입은 늘어날 것이다.

‘달러의 가치’ 또는 ‘원화의 가치’에서처럼 ‘가치’(value)라는 표현도 환율에서는 적절하지 못하다. ‘가치’는 주관적이기 때문이다. 다이아몬드의 가치는 남성보다는 여성들에게 더 높을 수 있다. 환율은 ‘화폐의 가격’이다. ‘가격’(price)은 시장에서 결정되는 객관적인 결과이다. 환율도 외환시장에서 결정되는 각 화폐의 상대가격이다. 환율을 화폐의 가격으로 이해하면 외환시장은 훨씬 쉽게 우리에게 다가올 수 있다.

또한 흔히 “경상수지가 악화되었다”라는 표현도 사용하게 되는데, 이 표현도 혼란을 가져올 수 있다. 국내경기가 호황일 때 대부분 외국으로부터 수입이 늘어나 경상수지가 적자 쪽으로 가게 되고, 반대로 국내경기가 침체할 때 수입이 줄어 경상수지가 흑자로 가게 된다(불황형 흑자). 그러므로 경상수지가 ‘악화’ 또는 ‘개선’보다는 ‘흑자 쪽으로 가다(move towards surplus)’ 또는 ‘적자 쪽으로 가다(move towards deficit)’라는 표현이 더 자주 사용되는 추세이다.

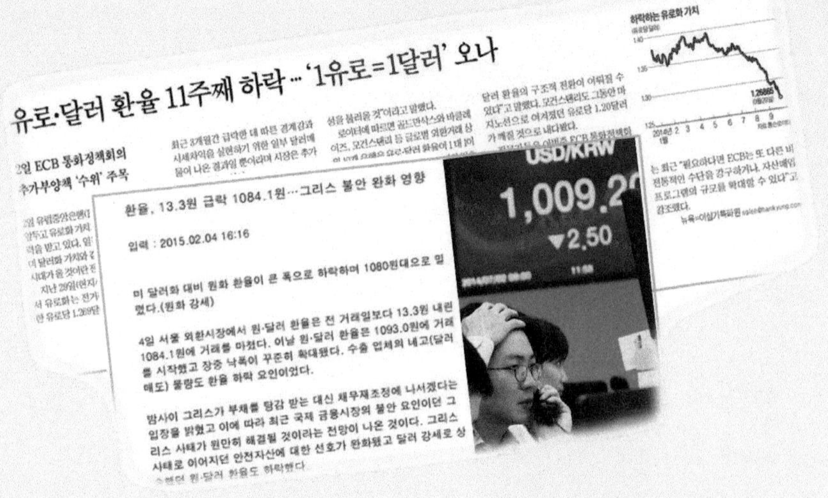

유로·달러 환율 11주째 하락…‘1유로=1달러’ 오나

2일 ECB 통화정책회의 추가부양책 ‘수위’ 주목

는 최근 “필요하다면 ECB는 또 다른 비전통적인 수단을 강구하거나, 자산매입 프로그램의 규모를 확대할 수 있다”고 강조했다.

뉴욕=이심기 특파원

환율, 13.3원 급락 1084.1원…그리스 불안 완화 영향

입력 : 2015.02.04 16:16

미 달러화 대비 원화 환율이 큰 폭으로 하락하며 1080원대으로 밀렸다.(원화 강세)

4일 서울 외환시장에서 원·달러 환율은 전 거래일보다 13.3원 내린 1084.1원에 거래를 마쳤다. 이날 원·달러 환율은 1093.0원에 거래를 시작했고 장중 낙폭이 꾸준히 확대됐다. 수출 업체의 네고(달러 매도) 물량도 환율 하락 요인이었다.

밤사이 그리스가 부채를 탕감 받는 대신 채무재조정에 나서겠다는 입장을 밝혔고 이에 따라 최근 국제 금융시장의 불안 요인이던 그리스 사태가 원만히 해결될 것이라는 전망이 나온 것이다. 그리스 사태로 이어지던 안전자산에 대한 선호가 완화됐고 달러 강세로 상승했던 원·달러 환율도 하락했다

현물환시장

외환시장의 대표적인 형태인 현물환시장(the spot foreign exchange market)은 즉시로 외환 거래가 이루어지는 시장을 말한다.[55] 현물환시장에서 외환 거래가 이루어지는 이유는 청산(clearing), 헤징(hedging), 그리고 스페큐레이션(speculation) 등이 있다. 이 중 첫 두 가지는 국가 간 상품의 거래를 위해 필요한 것이고, 세 번째는 외환거래로 이익을 얻기 위한 것이다.

청산과 재정(아비트라지)

현물환시장의 첫 번째 기능은 '청산'(淸算, clearing)인데, 이는 외국으로부터 구입한 상품 등의 결제를 위해 외환을 구입하는 것을 말한다. 청산과정에서 외환시장에 따라 환율이 다를 수 있지만, 실제로 큰 차이가 나지 않는다. 왜냐하면 아비트리지(arbitrage)라는 기능으로 인해서 전 세계의 외환시장들이 하나로 연결되기 때문이다. 아비트리지는 재정(裁定)이라고도 하는데, 개인(외환의 경우에는 은행)들이 여러 시장 간에 나타나는 가격 차이를 통해 이익을 남기려는 행위를 뜻한다.

예를 들면, 만약 뉴욕에서는 파운드화의 가격이 2달러(e^{NY}=\$2.0/£1)이고 런던에서는 2.2달러(e^{L}=\$2.20/£1)라고 하자(위첨자 *NY*는 뉴욕을, *L*은 런던을 가리킨다). 그러면 딜러들은 어떻게 행동하겠는가?

\$100를 가지고 뉴욕 외환시장에서 £50를 살 수 있다. 이제 이 £50로 런던 외환시장에서 \$110를 살 수 있다. 그러므로 거래비용을 무시한다면 \$10의 이익을 얻는다. 실제로 외환시장에서 거래비용은 무시할 정도로 작다. 그 이유는 거래가 전자식으로 이루어지고 대체적으로 거래액의 규모가 대단히 크기 때문이다. 이러한 아비트리저들의 활동으로 인해 e^{NY}(뉴욕에서의 파운드 가격)은 오르고, e^{L}(런던에서의 £의 가격)은 떨어져 뉴욕과 런던 외환시장에서 환율이 \$2.00/£1와 \$2.20/£1 사이의 어느 지점에서 서로 같아질 때까지 계속된다.

한편, 아비트리지는 여러 환율 간의 일관성도 유지하게 한다. 예를 들어 뉴욕 외환시장에서 \$1를 가지고 SF4(Switzerland Franc)를 살 수 있고,[56] £1로 SF8을 살 수 있고, 그리고 £1로 \$3를 살 수 있다고 하자. 이러한 경우 세 화폐의 가격, 또는 환율 간에 일관성이 상

55 외환시장의 또 다른 형태는 선물환시장(先物換市場, forward exchange market)이다. 선물환시장에 관해서는 뒤에서 언급된다.

56 아비트리지 과정을 보이기 위한 예이며 실제 환율과는 다르다.

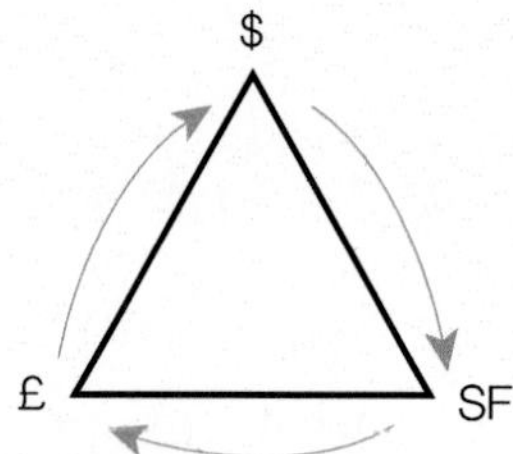

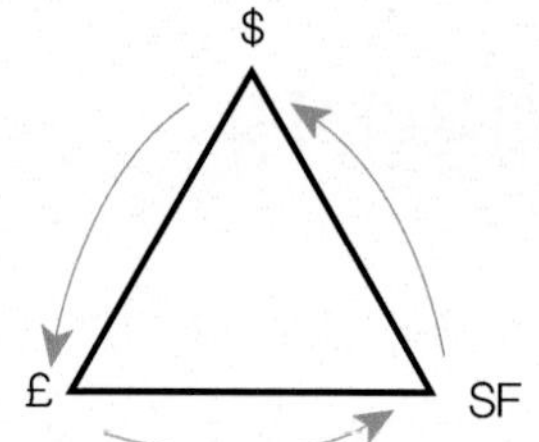

▲ 그림 10-7

삼각 아비트라지

삼각 아비트라지를 통해 이익을 얻을 수 있는 방향을 찾는 가장 편리한 방법은 그림과 같이 삼각형을 그리고 각각의 꼭지점에 세 화폐를 적는 것이다. 어느 한 점에서 시작하여 시계 방향(clockwise)이나 또는 시계 반대방향(counterclockwise)으로 돌면서 이익이 나지 않으면 반대방향으로 돌면 이익이 난다.

실되었다고 할 수 있는데, 그것은 세 화폐 간의 상대가격이 다르기 때문이다. 즉 $1의 가격이 SF4이고, £1의 가격이 SF8이면, £1의 가격은 $2가 되어야 하는데, 현재 $3이다. 외환시장에서 급작스런 변동요인이 발생하면 일시적으로 이러한 상황이 나타날 수 있다. 이 경우에도 여러분은 아비트리지를 통해 이익을 얻을 수 있다. 만약 $100가 있다면, 〈그림 10-7〉에서와 같이 SF400를 사고, 이것을 가지고 다시 £50를 산 후, 마지막으로 이 £50으로 $150를 산다. 이렇게 하면 여러분에게는 노력의 대가로 50%의 이익(즉, $50)이 남는다.

여기서 중요한 것은 많은 외환딜러가 동시에 아비트리지를 하면 이익이 소진되고 환율간의 일관성은 다시 회복된다. 이러한 과정을 삼각 아비트리지(triangular arbitrage)라고 부르고, 이 삼각 아비트리지 때문에 달러, 파운드 그리고 스위스 프랑드 간에 다음과 같은 일관성 있는 관계가 성립된다:

$$\$/£ = \frac{\$}{SF} \cdot \frac{SF}{£}$$

아비트리지가 완전히 이루어지고 나면 외환의 가격은 어떤 다른 화폐로 나타내어도 차이가 없게 된다.

헤징

현물환시장에서 외환의 거래가 이루어지는 두 번째 원인은 헤징(hedging)이다.[57] 헤징

57 헤징(hedging)이라는 영어 단어의 원래 의미는 낮은 나무들로 만들어진 울타리로서 무엇인가를 보호한다는 뜻을 갖는 단어이다.

은 외환거래에 내재된 환차손의 위험을 줄이는 방법의 하나이다. 예를 들어, 미국의 수출업자로부터 $1,000 상당의 상품을 구입하고, 30일 이내에 달러로 구입 대금을 지불하기로 했다고 하자. 이때 대금 결제에 필요한 달러를 지금 당장 구입하는 것이 바람직할 것인가, 아니면 대금 결제일 마감 직전인 30일 후에 구입하는 것이 바람직할까? 당장 달러를 구입해 두면 앞으로 환율 변화에 신경쓸 필요가 없을 것이다. 반면에 대금 결제일 직전에 구입하면 그동안 환율 변화에 따라 이익을 볼 수도 있고 손해를 볼 수도 있으므로 환율 변화의 추이를 예의 주시할 것이다.

만약 첫 번째 안을 선택하였다면, 헤징을 한 것이다. 달러의 가격이 오르는 것으로부터 오는 위험을 방지했기 때문이다. 두 번째 안을 선택하였다면 '달러에 대하여 숏 포지션을 택하였다'(hold a short position in dollar)고 말한다. 영어의 숏(short)이라는 단어는 '짧다'라는 의미 이외에도 '부족하다'라는 의미를 나타낸다. 즉 현재 달러가 '부족하다'(short)는 뜻이다. 첫 번째 안(30일 뒤에 필요한 달러를 지금 사는 것)은 숏-포지션에 따른 환위험(foreign exchange risk)을 회피하게 해준다. 즉 헤징은 불리한 환율변화로부터의 위험을 피하는 것이다. 이 경우에 '클로즈드 포지션'(holding a closed-position in dollars)이나 또는 '밸런스드'(balanced) 포지션을 취했다고 말한다(즉 장차 필요한 만큼의 달러를 지금 소유하고 있다는 의미이다).

스페큐레이션

그러나 헤징은 손해에 대해서는 보호를 해 주지만, 이익을 볼 수 있도록 해주지는 못한다. 만약 30일 전에 달러가 더 싸질 것을 확실히 믿었다면 헤징 대신에 '스페큐레이션'을 할 수 있다. 스페큐레이션(speculation)은 현물환시장을 이용하는 세 번째 이유가 된다. 한 마디로 말해서 스페큐레이션은 헤징과 정반대이다. 즉 스페큐레이션은 일부러 위험한 포지션을 취하는 것이다. 이러한 일도 두 가지 경우에 일어날 수 있다. 첫째는 외환의 가격이 오를 것으로 기대하고 지금 그 외환을 사두었다가 나중에 비쌀 때 이익을 남기고 팔려는 경우(롱-포지션, long-position: 숏-포지션의 반대 개념, 즉 일부러 꼭 필요하지 않은 외환을 소지하는 경우이다)이다. 둘째는 앞의 예에서 두 번째 경우처럼 앞으로 필요하게 될 외환을 가격이 낮아질 것으로 믿고 지금 사지 않고 기다리는 경우(즉 일부러 숏-포지션을 취하는 경우)도 스페큐레이션에 해당된다. 스페큐레이션을 하는 경우에는 외환시장에서 환율의 변화는 변화의 방향에 따라 서로 다른 결과를 가져온다. 예상했던 방향으로 환율이 변하면 이득을 보고, 반면에 예상했던 방향과 반대 방향으로의 환율이 변하면 손해를 본다.

선물환시장[58]

물건이 먼저?

선물환시장(先物換市場, foward exchange market)은 미래 시점에 전달될 외환의 거래가 이루어지는 시장을 말한다. 주의할 점은 외환이 미리 전달되는 것이 아니라 미래에 전달될 외환의 가격이 먼저 결정된다는 것이다. 예를 들어, 30일 선물환율은 30일 후 전달될 달러 예금의 가격이 오늘 결정되는 것이다. 선물환 시장에서 사용되는 미래 시점은 대개 30일, 90일 또는 180일이다.

선물시장에서 외환의 가격(e')이 현물시장에서의 외환의 가격(e)보다 높은 경우 이를 선물 프리미엄(the forward premium)이라고 하며, 그 반대의 경우를 선물 디스카운트(the forward discount)라고 한다. 실제적으로 몇몇 주요 화폐에 대한 선물환시장은 활발하게 작동되고 있다. 대부분의 외환시장에서는 영국의 파운드(£), 캐나다 달러(Can$), 일본의 엔(yen, ¥), 그리고 스위스 프랑(SF)에 대한 30일(1-month forward), 90일(3-month forward), 그리고 180일(6-month forward) 선물환율이 제공되고 있다.

예를 들어 앞의 〈표 10-14〉에서 일본 엔화의 경우 달러에 대한 현물환시장의 환율은 ¥1=$0.008510이었다. 반면에 〈표 10-15〉에서 선물환시장의 환율은 6월 15일물이 ¥1=$0.008518이다. 따라서 달러로 표시된 엔화의 가격이 현물환시장에서보다 선물환시장에서 더 높다. 엔화의 가격을 기준으로 말하면 달러에 대하여 현물환시장에서보다 선물환시장에서 엔화의 가격이 더 낮다는 말이다. 즉 엔화는 달러에 대하여 선물환 디스카운트를 나타내고 있다.

어느 화폐에 대하여 선물환 디스카운트가 존재한다는 것은 사람들이 그 화폐에 대하여 더 낮은 가격으로 매도할 의사를 나타내는 것이므로 시장에서 그 화폐의 가격이 내릴 것으로 예상하고 있다는 뜻이다. 반대로 선물환 프리미엄이 존재한다면 이는 그 화폐의 가격이 오를 것으로 예상한다는 의미이다. 그 화폐의 가격이 오를 것으로 예상하기 때문에 지금보다 더 높은 가격을 지불하고자 하는 것이다.

이처럼 선물환시장은 미래에 거래될 외환의 가격을 미리 결정함으로써 외환거래에 있어서의 불확실성을 감소시킬 수 있다. 사람들은 어느 정도의 비용을 지불하고서라도 외

---

58 선물환시장(futures exchange markets)은 엄격한 의미에서 선도환시장(forward exchange markets)과 구분된다. 선물환시장은 외환의 거래 규모와 조건이 규격화되어 있는 외환시장을 의미하고, 반면에 선도환시장은 거래 규모와 조건의미들이 일정하게 정해져 있지 않은 경우를 말한다. 따라서 엄격히 말해서, 선물환시장의 영문 표기는 futures exchange markets이고, 선도환시장은 forward exchange markets이다. 그러나 본 교재에서는 현물환시장과 대비되는 개념으로서의 선물환시장의 개념을 이해하기 위하여 이러한 구분은 중요하게 고려하지 않기로 한다.

▲ 표 10-15 선물환시장 환율

Currency Futures | Index | Interest Rate | Agricultural | Metals & Petroleum

Thursday, February 05, 2015 Find Historical Data | WHAT'S THIS?

NOTICE TO READERS: As of 6/15/11, Lifetime High and Low values represent Year-to-date High and Low until further notice.
KEY TO EXCHANGES: CBT: Chicago Board of Trade; CME: Chicago Mercantile Exchange; CMX: Comex; DME: Dubai Mercantile Exchange;ENXT: Euronext.liffe; EUREX: EUREX; ICE-EU: ICE Futures Europe; ICE-US: ICE Futures U.S.; KC: Kansas City Board of Trade; ME: Montreal Exchange; MPLS: Minneapolis Grain Exchange; NYM: New York Mercantile Exchange, or Nymex; SGX-DT: Singapore Exchange Derivatives Trading Ltd

Japanese Yen (CME)-¥12,500,000; $ per 100¥

						LIFETIME			
	Open	High	Low	Settle	Chg	High	(▲▼)	Low	Open Int
Mar 15	.8528	.8549	.8507	.8508	-.0017	.8637		.8286	198,470
Jun 15	.8546	.8550	.8519	.8518	-.0017	.8646		.8295	4,158

Est vol 108,155; vol n.a. n.a.; open int, 202,848, n.a..

Sources: SIX Financial Information; WSJ Market Data Group; historical data prior to 6/15/11: Thomson Reuters; WSJ Market Data Group

자료: *The Wall Street Journal*, www.wsj.com

일본 엔화에 대한 6월 15일물 선물환 가격은 ¥1=$0.008518(Settle)이다

환거래에 내포된 위험성을 줄이고자 하기 때문에 선물환시장이 필요한 것이다.

옵션

이 밖에 외환시장에서의 불확실성에 대처하기 위하여 개발된 파생상품으로서 옵션계약(option contract)을 이용하는 방법도 있다. 옵션계약을 구입하면 구매자가 미리 결정된 가격에 특정 화폐를 미래 시점에 구입하는 권리를 갖게 된다.

이 가격을 '스트라이크 프라이스'(strike price)라고 하는데 미리 정한 가격이라는 의미이다. 미래에 살 수 있는 옵션계약을 '콜'(calls)이라고 하고 미래에 팔 수 있는 옵션계약을 '풋'(put)이라고 한다(콜은 사기 위해 값을 부르는 의미이고, 풋은 팔려고 내 놓는다는 의미이다).

이 계약이 옵션이라고 불리는 이유는 계약자가 이 계약을 행사할 수도 있고 행사하지 않을 수도 있기 때문이다. 옵션에 대한 이해를 돕기 위해 콜옵션 구입에 대한 예를 들어 설명해 보자. A라는 투자자가 앞으로 달러화의 가격이 상승할 것으로 예상하고 1달러를 90엔에 샀다고 하자. 이 사람은 혹시 달러의 가격이 떨어질 위험에 대비하여 "6개월 후에 1달러를 95엔으로 A에게서 살 수 있는 권리증(콜옵션)"을 3엔에 팔겠다고 제시했다. 이 콜옵션을 B라는 사람이 샀다고 하자. 이때 이 두 사람은 각각 어떤 이익이 있는지 계산해 보자. 만약 앞으로 달러 가격이 상승해서 100엔이 되었다면, B는 A로부터 95엔(이것이 스트라이크 프라이스이다)에 살 수 있는 권리를 가지고 있으므로 A에게 그 달러를 팔 것을 요청할 수 있는 권리(call option)를 가지고 있다. 그러면 A는 시중에 1달러를 팔면 100엔을 받을 수 있지만 이미 이 옵션을 3엔에 받고 팔았으므로 B가 요구하면 반드시 95엔에 B에게 팔아야 한다. 그렇게 되면 A는 10엔 대신에 8엔을 번다(환차액(95-90) + 옵션가격(3엔)). 그리고 B는 95엔에 사서 100엔에 팔면 옵션가격 3엔을 주고도 2엔을 벌 수 있다.

반대로 만약에 달러 가격이 하락해서 85엔이 되었다고 하자. 그러면 B는 A로부터 이 콜옵션 권리를 포기하고 달러는 구입하지 않는다. 그러면 B는 수수료 3엔만 손해보는 반면에, A는 5엔을 손해 볼 뻔 했는데 수수료 3엔은 받았으므로 2엔만 손해보는 것이다. 이와 같이 옵션거래는 외환가격 변동에 따른 환차손의 위험부담을 작게 하는 효과가 있다.

이번에는 풋옵션에 대해서 위의 예를 가지고 계속 설명해 보자. (앞으로 달러가 폭락하지 않을 것이라고 믿는) B라는 사람이 A에게 와서 (달러가 폭락 할 때를 대비해서) 자기에게 1달러 당 85엔에 팔 수 있는 권리(풋옵션)를 살 것을 권했다고 하자. A가 이 풋옵션을 달러당 3엔 주고 B에게서 샀다면 이 두 사람 사이에 어떠한 이익이 있는지 살펴보자. 만약 달러가 80엔으로 폭락했다고 하자. 그러면 이 풋옵션을 산 A는 B에게 자기가 가진 달러를 85엔에 떠넘길 수 있다. 그러면 90엔에 산 달러를 85엔에 팔았기 때문에 5엔의 손해를 보았고, 풋옵션을 3엔에 샀기 때문에 모두 8엔의 손해를 보았다. 그렇지만 이 풋옵션을 사지 않았다면 A는 달러당 10엔(= 90 − 80엔)의 손해를 보았을 것이므로 2엔은 덜 손해보았다. 반면에 B는 이 풋옵션을 사서 5엔의 손해를 보았지만 3엔을 받고 풋옵션을 팔았기 때문에 2엔밖에 손해 보지 않았다. 이렇게 달러가격이 떨어지면 옵션을 산 사람은 손해를 덜 본다.

만약 반대의 상황이 발생했다고 하자. 즉 폭락할 것이라는 예상과는 달리 달러가 오히려 올라서 95엔이 되었다고 하자. 그러면 A는 자신의 팔 수 있는 권리(풋옵션)를 포기하고 다른 사람에게 95엔을 받고 달러를 팔면 된다. 이때 A는 달러화가 올라서 5엔의 이득을 보았지만 풋옵션 구입비용 3엔이 들었기 때문에 2엔밖에 이득을 보지 못했다. 반면에 B는 달러거래는 하지 않았지만 풋옵션 거래를 통해서 3엔을 벌었다. 이렇게 이익을 볼 경우 옵션을 산 사람은 옵션을 샀기 때문에 이익을 덜 본다.[59]

콜옵션은 계약자로 하여금 스트라이크 프라이스 이상 되는 높은 가격을 지불할 필요가 없도록 보장해 준다. 계약자는 만약 현물환시장의 환율이 스트라이크 프라이스(앞의 예에서는 95엔)를 초과하는 경우 콜옵션을 행사할 수 있다.

반대로 풋(put)옵션은 계약자로 하여금 스트라이크 프라이스 이하로는 팔지 않아도 되는 것을 보장해 준다. 즉 계약자는 현물환시장의 환율이 스트라이크 프라이스 이하로 떨어질 때 풋옵션을 행사하게 된다. 따라서 콜옵션계약은 스트라이크 프라이스가 낮을수록 가격이 더 비싸고(그 스트라이크 프라이스 이상은 지불하지 않아도 되므로), 풋옵션계약은 스트라이크 프라이스가 높을수록 가격이 더 비싸다(그 스트라이크 프라이스 이하로는 팔지 않아도 되므

59 풋옵션과 유사한 용어로 풋 백 옵션(put back option)이 있다. 이 풋 백 옵션은 풋옵션을 기업의 인수와 합병에 적용한 것이다. 풋 백 옵션이라 매각자에게 되판다는 뜻을 강조하고 풋옵션과 구별하기 위해 백(back)이라는 단어를 포함시켰다. 기업의 인수합병의 경우 인수시점에서 추후 자산 가치의 하락이 예상될 경우 다시 무를 수 있도록 하는 기업인수합병방식을 말한다. 따라서 풋옵션과 풋백옵션은 개념은 비슷하지만 사용하는 대상은 매우 다르다.

로). 따라서 옵션계약은 헤징과 스페큐레이션을 조화시켜 놓았다고 할 수 있다. 옵션계약자는 환율의 유리한 변화로 부터는 약간의 이익을 볼 수 있고(즉, 스페큐레이션의 기능), 동시에 불리한 변화의 경우에는 피해를 적게 당하기 때문이다(즉 헤징의 기능).

환율은 어떻게 결정되나?

외환의 수요와 공급은?

외환시장에서 환율은 기본적으로 특정 화폐에 대한 수요와 공급에 의해서 결정된다. 환율도 일종의 가격이기 때문이다. 해당 화폐에 대한 수요가 높으면, 그 화폐의 가격은 오르고, 그 수요가 낮아지면 가격도 떨어진다. 물론 마찬가지의 설명이 공급 측면에서도 가능하다. 그러므로 외환에 대한 수요와 공급에 영향을 주는 요인들은 그대로 환율의 변화를 가져오는 요인들이 된다. 그렇다면, 외환에 대한 수요와 공급은 무엇에 의해서 영향을 받는가?

외환에 대한 수요와 공급에 영향을 주는 요인에는 여러 가지가 있다. 우선, 각국의 경제활동 수준, 즉 경기의 좋고 나쁨이 외환 수요에 영향을 준다. 국내 경기가 좋아지면, 수입(輸入) 수요가 증가되어, 외환에 대한 수요가 늘어난다. 반대로 외국의 경기가 좋아지면, 수출이 증가하므로 외환의 공급이 늘어난다.

또한 각국의 물가수준도 외환의 수요와 공급에 영향을 미친다. 국내 물가가 오르면, 국내 상품의 세계시장 가격이 올라 수출이 줄어들고 반면에 외국제품이 국산품에 비해 상대적으로 싸지므로 수입이 늘어난다. 그렇게 되면, 외환에 대한 수요가 늘고, 공급은 줄어든다. 반대로, 외국의 물가수준이 오르면 정반대의 결과가 나타난다. 외환의 수요와 공급의 변화는 외환의 가격인 환율의 변화를 가져와 외환시장에서 환율이 변화한다. 이를 외환수급설이라고 한다.

구매력 평가설과 빅맥(Big Mac)

보다 장기적인 환율결정 이론으로서, 물가수준을 환율결정의 주요 변수로 보는 것을 '구매력평가설'(購買力評價說, purchasing power parity 또는 PPP)이라고 한다. 어떤 상품이 특정 국가에서 다른 국가보다 가격이 싸다면, 사람들이 그 나라에서 해당 상품을 구매하게 되어, 그 국가의 화폐에 대한 수요가 늘어나, 그 나라 화폐가격이 오르게 되고, 결국 그 재화의 가격이 다른 나라와 마찬가지 수준으로 상승되어 구체적으로 가격이 비슷하게 된다는 것이다.

구매력 평가설이 실험적으로 적용될 수 있는 사례가 런던에서 출간되는 이코노미스트(The Economist) 잡지사의 'Big Mac Index'이다. 이 잡지사는 1986년부터 구매력 평가설을 실험하기 위하여 많은 국가들에서 동일한 형태로 판매되고 있는 맥도널드의 빅맥 햄버거의 가격을 비교하여 왔다. 2015년 1월 현재 48개 국가에서 판매되고 있는 빅맥 햄버거의 가격이 비교되고 있는데, 현지 화폐 가격으로 하였을 때 빅맥이 미국에서의 가격에 비하여 얼마나 더 비싼가 또는 싼가를 기준으로 해당 화폐의 가격이 지나치게 높거나 또는 낮게 책정되어 있다는 것을 가늠할 수 있게 하였다. 빅맥 지수에 대해서는 여러 비판도 있지만, 이코노미스트 잡지사는 너무 심각하게 생각하지는 말라고 권고하기도 한다. 그러나 실제로 빅맥 지수가 여러 화폐의 가격이 향후 어떤 방향으로 변화할 것인가에 대한 어느 정도 예측력을 보인다는 평가도 있다.

최근에는 환율이 경제의 기본여건(fundamental)인 '구매력'보다 '신인도'라고 하는 사람들의 심리에 더 큰 영향을 받는다는 시장심리설이 제기되고 있다. 1980년대 후반부터 활동이 활발해진 헤지펀드가 파생상품거래를 통해 1990년대 이후 세계외환시장을 주도하고 있는데, 정보통신기술의 발달로 정보전달이 신속하게 이루어져 예측, 소문, 그리고 심리적 영향 등이 헤지펀드를 통해 오히려 환율에 더 큰 영향을 미친다는 이론이다.

ECONOMIC EYES
경제의 눈

'빅맥 지수'는 얼마나 삼킬 만(digestable)한가?

영국의 저명한 잡지 이코노미스트(The Economist)지는 외환시장에서 환율의 변화 방향을 예측하는 소위 '빅맥 환율 지표(Big MacCurrenry)' 지표를 발표하고 있다. 1986년도에 시작된 이 지표는 각국의 화폐가 외환시장에서 적정한 환율을 반영하고 있는가를 개략적으로 알기 위한 일종의 가이드라인으로 시작되었다. 그러나 애초에 빅맥지표가 환율변화의 정확한 지표의 기능을 하기 위해서 고안된 것은 아니고, 일반 대중들에게 환율의 개념이 쉽게 '소화'될 수 있도록 하려는 약간의 장난기석인 동기에서 시작되었다.

빅맥지표는 환율의 결정이론인 '구매력평가설'(Purchasing Power Parity, PPP)에 근거를 두고 있다. 이 이론은 간단히 말하자면 소위 균형상태의 환율은 같은 상품의 가격이 두 나라에서 같아지도록 하는 환율이라는 것이다. 만약 환율이 이와 같은 수준이 아니라면, 그 상품의 가격 차이가 그 상품의 국가간에 수출 또는 수입을 가져오고, 결국에는 두 나라에서 가격 차이가 없어질 때까지 가격과 환율이 변한다는 설명이다. 즉, 두 나라의 화폐가 각국에서 같은 구매력을 갖도록 환율이 조정된다는 이야기이다.

구매력 평가설을 검증하기 위해서는 자연히 모든 나라에서 동시에 소비되는 상품이 존재해야 하고, 이코노미스트지의 선택은 유머러스하게도 맥도널드의 빅맥햄버거이다. 빅맥은 벌써 25주년을 맞고 있고, 세계 70개 이상 국가에서 만들어져 팔리고 있다. 그러므로 빅맥PPP는 모든 나라에서 이 햄버거의 가격이 같아지게 하는 환율인 셈이다. 실제 환율과 이 빅맥PPP 환율을 비교해 보면, 그 나라의 화폐가 지나치게 높게 또는 지나치게 낮게 평가되어있는지를 알 수 있다. 미국 도시들의 평균 빅맥 가격은 $2.28이다. 그러므로, 예를 들면, 일본에서 빅맥의 가격이 ¥391이라면, 빅맥의 엔가격을 달러 가격으로 나누어 ¥171.5/$이라는 엔과 달러의 빅맥 PPP를 구할 수 있다. 외환시장에서 실제 ¥으로 표시된 $의 가격이 ¥113/$라면, ¥은 51% 과대평가되어 있다고 할 수 있다 (즉, 175/113 = 1.51).

이코노미스트지는 현재 약 48개 이상의 화폐에 대하여 빅맥PPP를 계산하고 있다. 한국의 경우, 2015년 1월 실제 환율은 1,083원/$인데, 빅맥PPP에 의한 환율이 약 855.95원/$이므로 원화가 미국 달러에 대하여 약 21% 낮게 가격이 형성되고 있다는 의미이다. 실제로 화폐에 따라서 환율의 변화가 빅맥PPP의 예상대로 움직이기도 하고, 그렇지 않기도 한다. 중요한 것은 이 지표가 얼마나 정확한 것이냐가 아니라, 환율의 변화에 대한 한 가지 설명 방식을 이해하는 것일 것이다.

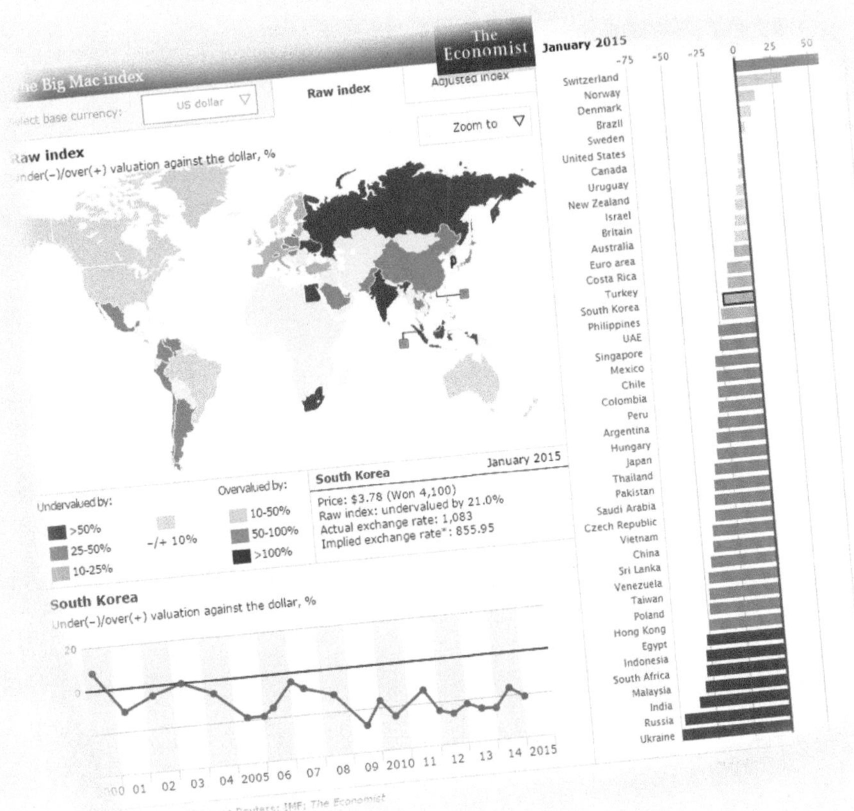

금리차이가 환율을 결정

최근에 와서 환율에 영향을 주는 중요한 변수의 하나가 이자율이다. 국가 간 금융거래가 크게 늘어나면서, 금융거래 자체가 갖는 불안정성이 그대로 환율의 불안정성으로 나타나고 있다. 사람들이 저마다 자신이 어떤 종류의 화폐를 보유하는 것이 유리한가를 생각하기 때문에 환율과 이자율간의 일종의 균형관계를 성립시키는데, 이러한 조건을 금리평형조건(interest-parity)이라고 부른다.

예를 들면, 현재 환율과 이자율 하에서 미국 달러를 보유하기로 결정하였다면, 바로 현재의 환율과 이자율은 평형관계를 유지하고 있는 것이다. 이때, 만약 미국 달러에 대한 예금 이자율이 오르게 된다면, 달러에 대한 수요가 늘어나게 되고, 따라서 달러의 가격이 오르게 된다. 이와 같이, 이자율의 변화가 환율의 변화를 가져온다는 설명이 금리평형조건의 핵심적인 내용이다. 이는 자산배합을 통해 환율의 변화를 설명하는 것이다. 즉 사람들이 외환을 하나의 자산으로 보고, 자산배합을 통해 자신의 이익을 가장 크게 하려는 과정에서 환율이 결정된다는 설명이다. 오늘날 막대한 규모의 국제금융의 존재는 환율의 결정에 커다란 영향을 주고 있는 것이 사실이다. 세계 각국의 투자자들은 0.001%의 금리차이에도 큰 규모의 자금을 이 곳에서 저 곳으로 옮긴다. 환율이 금리 차이에 의한 자금의 국가 간 이동에 의해서 결정된다는 사실은 환율의 불안정성이 심화될 수 있다는 점에서 심각한 우려를 가져오고 있다.

환율제도의 전망

환율제도의 대안들

어떠한 형태의 환율제도가 채택되는가는 해당 국가가 다른 국가들과 갖는 연계성의 유형을 결정하는 중요한 역할을 한다. 현실에서 고려될 수 있는 환율제도는 기본적으로 세 가지이다. 첫째는 자국 화폐가 모든 다른 화폐들에 대하여 자유롭게 변동할 수 있도록 허용하는 변동환율제도, 둘째는 자국 화폐가 특정 외국 화폐 또는 여러 외국화폐의 묶음에 대하여 정해진 가격을 갖도록 하는 고정환율제도, 그리고 셋째는 위 두 가지 경우의 중간적인 형태로서, 자국 화폐의 가격이 변동할 수 있도록 허용하되, 그 변동을 제한하기 위하여, 상황에 따른 개입을 하거나, 아니면, 미리 정해 놓은 목표치의 범위 안에서만 움직이게 하는 방식이다.

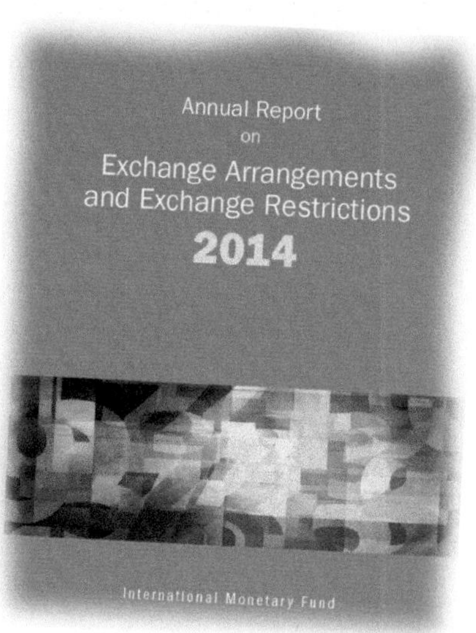

세계 각국은 지금까지 일반적으로 고정된, 그러나 조정 가능한 고정환율 제도를 선호했었다. 이 제도는 정부가 기준환율을 고시하고, 국제수지 적자나 흑자가 커지면 이를 시정하기 위해 주기적으로 기준환율을 조정하는 환율제도이다. 그러나 많은 선진국들이 환율을 국가의 자존심으로 여겼고, 또 환율 조정이 초래할 투기를 우려하였기 때문에, 환율 조정이 도저히 불가피한 지경이 되거나 투기공격이 일어날 때까지는 환율의 조정을 가급적 기피해 왔다. 그래서 이 환율제도는 사실은 완전한 고정환율제도처럼 운영되는 경우가 많았다. 따라서 세계 각국은 이러한 고정환율제도가 현실적으로 작동하기 어렵다는 데 공감하고 있다. 따라서 전적으로 변동환율제도로 가든지, 아니면 반영구적으로 고정시켜 환율에 대한 불확실성을 해소하든지 하는 방식 중에서 선택을 해야 한다는 인식이 높아지고 있다. 그러나 이 두 가지 방식의 환율제도는 분명 유리한 점과 함께 나름대로의 비용을 수반한다.

IMF의 *Annual Report on Exchange Arrangements and Exchange Restrictions*에는 10여 가지의 환율제도가 제시되어 있는데, 우리나라는 '변동환율제도'(floating)로 규정되어 있다. 미국이나 일본은 우리나라보다 더 자유로운 '자유변동환율세도'(free floating)로 규정되어 있다. 우리나라의 경우 어느 정도 외환시장에 대한 금융당국의 개입이 있는 것으로 평가되고 있는 것으로 보인다.

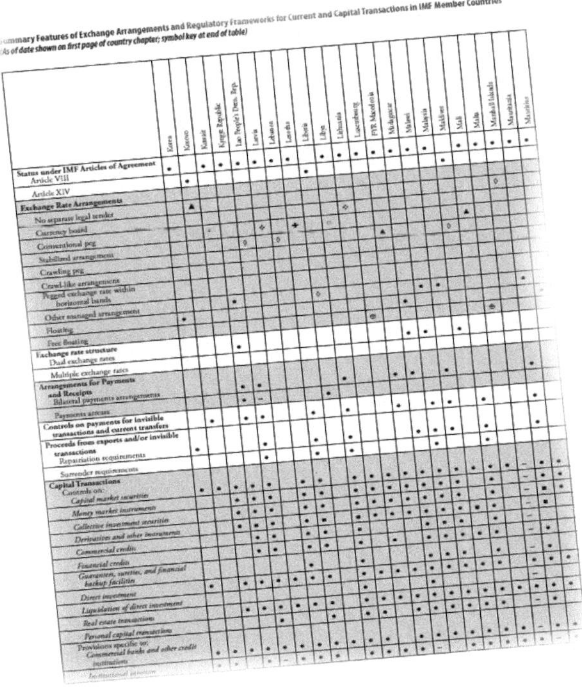
Summary Features of Exchange Arrangements and Regulatory Frameworks for Current and Capital Transactions in IMF Member Countries
(As of date shown on first page of country chapter; symbol key at end of table)

■ IMF, *Annual Report on Exchange Arrangements and Exchange Restrictions 2014*, p. 80.

환율제도의 장단점

우선, 변동환율제도는 정책 당국이 환율을 방어할 필요가 없기 때문에 국내 경제정책을 자유롭게 운영할 수 있다는 장점이 있다. 그러나 문제점은 종종 이러한 국내 정책의 변화에 대하여 시장이 과민하게 반응할 수 있다는 데 있다. 이러한 시장의 과민 반응을 '오버슈팅'(overshooting)이라고 부른다. 외환시장에서의 환율에 대한 오버슈팅은 특정 화폐의 가격을 지나치게 높거나 또는 낮게 만들 수 있다. 화폐의 가격이 지나치게 높아지는 경우, 가격 경쟁력을 상실해 무역수지 적자를 심화시킬 수 있다. 반면에 화폐의 가격이 지나치게 낮아지면, 수출의 증가에 따른 물가 상승과 외채부담이 가중되는 결과를 가져올 수 있다.

반면에, 고정환율제도는 정책당국이 유지 가능한 수준에서 환율을 성공적으로 고정시키고, 그와 같이 고정된 환율을 유지할 수 있다는 의지와 역량을 시장에 확실하게 보여 줄 수만 있다면, 변동환율제도가 갖는 위와 같은 문제점을 피할 수 있게 해 준다. 아울러, 고정환율제도는 국제 무역과 투자에 수반되는 환율의 불안정성에 따른 문제점을 줄일 수 있다는 장점도 갖는다. 이외에도, 경제규모가 작은 국가가 물가가 안정적인 큰 규모의 국가에 환율을 고정적으로 연계시킴으로써 자국의 물가를 안정시킬 수 있는 일종의 '닻'(anchor)의 역할을 수행할 수 있다. 또한 고정된 환율을 필요에 따라 변화시킴으로써 막대한 규모의 대외 적자 또는 흑자 문제를 적절하게 소화시킬 수 있는 수단도 된다.

그러나 정부가 환율을 유지 불가능한 수준으로 무리하게 묶어 놓고, 이에 대하여 민간 자본이 궁극적으로 환율의 재조정을 불가피하게 만드는 경우, 고정환율제도는 엄청난 비용을 수반할 수 있다. 환율을 정해진 수준으로 유지하기 위해서 국내 이자율을 높여야 할 경우도 있고, 또는 투기적인 자금으로부터의 공격을 회피하기 위하여 국내 경기를 인위적으로 억제해야 할 경우도 있기 때문이다. 이러한 비용 때문에 고정환율제도를 채택하지 않으려는 경향이 높아 지고 있다. 이러한 경향은 특히 개발도상국들에서 더욱 두드러지게 나타나고 있는데, 아시아 경제위기로 고정환율제도를 채택하고 있었던 많은 국가들이 고정환율제도를 포기하고, 여러 가지 형태의 변동환율제도를 선호하는 것을 보아도 알 수 있다.

새로운 환율제도의 모색

고정환율제도와 변동환율제도가 갖는 각각의 문제점들을 해소하기 위해서 실제로 선진국과 개발도상국들이 공통적으로 필요로 하고 있는 것은 환율의 변동성과 동시에 이 변동성이 적절하게 조정될 수 있는 정책이다. 앞에서 설명된 이유들 때문에 과거와 같은 조정 가능한 고정환율제도 방식을 원하는 국가는 많지 않다. 시장의 횡포를 고려할 때, 완전히 자유로운 변동환율제도를 원하는 국가는 더더욱 없다.

그렇기 때문에 새로운 환율제도를 마련하기 위해 다음과 같은 문제점들을 해결하고자 부심하고 있다. 첫째, 각국의 경제적 상황을 고려하여 어느 수준의 변동폭이 적절할 것인가? 둘째, 정해진 변동폭 안에서 환율이 유지되도록 하기 위한 정책수단은 무엇이 되어야 하는가? 셋째, 변동폭은 사전에 결정되고 미리 발표되어야 하는가, 아니면 비밀로 하여야 하는가? 또는 임의적으로 결정되고 또 실시되어야 하는가? 마지막으로 각국이 환율의 변동을 개별적으로 실시할 것인가, 아니면 유럽연합의 경우에서처럼 공동화폐를 통해 할 것인가? 이러한 질문에 대하여 여러 가지 대답이 가능하고, 또 실제로 국제 금융당국들은 이 질문들에 대한 대안들을 실험하고 있다.

글로벌 경제는 기회인가?

1980년대 초반 멕시코가 국가외채 상환능력이 없는 것으로 드러나면서 개발도상국의 외채가 국제사회의 중요한 관심사로 등장하였다. 외채(外債)는 한 국가가 다른 국가에 갚아야 하는 빚을 의미한다. 보다 엄밀하게 정의하면 외채 또는 대외부채는 외국인이 소유한 국내자산을 의미한다. 미국이 세계 제1의 채무국이라는 이유는 외국인이 소유한 미국 내 자산이 많기 때문이다. 미국은 투자하기 매력적인 국가이기 때문이다. 외국인들이 소유한 미국 내의 유명한 건물들, 영화회사, 그리고 공장시설 등도 모두 미국의 외채에 포함된다. 그러므로 외채가 많다고 해서 모든 국가에서 반드시 당장에 심각한 문제가 생기는 것은 아니다. 그럼에도 불구하고, 여러 가지 이유에서 외채문제는 매우 주의 깊게 살펴볼 필요가 있다.

외채는 총외채와 순외채로 구분된다. 순외채는 외국인이 보유한 자국 내 자산에서 자국민이 보유한 국외 자산을 뺀 수치이다. 개발도상국들의 경우에는 순외채보다는 총외채를 더 주목해야 한다. 왜냐하면 대외자산은 외환위기가 발생하는 경우 문제해결에 별 도움이 되지 않기 때문이다. 한국의 경우 외환위기 직전인 1996년 말을 기준으로 대외자산이 총 1,050억 달러에 달했으나 외환위기를 피하는 데 아무런 도움이 되지 못했다.[60]

▲ 표 10-16 외환위기 전후의 한국의 외채규모

(단위: 10억 달러, 연말 기준)

항 목	1983년	1989년	1992년	1996년	1997년	2000년	2001년	2018년 (3월말)
총외채(A)	40.4	29.4	42.8	164.4	158.1	136.3	117.7	433.9
대외자산(B)	9.5	26.4	31.7	111.5	105.4	166.9	162.8	894.7
순외채(A-B)	30.9	3.0	11.1	52.9	52.7	−30.6	−45.1	−460.8

자료: 한국은행.

한국의 외채는 1990년대 중반 이후 크게 늘어나 2015년 9월말 현재 4,339억 달러에 달하고 있다. 한국과 같은 개발도상국의 외채는 순외채가 아니라 총외채의 개념으로 관리되어야 한다.

60 우리나라의 경우, 대외채권은 크게 세 가지 부문으로 구분된다. 첫째가 공공부문(즉 정부), 둘째가 금융부문(즉 은행 등), 그리고 마지막으로 민간부문(개인 및 기업 등)이다. 이들 세 부문이 소유한 대외채권 중에서 개발도상국 채권들은 정확한 규모를 파악하는 데 어려움이 따른다. 그 이유는 개발도상국들이 자국의 대외채권 통계를 체계적으로 확보하지 못하고 있기 때문이다. 금융부문이 보유한 대외채권의 종류는 주로 은행 대출(loans), 유가증권, 무역금융과 관계된 단기채권, 그리고 은행들이 소유한 시재외환(時在外換) 등인데, 금융부문의 대외채권 중 적지 않은 부분이 동유럽, 라틴아메리카, CIS 국가들의 채권인 것으로 추정된다.

한국의 총외채는 1990년대 중반 이후 급격하게 늘어나 2017년 3월을 기준으로 그 규모가 4,339억 달러에 달하고 있다. 1998년 출범한 '국민의 정부'가 제1의 목표로 내세운 것은 외국자본의 유치이다. 당시 정부는 1998년 11월부터 「외국인투자촉진법 시행령」을 실시하는 등, 외자유치에 노력해 왔다. 이 법안에 의해 당시의 재정경제부는 투자금액이 1억 달러 이상인 외국인투자는 10년 동안 법인세 및 소비세 등 국세를 감면받고, 국공유지 임대료도 최고 100%까지 감면받도록 하였다. 또한 석유화학, 항공기 및 철도차량 등과 같은 국가 기간산업 3개 업종에 대해 궁극적으로 외국기업이 경영권을 행사하는 것을 허용하였다.

외국자본의 유치는 국가 경제의 생산활동을 촉진할 수 있고, 또 고용을 확대한다. 그러나 외국자본의 도입은 근본적으로 외채의 증가를 의미하므로 마치 한국 경제의 장래가 전적으로 외자유치에 달려 있다는 식의 외자제일주의 사고는 경계할 필요가 있다.

지금으로부터 약 50년 전 브레튼우즈체제가 개막되었을 때에는 국제 금융시장의 기능이 약했고, 전 세계에 흩어져 있는 금융시장들은 서로 단절되어 있었다. 따라서 국제금융이라고 해야, 기껏 스털링 존(the Sterling Zone), 또는 프랑 존(the Franc Zone) 등이 고작이었다. 이러한 단절은 브레튼우즈체제하에서 각국 화폐의 상호 태환성(兌換性)을 유지하려는 노력에 의해 부분적으로 극복되었다. 그리고 범지역적인 뱅킹센터들이 등장하면서 외환통제를 이용한 아비트라지에 의해 국제금융시장이 통합되기 시작했다. 그 후 1970년대에 들어와 유로커런시(Eurocurrency)[61] 시장이 발달하고, 1980년대에 외환의 통제가 급격히 사라지면서 각국 금융시장들의 밀접한 연계과정이 촉진되었다. 이러한 변화는 특히 정보기술의 발달과 새로운 금융수단들의 등장으로 더욱 빠르게 이루어졌다.[62] 이러한 변화가 케인즈적 국가경제의 원리에 대조되는 이른바 '글로벌 신고전주의'(global neoclassicism)의 등장을 가져왔다. 이 글로벌 신고전주의는 한 마디로 통합된 세계경제가 마치 하나의 큰 '자유시장'과 같이 작용한다는 주장이다. 글로벌화된 금융시장은 국경을 초월한 자본을 효율적으로 배분하는 역할을 한다는 것이 글로벌 신고전주의가 주장하는 세계경제의 통합화가 갖는 가장 큰 장점이다.

글로벌 신고전주의의 핵심은 금융의 글로벌리제이션이 개별 국가경제를 글로벌시장에 귀속시킨다는 것이다. 이러한 주장의 가장 기본이 되는 것이 국가 간 금리의 차이가 가

61 유로커런시(Eurocurrency)시장은 자국의 국경 밖에서 해당 화폐가 거래되는 외환시장을 말한다. 주로 유럽의 달러 시장을 의미하기 때문에 이런 표현이 사용되었지만, 유로커런시 시장이 지리적으로 반드시 유럽만에 국한되는 것은 아니다.

62 새로운 금융상품들은 선물환시장(the forward market), 옵션시장(the option market), 그리고 스왑(swap)과 같은 상품들이다. 이들을 'derivatives'라고 하는 이유는 기본적인 금융상품들의 '변형된' 형태라는 의미이다. 이러한 다양한 금융상품들의 등장은 외환거래가 갖는 위험성을 감소시켜 국제금융의 발달을 촉진시켰다.

져오는 국제자금의 이동이다. 즉 통합된 국제금융의 기능에 의해 각 국의 이자율이 세계 시장 이자율, 특히 선도국가들의 이자율을 따르게 된다는 뜻이다. 한 걸음 더 나아가 글로벌 신고전주의는 이자율뿐 아니라 이윤율, 임금, 그리고 상품가격까지도 국경을 초월해 같은 수준이 된다는 주장을 편다. 따라서 '어느 국가든지 세계 시장을 거역하면 그 대가를 치른다'(*A country deviates from the logic of the world market at its peril*)고 주장한다. 한국 정부가 WTO와 OECD 가입을 추진하는 과정에서 대국민 설득으로 제기한 논리도 이에 해당된다.

그러나 여기서 우리가 한 가지 간과해서는 안 될 점이 있다. 그것은 글로벌화된 세계경제가 국가 간 경제변수들의 수렴을 가져오는 것은 사실이지만, 최근의 연구들에 따르면, 이러한 국제금융의 글로벌화가 반드시 각국의 경제를 세계시장에 전적으로 귀속시키는 것은 아니다. 따라서 글로벌화된 세계경제안에서도 개별 국가의 독창적인 경제정책이 필요하다. 오히려 글로벌화된 세계경제 안에서 개별 국가에 맞는 경제정책의 확립이 더욱 절실하다. 개별 국가들의 정책수단이 갖는 재량권이 줄어들수록, 그 재량권의 효과적인 활용이 더욱 중요하게 된다.

따라서 우리에게 필요한 것은 한국 경제의 장점을 살릴 수 있는 우리 나름의 경제운용 이념을 확립하는 것이라고 할 수 있겠다. 그것이 무조건적 사유방임 시장경제가 되어야 하는지, 아니면 그보다는 어느 정도의 틀과 질서 속에서 시장이 작용하는 형태가 되어야 하는지는 더 논의해 보아야 할 일이다. 그러나 분명한 것은 각국은 자신에게 적합한 국가경제의 운용이념을 확립하지 않으면 글로벌 경제 안에서 생존하고 발전해 나갈 수 없다는 것이다.

플로우(flow) 개념으로서의 외환보유액

2018년 현재 세계적으로 큰 규모의 외환보유액을 가지고 있는 국가는 1위가 중국, 2위가 일본, 그리고 3위가 스위스이다. 우리나라의 외환보유고는 2018년 말 기준으로 4,037억 달러로서 세계 7~8위 수준이다. 우리나라의 외환보유액은 적정한 규모인가? 이에 대한 많은 논란이 제기되고 있다.

그러나 한 나라의 적정 외환보유액의 규모를 일률적인 기준으로 평가하는 것은 어려운 일이다. 각국이 처해 있는 경제적 여건에 따라 외환보유액의 적정성 여부가 달라질 수 있기 때문이다. 연간 6천억 달러에 가까운 소비재, 원자재 및 자본재를 수입하여야 하는 우리의 경우, 과거 여러 차례의 외환위기를 통하여 외환보유액이 부족하게 되면 심각한 경제적 어려움을 겪을 수 있음을 경험한 바 있다. 한편으로는 과도한 외환보유액의 유지가 가져올 수 있는 경제적 비용에 대한 우려를 제기하는 견해도 있다.

▲ 표 10-17 주요국의 외환보유액 규모(2018년 1분기 기준)

(단위: 10억 달러)

순위	국가	금액
1	China	3,161.5
2	Japan	1,204.7
3	Switzerland	785.7
4	Saudi Arabia	486.6
5	Hong Kong (China)	437.5
6	India	397.2
7	Korea	385.3
8	Brazil	358.3
9	Russia	356.5
10	Singapore	279.8

출처: Visual Capitalist

부존자원이 부족하여 자원의 대부분과 생산 활동에 필요한 많은 기계와 설비를 외국으로부터의 수입에 의존해야 하는 우리나라의 경우 수출을 통하여 필요한 외환을 확보하는 것은 경제 정책의 중요한 과제 중의 하나이다. 외환보유액을 스톡(stock)의 개념으로 본다면, 외환보유액의 증가가 국내 경제에 물가상승 요인으로 작용하는 등 부작용을 가져올 수 있을 것이다. 그러나 수출이 증가하고 이를 통하여 늘어난 외환보유액이 다시 국외 자산에 투자되는 순환적 플로우(flow)가 원활하게 이루어진다면 이는 국내 경제의 활성화를 가져올 뿐만 아니라 우리나라의 국외 자산을 증가시켜 우리나라의 대외적 경제 지위를 강화할 수 있을 것이다.

한 가지 분명한 것은 글로벌 금융의 불안정성이 높아지고 있고, 이에 대처할 수 있는 국가 역량(muscle) 중의 하나가 안정적인 외환보유액의 확보이다. 따라서 우리나라는 외환보유액의 규모를 적정한 속도로 점차적으로 확대해 가면서 이를 효과적으로 국외 자산의 증가로 이어질 수 있도록 하는 정책적 노력이 요구된다고 하겠다. 이를 위한 국민적 공감대와 정책적 합의가 필요한 시점이다.

생각하기

연간 6천억 달러 규모의 외환이 필요한 우리나라는 수출을 통한 외환보유액을 국의 자산에 투자하는 순환적 플로우(flow)를 통해 국내경제 활성화와 대외 경제 지위를 강화해야 한다.

SUMMARY

오늘날 세계는 글로벌 무역과 금융으로 하나의 경제시스템이 되었다. 1995년 출범 당시 세계무역기구(WTO)는 128개국 회원국이었으나 2015년 1월 현재 회원국은 160개국으로 늘어났고, 전 세계 교역량의 97%를 담당하고 있다. WTO의 규범은 모든 국가들이 따라야 하는 국제법이 된 것이다. 금융부문에서도 지난 20여 년 간 글로벌 금융시장에서의 국경을 초월한 초국적 자본의 이동이 세계경제 성장에 기여하였으나 2008년의 글로벌 금융위기 이후 글로벌 금융시장의 불안정성 또한 높아져 이에 대한 감독의 강화와 글로벌 금융의 새로운 변화에 대응하기 위한 국제 사회의 노력이 숨가쁘게 진행되고 있다.

우리나라의 금융자산을 소유한 외국 자본의 비중이 크게 높아지면서 우리나라 주식시장의 급등락과 원화의 급속한 환율 변화 등 국내 경제에 심각한 부작용을 가져오고 있다. 더 나아가 우리나라의 금융기관들에 대한 외국인 지분이 50%를 크게 상회하면서 과도한 배당과 단기 이익에 치우치는 영업활동 등으로 금융의 기능이 제대로 작동하지 못하고 있다는 우려도 높아지고 있다.

이러한 변화 속에서 국제 무역과 금융에 대한 국민들의 이해가 그 어느 때보다 더 중요하게 요구되고 있다. 국제수지의 원리, 외환시장과 환율의 결정과정에 대한 이해 등은 이제 국민 모두가 갖추어야 할 중요한 지식이 되었다. 이를 통하여 자원을 절약하고 합리적 소비를 도모할 수 있기 때문이다. 연간 6천억 달러 규모의 소비재, 원자재 및 자본재를 수입해야 하는 우리나라로서는 수출이 증가하고 이를 통하여 늘어난 외환보유액이 다시 국외 자산에 투자되는 순환적 플로우(flow)가 원활하게 이루어질 수 있도록 함으로써 국내 경제의 활성화 뿐만 아니라 우리나라의 대외적 경제 지위를 강화할 수 있어야 할 것이다.

KEY TERMS

글로벌경제	초국적지수(TNI)	조지 소로스(Goerge Soros)
헤지펀드	다보스포럼	브레튼우즈체제
국제통화기금(IMF)	GATT	무차별원칙
다자주의	도하개발아젠다(DDA)	스미소니언협정
킹스턴체제	대외의존도	중상주의
절대우위	비교우위	데이비드 리카도(David Ricardo)
신자유주의	비관세무역장벽(NTBs)	수출보조금
상계관세	반덤핑	국산품비율규정
원산지규정	정부조달정책	행정, 기술 및 규제적 기준
지역무역협정(RTAs)	증권화	국제수지

경상수지	자본수지	공적결제계정
외환시장	환율	아메리칸 텀
유러피안 텀	현물환시장	청산
재정(arbitrage)	헤징	스페큐레이션
선물환시장	구매력평가설	빅맥지수
금리평형조건		

QUESTION

1. 국제경제(the international economy), 세계경제(the world economy), 그리고 글로벌경제(the global economy)라는 표현들이 갖는 의미는 각각 무엇인가? 이들 표현들이 의미상 차이점이 없다면 굳이 구분하여 사용할 필요는 없는데 어떠한 차이점이 있는가?

2. 오늘날 세계는 글로벌경제로 통합되고 있다고 하는데, 글로벌경제가 갖는 중요한 특징에는 어떠한 것들이 있는가?

3. 글로벌경제는 각국의 경제활동의 연계성을 높게 만들고 있다. 글로벌경제가 당면하고 있는 문제들은 무엇인가?

4. 글로벌경제의 주요 특징으로서 국가간 무역과 금융 거래상에 있어서 범세계적인 규범과 원칙이 적용되고 있다. 편의상 금융과 무역부분으로 나누어 어떠한 규범이 적용되고 있는지를 설명하시오. 그 배경은?

5. GATT체제하에서 진행된 총 8차에 걸친 다자간협상의 주요 내용과 2001년 카타르의 수도 도하에서 출범한 새로운 다자간협상의 주요 의제는 무엇인지 설명하시오. 가장 최근에 개최된 DDA 관련 회의에서 논의된 중요한 내용은?

6. 절대우위 원리와 비교우위 원리의 차이점은 무엇인가? 어느 이론이 현실의 국가간 무역을 더욱 잘 설명하는가?

7. 비교우위에 따른 자유무역이 가져오는 이익에도 불구하고 현실에서는 무역장벽들이 존재하는 이유는 무엇인가?

8. 관세 부과가 수입국에 가져오는 영향은 무엇인가? 수입국에서 관세 부과로 생산자가 소비자의 희생을 통해 이익을 본다면 관세의 영향은 서로 상쇄되는가? 아니면 상쇄되지 않고 남는 영향이 있는가? GATT와 WTO가 관세 인하를 위해 노력해 온 이유는 무엇인가?

9. 비관세 무역장벽의 종류를 설명하시오. 비관세 무역장벽이 새로운 문제로 부각되는 이유는 무엇인가?

10. 지역경제권에 가입하는 것은 어떠한 장·단점을 갖고 있는가? 우리나라가 특정 지역경제권에 가입하는 것을 고려하고 있다면 이 문제와 관련하여 어떠한 점들에 대해서 평가가 이루어져야 하는가?

11. 다음의 지역경제권에 관하여 a. 설립배경 및 연도, b. 회원국, c. 주요 회의 및 의제, 그리고 d. 문제점과 전망을 간략하게 정리하시오.
   1) 유럽연합(European Union)과 유럽자유무역협정(European Free Trade Association)
   2) 북미자유무역협정(North American Free Trade Agreement)
   3) 아세안(Association of Southeast Asian Nations)
   4) APEC
   5) Mercosur

12. 국제금융이 발생하는 원인은 무엇이고, 국제금융의 발달이 세계경제에 바람직한 영향을 가져오는 이유는 무엇인가?

13. 국제수지가 갖는 중요성은 나라마다 차이가 있을 수 있다. 우리나라와 미국의 경우를 생각해 볼 때 국제수지의 관리가 상대적으로 더 중요할 수 있는 나라는 어디인가? 그 이유는?

14. 국제수지표의 기본구조에 대해서 설명하시오. 국제수지표의 기본구조를 '2+1'이라고 부르는 이유는 무엇인가?

15. 국제수지표 전체는 항상 '0'이 되는 이유를 설명하시오. 국제수지표에서 '선을 긋는다'(draw the line)는 표현이 갖는 의미는 무엇인가?

16. "미국이 세계 제1의 채무국이다"라는 표현의 의미는 무엇인가?

17. 경상계정이 적자를 나타내고 있을 때, 그 적자는 어떠한 방법으로 상쇄될 수 있는가?

18. 환율을 여러 화폐간의 '교환비율'이라기보다는 '가격'으로 정의하는 것이 중요한 이유는 무엇인가? 환율을 표시하는 두 가지 방식은 무엇인가?

19. 외환시장과 관련된 다음 개념들을 설명하시오.
   1) 청산과 아비트리지
   2) 헤징
   3) 스페큐레이션

20. 다음 표현이 옳은지 그른지를 말하고 그 이유를 설명하시오.
   "선물환시장에서는 외환이 미리 전달되는 것이 아니라 미래에 전달될 외환의 가격이 먼저 결정된다."

EXERCISES

1. 다음은 미국과 한국 두 나라가 밀과 사과를 생산하기 위해 각각 필요한 노동의 양을 나타내고 있다. 다음 질문들에 대하여 답하시오.

	미국	한국	미국(포기하여야 하는 다른 재화의 양)	한국(포기하여야 하는 다른 재화의 양)
밀	2	6		
사과	4	8		

   1) 미국과 한국 두 나라에서 밀과 사과 각각 한 단위를 생산하기 위하여 필요한 노동의 양은 어느 나라가 더 작은가?
   2) 이 경우 미국이 밀과 사과를 모두 생산하는 것이 바람직할까?
   3) 미국과 한국에서 밀과 사과 각각 한 단위를 생산하기 위하여 포기해야 하는 다른 재화의 양을 위 표에

채워 넣으시오.

4) 위 2)번 문제에 대한 설명을 제시하시오.

5) 전문화의 방향에 대해서 설명하시오.

2. 세계 주요 외환시장에서 외환 거래가 가장 활발한 시간대와 가장 거래 규모가 작은 시간대는 각각 언제인가? 그 이유는? 외환을 가장 유리한 가격에 살 수 있는 때는 이 중 언제에 해당되는가? 외환을 거래하는 대형 은행들이 외환의 가격에 영향을 주고자 의도하는 시간대는 이 중 어느 때인가? 이유는?

3. 다음의 거래가 미국의 국제수지표상에 어떻게 기록되는지를 설명하시오.
"미국의 Coca-Cola사가 영국에 백만 달러어치의 코크(Coke)를 수출하고 그 대가로 파운드(Pound) 수표를 받았다."

4. 북한의 가뭄으로 한국 정부가 북한에 100만 달러 상당의 쌀을 인도적으로 지원하였다. 이 경우는 한국의 국제수지표상에 어떻게 두 번 기록되겠는가?

5. 외환시장에서 미국 달러($), 영국 파운드(£), 일본 엔(¥) 간에 다음과 같은 환율이 형성되어 있다면, 여러분이 $100를 가지고 있는 경우 어떻게 하겠는가? 이유는?

£3= $1 £1=¥2 $1=¥4

만약에 모든 사람들이 여러분과 같이 행동한다면, 외환시장에서 $로 표시된 £의 가격은 이전보다 높아지겠나 아니면 낮아지겠나? 이유는? 달러로 표시된 엔화의 가격은?

6. 아래 표에는 원화에 대한 빅맥 지수가 나타나 있다. 2015년 1월 현재 빅맥의 가격은 미국에서 달러화로 4.79달러이다. 이 표를 참조하여 아래 질문들에 대하여 답하시오.

1) 한국에서 빅맥의 가격은 달러화로 얼마인가?

2) 원화와 달러화 간의 실제 환율은 얼마인가(원화로 표시된 미국 달러화의 가격은)?

3) 원화로 표시된 달러화의 구매력평가 환율은?

4) 원화는 달러화에 대하여 과대평가되었나 아니면 과소평가되었나? 이유는?

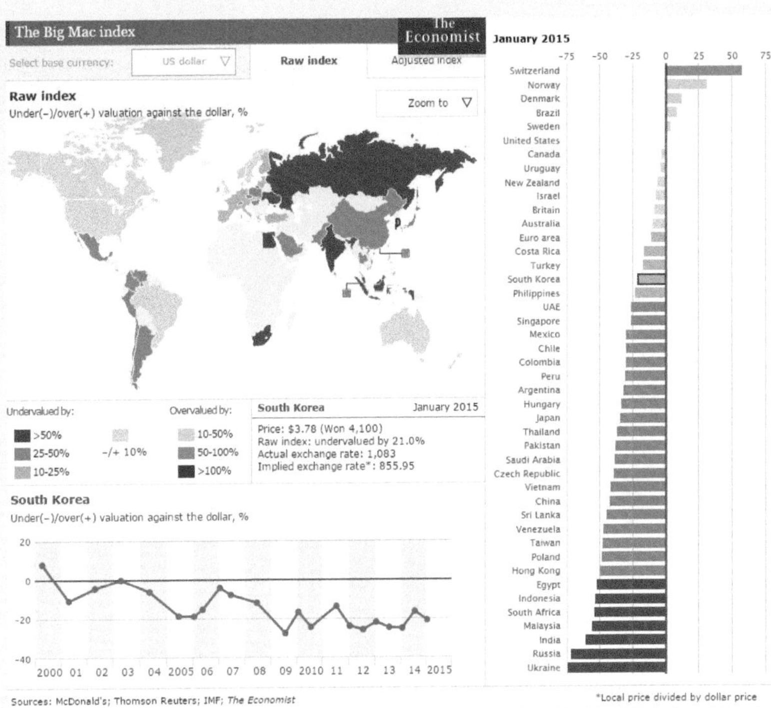

자료: The Economist(http://www.economist.com/content/big-mac-index)

7. 시기별 국제통화제도의 내용과 특징을 아래 표에 기재하시오.

시기	국제통화제도의 형태	특징
1880~1914		
1918~1939		
1944~1970		
1971~1973		
1973~현재		

색 인

[ㅇ]

[기타]

사진 출처

[CHAPTER 01]

Page 11: ⓒ 머니투데이뉴스

Page 11: ⓒ http://blog.naver.com/ham7926?Redirect=Log&logNo=127963570

Page 13: ⓒ http://blog.naver.com/forza4u?Redirect=Log&logNo=130154767364

Page 13: ⓒ http://blog.naver.com/ds1jxm?Redirect=Log&logNo=40159980135

Page 14: ⓒ etnews.com, http://news.naver.com/main/read.nhn?mode=LSD&mid=sec&sid1=101&oid=030&aid=0002183470

Page 14: ⓒ http://blog.naver.com/ibpsm?Redirect=Log&logNo=140004007600

Page 15: ⓒ Beyond Kimchee, http://www.pinterest.com/pin/96475616991112382/

Page 16: ⓒ Sexton Pest Control

Page 16: ⓒ All South Federal Credit Union

Page 18: ⓒ http://aboutjenga.com/excerpts/15-excerpts-from-the-book/

[CHAPTER 02]

Page 26: ⓒ http://www.cpr.cuhk.edu.hk/en/press_detail.php?id=373

Page 27: ⓒ Yukio Park

Page 28: ⓒ 콘라드 아데나워 재단(Konrad Adenauer Stiftung)

Page 29: ⓒ wikipedia

Page 31: ⓒ http://www.fotolibra.com/

Page 32: ⓒ http://severalfourmany.files.wordpress.com/2012/05/wealthofnations.jpg

Page 33: ⓒ http://www.wikipedia.org

Page 34: ⓒ http://blog.naver.com/yuidream?Redirect=Log&logNo=40157350043

Page 35: ⓒ http://www.quia.com/jg/2358574list.html

Page 37: ⓒ http://www.telegraph.co.uk/

Page 38: ⓒ http://www.myrecipes.com/recipe/cranberry-apple-pie-50400000116758/

Page 39: ⓒ doopedia

Page 40: ⓒ maxmovie

Page 42: ⓒ www.gasjeans.com

Page 43: ⓒ http://www.historyguide.org/intellect/marx.html

Page 49: ⓒ Ralphlaruen

Page 52: ⓒ http://experification.wordpress.com/2012/08/05/balance/

Page 52: ⓒ http://channelingmyself.com/2011/07/fun-with-my-pendulum/

Page 57: ⓒ 뉴시스

Page 53: ⓒ cafebene
Page 58: ⓒ 조선일보
Page 70: ⓒ http://www.ewave.it/dblog/storico.asp?s=03-05+After+Erasmus

[CHAPTER 03]
Page 82: ⓒ 조선일보 2013년 9월 26일
Page 84: ⓒ mother nature network
Page 84: ⓒ Institut Coppet
Page 89: ⓒ http://www.mcmxxxviii.com/2010_02_01_archive.html
Page 90: ⓒ Alpha Maletribe
Page 94: ⓒ Idolize Journal
Page 95: ⓒ PRLOG
Page 95: ⓒ GM 홈페이지
Page 98: ⓒ The Hand That Feeds U.S.
Page 100: ⓒ http://www.motherearthnews.com/real-food/how-to-peel-tomatoes-zm0z11zhun.aspx
Page 110: ⓒ http://www.birdfinders.co.uk/news/south-africa-2014-pics.html
Page 114: ⓒ http://imgkid.com/crew-rowing-harvard.shtml
Page 114: ⓒ 조선일보, 2012년 6월 22일
Page 119: ⓒ 연합뉴스, 2011년 7월 29일 "LG전자 트롬세탁기 광고모델에 장동건·고소영"
Page 122: ⓒ http://www.biography.com/people/john-f-nash-jr-40445; http://busaff.com/movie-quotes/a-beautiful-mind-quotesl
Page 123: ⓒ https://fukuyama.stanford.edu/sites/default/files/basic-page/frank_chair_black_med.jpg

[CHAPTER 04]
Page 132: ⓒ Liberty Voice
Page 135: ⓒ 노컷 뉴스
Page 140: ⓒ http://www.businessweek.com/articles/2013-01-15/wal-mart-tries-to-improve-its-battered-image
Page 144: ⓒ http://www.theshadowleague.com/articles/curt-flood-the-free-agent

[CHAPTER 05]
Page 157: ⓒ Chosun.biz 2013년 5월 1일
Page 160: ⓒ http://www.uh.edu/engines/epi1602.htm
Page 161: ⓒ http://beesweetnaturals.com/
Page 162: ⓒ http://www.paranormalknowledge.com/
Page 166: ⓒ http://www.careercapitalist.com/
Page 166: ⓒ www.ortegaygasseset.edu
Page 168: ⓒ http://www.hgtv.com/landscaping/make-a-wall-of-fiery-geraniums/index.html

Page 169: ⓒ http://www.cleanbiz.asia/image/carbon-trading

Page 171: ⓒ http;//www.ecobachillerato.com/economistas/galbraith_.htm

Page 172: ⓒ Washington Pos
http://www.washingtonpost.com/blogs/wonkblog/wp/2013/09/04/the-coase-theorem-is-widely-cited-in-economics-ronald-coase-hated-it/

Page 173: ⓒ http://nobelprize.org/nobel_prizes/economics/laureates/1991/

Page 173: ⓒ http://cepa.newschool.edu/het/profiles/dnorth.htm

Page 174: ⓒ http://www.telegraph.co.uk/

Page 175: ⓒ http://www.amillionminds.in/

Page 177: ⓒ http://nymag.com/

Page 179: ⓒ http://www.gradesaver.com/

Page 180: ⓒ http://history.cultural-china.com/

Page 181: ⓒ http://www.slate.com/

Page 182: ⓒ http://www.historicships.com/

Page 183: ⓒ www.cnn.com

Page 185: ⓒ http://www.choishine.com/

Page 186: ⓒ 소선일보, 2014년 5월 1일

[CHAPTER 06]

Page 206: ⓒ http://filipspagnoli.wordpress.com/2008/09/02/human-rights-facts-58-the-environmental-kuznets-curve/

Page 207: ⓒ http://www.dreamstime.com/stock-photography-old-fashioned-bath-tub-image1879202

Page 209: ⓒ www.socialprogressimperative.org

Page 235: ⓒ http://wealthcycles.com/features/us-economy-in-winter-season-of-kondratiev-wave

[CHAPTER 07]

Page 246: ⓒ http://www.creconsole.com/blog/2010/11/a-core-opportunity-for-some/

Page 250: ⓒ D. Reece, Book review: Priceless – The myth of fair value (and how to take advantage of it)

Page 254: ⓒ http://www.zerohedge.com/article/guest-post-hyperinflation-part-ii-what-it-will-look

Page 256: ⓒ theguardian & Britanica.

Page 258: ⓒ John Thys/AFP/GETTY IMAGES

Page 259: ⓒ http://arfpcorp.com/blog/agflation-agricultural-equipment-demand/

Page 268: ⓒ 서울경제TV, "'사실상 실업자' 300만 명 넘었다."

Page 269: ⓒ https://pgapworld.wikispaces.com/Cotton+Gin+Eli+Whitney

Page 269: ⓒ http://americanenterprise.si.edu/portfolio/whitney-cotton-gin-courtroom-model-1800/

Page 272: ⓒ Yale University, Department of Economics

Page 280: ⓒ http://www.rbnzmuseum.govt.nz/activities/moniac/TheInventor.aspx; www.

wikipedia.org
Page 282: © Getty Images
Page 282: © Alan Krueger (Joshua Roberts/Bloomberg via GETTY IMAGES); Jenet Yellen (Economic Policy Journal)

[CHAPTER 08]
Page 290: © http://www.telegraph.co.uk/finance/financialcrisis/9474761/Debt-crisis-Greece-raises-4bn-at-debt-auction-to-help-government-avoid-cash-crunch.html
Page 291: © 청와대 뉴스 www1.president.go.kr/news/
Page 292: © 조선일보, 2014년 7월 17일
Page 293: © The Baltimore Sun, http://darkroom.baltimoresun.com/2013/10/federal-government-shuts-down-after-stalemate/#1,
Page 293: © http://www.usdebtclock.org/
Page 294: © www.wikipedia.org "United States federal government shutdown of 2013"
Page 295: © 조선일보, 2012년 10월 17일
Page 297: © DEMONOCRACY.INFO (Economic Infographics) http://demonocracy.info/infographics/usa/us_debt/us_debt.html
Page 298: © http://onthecommons.org/magazine/and-winner-isthe-public-sector
Page 301: © www.alio.go.kr
Page 302: © 조선일보, 2013년 5월 7일.
page 303: © KEPCO TODAY 43
Page 307: © http://xbradtc.com/2013/04/08/farewell-to-the-iron-lady-margaret-thatcher-dead-at-87/
Page 308: © http://www.therightperspective.org/2011/02/03/happy-100th-birthday-ronald-reagan/
Page 309: © http://www.cbsnews.com/news/gop-must-return-to-reaganomics/
Page 311: © http://www.ritholtz.com/blog/wp-content/uploads/2012/08/dfadf.png
Page 314: © http://www.foxbusiness.com/industries/2014/04/25/airbus-eyes-regional-plane-with-hybrid-engines-in-15-20-years/com/2008/09/02/human-rights-facts-58-the-environmental-kuznets-curve/
Page 316: © http://www.searchquotes.com/quotes/author/William_E_Gladstone/
page 317: © http://pjmedia.com/andrewklavan/2014/01/05/the-lefts-cultural-jenga/
Page 318: © http://blog.naver.com/suhyup_bank/220014456408
Page 327: © http://www.corrections.com/news/article/30903-private-vs-public-facilities-is-it-cost-effective-and-safe-
Page 327: © http://www.upload.wikimedia.org/wikipedia/commons/7/7d/Elderly_Woman_%2C_B%26W_image_by_Chalmers_Butterfield.jpg
Page 329: © http://blog.wfmu.org/freeform/2012/03/c-northcote-parkinson-the-sequel-mp3s.html
Page 330: © http://whatsthepont.com/2011/11/24/parkinsons-law-1-work-expands-to-fit-the-time-available-for-its-completion/

Page 331: © http://whatsthepont.com/2011/11/24/parkinsons-law-1-work-expands-to-fit-the-time-available-for-its-completion/그림 54

Page 332: © 연합뉴스, http://www.timesofisrael.com/spotlight/strong-starts-academic-and-professional-opps-for-young-olim/

Page 333: © http://www.americanlifeguard.net/

Page 334: © http://fineartamerica.com/featured/keyboard-of-a-piano-chevy-fleet.html

Page 337: © http://www.thefamouspeople.com/profiles/jan-tinbergen-278.php

Page 339: © http://www.eumed.net/cursecon/economistas/Friedman.htm

Page 340: © http://millionsays.blogspot.kr/2009_11_01_archive.html

[CHAPTER 09]

Page 347: © KBS 뉴스 2012년 5월 31일

Page 348: © 이투데이/블룸버그 http://www.etoday.co.kr/news/section/newsview.php?idxno=1017720

Page 349: © 영화 *Shawshank Redemption*(1994년)

Page 351: © http://www.liberal-international.org/editorial.asp?ia_id=680

Page 351: © http://ordinary-gentlemen.com/eliasisquith/2011/09/romney-quotes-keynes-cites-churchill/

Page 353: © https://notendur.hi.is/gylfason/gallery.htm

Page 354: © movie.naver.com

Page 355: © www.wikipedia.org

Page 357: © http://www.theaustralian.com.au/news/world/james-secretan/story-fnfc3mv6-1226620953355?nk=18c35108f40d7be98d37e8141d4c683f

Page 360: © http://blog.naver.com/mshmsc/220159849462

Page 361: © 이성훈, www.chosun.com, 2008년 1월 23일

Page 361: © 한국조폐공사 www.komsco.com

Page 380: © http://www.rosenblumtv.com/2008/11/greshams-law/

Page 387: © YouTube(http://www.youtube.com/watch?v=y1OJlJ9COg0)

Page 389: © http://www.youtube.com/watch?v=y1OJlJ9COg0

Page 404: © http://www.youtube.com/watch?v=y1OJlJ9COg0

Page 406: © http://www.investorsinsight.com

Page 408: © 한국은행

[CHAPTER 10]

Page 415: © www.wto.org

Page 416: © 조선일보, 2013년 9월 9일

Page 423: © www.cuk.edu

Page 425: © http://www.unilever.co.id/brands-in-action/detail/Bango/324075/

Page 430: © http://www.trunews.com/investing-magnate-soros-bets-big-on-sp-collapse/

Page 430: © http://www.georgesoros.com/

Page 432: © http://www.panoramio.com/photo/35529007
Page 434: © WTO, *Annual Report 2014*.
Page 434: © WTO, *Annual Report 2014*.
Page 437: © WTO
Page 438: © http://www.summit-americas.org/
Page 438: © http://www.niticentral.com/
Page 440: © WTO
Page 441: © WTO, *Annual Report 2014*.
Page 443: © www.si.edu
Page 444: © http://www.willowsidedctrip.com/
Page 444: © The IMF
Page 445: © MIT News
Page 447: © WTO, International Trade Statistics 2014.
Page 448: © WTO, International Trade Statistics 2014.
Page 448: © www.historymuseum.ca
Page 452: © http://www.snipview.com/g/Davidy%Ricardo
Page 453: © http://www.offthegridnews.com/
Page 453: © http://www.solidwastemag.com/
Page 455: © http://www.telegraph.co.uk(The REX FEATURES)
Page 456: © http://news.bbc.co.uk/2/hi/ programmes/hardtalk/2234014.stm
Page 457: © http://www.smallbusinessbc.ca/
Page 459: © http://www.foodnavigator.com/
Page 459: © http://exhibits.lib.umt.edu/mansfield/essays/japan?destination=node/14
Page 460: © http://legalsolutions.thomsonreuters.com/
Page 461: © http://www.wantchinatimes. com/news-subclass-cnt.aspx?id=20130220000061 &cid=1102
Page 462: © http://www.mv1ofarizona.com/about-vpg.html
Page 463: © http://twistedwrenchvt.com/vehicle-identification-number-vin-explained/
Page 463: © http://www.okmiataclub.com/resources/resources.htm
Page 463: © http://www.aboutcar.com/car-advice/what-does-%E2%80%9Cbuy-american%E2%80%9D-really-mean/
Page 464: © http://biopiwo.pl/o-nas/reinheitsgebot/
Page 469: © http://dragonflycap.com/
Page 470: © http://www.cbi.org.uk/global-future/05_chapter02.html
Page 470: © WTO, *Annual Report 2014*.
Page 475: © 조선일보, 2015년 2월 5일
http://stock-trading.sitegap.com/common-mistakes-made-with-online-stock-trading/
Page 476: © http://stock-trading.sitegap.com/common-mistakes-made-with-online-stock-trading/
Page 476: © http://www.ck12.org/book/CK-12-Physical-Science-Concepts-For-Middle-School/section/3.48/

Page 478: © http://terms.naver.com/entry.nhn?docId=1384708&cid=47322&categoryId=47322

Page 482: © http://www.replicatedtypo.com/animal-cognition-consciousness-i-mirror-self-recognition/4438.html

Page 483: © http://www.institutebe.com/smart-grid-smart building/Zero-Energy-Buildings.aspx

Page 487: © 조선일보, 2013년 9월 27일

Page 488: © 조선일보, 2015년 1월 15일

Page 489: © http://blog.daum.net/munandcom/17435511

Page 489: © http://www.bioflora.com/case-study-corn/

Page 490: © 조선일보, 2015년 1월 17일

Page 490: © Jee Paik, 인천국제공항

Page 492: © 한국경제신문, 2014년 10월 1일; 조선일보, 2015년 2월 4일

Page 500: © https://mcdonalds.com.au/menu/big-mac

QR 코드 동영상 출처

Page 4: QR 코드 1-1: MBC뉴스, 고물상 퇴출 위기…살 길 막힌 폐지줍는 노인들. 2013년 8월 25일.
http://imnews.imbc.com/replay/nwdesk/article/3330147_5780.html
http://blog.naver.com/rkdsoddl20/40195880391

Page 25: QR 코드 2-1: [tbs TV] 분양가상한제, 무엇이 문제인가? 2013년 3월 11일.
https://www.youtube.com/watch?v=sk4zc0xSqJ4

Page 82: QR 코드 3-1: [YTN] 소상공인들 "네이버, 너무해요," 2013년 8월 30일.
https://www.youtube.com/watch?v=JpZypVabJpM

Page 82: QR 코드 3-2: [한겨레캐스트#183] 경제민주화 실종, ㅂㄱㅎ의 배반. 2013년 10월 21일.
https://www.youtube.com/watch?v=bopqFMzsPxk

Page 82: QR 코드 3-3: 대형마트 규제 1년, 도대체 무엇을 보호했나, 2013년 4월 22일.
https://www.youtube.com/watch?v=P7TrE2xQSyo

Page 131: QR 코드 4-1: Newstomato, 정년연장법 통과..정년 60세 시대 도래, 2013년 4월 29일.
https://www.youtube.com/watch?v=S877_ZECTPQ

Page 131: QR 코드 4-2: KBS 2TV, 베이비붐세대의 재취업전쟁, 2012년 3월 12일.
https://www.youtube.com/watch?v=wrStWkiSEWA

Page 157: QR 코드 5-1: [NocutView] - 송전탑과 밀양의 '눈물', 2012년 2월 10일.
http://www.youtube.com/watch?v=uBB1SAic8hg

Page 193: QR 코드 6-1: 한국경제 냄비 속 개구리··지표-체감경기 괴리 해소해야, 2013년 4월 24일.
http://www.youtube.com/watch?v=VzMR7hqvuQY

Page 244: QR 코드 7-1: YTN, "2017년까지 성장률 4%·고용률 70% 달성", 2014년 2월 24일.
http://www.youtube.com/watch?v=kEx99IGUYfM

Page 268: QR 코드 7-2: [서울경제TV] '사실상 실업자' 300만명 넘었다. 2014년 5월 19일.
https://www.youtube.com/watch?v=5UsD9JlH7EI

Page 292: QR 코드 8-1: [JTBC News] 재계 측 "경기 불확실성에 사내유보금 늘리는 추세", 2014년 7월 17일.
http://www.youtube.com/watch?v=ZQzBocYX4BI

Page 293: QR 코드 8-2: [Demonocracyinfo] $1 Trillion & US Debt in Physical $100 bills.
https://www.youtube.com/watch?v=jKpVlDSIz9o

Page 348: QR 코드 9-1: [머니투데이방송] 우리은행 매각 실패…4차 민영화 성과는, 2014년 11월 30일.
http://www.youtube.com/watch?v=OHhrmhorHjk

Page 417: QR 코드 10-1: [한국은행/한국경제신문] 외국자본 많이 들어오면 우리나라는 좋은 것 아닌가요? 2012년 7월 15일.
http://www.youtube.com/watch?v=5HaxxIDkAnI

Page 443: QR 코드 10-2: Nixon 대통령 달러 금태환 포기.
Nixon Ends Bretton Woods International Monetary System
https://www.youtube.com/watch?v=iRzr1QU6K1o

이 책의 인세의 일정 부분은 경기도 안성시 소재
청소년 품성 교육기관인 희망서원에 미소(微少) 기부됩니다.
희망서원 홈페이지: www.heemangseowon.net